货币金融学

·原书第4版·

MONEY, BANKING, AND THE FINANCIAL SYSTEM

(4th edition)

[美] 格伦·哈伯德　安东尼·帕特里克·奥布赖恩　著
GLENN HUBBARD　　　ANTHONY PATRICK O'BRIEN

郭金兴 译

机械工业出版社
CHINA MACHINE PRESS

Glenn Hubbard, Anthony Patrick O'Brien. Money, Banking, and the Financial System, 4th edition.
ISBN 978-0-13-689344-8

图书在版编目（CIP）数据

货币金融学：原书第 4 版 /（美）格伦·哈伯德（Glenn Hubbard），（美）安东尼·帕特里克·奥布赖恩（Anthony Patrick O'Brien）著；郭金兴译．—北京：机械工业出版社，2023.9

书名原文：Money, Banking, and the Financial System, 4th edition

ISBN 978-7-111-73937-1

Ⅰ．①货…　Ⅱ．①格…②安…③郭…　Ⅲ．①货币和银行经济学　Ⅳ．① F820

中国国家版本馆 CIP 数据核字（2023）第 177871 号

机械工业出版社（北京市百万庄大街 22 号　邮政编码 100037）
策划编辑：张竞余　　　　　责任编辑：张竞余　刘新艳
责任校对：张爱妮　周伟伟　责任印制：单爱军
保定市中画美凯印刷有限公司印刷
2024 年 1 月第 1 版第 1 次印刷
185mm × 260mm · 38.5 印张 · 727 千字
标准书号：ISBN 978-7-111-73937-1
定价：98.00 元

电话服务　　　　　　　　　网络服务
客服电话：010-88361066　　机 工 官 网：www.cmpbook.com
　　　　　010-88379833　　机 工 官 博：weibo.com/cmp1952
　　　　　010-68326294　　金 书 网：www.golden-book.com
封底无防伪标均为盗版　　　机工教育服务网：www.cmpedu.com

格伦·哈伯德，教授、研究人员、政策制定者

　　格伦·哈伯德是哥伦比亚大学商学院名誉院长、拉塞尔·卡森（Russell L. Carson）金融学和经济学教授、哥伦比亚大学文理学院经济学教授。他还是美国国家经济研究局的一名研究人员，并担任黑石固收基金（Black Rock Fixed-Income Funds）和美国大都会人寿保险公司（Metlife）的董事。他于 1983 年获得哈佛大学经济学博士学位。2001 ~ 2003 年，他担任白宫经济顾问委员会主席和经济合作与发展组织经济政策委员会主席；1991 ~ 1993 年，担任美国财政部副助理部长。他现在是跨党派资本市场监管委员会的联合主席之一。哈伯德的研究领域包括公共经济学、金融市场与制度、公司金融、宏观经济学、产业组织和公共政策。他在 *American Economic Review*、*Brookings Papers on Economic Activity*、*Journal of Finance*、*Journal of Financial Economics*、*Journal of Money, Credit, and Banking*、*Journal of Political Economy*、*Journal of Public Economics*、*Quarterly Journal of Economics*、*RAND Journal of Economics* 和 *Review of Economics and Statistics* 等重要期刊上发表了上百篇论文。他的研究得到了美国国家科学基金、美国国家经济研究局以及很多私人基金会的资助。

安东尼·帕特里克·奥布赖恩，获奖教授、研究人员

　　安东尼·帕特里克·奥布赖恩是利哈伊大学的经济学教授。他于 1987 年获得加州大学伯克利分校博士学位。他讲授经济学原理已有 20 多年，既有大班授课的经历，也有为小型重点班授课的经历。他曾获利哈伊大学的杰出教学奖。奥布赖恩曾任戴蒙德教育中心主任，并被提名为达娜基金优秀教职研究员和利哈伊大学 1961 级校友设立的经济学讲席教授。他曾是加州大学圣塔芭芭拉分校和卡内基 - 梅隆大学

工商管理学院的访问教授。奥布赖恩研究的问题包括美国汽车产业的演变、美国经济竞争力的源泉、美国贸易政策的发展、大萧条的起因以及非裔美国人 – 白人收入有差距的原因。他的论文发表在 *American Economic Review*、*Quarterly Journal of Economics*、*Journal of Money, Credit, and Banking*、*Industrial Relations*、*Journal of Economic History* 和 *Exploration in Economic History* 等重要期刊上。他的研究得到了一些政府机构和私人基金会的资助。

译者简介

郭金兴,南开大学经济学院副教授,经济学博士,美国密苏里大学堪萨斯城校区、韩国首尔国立大学访问学者,中国台湾东吴大学客座副研究员;主要研究领域为经济发展与宏观经济,发表学术论文 30 余篇,出版著作 4 部,译作 7 部,在《南方周末》《文汇报》《财经》《光明日报》《解放日报》《经济观察报》和《南风窗》等报刊发表经济评论和书评 30 篇;主持各类课题 20 余项,其中包括国家社科基金项目 3 项,天津市社科规划项目 1 项。为本科生和研究生讲授宏观经济学、经济发展文献选读等课程;“2002—2010 年中国农村剩余劳动结构的估算”一文获天津市第十四届社会科学优秀成果奖;出版的主要著作有《从无限供给到有限剩余:中国经济发展中的剩余劳动与刘易斯转折问题研究》《房地产的虚拟性及其波动研究》《〈就业、利息与货币通论〉导读》等,主要译作有《两位经济学家的世纪论战》《繁荣与停滞:日本经济发展和转型》《市场、国家与民众:公共政策经济学》和《国家、经济与历史大分流:17 世纪 80 年代到 19 世纪 50 年代的英国和中国》等。

译者序

对于多数的普通人而言，"货币金融"是一个既熟悉又陌生的领域。一方面，从银行的存款、信用卡和住房贷款到手机支付的微信零钱和余额宝，我们的日常生活时时刻刻都与货币金融有着千丝万缕的联系；另一方面，从期货期权、外汇交易、ABS和金融科技到华尔街和金融街，货币金融似乎又是一个极具现代经济特征并且充满魔力和魅力的领域。由哥伦比亚大学的格伦·哈伯德和利哈伊大学的安东尼·帕特里克·奥布赖恩两位教授合著的《货币金融学》（原书第4版）则为我们漫游金融世界提供了一部详尽且可靠的指南。

这是一部经过时间磨炼和精心锤炼的指南。早在1994年，哈伯德教授就独自撰写过一部内容极为相近的《货币、金融体系与经济》(*Money, the Financial System and the Economy*)，此书已更新至第6版。此后，他与奥布赖恩教授合作，出版《货币、银行和金融体系》(*Money, Banking, and the Financial System*)，本书是该书原书于2022年出版的第4版，按照国内的惯例，以《货币金融学》作为书名。因此，这是一部实际寿命已经接近30年的经典著作。目前呈现在读者面前的，是作者们根据货币金融市场和制度的演变、国内外经济运行的趋势变化以及课堂授课的经验，不断更新和完善的结果。与同类的著作相比，本书具有以下几个特点。

第一，理论知识与经济实践相结合。从职业背景来看，两位教授均具有深厚的学术素养。哈伯德教授从哈佛大学获得经济学博士学位，曾经长期担任哥伦比亚大学商学院院长，奥布赖恩教授则是加州大学伯克利分校的经济学博士，任教于利哈伊大学。两人均在《美国经济评论》等权威学术期刊上发表过大量金融学方向的论文，并长期讲授金融学相关课程，具有丰富的教学经验，因此，本书不仅逻辑严谨、表述规范，还深入浅出、易于理解。哈伯德教授不仅从事教学和研究工作，还参与政策制定。他曾经担任过美国财政部的副助理部长、白宫经济顾问委员会主席和OECD经济政策委员会主席，并长期担任纽约联邦储备银行的经济顾问。因此，他对美国的宏观经济和金融市场运行的特点和存在的问题有着深刻的理解，并清楚经济政策制定的背景和过程。作者强调本书内容聚焦于美联储的运转，并从美联储在金融体系中的作用这一角度，对各部分的内容进行整合，正是本书重视经济实践的体现。因此，读者不仅能够从理论的高度深化对金融市场的理解，还能更为深入地了解现实中金融体系的运行特征以及各类政策的实际影响。

第二，微观基础与宏观环境相结合。本书章节安排明显遵循从微观基础到宏观环境的逻辑，第 1 部分介绍货币金融学的基本概念，第 2 部分讨论股票市场、衍生品市场和外汇市场等重要的金融市场，第 3 部分从经济理论、银行和非银行金融机构、金融危机和金融监管等角度分析金融制度，第 4 部分以美联储为核心研究货币政策，并从国内货币政策扩展至国际金融体系和货币政策的国际协调，第 5 部分则利用两个经典的经济模型讨论金融体系与宏观经济的关系。本书引领读者由浅入深地探索货币金融领域的各项内容，在了解基本概念和原理的基础上，形成对金融体系的整体性认识。

第三，经典内容与时事新闻相结合。货币金融学是一门历史悠久的课程，一些经典的内容在所有的教材中都会涉及，这体现为不同教材的章节设计都是非常详尽的，尽管具体内容和讲授顺序可能各有千秋。但是，金融体系又是一个极具创新性的领域，各种金融工具层出不穷，市场运行和金融监管之间"老鼠偷油，猫捉老鼠"的游戏一直在上演，宏观经济形势也瞬息万变。因此，货币金融学在基本框架保持稳定的前提下，相关的内容和分析必须及时更新，这是本书的重要特征之一。作者不但将数据和资料更新至书稿撰写时的 2021 年，而且几乎在每一章都分析了一系列新近出现的理论、现象和问题，比如现代货币理论、新冠疫情对金融市场的冲击以及美联储的应对措施、人工智能和智能投顾对金融服务业的冲击、金融科技和众筹和 2020 年春季石油价格短暂为负的偶然事件等。这不仅可以激发读者的阅读兴趣，也有助于我们更好地理解金融体系发展的最新动向。

第四，理论学习与实践学习相结合。一本优秀的教材不仅要讲授基本的理论和概念，还要引导读者灵活地运用这些知识。因此，基于丰富的授课经验，作者系统地采用了一些教学方法，引导读者学以致用。每章开始，本书都会讲述一个与日常生活密切相关的案例，激发读者对相关问题的兴趣，在介绍相关理论和概念时设置了"概念应用"，利用大量案例展示知识的应用技巧。作者还设置了"与你相关"，促使读者运用学到的知识解决日常生活中与每个人的切身利益相关的问题。

　　从以上特点来看，本书不仅是一本出色的教材，能够满足从本科生到研究生各个层次的学习要求，还是一部有关货币金融学知识的普及性读物，无论是对金融感兴趣的普通读者，还是金融领域的专业人士，都可以从本书中获得乐趣，有所收获。特别是对于金融行业的从业人员来说，本书既是一本内容丰富的工具书，对货币金融学的各种概念、理论和政策有准确且详尽的介绍，可供随时查证和参考；又是一部与时俱进的案例集，作者们对于金融领域的最新动向和难解之谜有自己独到的分析和见解。此外，作者们对美联储政策制定过程和货币政策作用机制进行了细致入微的介绍，因此，本书有助于理解、分析和预测美国货币政策的动向及其可能产生的影响，从而更好地帮助我们应对。

郭金兴

前　言

你认为金融重要吗

通常而言，教材的作者一开始就会力图说服读者，本学科非常重要，甚至令人兴奋。伴随着2020年新冠疫情对经济和金融体系的严重冲击，以及由此导致的失业率的升高与企业破产数量的急剧增加、股票价格的剧烈波动、负利率和货币当局采取的史无前例的行动，我们相信，研究货币、银行和金融体系的重要性毋庸置疑。在过去的15年间，就资金借贷、银行和其他金融企业的运作以及政策制定者对金融体系的监管而言，我们发现实际上方方面面都发生了显著的变化。正如我们的一位同事评论的那样："我相信，如果我把15年前的试卷原原本本地发给学生们，对于其中的绝大多数问题，现在都有不同的答案！"在本教材中，我们的目标就是为教师和学生提供一些工具，使之能够理解金融体系和货币政策的实施发生的变化。

本版的更新

对于使用过本书前三版的学生和教师所给予的热情的反馈意见，我们深怀感激之情。这些反馈意见证实了我们的观点，即一种密切关注政策与理论最新进展的现代方法，将会被广大读者所接受。在本书的第4版中，我们保留了之前版本的一些重要特点，同时也做了一些改变，以回应教师和学生的反馈意见并反映我们自己的教学经验。

更新概览

我们所做的重要更新概述如下，后面将会进行更为详尽的讨论。

- 我们增加了新的专题，并对一些专题进行了修改和更新。比如：
  - ▼ 新冠疫情对金融体系的影响。

▼ 美联储应对疫情的政策。

▼ 就美联储的独立性及其结构展开的持续争论。

▼ 美联储与财政部在新冠疫情期间的合作以及美联储将发放贷款的对象扩大至非金融企业所引发的问题。

▼ 美联储政策工具的不断演变。

▼ 美联储将自己的职能扩张至为国外的中央银行提供流动性。

▼ 史无前例的低利率对金融体系的影响。

▼ 影子银行业的新发展对政策和监管的影响。

▼ 在国际金融体系中，美元作用的演变。

▼ 美国支付系统和数字银行的新发展。

● 我们还进行了下列更新：

▼ 大量替换了每章开篇的案例，对于保留的案例则进行了更新。

▼ 增加了新的"概念应用"内容，包括一些与学生的个人生活和决策息息相关的内容，我们称之为"概念应用：与你相关"。对于保留下来的"概念应用"，我们也做了相应的更新。

▼ 增加了新的"解决问题"内容，保留下来的部分我们进行了更新。一些"解决问题"栏目包含与学生的个人生活和金融决策密切相关的内容。

▼ 增加了新的图表，利用能够获取的最新数据对保留下来的图表进行了更新。

每章的新内容和新特点

第 1 章"货币金融体系简介"，开篇新增了有关新冠疫情如何影响金融市场的讨论，并在第 1.2 节"2007 ～ 2009 年和 2020 年金融危机"以及新增的题为"新冠疫情引发的金融危机"一节中继续讨论这一话题。在两个保留下来的"概念应用"，即"P2P 借贷与金融科技的兴起"与"人们如何使用自己的储蓄"中包含了最近的案例和数据。

第 2 章"货币与支付系统"，开篇讨论了美联储、2020 年总统大选和新冠疫情。本章包含一个新的"概念应用"，即"美国的支付系统为何如此迟缓"。在第 2.3 节中，新增了实时支付系统。"中央银行应该独立吗"一节根据最近发生的一些事件进行了大幅更新。

第 3 章"利率与收益率"，开篇讨论了 2020 年新冠疫情期间对长期国债投资风险的评估，对"概念应用：与你相关"中的"利率与助学贷款"和"如何追踪债券市场——读懂债券报表"进行了大幅更新和修订。"长期国债的投资者会面临多大的利率风险"小节内容中增加了对2020年新冠疫情期间金融体系状况的讨论。

第4章"利率的决定"，新增了对历史性的低利率能持续多久的讨论，新增了"解决问题"专栏，标题为"与你相关：当政策变化导致更高的通货膨胀时投资于债券"，包含有关2020年总统大选和现代货币理论的内容。本章的"概念应用"和"概念应用：与你相关"全部以最新的数据进行了更新，并考虑到了最新发生的一些事件。

第5章"利率的风险结构和期限结构"，开篇讨论了利率的期限结构是否有助于预测经济衰退。新增的"解决问题"专栏标题为"政治风险与债券收益率"，讨论了中美贸易摩擦和新冠疫情。新增了标题为"利用期限结构来评估市场预期"一节，讨论了投资者、企业经理人和政策制定者如何利用有关利率期限结构的信息来预测经济变动。这一章新增了"概念应用"，标题为"2019年的经济衰退发生了什么"。

第6章"股票市场、信息和金融市场效率"，一开始以特斯拉为例讨论了股票市场投资。第6.1节新增了一部分内容，讨论人工智能和智能投顾（robo-advisors）以何种方式打乱了金融服务业。第6.4节涵盖了新的"概念应用"，标题为"新冠疫情期间股票市场的波动是否证明了有效市场假说是错误的"。本章的"概念应用""概念应用：与你相关"和"解决问题"根据最新的数据进行了更新，并将最新的经济事件包含在内。

第7章"衍生品与衍生品市场"，开篇讨论了石油期货的当日交易以及2020年春季石油价格短暂为负的偶然事件。第7.3～7.5节做了大幅更新，以涵盖最新的数据和衍生品市场的重要发展。

第8章"外汇市场"，开篇新增了新冠疫情如何影响美元汇率和可口可乐等美国跨国公司的讨论。"概念应用"中的"英国脱欧、新冠疫情、汇率和英国企业的盈利状况"与"哪些因素可以解释美元汇率的波动"根据新冠疫情等最新事件进行了更新。

第9章"交易成本、信息不对称和金融市场的结构"，更新了开篇有关金融科技和众筹的讨论。新的"解决问题"专栏考察了银行为何要进行信贷配给。新增了"概念应用"，即"抵押贷款市场上的道德风险、逆向选择与新冠疫情"，新增了"概念应用：与你相关"，即"如果股票是有风险的，你是否应该去买债券"。第9.2节扩展了中小投资者面临的问题，并增加了有关新冠疫情如何影响金融体系的内容。

第10章"银行经济学"，开篇讨论了在新冠疫情期间银行业特别是社区银行的小微业务的重要性，这部分内容是新增的。第10.4节增加了新冠疫情对商业银行业的发展趋势产生的影响，以及一个新的"概念应用：与你相关"专栏，即"你想在美联储或者邮局开设一个银行账户吗"。

第11章"超越商业银行：影子银行与非银行金融机构"，开篇更新了关于金融体系中影子银行日益增强的重要性的讨论。第11.1节更新了有关投资银行业和回购协议融资（repo financing）作用的讨论。这一节还更新了两个"概念应用"专栏，即"国会应当恢复《格拉斯－斯蒂格尔法案》吗"和"那么，你想成为一名投资银行家吗"。其余各节更新了有关其他影子银行以及新冠疫情期间影子银行状况的讨论。

第12章"金融危机与金融监管"，新增了关于影子银行在2007～2009年和2020年金融危机期间所发挥作用的讨论。本章新增了两节，分别为"新冠疫情和2020年金融危机"和"2020年金融危机：有关大而不能倒政策的讨论还重要吗"。

第13章"美联储和中央银行业务"，开篇讨论了有关美联储结构的争论，这部分内容有所修订和更新。本章增加了新的"概念应用"，题为"国会是否应该改变美联储的结构"，这个专栏依据对美联储最近政策的政治反响，对上述争论进行了评述。在制定应对新冠疫情的政策时，美联储与财政部密切合作，本章讨论了由此引发的各种问题。

第14章"美联储的资产负债表与货币供给创造过程"，在新冠疫情期间，投资者使黄金价格达到了历史高点，开篇据此更新了有关以黄金作为对冲工具躲避经济混乱的讨论。考虑到美联储决定取消法定准备金要求，而且银行也将持有规模庞大的准备金作为新的惯例，本章大幅修改了有关货币创造过程的讨论。本章对有关的数据和要点进行了调整，以反映新冠疫情对美联储资产负债表和货币总量变动的影响。

第15章"货币政策"，开篇讨论了在银行准备金规模庞大且通货膨胀率长期保持在低位的时代，美联储货币政策的思路发生了何种变化。一个新的"概念应用"专栏讨论了为减少黑人的失业，美联储是否完成了自己应尽的责任。本章通篇进行了修订和更新以反映新的现实情况，即在衰退期间，美联储通常面临联邦基金利率接近于零的困境。有关美联储货币政策工具的讨论，重点从公开市场业务操作转向了量化宽松和前瞻性指引。类似地，我们更为强调美联储利用准备金利率和逆回购协议利率来管理联邦基金利率。在题为"负利率是一项有效的货币政策工具吗"的"概念应用"中,我们进行了更新以反映美联储在 2020 年衰退期间的立场。我们还更新了有关货币政策国际比较的讨论,以反映外国中央银行在 2020 年衰退期间采取的政策。

第 16 章"国际金融体系与货币政策",开篇更新和修订了有关使用单一货币的国家的讨论。本章更新的内容还包括国际金融体系最近的发展,以及由新冠疫情导致的紧张态势。

第 17 章"货币理论I:总供求模型",以新的讨论作为开篇,即最近大学毕业生在劳动力市场面临的困境。新增的一节以总供求模型来分析 2020 年的衰退。一个新的"概念应用"专栏讨论了新冠疫情是否导致了美国石油生产中水力压裂技术革命的终结。修订后的一节评估了自 2007 ~ 2009 年衰退以来的这些年货币政策的效果,内容包括劳动力市场未能恢复产生的影响以及有关美联储的政策不够宽松的观点。

第 18 章"货币理论II:IS-MP 模型",开篇讨论了经济预测对于美联储的重要性。一个修订后的"概念应用"专栏分析了奥肯定律最近是否还有效,以及产出缺口和周期性失业率之间关系的稳定性。本章还增加了一些内容,讨论了美联储在应对新冠疫情产生的经济后果时面临的问题。另一个修订后的"概念应用"专栏讨论了 2020 年为开启房利美和房地美的私有化进程所采取的措施。一个新的"概念应用"专栏标题为"现代货币理论:一种有争议的新方法",讨论了经济学家和政策制定者就现代货币理论(MMT)展开的争论。

应对讲授和学习中的挑战

很多选了"货币金融学"这门课的学生,在理解这些几乎毫不相干的议题时都遇到了困难,有时这些议题看上去只是一长串清单而已。这种困惑使得一些学生不愿意付出努力为这门课做好准备,也不愿意参与课上的讨论。为了解决这一难题,我们运用情景学习的方法,对内容进行新的编排,采用沉浸式教学法,并广泛地选择各种数字化资料。最为重要的是,我们致力于清晰地阐述金融体系的相互联系和这一体系的关键特征,正是它们塑造了美联储的政策。我们有关这门课程的亲身经验是,如果学生能够更好地理解整个宏观图景,他们就更有可能把握这门课程的内容与自己生活之间的联系,并且在他们开启自己的职业生涯时,理解这门课程为他们提供了可以应用于实践的知识。

在第 4 版中，我们对近年来的金融事件进行了广泛的分析。然而，我们也意识到，新冠疫情产生的经济影响以及随之产生的金融危机的细枝末节，最终都会归入历史的尘埃之中。因此，我们的目标是引导学生深入分析金融体系本身是如何构建的，以及金融体系如何与更广泛的经济产生联系。我们欣喜地看到，经济学教材依据这些原则取得了成功，我们在这本教材中也使用了类似的方法，即为学生提供一个分析框架，使他们可以将自己在课堂上学到的理论应用于现实世界。通过学习这一分析框架，学生将会掌握一些工具，理解金融体系这些年来取得的进展。为了实现这一目标，我们在本书中构建了 4 个有利条件：

1. 一个便于理解、评估和预测的框架。
2. 一种现代分析方法。
3. 整合国际议题。
4. 聚焦美联储。

分析框架：理解、评估和预测

本书中所有讨论所依据的分析框架可以分为三个层次：

- 首先，学生要学会**理解**经济分析方法。"理解"是指学生要培养自己的经济直觉，以便将概念和事实组织起来。
- 其次，学生要学会**评估**最新进展和金融新闻。我们鼓励学生使用金融数据和经济分析方法，以便以批判性的思维思考如何解释当前发生的各种事件。
- 最后，学生要学会使用经济分析方法来**预测**经济和金融体系可能发生的变化。

在刚刚经历了一场令美联储官员、国会议员、华尔街企业高管以及几乎所有其他人目瞪口呆的疫情之后，我们还准备让学生去预测金融体系的未来发展，毫无疑问，这种想法似乎过于大胆了。当然，我们承认，一些重要的事件是很难预测的。但是，对于金融体系未来将如何演化，我们在本书中呈现的经济分析方法使很多方面的预测成为可能。比如，在第 12 章"金融危机与金融监管"中，我们讨论了金融危机正在经历周而复始的变化，即加强监管（比如 2010 年的《华尔街改革和消费者保护法案》，又称《多德－弗兰克法案》），金融创新，进一步加强监管。对于美联储在 2007 ～ 2009 年和 2020 年金融危机期间政策范围急剧扩大，是否需要国会重新讨论美联储的结构及其实施的货币政策，我们也介绍了就这一问题展开的持续不断的争论。利用我们的方法，学生不仅能够理解最新的金融监管措施，而且更重要的是，他们还能把握关键的一点，即随着时间的推移，无论国会采取何种新的监管措施，金融企业的创新通常都会削弱这些措施的效力。换句话说，学生将会懂得金融体系不是静态的，而是在不断演化的，而利用经济分析方法就可以理解金融体系演化的方式。

一种现代分析方法

教材是一种有趣的事物，除了传统的内容以外，大多还会将当代和现代的素材糅合在一起。有些材料对学生有所助益，有些则未必，坦率地说，还有一些会起到相反的效果。我们理想的目标是撰写一本与时俱进的教材，将有关货币政策和金融体系最新、最优秀的研究成果融合进来，而不是去追逐经济学或金融学的风潮。在写作本书时，我们以全新的视角考察了货币金融学这门课程的各个专题。我们删掉了一些材料，它们或者与现代金融体系关系不大，或者大多数经济学家认为它们缺乏理论基础。我们还尽可能直接地指明，哪些内容在当前的金融体系和政策制定中非常重要，哪些则不那么重要。比如，我们并没有像通常所做的那样，对美联储传统的货币政策工具进行详尽的讨论，本书只是做了简要的概述，取而代之的是将重点放在了量化宽松和前瞻性指引这些新政策工具上。我们还详尽地讨论了在准备金非常充裕时，美联储如何改变自己对联邦基金利率的目标。美联储的新做法是货币政策的核心，学生需要准确地了解最新的内容。

类似地，数十年来美联储一直密切关注 M1 和 M2，并将其作为政策目标。因此，在第 18 章"货币理论Ⅱ：IS-MP 模型"中，我们用戴维·罗默（David Romer）首先提出的 IS-MP 模型代替了 IS-LM 模型，后者假定中央银行的目标是货币存量而不是利率。我们相信，这种现代分析方法有助于学生将课本内容与他们所了解的经济和金融现实更好地联系在一起。对于那些仍想讲授 IS-LM 模型的教师，可以参见第 18 章末尾的附录。

通过删除过时的材料，我们实现了两个重要的目标：一是我们提供了一部更为简洁且可读性更强的教材；二是我们可以用更多的篇幅来讨论一些更重要的专题，比如投资银行的影子银行体系、对冲基金、共同基金以及金融危机的起因与结局，相关内容参见第 11 章"超越商业银行：影子银行与非银行金融机构"和第 12 章

"金融危机与金融监管"。其他教材漏掉了这些专题或者仅是一带而过。

我们为本科生和研究生讲授货币金融学已有数年。我们相信，与其他教材相比，本教材的一个优点就是，这种与现实世界息息相关的现代分析方法将会激发学生的兴趣。

整合国际议题

新冠疫情不仅损害了美国的金融体系和美国经济，国际金融体系和世界绝大多数地区的经济也深受其害。这一事实清楚地表明，一部有关货币金融学的教材必须认真对待美国经济与其他经济体经济之间的联系。我们用了整整两章的篇幅来阐述国际议题，即第8章"外汇市场"和第16章"国际金融体系与货币政策"。在这两章中，我们讨论的议题包括欧洲主权债务、欧元的命运、欧洲央行采用的负利率政策、日本央行和其他外国央行，以及各国央行日益增加的货币政策协调等。然而，我们也意识到，重要的是让教师能够有所选择，本门课程尤其如此。因此，对于有关国际议题的这两章，本书的编写方式允许教师略过其中的一章或两章。

聚焦美联储

在有关货币金融学的教材中，我们很难声称自己是唯一一部聚焦美联储的教材，但是我们确实想强调这一点！当然，所有的货币金融学教材都会讨论美联储，但是它们通常放在教材的最后部分，在讲授时也是如此。根据与部分教师的交流结果以及我们自己的教学经验，我们相信这种安排犯了一个严重的错误。根据我们的经验，学生经常难以将货币金融学课程中的内容整合在一起。对他们而言，这门课程就像一个由各种不相关的专题组成的大杂烩。对于这门课程，对美联储的学习可以起到将各部分内容进行统一的作用。因此，我们在第1章"货币金融体系简介"中对美联储做了介绍和概述，在接下来的每一章中，我们都进一步讨论了美联储在金融体系中的作用，所以，等学生读到详述美联储如何运作的第13章"美联储和中央银行业务"时，他们已经充分理解了美联储的重要性及其在金融体系中的作用。

本书特色

我们撰写本教材的目标可以概述如下：对有关金融体系的经济学知识和金融体系与经济之间的联系进行高效、流畅、与时俱进的讨论。为了实现这一目标，我们采取了很多独具特色的做法。有些特色与我们的经济学原理教材很相似，已经被证明对于学习很有帮助并且广受欢迎，其他特色则是本教材独有的。

"关键议题和问题"的方法

我们相信，在每一章中凝练一个关键议题以及与之相关的关键问题，使我们有机会针对学生在网上或报纸上读到的那些话题解释金融体系是如何运作的，他们之间或者在他们家里也可能讨论这些问题。第 1 章"货币金融体系简介"包含了金融体系的关键内容，介绍了美联储，预览了金融体系所面临的重要问题。在第 1 章的末尾，我们为学生提供了 17 个关键议题和问题，这可以作为引导他们了解本书其余部分的路线图，使他们懂得，学习货币金融学的原理能够让他们分析有关金融体系和货币政策的大多数重要问题。运用这一方法的目的不在于让学生记住有关各种事实的目录，相反，我们运用关键议题和问题的目的是要表明，关于金融体系的经济分析对于理解最近的一些事件至关重要。这些议题和问题的完整列表，参见第 1 章第 1.3 节。

接下来的每一章，我们一开始都会提出一个关键议题和一个关键问题，在每一章的结尾则会运用本章引入的概念来回答这些问题。

当代公开案例

当代公开案例为本书的学习提供了现实世界的背景知识，激发了学生对货币金融学的兴趣，并帮助其将每章的内容整合在一起。比如，第 10 章"银行经济学"一开始就利用一个案例来讨论银行为企业提供资金的作用，这一案例的标题为"一场疫情展现了银行的重要性"，整章都在不断探讨这一问题。

"概念应用"专栏

每章都包括 2～4 个"概念应用"专栏，强化关键概念在现实世界中的应用，帮助学生学习如何解释他们在网上或在报纸上读到的内容。绝大多数"概念应用"专栏使用的都是与概念密切相关、趣味盎然、富有争议的新闻故事，很多都聚焦最紧迫的政策问题。

下面是这一版中新增的"概念应用"专栏：

- "美国的支付系统为何如此迟缓"（第 2 章"货币与支付系统"）

- "2019年的经济衰退发生了什么"（第5章"利率的风险结构和期限结构"）
- "新冠疫情期间股票市场的波动是否证明了有效市场假说是错误的"（第6章"股票市场、信息和金融市场效率"）
- "抵押贷款市场上的道德风险、逆向选择与新冠疫情"（第9章"交易成本、信息不对称和金融市场的结构"）
- "与你相关：你想在美联储或者邮局开设一个银行账户吗"（第10章"银行经济学"）
- "现代货币理论：一种有争议的新方法"（第18章"货币理论Ⅱ：IS-MP模型"）

在这些"概念应用"专栏中，有几个与学生的个人生活和所做的决策直接相关，因此会包括一个子标题"与你相关"，即"概念应用：与你相关"，以下是一些例子：

- "利率与助学贷款"（第3章，第3.2节）
- "你的资产组合风险够大吗"（第4章，第4.1节）
- "你是否应该投资垃圾债券"（第5章，第5.1节）
- "如果股票价格不可预测，为何还要投资于股市"（第6章，第6.3节）
- "如果股票是有风险的，你是否应该去买债券"（第9章，第9.3节）
- "你想在美联储或者邮局开设一个银行账户吗"（第10章，第10.4节）
- "那么，你想成为一名投资银行家吗"（第11章，第11.1节）
- "如果担心通胀，你应该投资于黄金吗"（第14章，第14.3节）

每个"概念应用"专栏都至少会为章末提出的一个问题提供支撑材料，以便让学生检查自己是否理解了所讨论的议题。

"解决问题"专栏

很多学生在解决应用经济学问题时都会遇到困难。通过在每一章中包含解决问题的实例，我们帮助学生克服这一障碍。我们的目标是让学生集中精力关注每章的主要观点，为他们提供一个模型，以便一步一步地解决某一个经济问题。其中一些"解决问题"专栏涵盖的议题与学生的个人生活和所做的决策息息相关，因而包含一个子标题"与你相关"。

图形与汇总表

为了便于学生阅读和理解各种图形，我们使用了四种工具：

1. 详细的文字说明。
2. 集中的注解。
3. 曲线图。
4. 带图形的汇总表。

新的开篇案例

每一个开篇案例都为学生提供了学习的现实背景，激发了他们对货币金融学的兴趣，并且帮助他们将本章的内容整合为一体。本教材第 4 版新增了下列开篇案例：

- "新冠疫情、金融市场与资金流动"（第 1 章 "货币金融体系简介"）
- "美联储造福大众还是造福华尔街"（第 2 章 "货币与支付系统"）
- "为何利率如此低"（第 4 章 "利率的决定"）
- "能否利用利率来预测经济衰退"（第 5 章 "利率的风险结构和期限结构"）
- "你也可以买卖石油，但是你应该这样做吗"（第 7 章 "衍生品与衍生品市场"）
- "新冠疫情、美元和可口可乐"（第 8 章 "外汇市场"）
- "一场疫情展现了银行的重要性"（第 10 章 "银行经济学"）
- "富国银行拥有美联储的部分股份，这重要吗"（第 13 章 "美联储和中央银行业务"）
- "货币政策的'美丽新世界'"（第 15 章 "货币政策"）
- "为何最近毕业的大学生在劳动力市场上就业艰难"（第 17 章 "货币理论I：总供求模型"）
- "准确的经济预测对美联储有多重要"（第 18 章 "货币理论II：IS-MP 模型"）

致谢

以下教师的指导和建议帮助我们形成了第 4 版教材及其补充材料的修订计划。尽管我们无法将每位评审人或审校员的所有意见完全吸收进来，但我们仍要感谢各位，你们的反馈意见对于这部教材而言是不可或缺的。我们对各位提供的帮助深表感谢，正是这些帮助让这部教材臻于完美，并有助于下一代的学生了解货币、银行和金融市场这一激动人心的领域。

第 4 版评审人和审校员

我们特别感谢以下教授，你们细致入微地评阅和审校了各章样稿，极大地提升了本书终稿的品质。

Fatma Abdel-Raouf，戈尔迪 - 皮康学院。

Masoud Moghaddam，圣克劳德州立大学。

Leonie Stone，纽约州立大学杰纳苏分校。

J.Robert Gillette，肯塔基大学。

Edward Scahill，斯克兰顿大学。

Anthony Gyapong，宾夕法尼亚州立大学艾宾顿分校。

Samuel Schreyer，福特海斯州立大学。

以前版本的评审人、课堂测试员和审校员

以下教师的指导和建议帮助我们修订了本教材之前各版的教学内容和专栏。我们感谢他们在评审过程中的辛勤工作，并且真诚地相信他们的反馈意见对于我们而言是无价的。

我们还要感谢肯塔基大学的 J.Robert Gillette、中田纳西州立大学的 Duane Graddy、纽约州立大学杰纳苏分校的 Lee Stone 以及他们的学生使用本书第 1 版的课堂测试稿，并为我们完善各章的内容提供了指导。我们特别感谢阿肯色大学的 Timothy Yeager，他对第 1 版初稿全部 18 章的内容进行了评论和校对。

（具体名单略。）

简短致谢

再一次，我们极大地受益于培生经济学团队的奉献精神和专业素养。对于我们而言，前项目经理 David Alexander 为前三版提供的充满能量的支持是不可或缺的。David 帮助我们形成了本书的表述方式，每次在我们士气低落时他都不吝鼓励之词。内容编辑 Lena Buonano 不知疲倦地工作，以确保文本尽量完善，并使得几个可以变动的部分相互协调。这一新的版本是一种特殊的挑战，我们依旧惊讶于她为本项目投入的时间、精力以及始终如一的愉悦心情。在这一版中，内容策略经理是 Chris DeJohn，产品经理是 Samantha Lewis。

得梅因社区学院的 Fernando Quijano 绘制了各种图表。作为教师，我们完全明白清晰易懂的图表对于学生而言有多么重要。有 Fernando 为我们提供教材中的所有图表，我们感到非常幸运。市场对这些图表的反馈意见一直非常积极。我们不仅要感谢 Fernando 与我们通力合作，创作了这些尽可能完美的图表，还要感谢他以极大的耐心满足我们紧迫的时间安排。

在第 1 版中，我们得到了 Andrey Zagorchev 卓越而高效的研究帮助，他现在是罗德学院的一名金融学副教授。我们感谢 Jennifer Brailsford、Deborah Crowell、Lindsay Clark、Bryant Linton、Beth Brockman Miller、Clara Miller、Emily Webster、Grace Wolf 和 Elena Zeller，他们细心地检查了两遍本书的校样。

如此规模宏大的项目对于我们的家庭而言是一个很大的负担，我们感谢家人的耐心、支持和鼓励。

目　录

第2部分 金融市场

第 1 章

货币金融体系简介

学习目标

在学习了本章之后，你应该能够：

1.1 了解金融体系的重要组成部分。

1.2 概述 2007 ~ 2009 年和 2020 年金融危机。

1.3 解释与金融体系相关的关键议题和问题。

新冠疫情、金融市场与资金流动

个人和企业在**金融市场**上买卖股票、债券和其他证券。根据《华尔街日报》一篇文章的观点，2020 年 3 月 16 日是"金融市场经历过的最为糟糕的日子之一"。问题源自新冠疫情的影响。当时已经很清楚，这次疫情将使美国出现一次严重的经济衰退，产出、就业和利润都会下降，因此很多投资者不再购买金融资产。企业、地方政府和学区全都发现很难从金融市场上借到钱，哪怕只借短短一两天也不行。结果，它们在支付账单时遇到了困难，甚至无法向自己的雇员支付薪水。

美国的中央银行，即美国联邦储备系统（the Federal Reserve System），或简称美联储（the Fed），采取措施稳定**金融体系**，使借贷资金重新流向借款人。美联储的干预有助于企业和地方政府支付它们的账单，但是几乎这个国家的每个人仍然能够感觉到金融体系存在的问题。在后面的章节，我们会更深入地探讨在 2020 年以及更早的金融动荡时期，美联储为稳定金融体系而做出的努力。

对于繁荣经济而言，运转良好的金融体系至关重要。无论是在现代经济社会中还是在更早的过去，经验告诉我们，如果缺乏一个有效率的金融体系，就不会有资金的借贷。在那种情况下，人们只能赚得很少的收入，整个国家取得的进步也会非常有限。

为了说明资金借贷对一个经济体来讲有多么重要，设想一下你想出了一个开公司的好点子，你设计了一款智能手机应用程序（app），它可以将教材中的一章发送到一位学生的手机上，虽然他仅能在有限的时间内使用，但是价格较低。比如，一位学生没有购买自己所选课程的微积分教材，但是她需要用到其中的第 10 章来完成作业，这款应用就可以以 5 美元的价格将这一章发送到学生的手机上，并允许她使用 6 小时 ⊖。为了让你的企业运转起来，你有大量的工作要做，比如完善这款软件，设计软件在应用商店中的销售页面，与教科书出版商谈判以便能够使用它们的教材，向学生推销你的想法。在从这款应用程序的销售中获得任何收入之前，你将不得不大把花钱。你会从哪儿获得这些资金？

你面临的挑战与世界上几乎所有其他企业家面临的都是一样的，不管是在当代还是在古代都是如此。**金融体系**扮演的角色就是家庭和其他储蓄者与企业之间资金融通的渠道。为了创办企业，在竞争中存活下去并且不断壮大，企业家需要获得资金。他们对资金的依赖就像农业需要水一样。比如，想一下位于亚利桑那州南部和加利福尼亚州中部峡谷地区广阔的土地，这里有肥沃的土壤但是降雨稀少。如果缺少精心设计的、由水库和沟渠组成的灌溉系统，水流就不会流向这些地区，农民就无法大规模种植生菜、芦笋和棉花。金融体系就像一个灌溉系统，尽管当中流动的是资金而不是水。

在发生金融危机时，金融体系会遭到破坏，美国经济的某些部分将无法获取资金。就像加利福尼亚州圣华金河谷如果被切断了灌溉系统的水源，作物就无法生产一样，金融体系遭到破坏也会导致整个经济商品与服务产出的下降。2007～2009 年和 2020年的经济衰退都伴随着金融危机，并且它们是自 20 世纪 30 年代以来全世界经历过的最为严重的衰退。

就像工程师努力修复受损的灌溉河渠以恢复水流一样，美国财政部和美联储的官员在 2007～2009 年和 2020 年金融危机期间采取了强有力的措施，以使资金经由银行和金融市场重新流向企业和家庭，它们需要这些资金才能存活下去。尽管其中有些政策引起了争议，但是大多数经济学家相信，某些政府干预对于稳定金融体系而言是必不可少的。

值得庆幸的是，在多数时间里，金融体系不会遭遇严重的危机。但是，就像我们将在后面章节中看到的那样，即使在平常时期，金融体系融通资金的能力对于维持每个家庭的生活和企业的运转都具有重要作用。

⊖   如果你开办了这样一家企业并取得了成功，请记住这个好主意来自哪里！

在本章中，我们将概述金融体系中重要的组成部分，介绍全书将要探究的关键议题和问题。

1.1　金融体系的重要组成部分

学习目标　了解金融体系的重要组成部分。

本书写作的目的是提供一些你在理解现代金融体系时需要用到的工具。首先，你应当熟知金融体系三个重要的组成部分：

1. 金融资产。
2. 金融机构。
3. 美联储和其他金融监管者。

金融资产

让我们先来考察一些基本的术语。**资产**是个人或企业拥有的任何有价值的东西。**金融资产**是一种金融求偿权，这意味着如果你拥有一项金融资产，你就有权要求他人付给你一笔钱。比如，一个银行支票账户就是一项金融资产，因为它代表你有权要求这家银行支付你一笔钱，数额与你账户上美元的数量相等。经济学家将金融资产分为**证券**和非证券两类。**证券**是**可交易**的资产，这意味着它可以在**金融市场**上买卖。**金融市场**是买卖股票、债券和其他证券的实体场所和虚拟场所，比如纽约证券交易所（New York Stock Exchange）。如果你拥有苹果公司或特斯拉公司的股份，你就拥有了一笔证券，因为你可以在股票市场上出售这些股份。如果你在花旗银行（Citibank）或美国银行（Bank of America）拥有一个支票账户，你是不能出售它的。因此，你的支票账户是一笔资产，但不是一笔证券。

在本书中，我们将会讨论很多金融资产。将它们分为以下 5 种关键的类别，有助于我们的学习和理解：

1. 货币。
2. 股票。
3. 债券。
4. 外汇。
5. 证券化贷款。

货币

尽管我们通常认为"货币"就是硬币和纸币，但是事实上，即便是最狭义的官方定义也会将支票账户的资金包括在内。实际上，经济学家对货币有一个非常宽泛的定义，即在支付商品和服务的款项或者偿还债务时，人们愿意接受的东西。**货币供给**是经济中货币的总量。正如我们在第2章将会看到的那样，货币在经济中扮演着重要角色，然而对于货币的最佳度量方法，存在一些争论。

股票

股票也被称为**股权**，是一种代表对某家企业拥有部分所有权的金融证券。如果你购买了微软公司的1股股票，你就成了微软公司的**股东**，从而拥有这家企业的一部分，尽管这只是该公司很微小的一部分，因为微软已经发行了70亿股股票。如果一家企业售出了更多的股票，就与一家小企业的所有者接受一位合伙人是一样的：企业所有者的数量会增加。这换来的是这家企业可以使用的资金，也就是它的**资本金**，也会相应增加。作为这家企业1股股票的所有者，如果该企业拥有资产和利润，你就对其部分资产和部分利润拥有法定的求偿权。企业会将部分利润留作**留存收益**，并将其余的部分以**股息**的形式付给股东。企业通常每季度会有一次分红。

债券

当你购买企业或政府发行的债券时，你就把一定数量的资金借给了这家企业或政府。**利率**是借钱的成本，或者将钱借给别人获得的回报，通常用所借资金数量的百分比来表示。比如，如果你从朋友那里借了1000美元，一年后还给他1100美元，这笔贷款的利率就是100美元/1000美元=0.1，或者说10%。债券通常按照固定的数额偿还利息，这被称为**息票**（coupons）。当债券**到期**时，出售债券的人要偿还本金。比如，如果你购买了IBM发行的1000美元的债券，每年有40美元的利息，30年后到期，接下来的30年，IBM每年要付给你40美元，并最终付给你1000美元的本金。一年或一年以内到期的债券被称为**短期债券**。一年以上到期的债券被称为**长期债券**。债券可以在金融市场上买卖，因此债券和股票一样，都是证券。

外汇

一国购买的很多商品和服务是在国外生产的。相似地，很多投资者购买的金融资产也是由外国的政府和企业发行的。为了购买国外的商品和服务或者外国资产，国内的企业或投资者必须先将本国的货币换成外国的货币。比如消费电子销售巨头 Best

Buy 在进口索尼电视机时，需要用美元来交换日元。**外汇**指外国的货币单位。外汇最重要的买家和卖家是大型银行。银行代表投资者进行外汇交易，这些投资者想要购买外国金融资产。银行也会代表企业进行外汇交易，这些企业想要出口或进口商品和服务，或者在外国进行实物资产投资，比如投资建厂。

证券化贷款

如果你在买车或买房时没有现金支付全款，你可以向银行申请贷款。相似地，如果一家开发商想要修建一座办公楼或一家购物中心，它也可以向银行申请贷款。在大约 35 年之前，银行发放贷款的目的是通过获得贷款的利息而赚取利润，直至借款人还清这笔贷款。当时在金融市场上出售大部分贷款是不可能的，因此贷款是金融资产但并非证券。从那之后，联邦政府和一些金融企业为很多类型的贷款开创了市场，就像我们将在第 11 章讨论的那样。银行可以在金融市场上出售的贷款就变成了证券，将贷款转变为证券的过程就是所谓的**"证券化"**。

比如，一家银行可能会贷放一笔抵押贷款，借款人可以用这笔贷款来购买房屋，然后银行可以将这笔抵押贷款卖给政府机构或者金融企业，后者将这笔抵押贷款和其他银行发放的类似的抵押贷款一起打包。这些打包了的抵押贷款就构成了一种新证券的基础，这种证券被称为"抵押贷款证券"（mortgage-backed security），其运作方式与债券类似。就像投资者购买 IBM 发行的债券一样，投资者也可以购买政府机构或金融企业发行的抵押贷款证券。最初发放或**"发起"**这笔抵押贷款的银行仍会收取借款人支付的利息，并将这些利息转给上述政府机构或金融企业，后者再将其分发给购买了这些抵押贷款证券的投资者。由于发起了这笔贷款，收集了借款人偿付的本金和利息并将其转给了抵押贷款证券的发行人，银行将收取一定的费用。

需要注意的是，从储蓄者的角度来看这是一笔金融资产，从借款人的角度来看就变成了一笔**金融债务**。**金融债务**是个人或企业拥有的金融求索权。比如，如果你从一家银行获得了一笔贷款，从这家银行的角度来看，这笔贷款是一项资产，因为它代表你承诺每月向银行偿付一定的金额，直至贷款还清为止。但是这笔贷款对你这位借款人而言是一项债务，因为你有义务按照这笔贷款的规定向银行偿付一定的金额。

金融机构

金融体系通过两种渠道将储蓄者和借款人匹配在一起，一是**银行和其他金融中介机构**，二是**金融市场**。区分这两种渠道的，是资金由储蓄者或者出借人流向借款人的方式，以及金融机构的运作方式。[注]资金通过银行等金融中介机构间接地由出借人流向借款人，或者通过纽约证券交易所等金融市场，由出借人直接流向借款人。

如果你从银行获得了一笔贷款来买一辆车，经济学家称这种资金流动为**间接融资**。这种流动是间接的，因为银行借给你的钱来自那些将钱存到这家银行的支票账户或储蓄账户的人，从这个意义上来讲，银行并没有将自己的钱直接借给你。如果你购买了一家企业刚刚发行的股票，这种资金的流动就是**直接融资**，因为资金由你直接流向了这家企业。

储蓄者和借款人可以是国内和国外的个人和家庭[注]、企业或者政府。图 1-1 展示了金融体系：

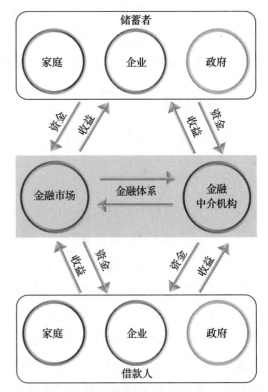

图 1-1　资金通过金融体系流动起来

注：金融体系将资金由储蓄者转给借款人。借款人通过金融体系为储蓄者提供回报。储蓄者和借款人包括国内外的家庭、企业和政府。

- 提供了资金由储蓄者流向借款人的渠道。

- 提供了储蓄者直接或者间接获得**收益**的渠道（储蓄者可以收到各种形式的收益，包括股票的股息、债券的利息和贷款的利息）。

- 提供了资金在金融中介机构和金融市场之间流动的渠道，比如一家商业银行在金融市场上购买债券。

图 1-1 概述了资金如何通过金融体系进行流动。我们将在本章解释一些关键的概念，但是大部分讨论还要留待后面的章节。

金融中介机构

商业银行是最重要的金融中介机构。商业银行从家庭和企业吸收存款，并通过向家庭和企业发放贷款或者购买政府债券或证券化贷款等证券的方式，将这些存款投资

○　需要注意的是，为了方便起见，我们有时将拥有资金并愿意将其贷放出去或投资出去的家庭、企业和政府称为**出借人**（lender），将希望使用这些资金的家庭、企业和政府称为**借款人**（borrower）。严格讲，这些称谓并不准确，因为资金的流动并不总是采用贷款的方式。比如，购买股票的投资者买的是企业的部分所有权，并非将资金贷给这家企业。

○　即经济学家所指的家户，为了便于理解，后文均用家庭指代家户。——译者注

出去，从而在金融体系中扮演重要角色。当家庭需要购买汽车或房屋等"大件商品"时，大多依靠银行贷款。相似地，很多企业依靠银行贷款来满足短期的**信贷**需求，比如持有存货（即企业已经生产或者购买但是尚未销售出去的商品）或者发放工资。企业在必须为存货或者工资付款与通过销售商品和服务获得收入之间有一段时间差，需要银行贷款来度过这段时光。一些企业还依靠银行贷款来满足自己的长期信贷需求，比如获得企业扩大生产所需的资金。

　　本书每章都包含至少一个**概念应用**专栏，讨论与本章内容相关的一则新闻故事或者其他具体应用。阅读下面的概念应用，然后讨论为何技术进步带来了 P2P 借贷的兴起。

| 概念应用 |

P2P 借贷与金融科技的兴起

　　大型企业可以通过发行股票和债券，从金融市场上筹集资金，但是小企业和家庭无法这样做。因为对投资者而言，收集小企业的信息成本高昂。这些企业无法出售股票和债券，只能转而依赖银行贷款。相似地，如果个人和家庭借钱买房，他们通常也要依赖银行贷款。如果家庭借款购买汽车、家电和家具，传统上它有三个选择，即银行贷款、这些商品的卖家提供的贷款或者自己的个人信用卡。

　　直至 20 世纪 90 年代，由于政府采取了监管措施，大多数银行规模都很小。这些小银行雇用的信贷员经常凭借自己的判断和经验，来决定是否向本地的企业和家庭发放贷款。至 21 世纪头 10 年，银行法的变革意味着很多小企业和家庭开始依赖大银行的贷款，这些银行都是区域性的甚至是全国性的大银行。这些大银行在发放贷款时通常遵循固定不变的准则，传统上小银行的信贷员所使用的那种基于个人判断的方法基本上被放弃了。

　　在 2007～2009 年金融危机期间，大量借款人出现了贷款**违约**的现象。这些使银行遭受的损失比 20 世纪 30 年代大萧条以来其他危机要严重得多。鉴于此，联邦政府的监管者开始敦促银行采用更为严格的贷款发放准则。银行在发放贷款时也更为小心谨慎，以努力避免进一步的损失。由于这些因素的影响，企业和家庭申请贷款要比原来困难得多。

　　是否有资格以较低的利率获得贷款或者信用卡，取决于你的**信用评分**。FICO 公司（这一名称来自该公司本来的名称，即 Fair, Isaac and Company）编制了最为知名的信用评分标准，对借款人进行评分，范围在 350 分至 850 分之间，分数越高意味着借款人违约的可能性越小。信用评分取决于各种因素，包括借款人是否按时偿还其他贷款和信用卡账单，借款人在当前的住所居住了多长时间，借款人从事当前这份工作有多长时间，借款人有多少其他债务。

很多年轻人没有信用评分，因为他们没有足够长的信用记录，以便让 FICO 算出一个分数。联邦消费者金融保护局估计，美国大约有 4500 万人没有信用评分。银行通常不愿意向没有信用评分的人发放贷款，没有信用评分或者分值很低的人只能获得利率很高的信用卡，而且信用额度也很低。新企业，也就是所谓的 P2P 出借平台（peer-to-peer lender）或者**市场出借人**（marketplace lender），填补了这一被银行遗弃的贷款市场的空白。LendingClub、Prosper 和 SoFi 等 P2P 出借平台允许小企业和家庭在线申请贷款。这些贷款的资金主要有三个来源：个人、其他企业以及越来越多的金融企业，包括保险公司和养老基金。传统上，银行赚取利润，是由于向借款人收取的利率超过了向存款者支付的利率。相比之下，P2P 出借平台赚取利润是通过向借款人收取一笔一次性费用，并且由于收集了借款人的还款，因此它还要向资金的提供者收取一笔费用。

与银行一样，P2P 出借平台能够利用借款人的收入、按时支付账单的记录以及信用历史等其他方面的资料，估计借款人偿还贷款的可能性。由于 P2P 出借平台利用了能够迅速评估借款人信息的软件，并且倚重智能手机技术来处理贷款申请手续，出借平台就成了**金融科技**（financial technology 或者 fintech）的一个典型案例。很多借款人都发现 P2P 出借平台很有吸引力，因为其利率低于信用卡利率。未偿还的信用卡账单的利率高达 18%，而借款人可能只需为 P2P 贷款支付 10% 的利率。近些年来，债券、银行储蓄存款和其他金融资产的利率都处于历史低点，很多投资者都愿意在 P2P 出借平台上以更高的利率发放贷款，即使借款人一旦违约，他们可能就会损失这笔钱。

2020 年，甚至在新冠疫情暴发之前，这一产业就面临越来越严重的问题。LendingClub 和 SoFi 这些企业的利润低于投资者的预期。有些分析师相信，这些平台使用的用于评估借款人信贷状况的计算机算法，在预测违约率时的表现比银行使用的传统方法更糟糕，比如验证借款人的收入等。与其他国家的金融科技企业不同，美国的这些企业无法自动获取借款人的银行数据。

P2P 出借平台以及本书将会讨论的其他金融科技案例，将会在多大程度上影响金融体系中资金由出借人向借款人的流动，仍有待观察。

非银行金融中介机构

一些金融中介机构，比如储贷机构（savings and loans）、储蓄银行和信用合作社（credit union），在法律上与银行有很大区别，尽管这些"非银行"机构的运作方式与银行极为相似，都是吸收存款、发放贷款。其他金融中介机构包括投资银行、保险公司、养老基金、公共基金和对冲基金。尽管这些机构看起来与银行不太相同，但是它们在金融体系中实现了与银行相似的功能，即为资金由储蓄者流向借款人提供渠道。

投资银行

投资银行，比如摩根士丹利（Morgan Stanley），与商业银行不同，因为它们不吸收银行存款，而且直到最近它们才开始向家庭直接发放贷款。它们的业务集中在为发行股票和债券或者与其他企业合并的公司提供咨询服务。它们还从事**承销**业务，即保证企业可以按照某一价格发行股票，然后以更高的价格出售这些股票或债券从而赚取利润。在 20 世纪 90 年代后期，由于越来越多地涉足贷款证券化，特别是抵押贷款证券化，投资银行作为金融中介机构的重要性有所提高。

保险公司

保险公司的主要业务是，通过签订保险合同使投保人免于承受与某些特定事件相关的财产损失风险，比如机动车交通事故或者火灾。保险公司从投保人那里收取**保费**，然后将其进行投资，以获得满足投保人索赔要求的资金，并支付其他成本。因此，举个例子，如果你购买了一份机动车保险，保险公司就可以将你支付的保费借给一家旅馆连锁企业，后者可以用这笔资金扩大业务。

养老基金

对于很多人而言，为退休而攒钱是一种最重要的储蓄方式。养老基金将从工人和企业那里征缴的保费投资于股票、债券和抵押贷款，以赚得足够的资金，在工人退休时向其支付养老金。2019 年，私人部门、州和地方政府的养老基金拥有的资产规模达到了 24 万亿美元，成为购买金融证券的重要来源之一。

共同基金和交易所交易基金

共同基金或者交易所交易基金（Exchange-Traded Funds，ETF）通过向投资者出售份额来获得资金，前者如富达投资的麦哲伦基金（Fidelity Investment's Magellan Fund），后者如先锋标普 500ETF（Vanguard's S&P 500 ETF）。然后，共同基金或者 ETF 投资于金融资产组合，比如股票和债券，并且由于提供的服务通常会收取一笔小额的管理费。我们将在第 11 章第 11.2 节讨论这两种基金的区别。共同基金或者 ETF 主要为储蓄者带来两种好处：一是通过购买共同基金或者 ETF 的份额，储蓄者所付的成本要低于购买很多单只股票和债券；二是共同基金或者 ETF 可以使资金有限的投资者通过投资**多样化**来降低风险，因为共同基金或者 ETF 通常会持有大量的股票和债券，而资金有限的投资者可能只能购买几种股票或债券。如果一家发行了股票或者债券的企业宣布破产，这些股票和债券就会一文不值，这对一家共同基金或者 ETF 的资产组合影响可能很小。然而，如果一个小投资者将其大部分储蓄全部投资于这些股票或者债券，他可能就会遭受灭顶之灾。

大部分共同基金愿意在任何时候回购自己的份额，大部分 ETF 很容易在股票市场上售出，所以这些投资工具可以使储蓄者很容易变现。

对冲基金

对冲基金与共同基金类似，因为它们也是从投资者那里获取资金并用这些资金来购买资产组合的，比如瑞·达利欧（Ray Dalio）创办的桥水基金（Bridgewater Associates）。然而，对冲基金的投资人通常不会超过 99 名，他们全部都是极为富有的个人或者机构，比如养老基金。与共同基金相比，对冲基金的投资经常风险更高，它们向投资者收取的费用也要高得多。

金融市场

金融市场是买卖股票、债券和其他证券的场所或渠道。金融市场传统上是一些实体场所，比如坐落于纽约华尔街的纽约证券交易所，或者坐落于伦敦帕特诺斯特广场的伦敦证券交易所。在这些交易所中，交易员可以面对面地交易股票和债券。今天，这些交易所的大多数交易是由通过电脑联系在一起的交易员在线上完成的。这些交易被称为"场外"交易，以区别于面对面的交易。纳斯达克（NASDAQ）就是一个场外交易市场，很多像苹果或英特尔这样的高科技企业的股票在这里交易。纳斯达克这一名称源自它的全称，即全国证券交易商协会自动报价系统（National Association of Securities Dealers Automated Quotation System）。在特定市场上出售的股票和债券被称为在该市场"上市"。比如通用电气在纽约证券交易所上市，苹果公司在纳斯达克上市。

经济学家区分了**一级市场**（primary market）和**二级市场**（secondary market）。**一级市场**是指股票、债券或其他证券第一次出售的金融市场。首次公开发行（initial public offering，IPO）指的是一家公司在一级市场上第一次出售自己的股票。比如，优步（Uber）在 2019 年 5 月首次公开发行。**二级市场**是指投资者买卖已发行证券的金融市场。比如，你今天买了优步的股票，并在明年将其出售，这些交易是在二级市场上发生的。一级市场和二级市场可以是同一实体或虚拟的交易场所，股票可以选择在纽约证券交易所或纳斯达克首次公开发行并在那里上市交易。

| 概念应用 |

人们如何使用自己的储蓄

如果你和其他大部分大学生一样，那么你主要的金融资产就是自己的支票账户。

但是当你开始工作以后，你将会攒下各种不同的资产。美联储公布的家庭持有金融资产的数据，展示了家庭如何分配自己的全部金融财富。图 1-2 比较了 1978 年和 2019 年家庭金融资产的持有状况。有些资产是由金融市场提供的，比如公司股票和债券。其他资产则是由金融中介机构提供的，比如存款和共同基金。

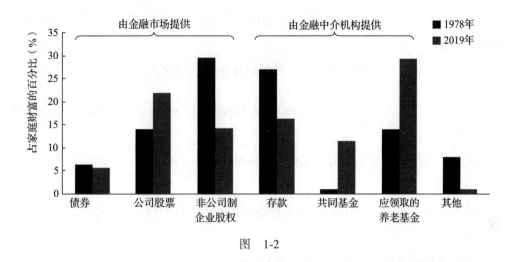

图　1-2

图 1-2 表明，过去几十年间家庭将其金融财富投资于不同的资产，而这些资产分布发生了巨大的变化。从财富的类别来看，在这些金融市场提供的资产中，家庭持有的公司股票在全部财富中所占比例从 1978 年的大约 14% 增加至 2019 年的接近 22%。但是，现在的家庭拥有的不到一半的股权来自非公司制企业，包括合伙制企业（企业的所有者为两人或两人以上，但并非公司）和独资企业（企业为单个自然人所有）。这些企业股权的多少取决于企业在减去债务之后还能卖多少钱，其中的差别很大。这种股权在家庭财富中的重要性有所降低，部分原因在于很多规模相对较大的企业在 1978 年时采用的是合伙制，而在 2019 年则成了公司制。

在家庭持有的各种财富中，由金融中介机构提供的资产表明，家庭现在持有的存款在他们的财富中占比大幅下降，这包括支票账户、储蓄账户和存款凭证。家庭持有的共同基金份额在其财富中的占比大幅增加，应领取的养老基金也是如此，后者代表了家庭在私人企业养老金计划和州政府与地方政府的养老金计划中有权获得的份额的金额，以及个人退休金账户（individual retirement accounts，IRAs）的金额。家庭应领取的养老基金金额增加，原因是州政府和地方政府为自己的雇员提供的养老金有了大幅上升，工人的个人退休金账户和 401（k）计划中的资金也有所增加，这些账户是由企业提供的。工人将收入存入个人退休金账户和 401（k）账户，这部分收入不用缴税，直到他们退休之后取出这笔钱时才会缴税，这使得这些账户成为非常有吸引力的储蓄工具。

美联储和其他金融监管者

在美国的大部分商品和服务市场上，对于决定生产什么，如何生产，企业定价是多少以及企业如何运作，政府发挥的作用极为有限。但是，美国和其他大多数国家的政策制定者认为，金融市场不同于大部分商品和服务市场。它们之所以存在这种区别，是因为只要对其放任不管，金融体系就会出现动荡，并且引发经济衰退，我们后面将会看到这一点。

美国联邦政府有几个部门致力于监管金融体系，它们包括：

- 美国证券交易委员会（Securities and Exchange Commission，SEC），负责监管金融市场。
- 联邦存款保险公司（Federal Deposit Insurance Corporation，FDIC），为银行存款提供保险。
- 美国货币监理署（Office of the Comptroller of the Currency），负责监管联邦特许银行。
- 美国联邦储备系统，美国的中央银行。
- 美国消费者金融保护局（Consumer Financial Protection Bureau，CFPB），美国国会为了应对 2007 ~ 2009 年金融危机而创建的，目的在于保护消费者在金融市场上免受欺诈。

尽管我们将会在本书中讨论以上这些机构，因为它们都很重要，但是我们将会把注意力放在美联储。我们在这里简单介绍一下美联储的概况，在后面的章节将会详细讨论它是如何运作的。

何为美联储

美联储是美国的中央银行。美国国会于 1913 年创建了美联储，以应对银行体系存在的问题。正如我们已经看到的那样，银行的主要业务是吸收存款，发放贷款。由于储户在任何时候都有权取走他们的存款，而获得银行贷款以买车或者买房的人需要数年才能偿还贷款，因此银行会遭遇困境。如果大量储户同时要求取走存款，银行可能没有足够的现金来满足这些需求。解决这一问题的一个办法，就是由一国的中央银行扮演"最后贷款人"的角色，向银行发放短期贷款，为其提供资金以满足储户的需求。由于美国国会相信美联储在 20 世纪 30 年代大萧条期间未能履行自己最后贷款人的职责，它于 1934 年创建了联邦存款保险公司（FDIC）。联邦存款保险公司为每位储户在每家银行的存款提供最高 25 万美元的保险，这降低了储户在金融危机期间提取存款的可能性。

美联储的职能是什么

现在的美联储发挥的作用远不止扮演最后贷款人的角色，特别是美联储现在在负责**货币政策**的制定。货币政策指的是美联储为了管理货币供给和利率以实现宏观经济政策目标而采取的行动。这些政策目标包括高水平的就业、低通货膨胀率、高增长和稳定的金融体系。美联储委员会掌控其运转，委员会由 7 名成员组成，他们由美国总统任命，并经美国参议院同意。委员会中的一名成员被任命为主席。2020 年，美联储主席是杰罗姆·鲍威尔（Jerome Powell），他是由唐纳德·特朗普总统于 2018 年任命的。美国联邦储备系统分为 12 个地区，每个地区都有一家联邦储备银行，如图 1-3 所示。联邦公开市场委员会（Federal Open Market Committee，FOMC）是美联储制定政策的主要机构。联邦公开市场委员会的构成如下：

- 7 位美联储委员会成员。
- 纽约联邦储备银行主席。
- 其他 11 家地区联邦储备银行主席中的 4 位。

图 1-3　美国联邦储备系统

注：美国联邦储备系统分为 12 个地区，每个地区有一家联邦储备银行，在本图中用一个圆点表示。联邦政府创建了联邦储备系统，但是每家区域性联邦储备银行是由本地区的商业银行所有的。注意，夏威夷和阿拉斯加被纳入联邦储备系统的第 12 个地区。

资料来源：联邦储备系统委员会。

联邦公开市场委员会每年在华盛顿开 8 次会议，以讨论货币政策。在这些会议上，委员会将会决定一个特别重要的利率的目标，即**联邦基金利率**（federal funds rate），这是各家银行为相互发放的短期贷款而收取的利率。

在第 1.2 节，我们将简要讨论美联储在 2007 ～ 2009 年金融危机期间所发挥的作用。现在，让我们通过讨论金融体系所提供的重要服务，先对金融体系进行简单的概括。

金融体系的作用是什么

在本书中，我们所做的不仅仅是描述金融体系，我们还将使用经济学基本工具，**分析**这一体系是如何运作的。在你的经济学原理课上，你已经学习过这些工具，包括供求模型和边际分析。你还懂得了经济学的基本理念，即企业相互竞争，以提供消费者想要的商品和服务。在金融体系中，银行、保险公司、共同基金、股票经纪人和**其他金融服务企业**相互竞争，以为家庭和企业提供金融服务。

经济学家认为，金融体系为储蓄者和借款人提供三种关键的服务，即风险分担、提供流动性、收集和交流信息。金融服务企业以不同的方式提供这些服务，这会使不同金融资产和金融债务对于单个储蓄者和借款人的吸引力变大或变小。

风险分担

风险是相对于你的预期而言，金融资产的价值发生变化的可能性。利用金融体系使单个储蓄者和借款人匹配起来，好处之一就是可以分担风险。比如，如果你以 300 美元的价格买了 1 股苹果公司的股票，1 年以后这股股票可能值 270 美元或 320 美元，这取决于苹果公司的盈利状况。大部分个人储蓄者追求稳定的资产收益，而不是收益高低捉摸不定。为了实现更为稳定的收益，一种方法就是持有资产组合。比如，在你持有的资产中，可能一部分是美国储蓄公债，一部分是股票，一部分是共同基金。尽管在任何特定时期，一种资产或一组资产可能会表现优异，另外一些则表现欠佳，但是总体收益会趋向于平均值。将财富分成很多类资产以降低风险，这就是所谓的"**分散化**"。金融体系使得储蓄者可以持有很多资产，从而提供了**风险分担**的机会。

金融体系这种分散风险的能力，使储蓄者更愿意购买股票、债券和其他金融资产。反过来，储蓄者的这种投资意愿又增强了借款人在金融市场上筹集资金的能力。

提供流动性

金融市场为储蓄者和借款人提供的第二项重要的服务就是**提供流动性**，这是指一种资产能够换成货币的容易程度。储蓄者将金融资产的流动性视为一种有益的特征。当他们需要用钱来购买商品和服务或者进行金融投资时，他们希望能够很容易地把自己的资产卖掉。更具流动性的资产可以迅速而便捷地换为货币，而流动性较差或缺乏流动性的资产要换成货币，只有等候一段时间或者付出一定的代价。比如，如果你想要买点杂货或者衣服，用美元或者与支票账户绑定的借记卡会非常方便。然而，卖掉你的车来付款就要花更长的时间，因为个人资产缺乏流动性。为了卖掉你的车，你可能需要支付一些广告费用，或者不得不接受二手车经销商较低的报价。通过持有对一家工厂的金融索偿权，比如拥有这家工厂的企业所发行的股票或者债券，个人投资者就拥有了更具流动性的储蓄方式，它比这家工厂机器的流动性更强。投资者将这些股票或者债券转换成货币，要比将用途单一的机器转换成货币容易得多。

总之，可以说金融市场创造的资产，比如股票、债券或者支票账户，要比汽车、机器或者房地产等实物资产更具流动性。比如，如果你将 10 万美元直接借给了一家小企业，你可能无法将这笔贷款再出售出去，因此，你的投资缺乏流动性。然而，如果你将 10 万美元存入银行，然后银行再向这家企业发放 10 万美元的贷款，与前面的直接贷款相比，你的存款的流动性要强得多。

金融市场和中介机构使得金融资产更具流动性。投资者可以很容易地将其持有的政府公债与大企业的股票和债券卖掉，因为资产的流动性很强。正如我们前面已经讲过的，在过去的 20 年间，金融体系使股票和债券以外的其他资产的流动性有所增强。证券化的过程使得买卖基于贷款的证券成为可能。抵押贷款和其他贷款已经成为储蓄者更愿意持有的资产。储蓄者愿意以更低的利率接受流动性更强的资产，这降低了很多家庭和企业借款的成本。衡量金融市场效率的一种方法就是看它在多大程度上可以将缺乏流动性的资产转变为储蓄者想要购买的有流动性资产。

收集和交流信息

金融体系提供的第三种服务是收集和交流**信息**或者借款人和金融资产预期收益的相关事实。你本地的银行是各种信息的集散地。它收集借款人的信息，以估计他们偿还贷款的可能性。潜在的借款人在网上填写一张详细的贷款申请表，银行信贷员就会借助这些信息来确定，申请者的财务状况和按时缴纳各种账单的记录是否意味着她可能不会不偿还贷款。因为银行在收集和处理信息方面拥有专长，它收集信息的成本要低于你自己去搜集借款人各种信息的成本。银行从贷款中赚取的利润，其中一部分就是对银行雇员在收集和保存信息方面所耗费的资源与时间的补偿。

金融市场通过确定股票、债券和其他证券的价格，同时向储蓄者和借款人传递相关的信息。如果你持有的苹果公司的股票价格上涨，你就知道其他投资者肯定预期苹果公司的利润将会更高。这一信息有助于你决定是否还要继续投资苹果公司的股票。同样地，苹果公司的管理者也可以利用该公司的股票价格来了解投资者认为这家公司经营得如何。比如，苹果公司股票价格大幅上涨意味着投资者对公司前景抱有乐观态度。苹果公司可能就会利用这一信息来确定是否出售更多的股票或债券，以为企业的扩张融资。资产价格中包含了各种可以利用的信息，这是金融市场运作良好的一个重要特征。

在本书的每一章中，你都会发现"解决问题"专栏。这一专栏通过引导你一步步解决货币、银行和金融市场中的实际问题，增进你对相关内容的理解。

◗ 解决问题 1.1

证券化贷款提供的服务

我们前面讲过，证券化贷款作为一种金融资产，在过去 25 年间变得越来越重要。简要论述证券化贷款是否提供了风险分担、提供流动性和收集和交流信息等重要服务。在你的回答中，需要对证券化贷款做出界定，并解释它们是金融资产还是金融证券，或者两者兼是。

解决问题

第一步　复习相关内容。这个问题关于证券化贷款所提供的服务，因此你可能想要复习一下"金融资产"和"金融体系的作用是什么"这两部分的内容。

第二步　对证券化贷款做出界定，解释它们是金融资产还是金融证券，或者两者兼是。在银行或其他出借人发放贷款以后，普通贷款或者说没有证券化的贷款无法再被出售。因此，非证券化的贷款是金融资产，但不是金融证券。证券化贷款是将一些贷款与其他贷款打包在一起，然后再次出售给投资者。因此，证券化贷款既是金融资产，也是金融证券。

第三步　说明证券化贷款是否提供了风险分担、提供流动性和收集和交流信息等重要服务。证券化贷款提供了这三种重要服务。比如，在抵押贷款被证券化之前，借款人违约的风险或者停止偿还贷款的风险是由银行或者其他出借人承担的。当一笔抵押贷款与类似的抵押贷款一起打包成抵押贷款证券时，这一证券的购买者共同分担该笔抵押贷款违约的风险。由于任何单笔抵押贷款仅占这一证券价值的很小一部分，如果某个借款人对某笔抵押贷款违约，证券的购买者只需承受很小的损失。

一笔贷款如果不证券化的话，就会缺乏流动性，因为无法将它再出售出去。一笔证券化了的贷款可以再次出售，因此会存在一个二级市场，这使其具有了流动性。单个投资者不愿意直接向企业或家庭发放贷款，原因之一就是他们对于借款人的财务状况缺乏足够的信息。如果贷款被证券化，投资者实际上可以通过购买一笔证券化了的贷款向家庭或企业发放贷款，而不需要有与借款人财务状况有关的直接信息。在购买证券化贷款时，投资者依靠银行或其他贷款发起人来收集必要的信息。

因此，证券化贷款提供了这三种重要的金融服务，即风险分担、提供流动性以及收集和交流信息。

1.2 2007～2009 年和 2020 年金融危机

学习目标 概述 2007～2009 年和 2020 年金融危机。

在 2007 年以及 2020 年，美国遭遇了严重的经济衰退，数百万人失去了工作，很多企业被迫破产，金融体系承受了巨大的压力。在 2007～2009 年的衰退于 2009 年 6 月结束时，经济复苏步履蹒跚，美国经济用了超过 5 年的时间，才使失业率恢复到正常水平。

在过去的 100 年中，能与 2007～2009 年和 2020 年危机相提并论的唯有 20 世纪 30 年代的大萧条。1931 年赫伯特·胡佛（Herbert Hoover）总统宣称危机最严重的时刻已经过去，经济即将迅速恢复，但是实际上，未来 9 年失业率依旧居高不下。在 2007～2009 年以及危机之后，与之类似的，一些政策制定者和经济学家做出了"繁荣即将回归"的错误预测。

由于时间太短，我们还无法得知美国经济多久才能从 2020 年的衰退中恢复过来，我们可以简略地考察一下为何 2007～2009 年的衰退会如此严重，以及为何经济恢复的时间比预期的要长得多。2007～2009 年的衰退如此严重，主要的原因是自 20 世纪 30 年代大萧条以来，这是第一次经济伴随着金融危机下滑。正如我们在以后的章节中将会看到的那样，由于 2007～2009 年的危机，金融体系在很多重要的方面发生了变化。因此，即便这场金融危机距今已超过 10 年，对于理解金融体系以及政策制定者如何应对由 2020 年新冠疫情引发的经济衰退和金融危机而言，了解这次金融危机仍有重要意义。

我们可以依据本章对金融体系的讨论，简单了解一下 2007～2009 年的金融危机。金融危机是指，资金由出借人向借款人的流动受到了极大的破坏。

2007 ～ 2009 年金融危机的起因

2007 ～ 2009 年金融危机的主要原因是 2000 ～ 2005 年的房地产泡沫。**泡沫**指的是某类资产的价格不可持续地上升，比如高科技公司发行的股票的价格、石油和其他大宗商品或者房屋的价格。图 1-4 显示了房地产泡沫的形成和最终的崩溃。图 1-4a 表明，直至 2005 年 7 月，美国新建独栋住宅的销售量一直在稳定增加，但是 2005 年 7 月至 2010 年 7 月，销量惊人地下降了 80%。图 1-4b 是凯斯－席勒指数（Case-Shiller Index），它衡量的是独栋住宅的价格变化，这一指数呈现了相似的趋势，即直至 2006 年年初，住宅价格急剧上升，然后从 2007 年年初至 2012 年年初出现了持续下跌。直到 2017 年，住宅价格才重新达到危机之前的水平。至 2020 年，甚至在新冠疫情对房地产市场产生影响之前，住宅销售量仍未恢复至危机之前的水平。

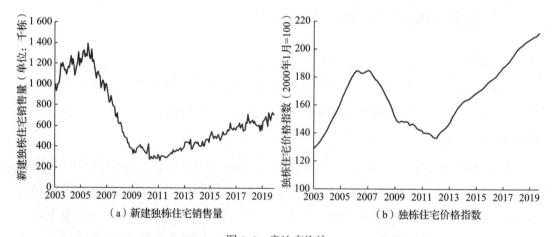

（a）新建独栋住宅销售量　　　　　　　　　　（b）独栋住宅价格指数

图 1-4　房地产泡沫

注：图 a 表明直至 2005 年，房地产泡沫导致了新建独栋住宅销量迅速增加，紧接着从 2005 年 7 月开始，销量急剧下降。2011 年，销量开始缓慢复苏。

图 b 表明住宅价格呈现出与住宅销售相似的趋势，尽管 2011 年之后，住宅价格比住宅销售量增长得更快。

资料来源：圣路易斯联邦储备银行。

很多经济学家认为，抵押贷款市场的变化对于房地产泡沫起到了重要作用。抵押贷款是第一种被广泛证券化的贷款。为了提高自有住房的比例，美国国会试图为抵押贷款创建一个二级市场。1968 年，国会开始依靠政府扶持企业（government-sponsored enterprises，GSE）来实现这一目标，这就是联邦国民抵押贷款协会（房利美，Fannie Mae）和联邦住房贷款抵押公司（房地美，Freddie Mac）。房利美和房地美向投资者出售债券，然后用这些资金来购买银行的抵押贷款。20 世纪 90 年代，已经出现了一个大规模的抵押贷款二级市场，资金通过房利美和房地美由投资者流向银行，并最终流向了贷款买房的人。

至 21 世纪头 10 年，投资银行成为抵押贷款二级市场上的重要参与者。投资银行开始购买抵押贷款，并将大量抵押贷款打包成抵押贷款证券，然后再将其出售给投资者。结果证明抵押贷款证券非常受投资者的欢迎，因为与其他在卖方违约或停止偿付方面风险相当的证券相比，这些证券通常利率更高，在房地产泡沫达到最高点的 2005 年和 2006 年年初，出借人降低了取得抵押贷款的标准，结果很多抵押贷款发放给了信用记录不佳的**次级借款人**。另外，次优借款人（Alt-A borrowers）和只交很少首付的借款人发现申请贷款更容易了。次优借款人是指声称自己有一些收入但是并未提供所得税申报表予以证明的借款人。

不幸的是，自 2006 年开始的房地产价格下跌导致很多借款人的抵押贷款违约。结果，抵押贷款证券的价值急剧下降，投资者担心如果购买这些证券会有所损失。很多商业银行和投资银行持有抵押贷款证券，这些证券贬值使其遭受了严重的损失。至 2007 年年中，抵押贷款证券贬值和商业银行与投资银行遭受的巨额损失，使金融市场动荡不安。很多投资者拒绝购买抵押贷款证券，一些投资者只愿意购买美国财政部发行的公债。银行开始只向最为安全的借款人发放贷款。维系经济命脉的资金由储蓄者向借款人的流动开始急剧萎缩。

危机的深化和美联储与财政部的应对

从 2008 年春天开始，美联储和美国财政部采取了非同寻常的措施，以应对自 2007 年 12 月出现的金融危机和经济衰退所产生的影响。2008 年 3 月，美联储和财政部采取行动，挽救了贝尔斯登（Bear Stearns）这家投资银行，因为它们认为一家大型金融企业倒闭将会产生广泛的经济影响。一些经济学家和政策制定者对这一决定提出了批评，因为他们担心存在道德风险问题，即如果金融企业的经理人员相信联邦政府会在他们将要破产时伸出援救之手，他们就有可能从事风险更高的投资。2008 年 9 月，当投资银行雷曼兄弟（Lehman Brothers）濒临破产时，美联储和财政部再次担心这家企业的破产会危及金融体系的资金流动。

部分地由于对贝尔斯登的援救行动受到了批评，美联储和美国财政部允许雷曼兄弟破产，而后者于 2008 年 9 月 15 日正式破产。雷曼兄弟破产波及甚广，包括大部分种类的借贷数量急剧下降。2008 年 10 月，美国国会通过了"不良资产救助计划"（Troubled Asset Relief Program，TARP），财政部基于这一法案向商业银行提供资金，并换回这些银行的一些股份。取得私人商业银行的部分所有权，这对于联邦政府而言是史无前例的行为。

美联储和美国财政部在 2007 ～ 2009 年经济衰退期间采取的部分政策引发了争议，

因为这牵扯到政府拥有金融企业的部分所有权，不允许大型金融企业破产的隐含保证，以及对金融市场史无前例的干预行动。美联储和财政部采取这些措施的目的，在于恢复资金由储蓄者向借款人流动的水平。如果资金流动无法提升至更为正常的水平，家庭就无法获得购买住房、汽车和其他耐用消费品所需的贷款，企业也无法获得贷款对工厂和设备进行新的投资，甚至没钱购买存货或者支付工资。

新冠疫情引发的金融危机

正如我们在本章开篇中看到的那样，新冠疫情对美国经济的影响使金融市场立即受到了冲击。至 2020 年 3 月中旬，很多市长和州长关闭了除满足基本生活需要以外的其他企业，这使得这些企业的正常收入大幅降低或者完全消失，它们也不得不裁掉很多工人。储蓄者和投资者都不愿意向外借款，因为他们担心家庭和企业的借款人在偿还贷款时可能面临严重的困难。

为了应对这些问题，美联储恢复了一些贷款项目或者借款便利（lending facilities），它曾经在 2007 ～ 2009 年金融危机期间使用过这些工具，它还创建了一些新的便利措施，目的在于维持金融体系中的资金流动，以及企业继续获得信贷的能力。另外，国会和唐纳德·特朗普总统出台了几组援助政策，以应对危机。由于很多企业关门，一些州的民众也被要求留在家中，除了购买食品杂货等必需的出行以外，不要外出，国会和总统主要关注的是帮助企业不要倒闭，并为家庭提供足够的资金，用于支付住房租金或偿还抵押贷款，购买食品杂货，以及支付其他必要的费用。主要的一组救助政策就是《新冠病毒援助、救济和经济安全法案》（Coronavirus Aid，Relief and Economic Security，CARES），总金额超过 2 万亿美元，在美国历史上，这次的财政政策行动规模远超过以往的水平。这一法案包括以下内容：

- 直接支付给家庭的款项。
- 追加支付的失业保险。
- 为州政府提供的资金，补偿它们由于抗击疫情而产生的费用。
- 依据"薪资保护计划"（Paycheck Protection Plan，PPP）向企业提供贷款和补贴。

如果银行依据"薪资保护计划"向小企业发放贷款，美联储就会向这些银行发放贷款，以便有效地为这些银行提供它们发放贷款所需的大部分资金。因为只有小企业有资格享受这一法案带来的便利，4 月下旬，美联储启动了"主街贷款计划"（Main Street Lending Program），以为中型企业发放贷款。根据这一计划，银行发放贷款，然后再将其转售给美联储。如果企业对这些贷款违约，美联储就可能有所损失，因此，美国财政部同意利用国会依据《新冠病毒援助、救济和经济安全法案》提供的资金，来补偿美联储的损失。

很多经济学家和政策制定者相信，由于新冠疫情引发的金融危机极为严重，美联储采取一些创新性的措施是合理的，但是也有一些人担心，美联储在危机期间与财政部密切合作，可能有损美联储的独立性。正如我们将在后面的章节中看到的，美联储如何在金融体系中恰当地发挥作用，将引发激烈的争论。

1.3　有关货币、银行和金融体系的关键议题和问题

学习目标　解释与金融体系相关的关键议题和问题。

本书涵盖很多不同的议题。从第 2 章开始，我们在每一章的开始列出一个关键议题和相关问题，在每章的结尾，我们将利用在本章中学到的分析方法来回答这一问题。这些议题和问题如下，它们为后面各章提供了一个框架。

第 2 章：货币与支付系统

议题：美联储采取行动以应对 2007～2009 年和 2020 年的金融危机，这引发了一些问题，即美联储是否还应该继续不受总统和国会的监督，独立地运作。

问题：中央银行是否应该独立于政府的其他部门？

第 3 章：利率与收益率

议题：一些投资分析师认为，某些长期债券的利率水平极低，这可能会使其成为风险颇高的投资。

问题：为何利率与金融资产价格的变动方向是相反的？

第 4 章：利率的决定

议题：自 2007～2009 年金融危机以来的这些年，利率维持在历史低位。

问题：哪些因素对于利率的决定最为重要？

第 5 章：利率的风险结构和期限结构

议题：一些经济学家和政策制定者认为，债券评级机构与投资者存在利益冲突，因为付费给它们的，正是它们所评债券的发行企业。

问题：政府是否应当更严密地监管债券评级机构？

第 6 章：股票市场、信息和金融市场效率

议题：股票价格上下波动的幅度很大。

问题：股票市场的波动会对经济产生广泛的影响吗？

第7章：衍生品与衍生品市场

议题：在2007～2009年金融危机期间及以后，投资者、经济学家和政策制定者认为金融衍生品是金融体系不稳定的原因之一。

问题：衍生品是"大规模毁灭性金融武器"吗？

第8章：外汇市场

议题：最近这些年，美元和其他货币之间的汇率大幅波动。

问题：为何如果以其他货币来衡量，美元的币值就无法保持稳定？

第9章：交易成本、信息不对称和金融市场的结构

议题：对很多企业而言，获取资金以扩大自己的经营规模是一项重大的挑战。

问题：为何企业更依赖贷款和债券而不是股票作为外部融资的来源？

第10章：银行经济学

议题：在过去的40年间，美国金融体系经历过两次银行倒闭数量大幅上升的时期。

问题：银行业是一个风险特别高的行业吗？银行需要面对哪些类型的风险？

第11章：超越商业银行：影子银行与非银行金融机构

议题：在21世纪前10年和21世纪10年代，在银行体系之外，由出借人向借款人的资金流动有所增加。

问题：对于美国金融体系的稳定，影子银行体系是不是一个威胁？

第12章：金融危机与金融监管

议题：在不到15年的时间里，美国经历了两次金融危机，即房地产价格泡沫破灭之后的2007～2009年危机和新冠疫情期间的2020年危机，两次危机都伴随着严重的经济衰退。

问题：爆发金融危机的原因是什么？

第13章：美联储和中央银行业务

议题：唐纳德·特朗普总统对美联储政策的批评引发了一场辩论，即是否应该降低美联储的独立性。

问题：国会和总统是否应该对美联储拥有更大的权力？

第14章：美联储的资产负债表与货币供给创造过程

议题：2007～2009年金融危机结束数年以后，银行持有的准备金仍然处在创纪录的水平。

问题：为何在 2007 ～ 2009 年金融危机期间及以后，银行准备金急剧增加？政策制定者是否应当关注银行准备金的增加？

第 15 章：货币政策

议题：在 2007 ～ 2009 年和 2020 年金融危机期间，美联储实施了非同寻常的货币政策以稳定金融体系，帮助经济从衰退中恢复过来。

问题：美联储是否有可能重新使用 2007 年之前的货币政策程序？

第 16 章：国际金融体系与货币政策

议题：欧洲从 2007 ～ 2009 年金融危机中恢复缓慢，引发了对欧洲中央银行货币政策的争论。

问题：欧洲国家应该放弃使用共同货币吗？

第 17 章：货币理论 I：总供求模型

议题：2007 ～ 2009 年金融危机距今已超过十年，就业人口比例仍处于较低水平。

问题：在始于 2009 年的经济扩张中，就业增长相对缓慢的原因是什么？

第 18 章：货币理论 II：IS-MP 模型

议题：在 2007 ～ 2009 年和 2020 年的经济衰退中，美联储将联邦基金目标利率降至接近于零的水平。

问题：在哪种情况下，降低联邦基金目标利率对于抗击经济衰退可能会失效？

第 2 章

货币与支付系统

学习目标

在学习了本章之后，你应该能够：

2.1 分析实物交易体系的低效率。

2.2 列出并描述货币的 4 种重要功能。

2.3 解释支付系统在经济中的作用。

2.4 解释如何度量美国的货币供给。

2.5 利用货币数量论来分析货币与价格的长期关系。

美联储造福大众还是造福华尔街

在 2020 年美国总统大选期间，唐纳德·特朗普总统毫不掩饰自己对于美联储领导层的不满。他在演进中批评美联储主席杰罗姆·鲍威尔在降低利率和刺激经济方面做得不够多。与经济收缩相比，如果经济正在扩张，那么现任总统再次当选的机会就会更大。马萨诸塞州参议员伊丽莎白·沃伦和佛蒙特州参议员伯尼·桑德斯都参加了民主党 2020 年总统候选人的竞选活动，他们也对美联储持批评态度，但是原因与特朗普总统不同。他们认为，美联储过于关心金融企业的利益，对普通民众的需求则缺乏足够的关注。根据桑德斯参议员的观点，美联储必须代表普通美国人和小企业的需求，而不是华尔街亿万富翁们的利益。对美联储感到不满的不仅是总统候选人，还包括很多国会议员，对一般公众而言，接近一半的人对美联储的感觉不佳。

接下来就是新冠疫情的冲击。正如我们在第 1 章看到的，美联储和美国财政部拿出数万亿美元为企业和家庭提供直接支持和间接支持。美联储和财政部采取的措施与

2007 ～ 2009 年金融危机和经济衰退时相似，尽管政策力度要小一些。很多经济学家认为，正是这些措施使金融体系免遭进一步的破坏。由于 2020 年经济衰退和金融危机的状况与之前有很大的不同，美联储和财政部采取的措施能起到多大作用，尚有待观察。一些经济学家和政策制定者对美联储在两次危机期间的措施有所不满，原因似乎主要不在于这些措施的效果，而在于他们认为美联储的措施有违 1913 年《美联储法案》中体现的基本精神。根据这一法案，美联储被授予了实质性的独立于国会和总统的权力，但是作为交换，美联储只能从事狭义的货币政策的制定。参议员沃伦和桑德斯以及其他一些人认为，多年以来，美联储利用自己的独立地位，寻求有利于"华尔街"或者说大型金融企业的政策，而不为老百姓或者说家庭与小企业着想。

但是，为何美联储的运作方式不同于其他联邦政府机构，比如联邦调查局或者国防部？在第 13 章，我们将会讨论为何国会以现在这种结构创建了美联储。在这里，我们只需指出很多国家之所以授予它们的中央银行相当独立的地位，一个重要的原因就是货币供给的变化会影响通货膨胀率。如果中央银行由政府直接控制，货币供给经常就会增长得过快，从而引发严重的通货膨胀。让我们考察两个特别著名的案例。

在津巴布韦这个非洲国家，政府命令本国的中央银行快速增加货币供给，这有助于政府偿付自己的支出。结果，该国的通货膨胀率在 2008 年达到了几乎无法想象的百分之一百五十亿。中央银行开始印制面值为 500 亿的津巴布韦元，然后面值又增加到 1000 亿元，接下来是 100 万亿元。津巴布韦非同寻常的通货膨胀使产出和就业出现了灾难性的下降。最终，津巴布韦政府为了控制通货膨胀，于 2009 年决定放弃本国货币，完全使用美元。最近，委内瑞拉政府也要求中央银行快速印制货币，以为本国政府的大量开支融资。结果就是估计的通货膨胀率在 2019 年达到了百分之一千万。

极高的通货膨胀率对家庭和小企业的打击通常要比对大型金融企业更严重，后者更有能力使自己免受价格飞涨的影响。从这个角度来讲，好的中央银行政策会考虑普通人的利益。

但是，为了避免出现像津巴布韦和委内瑞拉那样的经济灾难，美联储当前的结构必须如此吗？在后面的章节，我们将继续讨论中央银行的政策，以及有关美联储的政治争论。在本章中，我们集中关注货币供给以及货币与通货膨胀之间的联系。

因为一国极高的通货膨胀率几乎总会导致产出和就业的下降，货币、通货膨胀和一国中央银行的政策之间的联系就非常重要。在本章中，我们开始探究它们之间的联系，首先简要地讨论一下什么是货币以及货币如何度量。在本章的最后，我们将讨论货币数量论，这一理论说明了货币供给的变化与通货膨胀率之间在长期存在的关联。

> **关键议题和问题**
>
> **议题：** 美联储采取行动以应对 2007～2009 年和 2020 年的金融危机，这引发了一些问题，即美联储是否还应该继续不受总统和国会的监督，独立地运作。
>
> **问题：** 中央银行是否应该独立于政府的其他部门？

2.1 我们需要货币吗

学习目标 分析实物交易体系的低效率。

经济学家将货币非常宽泛地定义为在购买商品和服务或者在结清债务时，被普遍接受的**任何东西**。我们需要货币吗？一个经济体需要货币才能运转，这似乎显而易见。然而，回想一下你学过的经济学原理课，以及有关供求、生产、竞争和其他微观经济学问题的讨论，这些讨论可能并没有提到货币。当然，虽然没有明确说，但是大家也都明白，所有的买卖行为都与货币有关。即使不提货币，你也可以把市场体系如何运转基本上讲清楚，这表明货币为家庭和企业所提供的服务并非总是显而易见的。

实物交易

即使没有货币，经济也可以运转。在经济发展的早期阶段，人们经常通过相互之间的直接贸易来交换商品和服务。这种类型的交易被称为"实物交易"。比如，美洲殖民地时期的边疆地区，如果一位农民的奶牛死了，他可能就会用几头猪来交换邻人的奶牛。原则上来讲，处于实物经济中的民众可以通过交换商品和服务来满足他们所有的需求，在这种情况下，他们不需要货币。然而在现实中，实物经济缺乏效率。

实物经济之所以缺乏效率，有以下四个主要原因：

1. **买卖所需付出的时间和精力**。买方和卖方必须花费时间和精力来寻找交易对象。上述农民询问的第一位邻居可能并不想用奶牛来换几头猪。在实物交易体系中，交易各方都必须对另外一方能够用于交换的东西有需求。也就是说，必须满足**需要的双向一致性**。由于在实物经济中寻找交易对象需要付出很多时间和成本，因此，**交易成本**或者说进行交易或交换所需的时间或其他资源将会很多。

2. **每种商品无法形成唯一的价格**。在实物交易中，同一种商品会有很多价格。上述农民可能用 3 头猪换一头奶牛，也可能用 10 蒲式耳[⊖]小麦换一把犁，或者用一张桌子换一驾马车。那么，奶牛、犁和马车的价格是多少呢？答案是每种商品将会有很多价格，它每交换一种商品都会形成一个价格。一头奶牛有一个按照猪来计算的价格、一个按照小麦计算的价格、一个按照马车来计算的价格，如此等等。一个实物交易的经济体中如果仅有 100 种商品，就会有 4950 个价格，如果有 1 万种商品，就会有 49 995 000 个价格。[⊜]

3. **缺少价格标准**。所有的猪和奶牛都是不一样的，所以如果以猪来衡量奶牛的价格，就不得不考虑这些动物的具体大小和其他特性。

4. **难以积累财富**。在实物交易体系中，积累财富的唯一方法就是囤积商品，但是安全地存储商品会产生不菲的成本。

发明货币

实物交易的低效率使得大部分人不得不处于自给自足的状态。在美洲殖民地时期的边疆地区，大部分人自己种粮食，自己建房子，自己制作衣服和工具。这样的经济难以实现增长，因为每个人都擅长某种工作，但是对于其他工作则不在行。比如，美洲殖民地的某个人精于木匠活，但是不善于种庄稼。为了提高实物交易的效率，人们会尽力找到一种具体的商品，大部分人在交易中普遍会接受这种商品。换句话说，他们有很强的动力去发明货币。比如，在殖民地时期，动物皮毛通常被用于制作衣物。田纳西州第一任州长每年的薪酬是 1000 张鹿皮，该州财政部部长的薪酬则是每年 450 张水獭皮。一种用作货币的商品如果在作为货币之外还有其他价值，它就被称为"商品货币"。在历史上，如果一种商品作为货币被广泛接受，那些即使现在不需要这种商品的人，也愿意接受它。一位殖民地时期的农民或者田纳西州长可能并不想要鹿皮，但是只要他知道自己可以用其来购买其他商品和服务，他就愿意以自己需要出售的东西来交换鹿皮。

| 概念应用 |

什么是货币？问莫斯科的出租车司机

1989 年 8 月，本书的一位作者作为一组美国经济学家中的一员，到了当时还属于苏联的莫斯科和列宁格勒（现在的圣彼得堡），与苏联经济学家一起讨论两国共同面对

　⊖ 1 蒲式耳 =27.216 千克。

　⊜ 这些计算结果是基于一个确定 N 种商品需要多少个价格的公式，即如果有 N 种商品，需要的价格数量 = $N(N-1)/2$。

的某些经济问题。在那里，俄罗斯的出租车司机给他上了有关货币的重要一课。

乘出租车往返会场和餐馆，是一种痛苦的经历。接待本书作者的主办方给了美国经济学家一些卢布，这是当时苏联使用的货币。但是苏联商人和出租车司机不想要卢布，出租车司机用美元、德国马克或者日元来计费，这让人不知所措。而且，每辆出租车收取的费用都不一样。

当本书作者将这一令人倍感受挫的经历告诉自己的妻子时，她说自己觉得这样毫无问题，因为她用万宝路而非货币来支付出租车费！作者第二天也用了万宝路，在付出租车费时非常顺利。他发现出租车司机可以很容易地将车费由所有主要货币转换为万宝路这一一般等价物。

至少在那段时期，万宝路替代了官方货币（卢布），被莫斯科的出租车司机广泛接受。

一旦一个社会发明了货币，交易成本就会大幅减少，实物交易其他方面低效率的现象也会大幅减少。这种事情在全世界很多地方发生了很多次。人们可以利用**专业化**的好处，生产他们相对于其他人而言最有能力生产的商品和服务。他们只做一件事，比如做一名会计师、教师或者工程师，并用他们赚取的货币来购买自己需要的其他东西。与实物交易经济不同，今天很少还会有人自己种庄稼，自己做衣服，或者自己建房子。与努力自己生产和创造个人消费的所有商品和服务相比，专业化使人们的生产力得到了极大的提高。过去 200 年间人们的平均收入大幅提高，正是使用货币之后的专业化使之成了可能。

因此，对于"我们需要货币吗？"这个问题，答案就是"是的，因为货币可以带来专业化、更高的生产率和更高的收入"。

2.2   货币的重要功能

学习目标   列出并描述货币的 4 种重要功能：

1. 交易媒介。
2. 记账单位。
3. 价值储藏。
4. 延期支付。

交易媒介

如果你是一位护士或者会计师，你会因为自己提供的服务而获得报酬。然后，你就可以用这笔钱来购买商品和服务。实际上，你是用你提供的护理服务或者会计服务来交换食物、衣服、住房以及其他商品和服务的。但是与实物交易中商品和服务之间的直接交换不同，你参与的这些交换都涉及货币。货币提供了作为**交易媒介**的服务。这就是说，货币是一种媒介，交易借由这种媒介进行。因为按照定义，货币是被广泛接受的购买商品和服务或者偿还债务的支付手段，你知道在你购买食物、衣服以及其他商品和服务时，这些商家会接受你的雇主支付给你的货币。换句话说，你可以专门提供护理或会计服务，而不用像在实物交易的经济中那样，不得不费心自己直接生产你所需要的各种商品和服务。

记账单位

使用一种商品作为交易媒介，还带来了另外一个好处，即不用像在实物交易中那样，根据很多其他商品来为某种商品报价，每种商品只有一种按照交易媒介来衡量的单一价格。货币的这种功能使家庭和企业拥有了一种**记账单位**，或者一种用货币来衡量经济中各种商品或服务的价值的方法。比如，在美国经济中，每种商品或服务都有一个美元价格。

价值储藏

货币使得价值可以很容易地被储藏起来，并由此提供了价值储藏的功能。如果今天你不把自己当前拥有的所有美元全部都用来购买商品和服务，剩下的货币就可以以后再用，实际上你将自己的购买力推迟到了未来。然而，需要注意的是，如果一个经济体中商品或服务的价格随着时间迅速提高，给定数额的货币能够购买的商品和服务的数量就会减少，货币作为价值储藏的作用也会减弱。

当然，货币只是能被用作价值储藏的诸多资产中的一种。事实上，任何资产都代表着价值的储藏，比如苹果公司的股票、长期国债、房地产、雷诺阿（Renoir）的油画。实际上，相对于持有货币，持有股票和债券等金融资产通常有一个重要的优势，即这类资产一般要付利息或者价值可能升值。其他资产也有一些好处，比如它们可以提供服务。例如，房子为房主提供了一个可以睡觉的地方。那么，为什么每个人还一定要持有货币？答案就是**流动性**，或者说一种资产换成货币的容易程度。当你将其他资产换成货币时，就会产生一些交易成本，然而，货币本身具有完全的流动性。比如，当你出售债券或股票时，你通常需要给线上或线下的经纪人一笔费用或佣金。如果你忽然要卖掉你的房子，因为你在另外一个州找到了一份工作，你就不得不向房地产经纪人付一笔佣金，为了尽快卖掉房子，你可能还不得不接受一个较低的价格。为了避

免类似的交易成本，人们愿意在其他资产之外持有一些货币，即使其他资产作为价值
储藏的手段可以提供更多收益。

延期支付

货币还能用作延迟支付的手段。货币作为交易媒介和记账单位，可以为既定时点
的交易提供便利。货币作为价值储藏和延期支付的手段，还能为跨期交易提供便利。
比如，一家家具店可以从一家家具加工厂订购 25 套餐桌，并承诺按照议定的价格在 60
天后付全款。

记住，货币、收入和财富衡量的是不同的东西

了解货币、收入和财富之间的区别是重要的。我们经常说，比尔·盖茨、杰夫·贝
索斯以及其他一些登上《福布斯》(*Forbes*) 杂志美国富豪排行榜的人很有钱。我们并不
是说在他们的口袋里装着或者在他们的豪宅或游艇中藏着很多纸币；我们的意思是他们
拥有很多价值连城的资产，比如股票、债券或者房子。与其他资产一样，货币是**财富**的
组成部分，而财富是一个人资产的价值和负债的价值之差。一种资产只有可以作为交易
媒介时，我们才称其为"货币"。一个人的收入是其在某段时间内赚的钱。所以，与收
入或财富相比，一个人持有的货币通常要少得多，而且财富一般会比收入更多。

什么可以用作货币

我们之前讲过，任何一种资产都可以用作货币，只要它作为支付手段被广泛接受。
从实用的角度考虑，一种资产如果具有以下特点，就适合作为交易媒介：

- 被多数人接受和使用。
- 品质可以标准化，任何两个单位的该资产品质都相同。
- 具有耐久性，不会因很快磨损而无法使用。
- 相对重量而言，其价值较高，大量被用于贸易的货币可以很容易地运输。
- 可以分割，因为商品和服务的价格各不相同。

美国纸币满足所有这些要求，它是由美国财政部印制的，其正式的称谓是"联邦
储备钞票"。

法定货币之谜

需要注意的是，纸币没有内在价值，你可以用 20 美元购买商品和服务，除此之

外，它对你没有什么价值，或许你可以用它做个书签。美联储发行美国的纸币，但是美联储没有法定义务将其兑换为黄金或者其他商品。像纸币这样的货币，除了被用作货币以外没有其他价值，就被称为"法定货币"（fiat money）。

人们接受用纸币来交换商品和服务，部分原因在于联邦政府指定它作为**法定货币**（legal tender），这意味着政府允许用纸币来缴税，并且要求个人和企业接受纸币作为债务的偿付手段。如果联邦储备钞票是法定货币，这是不是就意味着美国的任何人、任何企业，都不得不接受纸币？令人惊讶的是，这个问题的答案是否定的。正如美国财政部在其网站上解释的那样：

> 并没有任何联邦法规规定，私人企业、个人或组织必须接受纸币或硬币作为商品和 / 或服务的支付手段……比如，一辆公交可能禁止以硬币或美元纸币来支付车费。除此之外，电影院、便利店和加油站都可能有自己的政策，即拒绝接受大面额的纸币，这通常是指面额超过 20 美元的纸币。

实际上，流通中的纸币之所以能够作为交易媒介，并**不是**因为政府指定它作为法定货币，而是消费者和企业对它抱有信心，他们相信如果现在接受了纸币，以后在他们需要购买商品和服务时，能够再将这些纸币交给其他人。从本质上来讲，这是一个自我实现预期的例子，即只要你相信其他人会接受这些货币作为你的支付手段，你就会认为像货币这样的东西有价值。我们这个社会愿意使用美联储发行的绿纸片作为货币，这种意愿使美元成了大家都接受的交易媒介。

正如我们将在第 2.5 节看到的那样，如果消费者和企业失去了信心，认为他们以后将无法使用这些货币来购买其他人的商品和服务，那么货币就无法作为交易媒介了。

| 概念应用 |

向百元大钞说再见

至 2020 年年中时，流通中的美联储钞票，即在银行、美国财政部和美联储以外的美钞，大约有 1.8 万亿美元。如图 2-1 所示，流通中的现金自 2000 年起已经增加 2 倍以上。这是很大一笔现金，平均每个美国人的货币持有量超过了 5200 美元。尽管一些企业手头的现金有这么多，但是在任何时候，个人持有的现金数量通常不会超过几百美元。

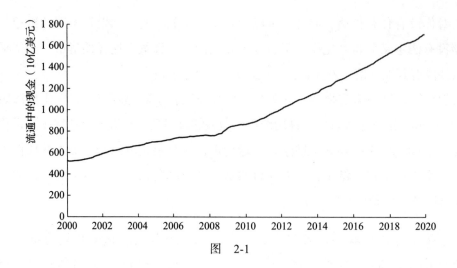

图 2-1

所以，这么多现金都在什么地方？露丝·贾德森（Ruth Judson）这位美联储经济学家估计，多达 70% 的美元现金是由美国以外的个人、企业和政府持有的，但是这些现金仍被记为美国货币供给的一部分。这些美元现金是如何流转到其他国家的？

1. 银行将一些现金运到国外，以满足外国企业的需要。

2. 美国旅行者到国外旅行，将一些美元现金兑换为外币。

3. 一些移民到美国的人将一些现金邮寄给祖国的家人。

4. 一些现金被某些人偷运出美国，并将其用于犯罪活动。

在像委内瑞拉这样的国家，正如我们在本章开篇中看到的那样，通货膨胀居高不下，很多家庭和企业转用美元而不是他们自己本国的货币来交易。美元的购买力是稳定的，而他们本国货币的购买力则在迅速下降。一些国家使用美元作为他们的正式货币，比如巴拿马、萨尔瓦多和厄瓜多尔，但是它们这样做并未经过美国政府的正式许可。

在美国和其他国家，有一些人更喜欢使用现金而不是支票或者信用卡，因为他们正在从事非法活动，或者试图逃避针对合法活动的征税。如果是出于这些目的，大面额的钞票更好用，因为这可以使重要的交易用现金来完成。图 2-2 显示了不同面额的美元钞票占现金总量的百分比。我们忽略了面值从 500 美元到 1 万美元的钞票，因为虽然它们还在流通，但是自 1969 年以来就没有再发行过。绝大部分人在日常生活中只使用较小面额的钞票。然而，面值为 20 美元或者 20 美元以下的钞票仅占所有流通中的钞票的 15%。百元美钞在美国所有通货总额中的占比超过了 80%。由于百元美钞上面印制了本杰明·富兰克林的肖像，电视节目和电影中的犯罪分子和恐怖分子都将这些钞票称为"本杰明"。

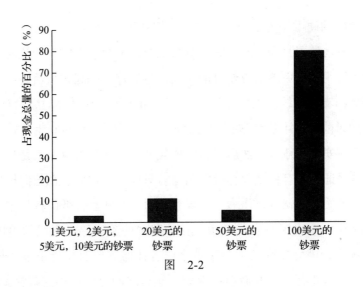

图　2-2

很多政策制定者和经济学家相信，百元美钞帮助犯罪分子和恐怖分子，这种事情不仅发生在电影中。他们认为，利用大额钞票进行现金交易便利了非法活动，因为这使得这类活动很难被政府监控。因此，一些政策制定者曾经提出建议，要求取消使用百元美钞。2019年，欧洲央行停止发行面值为 500 欧元的钞票，也是出于类似的担忧。因为一些恐怖分子使用面值 500 欧元的钞票为他们的活动提供资金，这种钞票有了一个绰号："本·拉登"。

对抗犯罪、逃税和恐怖主义的斗争会使百元美钞追随 500 元欧元的命运，被丢入历史的故纸堆中吗？财政部前部长劳伦斯·萨默斯（Lawrence Summers）以及很多其他经济学家与政策制定者都认为应该如此。然而，截至 2020 年，美联储表示现在还没有停止发行百元美钞的机会。由于有超过 130 亿美元的百元美钞在全世界流通，即使美联储停止发行这类新钞，可能也需要经过很多年才能使这些钞票无法轻易被获得。

2.3　支付系统

学习目标　解释支付系统在经济中的作用。

货币便利了经济中的交易。实施这种交易的机制被称为**"支付系统"**。支付系统随着时间的推移而不断演化，人们从依靠金币和银币来支付，转变为依靠纸币和基于银行存款的支票来支付，再到通过电子资金转账来支付。

从商品货币向法定货币转变

对于发明金属货币的准确时间，历史学家说法不一。有证据表明，中国人在公元前 1000 年就使用了金属货币，希腊人则是公元前 700 年。此后的几百年，买家和卖家使用以贵金属铸就的硬币作为货币，比如金、银和铜。然而，金币和银币有一些缺点。比如，至少早在罗马帝国时期，政府为了获得额外的资金，有时就会让通货贬值，即将硬币融化，然后使用数量更多的更便宜的金属与金银掺在一起，重新铸币。只使用金币和银币并非理想的支付系统。人们在运送大量金币用于交易结算时，会遇到一些困难，要冒着被抢劫的风险。为了避免这些问题，欧洲大约从公元 1500 年开始，政府和私人企业将金币储藏在安全的地方，然后发行纸质凭证。这些私人企业就是早期的银行。任何收到这一纸质凭证的人有权获得等量的黄金。只要人们相信，在他们提出要求时可以获得这些黄金，纸质凭证就可以作为交易媒介流通。实际上，纸币就是这样发明的。

在现代经济中，中央银行发行纸币，比如美国的美联储。现代的美国支付系统是一个法定货币体系，因为美联储不会用黄金或者任何其他商品货币来交换纸币。美联储发行纸币，并持有银行和联邦政府的存款。银行之间可以使用这些存款来结算交易。现在，美联储垄断了发行货币的法定权利。尽管在 19 世纪时，私人银行可以发行自己的货币，但是它们现在已不能这样做了。

支票的重要性

纸币存在缺点。比如，在大规模商业交易或金融交易结算时，纸币运输成本很高。想象一下你带着满满一箱子美元去买车！在 20 世纪初期，随着支票的使用越来越广泛，支付系统有了另一个重大的创新。**支票**是承诺以存在银行或其他金融机构中的活期存款来付款。支票的金额可以是任意的数额，使用支票是一种方便的交易结算方式。

然而，与使用现金结算相比，使用支票来结算交易需要经过更多程序。假定你的室友欠你 50 美元。如果她给你 50 美元现金，交易就结清了。然而，假定她写了一张 50 美元的支票给你，你必须将支票带到你的银行，或者通过银行在智能手机上的应用程序将它存到你的银行账户上。然后，你的银行必须将这张支票提交给你室友的银行并要求其付款，这一步是以电子的形式进行的，接着你室友的银行再从她的账户上把这笔钱收过来。使用支票还会产生信息成本，即卖家要付出一些时间和精力，来验证买家或者开支票的人在其支票账户上有足够的钱，可以满足该支票的付款要求。与接受美元现金相比，接受支票要求卖家对买家有更多的信任。

新技术与支付系统

美联储负责监管支付系统，但是并没有直接控制这一系统，因为很多支付业务是由银行和其他私人企业来实施的。美联储列举了它认为一个支付系统最应具备的 5 项特征⊖：

⊖ 这一清单改编自美联储的一份题为《改进支付系统的策略》报告，2015 年 1 月 26 日，第 2 页。

1. **速度**。快速进行交易结算，便利了家庭和企业的交易活动。
2. **安全**。更具安全性的交易将会增强消费者和企业的信心，相信图谋不轨的黑客无法通过网络盗取资金。
3. **效率**。处理支票或者其他支付程序的资源可以节省下来，用于生产其他商品和服务。提高支付系统的效率可以使这一系统在运转时使用更少的人工、计算机或者其他资源，这对整个经济都有好处。
4. **便利国际交易**。如果支付能够快速而便捷地完成，这将为不断增加的跨境业务提供便利。
5. **有效协调支付系统中的各种参与者**。支付系统需要有效地使政府、银行等金融企业和全世界的其他企业参与其中。这种广泛的参与可以确保资金在各种交易中顺利地流转。

电子通信技术的突破极大地缩短了支票兑现和资金转账所需的时间，从而使得支付系统可以更容易地实现上述目标。交易结算现在都是通过电子资金转账系统进行，包含使用计算机进行支付结算的工具和设备，如借记卡、自动清算所交易、自动柜员机和电子货币。

借记卡和支付应用

消费者可以像使用支票那样来使用他们的借记卡。因为超市和零售商店的收银机连着银行的电脑，当你使用借记卡购买杂货或其他商品时，你的银行会立即在商家的账户上计入这笔金额，并从你的账户上扣除这笔钱。由于银行的计算机授权进行这笔交易，因此这种系统解决了买方和卖方在使用支票时存在的信任问题。近些年来，很多消费者开始使用智能手机或智能手表上的应用程序，这些应用连着信用卡或借记卡。比如，Apple Pay 或者 Google Pay 允许消费者在任何装备了可兼容的收银机的商店结账时，只需要挥挥手就可以购买商品。Apple Pay 和 Google Pay 都是近端移动支付的例子。使用这类支付方式的交易总量一直在迅速增加。

自动清算所交易

自动清算所交易包括将工资支票直接存入工人的支票账户和汽车贷款与抵押贷款的电子还款，这类支付都是资金以电子的方式从借款人的账户转出，并存入出借人的账户。自动清算所交易减少了与支票兑付有关的成本，降低了支付出现问题的可能性，也减少了出借人通知借款人未还款而产生的费用。

自动柜员机

50 年前，自动柜员机尚未出现。尽管现在很难想象，在那些年如果你想从自己的支票账户中存钱或取钱，你需要填写一张存款单或者取款单，然后再去银行柜员窗口前面排队。更为不便的是，很多银行的营业时间为上午 10 点至下午 3 点，这种安逸的时间安排也被称为"银行家的工作时间"。当然，现在自动柜员机可以让你在任何时间去你的银行进行这些交易。自动柜员机连接着网络，比如 Cirrus，因此在其他银行的自动柜员机上你也可以取现。

实时支付系统

尽管在过去的数十年间，美国的支付系统有实质性的改进，但是在某些方面，它仍落后于其他高收入国家，包括日本和西欧国家。一些经济学家和银行批评美联储，在推进实时支付系统方面进展缓慢。实时支付系统允许人们以电子方式来兑换支票或者进行其他支付，因此资金在几分钟之内就可以使用。这种系统每天 24 小时，每年 365 天都在运转。现在美国支付系统中的一些重要功能只在星期一至星期五东海岸的正常工作时间才能使用。由于很多人都知道，一些消费者的银行账户和信用卡信息被黑客通过自动柜员机或者零售商店的信用卡读卡器盗取，一些民众非常担心美国支付系统的安全性。

| 概念应用 |

美国的支付系统为何如此迟缓

假如你在生日时收到了来自你叔叔的一张 200 美元的支票。你利用自己智能手机上的应用程序拍了一张支票的照片，然后以电子方式将其存入你的支票账户，你立即就会收到你的银行发来的一封电子邮件，表明"存款已成功"。于是，你就有 200 美元可以花了，对吧？错了！实际上，如果要这笔钱出现在你的账户上，还需要两天时间，如果你在周末或者节假日的前一天存入，需要的时间还会更长。如果你没有意识到这一点，并且用你的借记卡来买东西，而金额又超过了你的账户余额，你的银行可能就会收取一笔 35 美元的透支费。如果你买了几次，而且金额都超过了你账户上的资金，你每次购买都会被收取一次透支费。

上述问题之所以会发生，是因为美国的银行体系没有一个像日本、墨西哥、中国以及很多欧洲国家那样的**实时支付系统**。比如，英国自 2007 年就开始使用这样的支付清算系统。有了实时支付系统，支票或者其他支付方式就可以在几分钟之内清算，资金就可以使用。只要你收到了银行发来的"存款已成功"的邮件,你叔叔给你的 200 美元就可以花了,不用等到两天以后。

美国没有使用这样的实时支付系统,这对于很多低收入者而言代价很高,包括一些大学生,他们的支票账户上没有多少钱。如果你需要买东西,比如说要在周末买点吃的,但是由于你必须等支票或者其他支付方式结算,因此现在无法这样做,那么你可能就要依靠以下 3 种资金来源:

1. 正如前面提到的,你可以用借记卡或者开一张支票来购买,并且不得不付一笔 35 美元的透支费。

2. 你可以从发薪日贷款机构(payday lender)那里借钱,这种企业发放极短期的贷款,并收取很高的利息。

3. 你可以使用支票兑现服务并支付必要的费用,而不是将支票存到你的银行账户上。

布鲁金斯学会的亚伦·克莱因估计,美国的低收入人群由于使用上述这些资金来源,每年支付的费用高达 340 亿美元。

为何美国在推广实时支付系统方面落后于其他国家?由于英国的银行自 2007 年以来就用上了这样的系统,我们才知道有这种技术可供使用。清算所(The Clearing House, TCH)是由全世界 24 家大型银行组成的协会,包括美国银行(Bank of America)、桑坦德银行(Stantander)和摩根大通(JPMorgen Chase)。2017 年,清算所开始运行实时交易系统,以便加入这一系统进行银行之间各种支付方式的清算。实时交易系统依赖美联储的联邦电子资金转账系统,以便银行使用在美联储设立的准备金存款账户进行支付。但是联邦电子转账系统只能在工作日有限的时间内使用,这使得清算所的各家银行很难在夜间、周末和节假日进行实时支付。

清算所的成员银行敦促美联储,让联邦电子资金转账系统每天 24 小时,每年 365 天都可以使用,但是美联储不愿意做出这样的改变。相反,美联储在 2019 年宣布,它将建立自己的实时支付系统,并称之为"FedNow"。美联储认为,它比清算所更有能力运营一个可以容纳美国几乎全部 5000 家银行的系统。美联储还争辩说,为了阻止私营的清算所向规模较小的银行收取使用费,必须要有竞争。美联储宣布它将用 5 年时间使 FedNow 投入运营,很多经济学家和政策制定者对此感到失望。甚至在美联储内部,一些政策制定者也质疑是否有必要建立一个新的实时支付系统。

2020 年,美国消费者似乎不可能在短时间内用上实时支付系统。

电子货币、比特币和区块链

电子资金转账的范围已经将电子货币(e-money 或者 electronic money)包含在内,

这是一种人们可以用来购买商品和服务的数字现金。第一种被广泛应用的电子货币形式是 PayPal 提供的服务，它始于 1998 年。个人或者企业可以建立一个 PayPal 账户，并与支票账户或者信用卡账户相连。只要卖家愿意接受买家通过 PayPal 账户或者其他电子货币账户转账的资金，电子货币就可以像由政府发行的传统货币一样实现自己的功能。最近，很多人已经在使用智能手机上的应用程序买东西，比如 Venmo，它在 2014 年被 PayPal 收购了。一旦你设立了一个连接着支票账户、借记卡或信用卡的 Venmo 账户，这个应用就可以让你将资金直接转给其他 Venmo 用户，也可以让你从其他 Venmo 用户那里接收资金。这款应用程序可以使用户进行小额转账而不需任何现金。比如，朋友们可以利用 Venmo 来分摊在餐馆吃饭的账单。一些银行创建了 Zelle 作为 Venmo 的竞争对手。一些人更愿意用 Zelle 而不是 Venmo，因为付款时资金可以从一个人的银行账户直接转到另一个人的银行账户，而不是转到 Venmo 账户。由于资金是由一个人直接转给另外一个人，Venmo 和 Zelle 都是个人对个人（peer-to-peer）的支付系统的例子。

近些年来，比特币成为一种富有争议的电子货币形式。与 Venmo 提供的电子货币转账服务不同，比特币不是由一个企业所有的，而是由连接在一起的电脑组成的分散化系统创造出来的。比特币的想法最初是由"中本聪"提出来的，这可能是一个假名。人们通过进行复杂的计算来创造比特币，这样才能确保使用比特币进行在线购物具有合理性，也就是说，确保不会有人试图多次使用同一枚比特币进行购物。成功完成这些计算的人会被授予固定数量的比特币，通常是 12.5 枚。这一"开采"比特币的过程可以一直持续下去，直至达到 2100 万枚的上限，预计 2030 年将实现这一点。

由于人们可以在网上通过买卖比特币来交换美元和其他货币，一些人将比特币视为一种加密货币。你可以购买比特币，并储存在智能手机的移动钱包中。最初，比特币被认为是一种买卖商品的方法。一些商店接受比特币，允许消费者通过用手机扫描条形码来付款。有些网站开始向商家提供以比特币完成付款的方法，形式上与用信用卡付款类似。

买家和卖家为何更愿意使用像比特币这样的加密货币，而不是现金或信用卡？一些买家对加密货币感兴趣，是因为在用智能手机购物时，这些货币似乎是一种时髦而且便捷的付款方式。除此之外，与使用信用卡不同，加密货币交易是在私下进行的，因为它不会形成任何交易记录。一些零售商对加密货币感兴趣，是因为使用加密货币进行交易，产生的费用只有销售额的 1%，而使用信用卡则有 3%。另外，就像接受现金付款一样，接受加密货币付款是一种不可更改的交易，但是，如果用信用卡付款，在东西卖出数月之后，买家甚至都可以否认买过这件东西。

在现实中，加密货币还没有被广泛用于商品和服务的买卖。Apple Pay 和 Google

Pay 的出现为消费者提供了一种便捷的支付方式，他们可以用连着信用卡的智能手机进行支付，这使得使用加密货币的优势没有那么大了。加密货币被广泛地用于投机活动，而不是日常购物。结果，加密货币的价格出现了剧烈波动，这更加不利于它们作为货币发挥作用。比特币兑换美元的价格，从 2012 年的每个比特币 5 美元涨到了 2017 年 12 月 19 282 美元的高点。比特币的价格在 2018 年 12 月猛跌至 3200 美元，然后又涨至 2020 年年中的 8700 美元。

一些企业家试图通过引入**稳定币**（stablecoins），回到将加密货币作为一种交易媒介这一最初的设想。稳定币以不变的美元数量进行买卖，通常是 1 稳定币兑换 1 美元。稳定币的发行者持有美元作为准备金，以便让稳定币的持有者相信，他们可以按照 1 比 1 的比例来兑换美元。有些经济学家不太相信稳定币能够成功地成为一种被广泛接受的交易媒介。

2019 年，脸书引入了一种被称为"Libra"的加密货币，其价值与包括美元在内的一揽子货币相关。脸书是否能够克服其他货币在被消费者广泛接受方面面临的问题，现在还不清楚。

尽管比特币存在各种问题，但是其背后的所谓"区块链"技术引起了企业和政府的兴趣，因为它们试图提高支付系统的速度、效率和安全性。从技术上来讲，区块链是一种分布式账本或者在线网络，可以记录资金、证券或者任何其他商品的所有权，包括电影和歌曲。区块链技术可以使全世界的个人和企业在加密网站上迅速且安全地完成交易。区块链这种直接交易的能力使银行和其他中介机构没有了用武之地，并有可能大幅降低成本。企业采用区块链的最大障碍在于这种技术的复杂性，以及由此带来的高昂的成本。如果成本随着时间推移而降低，区块链有可能成为支付系统中重要的一部分。

由于中央银行无法控制 PayPal、Venmo、比特币或者大部分其他电子货币，它们实际上成了私人支付系统。这些私人支付系统的兴起，以及越来越普遍的使用借记卡或者信用卡来付款，会使美国成为一个"无现金社会"吗？美联储的一项研究发现，无现金支付在所有支付中的占比持续增加，而电子支付在所有无现金支付中占比超过 85%。毫不令人意外的是，使用支票的次数一直在下降。实际上，自 2012 年以来，支票的使用次数每年下降超过 10 亿次，并且在 2018 年，使用借记卡进行交易的次数超过了使用支票的次数。然而在现实中，完全的无现金社会或无支票社会在短期内还无法实现，主要有三个原因。第一，我们在讲区块链时曾经提到过，建设电子支付所需的基础设施成本高昂。第二，很多家庭和企业在使用电子系统时心存疑虑，因为它们担心自己的隐私会被计算机黑客窃取，尽管支持区块链技术的人相信，这种加密技术能够克服这一问题。尽管在支付系统中，支票和纸币的流转可能会继续减少，但是不可能完全消失。第三，存在一些政治压力，反对零售商店拒绝用现金进行支付。比如，亚马逊取名为"Go"的无人便利店使用摄像头和传感器自动从消费者的信用卡中扣费，这些商店取消了排队付款和收银员。包括费城和纽约在内的一些城市通过了一项法律，要求商店接受现金付款，因为如果不接受现金的话，很多低收入的人就没有信用卡或者其他支付手段来买东西。

| 概念应用 |

瑞典会成为第一个无现金社会吗

你能想象一个经济体中没有人使用现金吗？尽管还没有一个经济体能达到这种地步，瑞典可能是最接近实现这一点的国家。Swish 是一款移动银行应用程序，在瑞典和其他斯堪的纳维亚国家很流行。这款应用使得从一个人的银行账户向另外一个人的银行账户转账变得非常容易，由于瑞典的大多数商店和餐馆都配备了处理这种支付的设备，很多人发现他们很少再用现金。因为瑞典即使在农村地区也有可靠的 Wi-Fi 服务，这个国家的几乎所有人可能都在使用 Swish 或者类似的应用。

一些商店和餐馆已经不再接受现金，要求用信用卡或者 Swish 等类似的应用来付款。这些商店撤掉了它们的现金收银机，人们完全依靠使用移动应用程序付款。由于本教区的信众有很多人不再携带现金，瑞典的教会鼓励他们在礼拜时用 Swish 来捐献。在宜家（IKEA），只有 1% 的支付是用现金完成的。这家连锁商店正在考虑实施无现金化。

很多瑞典银行的分支机构不再提供现金，也不接受现金存款。银行撤掉了很多自动柜员机。一些银行经理注意到，由于没有现金，发生银行抢劫的概率也降低了。现在现金支付只占瑞典交易额的 2%，相比之下，其他欧洲国家的这一比例大约为 10%，而美国大约为 30%。

瑞典的年轻人尤其依赖 Swish 或者其他应用而不是现金，甚至信用卡也用得比较少。到目前为止，大约有 4000 名瑞典人在他们的手上移植了微型芯片，以便在商店或者乘坐公共交通时付款。然而，有些瑞典人仍然必须依靠现金来支付。比如，一些上了年纪的人不知道如何使用智能手机上的应用程序，视力有问题的人在使用应用程序时也有障碍，低收入者可能买不起智能手机，也没有信用卡。一些重视隐私的人也担心应用程序或信用卡会形成购物的公共记录，而消费者有合理的理由视其为隐私。一些人担心，使用信用卡或者应用程序可能会让他们遭到黑客的攻击，并从他们的账户中盗取资金。最后，瑞典政府和瑞典央行担心，如果所有的交易都不使用支票或者现金，他们对货币供给和支付系统的控制会被削弱。

截至目前，瑞典比美国或者其他国家更接近成为一个无现金的经济体。是否会有更多的国家追随瑞典的脚步，还是像一些人看到的那样，如果所有的交易都以电子方式来完成也存在问题，因此仍会让现金在他们的经济中保留一席之地，还要拭目以待。

2.4　货币供给的度量

学习目标　解释如何度量美国的货币供给。

经济学家和政策制定者都对货币的度量感兴趣，因为正如我们将在下一节以及后面的章节看到的，货币数量的变化与利率、价格、生产和就业的变化密切相关。如果货币的唯一功能就是作为交易媒介，我们可能只需将现金和支票账户存款记为货币供给，因为家庭和企业可以很方便地使用这些资产来购买商品和服务。

但是，只将这两种资产记为货币，会导致对现实世界中货币供给的度量过于狭窄。家庭和企业可以将很多其他资产作为交易媒介，尽管这些资产的流动性不像现金或支票账户存款那么强。比如，你很容易就可以将自己银行储蓄账户上的存款转换为现金。同样地，如果你持有一些货币市场共同基金的份额，你就可以以这些份额的金额为限来开支票。货币市场共同基金只投资于短期国库券这类短期债券，共同基金的定义参见第 1 章第 1.1 节。因此，我们可能会将储蓄账户存款和货币市场共同基金这类资产作为交易媒介的一部分。

度量货币总量

监管美国的货币数量是美联储的职责之一，它现在根据两种不同的定义，公布货币供给的数据。图 2-3 对这些定义进行了说明，这被称为货币总量。

M1

M1 是货币供给的狭义定义。图 2-3a 表明，M1 度量的货币是传统的交易媒介，即通货和支票账户和储蓄账户这类交易账户的存款，家庭和企业可以很容易地使用这些资产来购买商品和服务。20 世纪 80 年代早期，政府监管规定银行不可以为支票账户支付利息，这使得这些存款成为与通货极为相近的替代品。银行业的金融创新和政府的放松管制，使储蓄机构和信用合作社的支票账户发生了变化，商业银行也开始支付支票账户的利息。除了不付利息的支票账户存款以外，M1 现在还包括上述可以付息的支票账户存款，美联储将前者称为"活期存款"（demand deposits），后者称为"其他可开支票存款"（other checkable deposits）。需要注意的是，直到 2020 年，储户每个月只允许从储蓄账户中取 6 次钱。如果美联储废除这一限制，支票账户和储蓄账户之间的一个重要区别就不存在了。美联储现在将支票账户和储蓄账户都视为交易账户，并且都包含在 M1 中。

M2

M2 是比 M1 范围更广的货币供给的定义，包括很多家庭视作短期投资的账户。这些账户里的资产可以转变为现金，尽管不像 M1 的资产那样容易。如图 2-3b 所示，除了 M1 中包括的各种资产以外，M2 还包括：

- 价值不超过 10 万美元的定期存款，主要是银行的定期存单。
- 非机构持有的货币市场共同基金份额。"非机构"是指个人投资者而非机构投资者，后者比如养老基金拥有的货币市场基金份额。非机构有时也被称作"零售"。

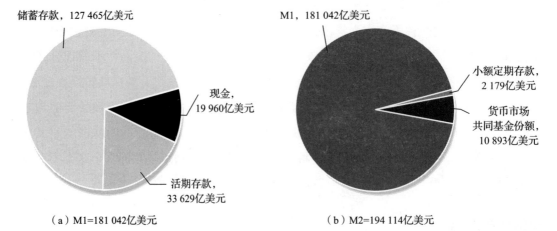

（a）M1=181 042 亿美元　　　　　（b）M2=194 114 亿美元

图 2-3　度量货币供给：2021 年 1 月

注：美联储使用两种货币供给的度量方法，即 M1 和 M2。M1 包括现金和银行支票账户和储蓄账户的存款；M2 包括 M1 中的所有资产，以及图 b 中显示的其他资产。在图 b 中，储蓄存款包括货币市场存款账户。

资料来源：美联储委员会，美联储统计数据发布，H6，2021 年 2 月 23 日。

使用货币供给的哪个定义重要吗

哪一个能够更好地度量货币，M1 还是 M2？如果 M1 和 M2 的变化趋势足够相似，美联储可以用两者中的任意一个来影响经济中的产出、价格或者利率。如果 M1 和 M2 的变化趋势不一致，对于货币供给发生了什么变化，两者可能就会给出不同的答案。

图 2-4a 展示了自 1982 年 1 月至 2020 年 6 月 M1 和 M2 的数量。在图 2-4a 中，M1 遵循了 2021 年之前的定义，因此没有把银行的储蓄账户包含在内。需要注意的是，在这些年中，M2 增长得要比 M1 快得多。这个结果没有什么令人惊讶的，因为与对现金或支票账户的需求相比，家庭和企业对于定期存单、货币市场公共基金份额和其他资产的需

求增长得更快，而这些资产只包含在 M2 中。经济学家认为，经济变量的**变化**通常要比其**水平值**更为重要。比如，在你考虑借款买房时，你会更关注通货膨胀率而不是价格水平，前者衡量的是价格水平变动的百分比。如果我们相信，货币供给的变化会导致通货膨胀变化，那么与图 2-4a 这样的图形相比，图 2-4b 这样表明 M1 和 M2 增长速度的图形就可以提供更多的信息。在图 2-4b 中，M1 和 M2 的增速是以年度变化的百分比表示的。

图 2-4b 表明，M1 和 M2 的增速有重要的区别。总体而言，M2 的增长速度要比 M1 更稳定，后者在 1990～1991 年、2001 年、2007～2009 年以及 2020 年经济衰退期间大幅飙升，即图中阴影部分，也有几个时期出现了负增长。负增长意味着以 M1 度量的货币供给实际上在这些时期规模变得更小了。M1 和 M2 的增长速度存在差异，美联储和私人分析师如何决定使用哪种度量方法来解释其他经济变量的变化呢？比如经济中的总产出、价格水平或者利率。事实上，哪种货币供给的度量方法预测能力更强，对于美联储的经济学家、经济学学术研究人员和私人分析师而言，都是一个悬而未决的问题，还需要继续研究。

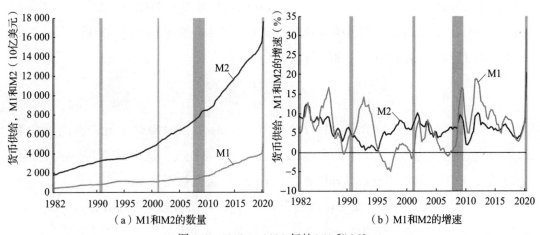

图 2-4　1982～2020 年的 M1 和 M2

注：图 a 表明，自 1982 年以来，M2 增长得要比 M1 快得多。图 b 使用季度数据来展示 M1 和 M2 自 1982 年以来的年度增长速度。M1 的波动比 M2 更剧烈。阴影部分是美国经济出现衰退的月份。在图 b 中，增速是与上一年度同一季度相比货币供给变动的百分比。在这两幅图中，M1 遵循的都是 2021 年之前的定义，即没有把银行的储蓄账户包括在内。

2.5　货币数量论：货币与价格关系初探

学习目标　利用货币数量论来分析货币与价格的长期关系。

对货币供给增加与价格上涨之间关系的讨论，至少可以追溯至公元前 4 世纪的希腊哲学家亚里士多德。16 世纪，征服了墨西哥和秘鲁的西班牙人获得了大量黄金和白银，并将其带回欧洲。在欧洲，这些贵金属被铸成硬币，极大地增加了欧洲的货币供给。很多作家都注意到，这次货币供给增加之后，价格水平上升了，货币购买力也相应地下降了。购买力是指消费者能够用货币购买的商品和服务的数量。在这一节中，我们将会讨论经济学家如何继续研究货币供给的变化与价格水平变化之间的联系。

欧文·费雪与交易方程式

20 世纪初期，耶鲁大学经济学家欧文·费雪（Irving Fisher）提出了货币数量论，更为明确地说明了货币供给与通货膨胀之间的关系。费雪以交易方程式开始自己的分析：

$$M \times V = P \times Y$$

这一方程式表明，货币的数量 M 乘以货币的流通速度 V，等于价格水平 P 乘以实际 GDP 的数量 Y。回想一下，价格水平衡量的是经济中商品和服务的平均价格水平。价格水平有几种度量方法。与我们这里论述的主题最为相关的是 GDP 平减指数，它涵盖了 GDP 中包括的所有商品和服务的价格。如果我们以实际 GDP 乘以 GDP 平减指数，就可以得到名义 GDP，因此，交易方程式的右边等于名义 GDP。费雪将**货币流通速度**（velocity of money，简称流通速度）定义为在某个给定的时期，货币供给中的每一美元被用于购买 GDP 中各种商品和服务的次数：

$$V = \frac{PY}{M}$$

比如，2019 年名义 GDP 为 214 270 亿美元，M1 为 38 420 亿美元，因此 2019 年的货币流通速度为 214 270 亿美元 /38 420 亿美元 =5.6 次。这个结果告诉我们，在 2019 年，在购买 GDP 中的商品和服务时，平均每一美元被用了 5.6 次。

由于按照费雪的定义，流通速度等于 PY/M，我们知道交易方程必然总是成立的。方程式的左边必须等于右边。一个理论是一种关于这个世界的可证伪的陈述。因此，交易方程式不是一个理论。费雪认为流通速度的值在短期内可能大致保持不变，从而将交易方程式变成了**货币数量论**。费雪的观点是，一美元被用于购物的平均次数取决于制度因素，而这些因素的改变极为缓慢，比如人们多久领一次工资，多久购物一次，企业多久出一次账单。影响流通速度的这些因素与货币的数量或者实际 GDP 的数量无关。因此，费雪认为，流通速度不会随着货币数量或者实际 GDP 的变化而变化。由于这些关于流通速度的论断可能为真，也可能为假，因此，货币数量论实际上成了一个理论。

货币数量论对通货膨胀的解释

为了考察货币供给的变化对通货膨胀的影响，我们需要将交易方程式从水平值改写为以百分比表示的变化值。我们可以利用一个简便的数学规则实现这一点，即如果一个方程是各个变量相乘的形式，那么它就等价于一个这些变量变化的百分比加总在一起的方程。因此，我们可以将数量方程改写为：

$$M\text{ 的变化\%} + V\text{ 的变化\%} = P\text{ 的变化\%} + Y\text{ 的变化\%}$$

如果欧文·费雪是正确的，即流通速度在短期内大致不变，并且不受货币数量或实际 GDP 变化的影响，那么流通速度变化的百分比应为 0。记住，价格水平变化的百分比等于通货膨胀率。考虑以上两点，我们可以将上述数量方程改写为：

$$\text{通货膨胀率} = M\text{ 的变化\%} - Y\text{ 的变化\%}$$

上式为我们提供了一种思考货币与价格之间关系的有用的方法，即如果流通速度保持不变，如果货币数量增长得比实际 GDP 更快，就会出现通货膨胀。货币数量增长得越快，通货膨胀率越高。在美国，自 1900 年以来，实际 GDP 的增长速度大约为每年 3.2%。因此，货币数量论表明，如果美联储长期允许货币供给的增长速度超过这一数值，就会产生通货膨胀。

▍ 解决问题 2.5

货币与收入之间的关系

一个学生做出了以下论断："除非货币供给增长，否则产出总值增长是不可能的。归根结底，如果没有更多的货币可供使用，买卖的商品和服务的价值如何能增加呢？"解释一下你是否同意这一观点。

解决问题

第一步　复习本章内容。这个问题考察的是货币增长与产出或收入变化之间的关系，因此，你需要复习"欧文·费雪与交易方程式"这一节。

第二步　解释一个经济体为何即使货币供给没有增加，产出也会增长。名义 GDP 衡量的是总产出的价值，用符号表示就是 PY。PY 是数量方程式的右侧，因此，如果名义 GDP 要增加的话，左侧的 MV 也必须增加。这名学生断言，如果货币供给不增加，名义 GDP 就不会增加，但是交易方程式告诉我们，即使货币供给保持不变，名义 GDP 也可以增加，只要 V 增加就可以。换句话说，即使美元的总量保持不变，只要这些美元用于支付的平均次数增加，即 V 增加，经济中由名义 GDP 表示的支出总量就会增加。

额外加分：记住货币与收入的区别。正如你在经济学原理课上已经学到的，如果将经济视为一个整体，总产出等于总收入，或者说 GDP = 国民收入。尽管从技术上来讲，我们需要从 GDP 中扣除折旧，才能得到国民收入。但是对于绝大多数宏观经济学问题而言，这一差别无关紧要。但是，GDP 或者国民收入的数量要比货币供给的数量大得多。在美国，GDP 的数量通常超过以 M1 来衡量的货币供给数量的 5 倍。

基于货币数量论的通货膨胀预测有多准确

需要注意的是，货币数量论的准确性取决于其关键的假设是否正确，即流通速度保持不变。如果流通速度是变化的，货币供给增长与价格水平增长之间的联系就不那么紧密了。比如，货币数量的增加有可能被流通速度的下降抵消，从而使价格水平保持不变。正如实际情况表明的那样，流通速度可以在短期内出现飘忽不定的变化，所以我们不能期望依据货币数量方程就能够较好地预测通货膨胀。然而，从长期来看，货币供给与通货膨胀的变化之间存在很密切的关系。

在 1999 ～ 2008 年，津巴布韦的货币供给增长速度每年超过了 7500%，结果就是通货膨胀率不断加速提升，最终在 2008 年达到 1.5 亿。津巴布韦深受**超级通货膨胀**（hyperinflation，即超级通胀）之苦，即通货膨胀率每月增长超过 50%。委内瑞拉也同样如此，这个国家的政府近年来不再公布准确的数据。然而，经济学家估计，委内瑞拉最近这些年货币供给增长超过了 1 万倍，国际货币基金组织（International Monetary Fund）估计，该国的通货膨胀率从 2017 年的 494% 增至 2018 年的 929 790%，2019 年则为 10 万。在下一节，我们将讨论超级通货膨胀给经济带来的问题。

超级通胀的危害

超级通胀很少出现，美国内战最后几年的南部邦联、20 世纪 20 年代早期的德国、20 世纪 90 年代的阿根廷以及近些年来的津巴布韦和委内瑞拉出现过。在这些极高通胀的案例中，价格水平上涨如此之快，以至于任何给定数量的货币能够购买的商品和服务每天都在减少。如果价格上涨得像 2008 年的津巴布韦或者 2019 年的委内瑞拉那样快，任何人在将货币花掉之前，持有哪怕几个小时，也会损失其大部分价值。在这种情况下，家庭和企业根本就不会接受货币，货币也不再具有交易媒介的功能。一个经济体如果不使用货币，维持生产率快速提高所必需的专业化就无法实现了。比如，在20 世纪 20 年代早期德国经历超级通胀的时期，很多工人放弃了他们的工作，因为企业付给他们的工资在他们将其花掉之前，就几乎成了废纸一张。经济活动急剧收缩，失业率大幅增加，也就没有什么好奇怪的了。由此导致的经济困境为阿道夫·希特勒和纳粹党的崛起铺平了道路。近些年来，津巴布韦和委内瑞拉的超级通货膨胀导致产出和就业水平急剧下降，并引发了政治动荡。

什么原因导致了超级通胀

货币数量论表明，超级通胀的出现是由于货币供给的增速远超过商品和服务的实际产出。在价格开始飞涨，以至于货币出现了严重贬值的时候，家庭和企业都会努力在尽可能短的时间内持有货币。换句话说，当货币的换手速度越来越快时，货币流通速度就会上升。用货币数量论来讲，在超级通胀时期，方程式左侧的 M 和 V 都快速增加。由于 Y 所能达到的增速存在限制，由数学常识可知，通货膨胀率必然飙升。

尽管货币数量论有助于我们从数学的角度理解超级通胀是如何发生的，它并没有解释产生这一现象的原因。中央银行控制着货币供给，因此，它有一些手段可以避免超级通胀引发的经济灾难。那么，为何有些中央银行在某些时候会允许货币供给以极高的速度增加？答案在于中央银行并不总是独立于政府的其他部门，可以自由地采取行动。超级通胀的根本原因，往往是政府支出超过了它们征缴的税收，这导致了政府的**财政赤字**。财政赤字迫使政府通过借贷的方式，为支出与税收之间的差额融资，通常的方式是出售政府债券。像美国、德国和加拿大这样的高收入国家，政府可以将其债券出售给私人投资者，因为这些投资者有信心政府会偿还本息。但是，私人投资者经常不愿意购买津巴布韦或者委内瑞拉这样的发展中国家发行的债券，因为他们对于这些政府是否能够按期偿还本息心怀疑虑。

政府如果无法向私人投资者出售债券，它们经常就会将其出售给自己的中央银行。在购买这些债券时，中央银行就会增加该国的货币供给。这一过程被称为"政府债务的货币化"，或者更通俗地讲，就是通过印钞来为政府的支出融资。

中央银行应该独立吗

在现代经济中，超级通胀主要发生在发展中国家，当它们的中央银行被迫创造如此多的货币以为政府支出提供资金时，通货膨胀率就会飙升。但是，高收入国家的中央银行也可能面临政治压力，要求它们购买政府债券以帮助政府的财政赤字融资。中央银行越独立于政府的其他部门，它就越能抵制增加货币供给的政治压力，该国的通货膨胀也就有可能更低。

在一项经典的研究中，哈佛大学已故的艾尔波托·艾莱斯纳（Alberto Alesina）和劳伦斯·萨默斯（Lawrence Summers）使用 16 个高收入国家 1955 ～ 1988 年的数据，检验了一国中央银行的独立性与该国通货膨胀率之间的关系。结果发现，央行独立性更强的国家，比如美国、瑞士和德国，通货膨胀率比央行缺乏独立性的国家更低，比如新西兰、意大利和西班牙。近年来，新西兰和加拿大给予央行更为独立的地位，这至少能部分地解释为何这些国家通货膨胀率会降低。

美联储的独立性似乎能够解释美国过去 30 年经历的相对较低的通货膨胀率。但是，美联储在 2007～2009 年和 2020 年经济衰退期间采取的行动，使得一些国会议员认为应该降低美联储的独立性。其中一些人长期以来一直对美联储持批评态度，他们认为在一个民主社会，货币政策应该由美国的国会和总统来制定，并由直接听命于总统的官员来实施。根据现有法律，美联储是独立运作的，因为它是由 7 名任期长达 14 年的美联储委员会委员控制的，这些委员是由总统任命的，但是总统或者国会无权撤换他们，除非他们辞职或者任期结束。由于委员会委员无须竞选，民主社会中最终的权威，也就是选民，无法对他们的行动进行问责。

2019 年，据称唐纳德·特朗普总统考虑解雇美联储主席杰罗姆·鲍威尔，因为总统认为他本应更为努力地降低利率，以刺激经济。尽管其他总统也曾经试图影响美联储主席，但是从已知的情况来看，还没有一位总统考虑过要解雇美联储主席，他们都是等着现任主席任期到期，然后再提名另外一名人选。根据现有法律，一旦美联储主席的任命经参议院同意，总统不得"无缘无故"将其免职。最高法院从未明确过这里的"缘故"是指什么。法学家普遍接受宾夕法尼亚大学彼得·康迪 - 布朗（Peter Conti-Brown）的观点，即总统只有在美联储主席在工作中效率低下、玩忽职守或者存在不法行径时，才能将其免职。一些国会议员反对美联储在经济衰退期间采取的行动，因为他们认为这些行动超越了联邦法律授予美联储的权力。一些议员特别担心，美联储的行动会引起货币供给和银行准备金的增加，从而导致未来更高的通货膨胀率。

其他国会议员和很多经济学家都认为，由于经济下滑得如此严重，美联储在这些衰退时期采取的行动都是恰当的。正如我们在后面章节看到的那样，有关美联储的争论可能导致金融体系中的一个关键部分发生重要变化。

回答关键问题

在本章开始时，我们提出的问题是：

"中央银行是否应该独立于政府的其他部门？"

我们已经看到，政策制定者对于这一问题有不同的意见。一国授予其中央银行的独立地位有多高，最终是由政治因素决定的。然而，我们还发现，大多数经济学家认为中央银行的独立性有助于控制通货膨胀。

第 3 章

利率与收益率

学习目标

在学习了本章之后，你应该能够：

3.1 使用利率来计算现值和终值。

3.2 区分不同的债务工具，理解其价格是如何确定的。

3.3 解释债券的到期收益率与其价格之间的关系。

3.4 理解债券价格与债券收益率之间的反向关系。

3.5 解释利率与收益率的区别。

3.6 解释名义利率和实际利率的区别。

长期国债是一种有风险的投资吗

想要进行安全的投资？美国长期国债怎么样？当财政部需要借钱来为联邦政府的支出付款时，就会发行面值为 100 美元的债券。如你购买了这样一张债券，财政部每 6 个月会支付一次利息，并在到期时偿还 100 美元的本金。与一些地方政府、企业或者外国政府不同，美国政府几乎肯定会偿还这些债券的本金。换句话说，违约率实际上为零。

但是在 2020 年，随着新冠疫情席卷美国，一些投资者和金融顾问认为长期国债的风险太高了，因此警告投资者不要购买。这是不是有点自相矛盾？其实未必。在 2020 年年中，30 年期的长期国债利率不到 1.5%。这些国债 30 年后到期，并付给持有者 100 美元。尽管这一利率高于你从银行支票账户或储蓄账户能获得的利率，但对于 30 年期的长期国债而言，利率仍处于历史低点。1981 年，这些债券的利率高达 15%，在

2007 ～ 2009 年金融危机爆发之前的 2007 年年中，它的利率为 5.25%。为何 30 年期长期国债的利率在 2020 年如此之低？正如我们将在第 4 章详细讨论的那样，利率高低取决于借款人的资金需求和出借人或投资者的资金供给之间的相互作用。出借人和投资者考虑的一个重要因素，就是预期的通货膨胀率。通货膨胀率越高，借款人偿还给投资者的美元购买力就越低。当投资者预期未来通货膨胀率很高时，他们就会要求借款人为债券支付很高的利率。

2020 年，很多投资者预期未来数年通货膨胀率将保持在 2% 或者更低的水平。如果这一预期被证明是正确的，长期国债的低利率就可能成为"新常态"。但是，一些经济学家和投资顾问并非如此笃定。为了应对新冠疫情对美国经济和金融体系的冲击，美联储采取了几项非同寻常的货币政策。美联储主席杰罗姆·鲍威尔和联邦公开市场委员会的其他成员仍然预期通货膨胀率为 2%，甚至在长期也是如此。美联储的政策正是由联邦公开市场委员会制定的。但是，如果美联储的政策制定者估计有误，通货膨胀率比预期增长得快，财政部可能就不得不为新发行的债券支付更高的利率。

如果你购买了利率为 1.5% 的长期国债，然后财政部开始出售利率为 5% 的新债券，结果会如何？如果你将自己的债券持有至到期日，你将仍会收到 1.5% 的利率支付。但是，假定你需要钱来买车或者买房，并且决定在到期之前将债券卖掉。因为你的债券利率只有 1.5%，而财政部正在出售利率为 5% 的新债券，要想为你的债券找到买主，你的经纪人就不得不将债券以较低的价格卖出，以补偿买家收到的利率较低的损失。换句话说，你将不得不接受卖出债券的损失。

所以，尽管购买长期国债确实不会面临违约风险，但是需要面对利率风险，即当市场利率发生变化时，债券的价格也会发生波动的风险。如果未来通货膨胀率更高的预测被证明是正确的，随着债券价格的下跌，很多持有 2020 年债券的投资者将会面临重大损失。

关键议题和问题

议题：一些投资分析师认为，某些长期债券的利率水平极低，这可能会使其成为风险颇高的投资。

问题：为何利率与金融资产价格的变动方向是相反的？

在本章中，我们开始考察债券和其他相似的证券。债券在金融市场中扮演了重要的角色，因为它们便利了资金由储蓄者向借款人的流动。充分了解利率，有助于更好地把握债券和金融体系很多其他方面的内容。

3.1　利率、现值与终值

学习目标　使用利率来计算现值和终值。

在欧洲中世纪，政府往往禁止出借人对贷款收取利息，部分原因在于一些人对《圣经》的理解，还有一部分原因是大部分人认为任何有钱出借的人都应该乐于借钱给他们更贫穷的朋友或邻人，供他们购买基本必需品，而不应对这些贷款索取利息。在现代经济中，家庭借钱主要是为了获得资金，用于房屋、家具、大学教育和汽车等方面的支出，企业借钱是为了获得资金，用于工厂、办公和信息技术等方面的支出。可能因为在现代经济中很少有人借钱是为了购买日常的必需品，大多数国家不再禁止对贷款收取利息。现在，经济学家将利率视为贷款的成本。

为何出借人要对贷款收取利息

如果苹果的定价为 0 美元，那就没有什么人愿意提供苹果。相似地，如果提供贷款的出借人不能对贷款索取利息，也就没有多少资金可供贷款了。回忆一下你在经济学原理课上学到的**机会成本**这一重要概念，它意味着你从事某项活动时不得不放弃的价值。正如苹果的价格必须能够补偿农民提供苹果的机会成本一样，利率也必须能够补偿出借人提供贷款的机会成本。

考虑下面这种情形：你贷给一位朋友 1000 美元，他承诺将在一年内偿还这笔钱。在决定向他索取多少利息时，你需要考虑三个关键因素：

1. 在你的朋友偿还这笔钱时，价格水平可能会上升，所以与你现在花掉这笔钱而不是将其借给别人相比，你能购买的商品和服务就更少了。
2. 你的朋友可能不会还钱。换句话说，他可能会对这笔贷款违约。
3. 在贷款期间，你的朋友可以用这笔钱，而你却不能。如果他用这笔钱买了一台笔记本电脑，他就可以使用这台电脑一年，而你则需要等着他还钱。换句话说，由于把钱借了出去，你产生了机会成本，即无法现在用这笔钱来购买商品和服务。

因此，为这笔贷款索取多少利息，取决于以下因素：

- 通货膨胀。
- 违约风险，即借款人不偿还贷款的可能性。
- 由于花这笔钱需要等待而产生的机会成本。

对于上述因素，需要注意两个问题。第一，即使出借人确信在贷款期间不会出现通货膨胀，借款人也不可能违约，出借人依然要索取利息，以补偿他们由于等待还钱而产生的成本。第二，具体到每个人和每笔贷款，这三个因素都不相同。比如，在一些出借人认为通货膨胀较高的时期，他们就会索取更多利息。如果借款人更有可能违约，出借人也会索取更多利息。

大多数金融交易都涉及延期支付

理解利率是理解金融体系的关键，因为一个基本事实就是，绝大部分金融交易都涉及延期支付。当你获得一笔汽车贷款时，你承诺每个月都会还款，直至贷款还清为止。当你购买苹果公司发行的债券时，苹果公司承诺每年付给你利息，直至债券到期。你可以列出很多其他相似的金融交易，也都涉及延期支付。金融交易涉及延期支付，这一事实产生了一项挑战，即如何才能比较不同的金融交易？比如，假定你需要从银行借款 1.5 万美元来买一辆汽车。考虑下面两种贷款：

1. 贷款 A，要求你每月还款 366.19 美元，一共还 48 个月。
2. 贷款 B，要求你每月还款 318.71 美元，一共还 60 个月。

你应选择哪种贷款？利率可以帮助我们回答这类问题，因为它提供了财务现值（financial present）和财务终值（financial future）之间的一个联系。在上述例子中，贷款 A 每月还款额更高，但是利率更低，为 8%，而贷款 B 的利率为 10%。虽然利率不是在比较不同贷款时唯一要考虑的因素，但是它是重要因素之一。

两个关键概念，即复利和折现，有助于我们进一步考察利率为何是财务现值和财务终值之间的一个联系，也能帮助我们理解如何计算利率，比如上述两笔贷款的例子。

复利与折现

考虑一个复利的例子。假定你存了一张 1000 美元的银行定期存单，利率为 5%。这笔投资的终值是多少？**终值**指的是今天所做的一笔投资在未来的某个时期具有的价值。一年以后，你会收到 1000 美元的本金，这是你投资或者出借的金额，以及 1000 美元的 5% 作为利息，即：

$$1000 \text{ 美元} + (1000 \text{ 美元} \times 0.05) = 1050 \text{ 美元}$$

我们可以更简洁地改写为：

$$1000 \text{ 美元} \times (1 + 0.05) = 1050 \text{ 美元}$$

如果：

$$i = \text{利率}$$

$$\text{本金} = \text{你投资的金额（你最初的 1000 美元）}$$

$$FV_1 = \text{一年以后的终值}$$

那么，我们就可以将表达式改写为：

$$本金 \times (1+i) = FV_1$$

注意，FV_1 中的下角标 1 代表我们考察的时间点是 1 年以后。上述关系式很重要，因为它表明你可以通过投入的本金乘以 1 加利率，来计算一年以后的终值。

一期以上的复利

假定一年之后，你决定将你的定期存单再存一年，这一行为被称为"续存"。如果你将 1050 美元再存一年，你收到的将不仅仅是你最初投资的 1000 美元的利息，你还会收到第一年赚取的 50 美元利息收入所获得的利息。这一通过投资本息再获得利息，从而使储蓄随时间不断积累的过程，被称作"**复利**"。复利，或者说由以前积累的利息赚得的利息，是你投资收益总额的一个重要组成部分。

我们可以计算你最初的投资在两年以后的终值：

$$[1000\,美元 \times (1+0.05)] \times (1+0.05) = 1102.50\,美元$$

一年后的本息总额 × 第二年的复利 = 两年后的终值

我们可以将这一表达式更简洁地改写为：

$$1000\,美元 \times (1+0.05)^2 = 1102.50\,美元$$

或者用符号来表示：

$$本金 \times (1+i)^2 = FV_2$$

我们可以继续计算你最初 1000 美元的投资所获得的多年复利，年数等于你选择续存定期存款的时间。比如，如果你第三年仍按相同的利率续存，在第三年年末，你可以获得：

$$1000\,美元 \times (1+0.05) \times (1+0.05) \times (1+0.05) = 1157.63\,美元$$

注意，复利因子 $(1+0.05)$ 的指数等于实现复利的年数。

有必要归纳一下我们的结果。如果你将 1000 美元投资 n 年，这里的 n 可以是任何年数，利率为 5%，那么，在 n 年年末，你可以获得：

$$1000\,美元 \times (1+0.05)^n$$

或者用符号来表示：

$$本金 \times (1+i)^n = FV_n$$

▌ 解决问题 3.1A：与你相关

使用复利来选择一份银行定期存单

假定你正在考虑将 1000 美元投资于下列某种银行定期存单：

- 第一份定期存单每年支付 4% 的利息，一共存 3 年。
- 第二份定期存单第一年支付 8% 的利息，第二年和第三年的利率为 1%。

你应该选择哪份定期存单？

解决问题

第一步 复习本章内容。这个问题是关于复利的，因此，你应该复习"一期以上的复利"这一部分。

第二步 计算投资于第一份定期存单的终值。由于第一份定期存单每年的利率是相同的，所以 3 年后的终值等于 1000 美元的现值，即本金的金额，再乘以 1 加上利率之和的三次方，即：

$$1000 \text{ 美元} \times (1+0.04)^3 = 1124.86 \text{ 美元}$$

第三步 计算投资于第二份定期存单的终值。对于第二份存单，每年的利率都不相同。所以，每年需要使用不同的复利因子，即：

$$1000 \text{ 美元} \times (1+0.08) \times (1+0.01) \times (1+0.01) = 1101.71 \text{ 美元}$$

第四步 决定选择哪份定期存单。你应当选择购买终值更高的存单，因此，应当选择第一份定期存单。

额外加分：如果要求学生们不加计算就回答这个问题，可能很多人会选择第二存单。这些学生的理由是，第一年收到高达 8% 的利息，意味着即使第二年和第三的利率较低，第二份存单最后也会获得更高的终值。如表 3-1 所示，尽管第一份存单一开始收益远远落后于第二份存单，但是最后在第三年还是会有更高的终值。这个例子展现了复利有时会产生出人意料的结果。

表 3-1 （单位：美元）

	第一份存单	第二份存单
1 年之后	1 040.00	1 080.00
2 年之后	1 081.60	1 090.80
3 年之后	1 124.86	1 101.71

折现的一个例子

我们刚才使用利率将财务终值与财务现值联系起来，即一开始时是当前的美元金额，然后看一下根据复利，未来这一金额如何增长。我们可以把这个过程反转过来，用利率来计算未来收到的一笔资金的**现值**或者说今天的价值。关键的一点在于：未来的资金价值要比现在的更低，所以我们要将未来的资金减少或者折现，以找出其现值。

货币的时间价值是指，收到一笔款项的时间不同，这笔款项的价值也会相应地变化。未来的资金为何价值要比现在的更低？这与本章前面提到的出借人要为贷款索取利息的三个理由是一样的：

1. 由于价格水平通常会随着时间推移而上涨，与现在的美元能够买到的东西相比，通常未来的美元买到的东西更少一些。
2. 承诺未来会支付的美元，由于借款人可能违约，不支付所承诺的款项，出借人可能实际上无法收到这笔钱。
3. 等待收取一笔款项也有机会成本，因为如果你现在有这笔钱，你就可以用它来购买商品和服务，并从中受益，但是你现在做不到这一点。

为了进行**折现**，我们将刚刚讨论的复利过程反转过来。在我们的例子中，如果能够在一年之后收到 1050 美元，你会愿意将 1000 美元借给别人一年的时间，或者购买一年期的定期存单。换句话说，现值 1000 美元的一笔钱等同于一年以后收到的终值为 1050 美元的一笔钱。我们可以把这个事反过来，然后问一个问题：如果银行承诺一年以后付给你 1050 美元，你现在愿意付给银行多少钱？当然，答案就是 1000 美元。从这个角度来看，对于你而言，一年以后从银行收到的 1050 美元，其现值为 1000 美元。由此可见，复利和折现是一个等价的过程。我们可以把这个结果归纳如下，其中 PV 为现值：

复利：1000 美元 $\times (1+0.05) = 1050$ 美元，或者 $PV \times (1+i) = FV_1$

折现：1000 美元 $= 1050$ 美元 $\div (1+0.05)$，或者 $PV = FV_1 \div (1+i)$

注意，$(1+i)$ 是复利因子，我们可以用其来计算今天投资金额的终值，而 $1/(1+i)$ 是折现因子，我们用其来计算未来收到的资金的现值。

我们可以将这一结果归纳为：

$$PV \times (1+i)^n = FV_n$$

$$PV = \frac{FV_n}{(1+i)^n}$$

有关折现的一些重要知识点

本书将会多次用到将未来的款项进行折现的思想，所以有必要理解下面四个重要的知识点：

1. 现值有时被称为"折现现值"。 这一术语强调的是，在将未来收到的美元转变为与之相等的今天的金额时，未来的美元金额会减少或者打折扣。

2. 未来收到款项的时间越久远，其现值就会越小。通过考察折现公式，我们就能明白何以如此：

$$PV = \frac{FV_n}{(1+i)^n}$$

n 的值越大，分式中分母的数值就会越大，现值就会越小。

3. 我们用来将未来款项进行折现的利率越高，这些款项的现值就会越小。同样地，通过考察折现公式，我们就能明白何以如此：

$$PV = \frac{FV_n}{(1+i)^n}$$

由于利率出现在分式的分母上，利率越高，现值越小。从经济学的角度来看，如果只有付给你较高的利率时你才愿意将钱借出去，这就意味着未来一笔更大数额的美元，其价值与你现在拥有的美元相等。这等于是说，与利率较低时的价值相比，未来每一美元的价值其现值都会更低。

我们可以用表 3-2 来说明第二点和第三点。表中的各行表明，对于任何给定的利率，一项款项收到的时间越久远，现值就会越小。比如，在利率为 5% 时，你一年之后收到的 1000 美元，其现值为 952.38 美元，即第二列，第三行，但是如果是在 30 年之后收到这笔钱，其现值下降至只有 231.38 美元，即第五列，第三行。表中各列表明，对于你未来收到这笔款项的任何给定年数，利率越高，这笔款项的现值就越小。比如，如果以 1% 的利率进行折现，15 年以后收到的 1000 美元，现值为 861.35 美元，即第四列，第一行。但是，如果以 20% 的利率折现，这笔款项的现值只有 64.91 美元，即第 4 列，最后一行。注意，你 30 年后收到的一笔 1000 美元的款项，以 20% 的利率折现，现值仅为 4.21 美元，即第五列，最后一行。

表 3-2   时间、利率和款项的现值

1 000 美元款项的现值（美元）				
利率	1 年后收到	5 年后收到	15 年后收到	30 年后收到
1	990.10	951.47	861.35	741.92
2	980.39	905.73	743.01	552.07
5	952.38	783.53	481.02	231.38
10	909.09	620.92	239.39	57.31
20	833.33	401.88	64.91	4.21

4. 一系列未来款项的现值等于所有单一款项折现值的简单加总。比如，有人承诺一年后支付你 1000 美元，5 年后再支付你 1000 美元，对你来说，这两笔款项价值多少？如果我们假定利率为 10%，表 3-2 表明，一年后收到这笔款项的现值为 909.09 美

元，5 年后收到的现值为 620.92 美元。因此，这两笔承诺的款项的现值等于 909.09 美元 +620.92 美元 =1530.01 美元。

注意标记法

在数学计算中，本书始终用小数形式来表示利率。比如，5% 表示为 0.05，而不是 5。很明显，如果不遵循这一规则，就会使你的计算出现错误：你乘以或除以 0.05 还是 5，结果会有很大的差异！这一点非常重要，所以我们用一小段内容来说明这个问题。

▌解决问题 3.1B：与你相关

你如何为大学教育估值

哈佛大学的克里斯托弗·艾弗里（Christopher Avery）和弗吉尼亚大学的萨拉·特纳（Sarah Turner）利用美国人口调查局的当前人口调查数据，计算出与一名典型的没有上过大学的高中毕业生相比，一名典型的大学毕业生在 22 岁时每年要多挣 7200 美元。在大约 42 岁之前，高中毕业生与大学毕业生之间的收入差距一直在增加。

考虑下面有关大学毕业生和高中毕业生收入差距的数据，为了分析的简便，假定大学毕业生多挣的收入都是在各年年末收到的。

22 岁：7200 美元。

23 岁：7200 美元。

24 岁：7300 美元。

25 岁：7300 美元。

a. 只考虑在 22 ～ 25 岁时，大学毕业生由于大学教育而获得的更高收入的现值是多少？假定利率为 5%。

b. 假定你现在 18 岁，考虑是在高中毕业后立即进入劳动力市场找一份工作，还是先上大学，然后在 22 岁时再进入劳动力市场。简单解释一下你如何计算大学教育对你而言的现值。（提示：除了所有高中毕业生和大学毕业生之间的收入差距之外，还有哪些成本和其他因素需要考虑？）

解决问题

第一步　复习本章内容。这个问题与未来款项的折现有关，因此，你需要复习"有关折现的一些重要知识点"这一部分的内容。

第二步　利用给出的数据，计算这些年大学教育的现值，从而回答问题 a。"有关折现的一些重要知识点"一节的第 4 点是，一系列未来款项的现值等于所有单一款项折现值的简单加总。实际上，你可以将每年大学毕业生和高中毕业生的收入差距视作一名大学毕业生收到的一项款项。因此，大学教育在这些年的收益现值可以计算如下：

$$PV = \frac{7200\text{美元}}{(1+0.05)} + \frac{7200\text{美元}}{(1+0.05)^2} + \frac{7300\text{美元}}{(1+0.05)^3} + \frac{7300\text{美元}}{(1+0.05)^4} = 25\,699.50\text{美元}$$

第三步　考虑如何计算一项大学教育的现值，从而回答问题 b。首先，将上面所做的关于现值的计算扩展至正常的退休年龄，即 67 岁。这是你有资格从联邦政府领取全额社保退休金的年龄。但是，为了使这一计算更好地根据你所处的环境进行调整，你需要考虑以下几点：

1. 上大学会产生一些显性成本（explicit cost），比如学费和课本费。在计算大学教育的净现值时，你应将这些显性成本考虑在内。净现值是考虑成本以后的现值。由于你接下来的几年会产生这些费用，因此其现值不可忽略。

2. 为了接受大学教育，假定你无法同时从事全职工作，你会失去高中毕业之后直接进入劳动力市场所获得的工资收入。这些损失的工资是你的一项机会成本。这些成本也有很高的现值，因为它们产生的时间距离现在较近。

3. 在计算现值时，你不应使用大学毕业生的平均收入与高中毕业生的平均收入之间的差距，而应使用你大学毕业以后想要进入的行业的平均收入与高中毕业后立即进入劳动力市场时你所接受的工作的收入之间的差距。

折现与金融资产的价格

包括贷款、股票和债券在内的大部分金融资产，基本上都是借款人向出借人承诺未来会支付一定款项的资产。折现为我们提供了一个工具，使我们可以确定未来不同时期收到的款项的现值，从而可以对金融资产进行比较，折现为我们提供了一种确定资产价格的方法。为了说明这一点，思考一下为何投资者想要购买股票或者债券这类金融资产。投资者购买金融资产，可能是为了获得资产出售者支付的款项。对于买方而言，这些款项有多大的价值？这些款项的价值就是它们的现值。通过将所有款项的价值加总起来，我们就能得到买方愿意为这项资产支付的金额。换句话说，我们就能够确定这项资产的价格。

3.2　债务工具及其价格

学习目标　区分不同的债务工具，理解其价格是如何确定的。

让我们重新表述一下上一节末尾的重要结论：一项金融资产的价格等于由于持有

这项资产而获得的各种款项的现值。在本节中，我们将这一关键事实应用于一类重要的金融资产，即所谓的"债务工具"。**债务工具**也称**信贷市场工具**或者**固定收益资产**，包括银行发放的贷款以及企业和政府发行的债券。股票不是债务工具，而是代表对股票发行企业部分所有权的**权益**。债务工具的期限各异，但是它们本质上都是借据，或者说是借款人向出借人支付利息和本金的承诺。债务工具的形式各有不同，因为出借人和借款人的需求也都不相同。

贷款、债券与支付的时间安排

债务工具有四种基本类型：

1. 普通贷款。
2. 折价债券。
3. 有息债券。
4. 固定支付贷款。

我们利用这四类债务工具，可以考察一下不同的证券在借款人向出借人支付款项时，对于支付的时间安排有何区别。我们知道，这些时间安排的变化会影响债务工具的现值，从而影响其价格。除了对每类债务工具进行描述以外，我们还提供了一项贷款或债券进行支付的时间表，从而能够更方便地衡量资金的流入与流出。

普通贷款

通过**普通贷款**，借款人从出借人那里获得一笔资金，这笔资金被称为"本金"，借款人同意在贷款到期时，在某一具体时间偿还出借人的本金和利息。大部分一般的普通贷款是银行发放的短期商业贷款，即"工商业贷款"。比如，假定美国银行向内特托儿所发放了一笔一年期的普通贷款，金额为 1 万美元，利率为 10%。我们用一个时间表来说明这笔交易，从而表明借款人向出借人支付的利息和本金。

一年以后，内特托儿所将偿还本金加利息共：10 000 美元 +（10 000 美元 ×0.10）或者 11 000 美元。在时间表上，出借人看到的交易如图 3-1 所示：

图　3-1

折价债券

与普通贷款一样，借款人也要一次性偿还折价债券。对于折价债券而言，借款人在债券到期时偿还给出借人的金额被称为"面值"或票面价值，借款人最初从出借人那里收到的资金要比面值更少。这笔贷款的利息是偿还的金额与借款的金额之差。假定内特托儿所发行了一张一年期的折价债券，并且收到了9091美元。一年之后，它需要按照债券面值偿还债券买方10 000美元。因此，内特托儿所折价债券的时间表如图3-2所示：

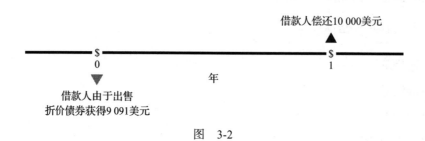

图 3-2

出借人持有一年这种债券获得的利息为10 000美元 −9091美元 =909美元。因此，利率为909美元/9091美元 =0.10或者10%。折价债券最常见的类型是美国的储蓄债券（savings bonds）、美国政府短期债券（Treasury bills）和零息债券（zero-coupon bonds）。

有息债券

尽管都有"债券"的字眼，但是有息债券与折价债券有很大的区别。发行**有息债券**的借款人将以息票的形式，定期支付利息，通常是一年一次或两次，并在到期时按照面值偿还债券的本金。美国财政部、州和地方政府以及一些大公司都发行有息债券。由于有息债券在金融市场中占有重要地位，你应该熟知以下与之相关的术语：

- **面值或票面价值**。债券发行人或借款人在到期时偿还的金额。有息债券的面值通常为1000美元。
- **息票**。债券发行人每年向买方支付的固定的利息金额。
- **票面利率**。将息票的价值表示为债券票面价值的百分比。比如，一张债券每年的息票为50美元，面值为1000美元，则票面利率为50美元/1000美元 =0.05或者5%。
- **当期收益率**。正如我们将在第3.4节看到的那样，在一张有息债券发行以后，它经常会在金融市场上被多次转手。由于存在这种买卖活动，在某一特定时间，债券的价格可能会高于或低于其1000美元的面值。当期收益率是将息票价值表示为债券当期价格的百分比。比如，一张债券的息票是50美元，票面价值是1000美元，当期的价格是 900 美元，则其当期收益率为 50 美元 /900 美元 =0.056 或者 5.6%。

- **到期时间**。距离债券到期和发行人向买方按面值偿付债券本金的时间长度。很多政府和企业债券的到期时间长达 30 年，这意味着发行人要在未来 30 年的时间里每年偿付利息，并在第 30 年结束时最后支付债券的面值。比如，如果 IBM 发行面值为 1000 美元的债券，到期时间为 30 年，票面利率为 5%，那么，接下来的 30 年，IBM 每年要支付 50 美元，并在 30 年的期限结束时最后支付 1000 美元。IBM 有息债券的时间表如图 3-3 所示：

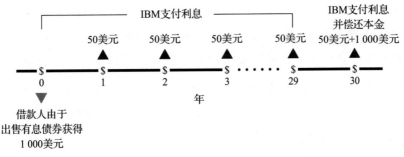

图　3-3

固定支付贷款

在固定支付贷款中，借款人定期向出借人支付款项，通常每月支付，但有时也会每季度支付或者每年支付。支付的款项既包括本金，也包括利息。因此，在到期时，借款人偿清贷款，但不是一次性偿还本金。利息和本金同时偿还的贷款被称为"分期贷款"。常见的固定支付贷款有住房贷款、助学贷款和汽车贷款。比如，你正在以 4.6% 的利率偿还一笔 10 年期的助学贷款，金额为 1 万美元，你每月的还贷金额大约为 104 美元。这笔贷款的时间表如图 3-4 所示：

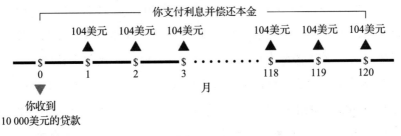

图　3-4

固定支付贷款很受家庭的欢迎，因为只要家庭按期还款，贷款就可以完全偿清，而不用担心像普通贷款那样，最后要偿还一大笔钱。固定支付贷款对出借人还有一个好处，即借款人在每次还款时都会偿还一部分本金，这会降低借款人对全部本金违约的风险。

尽管大部分债务工具都属于这四类中的一种，即普通贷款、折价债券、有息债券和固定支付贷款，但是储蓄者和借款人不断变化的需求仍然激发了债务工具的创新，这些新的工具可能拥有两类或两类以上的债务工具的特征。

| 概念应用：与你相关 |

利率与助学贷款

随着学费不断提高，越来越多的学生正在使用助学贷款，贷款的金额也越来越大。2020 年，美国助学贷款的总额超过了 1.5 万亿美元，比信用卡贷款或者汽车贷款的总额都要多。偿还助学贷款经常成为刚毕业的大学生最大的一笔支出，甚至连未来的总统也面临同样的窘境。在毕业之后，很多毕业生都要努力偿还他们的助学贷款。2019 年，纽约联邦储备银行的经济学家估计，在背负助学贷款的人中，在他们 30 岁之前，有 14% 的人将会出现拖欠还款的现象，即未能及时偿付贷款的时间超过 90 天。在 2020 年总统大选期间，助学贷款引发的债务问题成为一个重要的政治议题，民主党的马萨诸塞州参议员伊丽莎白·沃伦和佛蒙特州参议员伯尼·桑德斯承诺会支持部分或全部豁免联邦助学贷款债务。2020 年，特朗普政府也在考虑要改变联邦助学贷款计划，从而在学生被迫宣布个人破产时，更容易免除他们的债务。

主要有三类助学贷款：

1. 有补贴的助学贷款。

2. 无补贴的助学贷款。

3. 私人贷款。

在 2019～2020 学年，面向大学生的联邦助学贷款的固定利率为 4.53%。由于新冠疫情的影响，美国国债的利率降低了，这意味着 2020～2021 学年的联邦助学贷款利率将会更低一些。根据标准的还款计划，借款人偿还联邦助学贷款的期限为 10 年。存在几个不同的项目，允许借款人用他们可支配收入的一定比例来偿付贷款。自 2015 年以来，所有获得联邦助学贷款的借款人都有资格享受"按收入更改还款计划"（Revised Pay As You Earn plan，REPAYE）。根据这一计划，借款人最高不超过 10% 的可支配收入被用来偿还贷款，如果 20 年后还有未偿还的贷款，余额将会被免除。如果贷款被用于研究生阶段的学习，则这一期限延长至 25 年。从银行获得的私人贷款，利率和偿还时间各有不同。我们可以利用复利和折现的概念来分析学生面临的一些贷款选择。

1. 在你上大学时，如果不能偿还利息，你将会面临何种结果？ 对于无补贴的助学贷款，尽管你有责任在上大学时支付贷款的利息，但通常可以选择将利息的支付推迟到毕业以后。然而，这段时间没有偿还的利息会累积起来，增加至你贷款的本金中。让我们来考察一个简单的例子。比如，你获得了一笔为期 10 年的助学贷款，金额为 2 万美元，利率为 4.53%。大学四年，你需要支付的利息为 3624 美元。如果你毕业以后才开始支付利息，这笔贷款的本金将变为 23 624 美元，这意味着在你 10 年还款期间，每月的还款额将从 208 美元增加至 245 美元，并且最终要多支付 889 美元的利息。当然，学生的财务状况有非常大的差异，对于有些学生而言，推迟利息的支付是个非常有吸引力的选择，但是对另外一些学生而言则未必如此。

2. 如果将你的还款期从 10 年增至 25 年，会有什么结果？ 尽管对于未使用"按收入更改还款计划"或者其他类似计划的学生而言，一笔联邦助学贷款标准的还款期为 10 年，但是很多学生可以将其最长增加至 25 年。仍然假定你有一笔 2 万美元的助学贷款，利率为 4.53%。如果还款期为 10 年，每月的还款额为 208 美元。如果还款期为 25 年，每月还款额降至 112 美元，对于那些刚参加工作，有很多其他开支的学生而言，更低的还款额更容易应付一些。但是需要记住的是，固定支付贷款是分期付款的，这意味着你偿还的每一笔钱既包括利息，也包括本金。将还款期增加 15 年，你偿还 2 万美元本金的速度也会更慢，于是为了偿还全部贷款，你需要支付更多的利息。如果还款期是 10 年，你支付的全部利息是 4908 美元，如果还款期是 25 年，全部利息大约为 13 452 美元，几乎是前者的三倍。

这些贷款选项可以归纳如表 3-3 所示：

表　3-3

	贷款总额 （美元）	利率（%）	支付的利息 （美元）	贷款本息（美元）	每月还款额（美元）
上学时不还贷款	20 000	4.53	3 624	23 624	10 年还款期：每月还款 额从 208 美元增至 245 美元
10 年还款期	20 000	4.53	4 908	24 908	208
25 年还款期	20 000	4.53	13 452	33 452	112

掌握我们本章讨论的利率概念，有助于学生和他们的父母决定如何为其大学教育融资。

3.3　债券价格与到期收益率

学习目标　解释债券的到期收益率与其价格之间的关系。

我们已经了解，债券或者任何其他金融证券的价格，应该等于其所有者由于持有该证券而收到的各种款项的现值之和。我们可以将这一概念应用于有息债券的价格确定。

债券价格

考虑一张 5 年期的有息债券，票面利率为 6%，面值为 1000 美元。6% 的票面利率告诉我们，接下来的 5 年，债券的卖方每年支付给买方 60 美元，并在第 5 年末尾偿还 1000 美元的本金。注意，在现实中，债券利息通常一年支付两次，因此利率为 6%、票面价值为 1000 美元债券的卖方 6 个月后将支付 30 美元，该年年末将再支付 30 美元。为了简化，我们在本书中假定证券都是在年末支付各类款项。因此，该债券的价格 P 可以表示为投资者收到的 6 笔款项的现值之和，即 5 次支付的利息和一次支付的本金：

$$P = \frac{60美元}{(1+i)} + \frac{60美元}{(1+i)^2} + \frac{60美元}{(1+i)^3} + \frac{60美元}{(1+i)^4} + \frac{60美元}{(1+i)^5} + \frac{1000美元}{(1+i)^5}$$

我们可以按照上述推理过程，得出债券价格的一般表达式，假定该债券每次支付利息 C，票面价值为 FV，n 年到期：

$$P = \frac{C}{(1+i)} + \frac{C}{(1+i)^2} + \frac{C}{(1+i)^3} \cdots + \frac{C}{(1+i)^n} + \frac{FV}{(1+i)^n}$$

式中的省略号代表我们省略掉了第 3 年和第 n 年之间的那些时期，第 n 年代表债券到期的最后一年，可以是第 10 年、第 20 年、第 30 年或其他年份。

到期收益率

为了利用上述有关有息债券的表达式来计算债券的价格，我们需要知道未来收到的款项和利率。然而，假定我们现在知道债券的价格和未来支付的款项，但是不知道利率，比如，如果给你以下两个投资选项，应当如何决策？

1. 3 年期、票面价值为 1000 美元的有息债券，价格为 1050 美元，票面利率为 8%。

2. 2 年期、票面价值为 1000 美元的有息债券，价格为 980 美元，票面利率为 6%。

在这两种投资之间进行选择，一个重要的决定因素就是每种投资的利率。因为我们知道两种债券支付的款项，我们可以利用计算现值的方法来确定每种投资的利率：

债券 1：$1\,050美元 = \frac{80美元}{(1+i)} + \frac{80美元}{(1+i)^2} + \frac{80美元}{(1+i)^3} + \frac{1000美元}{(1+i)^3}$

利用在线的财务计算器或者电子表格程序，我们可以解出上述等式中的 i。债券 1 的计算结果表明，$i=0.061$ 或者 6.1%。

债券 2：$980美元 = \dfrac{60美元}{(1+i)} + \dfrac{60美元}{(1+i)^2} + \dfrac{1000美元}{(1+i)^2}$

可以解出债券 2 的利率 $i = 0.071$ 或者 7.1%。

这些计算结果表明，尽管债券 1 的票面利率高于债券 2，似乎是更好的投资选择，但是债券 1 的价格较高，这意味着其利率显著低于债券 2。因此，如果你想要从投资中获得更高的利率，你应该选择债券 2。

我们刚才计算出的利率被称为**到期收益率**（yield to maturiy），它使得一项资产支付的各种款项的现值之和等于其目前的价格。到期收益率基于现值的概念，它是经济学家、企业和投资者使用最多的度量利率的方法。实际上，了解以下一点非常重要，即**除非另有说明，否则只要经济学家或者投资者提到一项金融资产的利率，都是指的到期收益率**。计算可选投资项目的到期收益率，使投资者可以对不同的债务工具进行比较。

记住，贴现和复利之间有密切的关系。我们上面用折现公式计算了到期收益率。我们也可以从复利的角度来考察到期收益率，即"如果我今天为未来支付一组特定款项的债券付出的价格为 P，那么对于投资金额 P 和未来收到的同样一组款项，我能够获得的利率是多少？"比如，我们不是计算一笔 30 年期长期国债能够获得的款项的现值，而是计算买债券的这笔钱投资 30 年并获得相同的现值，能够获得的利率是多少。

其他债务工具的到期收益率

我们在第 3.2 节讲过，有四类债务工具，即普通贷款、折价债券、有息债券和固定支付贷款。我们已经计算了有息债券的到期收益率。现在，我们可以计算其他三类债务工具的到期收益率。

普通贷款

计算普通贷款的到期收益率很简单。我们需要计算一个利率，这个利率可以使出借人认为今天的贷款金额和到期时最后支付给他的款项之间没有差别。仍以给内特托儿所的 1 万美元贷款为例。这笔贷款要求一年以后支付 1 万美元的本金和 1000 美元的利息。我们可以按照下述方法计算到期收益率：

$$今天的价值 = 未来款项的现值$$

$$10\,000美元 = \dfrac{10\,000美元 + 1000美元}{(1+i)}$$

从上式可以解出 i：

$$i = \frac{11\,000\text{美元} - 10\,000\text{美元}}{10\,000\text{美元}} = 0.10 \text{或} 10\%$$

注意，10% 的到期收益率就等于这笔贷款的利率。从这个例子我们可以得出结论，即对于一笔普通贷款，到期收益率和这笔贷款的利率是相等的。

折价债券

计算折价债券的到期收益率与计算普通贷款的到期收益率相似。比如，假定内特托儿所发行了一张面值为 1 万美元的一年期债券。我们可以利用与普通贷款的例子中一样的等式，来计算折价债券的到期收益率。如果内特托儿所现在通过出售债券获得了 9200 美元，我们可以令未来支付的款项现值与债券今天的价值相等，从而计算出到期收益率，即 9200 美元 $= 10\,000$ 美元 $/\,(1+i)$，从中可以把 i 解出来：

$$i = \frac{10\,000\text{美元} - 9200\text{美元}}{9200\text{美元}} = 0.087 \text{或} 8.7\%$$

根据这个例子，我们可以列出一年期折价债券的通用公式，假定债券的价格为 P，面值为 FV。到期收益率可以表示为：

$$i = \frac{\text{FV} - P}{P}$$

固定支付贷款

计算固定支付贷款的到期收益率与计算有息债券的到期收益率相似。回想一下，固定支付贷款要求定期支付本金和利息，但是在到期时不需要偿还一大笔本金。假定内特托儿所从银行借了 10 万美元的抵押贷款，来购买一个新仓库。内特托儿所每年必须偿还 12 731 美元。在还款 20 年之后，内特将会还清 10 万美元的贷款本金。由于这笔贷款今天的价值是 10 万美元，通过解出下列等式中的利率，可以算出这笔贷款的到期收益率：

今天的价值 = 未来款项的现值

$$100\,000\text{美元} = \frac{12\,731\text{美元}}{(1+i)} + \frac{12\,731\text{美元}}{(1+i)^2} + \cdots + \frac{12\,731\text{美元}}{(1+i)^{20}}$$

利用在线的财务计算器或者电子表格程序，我们解出这一方程，可以得到 $i = 0.112$ 或者 11.2%。一般而言，对于一笔每年还款额为 FP、期限为 n 年的固定支付贷款：

$$\text{贷款额} = \frac{\text{FP}}{(1+i)} + \frac{\text{FP}}{(1+i)^2} + \cdots + \frac{\text{FP}}{(1+i)^n}$$

归纳一下，如果 i 是固定支付贷款的到期收益率，今天的贷款额等于未来款项以贴现率 i 进行贴现的现值之和。

永续年金（perpetuities）

永续年金是一种特殊类型的有息债券。永续年金支付固定的利息，但是与常规的有息债券不同，永续年金不会到期。永续年金的主要例子是永久性债券（consol），英国政府发行过这种债券，尽管它数十年来再也没有发行过新的这种债券。现有的永久性债券票面利率为 2.5%，可在金融市场上交易。你可能会认为计算永续年金的到期收益率会很麻烦，因为一直在支付利息。然而，这种债券的价格、利息和到期收益率之间的关系很简单。如果你代数学得很好，试一下能否由利息支付有无限期的有息债券的等式推导出$^{\ominus}$：

$$P = \frac{C}{i}$$

因此，一份利息为 25 美元，价格为 500 美元的永续年金，到期收益率 i=25 美元 / 500 美元 =0.05 或者 5%。

▮ 解决问题 3.3

找到不同类型债务工具的到期收益率

在下列各种情形下，写出计算到期收益率的等式。你不需要解出这些等式中 i，只需要写出正确的等式即可。

a. 一笔 50 万美元的普通商业贷款，要求 4 年之后支付 70 万美元。

b. 一种政府折价债券，价格为 9000 美元，面值为 10 000 万美元，一年到期。

c. 一种面值为 1000 美元的企业债，价格为 975 美元，票面利率为 10%，5 年到期。

d. 一笔 2500 美元的助学贷款，要求在 25 年内每年支付 315 美元，两年之后开始还款。

$\ominus$ 推导过程如下：永久性债券的价格等于买家收到的无穷期利息的现值：$P = \dfrac{C}{1+i} + \dfrac{C}{(1+i)^2} + \dfrac{C}{(1+i)^3} + \dfrac{C}{(1+i)^4} + \cdots$

代数规则告诉我们，如果 x 小于 1，无穷期数列 $1+x+\cdots$ 等于 $1/(1-x)$。在这种情况下，$1/(1+x)$ 小于 1，

因此永久性债券的价格可以表示为：$P = C \times \left[\dfrac{1}{1 - \left(\dfrac{1}{1+i}\right)} - 1 \right]$。这个式子可以简化为 $P = \dfrac{C}{i}$。

解决问题

第一步　复习本章内容。这个问题与计算不同债务工具的到期收益率有关，因此，你需要复习"债券价格与到期收益率"这部分内容。

第二步　写出问题 a 中债务工具到期收益率的等式。对于普通贷款，到期收益率是使还款现值与贷款金额相等的利率。因此，正确的等式是：

$$500\,000美元 = \frac{700\,000美元}{(1+i)^4}$$

第三步　写出问题 b 中债务工具到期收益率的等式。对于折价债券，到期收益率是使债券面值的现值与债券价格相等的利率。因此，正确的等式是：

$$9000美元 = \frac{10\,000美元}{(1+i)} \text{ 或者} i = \frac{10\,000美元 - 9000美元}{9000美元}$$

第四步　写出问题 c 中债务工具到期收益率的等式。对于有息债券，比如企业长期债券，到期收益率是使买家收到的各种款项的现值与债券价格相等的利率。记住，一种票面利率为 10% 的债券，每年支付的利息为 100 美元。因此，正确的等式是：

$$975美元 = \frac{100美元}{(1+i)} + \frac{100美元}{(1+i)^2} + \frac{100美元}{(1+i)^3} + \frac{100美元}{(1+i)^4} + \frac{100美元}{(1+i)^5} + \frac{1000美元}{(1+i)^5}$$

第五步　写出问题 d 中债务工具到期收益率的等式。对于固定支付贷款，到期收益率是使各期还款额的现值与贷款额相等的利率。注意，在本案例中，第一年年末无须还款，所以需要把表达式中通常出现的第一项去掉。因此，正确的等式是：

$$2500美元 = \frac{315美元}{(1+i)^2} + \frac{315美元}{(1+i)^3} + \cdots + \frac{315美元}{(1+i)^{26}}$$

3.4　债券价格与债券收益率之间的反向关系

学习目标　理解债券价格与债券收益率之间的反向关系。

政府和大型企业发行的有息债券通常的期限为 30 年。在这 30 年中，投资者可能在二级市场上多次购买和出售这种债券。在一张债券首次售出后，发行这一债券的企业或政府并不直接参与此后的任何交易。假定你花 1000 美元购买了一张福特汽车公司发行的债券，面值为 1000 美元，票面利率为 5%。注意，下面这一点非常重要，即当债券的价格与其面值相等时，债券的到期收益率将等于票面利率。你购买这一债券，可能是你认为 5% 对于自己的投资而言，是一个不错的收益率。如果在以后某个时候，你决定出售你的债券，这只是你和购买你债券的人之间的交易。福特并不参与其中，除了它会被告知，以后的款项要支付给债券新的所有者，而不是支付给你。

如果利率改变，债券价格会发生什么变化

假定在你买了上述债券一年以后，福特又发行了为期 30 年的债券，但是新债券的票面利率为 6% 而不是 5%。与其他企业一样，福特会根据债券市场的状况，改变其销售债券的票面利率。从理论上来讲，企业希望能以尽可能低的利率来借钱。但是，出借人或者在这个案例中的债券购买人，在某些情况下会提高出借资金所要求的利率。比如，如果债券购买人认为未来的通货膨胀会比他们原来预期的更为严重，在购买债券之前他们就会要求提高利率。如果债券购买人认为福特债券违约的风险提高了，他们也会要求更高的利率。

如果福特发行的新债券票面利率更高，这对你持有的债券会产生何种影响？首先需要注意的是，一旦一家企业发行了债券，其票面利率就不会再变化了。因此，即使福特发行的新债券每年会付给购买者 60 美元，你每年收到的仍是 50 美元。如果你决定出售你的债券，你能卖出的价格是多少？你的债券对于潜在的购买者而言，有一个明显的缺点，即它支付的利息只有 50 美元，而福特新发行的债券利息有 60 美元。所以，当投资者能够以 1000 美元的价格购买福特的利率为 6% 的债券时，他就不愿意以 1000 美元的价格购买你的利率只有 5% 的债券。其他投资者支付给你的价格会比 1000 美元少多少？我们回想一下金融证券价格等于因持有该证券而获得的各项款项现值之和的基本思路，就可以回答这个问题。为了计算其价格，我们需要知道到期收益率是多少。在你购买你的债券时，到期收益率是 5%。但是债券市场的行情发生了变化，福特不得不提供 6% 的到期收益率以吸引新债券的投资者。如果你想要出售你的债券，它就必须在二级市场与利率为 6% 的新债券竞争，因此，6% 就是计算你债券的新价格时所应使用的到期收益率。

在使用财务计算器、在线计算器或电子表格计算你的债券价格时，记住，购买你债券的人将会收到 29 期而非 30 期的利息，因为你的债券已经被你持有了一年：

$$864.09美元 = \frac{50美元}{(1+0.06)} + \frac{50美元}{(1+0.06)^2} + \frac{50美元}{(1+0.06)^3} + \cdots + \frac{50美元}{(1+0.06)^{29}} + \frac{1000美元}{(1+0.06)^{29}}$$

看上去有些奇怪的是，你的债券如果持有到到期日，面值为 1000 美元，但是市场价格只有 864.09 美元。记住，你或者债券的新买家如果要想获得 1000 美元的面值，不得不等上 29 年。这笔 1000 美元的款项按照 6% 的利率进行贴现，现值只有 184.56 美元。

如果一项资产的市场价格上涨，这被称为**资本收益**（capital gain）。如果该资产的市场价格下跌，则被称为**资本损失**（capital loss）。在我们的例子里，你遭受的资本损失为 864.09 美元 −1000 美元 = −135.91 美元。

| 概念应用 |

银行由抵押贷款支持证券而蒙受损失

正如我们在第 1 章看到的那样，银行在金融体系中发挥了关键作用。尽管大企业可以向投资者出售股票和债券，但是中小企业只能依靠银行贷款为其经营和扩张所需的资金来融资。家庭在购买住房、汽车和家具等大件商品时，也主要依靠银行贷款来获得资金。银行在金融危机期间会减少贷款数量，这削弱了企业和家庭为其支出进行融资的能力，从而使 2007 ～ 2009 年的经济衰退变得更为严重。

在那些年，银行为何要减少贷款？利率与债券价格之间的反向关系有助于我们回答这一问题。首先，记住商业银行的主要业务是从家庭和企业那里吸收存款，然后再将这些资金贷放出去。银行最重要的投资是发放贷款和购买债券。21 世纪第一个十年的中前期经历了房地产市场繁荣，银行向信用记录不佳和之前没有资格获得贷款的借款人发放了很多住房抵押贷款。银行还向很多只交了很少首付或者没有交纳首付的人发放了很多住房抵押贷款。很多这类抵押贷款被证券化了，这意味着它们被打包在一起，转换成被称作"抵押贷款支持证券"的债券工具，然后出售给投资者。很多抵押贷款支持证券与长期债券类似，它们依靠借款人的抵押贷款还款定期支付利息。

在房地产市场的繁荣达到顶峰时，一些银行大量投资于抵押贷款支持证券，因为它们的收益率要高于违约风险相似的其他资产，或者说银行是这样以为的。当房地产价格在 2006 年年初下降时，借款人开始对他们的抵押贷款违约。随着借款人不再偿还抵押贷款，抵押贷款支持证券的购买者获得的款项少于他们的预期。在抵押贷款支持证券的二级市场上，只有在债券收益率很高，能够补偿更高的违约风险时，买家才更愿意购买这些证券。这些债券更高的收益率意味着更低的价格。至 2008 年，很多抵押贷款支持证券的价格下降了 50% 甚至更多。

到了 2009 年年初，美国商业银行的投资损失大约为 1 万亿美元。从 2010 开始，随着房地产市场的稳定和一些抵押贷款支持证券价格的上涨，这些损失有所减少。然而，这些严重的损失还是使一些银行倒闭了。其他一些银行由于联邦政府依据"不良资产救助计划"注入了资金而获救。幸存下来的银行在发放新贷款时变得更为慎重。

银行再次得到了教训，即利率猛涨对于现在持有债务工具的投资者，会产生灾难性的影响。

如果你拥有长期有息债券，利率上升明显不是一个好消息。但是，利率下降又怎么样呢？假定在你购买了福特票面利率为 5% 的债券一年以后，这家公司开始发行票面利率为 4% 的新债券。福特公司可以以更低的票面利率发行债券，可能是因为投资者预期未来的通货膨胀率比他们之前预期的更低，或者他们认为福特债券违约的风险有所下降。你的债券现在更有吸引力了，因为它的票面利率要高于新发行的债券。如果你决定出售你的债券，它将在二级市场上与票面利率为 4% 的新债券竞争，因此，在计算你的债券新的市场价格时，应当使用 4% 作为到期收益率：

$$1169.84美元 = \frac{50美元}{(1+0.04)} + \frac{50美元}{(1+0.04)^2} + \frac{50美元}{(1+0.04)^3} + \cdots + \frac{50美元}{(1+0.04)^{29}} + \frac{1000美元}{(1+0.04)^{29}}$$

在这种情况下，你将获得的资本收益为 1169.84 美元 − 1 000 美元 = 169.84 美元。

债券价格与到期收益率朝着相反的方向变化

这些有关福特债券的例子说明了两个非常重要的结论：

1. 如果新发行债券的利率**上升**，已有债券的价格将会**下降**。

2. 如果新发行债券的利率**下降**，已有债券的价格将会**上升**。

换句话说，到期收益率和债券价格变动的方向是相反的。这个关系一定成立，因为在债券价格的等式中，到期收益率在每一项的分母上。如果到期收益率增加，支付的利息和本金的现值必然下降，这会导致债券价格下降。在到期收益率下降时，这一反向关系依然成立。债券价格与到期收益率之间的反向关系背后所蕴含的经济学原理是，如果利率上升，在发行新债券时利率更低的现有债券对投资者的吸引力更小，它们的价格将会下降。如果利率下降，现有债券变得更有吸引力，其价格就会上升。

最后需要注意的是，到期收益率和债券价格之间的反向关系对于其他债务工具也同样成立。在市场利率上升时，任何债务工具的现值都会下降从而价格将会下降，在市场利率下降时，其价格将会上升。

二级市场、套利和一价定律

让我们考虑一下债券价格和收益率根据市场行情进行调整的过程。在债券和股票等金融资产的市场上进行买卖，与在商品和服务市场上买卖是相似的，但是有两个关键区别：第一，大部分金融交易是通过电子方式完成的，买家和卖家通过计算机系统被联系在一起，所以很少有交易是面对面完成的。第二，大部分交易进行得非常快，在市场开放时，每秒都有数以百万美元的股票和债券被交易。在极短的时期内，大量的债券和股票被交易，因为很多金融市场上的参与者都是交易员而非投资者。

金融市场的投资者通常计划通过获得其购买的证券支付的各种款项而赚得收益。比如，苹果公司的投资者购买该公司的股票，以期从苹果公司获得股息，并在股票价格随着时间推移而上涨时赚得利润。然而，交易员经常会频繁交易，希望通过利用相似证券之间价格的微小差异获利。

比如，回想一下现有票面利率为 5% 的债券在市场利率降至 4% 时，其价格的变化，即由 1000 美元涨至 1169.84 美元。一旦价格出现这种变化，那些债券的到期收益率就与新发行的票面利率为 4% 的债券相同了，即都为 4%，因此，这些债券对于投资者的吸引力是相同的。如果市场利率保持不变，价格就不会进一步变化。但是，在票面利率为 5% 的债券价格升至 1169.84 美元之前的这段时期又会如何？很明显，交易员如果在这段时间以比方说 1160 美元购买债券，并在价格升至 1169.84 美元时售出，就能赚得利润。

通过在短期内买卖证券，借由价格变动获得利润的过程被称为"**金融套利**"（financial arbitrage）。通过金融套利而获得的利润被称为套利利润。在为购买有可能获得套利利润的证券而竞争时，交易员会促使价格升至他们无法再获得套利利润的水平。在使套利利润消失的过程中，证券价格调整得非常快，有时不到 1 秒，因为金融市场的交易员数量庞大，且电子交易的速度也很快。经济学家得出结论，证券价格应该调整到相似的证券为投资者带来的收益率相等的水平。在我们的例子中，相似的有息债券价格会进行调整，从而使票面利率为 5% 的债券和票面利率为 4% 的债券有相同的到期收益率。

这里所描述的金融证券价格调整过程，说明了一个一般性的经济原则，即所谓的"一价定律"，指的是相同的产品在各处出售的价格应当相等。可能出现的套利利润解释了这一定律存在的原因。比如，苹果在明尼苏达州的销售价格为每磅[⊖]1 美元，在威斯康星州则为 1.5 美元，你就可以从明尼苏达州买苹果，然后再在威斯康星州出售，从而赚取套利利润。当你和其他人都在利用这一机会时，明尼苏达州的苹果价格就会上升，而威斯康星州的苹果价格则会下降。在不考虑运输成本的情况下，套利将会使两个州的苹果价格保持一致。

记住，由于存在金融套利，除了在极短暂的时期以外，相似的证券应当有相同的收益率。

⊖   1 磅 = 0.4536 千克。

| 概念应用：与你相关 |

如何追踪债券市场——读懂债券报表

无论你想要投资于债券还是仅仅想追踪债券市场的发展，从哪里可以获得相关信息？你可以从《华尔街日报》的官网或者雅虎金融获知每日更新的短期国债、中期国债和长期国债的价格和收益率。下面列出的企业债券名单来自金融业监管局（Financial Industry Regulatory Authority，FINRA）的网站，雅虎金融也提供企业债券的数据。

长期国债和中期国债

2020 年 2 月 3 日，在二级市场上交易的长期债券和中期债券有很多种，我们从中选取了 5 种美国长期国债和中期国债，并列于表 3-4 中。中期国债自发行日开始的 2 至 10 年后到期，而长期国债的期限通常为 30 年。

第一列和第二列分别为到期日期和票面利率，面值都是 1000 美元。以债券 A 为例，到期日期为 2023 年 8 月 31 日，票面利率为 2.750%，因此，根据其 1000 美元的面值，每年支付 27.50 美元的利息。

表 3-4

	（1） 到期日期	（2） 票面利率 （%）	（3） 买入价 （美元）	（4） 卖出价 （美元）	（5） 买入价涨幅 （美元）	（6） 基于卖出价的到期 收益率（%）
债券 A ——	2023 年 8 月 31 日	2.750	104.256 0	104.262 0	0.032 0	1.366
	2024 年 9 月 30 日	2.215	103.114 0	103.120 0	0.052 0	1.375
	2026 年 9 月 30 日	1.625	101.016 0	101.022 0	0.760 0	1.456
	2028 年 8 月 15 日	5.500	132.012 0	132.022 0	0.798 0	1.487
	2030 年 5 月 15 日	6.250	144.226 0	144.236 0	0.154 0	1.533

第三、四、五列都与这种债券的价格有关。所有报告的价格都是以 100 美元为单位的价格，尽管美国的长期国债和中期国债通常的面值为 1000 美元。对于债券 A，列出的第一个价格为 104.2560 美元，意味着面值为 1000 美元的债券价格为 104.2560 美元。买入价是指如果你出售这种债券，你将从政府证券交易商那里收到的金额。卖出价是指如果你购买这种债券，你必须付给交易商的价格。卖出价和买入价之差是债券交易商的利润，也被称为买卖价差（bid-asked spread）。债券交易商是买卖债券的金融企业。政府证券市场的买卖价差很小，表明市场的交易成本很低，流动性和竞争性都很强。第五列告诉你与前一交易日相比，买入价上涨或下跌了多少。对于债券 A 而言，与前一天相比，每 100 美元面值的债券买入价上涨了 0.0320 美元，或者说面值为 1000

美元的债券价格上涨了 0.320 美元。

第六列是用卖出价和我们在第 3.3 节中讨论的计算有息债券到期收益率的方法，算出的到期收益率。《华尔街日报》在报告收益率时使用的是买入价，因为读者更感兴趣的是从投资者的角度来看的收益率。因此，从上表包含的信息中，你可以找到三种利率，即上述到期收益率、票面利率和当期收益率。债券 A 的当期收益率等于每期利息除以当期价格，即 27.50 美元 /1042.560 美元 ×100，或者 2.64%。注意，债券 A 的当期收益率要高于到期收益率 1.366%。这一事实告诉我们，对于短期内到期的债券，当期收益率不是到期收益率的一个良好的替代指标，因为当期收益率没有将预期的资本收益或损失产生的影响考虑在内。

短期国债

表 3-5 列出了美国短期国债收益率的一些信息。回想一下，短期国债是折价债券，与长期国债和中期国债不同，短期国债并不支付利息。相应地，只能依靠到期日期来区分不同的短期国债，即表 3-5 的第一列。在短期国债市场上，根据一个非常古老的传统，收益率按照折现收益率而非到期收益率来报价。⊖中期国债和长期国债的买入价和卖出价两栏按照价格来报价，而短期国债的买入和卖出两栏按照收益率来报价。买入收益率是想要将短期国债出售给交易商的投资者所面临的折现收益率。卖出收益率是想从交易商那里购买短期国债的投资者所面临的折现收益率。交易商的利润率是卖出收益率与买入收益率之差。在比较对短期国债的投资与对其他债券的投资中，投资者发现，了解到期收益率将有所帮助。因此，表 3-5 的最后一列列出了基于卖出价的到期收益率。

表　3-5　　　　　　　　　　　　　　　　　　　（%）

到期日	买入	卖出	买入收益率涨幅	基于卖出价的到期收益率
2020 年 2 月 4 日	1.455	1.445	−0.025	1.469
2020 年 4 月 16 日	1.523	1.513	−0.002	1.543
2020 年 5 月 21 日	1.538	1.528	0.010	1.560

注意，在有关中期国债和长期国债的表格与有关短期国债的表格中，到期日距离现在越远，到期收益率越高。在第 5.2 节讨论利率的期限结构时，我们将解释为何会出现这种现象。

纽约股票交易所的企业债券

表 3-6 列出了在纽约股票交易所交易最活跃的一些企业债券的报价。第一列是债

⊖　假定债券的面值为 FV，购买价格为 P，基于折现的收益率可以表示为 [(FV−P)/FV] × （360/ 距离到期日的天数）。

券发行企业的名称，比如债券 B 是苹果公司发行的债券。第二列是债券的代码，即
AAPL4507383。第三列是债券利率，即 3%。第四列是到期日，即 2027 年 6 月 20 日。
第五列是两家主要债券评级机构的评级。这些评级向投资者提供了该企业对这一债券
违约的可能性的信息。最高的等级 AAA 被授予那些违约可能性极小的债券。我们将在
第 5 章第 5.1 节更详细地讨论债券评级。第六列列出了该债券上次交易时的价格，即
1068.21 美元。第七列是基于上次出售价格的到期收益率，即 1.970%。

表　3-6

	（1） 企业名称	（2） 债券代码	（3） 票面利率 （%）	（4） 到期日	（5） 穆迪 / 标普 的评级	（6） 上次交易价格 （美元）	（7） 到期收益 率（%）
	美国银行	BAC.SX	8.570	2024 年 11 月 15 日	Baa1/BBB+	129.271	2.104
债券 B ——	苹果公司	AAPL4507383	3.000	2027 年 6 月 20 日	Aa1/AA+	106.821	1.970
	美国电话电报公司	T.KA	6.800	2036 年 5 月 15 日	Baa2/BBB	135.743	3.829
	沃尔玛公司	WMT4117478	4.300	2044 年 4 月 22 日	Aa2/AA	124.904	2.848

3.5　利率和收益率

学习目标　解释利率与收益率的区别。

当你进行投资时，你最关心的是在一个特定的时期内，你的收益是多少，这一时
期被称为"持有期"（holding period）。如果你买了一张有息债券，并持有一年的时间，
在这一年中，你投资于这张债券的收益包括：①收到的利息；②债券价格的变化。后
者意味着资本收益或资本损失。一般而言，你最关注的是以投资额的百分比来衡量的
收益，这被称为"收益率"，通常用 R 来表示。

比如，还是考虑以 1000 美元的价格购买一张面值为 1000 美元的福特公司发行的
债券，票面利率为 5%。如果在你购买债券一年之后，债券价格升至 1169.84 美元，那
么，在这一年中，你将会收到 50 美元的利息和 169.84 美元的资本收益。因此，你这一
年的收益率为：

$$R = \frac{利息 + 资本收益}{买入价格} = \frac{50美元 + 169.84美元}{1000美元} = 0.220或22.0\%$$

如果你购买的债券的价格降至 864.09 美元，那么你将会收到 50 美元的利息，但是
会有 135.91 美元的资本损失。因此，你这一年的收益率将会是负值：

$$R = \frac{50美元 - 135.91美元}{1000美元} = -0.086或 - 8.6\%$$

债券收益率的通用公式

我们可以将这些例子扩展一下，为持有期为一年的有息债券的收益率列出一个通用公式。首先，回想一下有息债券的当期收益率是利息除以当前债券的价格。有息债券的资本收益率或资本损失率是资本收益或损失的金额除以初始价格。因此，持有期为一年的收益率可以用下式来表示：

$$收益率 = 当期收益率 + 资本收益率$$

$$R = \frac{利息}{初始价格} + \frac{价格变动}{初始价格}$$

关于收益率，有三个重要的知识点：

1. 在计算收益率时，我们使用这一年开始时的价格来计算当期收益率。
2. 即使在这一年结束时没有出售债券，你也会产生资本收益或资本损失。如果你出售债券，你拥有的就是已实现的资本收益或资本损失。如果你没有出售债券，你的资本收益或资本损失就是未实现的。无论是哪种情况，你的债券的价格已经上涨或下跌了，在计算投资的收益率时，需要将其包括在内。
3. 如果你买了一张有息债券，无论是当期收益率还是到期收益率，都无法很好地说明你在某一段特定的时期因持有该债券而获得收益率是多少，因为这两个指标都没有考虑资本收益或者资本损失。

利率风险与到期日期

我们已经知道，如果市场利率上升，现有债券的持有者将会蒙受资本损失。**利率风险**指的是，由于市场利率变动而引起的金融资产价格波动的风险。但是，所有债券的利率风险是相同的吗？我们可能预期，与到期日期更远的债券相比，到期日期更近的债券受市场利率变动的影响会更小一些。其中的经济原因在于，债券到期期限越长，债券购买者可能不得不忍受票面利率低于市场利率的时间就会越长，因此，买家愿意为这种债券支付的价格也就越低。

表 3-7 表明，债券价格的计算结果证实了这一推理。假定在这一年年初，你花费 1000 美元购买了一张面值为 1000 美元、票面利率为 5% 的债券。到了这一年年末，相似债券的到期收益率升至 7%。表 3-6 列明了在你购买的债券有不同的到期日期时，你的收益率是多少。比如，第一行表明，如果你购买的是一年期的债券，你这一年的收益率等于当期收益率，即 5%。你持有了一年的一年期债券，在到期时按照面值收到 1000 美元，因此，市场利率的变动对你没有影响。第二行表明，如果你持有的债券最

初的到期年限为两年，你就会出现资本损失，因此，你这一年的收益率低于当期收益率。两年期的债券现在距离到期只有一年的时间，所以，它的价格是：

$$981.31美元 = \frac{50美元}{(1+0.07)} + \frac{1000美元}{(1+0.07)}$$

其余各行表明，你持有的债券到期时间越长，收益率就会越低，损失就会越大。如果到期时间为 50 年，你持有债券的第一年的收益率将是 −22.5%。

表 3-7 如果利率从 5% 升至 7%，在持有债券的第一年到期年限对利率风险的影响

到期年限（年）	当期收益率（%）	初始价格（美元）	年末价格（美元）	资本收益率或损失率（%）	这一年的收益率（%）
1	5	1 000	1 000.00	0	5.0
2	5	1 000	981.31	−1.87	3.1
10	5	1 000	869.70	−13.0	−8.0
20	5	1 000	793.29	−20.7	−25.7
30	5	1 000	754.45	−24.6	−19.6
50	5	1 000	724.66	−27.5	−22.5

长期国债的投资者会面临多大的利率风险

我们在本章一开始曾经提到，在新冠疫情期间，到 2020 年年中时美国 30 年期长期国债的利率低于 1.5%。很多人认为长期国债是一种非常安全的投资。但是，确实如此吗？尽管这些债券没有违约风险，然而作为长期债券，它们的利率风险非常大。比如，假定在 2021 年年初，你花了 1000 美元购买了一张 30 年期的长期国债，面值为 1000 美元，票面利率为 1.5%。如果到了这一年年末，长期国债的到期收益率上升至 5%，即 2007 年之前的通常水平，你的债券价格将会降至 470.06 美元。你遭受的资本损失为 −53.0%，收益率为 −51.5%。这就是所谓的安全投资。注意，即使在这一年年末你并没有将债券售出，你也会蒙受资本损失，因为无论是否售出，你拥有的这项资产价值都贬值了 53%。

3.6 名义利率和实际利率

学习目标 解释名义利率和实际利率的区别。

本章到目前为止，我们讨论的只是**名义利率**，也就是说，这一利率没有根据由价格水平变动导致的购买力变化进行调整。实际上，通货膨胀会降低所有投资收益的购买力。比如，假定你购买了 1000 美元的债券，每年支付给你 50 美元的利息，期限为 20 年。如果随着时间的推移，你收到的钱的购买力下降，你的利息收入就有一部分会由于通货膨胀而遭受损失。而且，通货膨胀还会导致本金的购买力下降。比如，如果通货膨胀率为每年 5%，那么，1000 美元本金的购买力每年就会减少 50 美元。

出借人和借款人都知道通货膨胀会导致利息收入的购买力下降，因此，他们在进行投资决策时考虑的是经过购买力变动调整的利率。这种调整以后的利率被称为"**实际利率**"，它代表的是出借的真实收益和借款的真实成本。由于出借人和借款人并不知道贷款期间现实的实际利率是多少，他们在储蓄或投资时，只能基于对实际利率的预期进行决策。因此，为了估计预期的实际利率，储蓄者和借款人必须确定他们预期的通货膨胀率是多少。预期的实际利率 r 等于名义利率 i 减去预期的通货膨胀率 π^e，这可以用下列等式来表示[⊖]：

$$r=i-\pi^e$$

注意，这个等式还意味着名义利率等于预期实际利率加上预期通货膨胀率，即 $i=r+\pi^e$。

比如，假定你从本地银行获得了一笔汽车贷款。你愿意支付而且这家银行也愿意接受的实际利率为 3%，你和这家银行都预期通货膨胀率将是 2%。因此，你和这家银行都认同这笔贷款的名义利率为 5%。如果实际通货膨胀率是 4%，高于之前你和银行预期的水平，那会如何？在这种情况下，你最后支付的也是银行最终获得的实际利率，等于 5%-4%=1%，这低于预期的实际利率——3%。由于通货膨胀率实际上比你和银行预期的更高，你由于支付了更低的实际利率获益，银行则因为收到了更低的实际利率受损。

我们可以归纳如下：

1. 如果通货膨胀率高于预期通货膨胀率，实际利率将会低于预期的实际利率，在这种情况下，借款人受益，出借人受损。
2. 如果通货膨胀率低于预期通货膨胀率，实际利率将会高于预期的实际利率，在这种情况下，借款人受损，出借人受益。

表 3-8 总结了名义利率、预期的实际利率和现实的实际利率之间的重要关系。

表 3-8　名义利率、预期的实际利率和现实的实际利率之间的重要关系

如果通货膨胀率	实际利率将会	借款人将会	出借人将会
高于预期通货膨胀率	低于预期实际利率	受益	受损
低于预期通货膨胀率	高于预期实际利率	受损	受益

⊖　如果要完全考察购买力变化对名义利率的影响，我们应使用 $(1+i)/(1+\pi^e)=1+r$。重新整理后可得，$1+i=1+r+\pi^e+r\pi^e$。或者 $r=i-\pi^e-r\pi^e$。这个公式与正文中的公式只有一个区别，即 $r\pi^e$ 这一项。这一项的值通常非常小。比如，如果实际利率是 2%，预期的通货膨胀率为 3%，那么 $r\pi^e=0.02\times0.03=0.0006$。因此，只要通货膨胀率保持在相对较低的水平，根据正文中的公式得出的实际利率与根据准确的公式得出的利率，在数值上就会非常接近。

从经济整体来看，经济学家经常以美国财政部发行的三个月到期的短期国债的利率来衡量名义利率。在图 3-5 中，我们展示了从 1990 年第一季度至 2019 年第四季度的名义利率、实际利率和预期的实际利率。为了计算预期的实际利率，我们采用了费城联邦储备银行实施的专业分析师调查数据。

图 3-5 表明，名义利率和实际利率趋向于同时上升和下降。注意，在某些时期，特别是自 2007 年金融危机开始以来，实际利率一直是负值。如果投资者预期他们的投资会产生负的实际利率，那他们为何还要投资于短期国债？最好的解释是，在危机期间以及危机之后，投资者认为大多数其他投资的低利率，无法充分补偿更高的违约风险。因此，投资者愿意接受美国短期国债负的实际利率，也不愿意承受投资于企业债券或其他风险更高的证券而产生的损失风险。最后需要注意的是，名义利率有可能会低于实际利率。之所以会出现这种现象，是由于通货膨胀率为负值，这意味着价格水平在下降而不是在上升。价格水平的持续下降被称为"**通货紧缩**"。2009 年的前 10 个月，美国经历了一段通货紧缩的时期，在 2015 年年初，再次出现通货紧缩。

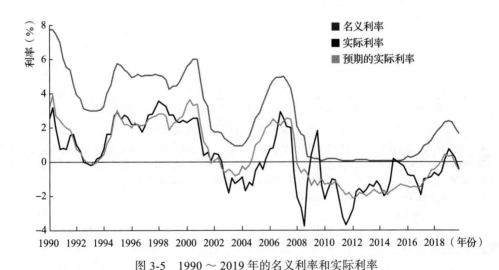

图 3-5　1990 ～ 2019 年的名义利率和实际利率

注：在这张图中，名义利率是美国 3 月期短期国债的利率。实际利率以名义利率减去通货膨胀率得出，后者以消费者价格指数的变动来衡量。预期的实际利率是名义利率减去预期通货膨胀率，后者以对专业分析师的调查结果来衡量。当美国经济于 2009 年和 2015 年经历通货紧缩时，实际利率比名义利率更高。

资料来源：圣路易斯联邦储备银行和费城联邦储备银行。

1997 年 1 月，美国财政部开始发行指数化债券，以缓解投资者对通货膨胀影响实际利率的担忧。对于这些被称作"财政部防通货膨胀国债"（Treasury Inflation-Protected Securities，TIPS）的债券，在以消费者价格指数衡量的价格水平上升时，财政部会提高债券的本金。一旦发行，TIPS 规定的利率将固定不变，但是由于本金金额会随着通货膨胀而增加，因此，实际利率也会随着通货膨胀而提高。比如，假定一张 10 年期的

TIPS 发行时的本金为 1000 美元，利率为 3%。如果这一年的通货膨胀率为 2%，那么本金将增至 1020 美元。3% 的利率将乘以更多金额的本金，所以投资者实际收到的利息为 0.03×1020=30.60 美元。因此，投资者因其最初的投资而获得的实际的利率将是 30.60 美元 /1000 美元 =3.06%。[⊖]

图 3-6 表示的是 TIPS 金额占在美国所有国债中的百分比。2008 年之前，TIPS 在美国全部国债中的占比一直在稳步增加。接下来的两年，投资者对通货膨胀的预期下降了，TIPS 在所有国债中的占比有所下降，然后又有所增加，因为投资者预计未来通货膨胀可能上涨。2015 年之后，TIPS 在全部国债中的占比大致保持不变，略低于 9%。

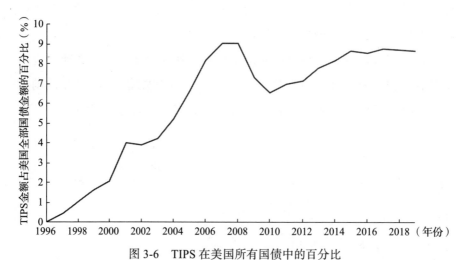

图 3-6　TIPS 在美国所有国债中的百分比

注：2008 年之前，TIPS 在美国所有国债中的占比一直在上升。接下来的两年，对这种国债的需求有所下降，然后又有所增加，因为投资者试图以这种债券来保护自己的利益，免受未来可能出现的通货膨胀的危害。2015 年之后，TIPS 在全部国债中的占比大致保持不变，略低于 9%。

资料来源：美国财政部，各期《财政公报》。

回答关键问题

在本章开始时，我们提出的问题是：

"为何利率与金融资产价格的变动方向是相反的？"

在本章中我们看到，金融证券的价格等于投资者由于持有这一证券而获得的各种款项的现值之和。当利率上升时，现值将会下降，当利率下降时，现值则会上升。因此，利率与金融证券的价格朝着相反的方向变动。

⊖ 注意，这一计算在某种程度上被简化了，因为财政部实际上每月都会根据通货膨胀对 TIPS 的本金进行调整，而这种债券每 6 个月才会支付一次利息。

第 4 章

利率的决定

学习目标

在学习了本章之后，你应该能够：

4.1　讨论在构建投资组合时需要注意的最重要的因素。

4.2　使用供求模型来决定债券的市场利率。

4.3　使用债券市场模型来解释利率的变动。

4.4　使用货币市场模型来解释利率是如何决定的。

附录 4A　使用可贷资金模型来决定国际资本市场的利率。

为何利率如此低

你是否考虑过从现在开始，用几年的时间存钱来买辆新车或者买栋新房？传统上，很多人将钱存入银行的定期存单，以购买这些商品。正如我们将在以后章节讨论的那样，即使银行破产，联邦存款保险也会保护你免受损失，每家银行对每个存款账户的保护上限为 25 万美元。因此，很多人选择更安全的定期存单，而不是冒险将钱投入股票市场或债券市场。

在 2007 年金融危机开始之前，银行经常提供年利率为 5% 的定期存单。如果你将 1 万美元存为银行的定期存单，利率为 5%，在第 5 年结束时，你的储蓄额将会增至 12 763 美元，在第 7 年结束时，你的储蓄额会增至 14 071 美元。

然而，在金融危机期间，包括银行为储户提供的利率在内的各种利率急剧下降。至 2009 年，这些利率已经跌至 1% 以下，并且十多年来一直保持在这一水平。2020 年美国出现的新冠疫情甚至使大部分利率降至更低的水平。至 2020 年年中，富国银行（Wells Fargo）作为美国最大的银行之一，一年期定期存单的利率仅为 0.15%。由于利率处于极低的水平，如果你将1万美元存到银行，5年后储蓄额仅增至10 075美元，7年后仅增至10 105美元。你把钱交给银行，让它使用7年，你获得的"回报"只有105美元。如果在这7年间通货膨胀率达到了每年2%，那么你的储蓄的购买力将会下降13%。换句话说，存了7年钱，结果你能够购买的东西却比一开始时更少了。

为了应对银行存款利率的降低，一些储蓄者购买了长期国债或企业债券。但是这些债券的利率也很低。比如，在1980～2009年，10年期美国中期债券的平均利率为7.2%。在2020年年初，这一利率仅有1.6%，至2020年年中，由于美联储采取了行动，以应对新冠疫情对金融体系的影响，这一利率降至0.7%。相似的，在1980～2009年，由财务状况良好的大型企业发行的长期债券，平均利率为8.4%，到了2020年年中，这一利率仅为2.4%。正如我们在第3章看到的那样，市场利率的增加导致现有债券价格下跌。因此，如果长期国债或企业债券的利率升至历史平均水平，投资者将会遭受严重的资本损失。不出意料，很多财务顾问警告投资者，购买债券的风险很高。一般而言，为临近退休的人提供的财务计划建议是出售一些股票，购买更多的债券，因为传统上股票价格的波动要比债券更为剧烈，尽管从长期来看，投资股票的收益率要更高一些。但是，如果债券的低收益伴随着利率提高债券价格就会大幅下跌的可能性，更多退休人员会考虑将其储蓄投资于股票。

在本章中，我们将考察为何利率处于如此低的水平，且保持了如此长的时间，并详细讨论一下债券市场是如何决定利率的。

关键议题和问题

议题：自2007～2009年金融危机以来的这些年，利率维持在历史低位。

问题：哪些因素对于利率的决定最为重要？

在本章中，我们将讨论储蓄者如何将他们的财富在不同的资产之间进行分配，比如股票和债券。我们还会进一步分析债券市场，然后说明就像其他市场一样，哪些因素会影响供求，从而决定债券的均衡价格和均衡的利率水平。

4.1　如何构建一个投资组合

学习目标　讨论在构建投资组合时需要注意的最重要的因素。

随着岗位的升迁和收入的提高，你将开始考虑应该投资哪种金融资产。有很多资产可供选择，从最为基本的银行支票账户和储蓄账户到股票和债券，再到复杂的金融证券。在构建投资组合时，你应遵循哪些原则？回想一下，资产组合是投资者拥有的一组资产。

我们先来考察一下典型投资者的目标。你可能觉得投资者会力图从投资中获得尽可能高的收益率。但是，假定你有机会将 1000 美元投资于一项资产，比如某种股票或债券，你预期的收益率是 10%，然而你也明白有很大的可能收益率是 −5%。你是愿意投资于这种资产，还是愿意投资于一项预期收益率只有 5%，但是你相信不会出现负收益的资产？你现在只有 1000 美元用于投资和有 100 万美元用于投资，两者是否有重要区别？如果你现在是 60 岁而不是 20 岁，你的答案会改变吗？

选择资产组合的决定因素

构建一个投资组合的方法有很多种，这取决于投资者如何回答我们刚才提出的问题。即使投资者有相同的收入、财富和年龄，他们经常也持有不同的资产组合。投资者按照以下投资组合的决定因素，或者说资产需求的决定因素，来评估不同的投资选项：

1. 投资者的**财富**，或者说在各种资产之间进行配置的储蓄总额。
2. 一项投资的**预期收益率**与其他投资预期收益率的比较。
3. 一项投资的**风险**程度与其他投资风险程度的比较。
4. 一项投资的**流动性**与其他投资流动性的比较。
5. 一项投资**获取信息的成本**与其他投资获取信息成本的比较。

我们现在依次考察这些决定因素。

财富

回想一下，收入和财富是不同的。收入是一个人在某个特定时期赚得的收入，比如一年。资产是一个人拥有的有价值的东西，比如股票和债券。负债是一个人的贷款和其他债务。财富是一个人拥有的资产价值总额减去他背负的负债总额。当你的财富增加时，你金融资产组合的规模可能会增加，但是，资产组合中每种资产未必是等比例增加的。当你大学毕业时，你可能没有多少财富，你唯一的金融资产可能就是支票账户上的 500 美元。一旦你有了一份工作，你的财富就开始增加，你支票账户上的余额可能增加得不多，但是你可能会购买银行的定期存单和货币市场共同基金的一些份额。随着你的财富继续增加，你可能会购买持有股票和债券的共同基金或交易所交易基金（ETF）。一般而言，如果我们将金融市场视为一个整体，我们就可以认为财富的增加将会提高对大部分金融资产的需求。

预期收益率

在你当前的财富水平下，你如何决定将哪种资产加入你的资产组合中？你可能想要投资于收益率最高的资产。正如你在第 3 章看到的那样，对于某一特定的持有期，收益率包含了资本收益率，而投资者只有在持有期结束时才能计算出资本收益率是多少。假定你正在考虑投资于 IBM 票面利率为 5% 的有息债券，当前的价格为 950 美元。你知道在这一年你会收到 50 美元的利息，但是你不知道在这一年结束时 IBM 债券的价格会是多少，因此在此之前你也无法算出你的收益率是多少。然而，你可以根据现有信息估计一年以后这一债券的价格，据此计算出预期收益率，这也被简称为**预期收益**。

为了分析的简化，假定你认为到了一年结束时，有两种可能的结果，如表 4-1 所示：

表 4-1

IBM 债券	年末时的债券价格（美元）	资本收益或损失（%）	这一年的收益率
第一种可能	1 016.50	7	5%＋7%＝12%
第二种可能	921.50	−3	5%−3%＝2%

将某种事件发生的概率以百分比来表示。在上述情况下，我们假定你认为两种可能的结果发生的概率都是 50%。一般而言，我们用以下公式来计算一项投资的预期收益：

$$预期收益 ＝ 事件 1 发生的概率 × 事件 1 的值 + 事件 2 发生的概率 × 事件 2 的值$$

这一公式可以进一步扩展，将投资者认为相关的很多事件考虑在内。将这一公式应用于表 4-1 数据，并用小数表示概率，可得：

$$预期收益 ＝（0.50×12\%）＋（0.50×2\%）＝7\%$$

估计预期收益的方法之一是使用长期平均值。这就是说，如果你投资于这种债券数年，而且你对两种结果发生概率的估计是正确的，那么你就有一半的年份收到的收益将是 12%，另外一半的年份收到的收益将是 2%。因此，平均而言，你的收益率是 7%。当然，这是一个简化的例子，因为我们假定只有两种可能的收益，而在现实中可能会有很多种不同的结果。我们还假定能为每种收益确定准确的概率，而在现实中经常很难做到这一点。尽管如此，这个例子仍然能够说明金融资产投资决策的基本思想，即投资者需要考虑可能的收益以及这些收益发生的概率。

风险

现在，假定你要在两种不同的投资之间进行选择，一种是刚才所讲的 IBM 债券，另一种是福特汽车公司发行的债券，你认为后者收益率为 10% 的概率是 50%，收益率是 4% 的概率也是 50%。福特债券的预期收益率是：

$$(0.50 \times 10\%) + (0.50 \times 4\%) = 7\%$$

尽管预期收益率与 IBM 相同，大部分投资者还是更愿意选择福特债券，因为正如我们将会看到的，IBM 债券的风险更大。

在第 3 章，我们提到过违约风险和利率风险，但是经济学家对于这些风险以及其他类型的风险有一个一般化的定义，即风险是一项资产产生收益的不确定程度。特别是，收益偏离资产预期收益率的可能性越大，这种资产的风险就越大。在上述两种债券的例子中，IBM 债券的风险更大，因为投资者预期，实际的收益率比预期收益率高 5 个百分点，或者低 5 个百分点；而福特债券的投资者则会预期，实际的收益率比预期收益率高 3 个百分点，或者低 3 个百分点。为了对风险进行量化，经济学家通过计算一项资产在数年间实际收益率的标准差来衡量资产收益的波动性。如果你上过统计课，回想一下标准差衡量的是一组特定数值的分散程度[⊖]。

大部分投资者是风险厌恶型的，这意味着如果要在两种预期收益率相同的资产之间进行选择，他们会选择风险更低的那种资产。投资者之所以厌恶风险，是因为很多人购买金融资产是将其作为储蓄计划的一部分，以满足未来的开销，比如买房、为子女支付上大学的学费或为退休准备足够的资金。当他们需要这些钱时，希望资产价值没有下跌。只有以更高的收益率作为补偿，这些投资者才会投资于具有更高风险的资产。大部分投资者是风险厌恶的，这产生的一个结果就是，在金融市场中，我们能观

⊖ 我们可以用这个例子来说明，如何用资产收益的标准差来计算一项资产的投资风险。计算标准差的第一步是确定债券的每种收益与预期收益之间的偏差。比如，对于 IBM 债券，第 1 种收益率等于 12%，预期收益率等于 7%，所以收益率与预期收益率的差异是 12%-7%=5%，如下表所示。

	第 1 种收益率（%）	与预期收益率的偏差（%）	第 2 种收益率（%）	与预期收益率的偏差（%）
IBM	12	5	2	-5
福特	10	3	4	-3

接着，我们需要计算收益偏差的平方，并以这些收益发生的概率作为权重将其加总在一起，这个结果就是收益的方差，如下表所示。

	第 1 种收益率（%）	偏差的平方（%）	第 2 种收益率（%）	偏差的平方（%）	加权的偏差平方（收益方差）
IBM	12	25	2	25	$(0.50 \times 25\%) + (0.50 \times 25\%) = 25\%$
福特	10	9	4	9	$(0.50 \times 9\%) + (0.50 \times 9\%) = 9\%$

最后，将方差的算术平方根作为收益率的标准差。借助于这种风险度量方法，我们发现 IBM 债券的风险比福特债券更高，如下表所示。

	方差（%）	标准差（%）
IBM	25	5
福特	9	3

察到风险和收益之间存在正相关的关系。比如，像银行定期存单这样的资产，收益率很低，风险也很小，而像股票这样的资产则有很高的收益率，风险也很大。

一些投资者实际上是风险偏好型的，这意味着他们有可能持有能实现最高收益的高风险资产，更愿意进行冒险。在我们的例子中，风险偏好型的投资者更喜欢有 50% 的概率获得 12% 收益率的 IBM 债券，尽管这一债券也有 50% 的可能只能获得 2% 的收益。还有一些投资者是风险中立的，这意味着他们在投资时只考虑预期收益，不考虑风险。

| 概念应用：与你相关 |

黑天鹅会侵吞掉你的 401（k）账户吗

如果你为一家中等规模的企业或大公司工作，好处之一就是有机会参与企业资助的 401（k）退休计划。这项依据 1978 年国会通过的一项法律而建立的计划，允许你将部分薪水投资于金融资产以为退休进行储蓄，通常是购买股票和债券的共同基金或交易所交易基金。在你达到退休年龄之前，只要不将钱取出来，你存入 401（k）计划的资金及其收益就不用缴税。2019 年，美国大约有 9900 万在私营企业和州与地方政府部门工作的员工有权参与某种类型的退休计划。

为了在大部分企业提供的 401（k）选项中进行选择，你需要同时考虑预期收益和风险水平。正如我们刚刚看到的，在金融市场上存在着风险与收益的权衡，风险最大的资产通常收益率也最高。可以简单考察一下长期以来四类金融资产的数据，这些都是投资者广泛持有的金融资产。第一类是小公司的股票，所谓"小"公司只是在美国股票市场的背景下才显得小。实际上，它们的规模相当大，股票市值在 3 亿美元至 20 亿美元之间。第二类是大公司的股票，"大"公司包括通用汽车、美国电话电报、麦当劳、苹果和其他包含在标准普尔 500 指数中的企业，平均股票市值超过了 50 亿美元。平均年收益率是每类资产年收益率的简单算术平均值。风险由年收益率的波动来衡量，由这一时期每种资产每年收益率的标准差计算而得。第三类是长期国债，第四类是美国短期国债。

这四类金融资产的数据表明了风险与收益之间的权衡关系，平均每年的收益率依次递减，而风险也依次降低。在这些年间，小公司股票的投资者获得了最高的平均收益，但是也承受了最大的风险。投资于美国短期国债的投资者获得的平均收益率最低，但是面临的风险也最小。

这种传统的风险度量指标表明了收益通常波动的范围。然而，在某些特定的年份，收益率有时会远远超出通常的波动范围。比如在 2008 年金融危机最严重时，投资于大公司股票的投资者遭受的损失达到 37%。（2020 年年初，受新冠疫情的影响，从 2 月 19 日至 3 月 23 日，标准普尔 500 指数下跌了大约 34%，但是与 2008 年不同，市场止跌回升的速度更快，这减少了大部分投资者的损失，除了那些由于恐慌而在这 5 周之内抛售了自己股票的人）。股市表现得如此糟糕，原因是房地产市场的崩溃引发了金融危机以及自 20 世纪 30 年代大萧条以来最严重的经济衰退。出现如此大规模损失的概率仅有 5%。纳西姆·尼古拉斯·塔勒布（Nassim Nicholas Taleb）是一位职业投资人和纽约大学的经济学教授，他用"黑天鹅"一词代指那些很少发生，但是会对社会或经济产生重大影响的事件，这一表述风靡一时。"黑天鹅"一词源于以下事实，欧洲人一直都相信所有的天鹅都是白色的，直至 1697 年奥地利发现了黑天鹅。因此，黑天鹅是指与之前的经验相悖且出人意料的事件。一些经济学家将 2007～2009 年金融危机视为黑天鹅事件，因为在危机发生之前，很少有人认为可能爆发危机。

2008 年，401（k）账户的平均值由 65 500 美元降至 45 500 美元，贬值超过了 30%。很多风险厌恶的个人投资者将其在退休账户中的资金从股票共同基金中取出来，然后存入债券共同基金甚至货币市场基金，这些基金支付的利率只有 1% 甚至更低。对于那些已经退休或快要退休的人员，401（k）账户贬值超过 30% 可能是灾难性的，因为他们指望着这些资金来支付退休以后的生活费用。但是，对于更年轻的投资者而言，由贬值导致的问题没有那么严重。实际上，大公司的股票市值在 2013 年又回到了它们在 2008 年的水平。

因此，2007～2009 年金融危机这一黑天鹅事件给普通投资者资产组合造成的损失，更多地来自将资产转换为风险更低但是收益也更低的资产，而不是股票价格出现了暂时性的下跌。

流动性

回忆一下第 2 章的内容，流动性是指一项资产转换为货币的难易程度。流动性更强的资产有助于使投资者不同时期的支出更为平滑，或者在临时有事时有钱可用。比如，你有一项计划之外的医疗支出，你需要尽快出售一些资产来应付这笔开销。一项资产的流动性越强，投资者就越愿意持有这种资产。在其他条件都相同的情况下，与流动性较差的资产相比，投资者可以接受流动性较强的资产收益率更低。因此，正如在风险和收益之间存在权衡关系一样，流动性和收益之间也存在权衡关系。对于你的支票账户，你愿意接受一个极低的利率，甚至是零利率，因为你可以随时使用这些资金。

获取信息的成本

投资者发现，如果他们在获取某项资产的信息时，不需要付出太多的时间或金钱，这种资产的吸引力就会更大。比如，美国财政部发行国债的价格和收益率都很容易从《华尔街日报》或者像雅虎金融这样的网站上获取。另外，还有很多在线投资指南，解释为何联邦政府极不可能对自己的国债违约。然而，如果一家新公司发行债券，投资者必须花一些时间和金钱来收集和分析有关这家公司的信息，然后才能决定是否进行投资。

在其他条件都相同的情况下，对于获取信息的成本更低的资产，投资者可以接受一个更低的收益率。因此，就像风险和收益以及流动性与收益之间存在权衡关系一样，获取信息的成本和收益之间也存在权衡关系。国债利率低于企业债券，原因之一就是国债信息的获取成本更低一些。

我们可以将投资组合中资产选择的决定因素归纳如下：**一项金融资产令人乐于接受的特性会使投资者对这种金融资产的需求数量增加，而令人不愿接受的特性则会使投资者对这种金融资产的需求数量减少**。表 4-2 列出了决定投资组合的主要因素。

表 4-2　决定投资组合的主要因素

以下因素增加	对投资组合中这项资产的需求	原因
财富	上升	投资者有更多的储蓄可以配置
一项资产的预期收益率（相对于其他资产）	上升	投资者持有这种资产可获得更多收益
风险（收益变动程度）	下降	大部分投资者是风险厌恶的
流动性（一项资产转换为现金的难易程度）	上升	投资者可以很容易地将资产转换为现金，从而为消费提供资金
信息成本	下降	投资者必须付出更多的时间和金钱来获取和分析这项资产及其收益的信息

分散化

几乎所有投资者在他们的投资组合中都有多种不同的资产，因为现实世界充满了不确定性，尽管进行了大量分析，投资者仍无法确信一项资产会表现得与预期相同。由于无法找到一种完美的资产，投资者通常会持有不同类型的资产，比如不同企业发行的股票。将财富在很多不同的资产之间进行分配以降低风险，这被称为**分散化**。

投资者可以利用以下事实，即资产的收益通常不会完全同步运动。比如，你持有福特和苹果公司的股票，在经济衰退时，福特的股票价格可能会随着汽车销量的下滑而下跌，而尽管出现了衰退，苹果公司如果引入了一款流行的电子产品，消费者竞相购买，其股价就有可能上涨。同样地，如果一款新的处方药出人意料地未能获得联邦政府的审批，制药企业默克（Merck）的股价就会下跌，而红罗宾汉堡连锁店（Red Robin Gourmet Burgers）引入了一款由花椰菜和抱子甘蓝制成的汉堡，并且轰动一时，这就可能会使该企业的股价飙升。因此，与投资组合中只有单一类型的资产相比，分散化的投资组合收益会更加稳定。

投资者无法完全消除风险，因为资产会承受某种共同的风险，这被称为"**市场风险**"或"**系统性风险**"。比如，经济衰退和经济扩张会导致股票价格总体上出现下跌或上涨。在 2007 ～ 2009 年金融危机期间，很少有投资能够有良好的表现。资产还具有自己独特的风险，这被称为"个体风险"或"非系统性风险"。比如，某只股票的价格可能会受到一些偶然事件的影响，如科学发现、工人罢工及不利的法律诉讼，这会影响这家企业的利润。分散化可以消除个体风险，但无法消除系统性风险。

| 概念应用：与你相关 |

你的资产组合风险够大吗

所有的投资都是有风险的，但是在构建自己的资产组合时，你可以采取措施理解并管理风险。在确定某项投资是否适合时，理财规划师鼓励他们的客户评估自己的财务状况和承担风险的意愿。

在选择可以接受的风险程度时，时间范围是一个重要因素。你存了一笔钱，以便在接下来的几年中买车或买房，那么就应该将其投资于低风险的资产，比如银行定期存单，尽管这些资产的收益率较低。如果你几十年后才会退休，你就可以通过投资于风险更高的资产来谋求长期收益，比如股票，而不用过于担心收益在短期内的波动。当临近退休时，你可以采取更为保守的策略，以降低损失大部分储蓄的可能性。

图 4-1 使用了美联储的数据，以表明户主年龄不同的两组家庭如何分配他们的金融财富：

- **户主在 35 岁及以下的家庭**（如图 4-1a 所示）财富大部分由他们房子的价值以及他们拥有的小企业或者除了房子和小企业以外的不动产的价值构成。他们在股票和债券或者退休账户等方面的财产较少。

- **户主在 55 岁至 64 岁的家庭**（如图 4-1b 所示），他们临近退休，但是仍有一半的财产以房屋、小企业或其他不动产的形式持有。这些家庭在退休账户和退休账户以外的股票和债券的财富相对更多一些。

- **户主超过 75 岁的家庭**（未在图中显示），与户主在 55 岁至 64 岁的家庭相比，财富中存款的比例要高得多，股票的比例则要小得多。

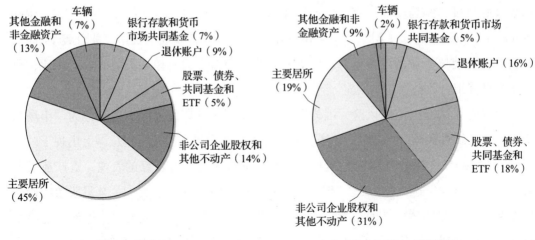

（a）户主在35岁及以下的家庭   （b）户主在55岁至64岁的家庭

图　4-1

年轻储蓄者和年长储蓄者考虑的时间范围和储蓄目标不同，因而分别适用于表4-3的两种常见的理财计划：

表　4-3

	适合35岁及以下储蓄者的理财计划	适合55岁至64岁储蓄者的理财计划
资金需求的时间线	试图以十年以上的时间来构建金融资产组合并获取收益	金融资产组合的金额等于或接近投资者由于退休而需要的金额
财务目标	通过获取更高的长期收益积累资金	使现有资金的收益略高于通货膨胀率
资产组合计划	基于最大化预期收益原则构建金融资产组合，较少关注收益的波动	通过选择安全的资产来降低风险，使经过通胀和税收调整以后的预期收益率略高于零

在评估你的储蓄计划时，你需要考虑通胀和税收的影响。回忆一下第3章实际利率和名义利率之间的重要区别。在高通胀时期，一项名义利率很高的资产只能产生普通水平的实际收益。另外，联邦政府会对大部分投资产生的收益进行征税，一些州和地方政府也会如此，征税依据的通常是名义收益，而非实际收益。比如，如果一种债券的票面利率是5%或者说利息是50美元，而通货膨胀率是3%，你赚取的实际利率只有2%，但是，对你征税的依据是5%的名义收益。实际的税后收益可能与名义的税前收益有相当大的差异，这取决于你所进行的投资。很多投资者选择投资于股票，因为他们认为在长期，投资于像美国短期国债这样的安全资产，获得的税后实际收益率很低。在第5章第5.1节，我们将进一步考察税收待遇的不同如何影响特定投资的收益率。

理解风险、通胀和税收如何影响你投资的收益率，将有助于你成为一名更为明智的投资者。

4.2 市场利率与债券供求

学习目标 使用供求模型来决定债券的市场利率。

我们可以利用之前讨论的选择资产组合的决定因素，说明债券需求和供给的相互作用是如何决定市场利率的。虽然你在经济学原理课上已经熟练掌握了供求分析方法，但是将这一分析方法应用于债券市场还是有些复杂。我们通常在画供求曲线时，会将商品和服务的价格放在纵轴。我们对债券的价格感兴趣，我们对其利率也同样感兴趣。我们从第 3 章第 3.3 节中知道，债券的价格 P 和到期收益率 i 之间的关系如下式所示，其中 C 是该债券支付的利息，FV 是债券的面值，n 是债券到期所需的年数：

$$P = \frac{C}{(1+i)} + \frac{C}{(1+i)^2} + \frac{C}{(1+i)^3} + \cdots + \frac{C}{(1+i)^n} + \frac{FV}{(1+i)^n}$$

由于支付的利息和面值不变，一旦我们确定了债券市场的均衡价格，我们也就确定了均衡利率。这种主要关注债券价格如何决定以表明市场利率如何确定的方法，被称为"债券市场法"。这种方法将债券看作市场上交易的"商品"。在考虑影响债券供求的因素如何影响利率时，债券市场法用处最大。在本章附录中，我们将考察另一种被称为"可贷资金市场法"的方法。那种方法将用于交易的资金视为商品。正如经济学其他领域一样，我们使用哪个模型，取决于在某种特定情形下，问题的哪个方面是最为重要的。

债券市场的供求图

图 4-2 用于说明债券市场。为了简化，我们假定这是一年期折价债券市场，面值为1000 美元。图 4-2 表明，这一债券的均衡价格为 960 美元，债券的均衡数量为 5000 亿美元。回忆一下第 3 章第 3.3 节，售价为 P，面值为 FV 的一年期折价债券的公式：

$$i = \frac{FV - P}{P}$$

或者说，在上述情况下为：

$$i = \frac{1000\text{美元} - 960\text{美元}}{960\text{美元}} = 0.042\text{或}4.2\%$$

与商品和服务市场一样，我们假定除了债券的价格以外，所有影响需求和供给的因素都保持不变，然后画出债券的供给曲线。债券的需求曲线代表在所有其他因素都不变的情况下，债券价格与投资者对这一债券的需求数量之间的关系。当债券价格上升时，债券的利率将会下降，债券对投资者的吸引力将会更小，所以需求数量会减少。因此，债券的需求曲线向下倾斜，如图 4-2 所示。

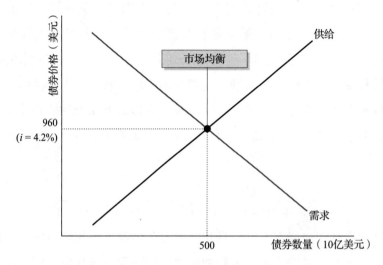

图 4-2　债券市场

注：债券的均衡价格是由债券市场决定的。通过决定债券价格，债券市场也会决定债券的利率。在这个例子中，面值为 1000 美元的一年期折价债券的均衡价格为 960 美元，这意味着其利率为 4.2%。债券的均衡数量为 5000 亿美元。

然后，考虑债券的供给曲线。供给曲线代表的是债券价格与债券的供给数量之间的关系，后者是由现在持有这一债券的投资者和考虑发行新债券的企业决定的。当债券价格上涨时，债券的利率将会下跌，现有债券的持有者将更愿意将其出售。一些企业也会发现，通过以更低的利率来借款可以使项目融资的成本更低，因而将发行新的债券。由于这两方面的原因，债券的供给数量将会增加。

与商品和服务市场一样，如果债券市场目前处于均衡状态，就会停留在这一状态，如果没有处于均衡状态，就会朝着均衡的方向移动。比如，在图 4-3 中，假定债券的价格目前是 980 美元，超过了 960 美元的均衡价格。在这一较高的价格水平下，债券的需求数量是 4000 亿美元（图 4-3 中的点 B），这低于均衡的需求数量，而供给的数量是 6000 亿美元（图 4-3 中的点 C），这高于均衡的供给数量。结果就是债券的过度供给等于 2000 亿美元。投资者可以以当前的价格购买自己想要的债券，但是一些卖家无法找到买主。这些卖家有动力降低自己的债券价格，以便让投资者购买他们的债券。这种驱使债券价格下降的压力将会一直持续存在，直至价格降至 960 美元这一均衡的价格水平（图 4-3 中的点 E）。

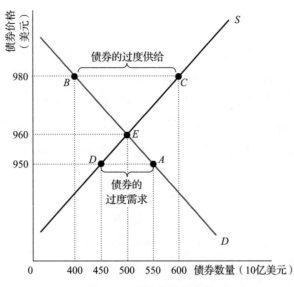

图 4-3　债券市场的均衡

注：在债券价格处于 960 美元这一均衡水平时，投资者对债券的需求数量等于借款人对债券的供给数量。如果价格高于 960 美元，就会存在债券的过度供给，债券价格就会下降。如果价格低于 960 美元，就会存在债券的过度需求，债券价格就会上升。债券买方和卖方的行为促使债券价格达到 960 美元这一均衡水平。

解释均衡利率的变化

在画出图 4-2 中债券的供求曲线时，我们假定除了债券价格以外，其他影响投资者购买债券的意愿或者企业和投资者出售债券的意愿的各种因素都保持不变。你可能记得经济学原理课上讲过需求量或供给量的变动与需求或供给的变动之间的区别。如果债券的价格发生变化，我们将会沿着需求曲线或供给曲线移动，但是曲线本身并不移动，这时变动的是需求量或供给量。如果任何其他相关变量发生了变化，比如财富或者预期通货膨胀率，那么需求或供给曲线本身就会移动，这时变动的是需求或供给。下一节，我们将复习导致需求曲线或供给曲线移动的最重要的因素。

使债券的需求曲线发生变动的因素

在第 4.1 节，我们讨论了影响投资者决定将哪种资产纳入自己投资组合的各种因素。这 5 种因素之中任何一种发生变化，都会使债券的需求曲线发生移动：

1. 财富。

2. 债券的预期收益率。

3. 风险。

4. 流动性。

5. 信息成本。

财富

当经济扩张时，家庭就会积累更多的财富。储蓄者拥有的财富越多，他们就有越多的储蓄用于投资金融资产，包括债券。如图 4-4 所示，假定其他因素不变，财富增加会使债券的需求曲线向右由 D_1 移动至 D_2，因为在任何价格下，储蓄者都愿意而且能够购买更多的债券。在图 4-4 中，随着债券需求曲线向右移动，债券的均衡价格由 960 美元提高至 980 美元，债券的均衡数量由 5000 亿美元增至 6000 亿美元。因此，债券市场的均衡点由 E_1 移动至 E_2。

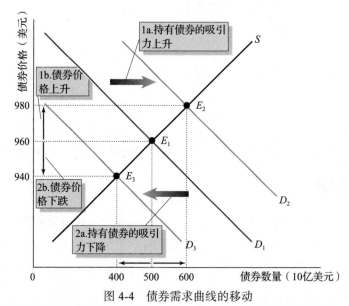

图 4-4　债券需求曲线的移动

注：假定其他因素不变，财富增加会使债券的需求曲线向右移动。随着债券需求曲线向右移动，债券的均衡价格由 960 美元提高至 980 美元，债券的均衡数量由 5000 亿美元增至 6000 亿美元。

假定其他因素不变，财富减少会使债券的需求曲线向左移动。随着债券需求曲线向左移动，这会降低均衡价格，减少均衡数量。随着债券需求曲线向左移动，均衡价格由 960 美元降至 940 美元，债券的均衡数量由 5000 亿美元降至 4000 亿美元。

在 2007 ～ 2009 年和 2020 年金融危机期间，家庭财富出现了下降，假定其他条件不变，债券需求曲线向左移动，降低了均衡价格和均衡数量。在图 4-4 中，随着需求曲线从 D_1 向左移动至 D_3，均衡价格由 960 美元降至 940 美元，债券的均衡数量从 5000 亿美元降至 4000 亿美元。因此，债券市场的均衡点从 E_1 移动至 E_3。

债券的预期收益率

如果债券的预期收益率相对于其他资产上升，投资者将会增加他们对债券的需求，债券需求曲线将会向右移动。如果债券的预期收益率相对于其他资产下降，投资者将会减少他们对债券的需求，债券需求曲线将会向左移动。需要注意的是，导致债券需求曲线移动的是债券的预期收益率**相对**于其他资产的预期收益率的变化。比如，如果债券的预期收益率保持不变，而投资者认为投资于股票的收益会比原来预期的更高，债券的收益率相对地就会更低，债券需求曲线将会向左移动。

债券的预期收益率受预期通货膨胀率的影响。正如我们在第 3 章中看到的，预期的实际利率等于名义利率减去预期通货膨胀率。因此，预期通货膨胀率的上升将导致预期实际利率的下降。类似地，债券的预期收益率等于名义收益率减去预期通货膨胀率。预期通货膨胀率的上升将会降低债券的预期实际收益率，进而降低投资者在任何价格下购买债券的意愿，债券的需求曲线将向左移动。预期通货膨胀率的下降将会增加债券的预期实际收益率，从而增加投资者在任何价格下购买债券的意愿，并使得债券需求曲线向右移动。

风险

债券的风险相对于其他资产变大，将会降低投资者购买债券的意愿，并使债券需求曲线向左移动。债券的风险相对于其他资产变小，将会提高投资者购买债券的意愿，并使债券需求曲线向右移动。重要的是债券**相对**于其他资产投资者感觉到的风险程度。如果债券的风险程度保持不变，但是投资者认为投资股票的风险比他们原来以为的更高，债券的相对风险将会降低，投资者将会增加他们对于债券的需求，债券需求曲线将会向右移动。实际上，在 2008 年年末和 2009 年年初，很多投资者认为投资股票的风险增加了。结果，投资者对债券的需求增加了，这使得债券的均衡价格上升，从而使债券的均衡利率下降。在 2020 年新冠疫情开始时，投资者的反应有所不同，他们的结论是，由于经济衰退的严重性，投资于股票和债券的风险都上升了，因此他们一开始对于两者的需求都下降了。

流动性

投资者认为资产的流动性是很有价值的，因为如果投资者需要资金，比如说要购买汽车和投资于其他资产，那么流动性更强的资产可以以更快的速度和更低的成本售出。如果债券的流动性增强，在任何价格下投资者对债券的需求都会增加，债券的需求曲线将向右移动。债券流动性的下降将使债券的需求曲线向左移动。同样地，重要的是债券的相对流动性。比如，在线股票交易网站最早出现于 20 世纪 90 年代。这些网站允许投资者以很低的成本来买卖股票，这增加了很多股票的流动性。结果，债券的流动性相对下降，从而债券需求曲线向左移动。

信息成本

投资者为了评估资产所必须付出的信息成本，将会影响他们购买这些资产的意愿。比如，从 20 世纪 90 年代初期开始，金融信息可以从互联网上免费获取或者以很低的价格获取。在此之前，投资者如果要找这些信息，只能花钱订阅时事简报或者在图书馆花上几个小时，以便从年报和其他记录中收集数据。由于股票在《华尔街日报》等报纸上和《商业周刊》《财富》等杂志上讨论得比债券更为广泛，通过互联网获取信息对债券产生的影响比股票更大。由于信息成本降低，债券的需求曲线向右移动。在 2007 ～ 2009 年金融危机期间，很多投资者认为对于特定类型的债券，他们缺乏足够的信息来估计这些债券违约的可能性，特别是抵押贷款支持证券。收集足够的信息即使不是完全不可能的，也是成本极高的。由于信息成本上升，债券的需求曲线向左移动。

表 4-4 总结了使债券需求曲线移动的最重要的因素。

表 4-4 使债券需求曲线移动的最重要因素

其他条件保持不变，以下因素增加	导致对债券的需求	原因	对债券市场均衡产生影响的图示
财富	上升	更多的资金被配置为债券	
债券预期收益率	上升	持有债券相对更有吸引力	
预期通货膨胀率	下降	持有债券相对更缺乏吸引力	
其他资产的预期收益率	下降	持有债券相对更缺乏吸引力	
债券相对于其他资产的风险程度	下降	持有债券相对更缺乏吸引力	

（续）

其他条件保持不变，以下因素增加	导致对债券的需求	原因	对债券市场均衡产生影响的图示
债券相对于其他资产的流动性	上升	持有债券相对更有吸引力	
债券相对于其他资产的信息成本	下降	持有债券相对更缺乏吸引力	

使债券的供给曲线发生变动的因素

债券供给曲线的移动是由于除了债券价格以外的其他因素的变化，这些变化会影响投资者出售债券的意愿，或者企业和政府发行更多债券的意愿。对于解释债券供给曲线的移动，有 4 个因素最为重要：

1. 物质资本投资预期税前的收益状况。
2. 企业税。
3. 预期通货膨胀率。
4. 政府借款。

物质资本投资预期税前的收益状况

大部分企业借钱的目的在于为实际的物质资本投资提供资金，比如工厂、机器和信息技术，它们预期这些资产可以使用数年，以生产商品或提供服务。企业预期投资于实物资产的利润越高，企业试图通过发行债券来借入的资金就会越多。20 世纪 90 年代，很多企业意识到投资于网站可以使它们在线向消费者出售产品，这有可能为其带来丰厚的利润，结果出现了物质资本投资的繁荣，比如计算机、服务器或其他信息技术投资，这导致了债券销售的增加。

图 4-5 表明，假定所有其他因素保持不变，企业如果预期投资于物质资本的利润上升，将会使债券供给曲线向右移动，因为在任何价格下，企业都会发行更多的债券。在图 4-5 中，当债券的供给曲线由 S_1 向右移至 S_2 时，债券的均衡价格将由 960 美元降至 940 美元，债券的均衡数量将由 5000 亿美元增加至 5750 亿美元。在经济衰退时，企业经常对其投资于物质资本而获得利润持悲观态度，在所有其他因素保持不变的情

况下，债券供给曲线将向左移动，这会提高债券的均衡价格，并减少债券的均衡数量。在图 4-5 中，随着债券供给曲线由 S_1 向左移至 S_3，均衡价格将由 960 美元提高至 975 美元，债券的数量将由 5000 亿美元降至 4000 亿美元。

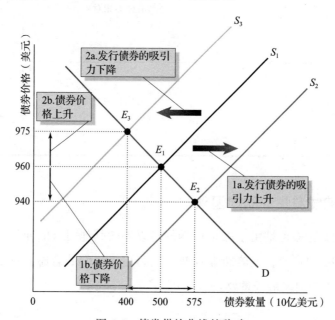

图 4-5   债券供给曲线的移动

注：假定所有其他因素不变，如果企业预期投资于物质资本的利润增加，将会使债券的供给曲线向右移动，因为在任何价格下，企业都会发行更多的债券。随着债券供给曲线向右移动，债券的均衡价格将由 960 美元降至 940 美元，债券的均衡数量将由 5000 亿美元增至 5750 亿美元。

如果企业对其投资物质资本而获得的利润感到悲观，那么，假定所有其他因素不变，债券的供给曲线将向左移动。随着债券供给曲线向左移动，债券的均衡价格将由 960 美元升至 975 美元，债券的均衡数量将由 5000 亿美元降至 4000 亿美元。

企业税

企业税也会影响企业对未来盈利状况的预期，因为企业关注的是税后利润。如果政府提高企业税，企业由于物质资本的新投资而赚取的利润就会降低，企业发行的新债券就会减少。结果，债券的供给曲线将向左移动。当政府降低企业税时，比如 2017 年，国会和唐纳德·特朗普总统降低了企业所得税，更低的税率增加了企业在新投资项目中获得的利润，从而导致企业发行了更多的债券。因此，债券的供给曲线会向右移动。

预期通货膨胀率

我们已经知道，在名义利率既定的情况下，预期通货膨胀率的上升将降低投资者预期的实际利率，从而减少投资者对债券的需求。从企业发行债券的角度来看，更低的预期实际利率更有吸引力，因为这意味着企业借钱的实际成本更低。因此，预期通货膨胀率的上升将导致债券供给曲线向右移动，因为在任何价格水平下，企业发行的债券数量都会更多。预期通货膨胀率的下降将导致债券供给曲线向左移动。

政府借款

到目前为止，我们已经重点研究了投资者和企业的决策如何影响债券的价格和利率。政府决策同样会影响债券价格和利率。比如，很多经济学家认为，美国联邦政府在 20 世纪 80 年代和 90 年代初期出现的一系列大规模的财政赤字，导致利率有所上升。

在我们讨论美国的"政府部门"时，不仅包括联邦政府，也包括州和地方政府。政府部门既是出借人也是借款人。比如，当联邦政府向大学生和小企业发放贷款时，自己就成为出借人。近些年来，联邦政府向美国和外国投资者借了大量的资金，因为税收远低于政府支出，结果就是出现了大规模的联邦政府财政赤字。图 4-6 展示了自 1965 年以来联邦政府的预算盈余和赤字。阴影部分代表经济处于衰退的年份。在大部分年份，联邦政府预算都出现了赤字，除了 20 世纪 90 年代后期的几年，这几年税收超过了政府支出。自 2008 年以来，联邦政府开始出现大规模赤字，部分原因是 2007 ～ 2009 年的衰退特别严重。当经济出现衰退时，税收自动减少，因为家庭收入和企业利润都会下降，联邦政府在失业保险和为失业人员提供其他社会保障方面的支出将会自动增加。危机如此严重，还使国会与布什总统和奥巴马总统显著增加了政府支出，并采取了减税政策。经济从 2007 ～ 2009 年的衰退中逐渐恢复，使联邦政府的预算赤字在 2009 ～ 2015 年出现了下降，但是接下来的这些年由于支出增加和税收减少，联邦政府预算赤字再次上升。2020 年的新冠疫情导致预算赤字飙升，达到创纪录的水平，因为国会和特朗普总统大幅增加了政府开支，并减少了税收。至 2020 年中期，国会预算办公室预计 2020 年的联邦政府预算赤字将达到 3.7 万亿美元，是 2019 年的 3 倍多。

我们可以分析政府预算赤字和盈余的变动对债券市场的影响。假定联邦政府增加了支出但是没有增加税收。如果政府通过发行债券来为由此导致的赤字融资，债券供给曲线将向右移动。如果我们现在假设在政府增加借款时家庭的储蓄保持不变，那么在其他因素保持不变的条件下，政府预算赤字将会导致债券的均衡价格下降，债券的均衡数量上升。由于债券价格与利率呈反向变动，因此均衡利率将会上升。

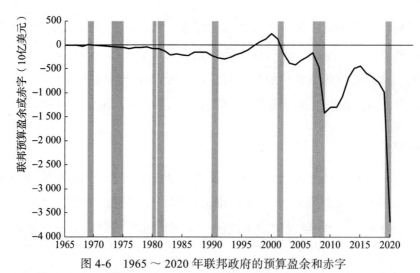

图 4-6 1965 ～ 2020 年联邦政府的预算盈余和赤字

注：除了 20 世纪 90 年代后期的几年以外，联邦政府通常都会出现财政赤字。2007 ～ 2009 年经济衰退导致
大规模预算赤字，需要联邦政府通过出售债券筹集大量资金。2020 年新冠疫情导致了一个更大规模的
赤字。阴影部分代表经济处于衰退的时期。

资料来源：美国经济分析局。

我们可以得出结论，如果其他因素保持不变（当然，正如我们将在下一节看到的那
样，这是一个很严格的假设条件），政府借款的增加会使债券供给曲线向右移动，从而
降低债券价格，提高利率。政府借款的减少会使债券供给曲线向左移动，从而提高债
券价格，降低利率。

表 4-5 归纳了促使债券供给曲线移动的主要因素。

表 4-5 促使债券供给曲线移动的主要因素

其他条件保持不变， 以下因素增加	导致对债券的供给	原因	对债券市场均衡产生 影响的图示
预期收益状况	上升	企业借款从而为有利可图的投资 进行融资	
企业税	下降	税收降低了投资的收益	
投资税抵免	上升	政府税收抵免降低了投资的成 本，从而增加了投资的收益	

（续）

其他条件保持不变， 以下因素增加	导致对债券的供给	原因	对债券市场均衡产生 影响的图示
预期通货膨胀率	上升	对于任何给定的债券价格，借款 的实际成本下降	
政府借款	上升	在任何给定的利率水平下，经济 中的债券会增加	

4.3 解释利率的变动

学习目标 使用债券市场模型来解释利率的变动。

债券需求变化或债券供给变化，或者两者同时变化，都会导致利率发生变化。在这一节，我们考虑两个使用债券市场模型来解释利率变动的例子：

1. 经济周期中利率的变动。经济周期是指美国和大多数其他国家都经历过的经济扩张与经济衰退的时期交替。

2. 费雪效应，是指通货膨胀率的变化引起的利率变动。

在现实中，很多时候债券需求和供给的变化是同时发生的，经济学家有时很难判断每条曲线移动了多少。

为何经济衰退时利率会下降

我们可以利用债券市场的图形来说明利率如何随着经济周期而变化。在经济开始衰退时，家庭和企业会预期在未来一段时间内，产出和就业将低于正常水平。家庭财富将会下降，企业对于物质资本投资的未来盈利状况更为悲观。如图 4-7 所示，家庭财富的下降将使债券需求曲线由 D_1 向左移至 D_2，企业预期物质资本投资的收益下降会导致其发行的债券减少，从而使供给曲线由 S_1 向左移至 S_2，债券的均衡价格将由 E_1 移至 E_2。我们知道，债券均衡价格的上升将导致均衡利率的下降。

注意，如果在经济衰退时债券需求曲线向左移动的幅度超过了债券供给曲线，债券的价格将会下降，均衡利率就会因此而上升。美国的数据表明，利率在经济衰退时通常下降，在经济扩张时通常上升，这意味着在经济周期中，债券的供给曲线变动幅度比需求曲线更大。

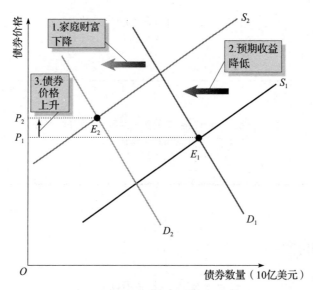

图 4-7　经济下滑时利率的变动

注：1. 初始均衡点为 E_1，经济下滑导致家庭财富下降，对于任何债券价格，债券的需求都会减少。债券需求曲线从 D_1 向左移至 D_2。

　　2. 预期收益下降导致在任何债券价格下借款人提供的债券都会减少。债券供给曲线从 S_1 向左移至 S_2。

　　3. 对于新的均衡点 E_2，债券的价格从 P_1 上升到 P_2。

预期通货膨胀率的变化如何影响利率？费雪效应

债券市场的均衡决定债券价格和**名义利率**。但是，出借人和借款人更关注的是**实际利率**，因为实际利率代表他们收到或支付的经过通货膨胀调整以后的款项。名义利率减去通货膨胀率以后，我们就可以得到实际利率。由于投资者和企业事先并不知道通货膨胀率会是多少，它们必须对通货膨胀率进行预期。因此，债券市场的均衡反映了出借人和借款人对于**预期**实际利率的信念，预期实际利率等于名义利率减去预期通货膨胀率。

欧文·费雪（Irving Fisher）是 20 世纪初期耶鲁大学的一名经济学家，他认为如果债券市场的均衡表明了出借人愿意接受某一特定利率并且借款人也愿意按照某一特定的利率进行支付，比如 3%，那么预期通货膨胀率的任何变化都会导致名义利率的变化，并使实际利率保持不变。假定当前的名义利率为 5%，预期通货膨胀率为 2%，在这种情况下，预期实际利率是 3%。现在假定投资者和企业认为未来的通货膨胀率可能是 4%。费雪认为结果将是名义利率将从 5% 升至 7%，这会使预期实际利率仍保持在 3% 的水平。更一般地来讲，名义利率的升降将会完全反映预期通货膨胀率的变化。

费雪效应与我们所理解的债券市场供求调整规律一致吗？如图 4-8 所示，假定最初债券市场的参与者预期通货膨胀率为 2%，市场当前的均衡点为 E_1，即 D_1 和 S_1 的交点。现在假定债券市场的参与者认为未来的通货膨胀率将会是 4%，正如我们在第 4.2 节看到的那样，预期通货膨胀率的上升将会导致债券的需求曲线由 D_1 向左移至 D_2，因为在任何债券价格下，投资者预期能够持有债券而获得的实际利率都会下降。同时，预期通货膨胀率的上升将会导致供给曲线由 S_1 向右移至 S_2，因为在任何债券价格下，企业预期要为债券付出的实际利率都会下降。

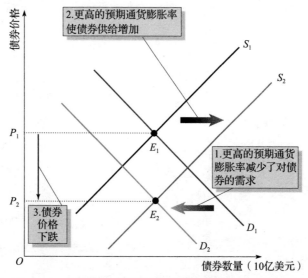

图 4-8　预期通货膨胀率与利率

注：1. 初始均衡点为 E_1，预期通货膨胀率的上升降低了投资者的预期实际收益，对于任何的债券价格，都会减少投资者对债券的需求。债券需求曲线从 D_1 向左移至 D_2。
2. 预期通货膨胀率的上升导致在任何债券价格下，企业发行债券的意愿都更强。债券供给曲线从 S_1 向右移至 S_2。
3. 对于新的均衡点 E_2，债券的价格从 P_1 下降到 P_2。

受预期通货膨胀率上升的影响，债券的需求曲线和供给曲线都会发生变化。在实现新的均衡时，债券价格将会更低，因此，名义利率将会更高。在图 4-7 中，债券的均衡数量并没有发生变化，因为名义利率上升的幅度与预期通货膨胀率变动的幅度在数量上是相等的。换句话说，图 4-7 表明费雪效应完全成立。实际上，经济学家已经发现，现实世界存在的各种摩擦导致名义利率的上升或下降并不总是完全与预期通货膨胀率变化的幅度相同。这些现实世界中的摩擦包括经纪人和交易商在为投资者买卖债券时收取的费用，以及投资者由于买卖债券而必须缴纳的税。

尽管可能无法完全成立，费雪效应仍提示我们债券市场存在两个重要的现象：

1. 更高的通货膨胀率导致更高的名义利率，更低的通货膨胀率导致更低的名义利率。

2. 在通货膨胀真正发生变化之前，**预期**通货膨胀率的变化会导致名义利率的变动。

| 概念应用 |

债券利率为何如此低

就在 2007 ～ 2009 年金融危机爆发前夕，2007 年年中，十年期美国中期国债的利率为 5%，由信用良好的大公司发行的企业债券的利率为 6.7%，3 月期短期国债的利率为 4.6%。我们已经知道，在经济衰退时，可以预期利率将会下降。正如图 4-9 所示，在 2007 ～ 2009 年衰退时，企业债券的利率曾经暂时性地提高，因为投资者认为违约风险增加了，而十年期中期国债和短期国债的利率则出现了下降。图 4-9 阴影部分代表经济衰退的月份。

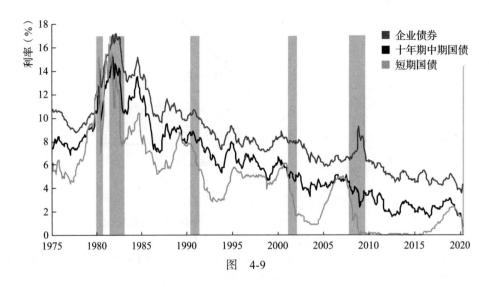

图　4-9

这张图还表明，在危机结束了十多年以后，三类债券的利率仍处于历史性的低水平。2020 年 8 月，由于新冠疫情的影响，利率进一步下降：十年期美国中期国债的利率为 0.68%，短期国债的利率为 0.11%。在 2020 年，利率处于极低水平的不只美国一个国家：

- 英国十年期政府债券的利率为 0.29%，甚至 50 年期的政府债券利率也仅有 0.62%。
- 日本、法国、瑞士、比利时和德国的十年期政府债券的利率为负值，这意味着投资者的钱被政府用十年，投资者还要向其付费。

我们可以利用债券市场模型来分析，为何在如此长的时期内，利率处于如此低的水平。首先，正如图 4-10 表明的那样，因为实际和预期的通货膨胀率都处于很低的水平，我们预期费雪效应会导致较低的债券名义利率。图 4-10 展现了债券市场在这一时期出现的一些新现象。在 2007 ～ 2009 年经济衰退期间以及之后一段时期和 2020 年经济衰退期间，美国和其他很多高收入国家政府赤字的增加，导致债券供给曲线由 S_{2007}

向右移动至 S_{2020}，只是这一个原因，这将会使均衡价格降至 P_1，提高均衡利率。然而，债券需求曲线由 D_{2007} 移至 D_{2020}，移动的幅度甚至超过了供给曲线。结果，债券的均衡价格由 P_{2007} 增加至 P_{2020}，这降低了均衡利率。

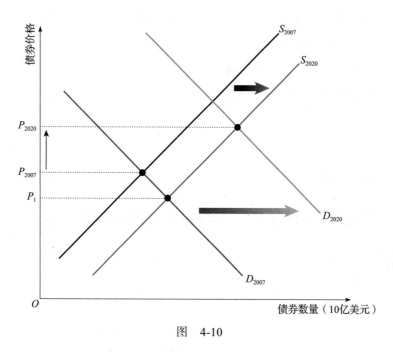

图　4-10

是什么导致了债券需求的大幅增加？对政府债券的额外需求，主要来自中央银行。中央银行在 2007～2009 年衰退期间及之后，采取了降低利率以增加产出和就业的货币政策。由于新冠疫情导致了经济下滑和金融危机，中央银行重新开始实施这些政策。我们在后面的章节将会看到，中央银行通常会通过购买短期政府债券来实施扩张性的货币政策，美联储购买短期国债时就是如此。但是，2007～2009 年衰退之后的经济复苏极为缓慢，这导致美联储、英格兰银行、欧洲中央银行（简称欧洲央行）和日本银行都采取了量化宽松（quantitative easing）政策，这是指通过购买长期债券来刺激经济。比如，美联储购买了中期国债和抵押贷款支持证券。量化宽松政策导致对政府债券的需求急剧增加，从而使其价格上涨，利率下降。在开始实施量化宽松政策时，很多经济学家和政策制定者预期随着全球经济从衰退中恢复过来，这些政策将得以修正。但是，到了 2020 年，由于新冠疫情的影响，包括美联储在内的中央银行购买的政府债券大幅增加，还采取了非同寻常的购买企业债券的政策。美联储也增加了抵押贷款支持证券的持有数量。

对于政府债券的需求，还来自银行和其他金融企业。在 2007～2009 年金融危机之后，政府试图通过限制某些金融企业持有资产的类型，来降低金融系统的风险。结果，对安全资产的需求增加了。正如我们已经看到的那样，长期政府债券的持有者将要面临利率风险，但是他们面临的违约风险很小。银行和其他金融企业通过持有包括美国长期国债在内的政府债券，来满足这些监管要求。

2020 年年中，债券利率似乎注定要保持在低水平，除非全世界在新冠疫情的影响消退以后，经济增长明显加速。经济增长加速可能会引发通货膨胀，减少中央银行购买的政府债券。结果就是债券价格下降、利率上升，这将使持有债券的投资者面临资本损失。但是在 2020 年，由于全球经济都在努力应对新冠疫情的影响，通货膨胀转而上涨似乎是不可能的。

解决问题 4.3：与你相关

当政策变化导致更高的通货膨胀时投资于债券

在 2020 年总统大选期间，一些竞争民主党提名的候选人，如佛蒙特州参议员伯尼·桑德斯和马萨诸塞州参议员伊丽莎白·沃伦，都在考虑一项通过财政部发行更多债券而非通过征税，来为政府支出大规模增加提供资金的政策。根据这项政策，预计美联储将会购买部分或者全部的新增债券。这种为政府支出融资的方法与现代货币理论（modern monetary theory，MMT）有关。但是，这有可能导致通货膨胀和利率飙升。

a. 为何在 2020 年年初时，即使新冠疫情还没有开始影响美国经济，债券利率仍停留在极低的水平？

b. 假定在某个时候，当选的总统基于现代货币理论实施了一项政策，即联邦政府通过发行长期国债来为政府支出的增加提供资金，而其中很多国债是由美联储购买的。为何现代货币理论的批评者预测通货膨胀率将会上涨？如果这些批评是正确的，使用供需图形来说明这对长期国债市场会产生何种影响。

c. 假定由于你仔细研究了现代货币理论，与其他投资者相比，你预计通货膨胀率会更高，但是你预期三年后才会出现通货膨胀率的上升。你应该等三年再卖出你的债券吗？简单解释一下。

d. 如果预期通货膨胀率正在上升，你应该投资于长期债券还是短期债券？简单解释一下。

解决问题

第一步　复习本章内容。这个问题关于债券极低利率的持续性以及通货膨胀对债券价格的影响，因此，你需要复习"概念应用：债券利率为何如此低？"和"预期通货膨胀的变化如何影响利率？费雪效应"这两部分。

第二步　通过解释在 2020 年年初为何债券利率停留在极低水平来回答问题 a。我们在"概念应用"中已经了解，在 2020 年年初，甚至在新冠疫情开始影响美国经济之前，由于实际的通货膨胀率和预期的通货膨胀率都处于很低的水平，根据费雪效应，我们可以得知预期债券的名义利率也处于很低的水平。此外，我们还发现对于债券的需求，特别是对于政府债券的需求，增加的幅度超过了债券的供给，这导致债券价格的上涨和债券名义利率的下降。

第三步　解释为何现代货币理论的批评者认为这一政策会导致通货膨胀，并利用图形来说明政策对债券市场的影响，从而回答问题 b。正如我们在第 2 章第 2.5 节了解到的，从长期来看，货币供给增长速度的上升会导致通货膨胀率的提高。批评者估计，在采取了与现代货币理论相关的政策后，将会出现货币供给加速的现象，因为美联储会购买一部分政府额外发行的国债，从而为政府支出的扩张提供资金。因此，批评者预期通货膨胀率会上升。我们在这一章已经知道，预期通货膨胀率的上升会使得国债需求曲线向左移动。为了抵消这种影响，美联储就要像现代货币理论倡导的那样，去购买这些国债。因此，我们无法确定国债的需求曲线会向哪个方向移动。在图 4-11 中，我们假定净效应是使债券的需求曲线向左移动。国债的供给曲线将向右移动，因为依据现代货币理论制定的政策会导致联邦政府发行长期国债来为政府支出提供资金。你画出的图形应当表明债券需求曲线从 D_1 向左移动至 D_2，供给曲线从 S_1 向右移动至 S_2，均衡价格从 P_1 降至 P_2，这意味着长期国债的利率将会上升。

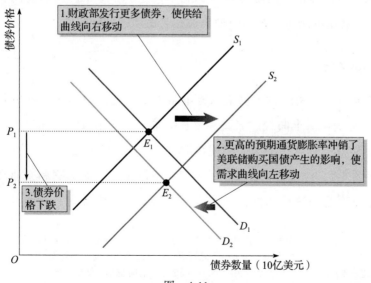

图　4-11

第四步　讨论实际通货膨胀率和预期通货膨胀率对于债券价格产生的影响有何不同，从而回答问题 c。债券价格的**变动**源自预期通货膨胀率的**变化**。当前对于通货膨胀率的预期已经反映在名义利率中，从而也就反映在了债券价格中。比如，假定买方和卖方愿意接受的预期实际利率都是 2%，那么，如果预期通货膨胀率是 1%，则名义利率将是 3%。如果买方和卖方的预期改变了，名义利率也会随之调整。因此，如果你认为未来通货膨胀率将会比其他投资者估计得更高，那么立刻出售你的债券就是明智的行为。等到通货膨胀率开始上升时，名义利率就会上升，债券价格就会下降。到那时，你要想避免因投资债券出现资本损失，可能就为时已晚了。

第五步　解释为何在预期通货膨胀率上升时，长期债券是一种特别糟糕的投资标的，从而回答问题 d。对于短期债券和长期债券，预期通货膨胀率的上升都会使其名义利率提高。但是，我们从第 3 章第 3.5 节可知，债券的到期时间越长，市场利率的变化引起的价格变动就会越大。因此，如果预期通货膨胀率和名义利率上升，长期债券的资本损失会比短期债券更大。

4.4　利率与货币市场模型

　学习目标　使用货币市场模型来解释利率是如何决定的。

前面章节的债券市场分析主要关注长期名义利率。正如我们在以后的章节中将会看到的那样，传统上货币政策主要关注短期名义利率，特别是美联储的政策目标盯住的是**联邦基金利率**，即银行间隔夜贷款的利率。在这一节中，我们使用货币市场模型来考察短期名义利率的决定，这一模型也被称为**流动性偏好模型**。

货币的需求与供给

货币市场模型主要关注货币供给和货币需求的相互作用如何决定短期名义利率[⊖]。图 4-12 展示的是货币需求曲线。名义利率在纵轴上，货币数量在横轴上。在这里，我们将货币定义为 M_1，这是指流通中的现金加上支票账户的储蓄。

为了理解图 4-12 中的货币需求曲线为何向下倾斜，考虑家庭和企业在持有货币与持有其他金融资产之间进行选择，比如美国短期国债。货币有一个特点，使人非常愿

⊖　英国经济学家约翰·梅纳德·凯恩斯（John Maynard Keynes）在其 1936 年出版的《就业、利息与货币通论》中第一次讨论了货币市场模型。凯恩斯更喜欢称之为"流动性偏好模型"，一些经济学家现在仍在使用这一术语。注意一个容易混淆的地方，经济学家有时也用"货币市场"一词指一年或一年以内到期的金融证券市场，如短期国债。

意持有它，即货币具有完全的流动性，因此你可以用它来购买商品、服务或者金融资产。货币还有一个特点，使人不愿意持有它，即你钱包里的现金不会赚取任何利息，你存在支票账户中的货币也不赚取利息，或者只有很少的利息。美国短期国债等货币的替代选择会付利息，但是当你需要钱去购买商品或服务时，你就不得不出售这些资产以换得货币。如果美国短期国债等金融资产的名义利率上升，家庭和企业由于持有货币而损失的利息数量就会增加。如果名义利率下降，家庭和企业由于持有货币而损失的利息数量就会减少。记住，**机会成本**是你因为从事某种活动而不得不放弃的东西。**名义利率就是持有货币的机会成本**。

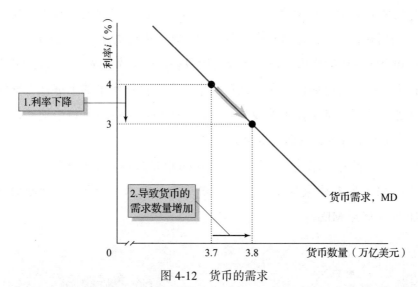

图 4-12　货币的需求

注：货币的需求曲线向下方倾斜，因为更低的名义利率会使家庭和企业将美国短期国债等金融资产转换为货币。如果所有其他条件都相同，利率从 4% 降至 3%，将会使货币需求数量从 3.7 万亿美元增加至 3.8 万亿美元。

现在，我们可以解释为何货币需求曲线是向下倾斜的，即当短期国债和其他金融资产的名义利率较低时，持有货币的机会成本也较低，因此家庭和企业对于货币的需求数量就会更多。如果利率较高，持有货币的机会成本也较高，因此，货币的需求数量就会较少。在图 4-12 中，利率从 4% 降至 3%，导致家庭和企业对于货币的需求数量由 3.7 万亿美元增加至 3.8 万亿美元。

货币需求曲线的移动

从经济学原理课上你已经了解到，假定除了影响消费者购买意愿的价格以外，所有其他变量都保持不变，这时就可以画出某种商品的需求曲线。除了价格以外的其他变量发生变化，会导致需求曲线移动。相似地，假定除了影响家庭和企业持有货币意愿的利率以外，所有其他变量都保持不变，就可以画出货币的需求曲线。除了利率以外的其他变量的变化，将会导致需求曲线移动。导致货币需求曲线移动的，有两个重要的变量：

1. 实际 GDP。

2. 价格水平。

实际 GDP 的增加意味着商品和服务的买卖数量会增加。家庭和企业需要更多的货币来实施这些交易，因此，在任何利率水平下，家庭和企业想要持有的货币数量都会增加，从而使货币需求曲线向右移动。在任何利率水平下，实际 GDP 的下降都会使货币需求数量减少，从而使货币需求曲线向左移动。对于任何给定的买卖数量，价格水平上升都会使所需的货币数量增加。比如，在一百年前，当时的价格水平比现在低得多，30 美元的周薪就可以让你跻身中产阶级的行列，你也买得起价值 500 美元的新车。因此，家庭和企业需要的货币数量要比今天少得多，即使考虑到当年实际 GDP 规模更小，人口较少，结论仍是如此。对于任何利率水平，价格水平的上涨都会导致货币的需求数量增加，从而使货币需求曲线向右移动。价格水平的下降也会使在任何利率水平下的货币需求数量减少，从而使货币需求曲线向左移动。

图 4-13 展示了货币需求曲线的移动。实际 GDP 增加或者价格水平上升，会导致货币需求曲线由 MD$_1$ 向右移至 MD$_2$。实际 GDP 或者价格水平的下降，会导致货币需求曲线由 MD$_1$ 向左移至 MD$_3$。

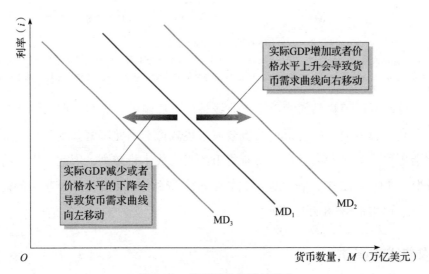

图 4-13 货币需求曲线的移动

注：实际 GDP 或者价格水平的变化，会导致货币需求曲线的移动。实际 GDP 增加或者价格水平上升，会导致货币需求曲线由 MD$_1$ 向右移至 MD$_2$。实际 GDP 减少或者价格水平的下降，会导致货币需求曲线由 MD$_1$ 向左移至 MD$_3$。

货币市场的均衡

正如我们将在第 14 章第 14.3 节看到的那样，包括美联储在内的中央银行并不能完全控制货币供给。但是在这里，我们假定美联储能够将货币供给设定在任何它选择的水平上，从而主要关注货币供给对于短期名义利率的影响。根据这一假定，货币供给曲线是一条垂直的直线，名义利率的变化对于货币供给的数量没有任何影响。图 4-14 将货币需求曲线和货币供给曲线放在一起，以说明均衡的名义利率在货币市场上是如何决定的。就像其他市场一样，当货币需求曲线和货币供给曲线相交时，货币市场就处于均衡状态。如果美联储增加货币供给，货币供给曲线将向右移动，均衡利率将会下降。图 4-14 表明，如果美联储将货币供给由 3.7 万亿美元增加至 3.8 万亿美元，货币供给曲线将由 MS$_1$ 向右移至 MS$_2$，均衡利率将从 4% 降至 3%。

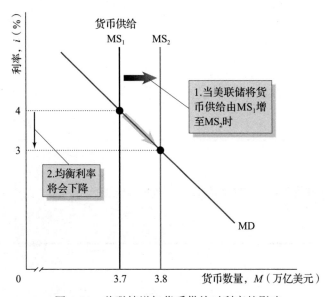

图 4-14　美联储增加货币供给对利率的影响

注：如果美联储将货币供给由 3.7 万亿美元增加至 3.8 万亿美元，货币供给曲线将由 MS$_1$ 向右移至 MS$_2$，均衡的名义利率将从 4% 降至 3%。

在货币市场上，从一个均衡状态向另外一个均衡状态的调整与商品市场上均衡状态的调整略有区别。在图 4-14 中，货币市场最初处于均衡状态，利率为 4%，货币供给为 3.7 万亿美元。当美联储将货币供给增加 1000 亿美元时，家庭和企业持有的货币要多于在 4% 的利率水平下想要持有的数量。那么，家庭和企业会如何处理这多出来的 1000 亿美元货币？他们最有可能用这些钱来购买短期金融资产，比如短期国债，这些资产将在一年或一年之内到期。通过购买短期资产，家庭和企业会使这些资产的价格上涨，使其利率下跌。

表 4-6 总结了导致货币需求和供给变动的关键因素。

货币市场模型表明,至少在短期内,美联储可以通过增加货币供给,使短期名义利率下降。然而,长期国债或企业债券等债券的长期利率在金融体系中发挥的作用更为重要。在以下各章中,我们更多地利用债券市场模型来分析利率的变化。在第 17 章和第 18 章中,我们再重新使用货币市场模型,以讨论货币政策对于产出、就业和通货膨胀的影响。

表 4-6　总结货币市场模型

以下因素增加	使曲线如何移动	导致	影响货币市场均衡的图示
实际 GDP	货币需求曲线向右移动	名义利率提高	
价格水平	货币需求曲线向右移动	名义利率提高	
货币供给	货币供给曲线向右移动	名义利率下降,货币数量增加	

回答关键问题

在本章开始时,我们提出的问题是:

"哪些因素对于利率的决定最为重要?"

我们在本章中已经发现,长期名义利率是由债券需求和债券供给的相互作用决定的。投资者根据很多因素的变化来增加或减少对于债券的需求。特别是,如果预期通货膨胀率上升,投资者将会减少对债券的需求,因为在任何名义利率水平下,投资者只能收到更少的利息。预期通货膨胀率的上升导致更高的名义利率,而在资产组合中持有债券的投资者将会出现资本损失。债券的供给也取决于预期通货膨胀率,以及预期的物质资本投资的盈利状况、政府借款的规模和其他因素。

附录 4A　可贷资金模型与国际资本市场

学习目标　使用可贷资金模型来决定国际资本市场的利率。

在本章中，我们从债券供求的角度分析了债券市场。另外一种等价的方法则主要关注**可贷资金**。在这种方法中，借款人是买方，因为借款人购买的是资金的使用权。出借人是卖方，因为出借人提供了可用于借贷的资金。尽管这两种方法是等价的，在考察美国和其他金融市场之间的资金流动时，可贷资金的方法更为有用。表 4A-1 从这两种不同的视角对债券市场进行了归纳。

表 4A-1　两种分析债券市场的方法

	债券市场供求的方法	可贷资金供求的方法
商品是什么?	债券	资金的使用权
谁是买方?	购买债券的投资者（出借人）	筹集资金的企业（借款人）
谁是卖方?	发行债券的企业（借款人）	提供资金的投资者（出借人）
价格是什么?	债券价格	利率

可贷资金的需求与供给

图 4A-1 表明，债券的需求曲线等价于可贷资金的供给曲线。在图 4A-1 中，我们还是以面值为 1000 美元的一年期折价债券为例。在图 4A-1a 中，我们展现的是债券的需求曲线，与图 4-2 中的需求曲线完全相同，但是我们将其标注为 B^d 而不是需求，债券价格在纵轴上，债券数量在横轴上。在图 4A-1b 中，我们展现的是可贷资金的供给曲线，利率在纵轴上，可贷资金的需求量在横轴上。假定在图 4A-1a 中，债券的价格为 970 美元，这对应于债券需求曲线上的 A 点。在这一价格水平下，债券的利率为（1000 美元 −970 美元）/970 美元 =0.031 或者 3.1%，我们将其作为可贷资金供给曲线上的 A 点。现在假定债券的价格降至 950 美元，即债券需求曲线上的 B 点。由于价格较低，债券的收益率将会更高，为（1000 美元 −950 美元）/950 美元 =0.053 或者 5.3%，我们将其作为可贷资金供给曲线上的 B 点。按照债券市场的方法，从投资者购买债券的角度来讲，价格降低会使债券的需求数量增加。相应地，按照可贷资金的方法，从投资者向借款人提供可贷资金的角度来讲，利率上升使人们愿意提供的可贷资金的数量增加。

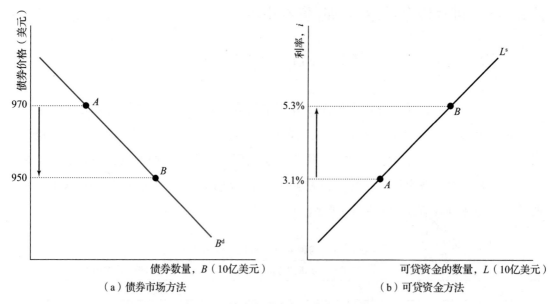

图 4A-1 债券的需求与可贷资金的供给

注：在图 a 中，债券需求曲线 B^d 表明，在其他条件相同的情况下，出借人对债券的需求数量与债券的价格之间呈反向关系。在图 b 中，可贷资金的供给曲线 L^s 表明，在其他条件相同的情况下，出借人对可贷资金的供给数量与利率之间呈正向关系。

图 4A-2 表明，债券的供给曲线等价于可贷资金的需求曲线。在图 4A-2a 中，我们展现的是债券的供给曲线。在图 4A-2b 中，我们展现的是可贷资金的需求曲线，利率在纵轴上，可贷资金的需求量在横轴上。假定在图 4A-2a 中，债券的价格开始时仍为 970 美元，这对应于债券供给曲线上的 C 点。在这一价格水平下，我们知道债券的利率等于 3.1%，我们将其作为可贷资金需求曲线的 C 点。现在假定债券的价格降至 950 美元，即债券供给曲线上的 D 点。由于价格较低，债券的收益率将会更高，等于 5.3%，我们将其标为可贷资金需求曲线上的 D 点。按照债券市场的方法，从企业出售债券的角度来讲，价格降低会使债券的供给数量减少。相应地，按照可贷资金的方法，从企业对可贷资金的需求的角度来讲，利率上升，可贷资金的需求数量减少。

从可贷资金的视角考察债券市场的均衡

图 4A-3 是使用可贷资金的方法展示的债券市场均衡。当可贷资金的需求数量与可贷资金的供给数量相等时，就实现了均衡。在这张图中，我们假定交易的资金是由面值为 1000 美元的一年期折价债券表示的。均衡的利率为 4.2%，这是面值 1000 美元的一年期债券按 960 美元出售时的利率。注意，使用这种分析方法得出的利率与图 4-2 是相同的，这提示我们债券供求模型和可贷资金供求模型是等价的方法。

需要注意的是，我们在表 4-5 中列出的所有导致债券需求曲线发生移动的因素，也会使可贷资金的供给曲线移动。同样地，我们在表 4-6 中列出的所有导致债券供给曲线发生移动的因素，也会使可贷资金的需求曲线移动。

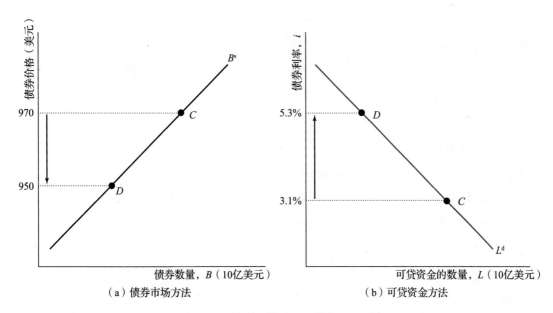

（a）债券市场方法　　　　　　　　　（b）可贷资金方法

图 4A-2　债券的供给与可贷资金的需求

注：在图 a 中，债券供给曲线 B^s 表明，在其他条件相同的情况下，借款人对债券的供给数量与债券的价格之间呈正向关系。在图 b 中，可贷资金的供给曲线 L^d 表明，在其他条件相同的情况下，借款人对可贷资金的需求数量与利率之间呈反向关系。

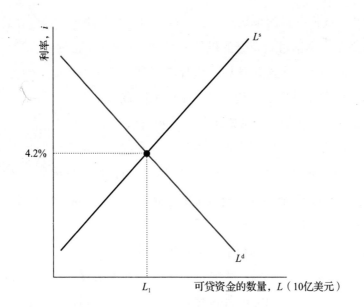

图 4A-3　可贷资金市场的均衡

注：如果利率处于均衡水平，由出借人提供的可贷资金数量等于借款人需要的可贷资金数量。如果利率低于这一均衡水平，就会出现对于可贷资金的过度需求。如果利率高于这一均衡水平，就会出现可贷资金的过度供给。出借人和借款人的这种行为使利率趋向于 4.2%。

国际资本市场与利率

我们还没有直接考察国外部门如何影响国内利率以及国内经济中可以利用的资金数量。如果美国的预期收益高于其他国家，外国的家庭、企业和政府就会试图给美国的借款人借钱。相似地，如果在美国以外的其他地区出现了更为有利可图的机会，可贷资金就会从美国市场流向国外。可贷资金方法提供了一个很好的框架，可以用于分析美国和外国的债券市场如何相互影响。为了分析的简化，我们假定利率就是预期的实际利率，也就是名义利率减去预期的通货膨胀率。

在一个**封闭经济体**中，家庭、企业和政府无法从国外借钱或向其出借资金。在现实中，几乎所有的经济都是**开放经济体**，即金融资本或可贷资金可以在国内外流动。借贷是在**国际资本市场**上进行的，即家庭、企业和政府可以跨越国界进行借贷的资本市场。世界实际利率 r_w 是由国际资本市场决定的利率。一个开放经济体中的可贷资金，可以为国内外的项目提供资金。在一个小型开放经济体中，如荷兰和比利时，可贷资金的供求决策对于世界实际利率没有太大影响。然而，在大型开放经济体中，如德国和美国，出借人和借款人行为的变化将会影响世界实际利率。在后面的部分，我们分别考察这两种不同情况下利率的决定。

小型开放经济体

到目前为止，我们一直简单地假定所分析的是一个封闭经济体。在这类经济体中，国内的均衡利率是由本国可贷资金的供给曲线和需求曲线的交点决定的，我们忽略了世界实际利率。在一个开放经济体中，世界实际利率不是由任何一国可贷资金的需求曲线和供给曲线的交点决定的；相反，它是由国际资本市场决定的。对于小型开放经济体而言，可贷资金的供给数量或需求数量规模都太小了，不足以影响世界实际利率。因此，小型开放经济体的国内利率等于世界实际利率，是由国际资本市场决定的。比如，坐落于法国南部地中海沿岸的小国摩纳哥，国内财富大幅增加，从而导致了可贷资金数量增加，但是对于全世界可贷资金的总量而言，其影响微乎其微，因而也就不会对世界实际利率产生多大的影响。

为何小型开放经济体的国内利率一定要等于世界利率？假定世界实际利率是 4%，而摩纳哥的国内实际利率是 3%。摩纳哥的出借人就不会接受低于 4% 的利率，因为他很容易就可以买到利率为 4% 的外国债券。因此，国内借款人不得不按照 4% 这一世界实际利率支付利息，否则他们就借不到钱。相似地，如果世界实际利率是 4%，但是摩纳哥的国内实际利率为 5%，摩纳哥的借款人可以按照 4% 的世界实际利率借款。因此，国内的出借人不得不按照世界实际利率来出借，否则就无法找到借款人。
这一推理说明了，对于小型开放经济体而言，为何国内实际利率必须与世界实际利率
相等。

图 4A-4 展示了小型开放经济体可贷资金的供给曲线和需求曲线。如果世界实际利
率 r_w 是 3%，国内可贷资金的供给数量和需求数量相等，如点 E 所示，这个国家不需
要从国际资本市场借款或者向其出借资金。假定世界实际利率变为 5%，在这种情况
下，国内可贷资金的供给数量（点 C）就会超过国内可贷资金的供给数量（点 B）。这些
过度供给的可贷资金怎么办？这些资金会按照 5% 的世界实际利率贷放到国际资本市场
上。因为该国是一个小国，相对于世界市场而言，出借的资金规模很小，因此该国的
出借人不难从其他国家找到借款者。

现在假定世界利率是 1%，如图 4A-4 所示，国内可贷资金的需求数量（点 A）现在
超过了国内可贷资金的供给数量（点 D）。对于资金的过度需求应如何满足？去国际市
场上借款。因为该国很小，相对于世界市场，它想要借款的规模很小，因此，该国的
借款人不难从其他国家找到出借人。

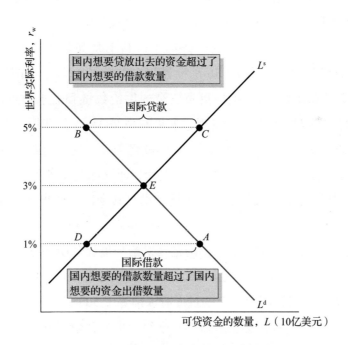

图 4A-4　小型开放经济体实际利率的决定

注：小型开放经济体的国内实际利率等于世界实际利率 r_w，在本图中为 3%。

如果世界实际利率是 5%，国内可贷资金的供给数量（点 C）将超过国内可贷资金的需求数量（点 B）。
在这种情况下，该国将会向国际资本市场借出资金。

如果世界实际利率是 1%，国内可贷资金的供给数量（点 D）将少于国内可贷资金的需求数量（点 A）。
在这种情况下，该国将会从国际资本市场借款。

我们可以归纳如下：小型开放经济体的实际利率与国际资本市场的利率是相同的。如果在这一利率水平下，国内可贷资金的供给数量超过国内可贷资金的需求数量，该国将会把部分可贷资金投到国外。如果在这一利率水平下，国内可贷资金的需求数量超过国内可贷资金的供给数量，该国将会通过向国外借款来满足部分资金需求。

大型开放经济体

很多国家可贷资金供求的变化规模很大，比如美国、日本和德国，从而会影响世界实际利率，即国际资本市场的利率水平。这样的国家被认为是**大型开放经济体**，即可贷资金规模大到足以影响世界实际利率的经济体。

对于大型开放经济体而言，我们不能假定其国内实际利率等于世界实际利率。回忆一下在封闭经济体中，均衡利率使可贷资金的供求数量相等。假定我们将全世界视为两个大型开放经济体，即美国经济体和由世界其余部分组成的经济体。那么，国际资本市场的实际利率就会使美国想要在国际上贷放的资金（从国际上借来的资金）等于世界其余部分想要从国际上借来的资金（在国际上贷放的资金）。

图 4A-5 说明了在一个大型开放经济体中，利率是如何决定的。图 4A-5a 展现的是美国的可贷资金图形，图 4A-5b 是世界其余部分的可贷资金图形。在图 4A-5a 中，如果世界实际利率是 3%，美国可贷资金的供给数量和需求数量都是 3000 亿美元。然而，我们在图 4A-5b 中可以发现，如果利率是 3%，世界其余部分可贷资金的需求数量是 8000 亿美元，而供给数量只有 7000 亿美元。这一差距告诉我们，外国的借款人想要从国际资本市场上再借 1000 亿美元，而这超过了他们目前可以获得的资金数量。因此，外国的借款人有动力向美国和世界其余部分的出借人提供高于 3% 的利率。

利率将会上升，直至美国可贷资金的过度供给与世界其余部分可贷资金的过度需求相等。图 4A-5 表明，当利率升至 4% 时，可以实现这种相等的状态，美国可贷资金的过度供给与世界其余部分可贷资金的过度需求都等于 500 亿美元。换句话说，在 4% 的利率水平下，美国想要在国际上贷放的资金等于世界其余部分想要从国际上获得的借款。因此，国际资本市场处于均衡状态，此时美国和世界其余部分的实际利率都等于 4%。

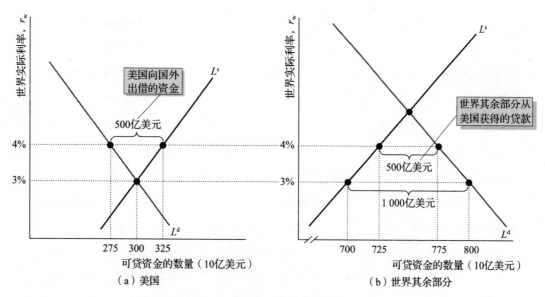

图 4A-5　大型开放经济体实际利率的决定

注：大型开放经济体储蓄和投资的变化会影响世界实际利率。世界实际利率进行调整，使得想要的国际借款和想要的国际贷款相等。在世界实际利率为 4% 时，图 a 中国内经济想要在国际上贷放的资金等于图 b 中世界其余部分想要从国际上借款的数量。

一定要注意，那些使一个大型开放经济体资金需求和供给发生变动的因素，不仅会影响本国的利率，还会影响世界实际利率。

| 概念应用 |

全球 "过度储蓄" 造成了美国的房地产市场繁荣吗

　　我们在第 1 章中发现，房地产价格 "泡沫" 的破裂引发了 2007～2009 年的金融危机。泡沫形成的原因之一，就是向信用记录不佳的借款人发放的抵押贷款增加，而这些人在 21 世纪初期之前原本不会有获得抵押贷款的资格。一些经济学家认为，抵押贷款非同寻常的低利率也在 21 世纪第一个十年中期房价快速上涨的过程中发挥了重要作用。低利率增加了对房屋的需求，特别是使那些寄希望于房价未来上涨的投资者更容易购买多套住房。

　　哪些因素能够解释 21 世纪初期的低利率？为了帮助美国经济从 2001 年的衰退中复苏，美联储降低了利率，并将这一极低的利率水平保持至 2004 年中期。一些经济学家认为，美联储维持低利率的政策时间过长，从而为房地产繁荣提供了助力。美联储前任主席本·伯南克不同意这种观点，他认为全球性因素而非美联储才是 21 世纪初期出现低利率的主要原因。2005 年，在房地产泡沫接近最高点时，时任美联储委员会委员的伯南克声称，"全球储蓄的显著增加，也就是过度储蓄，有助于解释当今世界的长期利率处于相对较低的水平"。伯南克认为,过度储蓄的部分原因在于一些国家的高储蓄率,比如日本,该国人口年龄越来越大,他们增加了储蓄,以为退休做准备。此外,全球储蓄增加也是因为自 20 世纪 90 年代开始,中国和韩国等发展中国家提高了它们的储蓄率。

图 4A-6 利用大型开放经济体的可贷资金模型来说明伯南克的观点。一开始在均衡状态时,世界实际利率等于 3%。在图 4A-6a 中,在 3% 的利率水平下,美国从国外借款 2000 亿美元。如果美国借了 2000 亿美元,那么世界其余部分一定向外借出了 2000 亿美元,如图 4A-6b 所示。世界其余部分储蓄的增加,也就是伯南克所谓的过度储蓄,使图 4A-6b 中可贷资金的供给曲线向右移动。随着世界其余部分出借人愿意向外借款的可贷资金的数量超过了美国借款人愿意借款的可贷资金的数量,世界实际利率开始下降。利率下降使美国的资金需求数量有所增加,世界其余部分的资金供给数量有所减少。世界实际利率降至 1%,在这一利率水平下,美国从国外借款的数量再次等于世界其余部分愿意出借的资金数量,即 4000 亿美元,国际资本市场重新恢复了均衡。

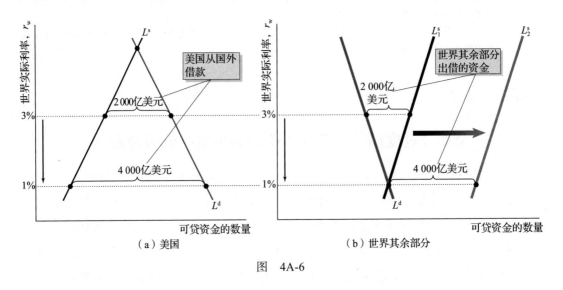

图 4A-6

一些经济学家对这一观点提出了质疑,即 21 世纪初期全球储蓄大幅提高,最著名的就是斯坦福大学的约翰·泰勒(John Taylor)。泰勒认为,助推美国房地产泡沫增长的是美联储的政策而非全球过度储蓄。

第 5 章

利率的风险结构和期限结构

学习目标

在学习了本章之后，你应该能够：

5.1 解释到期期限相同的债券为何会有不同的利率。

5.2 解释到期期限不同的债券为何会有不同的利率。

能否利用利率来预测经济衰退

2019 年 8 月，一些经济学家和投资者感到忧心忡忡，因为 3 月期短期国债的利率达到 2.04%，而 10 年期中期国债的利率仅有 1.50%。正常情况下，10 年期中期国债的利率要高于 3 个月的短期国债。如果你把钱借给财政部 10 年的时间而不是只有 3 个月，你会从市场上获得更高的利息回报，这是合理的。那么，投资者为何会同意在 2019 年 8 月进行这笔交易，愿意以更少的利息把钱借给财政部 10 年，而不是 3 个月？一些经济学家认为他们知道答案所在，即一场经济衰退已经迫在眉睫。

结果表明，美国经济在 2019 年并没有经历一场衰退。但是令人始料未及的是，由于新冠疫情的影响，美国从 2020 年 2 月开始出现衰退，但这与利率的变化并无关联。那么，经济学家和投资者为何认为两种利率之间的这种关系预示着经济衰退即将来临？正如我们将在本章中看到的那样，对于到期期限不同的债券而言，它们利率之间的关系中隐含着经济运行的一些重要信息。

对于到期期限相同的债券，其利率之间的关系也隐含着一些重要的信息。比如，在 2020 年年初，如果你想要投资于一份于 2026 年到期的企业债券，苹果公司发行的债券利率为 2.0%，而美国钢铁公司（U.S. Steel）发行的债券利率则高达 8.9%。如果能以 4 倍的利率购买另外一家公司到期期限相同的债券，为何还会有人购买利率只有 2% 的债券？正如我们在本章将会看到的，一些企业不得不为自己发行的债券支付更高的利率，原因之一就是这些企业有着更高的违约风险，或者说未能偿付债券本息的风险。违约风险更低的企业可以以更低的利率发行债券。投资者通常依靠私营的**债券评级机构**来判断债券的违约风险。但是，那些发行债券的企业为了获得评级，需要向这些评级机构支付报酬。这一事实是否意味着评级机构与投资者存在利益冲突，因而它们的评级结果是不可信的呢？

为何经济中有如此多不同的利率？由于几个方面的原因，这一问题的答案非常重要。首先，储蓄者可能要考虑是购买短期国债、中期国债，还是购买特定公司发行的企业债券，或者只是将钱存为银行的定期存单。其次，企业经理会密切关注利率，因为他们要考虑通过发行债券来筹集资金，需要付出多大的成本。像苹果公司这样的企业的管理者，可以以很低的利率来为物质资本投资或研发来融资，而对于像美国钢铁这样不得不支付更高利率的公司而言，进行这些投资的成本很高。同样地，联邦政府、州政府和地方政府的政策制定者都知道，他们为筹集资金而支付的利率对其预算有重要的影响。最后，美联储的政策制定者必须确定他们采取的政策行动主要影响哪种利率，以及这些利率的增减幅度。

理解到期期限不同的各种债券的利率之间的关系，比如短期国债和中期国债，以及不同企业发行的债券的利率之间的关系，是理解金融体系如何运作和货币政策如何影响经济的关键之一。本章致力于探究经济中很多不同利率之间的关系。

关键议题和问题

议题：一些经济学家和政策制定者认为，债券评级机构与投资者存在利益冲突，因为付费给它们的，正是它们所评债券的发行企业。

问题：政府是否应当更严密地监管债券评级机构？

到目前为止，我们通过假定只有一种特定类型的债券、一种单一的利率及债券决定利率的单一市场，来简化我们对于债券的讨论。这种简化是有用的，因为这让我们可以分析影响所有债券供求的各种因素。在本章中，我们通过分析债券利率为何不同以及利率随时间而变化的原因，进一步考察债券市场。

我们先来考察**利率的风险结构**，这可以解释为何到期期限相同的债券收益率会有所不同。然后，我们考察利率的**期限结构**，这可以解释债券的收益率为何会由于到期期限的不同而有所不同。经济学家使用这两种结构分析方法，预测各种债券收益率未来的变动，以及利率幅度更大的波动。

5.1　利率的风险结构

学习目标　解释到期期限相同的债券为何会有不同的利率。

为何到期期限相同的债券，比如期限为 30 年的所有债券，会有不同的利率，或者说到期收益率？

答案就是，对于这些到期期限相同的债券而言，投资者所关注的其他重要特征有所区别，比如风险、流动性、信息成本和税。其特征更受欢迎的债券利率更低，因为投资者愿意为购买和持有这些债券而接受较低的预期收益。相似地，其特征更不受欢迎的债券利率更高，因为投资者要求这些债券要有更高的预期收益。对于那些到期期限相同但是具有不同特征的债券，经济学家使用**利率的风险结构**来描述其利率之间的关系。

违约风险

在**违约风险**方面，各种债券有所不同。违约风险有时也被称为**信用风险**，这是指债券发行人未能偿付利息或本金的风险。为了考察违约风险的影响，我们分析一下本章开始时所讲的苹果公司和美国钢铁公司的例子。如果这两家公司都发行了到期期限相同的债券，但是投资者认为美国钢铁公司违约风险更高，那么，美国钢铁公司的债券利率就会比苹果公司更高。

衡量违约风险

一般认为美国财政部发行的国债违约风险为零，因为美国政府保证会支付所有的本金和利息。因此，投资者使用美国国债作为确定某种债券违约风险的基准。当然，与所有其他债券一样，美国国债也存在利率风险。

某种债券的**违约风险溢价**，是指这种债券的利率与到期期限相同的国债利率之差。我们可以将违约风险溢价视为投资者因为持有存在某种违约风险的债券而要求获得的额外收益。比如，你愿意以 3% 的利率购买 30 年期的长期国债，但是，只有在利率达到 5% 时，你才愿意购买 IBM 发行的 30 年期债券。因为 IBM 的债券有一定的违约风险，因此，IBM 债券的违约风险溢价为 5%−3%=2%。

债券发行人未能偿付该债券的可能性越大，投资者所要求的违约风险溢价就会越高。投资者获得有关债券发行人**信誉度**（creditworthiness）或者偿付能力的信息，可能成本很高。因此，很多投资者依靠**信用评级机构**，比如穆迪投资者服务公司（Moody's Investors Service，简称穆迪）、标准普尔（Standard & Poor's Corporation）或者惠誉国际评级（Fitch Ratings，简称惠誉），来获取发行债券的公司和政府的信誉度信息。**债券**

评级是一个单一的统计指标，概括了一家评级机构对于发行人按照约定偿付债券的可能性的观点。

表 5-1 展示了三家规模最大的信用评级机构的评级结果。评级越高，债券违约风险越小。尽管这些机构对于大写字母的使用有所不同，但是都将风险最低的债券评为"AAA"。评级最高的四个等级的债券被认为是"投资级"，这意味着债券违约风险处于很低到中等的水平。评级较低的债券，比如评级为 B，被称为"非投资级债券""投机性债券""高收益债券"或"垃圾债券"，这些债券有很高的违约风险。评级机构的评级结果要向公众公开，并在发行人的信誉度变化时更新评级。比如，2020 年 4 月，波音公司由于新冠疫情的原因销售指标下滑，标准普尔和穆迪都降低了波音公司的评级。

表 5-1　理解债券评级

	穆迪	标准普尔	惠誉	评级的含义
投资级债券	Aaa	AAA	AAA	最高信用等级
	Aa	AA	AA	极高信用等级
	A	A	A	高信用等级
	Baa	BBB	BBB	良好信用等级
非投资级债券	Ba	BB	BB	投机级
	B	B	B	高度投机级
	Caa	CCC	CCC	重大违约风险
	Ca	CC	CC	违约风险极高
	C	C	C	近乎违约（用穆迪公司的话来讲，就是"通常会违约，偿还本金和利息的希望渺茫"）
	—	D	D	违约

注：在"评级的含义"一列中，惠誉公司的表述略有不同。其他两家评级机构的描述很相似。对于从 Aa 至 Caa 的每个评级等级，穆迪附加了一个数字 1、2 或 3 作为修正。Aa1 的评级要高于 Aa2，Aa2 的评级要高于 Aa3。相似地，标准普尔和惠誉的评级增加了一个加号（+）或者减号（-）。AA+ 的评级要高于 AA，AA 的评级要高于 AA-。

资料来源：穆迪投资者服务公司，评级的符号和定义，2020 年 1 月；惠誉国际评级，评级以及其他形式的观点的定义，2019 年 5 月 3 日；标准普尔，标准普尔评级的定义，2019 年 9 月 18 日。

需要注意的是，评级机构提供的是主观观点，金融市场上的投资者可能并不同意这一观点。2011 年，标准普尔将美国长期国债的评级由 AAA 降至 AA+，因为它认为如果联邦政府继续保持大规模财政赤字，政府继续偿还这些债券本金和利息的能力就会受到影响。然而，在标准普尔降低了这一评级之后，大部分投资者似乎并没有对美国国债的违约风险表现出更多的担忧。这时，观点就出现了明显的分歧。

违约风险和违约风险溢价的变化

违约风险变化如何影响债券的利率？如果评级机构认为一家公司偿还债券的能力下降，它们就会为这一债券赋以更低的评级。如果投资者赞同这一评级的降级，在任何既定的债券价格水平下，他们对该债券的需求数量就会减少，因此，债券的需求曲线就会向左移动。正如我们在第 4 章看到的那样，如果债券的需求曲线向左移动，债券的价格就会下降，收益率就会上升。比如，新闻出版商麦克拉奇（McClatchy）发行的债券最初的利率为 7.5%，但是，2020 年 1 月，穆迪和标准普尔都将该公司债券评为非投资级或"垃圾债券"，因为它们认为麦克拉奇很有可能不会偿还该债券的未偿部分，按照计划，这部分应当于 2027 年到期。结果，投资者对该债券的需求下降了，债券价格从 1000 美元降至 632.50 美元。按照这一较低的价格，债券的到期收益率将达到 15.44%。投资者要求获得大量的额外收益，以补偿债券的高风险。换句话说，该债券的违约风险溢价飙升。较低的债券评级被证明是正确的，因为麦克拉奇于 2020 年 2 月申请破产了了。

投资者可以决定使整类的债券违约风险上升。比如，在经济衰退时，企业债券的违约风险通常会上升，这会导致资金"涌向安全资产"（a flight to safety），有时也称之为"涌向优质资产"（a flight to quality）。涌向安全资产会使投资者减少对高风险债券的需求，增加对低风险债券的需求。图 5-1 表现了这一过程，图 5-1a 展现的是 Baa 级债券市场。在经济出现衰退时，由于企业利润下降，投资者通常担忧企业无法偿付债券的可能性会增加。结果，Baa 级债券的需求曲线向左移动，导致均衡价格由 P_1^C 降至 P_2^C。图 5-1b 表明投资者对违约风险的担忧导致美国长期国债的需求曲线向右移动，均衡价格由 P_1^T 升至 P_2^T。由于企业债券价格下降，其到期收益率上升，长期国债价格上涨，其到期收益率下降。因此，违约风险溢价的规模将会增加。

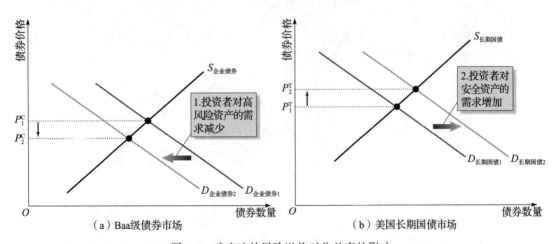

图 5-1　确定违约风险溢价对收益率的影响

注：通过比较与 P_1^T 和 P_1^C 相关的收益率，我们可以发现最初的违约风险溢价。由于更安全的美国长期债券的价格要比风险更高的企业债券的价格更高，我们知道企业债券的收益率必然要高于长期国债的收益率，以补偿投资者承担的风险。如图 5-1a 所示，由于企业债券违约风险增加，企业债券的需求曲线由 $D_{企业债券1}$ 向左移至 $D_{企业债券2}$。如图 5-1b 所示，长期国债的需求曲线由 $D_{长期国债1}$ 向右移至 $D_{长期国债2}$。企业债券的价格由 P_1^C 降至 P_2^C，而长期国债的价格则由 P_1^T 升至 P_2^T，于是长期国债的收益率相对于企业债券下降了。因此，违约风险溢价有所上升。

图 5-2 展现的是从 1999 年 1 月至 2020 年 5 月，Baa 级企业债券的平均利率和 10 年期中期国债利率之差。回忆一下，为了简便，我们通常将财政部发行的各种到期期限的证券都称为"国债"，包括中期国债。三个阴影区域代表 2001 年、2007 ~ 2009 年和 2020 年的三次经济衰退。对 2001 年的衰退而言，这种图展现了一种相当普遍的模式，即利差从衰退之前的大约 2 个百分点增加至衰退期间超过 3 个百分点。在 2007 ~ 2009 年衰退期间，违约风险溢价的规模更大。企业债券和国债之间的利差从衰退之前的不到 2 个百分点，增至 2008 年秋天金融危机达到高峰时的超过 6 个百分点，2009 年秋天又降至 3 个百分点以下。正如图 5-1 展示的那样，由于企业债券利率上升而国债利率下降，风险溢价将会提高。Baa 级债券的平均利率从 2007 年年中时的不到 6.5%，提高至 2008 年 10 月的接近 9.5%，而国债利率则从 2007 年年中时的 5%，降至 2008 年年末时的不到 3%。2020 年仍然遵循了这一普遍的模式，随着企业债券利率的上升和国债利率的下降，违约风险溢价从 1 月的大约 2 个百分点，增加至 4 月的 4 个百分点。

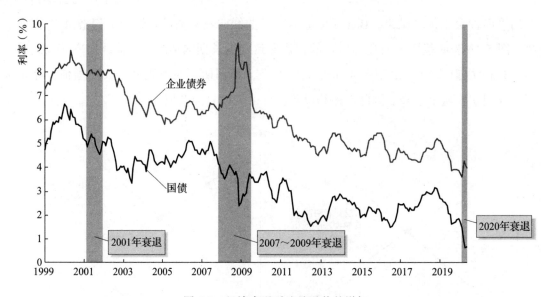

图 5-2　经济衰退时违约溢价的增加

注：违约溢价通常在经济衰退时上升。对 2001 年的衰退而言，图 5-2 展现了一种相当普遍的模式，即企业债券和国债的利差从衰退之前的大约 2 个百分点增加至衰退期间超过 3 个百分点。在 2007 ~ 2009 年衰退期间，违约风险溢价的规模更大。利差从衰退开始之前的不到 2 个百分点，增至 2008 年秋天金融危机达到高峰时的超过 6 个百分点。2020 年，随着企业债券利率的上升和国债利率的下降，违约风险溢价从 1 月的大约 2 个百分点，增加至 4 月的 4 个百分点。企业债券利率是指 Baa 级债券的利率。国债利率是指 10 年期中期国债的利率。

资料来源：圣路易斯联邦储备银行。

▌ 解决问题 5.1

政治风险与债券收益率

2020 年年初，彭博社网站上有一篇文章描述了欧洲投资者对于经济增长的乐观情绪在增加。(注意，这种乐观主义被证明是不正确的，因为受新冠疫情的影响，欧洲在 2020 年春季出现了衰退。在 2020 年年初时，投资者还没有意识到疫情将会暴发。)有投资者认为中美贸易摩擦有可能缓和，这种乐观情绪会在全球范围内掀起追逐高收益的热潮。这篇文章的作者发现对于某些评级最低的欧洲债券，需求有所增加，而且有更多的欧洲企业在发行被评为"垃圾级"的债券。

a."追逐高收益"是指什么？对高收益的追逐是否会导致投资者对政府债券的需求增加？简单解释一下。

b.评为"垃圾级"是指什么？如果能够购买评级高得多的债券，为何投资者还会购买被评为"垃圾级"的债券？

c.假定这篇文章是正确的，用图形说明这一时期的乐观情绪对欧洲垃圾债券市场的影响。简单解释一下这会使这些债券的均衡收益率上升还是下降。

解决问题

第一步　复习本章内容。这一问题与债券市场的违约风险有关，因此，你需要复习"违约风险"这部分的内容。

第二步　解释"追逐高收益"的含义以及追逐高收益是否会使对政府债券的需求增加，从而回答问题 a。"追逐高收益"是指投资者渴望找到利率更高的债券。投资者认为，在中美达成贸易协定之后，经济增长会更为强劲，这表明他们不太担心出现经济衰退，而在经济衰退时，一些企业可能对其债券违约。政府债券一般收益率要低于企业债券，因此，如果投资者热衷于追求高收益，他们就不可能增加对政府债券的需求。

第三步　解释何为垃圾级债券，以及投资者为何会购买这些债券而不是那些评级更高的债券，从而回答问题 b。标准普尔、穆迪和惠誉等债券评级机构，根据债券发行企业对其债券违约的可能性，对债券进行评级。债券如果得到的评级在投资级以下，就被称为"垃圾债券"，因为这些债券发行企业对其债券违约的概率，要高于那些发行投资级债券的企业。投资者会对债券受欢迎的方面和不受欢迎的方面进行权衡，比如高利率与高违约风险。按照上述文章讨论的情形，欧洲投资者愿意承受由于投资垃圾债券而带来的更高的违约风险，因为他们认为这些债券更高的收益足以弥补对其更高违约风险的补偿。

第四步　使用欧洲垃圾债券市场的图形来回答问题 c。使用图形来解释这些债券的均衡收益是上升还是下降。根据这篇文章的观点，投资者会增加对欧洲垃圾债券的需求，因此，需求曲线将从 $D_{垃圾债券1}$ 向右移至 $D_{垃圾债券2}$。同时，欧洲的企业也会发行更多的垃圾债券，因此供给曲线也将从 $S_{垃圾债券1}$ 向右移至 $S_{垃圾债券2}$。如图 5-3 所示，均衡价格将由 P_1^J 升至 P_2^J。因为债券价格和债券收益率将朝着相反的方向移动，因此，欧洲垃圾债券的收益率将会下降。但是，需要注意的是，如果垃圾债券的供给曲线向右移动的幅度超过需求曲线，均衡价格将会下降，因而这些债券的收益率将会上升。我们并没有足够的信息，能够确知供给曲线比需求曲线移动得更多还是更少，因此，我们也无法确定文章中讨论的这些因素会使这些债券的收益率升高还是降低。

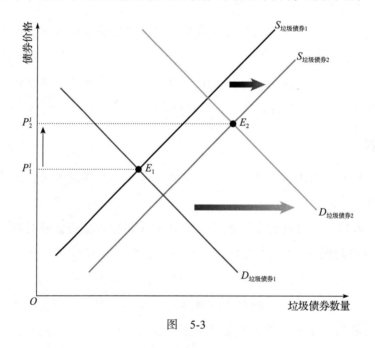

图　5-3

| 概念应用 |

信用评级机构存在利益冲突吗

美国第一批发行大量债券的企业是 19 世纪的铁路公司。约翰·穆迪（John Moody）于 1909 年出版了《穆迪铁路投资分析》（*Moody's Analyses of Railroad Investments*），由此成为现代债券评级业务的先驱。后来成为标准普尔的那家企业于 1916 年开始发布评级，而惠誉国际评级公布评级则始于 1924 年。至 20 世纪初期，钢铁、石油、化工和汽车等行业的企业以及其他一些企业，开始通过发行债券来筹集资金，评级机构也将评级业务扩展至铁路债券以外。到了 20 世纪 20 年代，如果没有取得至少一家评级机构的评级，企业就很难发行债券。

至 20 世纪 70 年代，由于两个关键原因，评级机构面临困境。首先，二战之后经历了一段经济繁荣时期，这意味着债券违约的现象相对较少，因此很少有投资者会对评级机构提供的服务感兴趣。其次，评级机构最初的业务模式无法再盈利。评级机构主要依靠投资者订阅它们提供的评级报告而获得收入。20 世纪 70 年代成本低廉的复印技术的发展使这种模式难以为继，因为投资者可以订阅报告，然后将其复印本出售或者赠送给那些没有订阅的人。

从 20 世纪 70 年代后期开始，四个方面的因素使评级机构的财运出现了逆转。首先，经济衰退和高通胀增加了债券违约的数量，因此，有更多的投资者愿意为获得企业信誉度的信息而付费。其次，评级机构开始对外国企业和政府发行的债券进行评级，这两种债券的数量从 20 世纪 70 年代开始都有所增加。再次，政府开始将债券评级作为对银行、共同基金和其他金融企业进行监管的一部分。比如，根据监管要求，很多共同基金仅能持有高等级的债券。最后，评级机构开始凭借它们的评级服务，向企业和政府而非投资者收取费用。

最后一项变化引发了评级机构是否面临利益冲突的问题。因为发行债券的企业可以选择聘请哪家评级机构对其债券进行评级，因此，这些机构有动力使评级的等级超过债券原本应该获得的等级，以做成这笔业务。在债券发行人聘请评级机构之前，向其提供"评级预览"成为评级机构的惯例。在 21 世纪最初十年中期的房地产繁荣时期，投资银行发行了很多抵押贷款支持证券及其他复杂的证券。当房地产市场从 2006 年开始崩溃时，尽管评级机构对其中很多证券的评级都很高，但是这些证券仍大幅贬值。

在 2006 年和 2007 年发行的 AAA 级抵押贷款支持证券中，超过 90% 的证券后来都违约了，或者最终被评为垃圾级。一些经济学家和政策制定者认为，评级机构给出较高的评级主要是为了让这些企业继续聘请它们。很多抵押贷款支持证券结构复杂，一些报告指出，评级机构的分析师不太愿意让这些证券的发行人提供充分的信息，以对这些证券进行准确的评级，因为分析师担心这样做会冒犯发行人。在金融危机之后，一些投资者，包括大量州政府养老金计划的经理人都对评级机构提出了起诉，因为它们没有尽到向投资者提供准确评级的责任。最终，评级机构支付了共 19 亿美元的罚金和其他款项，以满足因其在金融危机爆发之前的这段时期未能恰当地对债券进行评级而收到的赔偿要求。然而，一些经济学家和政策制定者对这些评级机构的批评要少一些，他们认为这些评级机构无法预测房地产危机的严重性或者危机会对抵押贷款支持证券的价值产生多大的影响。

2010 年，国会通过了《华尔街改革和消费者保护法案》，其中包括一些对信用评级机构进行监管的条款。在证券交易委员会内部，新创建了一个信用评级办公室，以对这些评级机构进行监管。这一办公室的职能包括：①对评级机构的利益冲突施加新的限制；②如果某家评级机构被证明未能收集足够信息，以对证券进行正确的评级，授权投资者提出诉讼；③如果事后证明某家机构未能进行准确的评级，授权证券交易委员会取消其注册资格。但是，这些监管措施的批评者认为，这些措施不足以限制这些评级机构存在的利益冲突。一些投资者开始怀疑这些评级的准确性，而这些评级机构也开始失去专业投资者的信任。

评级机构仍在继续争夺需要对其债券进行评级的企业和政府的业务，但是，到了 2020 年，它们再次成为关注的焦点。这些评级机构努力去了解新冠疫情对企业信誉产生的影响。与之前的经济衰退不同，这一次一旦政府放松社交疏离管制措施，营业收入急剧下降的企业就有可能迅速恢复。而在其他的衰退期间，这会导致评级机构降低对这些企业债券的评级。在这种情况下，有必要不对这些企业债券的评级进行降级。但是，以下事实表明企业经营存在很大的不确定性，即 2020 年 4 月，穆迪考虑将其所评级证券的将近 20% 予以降级。日本企业软银（SoftBank）拥有 Sprint 和 T-Mobile 这两家无线运营商以及 WeWork 这家共享办公企业大量股权，它宣称如果穆迪将其债券降级，以后就不会再使用穆迪的债券评级服务。这件事清楚地表明，评级机构仍然受到来自其评级企业的压力。尽管存在这些困难，在 2020 年年中时，国会似乎不太可能改变对这些评级机构进行管制的法律。

流动性和信息成本

除了违约风险的差异以外，流动性和信息成本的差异也会导致债券的利率有所差别。由于投资者关心流动性，在所有其他条件相同的情况下，与流动性较差或者缺乏流动性的投资相比，投资者愿意以更低的利率接受更具流动性的投资。因此，投资者预期会从缺乏流动性的债券那里赚取更多的收益，以补偿流动性较差的损失。

相似地，投资者也关心获取债券相关信息的成本。花费时间和金钱以获取债券相关的信息，这会降低债券的预期收益。显然，如果两种资产在其他方面都相同，投资者将会更愿意持有信息成本更低的资产。因此，与信息获取成本更高的债券相比，投资者愿意以更低的预期收益接受信息获取成本更低的资产。

债券流动性的提高或者信息获取成本的降低，将会导致对这种债券需求的增加。在债券市场的图形中，需求曲线向右移动将会提高债券的价格，降低债券的利率。相似地，如果债券的流动性下降或者获取信息的成本提高，对于债券的需求就会减少。在 2007 ~ 2009 年金融危机期间，很多投资者不愿意购买抵押贷款支持证券，因为对于债券中所包含的抵押贷款，很多房主都选择了违约。令情况变得更糟糕的是，投资者开始认识到他们并不完全了解这些债券，也很难获得这些债券中所包含的抵押贷款类型的信息。我们可以通过在债券市场图形中将需求曲线向左移动，来说明这种情况，这会导致债券价格的下降和债券利率的上升。

税

投资者以债券利息的形式获得利息收入。在缴税时，投资者必须将这些利息收入计入自己的收入中。为利息收入而缴纳的税是不同的，这取决于是谁发行了债券。税的差异还取决于投资者在哪里生活。投资者关心的是投资的税后收益，也就是投资者在缴税之后的收益。比如，考虑两种债券，每种债券的面值都为 1000 美元，票面利率为 6%，这意味着它们每年支付的利息均为 60 美元。假定第一种债券是由福特公司发行的，对于收到的利息，投资者要缴纳 40% 的税。第二种债券是由美国财政部发行的，对于收到的利息，投资者只需缴纳 25% 的税。因此，在缴税之后，福特公司发行的债券支付的 60 美元利息只剩下了 36 美元，而财政部发行的债券剩下的利息为 45 美元。如果投资者为每张债券均支付了 1000 美元，忽略这一年中的任何资本损失或收益，对于财政部发行的国债，税后收益为 45 美元 /1000 美元 =0.045 或者 4.5%，而福特公司债券的收益率仅为 36 美元 /1000 美元 =0.036 或者 3.6%。为了集中考察不同的税产生的影响，我们假定投资者认为两种债券的风险、流动性和信息成本都是相同的，那么，很明显投资者将更愿意选择税后收益率更高的国债。实际上，与福特的债券相比，国债的风险更小，流动性更强，信息成本更低。表 5-2 对上述计算过程进行了归纳。

表 5-2 税如何影响两种债券的税后收益

债券发行人	面值（美元）	票面利率（%）	税率（%）	税后利息（美元）	税后收益率
福特公司	1 000	6	40	36	36 美元 /1 000 美元 =0.036，或 3.6%
美国财政部	1 000	6	25	45	45 美元 /1 000 美元 =0.045，或 4.5%

债券的税有多大的差别

我们可以考虑三类债券，即企业债券、美国国债和**市政债券**。市政债券是由州政府和地方政府发行的债券。企业债券的利息可能要被联邦政府、州政府或地方政府征税。国债的利息要缴纳联邦税，但是不用被州政府或地方政府征税。市政债券的利息通常不会被联邦政府、州政府或地方政府征税。企业债券要缴多少税，情况有些复杂，因为有 8 个州不征收州所得税。一些地方政府也不征收所得税，或者只对工资和薪酬收入征税，对投资所得不征税。表 5-3 归纳了三类债券的缴税情况。

表 5-3　债券利息的税

债券类型	是否被州政府和地方政府征税	是否被联邦政府征税
企业债券	大部分州和一些市政府要征税	是
国债	否	是
市政债券	否	否

回忆一下，债券投资者可以凭借持有债券而获得两种类型的收入：①债券支付的利息收入和②由于债券价格变化而获得的资本收益或者资本损失。利息税的税率与工资和薪酬税相同。2020 年，持有一年或一年以上的资产在出售时获得的资本收益，其税率低于利息收入。持有时间不足一年的资产在出售时获得的资本收益，通常其税率与工资和薪酬税相同。只有在实现了资本收益时，才会对资本收益征税，也就是在投资者出售资产并且出售价格高于买入价格时。未实现的资本收益不会被征税。比如，如果你以 800 美元的价格购入了一张债券，其价格升至 900 美元，如果你将其出售，你就有了一笔应纳税的已实现了的资本收益。如果你没有将其售出，你就有一笔未实现的资本收益，这笔收益不会被征税。将你缴纳资本收益税的时间推迟到以后，这是有好处的，因为缴税的时间距离现在越远，这笔税的现值就越小。

利息税变化的影响

我们已经看到，投资者感兴趣的是债券的税后收益，而不同类型的债券，税率会有所不同。因此，所得税税率的变化会对利率产生影响。

图 5-4 展现了联邦所得税税率的变化如何影响市政债券和国债的利率。我们假定一开始联邦所得税的税率为 35%。图 5-4a 展示的是市政债券的市场，图 5-4b 展示的是国债市场。图 5-4a 中的均衡价格 P_1^M 要高于图 5-4b 中的均衡价格 P_1^T，正常情况就是如此，即市政债券的利率要低于国债的利率。现在假定联邦所得税的税率提高至 45%。更高的联邦所得税税率使免税的市政债券对投资者的吸引力更大，同时，这会降低国债的税后收益。在图 5-4a 中，市政债券的需求曲线由 $D_{市政债券1}$ 向右移至 $D_{市政债券2}$，使其价格由 P_1^M 升至 P_2^M，并降低其利率。在图 5-4b 中，国债的需求曲线由 $D_{国债1}$ 向左移至 $D_{国债2}$，使其价格由 P_1^T 降至 P_2^T，并提高其利率。我们假定投资者认为除了利息的税以外，两种债券的其他特性都相同，那么，在联邦所得税的税率提高以后，这些债券的利率将会进行调整，直到两种债券的税后收益率相等为止。从这一分析中我们可以得出结论，即所得税税率的上升倾向于提高国债的利率，降低市政债券的利率。

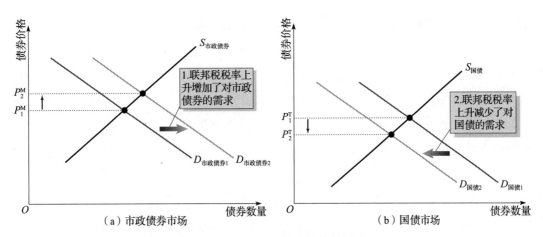

图 5-4 税收变动对债券价格的影响

注：如果联邦所得税税率上升，免税的市政债券对于投资者的吸引力就会更大，国债的吸引力就会更小。在图 a 中，市政债券的需求曲线由 $D_{市政债券1}$ 向右移至 $D_{市政债券2}$，使其价格由 P_1^M 升至 P_2^M，并降低其利率。在图 b 中，国债的需求曲线由 $D_{国债1}$ 向左移至 $D_{国债2}$，使其价格由 P_1^T 降至 P_2^T，并提高其利率。

表 5-4 归纳了利率风险结构的决定因素。

表 5-4 利率风险结构的决定因素

当债券的……上升时	导致其收益率……	因为……
违约风险	上升	投资者必须由于承担了额外的风险而获得补偿
流动性	下降	投资者出售债券的成本更低
信息成本	上升	投资者必须花费更多的资源来为债券估值
税负	上升	投资者关心的是税后收益，必须由于缴纳更多的税而获得补偿

| 概念应用：与你相关 |

你是否应该投资垃圾债券

正如我们在第 4 章看到的，在 2020 年年中时，利率处于历史低点，新冠疫情对经济产生的影响以及美联储的政策回应，使 10 年期美国中期国债的利率降至只有 0.7% 的水平，银行定期存单的利率远低于 1%。结果，很多投资者探索获得更高收益的方法。一些个人投资者受其利率相对较高的吸引，转向高风险的垃圾债券市场。

垃圾债券是评级机构的评级在投资级以下的企业债券的俗称，比如穆迪的评级为 Ba 或 Ba 以下。曾经有段时间，企业只能发行评级为投资级的债券。结果，所有垃圾债券都成了"堕落的天使"，华尔街用这个词来称呼那些发行时被评为投资级，但是之后发行债券的企业面临财务困境，从而被降级的债券。这种情况在 20 世纪 70 年代后期发生了变化。当时，投资银行德崇证券的债券交易员迈克尔·米尔肯（Michael

Milken）在经济学家布拉多克·希克曼（W. Bradock Hickman）出版的《企业债券质量与投资者经验》（*Corporate Bond Quality and Investor Experience*）一书中发现了一篇学术论文。希克曼利用历史数据表明，如果投资者购买了分散化的垃圾债券资产组合，其收益率要比投资于美国国债高得多。它的收益率之高足以弥补投资于垃圾债券而非国债带来的额外风险，且绰绰有余。换句话说，垃圾债券的利率很高，即便投资者的资产组合中有些债券会违约并且投资者因此而蒙受损失，资产组合的整体收益仍然很高。

米尔肯依据希克曼的研究，向养老基金和共同基金等机构投资者进行宣讲，鼓励它们投资于垃圾债券。米尔肯成功地提高了对垃圾债券的需求，使企业第一次可以以低于投资级的级别发行新的债券。尽管由于受到公司章程或政府监管部门的限制，一些机构投资者被禁止购买垃圾债券，其他机构投资者则开始将垃圾债券纳入自己的投资组合中。

在 2007～2009 年金融危机之后的数年中，一些机构投资者转而投资于垃圾债券，它们或者购买个别债券，或者购买投资垃圾债券的共同基金。它们之所以这样做，是因为垃圾债券的平均利率要比投资级债券或者美国国债的平均利率高得多。比如，在 2020 年 8 月，由于新冠疫情对美国经济的影响逐渐显现，非投资级债券或者垃圾债券的利率达到 5.6%，而评级为 AA 的投资级债券的平均收益率只有 1.5%，10 年期中期国债的利率只有 0.7%。

但是，你是否应将垃圾债券当作一种好的投资？2008 年秋天，当金融危机最为严重时，垃圾债券的平均利率超过了 20%。然而，在接下来的 12 年间，由于经济和金融状况的改善，对垃圾债券的需求增加了，这降低了这些债券的收益率。结果，很多财务顾问开始质疑，投资者从这些债券中获得的高收益是否足以补偿其更高的违约风险。另外，一些垃圾债券的流动性也较低，想要出售债券的投资者不得不以很大的折扣卖出。比如，在 2019 年 11 月，切萨皮克能源公司（Chesapeake Energy）宣布其利润低于市场预期，它的债券价格应声下跌 30%。零售企业派对城（Party City）宣布利润低于预期时，其债券价格下跌了 50%，导致债券持有者的损失超过了 5 亿美元。这两家企业的债券价格最终又有所回升，但是一些垃圾债券价格的大幅波动增加了购买这些债券的投资者的风险。

在新冠疫情期间购买了垃圾债券的投资者寄希望于经济能够相对迅速地从衰退中恢复过来。一次严重而持久的衰退可能会使一些发行垃圾债券的企业破产，导致这些债券的投资者损失惨重甚至血本无归。很多财务顾问质疑这些高风险的投资是否有利可图，因为他们怀疑个人投资者在进行这些投资时是否完全理解他们需要承受的风险。

5.2　利率的期限结构

学习目标　解释到期期限不同的债券为何会有不同的利率。

我们已经知道，到期日期相同的债券为何会有不同的利率。我们现在考虑**利率的期限结构**，这是指在其他方面相似但是到期日期不同的债券，其利率之间的关系。有关期限结构的理论试图回答如下问题，即为何违约风险、流动性、信息成本和税相同的债券，仅仅由于到期日期不同，就会有不同的利率？最容易使这些特性保持一致的债券，就是国债。因此，通常分析期限结构的方法就是考察**国债的收益率曲线**，这是指在某一具体时点，对于到期期限不同的国债，其利率之间的关系。回忆一下，到期日在 1 年及以内的国债被称为"短期国债"，到期期限为 2 年至 10 年的为"中期国债"，10 年以上的为"长期国债"。为了简便，我们经常将所有这些债券统称为"国债"。

图 5-5 画出了三个具体日期的国债收益率曲线，即 2007 ～ 2009 年金融危机开始之前的 2007 年 6 月 15 日，以及两个更近的日期，分别为 2019 年 8 月 30 日和 2020 年 6 月 5 日。对于这三条收益率曲线，有两个关键之处值得关注。首先，在 2019 年和 2020 年，所有到期期限的国债利率或收益率都要低于 2007 年。比如，在 2007 年 6 月 15 日，3 月期短期国债的收益率为 4.56%，而 2019 年 8 月 30 日的收益率为 2.04%，2020 年 6 月 5 日仅为 0.15%，或者说 1% 的 15%。与 2007 年相比，2019 年和 2020 年的收益率更低，主要是由于美联储采取行动使利率维持在低点以帮助经济复苏，尽管 2007 ～ 2009 年严重的经济衰退已经过去了数年之久。美联储在 2020 年为了应对新冠疫情而采取了降低利率的措施，且这些年通货膨胀率一直维持在低水平。其次，在 2007 年 6 月 15 日和 2020 年 6 月 5 日，长期国债的收益率要高于短期国债的收益率，尽管 2020 年的利差要远高于 2007 年。然而，在 2019 年 8 月 30 日，正如本章开头提到的那样，1 月期和 3 月期短期国债的收益率要高于 10 年期中期国债的利率和 30 年期长期国债的利率。

通常的模式是长期利率要高于短期利率。图 5-6 展现了这一模式，自 1978 年以来的这些年，3 月期短期国债利率一般要低于 10 年期中期国债利率。当短期利率低于长期利率时，收益率曲线是向上方倾斜的。仔细观察一下图 5-6 就会发现，3 月期短期国债的利率偶尔会高于 10 年期中期国债，比如 2019 年就是如此。在这些时期，收益率曲线是向下方倾斜的，即短期利率高于长期利率。由于向下倾斜的收益率曲线并不经常出现，这也被称为"倒挂的收益率曲线"（inverted yield curves）。图 5-6 还揭示了另外一个有关债券市场的重要事实，即**到期期限不同的债券的利率一般会一起变动**。比如，注意一下 20 世纪 70 年代后期，3 月期短期国债和 10 年期中期国债的利率都提高了，并于 80 年代初期达到了最高点，此后它们都下降了。如果我们画出到期期限不同的其他国债的利率，比如 2 年期中期国债或 30 年期长期国债，我们可以观察到相同的模式。图 5-5 表明，在经济衰退的时期，3 月期短期国债和 10 年期中期国债的利率之差变得最大，因为此时美联储将短期利率降至较低的水平。

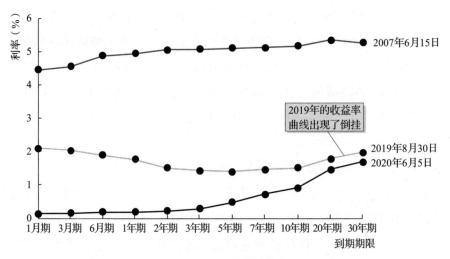

图 5-5 国债收益率曲线

注：在 2007 年 6 月 15 日和 2020 年 6 月 5 日，长期国债的收益率要高于短期国债的收益率。然而，在 2019 年 8 月 30 日，1 月期和 3 月期短期国债的收益率要高于 10 年期中期国债的利率和 30 年期长期国债的利率。国债收益率曲线的形状提供了有关投资者对未来短期利率预期的信息。

资料来源：美国财政部，每日国债收益率曲线（Daily Treasury Yield Curve Rates）。

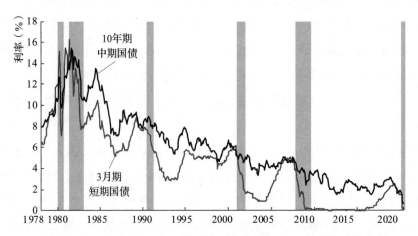

图 5-6 1978 ～ 2020 年 3 月期短期国债利率和 10 年期中期国债利率

注：本图表明，在 1978 年至今的大部分时间里，3 月期短期国债的利率都比 10 年期中期国债的利率更低一些。然而，有几个时期，3 月期短期国债的利率要比 10 年期中期国债的利率更高一些。

资料来源：圣路易斯联邦储备银行。

| 概念应用：与你相关 |

你是否愿意向政府付钱，以便让它为你保存资金

实际利率为**负值**的现象经常出现。比如，在 2020 年 7 月，3 月期国债的名义利率仅为 0.13%，而以消费者价格指数的百分比变动衡量的通货膨胀率为 1.03%，因此，实际利率为 0.13%-1.03%=-0.90%。但是，名义利率也能变为**负值**吗？你可能认为它不能为负，因为负的名义利率意味着出借人为了将资金借贷出去，实际上要向借款人支付利息作为回报。出借人会愿意这样做吗？

在 20 世纪 30 年代大萧条期间，一些投资者乐于为了让美国财政部使用他们的资金而向其支付利息，在 2007～2009 年金融危机期间及之后的一段时期，这种情况再次发生。换句话说，这些投资者愿意以高于其面值的价格购买财政部发行的短期国债，从而接受负利率。在上述两个时期，每当所有其他投资似乎都风险过高时，投资者都希望购买安全的资产。以现金的形式持有资金，也需要为安全地保存这些现金付出成本。因为其他短期投资的利率也很低，比如银行的定期存单或货币共同基金，投资者暂时将其资金投入无风险短期国债的成本相对较低。

自 2016 年 9 月以来，10 年期日本国债和德国及其他几个欧洲国家发行的 10 年期国债，负利率都持续了相当长的一段时期。换句话说，投资者愿意支付费用，以便让这些政府在以后 10 年为其保存资金。之所以出现这种貌似不可能的结果，部分原因在于日本央行和欧洲中央银行采取的措施。为了推动极为缓慢的经济增长，这些中央银行从为商业银行存在央行的存款支付利息，转变为向这些商业银行收取费用。在 2020 年由新冠疫情引发的经济衰退期间，它们继续实施这一政策，向商业银行在欧洲中央银行的存款收取利息，促使这些银行将资金投向其他资产，比如国债。我们将在第 15 章讨论中央银行那些导致负利率的政策。

数十年来，政府债券是负利率似乎只是大萧条时期历史久远的奇异事件。这种现象再次发生，说明世界金融体系在从 2007～2009 年金融危机中恢复时，以及在应对 2020 年新冠疫情的危害时，都遇到了极大的困难。

解释期限结构

我们对图 5-5 和图 5-6 的讨论表明，任何对期限结构的解释都应当能够解释以下三个重要事实：

1. 长期债券的利率通常要高于短期债券的利率。

2. 短期债券的利率偶尔会高于长期债券的利率。

3. 所有到期期限的债券利率趋向于一起上升或下降。

经济学家以三个理论来解释这些事实，即预期理论（the expectation theory）、市场分割理论（the segmented theory）和流动性偏好理论（the liquidity premium theory）或优先偏好理论（preferred habitat theory）。正如我们将会看到的，经济学家广为接受的，是融合了另外两个理论主要要点的流动性偏好理论。对这些理论进行评价，需要设立两个有用的标准。首先是逻辑一致性，即这一理论提供的债券市场模型与我们所了解的投资者行为一致吗？其次是预测能力，即这一理论能够解释收益率曲线的实际数据吗？我们可以利用这两个标准来对每个理论进行评估。

期限结构的预期理论

预期理论为理解期限结构提供了基础。这一理论认为，长期债券的利率是投资者预期的在长期债券存续期间各种短期债券利率的平均值。这一理论假定债券市场的投资者有着共同的主要目标，即从债券投资中获得最高的预期收益。对于任一既定的持有期，这一理论假定投资者不关心他们所投资债券的各种到期期限。也就是说，如果投资者计划在债券市场的投资时间为 10 年，他们追求的是最高收益，而不关心是一开始就购买 10 年期的债券，还是先买一次 5 年期的债券，等到到期以后再买一次 5 年期的债券。

因此，预期理论有两个关键的假设：

1. 投资者有相同的投资目标。

2. 对于任何既定的持有期，投资者将到期期限不同的债券视为可以完全相互替代的。也就是说，对于投资者而言，将 10 年期债券持有 10 年，与先将 5 年期债券持有 5 年，再将另一个 5 年期债券持有 5 年，是完全相同的。

这两个假设都不是完全准确的，因此，尽管预期理论为解释期限结构提供了一些见解，但这种解释是不完全的。然而，在对期限结构提出一个更为完整的解释之前，理解预期理论仍然非常重要，因此，让我们用一个例子来说明预期理论是如何解释利率的期限结构的。

将预期理论应用于一个简单的例子

假定你计划投资 1000 美元，期限为两年，你正在考虑以下两种策略：

1. 购买并持有策略。根据这种策略，你可以购买一只两年期的债券并持有至到期日。我们假定你购买的是一只两年期的折价债券。这一简化可以让我们不用讨论支付的利息，尽管就算考虑这一点基本的结果也不会改变。两年期债券的利率为 i_{2t}，下标 2 代表债券的到期期限，下标 t 代表时间，且时间 t 代表当期。两年以后，1000 美元的投资将增值至 1000（$1+i_{2t}$）（$1+i_{2t}$）美元。在这里，我们利用了第 3 章第 3.1 节中介绍的基本的复利公式。

2. 滚动策略。根据这种策略，你现在购买一只一年期债券，并将其持有至一年后的到期日。到了那时，你再购买一只一年期债券，并将其持有至第二年结束后的到期日。注意，按照这种策略，你无法确保一年之后还能获得当前的一年期债券的利率。你必须利用可以获得的所有有关债券市场的信息，来预期一年之后一年期债券的利率是多少。目前一年期债券的利率是 i_{2t}，而现在对一年之后（即 $t+1$ 期）一年期债券利率的预期为 i^e_{1t+1}。因此，如果你遵循这一策略，两年之后，你可以预期你 1000 美元的投资将升值至 1000（$1+i_{1t}$）（$1+i^e_{1t+1}$）美元。

根据预期理论的假定，两种策略的收益率必需相等。为何如此？回忆一下第 3 章第 3.4 节的内容，即由于存在金融套利，证券的价格会进行调整，从而使投资者持有类似的债券可以获得相同的收益。按照预期理论，投资者认为将一只两年期的债券持有两年，与分别持有两只一年期债券各一年，应当是相似的。因此，套利会使从两种策略中获得的收益相等。所以，无论采用哪种策略，1000 美元都会增至相同的数量，我们可以列出如下式子：

$$1000（1+i_{2t}）（1+i_{2t}）美元 = 1000（1+i_{1t}）（1+i^e_{1t+1}）美元$$

去掉括号并进行简化，我们可以得到：

$$2i_{2t} + i^2_{2t} = i_{1t} + i_{1t+1} + (i_{1t})(i^e_{1t+1})$$

注意，等式左侧的 i^2_{2t} 和等式右侧的 $(i_{1t})(i^e_{1t+1})$ 可能是数值很小的数字，因为它们是两个利率的乘积。如果两年期债券的利率是 3%，那么 $i^2_{2t} = 0.03 \times 0.03 = 0.0009$，这个数字如此小，以至于即使将其忽略对结果也不会有实质性的影响。如果我们忽略掉 i^2_{2t} 和 $(i_{1t})(i^e_{1t+1})$，并在等式两边同时除以 2，就可以得到：

$$i_{2t} = \frac{i_{1t} + i^e_{1t+1}}{2}$$

这一等式告诉我们，两年期债券的利率是目前一年期债券的利率与一年之后一年期债券预期利率的平均值。比如，如果目前一年期债券的利率是 2%，一年之后一年期债券的预期利率是 4%，那么目前两年期债券的利率就应当是 3%，即（2%+4%）/2。

购买并持有策略与滚动策略之间的这种等价关系，对于任何期限都应当成立。比如，10 年期债券的利率应当等于在未来 10 年间 10 个一年期债券利率的平均值。因此，我们可以得出结论，即 n 年期债券的利率等于：

$$i_{1t} = \frac{i_{1t} + i_{1t+1}^{e} + i_{1t+2}^{e} + i_{1t+3}^{e} + \cdots + i_{1t+(t-1)}^{e}}{n}$$

这里的 n 可以是任意年份。

利用预期理论解释期限结构

如果预期理论是正确的，期限结构就为我们提供了投资者如何预期未来短期利率的信息。比如，如果一年期债券的利率是2%，两年期债券的利率是3%，投资者一定是预期一年以后一年期债券的利率是4%。否则，两个一年期国债利率的平均值就不会与两年期债券的利率相等。

图5-7展示了三种可能的收益率曲线，我们可以利用预期理论来解释它们的斜率。图5-7a表明收益率曲线向上倾斜，即一年期债券的利率等于2%，两年期债券的利率等于3%，3年期债券的利率等于4%。两年期债券的利率等于目前一年期债券的利率与一年之后一年期债券预期利率的平均值：

$$3\% = \frac{2\% + 一年之后一年期债券预期利率}{2}$$

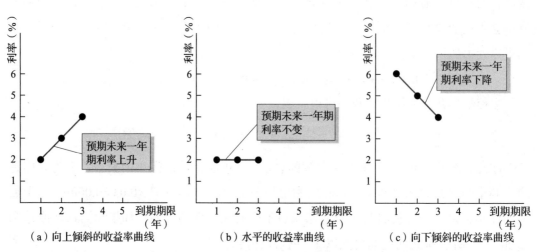

图 5-7 使用收益率曲线来预测利率：预期理论

注：根据预期理论，收益率曲线的斜率表明未来短期利率预期将会上升，不变或者低于当前的水平。

因此，一年之后一年期债券的预期利率为（2×3%）-2%=4%。

同样地，利用刚才得到的一年之后一年期债券的利率，我们可以计算两年之后一年期债券的预期利率：

$$4\% = \frac{2\% + 4\% + 两年之后一年期债券预期利率}{3}$$

因此，两年之后的一年期债券的利率等于（3×4%）-（2%+4%）=6%。

我们可以得出结论，即三年期债券的利率高于两年期债券的利率，而两年期债券的利率又高于一年期债券的利率，原因在于投资者预期一年期债券的利率将会从 2% 升至 4% 和 6%。或者，更一般地来讲，**根据预期理论，收益率曲线向上倾斜是因为投资者预期未来的短期利率将会高于当前的短期利率**。

图 5-7b 展示了水平的收益率曲线，两年期债券和三年期债券的利率与一年期债券相同。依据预期理论，我们可以推断出投资者必然预期一年期债券的利率在 2% 的水平上保持不变。或者，更一般地来讲，**根据预期理论，收益率曲线是水平的，是因为投资者预期未来的短期利率与当前的短期利率相等**。

最后，图 5-7c 展示了向下倾斜的收益率曲线，一年期债券的利率为 6%，两年期债券的利率为 5%，三年期债券的利率为 4%。我们可以利用在收益率曲线向上倾斜的案例中使用的计算方法，计算一年之后和两年之后的一年期债券的利率。结果表明，一年之后的一年期债券预期利率为 4%，两年之后的一年期债券预期利率为 2%。

我们可以得出结论，两年期债券和三年期债券的利率比一年期债券更高，这是因为投资者预期一年期债券的利率将由 6% 降至 4% 和 2%。或者，更一般地来讲，**根据预期理论，收益率曲线向下倾斜，是因为投资者预期未来的短期利率比当前的短期利率更低**。

预期理论的缺点

预期理论对收益率曲线斜率的解释具有内在一致性。它解释了为何我们会看到收益率曲线的斜率是向上倾斜的、向下倾斜的或水平的。这一理论还能解释为何短期利率和长期利率趋向于同时上升或下降，就像图 5-6 展示的那样。自 20 世纪 40 年代以来，美国利率的变动具有持久性，即各种利率的上升或下降趋向于持续相当长的一段时期。因此，如果当前的短期利率上升了，投资者会预期未来的短期利率也会保持在较高的水平，按照预期理论，这将会导致长期利率的上升。

然而，对于我们之前提到的期限结构的第一个重要事实，预期理论的解释能力很差，即长期债券的利率通常要比短期债券的利率更高。换句话说，收益率曲线通常是向上倾斜的。预期理论对收益率曲线向上倾斜的解释是，投资者预期未来的短期利率会比当前的短期利率更高。但是，如果收益率曲线通常是向上倾斜的，投资者必然在多数时候都预期短期利率将会上升。这种解释似乎并不合理，因为在任何特定时期，短期利率上升的可能性和下降的可能性是相同的。我们的结论是，预期理论忽略了债券市场上投资者行为的某些重要特征。

▌ 解决问题 5.2A：与你相关

你能否从期限结构中挣点快钱

套息交易（interest carry trade）一词是指，以较低的短期利率借款，将借到的资金以更高的长期利率进行投资。

a. 你在自己的投资中会使用套息交易策略吗？个人投资者使用这一策略存在哪些困难？提示：思考一下你能够借钱的方式。

b. 如果你是一名机构投资者的投资顾问，比如养老基金或者保险公司，你会建议投资者采用套息交易策略吗？机构投资者使用这一策略存在哪些困难？

c. 如果收益率曲线是倒挂的或者向下倾斜的，机构投资者还能找到套息交易的机会吗？简单解释一下。

解决问题

第一步　复习本章内容。这个问题与对收益率曲线的理解有关，因此，应当复习"期限结构的预期理论"这部分的内容。

第二步　解释个人投资者从事套息交易是否有利可图，从而回答问题 a。收益率曲线通常是向上倾斜的，因此，短期利率一般低于长期利率。所以，以短期借款的方式融资，并进行长期投资，似乎是一种可行的投资策略。然而，普通投资者很难运用这一策略，因为收益率曲线中出现的较低的短期利率，比如短期国债的利率，要比普通投资者借款时的利率低得多。大多数小投资者在投资时，必须向银行申请个人贷款，或者以他们持有的证券作为抵押，向经纪人借款，或者用信用卡来借款。这类借贷方式的利率要比短期国债的利率高得多。因此，如果你是一名普通投资者，你借款的利率与你投资于长期国债或其他长期债券的利率之间的差额，可能是很小的，甚至是负的。

第三步　考虑机构投资者的情形，从而回答问题 b。与个人投资者不同，养老基金和保险公司等机构投资者可以以较低的利率借款，并以更高的长期利率进行投资，因为这些投资者违约的风险较低，出借人很容易就可以获得这些机构投资者的信息。然而，机构投资者在采取这种策略时也会面临风险，因为当它们以滚动贷款的方式进行短期贷款时，其利率有可能会上升。比如，如果某养老基金以 1% 的利率借款 1000 万美元，投资于利率为 3% 的 10 年期中期国债，它承担的风险就是 6 个月后，短期利率升至 1% 之上，从而压缩这家养老基金的利润空间。事实上，如果预期理论是正确的，即在长期投资的存续期间，预期短期利率的平均值与长期投资的利率大致相等，这将会消除套息交易可能产生的所有利润。更有甚者，如果利率上升超过了预期，长期投资的价格将会下降，投资者将会遭受资本损失。

第四步 解释如果收益率曲线倒挂，是否还有套息交易的机会，从而回答问题 c。
如果收益率曲线出现了倒挂，即长期利率低于短期利率，机构投资者将会通过长期贷款融资，然后以更高的短期利率进行投资。在这种情况下，投资者面临再投资风险，或者说在短期投资到期后，新的短期投资利率将会下降的风险。比如，一家保险公司以 4% 的利率发行长期债券，融资 1000 万美元，然后以 5% 的利率投资于 6 个月的短期国债。它可能会发现，当这笔短期国债到期后，新的短期国债利率降至 3%。实际上，与问题 b 中的案例相同，预期理论预测在长期投资的存续期间，预期短期利率的平均值与长期投资的利率大致相等，这将会消除套息交易可能产生的所有利润。

我们的结论是，预期理论表明套息交易策略并非发财致富的正途。

期限结构的市场分割理论

市场分割理论观察到两个相互关联的现象，进而致力于解决预期理论的缺陷：

1. 在债券市场上，并非所有投资者的目标都是相同的。
2. 对于到期期限不同的债券，投资者并不认为它们之间可以完全替代。

这两个观察到的现象暗示，到期期限不同的债券市场是相互独立的，或者说是**分离的**。因此，对于特定到期期限的债券而言，其利率仅由到期期限相同的各种债券的供求决定。市场分割理论意识到，并非所有投资者的目标都是相同的。比如，大企业通常持有大规模的现金，它们希望利用这些现金赚取利息，但是也希望保持流动性。如果你为这类企业管理这笔资金，可能就会用这笔资金购买短期国债，而不是期限更长的中期国债或长期国债，从而使企业可以随时使用这笔资金。相似地，也有货币市场共同基金，只投资于短期国债、企业发行的商业票据和其他短期资产，根据监管规定，这类基金不允许购买期限更长的中期国债和长期国债。

在市场的另一端，一些购买中期国债或长期国债的投资者可能很少或者根本不买短期国债。比如，保险公司出售寿险合同，这要求保险公司在投保人去世之后进行偿付。保险公司聘用的精算师可以准确地估计出在任何特定年份，公司需要支付的费用。保险公司根据这些预测结果来购买债券，债券到期后将按计划提供赔付所需的资金。如果你为保险公司管理这些资金，可能就不愿意用公司预计 20 年后才赔付投保人的资金去购买短期国债。投资于 20 年后才到期的债券，而不是投资于短期国债，才是一个更好的投资策略。

最简单的市场分割理论假定，参与某种到期期限债券交易的投资者，并不参与其他到期期限的债券交易。因此，影响短期国债或其他短期债券需求的因素，并不会影响对长期国债或其他长期债券的需求。

另外，市场分割理论表明，对于到期期限不同的债券，投资者并不认为它们之间可以完全替代，因为长期债券有两个缺点。第一，与短期债券相比，它们有更大的利率风险。第二，与短期债券相比，它们的流动性通常更差。由于存在这些缺点，投资者要求长期债券的利率要高于短期债券，以作为补偿。支持市场分割理论的经济学家还认为，想要持有短期债券的投资者，比如企业的现金管理人员，在数量上要超过想要持有长期债券的投资者，比如保险公司。结果，短期债券的价格会升高，其收益率降至比长期债券更低的水平。

由此，市场分割理论为收益率曲线通常向上倾斜提供了一个貌似合理的解释，即短期债券市场上有更多的投资者，这使其价格更高，利率更低，而长期债券市场上的投资者更少，这使其价格更低，利率更高。此外，想要购买长期债券的投资者会要求更高的利率，以补偿长期债券利率风险更高和流动性更差的缺陷。因此，市场分割理论可以很好地解释有关期限结构的第一个重要事实。

然而，市场分割理论有一个严重的缺点，即它无法很好地解释有关期限结构的另外两个重要事实。这一理论无法解释为何短期利率有时会高于长期利率。换句话说，收益率曲线偶尔会向下倾斜或者出现倒挂的现象，但这一理论不能告诉我们何以如此。另外，如果到期期限不同的债券市场真的是分割的，也就是说相互之间完全独立，那么就很难理解有关期限结构的第三个重要事实，即所有到期期限的利率趋向于同时上升和下降。

流动性偏好理论

无论是预期理论还是市场分割理论，都无法对期限结构进行完整的解释。本质上来讲，这两个理论的缺点源自各自秉持的极端假定。根据预期理论，投资者将到期期限不同的债券视为相互之间完全的替代品，而根据市场分割理论，投资者认为到期期限不同的债券完全无法相互替代。期限结构的**流动性偏好理论**或者说**优先偏好理论**将另外两种理论结合在一起，同时又避免了它们的极端假设，从而提供了一个更为完整的解释。

流动性偏好理论认为，投资者将到期期限不同的债券视为相互之间是可以替代的，但是并非完全替代。与市场分割理论一样，流动性偏好理论假定投资者更喜欢到期期限更短的债券，而不是到期期限更长的债券。因此，如果一系列短期债券能够提供相同的收益率，投资者就不会购买长期债券。然而，与市场分割理论不同的是，如果投资者从长期债券中获得的利率足够高，他们就愿意用长期债券来替代短期债券。投资者在购买长期债券而不是与之相当的一系列短期债券时要求获得更高的利率，这被称为"**期限溢价**"（term premium）。因此，流动性偏好理论认为，长期债券的利率是在长期债券存续期内短期债券预期利率的平均值，加上随着债券到期期限增长而增加的期限溢价。

比如，假定目前一年期债券的利率为 2%，一年之后一年期债券的预期利率为 4%。投资者会乐于购买利率为 3% 的两年期债券吗？两年期债券的利率与两个一年期债券的预期利率的平均值相同。但是，由于投资者更喜欢购买一年期债券，他们必须获得一个更高的利率作为激励，比如 3.25%，才愿意购买更不喜欢的两年期债券。如果投资者从两年期债券中只能获得 3% 的利率，他们就会去购买两个一年期债券。如果要让投资者认为两年期债券与两个一年期债券旗鼓相当，就需要额外地增加 0.25% 的利率，这就是期限溢价。

债券的到期期限越长，债券的期限溢价就会更大。因此，5 年期债券的期限溢价要大于两年期债券，20 年期债券的期限溢价要大于 10 年期债券。实际上，流动性偏好理论就是在预期理论的等式上增加一个期限溢价，从而将长期债券的利率与短期债券的利率联系在一起。比如，假定 i_{2t}^{TP} 是两年期债券的期限溢价，那么两年期债券的利率就是：

$$i_{2t} \frac{i_{1t} + i_{1t+1}^{\mathrm{e}}}{2} + i_{2t}^{\mathrm{TP}}$$

或者，更一般地，n 期债券的利率为：

$$i_{nt} \frac{i_{1t} + i_{1t+1}^{\mathrm{e}} + i_{1t+2}^{\mathrm{e}} + i_{1t+3}^{\mathrm{e}} + \cdots + i_{1t+(t-1)}^{\mathrm{e}}}{n} + i_{nt}^{\mathrm{TP}}$$

▌ 解决问题 5.2B

利用流动性偏好理论来计算预期利率

利用表 5-5 中有关到期期限不同的国债的利率，来解答下面的问题：

表 5-5		(%)
一年期	两年期	三年期
1.25	2.00	2.50

假定流动性偏好理论是正确的，两年期国债的期限溢价是 0.20%，三年期国债的期限溢价是 0.40%，那么，投资者会预期两年之后一年期国债的利率是多少？假定这三种债券都是不支付利息的折价债券。

解决问题

第一步 复习本章内容。这个问题是利用流动性偏好理论来计算预期利率，因此，你应该复习"流动性偏好理论"这部分的内容。

第二步 利用将长期债券利率和短期债券利率联系起来的流动性偏好等式，计算投资者预期一年之后一年期短期国债的利率。根据流动性偏好理论，两年期债券的利率应当等于目前一年期债券的利率与一年之后一年期债券预期利率的平均值，再加上期限溢价。根据题目我们知道，两年期国债的期限溢价为 0.20%，因此，我们可以计算一年之后一年期债券的预期利率：

$$i_{2t} = 2.00\% = \frac{1.25\% + i_{1t+1}^e}{2} + 0.20\%$$

或者，

$$i_{1t+1}^e = 2.35\%$$

第三步 使用第二步的计算结果，计算两年之后一年期短期国债的预期利率，从而回答这一问题。

$$i_{3t} = 2.50\% = \frac{1.25\% + 2.35\% + i_{1t+2}^e}{3} + 0.40\%$$

或者，

$$i_{1t+2}^e = 2.70\%$$

表 5-6 总结了利率期限结构三种理论的重要特点。

表 5-6 利率的期限结构理论

理论	假定	预测	这一理论能够解释什么
预期理论	投资者具有相同的投资目标，对于任何给定的持有期限，投资者认为到期期限不同的债券相互之间可以完全替代	长期债券的利率等于持有期内一年期债券预期利率的平均值	解释了收益率曲线的斜率以及为何短期债券和长期债券的利率会一起变动。缺点是没有解释为何收益率曲线通常是向上倾斜的
市场分割理论	在债券市场上，并非所有投资者都有相同的目标，投资者并不认为到期期限不同的债券相互之间可以替代	到期期限不同的债券的利率是由相互独立的市场决定的	解释了为何收益率曲线通常是向上倾斜的。缺点是没有解释为何收益率曲线有时会向下倾斜，以及为何到期期限不同的债券，利率会一起变动
流动性偏好理论	投资者认为到期期限不同的债券可以相互替代，但是无法完全替代	n 年期债券的利率等于在这 n 年期间 n 个一年期债券预期利率的平均值，再加上期限溢价	对于有关期限结构的三个重要事实，全部能够解释

利用期限结构来评估市场预期

投资者、企业经理和政策制定者可以利用利率期限结构中包含的信息，来预测经济变化。根据预期理论和流动性偏好理论，收益率曲线的斜率展现了债券市场的参与者对未来短期利率的预期。另外，如果预期实际利率的变动幅度很小，收益率曲线还反映了对未来通货膨胀率的预期。为了说明这一点，假定你想要了解金融市场对未来五年通货膨胀率的预期，如果预期实际利率保持不变，收益率曲线向上倾斜意味着预期通货膨胀将会上升，从而导致投资者预期未来的名义利率将会更高。为了准确预测未来的通货膨胀，你还需要估计长期债券的期限溢价。美联储及其他很多金融市场的参与者都采用这种方法，利用收益率曲线来预测未来的通货膨胀率。

| 概念应用 |

2019 年的经济衰退发生了什么

我们在本章的开头中提到，在 2019 年年中时，一些经济学家和财务分析师认为，由于收益率曲线出现了倒挂，即 3 月期短期国债的利率高于 10 年期的中期国债，美国经济可能很快出现衰退。实际上，2019 年并没有出现衰退，尽管 2020 年 2 月确实出现了衰退，但是这是由于新冠疫情对美国经济造成了出人意料的影响。为何这些经济学家和财务分析师认为收益率曲线倒挂将会导致经济衰退？

长期以来，经济学家和投资者以收益率曲线的斜率作为工具，来预测经济衰退的可能性。在使用这一方法时，他们主要关注**期限利差**（term spread），即 10 年期中期国债收益率与 3 月期短期国债收益率之间的差距。圣路易斯联邦储备银行的大卫·C. 惠洛克（David C. Wheelock）和内布拉斯加大学奥马哈分校的马克·E. 沃哈（Mark E. Wohar）发现，在 1953 年至 2007 ～ 2009 年的历次衰退之前，期限利差都显著缩小。也就是说，相对于 3 月期短期国债的利率，10 年期中期国债的利率显著下降。惠洛克和沃哈仔细考察了在收益率曲线出现倒挂时，即短期利率超过了长期利率时，接下来的一段时期会发生什么。每当 3 月期短期国债利率超过 10 年期中期国债利率，接下来的一年之内就会出现经济衰退，仅有一次例外。这个结果使经济学家和投资者相信，收益率曲线的斜率是预测经济衰退的一个有用的工具。

为何在经济衰退之前，收益率通常会出现倒挂？考虑一下图 5-8 中展示的 2007 年 2 月 27 日的收益率曲线，此时 3 月期短期国债的利率为 5.14%，而 10 年期中期国债的利率为 4.50%。收益率曲线倒挂的原因，正是这些时期债券市场通常会出现的。在

2006 年的大部分时间和 2007 年，美联储试图将短期利率保持在相对较高的水平，以应对由于石油价格上涨和房地产市场持续繁荣而引发的通货膨胀问题。然而，投资者可能已经预测到了从 2007 年 12 月开始就会出现经济衰退。正如我们在第 4 章第 4.3 节看到的那样，在经济衰退时，利率通常会下降，短期利率趋向于比长期利率下降得更多，因为美联储会采取降低利率的措施，并希望以此来刺激经济。在这种情况下，期限结构的流动性偏好理论就会预测长期利率将会低于短期利率，从而使收益率曲线出现倒挂。

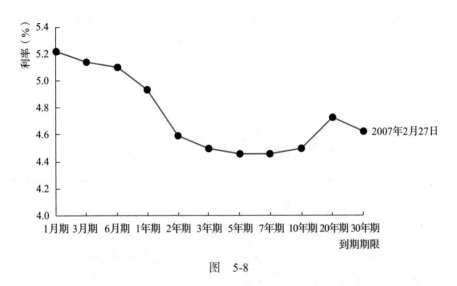

图   5-8

对于惠洛克和沃哈所描述的现象，我们的解释可以概括如下：如果美联储认为通货膨胀在上升，它通常会通过提高短期利率来给经济降温，使用的工具我们将在第 15 章进行介绍。更高的短期利率增加了借款的成本，这会减少家庭和企业的支出。另外，如果短期利率超过了长期利率，银行向储户支付的利率和他们从长期贷款中获得的利率之间的利差就会缩小，这会降低银行贷款的意愿。

债券市场的投资者和交易商预期美联储只是暂时性地将短期利率保持在较高的水平，因为他们预期随着经济放缓和通货膨胀率的下降，美联储将开始降低短期利率。如果经济陷入衰退，美联储就更有可能降低短期利率。然而，需要注意的是，美联储通过提高短期利率以降低通货膨胀率的政策，在不引发经济衰退的情况下也可能会成功。但是，在现实中，美联储提高短期利率通常会引发经济衰退，这就解释了收益率曲线倒挂与经济衰退之间的联系。

但是，2019 年的情形不同寻常，国债收益率曲线在 2019 年 3 月出现了倒挂，在到 10 月的这段时间，大部分时期都处于倒挂状态，却并未出现衰退。《华尔街日报》

8月的一篇文章提到,预示未来衰退风险的一个重要指标已经拉动了自2007年4月以来最响亮的警报,而当时距离上一次金融危机爆发仅有几个月的时间。与收益率曲线倒挂的其他情形一样,2019年的这次也是由于之前美联储采取了提高短期利率的措施。这开始于2015年12月,并且在接下来的几年中,美联储数次提高了利率,最后一次发生在2018年12月。2019年初期欧洲和中国经济放缓,美国通货膨胀率远低于美联储2%的目标,这令一些投资者和经济学家预测美联储很快就会改弦易辙,采取行动降低利率。结果,收益率曲线在3月出现了倒挂。7月,美联储公开市场委员会降低利率,声称这是由于"全球经济前景发生了变化,而且通货膨胀的压力消失了"。此时,上述预测被证明是正确的。在9月和10月,美联储再次降低了短期利率。

2019年的收益率曲线倒挂并没有引发经济衰退,主要有两个原因:

1. 从1995年至2007年金融危机爆发之前,10年期中期国债的利率平均为5.2%。但是,由于金融危机的影响和量化宽松的浪潮,美联储购买了数十亿美元的中期国债,这使得10年期国债的利率出现了大幅下降。自2014年下半年以来,这一利率低于2.5%,2019年仍处于这一水平。结果,数年来收益率曲线都要比金融危机之前的正常状况更为平缓。因此,只需要短期利率稍微提高一些,就有可能出现收益率曲线倒挂的现象,而在惠洛克和沃哈所分析的时期则并非如此。

2. 在数月之内,美联储的政策由提高短期利率转向了降低短期利率,这个时间相对较短。美联储讲得很清楚,用美联储主席杰罗姆·鲍威尔的话讲,"如果经济转而下行,那么,一系列幅度更大的降息可能就是适当的……换句话说,就像我们在公报中所讲的那样,我们将密切关注事态的发展,并采取适当的行动,以确保经济扩张仍在步入正轨"。结果,在2019年的其余时间和2020年年初,债券市场上的交易商和投资者相信美联储更有可能降息而不是加息。当2020年新冠疫情对美国经济的影响开始显现时,美联储迅速将联邦基金目标利率降至接近于零的水平。因此,正如我们可以从流动性偏好理论了解到的那样,长期利率维持在较低的水平。较低的长期利率可以使家庭更容易获得成本低廉的抵押贷款,企业也更容易发行债券,从而为在设备、机器人、软件和研发等方面的开支筹集资金。这些支出有助于经济在2019年剩下的时间和2020年年初时不陷入衰退。

2019年并没有出现经济衰退,从这一事实中我们可以得到一个重要的结论,即美国经济和美国金融体系太过复杂,任何一种简单的关系,比如收益率曲线倒挂和经济衰退之间的这种关系,不会每次都适用。

回答关键问题

在本章开始时，我们提出的问题是：

"政府是否应当更严密地监管债券评级机构？"

与我们在本书中遇到的其他政策问题一样，这个问题没有确定的答案。我们在本章中已经看到，投资者经常依靠信用评级机构来获得有关债券违约风险的重要信息。在 2007～2009 年金融危机期间，很多债券被证明其违约风险远高于信用评级机构所标明的水平。一些经济学家和国会议员认为，评级机构为这些债券的评级过于夸大，因为这些机构存在利益冲突，支付它们报酬的，正是发行债券的企业，而它们却要为这些债券评级。然而，其他一些经济学家则认为，这些评级在当时可能是准确的，但是房地产市场崩溃以及由此引发的金融危机，其严重性出人意料，这使得这些债券的信誉度迅速下降。尽管金融危机之后政府对这些评级机构的监管有所加强，但发行债券的企业和政府继续为这些评级机构付费，以使其对自己发行的债券进行评级。就目前来看，如果不再次发生金融危机，监管似乎不可能出现进一步的变化。

股票市场、信息和金融市场效率

在学习了本章之后，你应该能够：

6.1 描述股票市场的基本内容。

6.2 解释股票价格是如何确定的。

6.3 解释理性预期假定与有效市场假说之间的联系。

6.4 讨论金融市场的实际效率。

6.5 描述行为金融的基本概念。

你愿意投资于股票市场吗

很少有公司能够像特斯拉（Tesla）那样激发大众的兴趣和忠诚。特斯拉富有个人魅力的首席执行官埃隆·马斯克（Elon Musk）于 2003 年创建了特斯拉汽车公司，目标是生产一辆价格可以与充斥市场的燃油车相竞争的电动车。至 2019 年，凭借特斯拉 Model 3 车型成功和领先的自动驾驶技术，很多投资者相信这家公司将会统治全世界的汽车产业。但是，特斯拉作为一项投资而言有多优秀？特斯拉首次公开募股是在 2010 年。假定在该公司上市的 2010 年 6 月，你的祖辈给了你 100 股特斯拉的股票。如果你将其持有至 2020 年 2 月 19 日，其投资价值多少？表 6-1 表明，100 股特斯拉的股票在 2020 年的这一天，价值比 2010 年增长了 38 倍。但是，到了 2020 年 2 月 28 日，由于投资者开始担心新冠疫情影响美国经济，特斯拉的股票价格跌幅超过了 27%，也就是说仅仅在 9 天之内，你的投资就损失了 2.5 万美元。然而，到了 6 月中旬，由于投资者开始相信新冠疫情对美国经济的影响小于一开始的预期，与 2 月相比，特斯拉的股票价格上涨了将近 50%。表 6-1 展现了你投资于特斯拉所经历的剧烈波动。

表　6-1

日期	每股特斯拉股票的价格（美元）	每 100 股特斯拉股票的价值（美元）
2010 年 6 月 29 日	23.89	2 389
2012 年 10 月 15 日	27.33	2 733
2014 年 3 月 16 日	252.94	25 294
2016 年 2 月 10 日	143.67	14 367
2020 年 2 月 19 日	917.42	91 742
2020 年 2 月 28 日	667.99	66 799
2020 年 6 月 19 日	1 000.90	100 090

但是特斯拉只是一只股票而已。如果你的投资分散于一组股票又会如何？道琼斯工业平均指数（Dow Jones Industrial Average），也就是通常所说的道琼斯指数（the Dow），是衡量美国股市表现最为知名的指标。道琼斯指数是 30 家大企业股票价格的平均值。如果你在 2010 年 6 月投资于道琼斯指数，那么到了 2011 年 5 月，你的投资将会升值 24%。这是好消息。但是，仅仅从 2011 年 5 月至 8 月这 3 个月间，你就将承受 10% 的损失。在接下来的仅仅 7 个月间，也就是从 2011 年 8 月至 2012 年 3 月，你的投资升值幅度又将超过 13%。2020 年 2 月，随着新冠疫情开始在全世界扩散，道琼斯指数在两周之内就下降了 14%。接着，从 2020 年 3 月至 6 月，由于投资者开始相信疫情对美国经济的影响小于原来的预期，道琼斯指数升值了 39%。对道琼斯指数的投资在某种程度上要比对特斯拉的投资更稳定，但是比将钱存入银行的定期存单波动大得多。

很明显，小心谨慎的投资者不会购买股票。但是，股票价格出现波动的原因是什么？更重要的是，股票市场在金融体系和经济中扮演了何种角色？股票市场总是在波动，但是过去 15 年间，股票价格变动幅度之大异乎寻常。特别是在 2007 ~ 2009 年金融危机期间，股票价格的暴跌吓坏了很多投资者，其中一些人卖掉了自己所有的股票，并发誓不会再回来。

股票价格的波动会对经济中的产出和就业产生严重影响吗？还是说，这只不过是投资者才会关心的事？你是否应该远离股市，将你的储蓄用于波动幅度更小的投资，比如银行定期存单或者短期国债？我们将在本章中探究这些问题。

关键议题和问题

议题：股票价格上下波动的幅度很大。

问题：股票市场的波动会对经济产生广泛的影响吗？

股票市场是大企业融资的重要来源之一。数以百万计的个人投资者将资金投入其中，以为大额开支或者退休进行储蓄。储蓄者有时会购买单只股票，但是更普遍的情况是，他们会通过共同基金、ETF 或者退休账户进行股票投资。在本章中，我们将讨论股票市场，并考察股票价格的决定因素。

6.1 股票与股票市场

学习目标 描述股票市场的基本内容。

正如我们在第 1 章第 1.1 节看到的那样，通过购买一家公司的股票，投资者可以拥有这家公司的部分股权。股票持有人有时被称为"持股人"，他作为所有者，对企业的利润和所有者权益拥有法定权利。企业的所有者权益是该企业的资产与负债之间的差额。由于拥有一家企业的股票代表拥有这家企业的部分所有权，股票有时也被称为"股权"（equity）。债券代表的是债权而不是股权。大部分企业发行数以百万计的股份。比如，至 2020 年，特斯拉发行了超过 1.84 亿股股票。因此，绝大部分持股人只拥有他们所投资企业的很小一部分。

独资企业主是指这个人是企业唯一的所有者，他通常对于企业的债务拥有无限责任。在合伙制企业中，共同拥有一家企业的个人也同样如此。如果这些企业破产，其债主可以起诉这些所有者，迫使这些所有者以个人资产来偿还企业的债务。如果企业组织为法人（corporation），投资者拥有这类企业的股票，就只承担有限责任（limited liability）。**有限责任**是一种法律条款，对法人的所有者提供保护，使其损失以对企业的投资为限。如果你购买了麦克拉奇公司价值 1 万美元的股票，当这家拥有《沃斯港明星电讯》（*Fort Worth Star-Telegram*）以及其他超过 25 家报纸的出版商于 2020 年破产时，这一金额就是你所能损失的最大数量。从法律的角度来讲，公司是拥有法定资格的"人"，独立于其所有者。如果没有有限责任的保护，很多投资者都不愿意投资于那些关键决策都是由企业经理人而非股东做出的企业。

普通股与优先股

股票主要有两种类型，即普通股和优先股。这两种股票都代表着对某家公司的部分所有权，但是，它们之间存在一些重要的区别。公司由董事会负责运营，董事会任命企业高级管理人员，如首席执行官、首席运营官、首席财务官等。普通股股东选举董事会成员，优先股股东在这些选举中没有投票权。

公司将部分利润分配给股东，这被称为"股息"，通常每季度支付一次。优先股股东会收到固定的股息，其数额在企业发行股票时就会确定下来。普通股股东也会收到股息，但是股息会随着不同时期企业盈利状况的变化而波动。亏损的企业可能会暂停支付股息。如果企业要支付股息的话，在向普通股股东支付股息之前，它必须首先向优先股股东支付承诺的股息。如果企业宣布破产，其债权人首先得到偿付，即那些购买了企业债券或者向企业提供了贷款的投资者和金融机构，然后是优先股股东得到偿付。如果还有剩余的资金，企业将会偿付给普通股股东。

企业普通股和优先股的市场总值被称为这家企业的资本市值（market capitalization）。比如，在 2020 年 8 月，特斯拉已发行股票的市场总值大约是 3500 亿美元，这就是特斯拉的资本市值，这比长期以来通用汽车（General Motor）、福特和菲亚特·克莱斯勒（Fiat Chrysler）这三大汽车巨头的资本市值之和还要多。

股票如何买卖以及在哪里买卖

尽管美国有超过 500 万家企业，但是仅有 4400 家是上市公司，即在美国股票市场上出售过股票。其余的企业都是**私人企业**，包括很多公司制企业和大部分的合伙企业及独资企业，这意味着这些企业没有发行可以在股市上买卖的股票。

就像"汽车市场"指的是买卖汽车的地方一样，"股票市场"是指买卖股票的地方。就股票而言，这些"地方"主要是虚拟的，因为股票的电子交易变得越来越重要。在提起美国股票市场时，很多人仍然会想到纽约证券交易所所在的建筑，它坐落于纽约市的华尔街。纽约证券交易所是股票交易所的一个范例，在交易大厅，股票可以面对面地进行交易。交易时间为每个工作日东部时间的上午 9:30 至下午 4:00。很多美国大型公司，比如 IBM、麦当劳、沃尔玛，都在纽约证券交易所上市。近些年来，纽约证券交易所的大部分交易都是通过电子系统完成的，尽管有些交易仍在交易所的大厅进行。纳斯达克（NASDAQ）股票市场的交易是完全电子化的。纳斯达克这一名字来自全国证券交易商协会（National Association of Securities Dealers）。纳斯达克是场外交易市场（over-the-counter market）的一个范例，通过电脑联系在一起的交易商在这里买卖股票。场外交易市场的交易商尽力撮合它们从投资者那里接收到的买卖股票的指令。对于所交易的股票，交易商手中会持有一定的数量，以便平衡买方和买方的指令。

要注意一级市场和二级市场的区别。与债券市场一样，在股票市场上，大部分买卖的对象是已有的股票，而不是企业新发行的股票。因此，无论是股票还是债券，二级市场的规模都要比一级市场大得多。

一般个人投资者购买股票都要在证券经纪商那里建立一个账户，比如美林证券，这家公司现在是美国银行的一部分。经纪商帮投资者买卖股票，并收取一定的费用，这被称为"佣金"。现在，大部分个人投资者购买个股都是使用线上经纪公司，比如E-Trade 或 TD Ameritrade。线上经纪商收取的佣金通常比传统经纪商更少一些，但是它们一般不像传统经纪商那样，向投资者提供投资建议或其他服务。然而，近些年来，一些线上经纪商也会提供来自智能投顾（robo-advisors）的建议。这些计算机算法会根据个人的财务目标，比如为退休进行的储蓄或者为了孩子上大学而进行储蓄，以及根据个人在投资时愿意承受的风险大小，选择某种投资组合。智能投顾是人工智能影响金融服务业的一个明显例证。在 2019 年年末时，富国银行发布了一份报告，估计未来 10 年人工智能将会使金融服务业 20 万个就业岗位消失，包括银行和经纪公司中的一些职位。

很多投资者喜欢购买股票共同基金或者 ETF，而不是购买个股。因为像富达投资集团的麦哲伦基金这样的股票共同基金，或者像先锋集团的标普 500ETF 这样的 ETF基金，它们的资产组合中有很多股票，使投资者可以获得分散投资的好处。

4400 家美国上市公司仅占全世界股票市场上市企业的大约 10%。尽管纽约证券交易所仍是世界上规模最大的交易所，但是外国股票市场的规模一直在迅速扩大。外国一些规模最大的企业，比如索尼、丰田和阿里巴巴，其股份以美国预托凭证（American depositary receipt）的形式在纽约证券交易所间接交易。美国预托凭证是在外国持有股份的凭证。一些共同基金，如先锋集团的全球股权基金（Global Equity Fund），也投资于外国企业的股票。通过在外国的本地经纪商那里开设一个账户，也可以购买在国外股票交易所上市的个股。曾经有一段时间，只有富有的个人投资者才能直接在外国的股票市场上进行投资，但是互联网的出现极大地便利了普通投资者研究外国的企业并在国外建立经纪账户。

衡量股票市场的表现

如果我们想要衡量通货膨胀，就不能只看一种商品的价格。只看一种商品的价格会有误导性，因为各种商品价格的变化可能不一致，比如，在汽油价格下降的同时，很多其他商品的价格可能在上涨。相反，政府在衡量通货膨胀时，劳工统计局（Bureau of Labor Statistics）的员工首先计算消费者价格指数（CPI），这是很多商品和服务的平均价格。同样地，当我们对衡量股票市场的表现感兴趣时，我们不能只看某个公司股票的价格，即使它是像苹果、沃尔玛或特斯拉这样重要的大型企业。

相反，我们使用股票市场指数来衡量股票市场的总体表现，这是股票价格的平均值，就像 CPI 是商品和服务价格的平均值一样。对于像 CPI 或股票市场指数这样的指数值而言，有两个关键点需要记住：

1. 指数值不是以美元或其他单位来衡量的。某一特定时期的指数值被设定为 100，这一时期被称为基期。由于指数的目的是展现某个变量随着时间的推移而发生的变化，选择哪一年作为基年并不重要。

2. 指数值本身并无意义，重要的是指数值的变化。比如，2020 年 7 月的 CPI 数值为 258.7。没有人会对这一数值本身感兴趣，人们感兴趣的是如下事实，即 CPI 从 2019 年 7 月的 256.1 增加至 258.7，因为这告诉我们过去 12 个月的通货膨胀率是（258.7－256.1）/256.1＝1.0%。同样地，某个特定日期的股票市场指数的数值并不重要，重要的是该指数值相对于前一天、上个月或上一年的变化。

人们最为关注的三个股票市场指数都展示了《华尔街日报》网站的首页上，即道琼斯工业平均指数、标普 500 指数和纳斯达克综合指数（NASDAQ Composite index）。尽管道琼斯指数只是 30 家大公司股票价格的平均值，如可口可乐、微软和迪斯尼等，它仍是很多个人投资者最熟悉的指数。标普 500 指数包含了道琼斯指数中的 30 家公司，以及另外 470 家大公司，每家公司的资本市值都至少达到 50 亿美元。这些公司是标普公司的一个委员会遴选的，以代表美国经济中不同的产业。这些公司规模如此大，以至于它们的总市值达到美国所有上市公司总市值的 80%。纳斯达克综合指数包含了 3300 只在纳斯达克这一场外交易市场上交易的股票。纳斯达克综合指数中也有一些包含在道琼斯指数和标普 500 指数中的公司，如微软和英特尔，但是纳斯达克指数中包含的一些规模较小的科技公司发行的股票，并未收入另外两个指数。

尽管这三个股票指数是不同公司股价的平均值，图 6-1 表明它们的变动大致是相同的。股份代表了对发行企业利润的法定权利，因此，当经济中的利润增加时，我们可以预期股票价格也会上升。所以，在经济扩张时，我们预期股票价格会上涨，而在经济衰退时，股票价格将会下降。我们在图 6-1 中可以看到这一模式，三个指数在 21 世纪第一个十年中期经济扩张时都上涨了，在从 2007 年年末开始的大衰退期间则下跌了。每张图中的阴影部分代表的是美国经济处于衰退的月份。当经济从 2009 年初期开始复苏时，三个指数的数值都上升了，并最终达到了各自的历史最高点。

用华尔街的术语来讲，如果股票价格从之前的低点上涨超过 20%，就被称为"牛市"，而股票价格从之前的高点下跌超过 20%，则被称为"熊市"。股票价格下跌超过 10% 但是不到 20%，被称为"回落"。

股票市场的表现对经济重要吗

图 6-1 表明，股票市场会经历显著的波动。这些波动会影响拥有股票的投资者的

财务状况，那么这些波动是否会对经济产生更广泛的影响，比如引起就业或产出的波动？在某种程度上确实如此，因为股票价格上涨和下跌会影响家庭和企业的支出，这进而会影响整个经济。股票价格上涨会导致支出增加，从而增加产出和就业。股票价格下跌会导致支出减少，从而减少产出和就业。在大部分经济衰退之前，股票价格都会下跌，这使得股票价格成为经济衰退的领先指标。但是，并不是每次衰退之前都会出现股票价格的下跌，也不是每次股票价格下跌之后都会出现衰退。因此，股票价格下跌并非经济衰退精确无误的预警器。

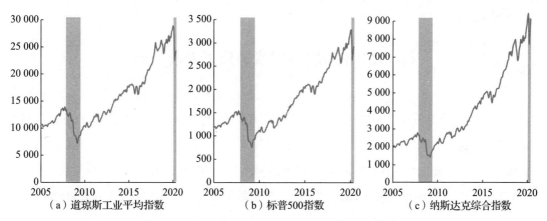

图 6-1　2005 年 1 月至 2020 年 5 月股票市场的波动

注：投资者借助股票市场指数来观察美国股票市场的表现。最受关注的指数是道琼斯工业平均指数、标普 500 指数和纳斯达克综合指数。这些图展示了三个指数有大致相似的趋势。阴影部分代表经济陷入衰退的月份。

股票价格的变动对支出产生影响，主要通过三个途径：

1. **企业股权融资成本的变化**。股票市场是大企业为扩张进行融资的重要来源。通过出售股票来进行融资，这被称为"股权融资"。股票价格越高，企业通过发行新股票，为工厂和设备等实物投资或者研发进行融资就更容易。股票价格越低，企业为这类支出进行融资就越困难。

2. **家庭财富的变化**。股票是家庭财富的重要组成部分，当股票价格上升时，家庭财富会增加，当股票价格下跌时，家庭财富也会随之下降。比如，从 2007 年秋天至 2009 年春天，股票价格的下跌使 8.5 万亿美元的财富灰飞烟灭。在财富增加时，家庭的支出会更多，在财富缩水时，家庭的开支会更少。因此，股票价格的波动对家庭的消费支出有显著的影响。

3. **家庭和企业预期的变化**。股票价格波动最重要的后果，可能就是会影响消费者和企业的预期。股票价格大幅下跌之后可能出现经济衰退。如果消费者懂得这一规律，当他们看到股票价格大幅下跌时，就会认为自己未来的收入和工作具有更大的不确定性。这种不确定性会使他们推迟在住房和耐用消费品方面的开支，比如汽车、家具和家用电器。企业在投资于新工厂、办公楼或信息技术等物质资本以及研发新产品之前，必须有足够的信心，认为产品需求将会持续几年时间，而一场衰退会使这类投资变得无利可图。股票价格的显著下跌会使企业谨小慎微并推迟支出，直到经济中的不确定性逐渐减弱。

| 概念应用 |

是 1929 年的股市崩溃导致了大萧条吗

20 世纪 30 年代的大萧条是美国历史上最为严重的经济下滑。尽管产出和就业从 1929 年 8 月就开始下降了，但是当时大部分人都认为大萧条始于股票市场 10 月的崩溃。10 月 28 日星期一，纽约股票交易所的价格下跌幅度超过了 10%。第二天，股票价格又下降了 11%，这一天被称为"黑色星期二"。图 6-2a 展示了 1920～1939 年标普 500 指数的变化。图 6-2b 展示的是同一时期实际 GDP 的变动。阴影部分代表大萧条期间经济衰退的时期。

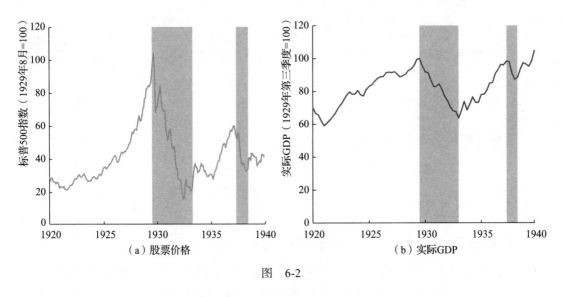

图　6-2

股票价格的下跌，特别是 1929 年 10 月的崩溃，能否解释实际 GDP 从 1929 年到 1933 年史无前例的下降？哈佛大学经济学家约翰·肯尼思·加尔布雷斯（John Kenneth Galbraith）于 1955 年出版的著作《1929 年大崩盘》（*The Great Crash, 1929*）影响甚广。他认为股票市场的崩溃摧毁了财富，减少了来自资本收益的收入，从而减少了消费支出，特别是对耐用消费品的支出。股票市场崩溃还削弱了家庭和企业对于未来经济繁荣的信心，这进一步减少了支出。结果，股市崩溃使得从 8 月开始的经济下滑变得更为严重，将原本只是一场普通的衰退变成了大萧条。

后来的经济学家对加尔布雷斯的分析提出了质疑。1929 年之后，股票市场也经历过规模相似的暴跌，但是并没有引发另一场大萧条。比如，1987 年 10 月 19 日，标普 500 指数下跌超过 20%，这是历史上规模最大的单日跌幅，几乎是 1929 年 10 月 29 日下跌幅度的两倍。但是，在接下来的几个月，美国经济并没有出现衰退，更不要说萧条了。芝加哥大学的诺贝尔奖得主米尔顿·弗里德曼（Milton Friedman）和国家经济分析局的安娜·施瓦茨（Anna Schwartz）有一个影响极大的观点，即大萧条之所以如此严重，原因在于从 1930 年秋天开始的美国银行体系的崩溃，而不是股票市场的崩溃。我们在第 12 章第 12.2 节再来考察这一观点。

然而，仍有一些经济学家相信股票市场崩溃是大萧条如此严重的重要原因之一。加州大学伯克利分校的克里斯蒂娜·罗默（Christina Romer）曾任巴拉克·奥巴马总统时期经济顾问委员会的主席，她认为 1929 年的股市崩溃比之后的崩溃更为严重，持续时间也更长，比如 1987 年的那一次。至 1929 年 12 月，股票价格已经从之前的高点下跌了 32%。股价大幅下跌增强了消费者对自己未来收入的不确定性，这使他们大幅削减了在耐用消费品方面的支出，比如汽车、家具和家电等。此外，消费者借钱购买耐用消费品的意愿更低，因为当时贷款合约的结构与今天有所不同。正如加州大学伯克利分校的玛莎·奥尔尼（Martha Olney）所表示的那样，在 20 世纪 20 年代，如果消费者未能偿付贷款，出借人可以收回贷款人的汽车或其他耐用消费品，而不用对消费者进行补偿。对于一笔 600 美元的贷款，即使你已经偿还了 500 美元，如果未能偿付剩余的贷款，你就会损失全部的金额。从股市崩溃至 1930 年 1 月，汽车销售量下降了将近 25%。罗默认为，消费者在耐用消费品方面支出的大幅下降，是理解大萧条开始的几个月为何实际 GDP 下降如此迅速的关键。

1929 年股市崩溃对大萧条的影响有多大的意见分歧，反映了经济学家之间对于金融体系如何作用于实际的生产和就业的观点有很大差异。我们在第 12 章讨论金融危机时，再重新回到这些议题。

6.2　股票价格如何决定

学习目标　解释股票价格是如何确定的。

股票市场指数一直在波动，但是构成这些指数的个股的价格是由哪些因素决定的？回忆一下第 3 章第 3.2 节提到的关于金融市场的一个重要事实，即**金融资产的价格等于由于持有这一资产而在未来收到的款项的现值**。我们曾将这一原则应用于债券价格的确定，正如我们将在下面看到的那样，这一原则也适用于股票。

投资股票一年

个人投资者购买股票的目的并不是控制发行这只股票的企业，他们认为这是企业经理的责任，并受到董事会的监督。相反，个人投资者将购买股票视为金融投资，并希望由此获得高收益。假定你计划投资于微软的股票一年。在这一年中，你预期会收到股息，然后在一年到期时，你可以按照当时的市场价格出售股票。企业一般每季度支付一次股息，但是为了简便，我们假设每年结束时企业支付一次股息。注意，与债券支付的利息不同，普通股的股息是不固定的。一家企业如果遭遇了意外的损失，就可能决定减少派发的股息，使之低于投资者原来的预期。假定你预期微软每股派发 2 美元的股息，在年末时微软股票的价格是每股 150 美元。对于投资者而言，股票价值就等于这两笔金额的现值之和，而这就是由于持有股票而获得的**现金流**。

在第 3 章第 3.3 节，我们已经知道债券市场的投资者如何利用利率将未来的款项进行折现，从而计算债券的现值。同样地，你也需要一个贴现率来计算由于持有股票而获得的现金流的现值。对股票的现金流进行折现时，使用的不是利率，比如银行的定期存单利率，更合理的方法是使用与持有微软股份风险相似的投资的预期收益率。基于这种投资者的角度，经济学家将这种贴现率称为**必要的股权收益率** r_E。从企业的角度来看，必要的股权收益率是企业为了吸引投资者所需支付的收益率，所以它被称为**权益资本成本**。必要的股权收益率和权益资本成本是相同的，只不过是分别从投资者和企业的角度来看待这一问题。

我们可以将必要的股权收益率看作无风险利率与风险溢价之和，前者经常以短期国债的收益率来衡量，而投资于股票的风险要高于投资于短期国债。包含在必要的股权收益率中的风险溢价被称为股权溢价，它代表了为让投资者乐于投资股票或股权而非短期国债，必须支付给投资者的额外收益。对于个股的股权溢价而言，比如微软的股票，由两部分组成。一部分代表了系统性风险，这源自股市价格的普遍波动，会影响所有股票，比如 2007 ～ 2009 年金融危机期间股票价格的下跌。另一部分是非系统性风险或个体风险，这源自特定股票价格的变化，而这种价格变化并非由股票市场的普遍波动引起。非系统性风险的一个例子就是，由于新版办公软件套装的销售不尽如人意，微软股票的价格出现了下跌。

假定在考虑了这些因素之后，你要求收益率达到 10% 才愿意投资于微软的股票。在这种情况下，对你而言，预期股息和年末预期股票价格这两笔金额的现值就是：

$$\frac{2.00\text{美元}}{1+0.10}+\frac{150\text{美元}}{1+0.10}=138.18\text{美元}$$

如果一股微软股票当前的价格低于 138.18 美元，你就应该购买股票，因为现在的售价低于你由于持有股票而获得的资金的现值。如果价格高于 138.18 美元，你就不应该买这只股票。

如果我们从所有投资者的角度，而非单个投资者的角度来考察这一问题，我们就可以预期某一股票现在的价格 P_t 等于年末预期支付的股息 D_{t+1}^e 和年末股票的预期价格 P_{t+1}^e 的现值之和，使用的贴现率是市场的必要的股权收益率 r_E：

$$P_t = \frac{D_{t+1}^e}{(1+r_E)}+\frac{P_{t+1}^e}{(1+r_E)}$$

注意，我们用上标 e 来表示投资者无法确切地知道一年结束时企业支付的股息或股票的价格。

投资股票一年的收益率

如果持有一年，投资于某种债券的收益率等于债券的当期收益率加上债券的资本收益率。我们可以用类似的方法计算投资于某种股票的收益率。就像债券的当期收益率等于债券的利息除以当前的价格一样，预期年度股息除以当前的股票价格就是股票的**股息率**。股票的资本收益率等于一年间股票价格的变化除以这一年开始时股票的价格。因此，投资于股票的预期收益率等于股息率加上预期的资本收益率：

$$收益率 = \frac{预期年度股息}{初始价格}+\frac{预期价格变化}{初始价格}$$

或者：

$$R = \frac{D_{t+1}^e}{P_t}+\frac{(P_{t+1}^e - P_t)}{P_t}$$

在这一年结束时，你可以用实际收到的股息替代预期的股息，用这一年结束时股票的实际价格替代预期的价格，从而计算实际的收益率。比如，假定你在年初时以 130 美元的价格购买了一份微软的股份，微软支付的股息为 2 美元，年末时微软的价格为 140 美元。你这一年的收益率为：

$$\frac{2.00\text{美元}}{130\text{美元}} + \frac{140\text{美元}-130\text{美元}}{130\text{美元}} = 0.015 + 0.077 = 0.092\text{或}9.2\%$$

| 概念应用：与你相关 |

政府应该对你的股票投资征税吗

　　如果你投资于股票，你会收到来自这项投资的股息和资本收益，在你的纳税申报单上，你必须报告这笔收入。对于股息和资本收益的最佳征税方式，经济学家和政策制定者争论不休。企业利润要缴纳企业所得税，而且企业在将部分利润作为股息派发给持股人时就要缴纳这笔税。由于持股人必须为收到的股息支付个人所得税，结果就是对于股息存在双重征税。

　　双重征税产生了三个重要影响：首先，由于股息既在企业层面征税，又在个人层面征税，投资者购买股票的收益就减少了，这会削弱人们以股票投资进行储蓄的动力，从而增加企业筹集资金的成本。其次，由于企业向持股人派发的股息要再次缴税，企业有动力将利润保留下来，而不是将其派发出去。留在企业中而没有作为股息派发出去的利润被称为留存收益。如果企业用留存收益进行投资的收益率，低于将利润作为股息派发出去后持股人用这笔钱进行投资获得的收益率，那么留存的利润就是无效率的。最后，由于企业为贷款和债券支付的利息可以从利润中扣除，对股息进行双重征税会促使企业背负过多的债务，而不是去发行股票。

　　一些经济学家建议将企业所得税和个人所得税整合在一起，从而取消对股息的双重征税。按照这种方案，为了征税，企业要将所有利润都分配给持股人，哪怕利润并没有以股息的形式派发出去。个人有责任缴纳所有与企业利润有关的税。比如，2020 年，苹果公司支付的股息为 3.08 美元，但是这仅占苹果公司每股利润的大约 25%。如果你有 1000 股苹果公司的股票，你要缴税的并不仅仅是收到的 3080 美元股息，还有属于你的 9240 美元的留存利润。这个方案取消了企业所得税，因此也就解决了双重征税的问题。但是，这一方案需要对当前的税收体系进行广泛的改革，因而并没有得到政策制定者太多的支持。

　　资本收益只有在投资者出售这项资产并且实现了收益时才用缴税。一些经济学家认为，对资本收益征税会产生"锁定效应"，因为投资者可能不愿意出售有大量资本收益的股票。投资者缴纳的资本收益税是以名义收益为基础的，并不会根据通货膨胀进行调整，这使得投资者更不愿意出售可以获得资本收益的股票。比如，你以 700 美元的价格购买了一股特斯拉的股票并持有了 10 年，然后以 1000 美元的价格将其出售。

如果在此期间每年的通货膨胀率平均为 3%，由于价格水平上升了，10 年之后的 1000 美元只能购买现在大约 744 美元的商品和服务。然而，你要缴税的是 300 美元的名义收益，而不是 44 美元的实际收益。不得不按照名义收益来缴税，也是投资者有时不愿将持有数年的股票予以出售的原因之一。如果很多投资者被锁定在他们当前的投资组合中，那么这些资产组合中的资产价格就会不同于不存在资本收益税时的情形，这就向投资者和企业发出了错误的信号。

2020 年，股息和资本收益的税率要低于薪酬。股息和资本收益适用的税率从 0% 到 20% 不等，这取决于纳税人的收入。这一年薪酬的税率从 10% 至 37% 不等。此外，对于资本收益和股息，一些纳税人被要求缴纳额外的 3.8% 的税，这使得最高税率升至 23.8%。由于资本收益和股息的税率低于个人所得税 37% 的最高税率，双重征税而产生的某些低效率得以抑制。

对于在收入分配中居于最高水平的家庭而言，其 3/4 的收入来自股息和资本收益。因此，股息和资本收益的低税率会降低高收入家庭相对于低收入家庭的税率，因为后者更多地依靠工资性收入，而工资性收入的税率较高。在 2020 年总统竞选期间，民主党候选人、前副总统拜登建议年收入超过 100 万美元的人要缴纳的股息和资本收益税率要与薪酬税率相同。拜登还建议，薪酬的所得税税率要从 37% 升至 39.6%，因此，对于某些纳税人而言，股息和资本收益的税率将会大幅提高。

降低投资于股票的收益率，就会减少流向企业的资金，也会降低企业为投资于工厂、设备、软件和研发而进行融资的能力，而这些是维持经济增长的必要条件。效率与平等之间的权衡是制定经济政策经常会遇到的问题。政策制定者要为提高经济效率创造条件，这样才能促进经济增长，增加家庭收入，但也要满足人们实现更平等的收入分配的愿望。政策制定者必须在两者之间取得平衡。

股票的基本价值

现在假设投资者计划投资于某只股票，期限为两年。我们将在投资一年的案例中使用的逻辑应用于投资两年的情形。股票的价格应该等于投资者预期在这两年间收到的股息的现值，加上两年后预期股票价格的现值：

$$P_t = \frac{D_{t+1}^e}{(1+r_E)} + \frac{D_{t+2}^e}{(1+r_E)^2} + \frac{P_{t+2}^e}{(1+r_E)^2}$$

继续假设投资更长的年限，由此可以得出相似的等式，而最后预期价格的期限被设定在越来越遥远的未来。最终，正如我们在讨论债券时发现的那样，一只股票的价格应该等于由于持有这只股票而获得的各种款项的现值之和，无论期限有多长。实际上，经济学家认为股票的基本价值就等于投资者预期在无尽的未来所收到的所有股息的现值之和：

$$P_t = \frac{D_{t+1}^e}{(1+r_E)} + \frac{D_{t+2}^e}{(1+r_E)^2} + \frac{D_{t+3}^e}{(1+r_E)^3} + \cdots$$

这里的省略号表明股息的支付将一直持续到永远。由于我们设想的是无穷期的股息支付，因此在等式中就没有 P^e 最终价格这一项。

如果企业不支付股息会怎么样呢？比如特斯拉、脸书和伯克希尔 – 哈撒韦就是如此，后者由沃伦·巴菲特经营，他可能是数十年来最为知名也最为成功的投资者。我们可以利用同样的等式来计算这家企业的基本价值，并假定投资者预期企业最终将会开始支付股息。在这种情况下，一开始的一些预期股息项将为零，从预期企业开始支付股息的年份起，开始出现正值。如果企业永远都不支付股息，投资者可能不会购买其股票，因为在这种情况下，投资者预期将永远无法获得属于自己的那份企业利润。

戈登增长模型

如果投资者想要评估股票的价格，上述有关股票基本价值的等式可能用处不大，因为它需要预测无穷期的股息。幸运的是，麻省理工已故的麦伦·J. 戈登（Myron J. Gordon）提出了一种便捷的方法，用于估计股票的基本价值。戈登考虑的情形是，投资者预期企业的股息按照一个固定不变的速度 g 增长，比如说 5%。在这种情况下，等式中的每项股息都比上一年收到的股息增加 5%。根据预期股息按固定速度增长的假定，戈登提出的等式表明了股票当前的价格、当前的股息、预期股息增长率和必要的股权收益率之间的关系。这一等式被称为戈登增长模型或股息折现模型：

$$P_t = D_t \times \frac{(1+g)}{(r_E - g)}$$

假定苹果公司目前每股每年的股息为 3.08 美元，预期每年股息都按照 7% 的增速增长，投资者投资于苹果公司的必要的股权收益率为 8%，那么，每股苹果股票的价格应当为：

$$3.08\text{美元} \times \frac{(1+0.07)}{(0.08-0.07)} = 329.56\text{美元}$$

戈登增长模型有以下几点需要注意：

1. 模型假定股息增长速度保持不变。这一假定可能并不现实，因为投资者可能认为股息的增长是不平稳的。比如，在推出一款新 iPhone 手机的年份，苹果公司的利润以及派发的股息可能要比其余年份增长得更快。然而，在分析股票价格时，假定股息增长率不变是一种有用的近似方案。

2. 为了使用这一模型，股票的必要的股权收益率必须高于股息的增速。这个条件似乎是合理的，因为如果一家企业的股息增速高于必要的股权收益率，那么这家企业最终将比整个经济的规模还要大，这当然是不可能的。

3. 投资者对企业未来盈利状况的预期，即对其未来股息的预期，是决定股票价格的重要因素。

解决问题 6.2

利用戈登增长模型来为通用电气的股票进行估价

戈登增长模型是计算股票价格的一个有用的工具，使用这一模型可解决下列两个问题：

a. 如果通用电气目前为每股股票派发 0.40 美元的年度股息，预期股息每年的增长速度为 7%，投资者购买通用电气股票的必要的股权收益率为 8%，计算通用电气股票的价格。

b. 2020 年 2 月，每股 IBM 的股票为 136 美元。当时，IBM 每股派发的年度股息为 6.48 美元。如果投资者对于 IBM 股票的必要的股权收益率为 10%，投资者预期 IBM 股息增长速度应当是多少？

解决问题

第一步　复习本章内容。这个问题涉及利用戈登增长模型来计算股票价格，因此，你应该复习"戈登增长模型"这部分的内容。

第二步　利用戈登增长模型的等式和问题 a 中的数值来计算通用电气的股票价格。戈登增长模型如下：

$$P_t = D_t \times \frac{(1+g)}{(r_E - g)}$$

代入题目中的数字，就可以计算出通用电气股票的价格：

$$0.40美元 \times \frac{(1+0.07)}{(0.08-0.07)} = 42.80美元$$

第三步　利用戈登增长模型的等式和问题 b 中的数值，计算 IBM 股息的预期增长

速度。在这一题中，我们知道股票的价格，但是不知道预期的股息增长速度。为了计算预期的股息增长速度，需要将题目中给出的数值代入戈登增长模型，然后解出 g：

$$136美元 = 6.48美元 \times \frac{(1+g)}{(0.10-g)}$$

$$136美元 \times (0.10-g) = 6.48美元 \times (1+g)$$

$$13.60美元 - 136美元 \times g = 6.48美元 + 6.48美元 \times g$$

$$g = \frac{7.12美元}{142.48美元} = 0.05或5\%$$

我们的计算表明，投资者预期的 IBM 股息年增长率必须达到 5%。

6.3 理性预期与有效市场

学习目标 解释理性预期假定与有效市场假说之间的联系。

戈登增长模型表明，投资者对企业未来盈利状况的预期对股票价格的确定起到了至关重要的作用。实际上，预期在整个经济中都扮演着重要的角色，因为很多交易都要求参与者预测经济变量未来的表现。比如，如果你正在考虑申请一笔抵押贷款，需要以 5% 的固定利率贷款 30 年，你就需要对下列情形进行预测：

- **你未来的收入**。你有能力偿还这笔抵押贷款吗？
- **未来的通货膨胀率**。这笔贷款的实际利率是多少？
- **房子所处社区未来的发展**。市政部门会新增一条公交线路或轻轨线路，从而能够更便捷地去市中心吗？

适应性预期与理性预期

经济学家花费了数十年的时间，分析人们的预期是如何形成的。早期的研究假定，人们主要利用过去的信息来形成预期。比如，一些经济学家假定，投资者对某家企业股票的预期只取决于股票以往的价格，这种方法被称为"**适应性预期**"。一些股票分析师使用某种被称为"技术分析"的适应性预期的方法。这些分析师认为，以往股票价格的特定模式有可能会重复，因此，可以此来预测未来的价格。

现在，大多数经济学家都对适应性预期的方法持批评态度。比如，在 20 世纪 70 年代后期，从 1976～1980 年每年的通货膨胀率都在升高。预测通货膨胀的人如果只依据历史数据，估计的通货膨胀率就会低于实际值。从 1980～1983 年，通货膨胀率每年都在下降。在这一时期，如果只依据历史数据来预测通货膨胀率，估计的数值就会高于实际值。如果在预测时能够考虑更多的信息，比如美联储的政策、石油价格的变动以及其他影响通货膨胀的因素，而不仅仅是通货膨胀的历史数据，就可以做出更准确的预测。

1961 年，卡内基–梅隆大学（Carnegie Mellon University）的约翰·穆斯（John Muth）提出了一种新方法，他称之为"理性预期"。根据**理性预期**的理论，人们在进行预测时会使用所有可以获得的信息。穆斯认为，一个人如果不利用所有可以获得的信息，他就是不理性的。这就是说，这个人并没有尽自己最大的努力，来实现准确预测的目标。比如，在预测企业股票价格时，投资者不应仅凭借股票的历史价格，还应利用一切有助于预测企业未来盈利状况的信息，比如企业的管理水平、企业正在开发的新产品，诸如此类的信息。如果在股票市场上有足够多的投资者和交易商使用了理性预期的方法，股票的市场价格就应当等于对预期未来股息现值的最佳估计，正如我们之前看到的，这就是股票的基本价值。因此，如果市场参与者进行理性预期，他们就可以假定自己所看到的股票价格代表了这些股票的基本价值。

对于经济学家而言，如果人们进行理性预期，他们预期的结果就等于在利用了所有可得信息之后，对价格做出的最优估计或最好的估计。尽管我们现在只是将理性预期的假说应用于股票，但是这一概念实际上可以应用于任何金融证券。如果股票市场的参与者进行理性预期，那么，对某一股票未来价值的预期应当等于最优或最佳的价格估计。当然，说投资者有着理性预期，并不是说他们可以预言未来。换句话说，最优估计尽管是最优的，但是仍然可能有错。

为了更准确地表述这一概念，假定今天股票市场交易结束时的价格 P_{t+1}^e 是对明天交易结束时苹果公司股价的最优估计。如果 P_{t+1} 是明天交易结束时苹果公司股票的实际价格，那么，$P_{t+1}^e = P_{t+1}$ 是极不可能的。何以如此？因为到了明天，投资者和交易商有可能获得更多有关苹果公司的信息，比如 iPhone 手机上个月的销售额低于预期，这就会改变他们有关苹果股票基本价值的观点。因此，很有可能存在预测误差，即苹果公司股票价格预测值与实际值之间的差异。但是，事先没有人能够准确预测误差有多大，因为误差是由**新的**信息导致的，而这一新的信息在进行预测时还无法获得。如果这一信息在预测时是可以获得的，理性预期告诉我们，它原本就会包含在对股票价格的估计中。因此，预测误差是无法预测的。可以更正式地表述为：

$$P_{t+1} - P_{t+1}^e = \text{未预测到的误差}_{t+1}$$

所以，在进行预测时，我们有很大的把握说，预测结果要比这一变量的实际值或高或低。但是，我们无法说出这一误差有多大，甚至也无法说出误差是正还是负，或者说我们的预测值太低了还是太高了。

有效市场假说

在约翰·穆斯最初提出理性预期时，这一概念可以应用于任何预测。将理性预期应用于金融市场，就被称为"**有效市场假说**"。就股票市场而言，有效市场假说表明，如果投资者和交易商使用所有可得的信息来形成有关未来股息的预期，股票的均衡价格等于市场对于股票基本价值的最优估计，即给定可得信息条件下的最佳估计。我们如何才能确定市场像有效市场假说预测的那样运行，且均衡价格将会等于基本价值？

有效市场假说的一个例子

假定现在是星期一上午 10:14，苹果股票的价格是每股 106 美元，该公司目前每股派发的年度股息为 4 美元，预期股息每年增长率为 6%。到了 10:15，苹果公司发布了新的销售信息，表明最新款的 iPhone 手机销量远超预期，预期未来将会有更高的销量。这则消息使得你和其他投资者向上修正了对苹果年度股息增长率的预测，从 6% 提高到 7%。假定必要的股权收益率 r_E 为 10%，股息更高的增速将苹果未来股息的现值之和从 106 美元提高至 142 美元。因此，这一新的信息会使你和其他投资者购买苹果股票。需求的增加会使苹果的股票价格一直上升，直至 142 美元，这是这只股票新的基本价值。如果股票的市场价格高于或低于股票基本价值的最优估计，进行理性预期的投资者就可以通过买卖股票获利。通过这种方式，信息灵通的交易商的自利行为将会使可以获得的各种信息体现在市场价格中。

有效市场假说是否要求所有投资者和交易商都要进行理性预期？实际上并非如此。正如我们在第 3 章第 3.4 节看到的，在短期内买入然后再卖出证券，从证券价格的变动中获利的过程，被称为**金融套利**。从金融套利中获得的利润被称为**套利利润**。通过竞相买入证券来赚取套利利润，交易商会驱动价格达到投资者无法再赚取套利利润的水平。只要有一些交易商进行理性预期，由新信息产生的套利利润就会激励这些交易商将股票价格推高至与基本价值相当的水平。比如，在上面讨论的例子中，一旦有关苹果公司的新消息被公之于众，交易商就可以赚取每股 36 美元的套利利润，或者说原来的基本价值与新的基本价值之间的差额。即便只有很少的几个信息灵通的交易商之间的竞争，也足以使价格迅速升高至新的基本价值的水平。

有效市场假说表明股票价格的形成是基于所有可得的信息的，苹果公司的案例说明股票价格每天、每时、每刻都在变化。当影响股票基本价值的消息披露时，股票价格会变动。注意，影响投资者持有某种股票或其他金融资产的意愿的任何事情，都会影响该股票的基本价值。因此，我们可以预期，如果新的消息使投资者改变了对某些因素的看法，比如风险、流动性、信息成本或股票所获收益的税，股票的价格就会发生变化，因为这会使必要的股权收益率发生改变。

什么是内幕消息

有效市场假说假定，公众获得的各种信息都体现在了股票价格中。那么，公众无法获得的信息会对股价产生什么影响呢？比如，假定一家制药企业的经理得到消息，一种重要的新型抗癌药物出人意料地获得了政府的批准，而这一消息尚未向公众披露。或者，假定美国劳工统计局的经济学家整理的数据表明，失业率远高于投资者的预期，因此，对于汽车的需求减少，特斯拉和通用汽车的利润可能会低于预期，而这一消息也未向公众披露。有关某种证券的尚未向公众披露的信息，被称为"**内幕消息**"。一些经济学家认为，即使存在内幕消息，也会很快体现在股票价格中，因此某种版本的有效市场假说仍然是成立的。然而，很多研究已经表明，基于内幕消息的交易有可能使交易者获得超出平均水平的收益。比如，制药企业的经理可以购买自己公司的股票，一旦这一药物得到批准的消息公之于众，他们就可以从股价上涨中牟取利润。

但是，基于内幕消息的交易是非法的，这被称为"内幕交易"。根据由证券交易委员会执行的美国证券法，企业的雇员不能基于未向公众披露的信息买卖本公司的股票和债券。他们也不可以向其他人提供这些信息，使之利用这些信息来买卖该公司的股票和债券。比如，2020 年，阿瑞雅德制药公司（Ariad Pharmaceuticals）董事的儿子由于向一名证券交易商提供有关该公司的内幕消息而落入法网，该交易商声称自己利用这一消息交易股票，并从中获利将近 200 万美元。

股票价格是可以预测的吗

有效市场假说的一个重要含义，就是股票价格是不可预测的。为了说明为何如此，假定现在是下午 4 点，今天的股票交易已经停止了，特斯拉股票的每股收盘价是 1300 美元，你试图预测明天收盘时特斯拉股票的价格。你的最优估计是多少？有效市场假说表明，最优估计为 1300 美元。换句话说，明天股票价格的最优估计就是今天的价格。为什么？因为今天的价格反映了目前可以获得的所有相关的信息。尽管明天收盘时特斯拉的股票价格实际上可能不是 1300 美元，今天并没有使你能够预测明天价格是上涨还是下跌的信息。

股票价格是**随机游走**的，而不是可以预测的，这是指给定任何一天，价格上涨或下跌的可能性都是相同的。我们确实可以看到有些股票价格连续上涨数天，但是这与股票价格遵循随机游走并不矛盾。尽管在掷硬币时头像朝上还是数字朝上的可能性是相等的，但仍然可能出现头像或数字连续朝上的情况。

有效市场和投资策略

理解了有效市场假说，投资者就可以构建资产组合配置策略、交易策略或评估财务分析价值的策略。我们接下来将考察这些策略。

资产组合配置

有效市场假说预测，市场交易将会消除获得超额利润的机会。换句话说，你相信特斯拉由于销售 Model Y 电动汽车将会获得很高的利润，但是，如果其他投资者也获得了这一信息，与投资其他股票相比，投资于特斯拉就不可能使你获得更高的收益，因为更高的预期利润已经反映在了特斯拉的股价中。因此，冒险将你的储蓄只投在某一只股票上，不是一个很好的策略。相反，你应该持有分散化的资产组合。这样，那些对某只股票的价格产生不利影响的消息，就会被对另外一只股票的价格产生有利影响的消息抵消。如果 Model Y 这款车的销量令人失望，就会使特斯拉的股价下跌，如果麦当劳的新款胡萝卜汉堡销量好于预期，麦当劳的股价将会上升。由于我们事先并不知道会发生哪种情况，持有分散化的股票组合和其他资产，就是一个合理的选择。

交易

如果价格反映了所有可以获得的信息，经常买卖个股就不是一种有利可图的策略。投资者不应该频繁地在不同股票之间来回切换，或者说频繁改变资产组合，特别是每次买入或卖出都要向交易商或在线交易网站交一笔手续费时。更好的策略是购买并长期持有分散化的资产组合。

金融分析师和小道消息

金融分析师与摩根士丹利和高盛等华尔街企业雇佣的其他人一样，可以分为两大类，即技术分析师和基本面分析师，前者依靠过去股票价格的变化模式来预测未来的股票价格，后者依靠估计企业未来的利润来预测未来的股票价格。我们提到过，技术分析以适应性预期为基础。经济学家认为，技术分析不可能是一种预测股票价格的成功策略，因为它忽略了除历史股价以外所有可以获得的信息。

基本面分析似乎与理性预期的方法更为一致，因为它要利用所有可以获得的信息。但是，基本面分析有可能成为一种预测股票价格的成功策略吗？很多金融分析师确实是这样认为的，因为他们利用基本面分析来为客户提供购买股票的建议。在有线电视新闻节目、财经网站的访谈或社交媒体上推荐股票时，他们也采用这种方法。但是，有效市场假说表明，金融分析师推荐的股票不可能有超过市场的表现。尽管分析师可能非常善于识别哪家企业的管理水平最高，新产品最令人震撼，以及未来赚取利润的能力最强，但是投资者和交易商也知道这些信息，因此这些信息已经体现在了股票价格之中。

尽管看似矛盾，即与一家分析师和投资者预期未来利润较低的企业相比，一家人们预期未来利润较高的企业可能并不是一项更好的投资。如果投资者投资于两家企业的股票，必要的股权收益率都是 10%，利润较高的企业发行的股票价格要比利润较低的企业发行的股票价格高得多。实际上我们知道，只有利润较高的企业发行的股票价格足够高，利润较低的企业发行的股票价格足够低，投资者才能预期两种投资的收益率都是 10%。这种情况与债券是一样的。如果对于投资者而言，两种债券在风险、流动性、信息成本和税等方面看起来都是相同的，那么投资者之间寻找最佳投资的竞争就会确保这两种债券有相同的到期收益率。如果一个债券的利息为 60 美元，另一个的利息为 50 美元，利息更高的债券价格也会足够高，从而使其与利息较低的债券有相同的到期收益率。**因此，有效市场假说表明，与一家利润较低的企业的股票相比，一家利润更高的企业的股票不是一项更好的投资。**

很多人第一次接触有效市场假说时，都很难接受这一假说。他们的想法是："华尔街金融企业雇用的这些极为聪明、极为勤奋的雇员肯定能够'打败市场'。若非如此，企业为何给他们这么高的薪酬？"然而，很多研究已经表明，共同基金经理和其他职业投资人的投资业绩无法总是超过股市的长期收益率。实际上，大部分人的业绩明显更糟糕。换句话说，购买指数基金为投资者赚取的收益，比如先锋 500 指数基金，可能超过其他投资策略带来的收益。指数基金购买一组股票，比如标普 500 指数中包含的所有股票，并不试图基于这些公司的新闻来买卖单个公司的股票。主动管理基金则试图通过频繁买卖个股来获得高收益。没有哪位主动管理基金的经理能够总是超过指数基金的收益率，比如先锋 500 指数基金。

比如，如果你在 2009 年 1 月将 1000 美元投资于标普 500 指数，至 2019 年年末，你的投资将会增至 4225 美元。但是，如果你投资于一家普通的主动管理股票基金，你的投资只能增至 3441 美元，或者说大约要比投资于标普 500 股票指数低 19%。事实上，实际的差距可能会更大，因为与主动管理基金相比，指数基金通常只收取很低的管理费或者费用比率很低，这笔费用要从收益中扣除，因此指数基金的投资者获得的收益也会更高。

普林斯顿大学的经济学家伯顿·马尔基尔（Burton Malkiel）在其著作《漫步华尔街》[⊖]（*A Random Walk Down Wall Street*）中极力宣扬有效市场假说，这本书卖了超过一百万册。对于这一假说，他提出了很多惊人的见解。

很多投资者已经接受了有效市场假说的理念，即从长期来看，你无法打败市场，也就是说，你的长期收益率不可能超过股票市场的总体收益率。结果是，很多个人投资者，甚至是像养老基金这样的机构投资者，将更多的资金集中投资于追踪标普 500 指数或者其他市场基准的指数共同基金，而非主动管理的共同基金。指数基金有时也被称为被动基金，因为其基金经理被动地购买指数中的股票，而不是主动地选择股票。2019 年下半年，股票指数基金的总值第一次超过了主动管理基金。在过去的十年，指数基金的总值增加了 1.36 万亿美元，而主动管理基金的总值则下降了 1.32 万亿美元。

| 概念应用：与你相关 |

如果股票价格不可预测，为何还要投资于股市

很多人很难接受如下观点，即并不存在某种低风险、高收益的投资。结果，他们可能会遵循一种购买高收益债券或垃圾债券的投资策略，认为债券的风险要小于股票，因为与股票支付的股息不同，债券支付的利息是固定的。但是，正如我们在第 5 章第 5.1 节看到的那样，债券价格会随着新发行债券利率的涨跌而大幅波动，垃圾债券则面临重大的违约风险。

其他人则受到基金经理的蛊惑，他们"保证"获得的收益会超过平均水平。不幸的是，这些经理人要么试图通过高风险投资来获得高收益，要么就是赤裸裸的欺诈。一类常见的诈骗就是庞氏骗局（Ponzi scheme），这是指从事欺诈的人实际上未将吸收的资金用于任何投资。相反，诈骗者只是用新投资者的钱偿付原来的投资者。2008 年，联邦调查人员断定伯纳德·麦道夫（Bernard Madoff）这位曾经受人尊敬的华尔街基金经理经营庞氏骗局达数十年之久，在此期间，他骗取了投资者数十亿美元。

2007～2009 年的金融危机导致很多小投资者不再信任股票市场。道琼斯工业平均指数从 2007 年 10 月 14 000 的高位，下跌至 2009 年 3 月的大约 6500，跌幅将近 54%。标普 500 指数和纳斯达克综合指数也经历了类似的下跌。在这一时期，家庭持有的共同基金的价值下跌了将近 2 万亿美元。

⊖ 本书中文版已由机械工业出版社出版。

经济研究表明，投资者参与股票市场的意愿受其一生中经历过的股市收益变动的影响。比如，有些投资者经历过美国历史上最糟糕的熊市，即从 1929 年至 1933 年，道琼斯指数的跌幅达到 89%。数十年之后，这些投资者都不愿意投资于股票市场，认为股票市场并非一个公平的竞技场。这一观念也会降低个人投资者参与股市的意愿。2007 ～ 2009 年金融危机结束之后进行的一项调查表明，有 24% 的受访者对本地银行缺乏信任或完全不信任，而对华尔街缺乏信任或完全不信任的比例高达 67%。

作为一名年轻的投资者，你应该远离股票市场吗？答案是，如果你这样做的话，可能无法完成长期投资的目标。正如我们在第 4 章第 4.1 节看到的那样，投资于股票市场的长期平均年收益率远高于投资于短期国债或银行的定期存单。假定从 22 岁开始，你每月省下 100 美元进行投资。表 6-2 展示了如果你通过投资银行定期存单、美国短期国债或股票进行储蓄，在 45 岁时以及在达到正常退休年龄 67 岁时，分别能够积攒多少钱。表中前两行的数字代表了名义收益率，未经通货膨胀调整。最后一行展示了在年均通货膨胀率为 2.5% 的假设条件下，按照你 22 岁时的购买力计算，你能够积攒多少钱[⊖]。

表 6-2　从 22 岁开始每月投资 100 美元的结果

	年收益率 1.5% 的定期存单（美元）	年收益率 2.5% 的短期国债（美元）	年收益率 10% 的股票（美元）
45 岁	33 076	37 429	107 543
67 岁	77 253	99 985	1 057 086
67 岁，经通胀调整	25 430	32 913	347 966

注：表中的计算结果假设最初的存款为 100 美元，年利率按照月度复利来计算。

没有人能够准确预测这些投资在未来的几十年将获得多少收益，但是，基于以往的收益我们可以进行合理的估计。银行定期存单是一种非常安全的投资，谨慎的投资者对其信任有加，但是表 6-2 的第一行表明，你在 45 岁时积累的财富会显著低于投资于风险略高的短期国债，或者通过购买分散化的股票共同基金，比如先锋 500 指数基金。期限越长，各种投资之间的差距就会越大。至 67 岁退休时，投资于股票所积累的财富在经过通货膨胀调整之后，超过投资于银行定期存单 13 倍，即 347 966 美元和 25 430 美元。表 6-2 再次展现了我们在第 4 章中讨论过的风险与收益之间的权衡。正如我们在那一章提到过的，

⊖ 顺便说一句，随着时间的推移，定期投资要优于偶尔进行大额投资。比如，每月投资可以让你利用平均成本投资法（dollar cost averaging）的优点。平均成本投资法的结果是，在价格低时，你自动会购买更多的股份，在价格高时你自动会购买更少的股份。这种方法降低了购买大部分股票时都买在高点的可能性，不会使你在以后价格下跌时遭受更大的损失。这还意味着你不可能错过股票价格迅速上涨的时期。比如，在 1970 年 1 月将 1000 美元投资于标普 500 指数，如果一直持有至 2019 年 8 月，这笔投资将增至 138 908 美元。但是，这笔投资如果只持有 25 天就从股票市场上取出来，尽管这 25 天是这 45 年中股票价格上涨最多的一段时期，这 1000 美元也仅能增至 32 763 美元，或者说与前一种策略相比，积累的财富少了 75% 以上！

还有几十年才退休的年轻储蓄者能够比接近退休年龄的储蓄者承受更大的风险⊖。

美国金融体系未来面临的一个重要问题就是，经历过近年来股市剧烈波动的年轻投资者，参与股市的意愿是否会低于更年长的投资者。如果与由共同基金、养老基金和对冲基金等机构投资者操作的股市交易所占的比例相比，由个人投资者操作的股市交易所占的比例持续下降，这可能会对市场效率产生何种影响，也是经济学家争论的问题。

▎ 解决问题 6.3

你是否应当遵循金融分析师的建议

金融分析师通常会建议投资者购买那些他们认为价格会迅速上涨的股票，出售那些他们认为价格会下跌或者上涨缓慢的股票。但是，一些金融分析师极力推荐出售的股票，其收益率却超过了他们极力推荐购入的股票。一些投资者认为金融分析师所做的建议更多依据的是对以往事件的分析，而不是对未来收益状况的分析。简单解释一下，你是否同意上述投资者的观点。

解决问题

第一步　复习本章内容。这个问题有关金融分析师是否能够成功预测股票价格，因此，你应该复习"股票价格是可以预测的吗"这部分的内容。

第二步　利用你对有效市场假说的理解来解答这一问题。从有效市场假说的角度来看，在那一年中，一家公司的股票比另外一家公司的股票涨得更多，这并没有什么好惊讶的。尽管后者的管理水平更高，盈利状况更好，但是在这一年开始时，其股票价格水平也相应地更高一些。在这一年开始时，我们知道由于金融套利的原因，投资者一定会预期从投资于两家企业的股票中获得的收益率是相似的。最终哪家企业是更好的投资，这取决于那些在年初时投资者无法预见的因素。如果结果表明，这些无法预见的因素对第一家公司更有利，事后来看，这家公司就是更好的投资。

从有效市场假说的角度来看，上述投资者的观点是不正确的。关键之处并不在于分析师提出的建议是依据以往的事件，还是依据对未来前景的分析。即使分析师的预测是基于对企业未来收益状况的分析，他们可能也无法取得更大的成功，因为所有有

⊖　应当注意的是，在 2020 年，一些经济学家认为，相对于企业的盈利状况而言，股票价格太高了。也就是说，很多企业的市盈率（P/E），即每股股票价格与企业收益或每股利润之比，处于历史高点。当市盈率特别高时，在接下来的数年间，投资股票的收益率趋向于向更低的水平移动。一项研究表明，在接下来的十年间，投资于股市的实际收益率可能要比长期平均水平低 3 个百分点。结果，今天 20 岁的年轻人如果要实现与她的母亲或祖母相同的投资目标，就不得不投入更多的资金。

关企业未来收益前景的可得信息都已经体现在了该企业股票的价格中。

6.4　金融市场的实际效率

学习目标　讨论金融市场的实际效率。

很多经济学家认为，在大部分金融市场上，资产价格的波动与有效市场假说是一致的。芝加哥大学的尤金·法玛（Eugene Fama）及很多其他经济学家的经验研究都支持如下结论，即股票价格的变化是不可预测的。

其他分析师，特别是主动交易商和提供投资建议的人，对于市场是否有效，尤其是股票市场，持更为怀疑的态度。他们指出金融市场的行为在理论上和实际中有三个差异，这引起了对有效市场假说有效性的质疑：

1. 一些分析师认为，市场中的定价异常总能让投资者获得平均水平以上的收益率。根据有效市场假说，这些获得高于平均水平收益率的机会本不应存在，或者不应经常出现或长期出现。
2. 这些分析师还指出，有证据表明某些价格变动利用可得的信息是可以预测的。根据有效市场假说，投资者无法利用公开披露的信息来预测未来的价格变化。
3. 这些分析师还认为，股票价格的变动幅度有时看上去比股票的基本价值变动幅度更大。根据有效市场假说，证券价格应当反映它们的基本价值。

价格异常

有效市场假说认为，投资者无法通过买卖单只股票或各种股票一直获取超过平均水平的收益。然而，一些分析师认为，他们已经掌握了某些股票交易策略，能够获得高于平均水平的收益。从有效市场假说的角度来看，这些交易策略是反常的，或者说这一结果与假说不一致。分析师和经济学家经常讨论的两种反常现象是**小企业效应**和**1 月效应**。

小企业效应指的是，从长期来看，与投资于大企业相比，投资于小企业能够获得更高的收益率。在 1970 ～ 2019 年间，投资于小企业股票的平均年收益率为 12.6%，而投资于大企业股票的平均年收益率仅为 10.5%。1 月效应是指，在某些年份，股票收益率异乎寻常地高。

价格异常是否表明有效市场假说是有缺陷的？经济学家众说纷纭，但是很多人并不认为这些以及其他一些反常现象与有效市场假说实际上是相悖的，原因如下：

- **数据挖掘**。检索数据并构建能够获得超额收益的交易策略，这总是有可能的，但是要事先想出这种策略才可以！想一下某些似是而非的交易策略，就能很清楚地理解这一点，比如基于"NFC 效应"的交易策略。1978 年，为《体育新闻》杂志撰写专栏的莱昂纳德·考佩特（Leonard Koppett）注意到，在过去的 11 年间，当来自国家橄榄球联盟（National Football Conference，NFC）的球队赢得超级碗（Super Bowl）时，股市就会上升，而当来自美国橄榄球联盟（American Football Conference，AFC）的球队赢得超级碗时，股市就会下跌。在他公开发表了这一观点之后，接下来的 11 年中，考佩特的方法都正确地预测了股票市场的涨跌。当然，这种现象代表了并无关联的事件之间偶然的相关性。作为预测股市涨跌的指标，近些年来 NFC 效应的表现很糟糕。比如，2008 年，国家橄榄球联盟的纽约巨人队赢得了超级碗，但是道琼斯指数的跌幅超过 35%，而在 2017 年，美国橄榄球联盟的新英格兰爱国者队赢得了超级碗，但是道琼斯指数上涨了 21%。更准确地讲，即使数据挖掘能够发现一种获得超额收益的交易策略，一旦这种策略广为人知，这种策略也就无法赚取高收益了。因此，可想而知，当 1 月效应在 20 世纪 80 年代受到大家广泛关注以后，在很大程度上就消失了。

- **风险、流动性和信息成本**。有效市场假说并不是说所有的股票投资都应该有相同的预期收益率。相反，这一假说是说，**在考虑了风险、流动性和信息成本等方面的差异之后**，所有的股票投资应该有相同的收益率。与投资大企业的股票相比，投资于小企业的股票可以获得更高的平均年收益率，但是投资于小企业的风险也高得多。另外，与大企业的股票相比，小企业的股票流动性更差，信息成本也更高。因此，一些经济学家认为，投资小企业股票获得的更高收益实际上只是对投资者接受更高的风险、更低的流动性和更高信息成本的补偿。

- **交易成本、税和对套利的制度约束**。一些在专著中和网络上很流行的交易策略是非常复杂的，要求在一年之内买卖很多单只股票或各种股票。在计算从这些策略中获得的收益时，推销这些策略的作者很少考虑进行这些买卖交易所需的成本。投资者每次买卖股票，都需要支付手续费，而这一成本需要从投资者由这种策略赚取的收益中扣除。另外，当投资者以比买入时更高的价格出售股票时，投资者还要为这笔资本收益缴税。在计算收益时，支付的税款也应考虑在内。交易成本和税会使很多交易策略本能获得的超额收益趋于消失。

最后，有效市场假说假定，交易商的套利交易会使各种资产的收益率差异消失，它们在这样做时不会受到任何约束。然而，在现实中，无论是政府还是金融市场，都会对消除收益率差异所需的交易施加约束。比如，美国证券交易委员会作为负责监管股票市场的联邦机构，对卖空就有一些限制。通过卖空，预期股票价格将会下跌的交易商将会从经纪商那里借一些股份，并将其卖出，期望在股价下跌之后买回这些股份以偿还给经纪商，从而赚取利润。卖空允许交易商迫使那些它们认为价格高于其基本价值的股票下跌。然而，大部分经济学家认为，尽管对交易的制度约束可能会使资产的收益率在短期内存在一些差异，但是在长期，这些差异是不可能持续存在的。

回归均值与动量投资

有效市场假说认为，投资者无法通过利用当前可得的信息来预测股票价格的变动，因为只有新的信息才能使价格和收益发生改变。因此，这一假说与所谓的"回归均值"是不一致的。回归均值是指，现在收益较高的股票未来将出现收益降低的趋势，而现在收益较低的股票，未来将出现收益增加的趋势。如果这种现象普遍存在，投资者就可以通过购买近期收益较低的股票，卖出近期收益较高的股票，实现资产组合的超额收益。

一些投资者声称，他们通过遵循所谓的"动量投资"（momentum investing）策略获得了超额收益。这种投资策略与回归均值大致相反。动量投资是基于以下理念，即股票的变动会持续一段时间，因此，从某种程度上来讲，价格一直在上涨的股票更有可能上涨而不是下跌，价格一直在下跌的股票则更有可能下跌而不是上涨。如果你相信华尔街流传的一句名言，即"趋势是你的朋友"，在股票价格上涨时买入，在股票价格下跌时卖出，可能就是明智的。

尽管经济学家对于回归均值和动量投资这两种投资策略意见不一，但是细致的研究表明，在现实中，交易策略无论基于哪种理念，都难以长期获得超额收益，如果考虑交易成本和税的话就更是如此。

过度波动

有效市场假说告诉我们，一种资产的价格等于市场对这种资产基本价值的最优估计。因此，市场价格的实际波动幅度不应超过基本价值的波动幅度。耶鲁大学的罗伯特·席勒（Robert Shiller）估计了数十年来标普 500 指数中所包含股票的基本价值。他的结论是，这些股票价格的实际波动要比其基本价值的波动剧烈得多。经济学家对席勒所得出的结果的技术细节展开了争论，对股票基本价值的估值及其他问题存在一些分歧。然而，很多经济学家认为，对于有效市场假说在股票市场上能否完全成立，席勒的研究确实提出了质疑。从理论上来讲，席勒的研究结果可以用来获取超额收益，比如在股价超出其基本价值时卖出，在股价低于其基本价值时买入。然而，在现实中，使用这种交易策略并不总能产生超额收益。

我们可以总结一下，一般而言，经验研究的证据证明股票价格反映了可以获得的信息，在考虑风险、交易成本和税的情况下，现在还没有发现任何交易策略总是能够获得超出正常水平的收益。然而，考察价格异常、回归均值和过度波动，以及交易商在试图消除超额收益时面临的卖空约束等制度障碍，已经激发了有关股票价格波动是否仅仅反映基本价值波动的争论。

| 概念应用 |

新冠疫情期间股票市场的波动是否证明了有效市场假说是错误的

股票价格反映了股票发行企业的盈利状况。在经济衰退期间，企业销量和利润下降，股票价格下跌。在 2020 年新冠疫情导致经济下滑时，一开始我们看到了这样的股价下跌。如图 6-3 所示，标普 500 指数在 2 月 14 日这周结束时达到了高点。至 3 月 20 日这周结束时，这一指数下跌了 29%。

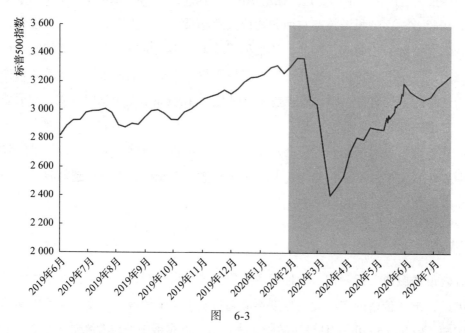

图　6-3

在图 6-3 中，阴影部分代表了经济陷入衰退的期间。国家经济分析局的经济周期测定委员会（Business Cycle Dating Committee）将这次衰退的开始时间确定为 2020 年 2 月。

图 6-3 中有两点值得注意：

1. 股票价格在 2020 年 2 月中旬开始下跌，这发生在就业、产出和商品零售额等衡量经济活动的大部分其他指标开始下降之前。这一结果并不令人意外，因为股票市场通常领先，也就是说，在产出和就业下降之前，股票价格就会趋于下降。专业的股票交易商和共同基金与 ETF 的基金经理的收入部分取决于在股价下跌之前卖出与在股价上涨之前买入的能力。因此，这些金融专业人士有很强的动力去提前预测经济变化。实际上，有效市场假说之所以成立，正是由于他们会采取这样的行动。

2. 股票价格在 3 月中旬开始上升，此时经济仍处于衰退之中。在 3 月中旬至 6 月初期这段时间，标普 500 指数涨幅超过 30%，尽管此时由于产出和就业的急剧下滑，经济衰退变得更严重了。这一结果令很多人感到惊讶，他们很难理解为何会出现这种现象，就像《纽约时报》一篇文章的标题所写的那样："坏消息层出不穷，但是股市在上涨"。

当经济正在经历严重衰退时股票价格出现了迅速上涨，这是否表明有效市场假说是不正确的？实际上，这种股价上涨与有效市场假说是一致的，我们需要记住，重要的不是企业当前的盈利状况，而是企业预期未来的盈利状况。尽管在 2 月中旬时美国大部分企业的盈利还没有下降，但是很多投资者都开始担心新冠疫情会重创美国经济，因此股票价格开始下跌。

那么，为何仅过了一个月股票价格就开始转而上涨，又为何很多天出现了大幅上涨和下跌？正如我们已经看到的，有效市场假说表明，由于新消息不断涌现，我们预期股票价格每天、每小时、每分钟都会发生变化。就整个市场而言，正如像标普 500 指数这样的股票价格指数所表现的那样，当有关未来经济状况的新消息出现的时候，股票价格就会随之起起伏伏。在新冠疫情期间，投资者特别关注以下四个方面的问题：

1. 与这种疾病相关的新的治疗方法的开发，特别是疫苗。

2. 政府计划的有效性，比如给企业的贷款，旨在帮助经济从减少病毒传播的社会疏离措施中恢复过来。

3. 经济进行调整的能力，以应对某种形式的疫情会持续数年之久。

4. 消费者重新开始购买商品和服务的意愿，比如去餐馆用餐和去电影院看电影，这些商品和服务受疫情影响很大。

有关这些因素的好消息，比如防治新冠疫情的疫苗早期实验成功，就会导致股票价格急剧上涨，坏消息则会导致股票价格下跌。例如，表 6-3 展示了 2020 年 3 月中旬连续几个交易日标普 500 指数变动的百分比（股市周六和周日闭市）。

表　6-3

日期	标普 500 指数的变动（%）
2020 年 3 月 9 日	−7.6
2020 年 3 月 10 日	4.9
2020 年 3 月 11 日	−4.9
2020 年 3 月 12 日	−9.5
2020 年 3 月 13 日	9.3
2020 年 3 月 16 日	−12.0
2020 年 3 月 17 日	6.0
2020 年 3 月 18 日	−5.2

股价的波动很少像这样剧烈。华尔街的投资专家花费大量精力，收集有关企业未来盈利状况的所有可能获得的信息，但是在这段时间，他们很难对新信息的重要性进行解读。没有投资者经历过像新冠疫情这样严重的疫情，因此，确定新信息如何影响未来经济状况，进而影响企业未来的盈利状况，对他们是一种特殊的挑战。

怀疑有效市场假说的经济学家认为，在这几周投资者获得的新信息不足以解释股价波动的幅度为何如此之大。其他人则断言，股价出现如此剧烈的波动，表明新冠疫情是一个非同寻常的事件，也说明投资者难以理解疫情将会对美国经济产生何种长期影响。

6.5　行为金融

学习目标　描述行为金融的基本概念。

即使有效市场假说是正确的，能够产生超额收益的交易策略是极为罕见的，考察投资者如何进行决策，仍有重要意义。**行为金融**研究的是人们的选择似乎并不符合经济理性的情形。行为金融应用行为经济学的一些概念，以理解人们如何在金融市场上进行选择。

当经济学家讲消费者、企业或投资者的行为是"理性的"时，他们的意思是，在可以获得的信息既定的条件下，对于实现其目标而言，他们采取的行动是恰当的。然而，在很多情形下，人们的行动似乎并不符合这种意义上的理性。为何人们的行动可能是不理性的？最明显的原因是，他们可能并没有意识到自己的行动与其目标是不一致的。比如，有证据表明，人们有关自己未来的很多行为都是不切实际的。尽管有些人立志减肥，但是可能会决定今天要吃巧克力蛋糕，因为他们计划以后再吃得更健康些。不幸的是，如果他们每天都吃蛋糕，就永远无法实现减肥的目标。同样地，一些人一直吸烟，因为他们计划在未来的某个时间再戒烟。但是戒烟的时间会一推再推，他们最终也只能承受长期吸烟对健康产生的不利影响。在这两个例子中，人们当前的行为与他们长期的目标是不一致的。

一些企业注意到，自愿加入 401（k）退休储蓄计划的员工数量少于预期。尽管这些员工都有存下足够的钱，以便安享退休生活的长期目标，但是在短期内，他们会花掉本应储蓄起来以实现这一目标的钱。然而，如果让员工自动加入这些退休计划，同时给他们不参加这一计划的选项，大部分员工还是会选择加入。对一名完全理性的员工而言，是否通过 401（k）计划进行储蓄，应该在上述两种情形下都做出同样的选择，也就是说，无论是主动参加这一计划，还是退出企业使其加入的计划，他需要付出的时间和精力都是极为有限的，因而不应该对他的决策产生影响。在现实中，使雇员自动加入这一计划，意味着雇员如果放弃加入的话，他就必须面对自己花费太多这一短期行为与安享退休生活这一长期目标之间的不一致性。大部分员工都会选择继续加入这一计划，而不是让自己直面这种不一致性。

行为金融还有助于解释在一些投资者中间流行的技术分析，这种分析方法以过去价格变动的模式为基础，试图预测未来的股价。研究表明，如果向人们展示由随机选取的数字组成的股票价格的散点图，很多人认为自己发现了持久的模式，尽管这些数字实际上是不存在的。这些研究结果有可能解释，为何一些投资者认为自己从以往股价的散点图中找到了反复出现的模式，即使正如有效市场假说表明的那样，这些价格实际上遵循的是一种随机游走的方式。另外，很多投资者对于自己预测股价的能力过度自信。导致这种过度自信的是一种后视偏差（hindsight bias），在被问到以往的投资表现如何时，人们通常会想起那些买了以后价格上涨的股票，而忘掉那些价格下跌的股票。结果，很多投资者的实际收益要低于他们原本以为的水平。一些投资者认为自己选股成功是由于自己见识卓越，在选股失败时则是由于糟糕的运气。正如一位研究者所讲的那样，"头像朝上是我赢了，数字朝上是运气使然"。

投资者也不愿意卖掉正在贬值的资产，从而承认自己犯下了错误。行为经济学将这种不情愿的心理称为损失厌恶。一旦将价格下跌了的股票卖出，就无法否认投资于这只股票是一个错误。只要坚持持有价格下跌的股票，投资者就能指望最终股价会回升，失败者也会成为赢家，即使股票继续下跌的可能性也相当大。研究表明，投资者更有可能卖掉那些价格曾经上涨的股票，从而落袋为安，而不是卖掉价格曾经下跌的股票。从税的角度来看，这并非一种合适的策略，因为只有在股票被卖掉时，资本收益才会被征税。因此，将这些股票的出售时间推迟到将来，同时卖掉那些价格已经下跌的股票从而获得直接的税收优惠，这可能是合理的。

噪声交易与泡沫

有关行为金融的研究提供了一些证据，表明很多投资者对于自己实施某种投资策略的能力表现出过度自信。这种过度自信的一个结果就是噪声交易（noise trading），这是指投资者对好消息或坏消息反应过度。噪声交易可能源自投资者对于自己解读某则消息的能力，持一种过于夸大的观点。比如，由于《华尔街日报》或《财富》杂志网站上刊载的某篇文章讲过一家企业的前景不容乐观，从而导致噪声交易者过度抛售该企业的股票。当然，每个人都可以读到网站上的信息，有效市场假说认为在噪声交易者读到这篇文章之前，股票价格早已体现了这一消息。尽管如此，噪声交易者抛售股票的压力仍然会使这只股票的价格跌幅超过其基本价值的下降。

消息更为灵通的交易商能从噪声交易者那里获利吗？可能很难做到这一点，因为噪声交易者会使股票价格波动更剧烈，从而增加市场风险。如果噪声交易者反应过度，相信有效市场假说的投资者无法确定价格需要多长时间才能恢复到基本价值的水平。

噪声交易还会导致羊群行为（herd behavior）。当出现羊群行为时，消息相对闭塞的投资者会模仿其他投资者的行为，而不是试图基于基本价值进行交易。投资者相互模仿可能会对投机性泡沫起到推波助澜的作用。当出现泡沫时，资产的价格将上升至基本价值之上。一旦泡沫开始形成，投资者购买资产的目的不是为了持有，而是为了迅速将其卖出并赚取利润，即使投资者知道资产价格已经超过了资产的基本价值。当出现泡沫时，博傻理论（greater fool theory）开始起作用，即购买价格虚高的资产的投资者并不是傻子，只要此后有一个更大的傻子愿意以更高的价格购买这个资产就可以。在 20 世纪 90 年代后期股票市场出现网络经济泡沫时，一些投资者知道 Pets.com 或其他互联网企业永远都不可能盈利，但是他们还是会不顾一切地购买这些股票，因为他们期待可以以更高的价格将其售出。到了某个时点，当相当数量的投资者担心价格超出其基本价值太多，从而开始出售这些股票时，泡沫就会破裂。一些股票市场分析师认为，特斯拉股票价格从 2019 年 6 月的每股不到 200 美元，增至 2020 年 8 月的超过 1900 美元，这就是一个泡沫，因为这似乎是由于投资者猜测价格将会继续上涨形成的，而不是基于对特斯拉未来盈利状况合乎实际的评估。

行为金融对有效市场假说的挑战有多严重

如果很多金融市场的参与者都是噪声交易者，并且资产价格泡沫是一种普遍现象，那么，有效市场假说还是分析这些市场的最好方法吗？特别是由于 2007 ～ 2009 年金融危机期间以及之后股票价格经历了大幅波动，越来越多的经济学家开始怀疑有效市场假说的准确性。行为金融领域的研究质疑金融市场的投资者在多大程度上表现出理性预期的特点，从而使对这一假说的怀疑越来越强烈。正如我们之前提到的，当出现泡沫时，消息灵通的投资者很难使价格回归到基本价值的水平。20 世纪 90 年代后期，一些投资者在网络企业的股票价格达到最高点之前的一年或两年的时间里，押注这些股票将会暴跌。这些投资者损失惨重，因为在一个相当长的时期，这些股票的价格远超过其基本价值，哪怕在很多情况下这一基本价值就是零。

尽管现在很少有经济学家相信所有资产的价格总会反映这种资产的基本价值，但是仍有很多经济学家认为投资者无法通过遵循某些投资策略，在长期获得超额收益。有关行为金融的研究不断发展，试图将投资者的实际行为与理性行为协调起来，长期以来，经济学家都认为这种理性行为是金融市场的普遍现象。

回答关键问题

在本章开始时，我们的问题是：

"股票市场的波动会对经济产生广泛的影响吗？"

股票市场在金融体系中扮演了重要角色，它是企业通过发行股票来筹集资金的重要来源，也为投资者提供了投资途径，可以获得比很多其他投资都更高的收益。但是，我们也发现股票价格可能出现剧烈波动。这种波动可以通过以下几种机制影响经济：股票价格上涨会增加消费者的财富，从而增加它们的支出，股票价格下跌则会产生相反的作用。股票价格上涨还会增加企业可以筹集的资金，从而增加它们在物质资本方面的支出，股票价格下跌也会产生相反的作用。最后，股票价格的上涨和下跌会影响家庭和企业对未来经济增长的预期，从而影响它们的支出。大部分经济学家认为这些影响通常较为有限，因为从历史来看，股票价格显著的上涨和下跌似乎并没有对实际 GDP 或就业产生太大的影响。然而，也有一些经济学家认为 1929 年股票市场的大崩溃是大萧条如此严重的重要原因。

第 7 章

衍生品与衍生品市场

学习目标

在学习了本章之后，你应该能够：

7.1 解释什么是衍生品，明白用其对冲风险与用其进行投机有何区别。

7.2 了解远期合约的定义，解释它们在金融体系中的作用。

7.3 解释期货合约如何被用于对冲风险和进行投机。

7.4 区分买入期权和卖出期权，解释它们是如何使用的。

7.5 了解互换的定义，解释如何用互换来降低风险。

你也可以买卖石油，但是你应该这样做吗

在金融市场上，挣钱的最佳方式是什么？正如我们在第 6 章第 6.3 节看到的那样，大部分经济学家推荐通过定期购买跟踪标普 500 指数等股票市场指数的共同基金或 ETF 进行投资。专业的金融经理都难以借助于频繁买卖个股的策略打败市场指数，然而，一些个人投资者利用广为人知的软件进行 "短线交易"，或者说购买股票然后只持有很短一段时间就将其售出，有时仅持有几分钟的时间。一般而言，这些投资者试图赚取短期利润。相比之下，购买共同基金或 ETF 的储蓄者通常追求的是长期缓慢地积累财富。

在过去 15 年中，石油价格的波动特别剧烈，2008 年和 2009 年在每桶 145 美元的高点和每桶 34 美元的低点之间摇摆，在 2010 ～ 2014 年有数次回升至 100 美元以上，然后在 2016 年又降至 30 美元以下，仅在 2018 年的大部分时间里升至 60 美元以上，

接下来就是最令人惊讶的一幕，2020 年 4 月在新冠疫情期间降至负的 37 美元。一些个人投资者认为自己能够洞悉价格为何如此剧烈地波动，因此通过买卖石油就可以赚取利润。实际上，这些投资者成了石油的短线交易者。股票短线交易者经常直接买卖企业的股票。石油短线交易者无法直接买卖石油，他们使用衍生品证券来押注石油价格是上涨还是下跌。这些衍生品证券简称衍生品。衍生品这一名字源自以下事实，即它们基于或源自某种标的资产（underlying asset）。这种资产可以是石油或小麦等大宗商品，也可以是股票或债券等金融资产。

经济学家使用"投机者"一词称呼那些买卖衍生品，并希望从大宗商品和金融资产等标的资产的价格变动中赚取利润的人。尽管一些从事石油衍生品短线交易的个人投资者能够赚取利润，但是从长期来看，大部分人都会遭受损失。2020 年，证券交易委员会关注到一些人在不知情的情况下投资了衍生品。这些投资者并没有直接买卖衍生品，而是购买了投资于衍生品的共同基金和 ETF。证券交易委员会正在考虑出台一项规定，要求金融企业在基金投资于衍生品并且其市场价值受到显著影响时，要在基金的名称中纳入"衍生品"一词。

除了用于投机以外，衍生品实际上还有一个更为重要的作用，即能够让个人和企业对冲风险，或者说降低他们由于价格波动而承受的风险。比如，一些使用石油或石油制品的企业，如航空公司，和一些与生产石油有关的企业，比如钻井公司，都可以利用石油衍生品来对冲石油价格波动产生的风险。

尽管很多美国企业运用衍生品工具已经有数十年的时间，但在 2007 ~ 2009 年及之后，衍生品仍然引发了广泛的争论。家住内布拉斯加州奥马哈市的沃伦·巴菲特可能是世界上最成功的金融投资者。2020 年，《福布斯》（Forbes）杂志估计他拥有 655 亿美元的财富，位列世界富豪排行榜的第四位。巴菲特很多精明的投资使之获得了"奥马哈奇迹"这一绰号，因此，投资者会密切关注他每年写给伯克希尔 - 哈撒韦股东的信件。在他 2002 年的信件中，巴菲特抨击了金融衍生品。尽管巴菲特对金融衍生品提出了警告，但金融衍生品市场的规模在 2002 ~ 2007 年都呈现爆炸式的增长。在 2007 年金融危机爆发时，正如巴菲特警告的那样，金融衍生品在其中扮演了重要的角色。

我们在后面将会看到，巴菲特的批评针对的并不是使用衍生品的基本理念，而是近些年来出现的一些更为新奇的衍生品，正是这些衍生品的使用引发了金融危机。实际上，衍生品在经济中发挥了有益的作用，衍生品市场为投资者和企业提供的风险分担、流动性供给和信息服务等功能也是不可替代的。

关键议题和问题

议题：在 2007～2009 年金融危机期间及以后，投资者、经济学家和政策制定者认为金融衍生品是金融体系不稳定的原因之一。

问题：衍生品是"大规模毁灭性金融武器"吗？

衍生品证券或衍生品是一种金融证券，其经济价值依赖于标的资产的价值。在本章中，我们主要关注最为重要的衍生品，如远期合约、期货合约、期权合约和互换。为了理解投资者为何要将衍生品纳入自己的资产组合，以及企业为何要用衍生品来对冲风险，我们将会介绍在何种情况下，衍生品可以让交易双方都受益、每种衍生品的义务和收益，以及投资者和企业在买卖衍生品时使用的策略。我们还将讨论衍生品是如何交易的，以及近些年来的金融改革对衍生品交易产生了何种影响。

7.1 衍生品、对冲与投机

学习目标 解释什么是衍生品，明白用其对冲风险与用其进行投机有何区别。

金融衍生品是经济价值依赖于标的金融资产的金融证券，这种金融资产可以是股票、债券或外汇。大宗商品衍生品的经济价值取决于标的大宗商品，比如小麦、原油或黄金。大部分衍生品产生的目的是允许投资者和企业在标的资产价格波动时获取利润。衍生品产生的一个重要目的是**对冲**，或者说降低风险。比如，考虑负责生产纯果乐（Tropicana）橘汁的经理面临的情形。假定这些经理担心橘子价格以后会上升，降低纯果乐橘汁的销售利润，纯果乐可以利用衍生品来对冲这种风险，因为这些衍生品在橘子价格上涨时会升值。通过使用这种方法，如果橘子价格确实上涨了，纯果乐由于购买价格更高的橘子而遭受的损失就可以被这种衍生品价值的上升冲销掉。如果橘子价格下跌了，纯果乐会因购买橘子的成本降低而获益，但是会遭受衍生品价值下跌的损失。

在这个例子中，你会发现纯果乐并不会由于使用衍生品而获得净收益，因为在使用衍生品时，这家企业有时候获益，有时候遭受损失。回忆一下第4章第4.1节的内容，经济学家以某种资产收益不确定性有多大，来衡量该资产的风险。同样地，在生产橘汁时面临的主要风险是橘子的价格会波动，并由此导致纯果乐在销售橘汁时赚取的利润出现波动。由于衍生品降低了橘汁利润的不确定性，纯果乐发现这些衍生品是有价值的。换句话说，尽管使用衍生品会降低纯果乐在橘子价格下跌时的利润，但是它也能降低橘子价格上涨时的损失，因此，纯果乐会由于风险绝对降低而获益。

同样地，假定你购买了价值 2 万美元的 10 年期中期国债，并计划来年将其出售，以为买一栋房子交首付。你知道如果利率上升，这些中期国债的市场价格将会降低。你可以通过进行衍生品交易来对冲这种风险，因为如果利率上升的话，你可以从这笔交易中获益。如果利率下降而非上升，你可以从中期国债的价格上升中获益，但是，你会由于衍生品交易而蒙受损失，然而，你愿意接受这种利害取舍，因为这会使你的风险绝对降低。

实际上，衍生品可以发挥某种抵御标的资产价格变化的保险功能。保险在经济体系中发挥着重要作用。如果某种经济活动可以进行保险，这种活动就更有可能发生。比如，如果不存在火灾保险，很多人就会担心拥有他们自己的房子，因为一旦发生火灾，他们就要蒙受巨大损失而且得不到赔偿。对住房的需求越少，住宅建设得就会越少。火灾保险的存在增加了住宅建筑的数量。相似地，如果投资者无法对冲金融投资的风险，他们的投资就会更少，这将会减少流入金融体系的资金数量，企业和家庭能够获得的资金就会更少，这将使经济增长的速度放缓。

投资者也可以用衍生品来**投机**，或者说为资产价格的变动押注。比如，假定你与橘汁企业的唯一联系就是早餐时喝一杯橘汁饮料。然而，你仔细研究了橘子作物的报告和长期的气候预测，相信未来橘子价格将会上涨。在橘子价格上涨时将会增值的衍生品，为你提供了根据自己对橘子市场的真知灼见而赚取利润的机会。当然，如果你判断错误，橘子价格下跌了，你就会损失自己的赌注。

一些投资者和政策制定者认为，投机和投机者对金融市场没有任何益处。但是，投机者具有两个重要的功能，有利于衍生品市场的运行。首先，对冲者能够将风险转移给投机者。衍生品市场与其他市场一样，只有交易双方同时存在交易才能够进行。如果对冲者将某种衍生品证券卖给了投机者，投机者在购买这一证券时，就接受了对冲者转移的风险。其次，有关衍生品市场的研究表明，投机者提供了重要的流动性。这就是说，如果没有投机者的话，市场上就缺乏足够数量的卖方和买方，以使市场有效率地运行。正如其他证券一样，如果不存在一个能够很容易就可以出售的市场，投资者就不愿意持有衍生品证券。

7.2　远期合约

学习目标　了解远期合约的定义，解释它们在金融体系中的作用。

企业、家庭和投资者经常要制订一些计划，而未来价格如何会对这些计划产生影响。比如，一位农夫要种植小麦，而小麦需要几个月的时间才能成熟和收割。农夫是盈利还是亏损，将取决于小麦收割时的价格。一家银行以 5% 的利率发放了一笔为期 4 年的汽车贷款，只有银行支付的存款利率不超过 2% 才是有利可图的。如果存款的利率升至 4%，银行的这笔贷款就会亏钱，因为它无法偿付与发放这笔贷款有关的所有成本。

远期合约为企业和投资者提供了机会，使其能够对冲与未来价格有关的交易风险。远期合约使得远期交易成为可能。这种交易现在签订协议，但是未来再进行结算。一般而言，远期合约是指目前签订的一项协议，商定在未来某个特定的日期，以确定的价格交易给定数量的商品，比如小麦、石油或黄金，或者给定数量的金融资产，比如短期国债。远期合约首先是在农产品市场上出现的。农产品的供给取决于气候条件，因而经常出现大幅波动。此外，农产品的需求通常缺乏弹性。回忆一下经济学原理课上讲的，如果需求是无弹性的，供给的波动就会导致均衡价格大幅震荡。

让我们考虑一个运用远期合约的例子。假定你是一位农夫，5 月播种，并且预期能够收获 1 万浦式耳$^{\ominus}$的小麦。如果你立即出售小麦，目前所能获得的价格被称为**现货价格**。假定 5 月的现货价格是每浦式耳 5 美元。你担心的是，当你在 8 月收割小麦时，现货价格将会降至 5 美元以下，那么，你的小麦收入就会少于 5 万美元。当通用磨坊（General Mills）购买小麦以制作惠特斯（Wheaties）小麦片和其他早餐麦片时，它的担心正好相反：通用磨坊的经理担心的是 8 月小麦的价格会升至 5 美元以上，这就会增加生产麦片的成本。为了对冲小麦价格的不利变化，你和通用磨坊的经理可以签订远期合约，根据这一合约，你承诺在未来的某一天以每浦式耳 5 美元的价格向通用磨坊出售 1 万浦式耳的小麦。这一天被称为**清算日**，即约定的交货日期。合约双方都在今天锁定了未来在清算日收到或支付的价格。

尽管远期合约提供了风险分担的机制，它们仍存在重要的缺陷。远期合约通常包含特定买方和卖方参与交易的具体条款，这使得远期合约很难出售，因为买家不得不接受相同的条款。因此，远期合约的流动性很差。此外，远期合约存在违约风险，因为买方或卖方有可能没有能力或没有意愿完成合约。比如，在上述例子中，通用磨坊可能在签订合约以后很快就宣布破产了，从而无法按照约定向你付款。在这种情况下，违约风险通常被称为**交易对手风险**（counterparty risk）。交易对手是参与交易的另外一方的个人或企业。因此，从卖方的角度来看，买方就是交易对手；从买方的角度来看，卖方就是交易对手。交易对手风险指的是买方无法履行其对卖方的义务，或者卖方无

$\ominus$ 1 浦式耳 =0.027 216 吨。

法履行其对买方的义务，从而产生的风险。由于存在交易对手风险，远期合约的买方和卖方在分析潜在交易对手的信誉度时，会产生信息成本。

7.3　期货合约

学习目标　解释期货合约如何被用于对冲风险和进行投机。

期货合约是在商品市场上逐渐演变出来的，既保留了远期合约分担风险的作用，又能够提高流动性，降低交易对手风险和信息成本。期货合约与远期合约有以下几个方面的区别：

1. 期货合约是在交易所交易的，比如芝加哥期货交易所（Chicago Board of Trade，CBOT）和纽约商品交易所（NYMEX）。
2. 期货合约通常约定要交货的标的资产数量，但是不会将在清算日交付时标的资产的价格固定下来。随着合约在交易所买入和卖出，期货价格一直在变化。
3. 就要交付的标的资产数量和相关合约的清算日而言，期货合约是标准化的。

由于根据交易所在的交易所的规则，期货合约是标准化的，它们缺乏远期合约的某种灵活性。比如，小麦远期合约的买卖双方可以根据自己的意愿选择清算日，但是芝加哥期货交易所提供的小麦期货合约每年只有五个清算日。但是很多投资者和企业都喜欢期货合约，因为期货合约的交易对手风险和信息成本都更低，且流动性更强。交易对手风险降低，是因为交易所承担了清算所或清算公司的功能，它将卖方和买方进行匹配，并且每笔交易的交易对手是交易所，而不是买方和卖方。比如，有人在芝加哥期货交易所购买了一份期货合约，他的交易对手就是交易所，这极大地降低了违约风险。以交易所为交易对手，也降低了信息成本，因为期货合约的卖方和买方不需要费时费力地去确定交易对手的信誉度。最后，风险和信息成本的降低以及合约条款的标准化，增加了投资者买卖期货合约的意愿。很多期货合约的市场有大量的卖方和买方，因而流动性很强。

用商品期货进行对冲

假定你想用期货合约对冲小麦价格下跌的风险。你在 5 月种下小麦，当时的现货价格是每浦式耳 5 美元，你希望出售时小麦也是这一价格。你担心在 8 月小麦收割时，价格会降低。芝加哥期货交易所不提供清算日在 8 月的小麦期货合约，但是它提供清算日在 9 月的期货合约。假定合约的期货价格是 5.5 美元，期货价格比当前的现货价格高 0.5 美元，因为期货的买方和卖方预期 9 月的现货价格将会高于 5 月的现货价格。卖方和买方形成了小麦价格将会上涨的预期，是基于政府的农作物报告和长期的气候预测等信息。

芝加哥期货交易所每份小麦期货合约的数量都标准化为 5000 浦式耳，因此，为了对冲价格下跌，你应当出售两份小麦期货合约，因为你预期将会收获 1 万浦式耳小麦。为了卖掉合约，你需要一位登记注册的期货经纪商，他能够在芝加哥期货交易所为你执行这一交易。通过出售小麦期货，你在期货市场上持有了空头头寸（short position）。持有空头头寸是指一个人承诺要卖出或交付标的资产。如果通用磨坊的经理担心未来小麦价格会上涨，从而购买了这一合约，他在期货市场上就持有了多头头寸（long position），这意味着他现在有权利或义务购买或接收标的资产。**一般而言，持有空头头寸的人将会从标的资产的价格下跌中获益，而持有多头头寸的人将会从标的资产的价格上涨中获益**。需要注意的是，在这种情况下，你在小麦的现货市场是多头，因为你拥有计划在收割后出售的小麦，而通用磨坊的经理在小麦现货市场上是空头，因为他计划购买小麦，以生产早餐麦片。我们可以将这一重要内容归纳如下：

对冲涉及在期货市场上进行空头交易，以对冲在现货市场持有多头头寸的风险；或者在期货市场上进行多头交易，以对冲在现货市场持有空头头寸的风险。

在每天的交易中，小麦期货合约的价格都会发生变化，因为会出现新的信息，用于预测到清算日时小麦的现货价格。当交付日临近时，期货价格会越来越接近现货价格，并最终在清算日等于现货价格。为何现货价格一定等于清算日的期货价格？因为如果两者不相等的话，就会存在套利利润。比如，如果在期货合约的清算日，每浦式耳小麦的现货价格是 5 美元，而期货价格为 5.50 美元，投资者就会在现货市场上购买小麦，同时出售期货合约。期货合约的买方不得不以 5.50 美元的价格接收小麦，这会使投资者毫无风险地从每浦式耳小麦中赚得 0.5 美元。在现实中，投资者出售更多的期货合约将会使期货价格下降，直至期货价格与现货价格相等。直至此时，套利的利润才会消失。

继续用这个例子，假定你在 8 月收获小麦时，期货价格降至每浦式耳 5.25 美元，而现货价格为 4.75 美元，期货价格高于现货价格，因为期货市场上的交易商预期小麦的现货价格在八九月间将会上升，而期货合约的到期日在 9 月。为了简化，假定你收获小麦和出售小麦是在同一天。为了履行你在期货市场上的义务，你可以进行实物交割或者通过冲销进行交割。因为你想 8 月一收割就将小麦卖出，你会使用平仓交割的方式，而不是真的交付小麦，你将通过在芝加哥期货交易所购买两份期货合约来平仓，从而冲销你在 5 月卖出的两份合约。你出售合约时获得了 55 000 美元，即 5.5 美元 / 浦式耳 ×10 000，购买合约时花费了 52 500 美元，即 5.25 美元 / 浦式耳 ×10 000，由此在期货市场上赚了 2500 美元。在现货市场上，你通过出售小麦获得了 47 500 美元，获得的收入比 5 月按照现货市场价格计算的收入少了 2500 美元。由于这 2500 美元的损失被你从期货市场上获得的 2500 美元的利润弥补了，你成功地对冲了小麦市场价格下跌的风险。

注意，通用磨坊经理的状况恰好相反。为了结清他在期货市场上的头寸，他将以每浦式耳 5.25 美元的期货价格出售两份合约，由此损失 2500 美元，因为他在 5 月以每浦式耳 5.5 美元的价格购买了期货合约。但是，他在现货市场购买小麦时，所付的款项要比按照 5 月每浦式耳 5 美元的现货价格所付的款项少 2500 美元。如果小麦的现货市场价格没有下降而是上升了，你就会由于在期货市场上持有头寸而遭受损失，但是在现货市场上赚得利润，而通用磨坊的经理则会在期货市场上赚得利润，但是在现货市场会遭受损失。

我们可以总结一下期货合约的买方和卖方的利润和损失：

买方的利润或损失 = 清算时的现货价格 − 购买时的期货价格

卖方的利润或损失 = 购买时的期货价格 − 清算时的现货价格

注意，期货市场是一种零和博弈，这意味着如果卖方赚得了利润，那么买方一定会遭受损失，而且两者的数额完全相等；如果卖方遭受了损失，那么买方一定会赚得利润，而且两者的数额也完全相等。为了确保你理解了这一点，复习农夫和通用磨坊的例子，了解一下一个人的收益是如何成为另外一个人的损失的。表 7-1 总结了这个例子，以说明如何运用商品期货合约来对冲价格波动的风险。

表 7-1　利用商品期货合约来对冲风险

	种植小麦的农夫	通用磨坊的经理
担心什么	小麦价格下降	小麦价格上涨
如何对冲风险	出售期货合约	购买期货合约
在期货市场上的头寸	空头	多头
在现货市场上的头寸	多头	空头
如果小麦价格上涨	在期货市场上受损，但是在现货市场上获得收益	在期货市场上获得收益，但是在现货市场上受损
如果小麦价格下跌	在期货市场上获得收益，但是在现货市场上受损	在期货市场上受损，但是在现货市场上获得收益

正如我们之前提到的，乍看起来利用期货合约进行对冲并没有发挥什么作用，因

为买方和卖方可以预期从期货合约中获益的可能性和受损的可能性一样大。实际上，由于买卖期货合约时还会产生一定的费用，在上述例子中，你和通用磨坊的经理似乎还使得自己的状况变得更糟了。然而，你要记住的是，使用期货合约降低了收入的变动幅度，从而降低了风险。投资者和企业愿意为降低风险支付费用，这就是他们为什么会用期货合约进行对冲。

用商品期货进行投机

我们已经给出了一个例子，即农夫和通用磨坊，他们参与小麦市场，并且试图借助期货来降低经营风险。与小麦市场无关的投资者也可以利用小麦期货对小麦的价格进行投机。比如，假定现在是 5 月，在仔细研究了与未来小麦供求有关的所有信息之后，你断定 9 月小麦的价格将会是每浦式耳 6.25 美元。如果 9 月小麦的期货价格是每浦式耳 5.5 美元，你就可以通过购买小麦期货赚取利润。即使你实际上并不想在 9 月交付小麦，你也可以通过在 5 月至 9 月清算日之间的某个时候卖出小麦期货并结清你的头寸，从而获得利润。如果你认定 9 月小麦的现货价格将会低于当前的期货价格，你就可以卖出小麦期货，并且在清算日当天或之前以更低的价格买回期货合约，从而赚取利润。

然而，需要注意的是，由于你在现货市场上缺少对冲的头寸，小麦价格反向的变动会使你遭受损失。比如，如果你买了小麦期货，但是小麦价格不是上涨而是下跌了，你结清你的头寸时就会出现损失。同样地，如果你卖出了小麦期货，但是小麦价格上涨了，你结清头寸时也会出现损失。

正如我们在本章开始时提到的，投机者为增加期货市场的流动性发挥了重要的作用。如果没有投机者，大部分期货市场的运转都会缺乏足够数量的买方和卖方，这会削弱期货市场对于对冲者的风险分担功能。

| 概念应用：与你相关 |

你觉得自己能打败原油市场上的行家吗

投机者总是会被价格出现剧烈波动的证券或商品所吸引。毕竟，如果价格变化不大的话，就很难通过押注价格变化来挣钱。正如本章开头提到的，在过去 15 年间，石油价格变化幅度非常大。图 7-1 展示了西得克萨斯中间基原油（West Texas Intermediate crude oil）的价格，这是产于得克萨斯州和俄克拉何马州的石油价格，被作为美国石油价格的基准。该图表明，一桶石油的价格波动非常剧烈。实际上，2020 年年初新冠疫情期间石油价格的波动幅度甚至更大。图 7-1 使用的是每周的数据，没有显示出每天的波动。在 4 月 20 日的星期一，这一价格实际上跌至每桶负的 37 美元，第二天又涨至每桶正的 9 美元。我们下面将解释石油价格是如何成为负值的。

图　7-1

与其他价格一样，石油价格的变化是由需求和供给的变动引起的。很多因素会影响对石油的需求，包括世界经济增长速度，消费者购买电动汽车或混合动力汽车的数量，政府的环境规制，天然气、风力发电机或太阳能面板等替代品的价格，以及 2020 年出现的全球疫情。影响供给的因素包括与石油提炼有关的技术，比如美国页岩油的"水力压裂法"，以及伊拉克、尼日利亚和利比亚等石油生产国的政治动荡等。

正如我们在第 6 章第 6.3 节看到的，基金经理（有时也称资金管理人）和其他投资于股票市场的专业人士仔细追踪有关企业的消息。根据有效市场假说，新闻会立刻反映到股票价格上。如果苹果公司宣布 iPhone 手机的销售异常火爆，它的股价在消息公布之后几分钟内就会大涨。华尔街的专业人士也会密切关注商品市场的动态，以便当传出的消息使衍生品的价值变动时，能够迅速买入或卖出。因此，为了能够通过买卖石油衍生品谋利，你既要认真关注石油业的消息，还要能够比华尔街专业人士更好地推断这些消息可能对石油价格产生的影响。实际上，你无法指望自己比华尔街专业人士的反应更迅速，因此，要想通过投机于石油价格来赚钱，你必须对石油市场如何运作有极强的洞见。

越来越多的人似乎认为自己能够打败华尔街的专业人士，因为在 2016 年，个人投资者在芝加哥商品交易所（Chicago Mercantile Exchange，CME）原油期货日交易量中的占比第一次超过了 10%。通常，只有收入很高的投资者才被允许直接买卖期货合约，但是很多小投资者可以买卖与原油期货合约关联的金融证券。

比如，有则新闻描述了一位照顾两个孩子的全职妈妈也通过买卖这类证券，在原油市场进行投机。她读了有关石油业的新闻，然后在家里一边喝着热巧克力，一边在电脑上买卖与原油有关的证券。仅仅 4 天时间她就从这笔交易中赚了 400 美元。《华尔街日报》的一篇文章讲到了芝加哥商品交易所的一则广告，描述了投资者待在家里就可以全天 24 小时在各种衍生品市场上投注。

但是，个人投资者是否真的能够通过投机于石油价格而赚取利润？似乎并不可能。尽管可靠的统计还很少，估计在主动买卖股票或衍生品的投资者中，考虑买卖的成本和对于所有收益的征税后，仅能实现盈亏平衡的不到 5%，能够赚取利润的比例更是远低于此。

商品期货交易委员会（the Commodity Futures Trading Commission，CFTC）是负责监管大宗商品市场的联邦机构。该委员会在其官方网页上提出了如下警示："投机于商品期货和期权是一项波动剧烈、内容复杂、风险极高的冒险活动，通常不适合个人投资者或'零售客户'。"芝加哥商品交易所向考虑买卖期货合约的投资者也提出了类似的建议，提醒投资者注意投资风险。换句话说，就是要风险自负。

这一建议本来可以使一些投资者免于遭受 2020 年 4 月期货合约的损失。由于新冠疫情的影响，石油需求突然之间急剧下降，以至于企业也无法确定需要将石油产量削减多少。如果需求的下降只是暂时出现在疫情最严重的时期，那么企业如果将产量削减太多就要承担关闭油井然后再重新开启的成本。在某些情形下，即使暂时性地停止油井的生产，也会永久性地降低油井的产量。此外，平常储存石油的场所很快就要达到储存能力的上限，如果找不到合适的储存场所，石油生产企业就要付出极大的成本才能处理多余的石油。这种极大的成本就包括接受负的价格。

2020 年 4 月 20 日，还有另外一个因素驱使石油价格成了负值，即 5 月的期货合约第二天就要交割了，这意味着那些没有将合约卖出去的买家有义务接收 1000 桶石油并为此付费。正如我们已经看到的，一些石油期货合约的卖方和买方，包括大多数个人投资者，都是无意交付或接收石油的投机者。由于缺少储存设施，投机者宁愿以每桶 −37 美元的价格出售手里的期货合约并承受严重的损失，也不能接受石油的交付，因为他们无处存放。实际上，一份期货合约的买家除了得到 1000 桶石油以外，还获得了 37 000 美元，这是一大笔钱，但是只有你有地方储存这些石油，才能得到这笔钱。

个人投资者的资产组合如果主要是由股票和债券组成的，当他想通过持有一些大宗商品来分散投资时，可能更好的方法是通过购买投资于大宗商品的 ETF 来间接持有，比如美国石油基金（the United States Oil Fund），而非自己持有石油衍生品。

用金融期货进行对冲和投机

期货合约最早出现在 19 世纪的商品市场上，比如小麦市场和石油市场。尽管金融期货交易直至 1972 年才开始，但现在大部分交易的期货都是金融期货。广泛交易的金融期货合约包括以下金融资产的期货，如短期国债、中期国债和长期国债，标普 500 指数和道琼斯工业平均指数等股票指数，美元、日元、欧元和英镑等货币。由商品期货交易委员会批准的交易规则对金融期货合约进行监管。商品期货交易委员会负责监督期货交易所的交易商可能存在的价格操纵行为，以及交易所的运营。

利用金融期货对冲风险的过程，与利用商品期货对冲风险非常相似。考虑下面这个利用金融期货对冲利率风险的例子。假定你持有中期国债，但是担心如果利率上升，就会面临中期国债价格下跌的风险。注意，你与之前的例子中农夫面临的问题本质上是一样的：①你希望对冲价格下跌的风险，②在现货市场处于多头的状态，即持有中期国债。因此，为了对冲价格下跌的风险，你应当通过出售中期国债期货合约，在期货市场上卖空。如果市场利率像你担心的那样上升了，你持有的中期国债价格下跌，期货价格也将下跌。你可以通过购买期货合约来结清期货的头寸，冲销之前出售的期货。由于你购买期货合约时的价格低于之前出售时的价格，你可以赚得利润，从而弥补由于中期国债价格下跌而造成的损失。

谁会成为这笔交易的另一方？也就是说，在你出售期货合约时，谁会愿意购买？比如，考虑一下企业养老基金的经理，她预计 6 个月后会收到养老金缴费。这位基金经理希望将保费投资于中期国债，但是担心到那时中期国债的利率将会下降，这会减少她原本希望从这笔投资中获得的收益。担心中期国债利率下降，与担心中期国债价格上涨是一回事，因此这位养老基金经理就像之前案例中通用磨坊的经理一样，在中期国债的现货市场上处于空头状态，她需要购买中期国债期货合约，从而在期货市场上做多。如果中期国债利率下降，从而价格上涨，这位经理就可以通过出售期货合约来冲销之前购入的期货，结清在中期国债期货市场上的头寸。因为她卖出期货时的价格高于购买时的价格，赚取的利润就可以弥补在购买中期国债时较低的收益。表 7-2 总结了如何用金融期货来对冲风险。

表 7-2 利用金融期货来对冲利率风险

	持有中期国债的投资者	计划在 6 个月后购买中期国债的养老基金经理
担心什么	中期国债价格下降或者利率上升	中期国债价格上涨或利率下降
如何对冲风险	出售期货合约	购买期货合约
在期货市场上的头寸	空头	多头
在现货市场上的头寸	多头	空头
如果中期国债价格上涨或利率下降	在期货市场上遭受损失但是在现货市场上获得收益	在期货市场上获得收益但是在现货市场上遭受损失
如果中期国债价格下降或利率上升	在期货市场上获得收益但是在现货市场上遭受损失	在期货市场上遭受损失但是在现货市场上获得收益

一个投资者如果相信自己对利率未来变化的可能路径有超强的洞见，就可以利用期货市场来投机。比如，如果你确信未来中期国债的利率将会低于当前中期国债期货价格所表明的水平，你就可以通过购买中期国债期货而盈利。如果你是正确的，未来利率真的低于预期水平，期货价格就会上升，你就可以通过出售中期国债期货合约并结清你的头寸而获利。如果你想要押注未来利率将会比预期的更高，你就可以卖出中期国债期货合约。

| 概念应用：与你相关 |

如何追踪期货市场——读懂金融期货的报价

追踪期货市场有助于你理解金融市场的动向。你从哪里可以获得这些信息？《华尔街日报》和雅虎金融网站在每个交易日都会报告有关期货合约的信息。你也可以从芝加哥商品交易所集团的网站找到相关的数据，它是由芝加哥期货交易所和芝加哥商品交易所合并而成的。

表 7-3 提供了一个例子，展示美国中期国债利率期货的报价单。这个报价单是2020 年 8 月 11 日的收盘价，是在芝加哥期货交易所交易的美国 10 年期中期国债期货的报价。这是对面值为 10 万美元，票面利率为 6% 的标准化合约的报价。第一列代表合约交付的年度和月份。第一行中的合约交付日为 2020 年 9 月，交付日为合约约定月份的最后一个交易日。后面的五列代表价格信息：开盘价，即这一天发生的第一笔交易的价格；这一天的最高价；这一天的最低价；收盘价，即这一天最后一笔交易的价格。涨幅（Chg）一栏是当天收盘价与前一天收盘价之差。注意，所有这些价格都是对面值为 100 美元的中期国债期货的报价。对于面值为 10 万美元的合约而言，价格为100 美元面值中期国债期货报价的 1000 倍。因此，对于第二行中的期货合约，收盘价

为 139.125 美元 ×1000＝139 125 美元。由于这一价格高于 10 万美元的面值，我们知道这一合约的到期收益率一定低于 6% 的票面利率。

表 7-3　10 年期美国中期国债期货

月份	开盘价 （美元）	最高价 （美元）	最低价 （美元）	收盘价 （美元）	涨幅	持仓量 （份）
2020 年 9 月	139.359	139.500	139.000	139.250	−0.172	3 465 356
2020 年 12 月	138.953	139.375	138.891	139.125	−0.172	44 456

持仓量是未完成的期货合约数量，即未结清的期货合约数量。对于 2020 年 9 月的合约而言，持仓量为 3 465 356 份合约。

我们从这些报价中可以获得有用的信息。期货合约的持仓量表明了市场参与者对未来利率的预期。这里的报价表明，未来 2020 年 9 月的价格要稍微高于 2020 年 12 月的价格，这意味着期货市场投资者预期长期的国债利率会略有下降。

尽管表 7-3 没有展示，但是你也可以找到对于长期国债、短期国债和外汇的利率期货报价。金融期货牌价也会给出股票指数期货的报价，比如标普 500 指数期货。投资者使用指数期货来预测股市的普遍波动。

▍解决问题 7.3：与你相关

当利率很低时，如何对冲短期国债的投资风险

在 2020 年初期全球新冠疫情期间，很多投资者抛售股票，购入安全资产，特别是美国长期国债。10 年期中期国债利率有史以来第一次降至 1% 以下。一位基金经理为《华尔街日报》撰写的专栏文章，标题就是《国债并不像你想的那样安全》。另一篇文章指出，高盛投资银行的分析师警告投资者，国债市场可能会出现熊市。

a. 当基金经理在 2020 年初期撰文，表示国债并非安全的资产时，这是否意味着美国财政部将会对其国债违约？简单解释一下。

b. 国债市场的熊市意味着什么？哪些因素会导致国债市场出现熊市？

c. 你应该如何对冲国债投资的风险？

解决问题

第一步　复习本章内容。这一问题是关于如何对冲国债投资风险的，因此，你应该复习"用金融期货进行对冲和投机"这部分的内容。

第二步　解释为何即使美国财政部极不可能违约，投资国债也有可能承受风险，

从而回答问题 a。正如我们在第 3 章第 3.5 节看到的，如果国债价格异乎寻常地高，国债收益率异乎寻常地低，就像 2020 年初期那样，国债就可能成为高风险的投资，因为收益率的上升会导致国债价格的下跌。由于 10 年期中期国债的收益率在历史上首次低于 1%，如果收益率上升，10 年期中期国债的投资者就会面临严重的损失。换句话说，尽管国债投资者面临的违约风险很小，他们面临的利率风险却很大。

　　第三步　解释什么是国债市场的熊市以及哪些因素会导致这种情况，从而回答问题 b。正如我们在讨论股票市场时看到的那样，熊市是指与前期高点相比，价格下跌至少 20%。国债市场的熊市可能源于投资者相信未来的通货膨胀率将会上升。费雪效应告诉我们，预期通货膨胀率升高将会导致名义利率的上升，名义利率上升意味着国债价格将会降低。更高的名义利率也可能是由于经济从衰退中恢复过来，信贷需求的增加提高了实际利率。尽管在 2020 年中期，债券市场分析师很少预期近期通货膨胀率会大幅上升，或者实际利率会大幅提高，但是，通货膨胀率出人意料地升高或者经济的强劲复苏超过预期，都会提高名义利率，并导致国债投资者遭受重大损失。

　　第四步　解释如何对冲国债投资风险，从而回答问题 c。我们已经知道，投资者可以利用期货市场来对冲国债投资的风险。由于在这一案例中你担心的是利率上升和国债价格下跌，对你来说，对冲风险的正确方法是出售期货合约，比如芝加哥期货交易所提供的那些中期国债期货合约。由于持有国债，你在国债的现货市场处于多头的状态，对你来说，对冲风险的正确方法是出售期货合约，从而在期货市场上卖空。作为一名个人投资者，你可以借助于注册的期货经纪商来出售合约，他可以在芝加哥期货交易所执行这一卖出指令。很多股票经纪商同时也是期货经纪商。一些经纪商是所谓的综合服务经纪商（full-service brokers），即既提供交易建议，也提供研究支持，还能够执行交易。其他经纪商是折扣经纪商（discount brokers），他们执行交易时收取的佣金较低，但是通常不提供建议。个人投资者有时通过购买投资于衍生品合约的基金来对冲国债投资的风险，而不是自己买卖这些合约。

在期货市场上进行交易

　　正如我们已经看到的，期货合约的买方和卖方以交易所为交易对象，而不是像远期交易那样相互之间直接交易。为了降低违约风险，交易所要求买卖双方都要在保证金账户存入一笔初始的存款，这被称为保证金要求。比如在芝加哥期货交易所，美国中期国债期货合约为标准化的面值为 10 万美元的国债，或者等价的 100 张面值为 1000 美元的国债。芝加哥期货交易所要求这些合约的卖方和买方在保证金账户为每份合约缴纳至少 1100 美元的保证金。

在每个交易日结束时，交易所进行每天的结算，这被称为逐日盯市制度（marking to market），即根据合约的收盘价，将资金由买方账户转账至卖方账户，或者相反。比如，假定你以 100 美元的价格购买了一份中期国债期货合约。根据概念应用版块中"与你相关：如何追踪期货市场——读懂金融期货的报价"的内容，我们知道这一价格意味着你为合约支付了 10 万美元。假定根据芝加哥期货交易所的要求，你在保证金账户中存入了 1100 美元的最低保证金，卖方也在自己的账户中存入了相同的金额。下一个交易日，在市场交易结束时，你合约的价格升至 101 美元，这可能是由于有新消息使交易商认为未来的利率将会比之前预期的更低，从而使中期国债的价格比之前预期的更高。由于你合约的价值已经上升了 1000 美元，交易所就会将 1000 美元由卖方的账户转账至你的账户。卖方的账户余额就降至了 100 美元，这一金额低于保证金下限，它有时会低于初始保证金，但是就中期国债期货而言，初始保证金也是 1100 美元。卖家将会收到追加保证金的通知，这是交易所要求卖家向其账户追加足够资金的指令，以达到 1100 美元的保证金下限。由于有保证金的要求和逐日盯市制度，交易商很少对期货合约违约，这可以将交易所遭受的损失限制在一定范围内。

表 7-4 总结了买方和卖方在期货市场上的活动。

表 7-4　期货市场上买方和卖方的活动

期货合约的买方	期货合约的卖方
有在结算日购买标的资产的义务	有在结算日交付标的资产的义务
如果买方计划购买标的资产，并想确保免受价格上涨的影响，就可以通过购买期货合约对冲风险	如果卖方是标的资产的所有者，并想确保免受价格下降的影响，就可以通过出售期货合约对冲风险
如果买方认为标的资产的价格将会上升，就可以通过购买期货合约进行投机	如果卖方认为标的资产的价格将会下降，就可以通过出售期货合约进行投机

7.4　期权

学习目标　区分买入期权和卖出期权，解释它们是如何使用的。

期权是另一种类型的衍生品合约。与期货合约一样，投资者也可以用期权合约来对冲风险或进行投机。期权的买方有权在某段时间内，以设定的价格购买或出售标的资产。**买入期权**（call options）使买方有权在期权到期之前的任何时间，以行权价格（strike price）或执行价格（exercise price）购买标的资产。比如，如果你以 310 美元的行权价格购买了苹果公司的买入期权，到期日为 7 月，那么你就有权在 7 月到期日之前的任何时间以 310 美元的价格购买一股苹果股票。到期日通常在这个月的第三个星期五。

卖出期权（put options）使买方有权在期权到期日之前的任何时间，以行权价格出售标的资产。比如，如果你以 310 美元的价格购买了苹果公司的卖出期权，到期日为 7 月，那么你就有权在 7 月到期日之前的任何时间以 310 美元的价格出售一股苹果股票。注意，这里所讲的期权是美式期权，即投资者可以在到期日之前的任何时间执行期权。只能在到期日执行的期权被称为欧式期权。期权合约的价格也被称为期权费 / 期权溢价（option premium）。

在期货合约中，买方和卖方有对等的权利和义务。也就是说，卖方必须交付标的资产，买方必须在交付日按照期货的价格接受交付，尽管就像我们已经看到的那样，在交付发生之前，通常就会结清。与之相反，在期权合约中，买方有权利，而卖方则有义务。卖方也被称为期权卖方（option writer）。比如，如果你购买了一份买入期权，并且执行你购买标的资产的权利，买入期权的卖方就别无选择，只能履行自己出售资产的义务。然而，作为买入期权的买方，你没有执行购买标的资产的义务，你可以选择让期权过期而不执行这一期权，卖方不能强制你执行期权。同样地，如果你购买了卖出期权并实施你出售标的资产的权利，卖出期权的卖方也别无选择，只能履行购买这一资产的义务。

期权既可以在场外交易，也可以在交易所交易，比如芝加哥期权交易所（Chicago Board Options Exchange，CBOE）和纽约证券交易所。在交易所交易的期权被称为上市期权。在美国交易的期权合约包括：股票期权，这可以是个股期权、股票指数期权或期货合约期权；利率期货期权，比如美国中期国债期货期权；外汇期权和外汇期货期权，比日元、欧元、加元或英镑的期货期权。期货合约和期权合约的一个重要区别是，当你购买期货合约时，每天都会有资金的变动，因为合约要遵循逐日盯市制度。然而，对于期权合约而言，在你购买了期权以后，资金只有在执行期权时才会变动。

为何要买入或卖出期权

假定苹果股票当前的价格为每股 300 美元，但是你认为来年的某个时候，这一价格将会升至 320 美元。你可以购买苹果的股票，如果价格像你预期的那样上涨了，你就可以赚得利润。这一策略有两个不利因素：①直接购买股票需要数额可观的投资；②如果苹果股票的价格不是上涨而是下跌了，你就可能面临重大损失。作为另外一种选择，你可以购买买入期权，这允许你以行权价格购买苹果的股票，比如每股 310 美元。购买期权的价格要比购买标的股票的价格低得多。此外，如果苹果股价没有上涨至 310 美元以上，你还可以让期权过期而不是执行期权，这就可以使你的损失控制在购买期权的价格以内。

如果苹果股票现在每股的价格为 300 美元，而你确信它的价格将会下跌，这时你就可以卖空。通过卖空，你可以从你的经纪商那里借股票并且现在将其出售，在股票价格下跌之后再重新买回股票，并将其偿还给经纪商。但是，如果苹果股票的价格并没有下跌而是上涨了，你在买回股票时就会遭受损失，因为现在的价格高于你当初出售的价格。买回股票被称为抛空补回。另一种选择是，你可以以每股 290 美元的行权价格购买卖出期权，这样在苹果股票价格下跌时你就可以获利。如果价格上升了，你就可以让期权过期，并将你的损失控制在期权价格以内。

图 7-2 表明了购买苹果股票的期权可能获得的收益或遭受的损失。我们假定期权的买方要为期权支付费用，但是在购买或出售标的资产时不需要付出任何成本。我们还假定买方在购买买入期权或卖出期权时支付的价格为每股 10 美元。尽管期权的买方可以在任何时间执行期权，为了简化，我们主要关注持有期权的收益如何随着股票价格在到期日的变化而变化$^{\ominus}$。图 7-2a 说明的是以 310 美元的行权价格购买买入期权时获得的利润。如果苹果股票的价格在到期日时处于 0 至 310 美元之间，期权的所有者就不会执行这一期权，他遭受的损失等于这一期权的价格，即 10 美元。当苹果股票的价格升至每股 310 美元以上时，期权的所有者通过执行期权就可以获得正的收益。比如，如果价格是 315 美元，买方就可以执行期权，以 310 美元的行权价格从期权的卖方那里购入一股苹果的股票，然后在股票市场上以 315 美元的价格将其售出，从而获得 5 美元的收益。但是买方还要为每份期权支付 10 美元，所以其净损失为 5 美元。如果苹果股票的价格为 320 美元，买方盈亏平衡。如果价格超过 320 美元，买方可以获得利润。比如，如果苹果股票的价格为 350 美元，买方执行期权，以 310 美元的价格购入股票，然后在市场上以 350 美元将其出售，赚取的利润为 30 美元（=350 美元 −310 美元 −10 美元）。苹果股票价格越高，买入期权的买方获得的利润越多。

在图 7-2b 中，我们展示了以 290 美元的行权价格购买卖出期权时获得的利润。在苹果股票的价格为 0 美元时，卖出期权的买方获得的利润最多$^{\ominus}$。买方以 0 美元的价格购入苹果的一股股票，行使期权，以 290 美元的价格将股票出售给期权的卖方，减去期权 10 美元的价格后，期权的买方获得的利润为 280 美元。当苹果股票价格上涨时，持有卖出期权的收益就会减少。当价格达到 280 美元时，卖出期权的买方仅能达到盈亏平衡，因为买方从市场上以 280 美元的价格买入一股苹果股票，然后再以 290 美元的价格卖给期权卖方，这正好抵消期权 10 美元的价格。如果价格升至 290 美元这一行权价格之上，卖出期权的买方就不会行使期权，其损失等于期权的价格，即 10 美元。

$\ominus$　换一种方式，我们可以将图 7-2 视为苹果股票在到期日之前达到如图 7-2a 所示的最高价格或者如图 7-2b 所示的最低价格时的情形。
$\ominus$　当然，在现实中，只有企业破产时股票价格才会为 0 美元。在这种情况下，股票交易将会停止。一种更为现实的情形是，价格处于很低的水平，但是股票交易还可以进行。

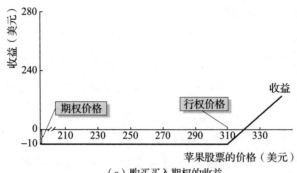

（a）购买买入期权的收益

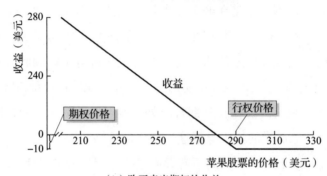

（b）购买卖出期权的收益

图 7-2　持有苹果股票期权的收益[⊖]

注：在图 a 中，我们展示了以 310 美元的行权价格购买买入期权时获得的利润。如果苹果股票的价格在 0 ～ 310 美元之间，期权的所有者就不会执行这一期权，他遭受的损失等于这一期权的价格，即 10 美元。当苹果股票的价格升至每股 310 美元以上时，期权的所有者通过执行期权就可以获得正的收益。如果价格超过 320 美元，买方可以获得利润。

在图 b 中，我们展示了以 290 美元的行权价格购买卖出期权时获得的利润。在苹果股票的价格为 0 美元时，卖出期权的买方获得的利润最多。当苹果股票的价格上涨时，持有卖出期权的收益就会减少。当价格达到 280 美元时，卖出期权的买方仅能达到盈亏平衡。如果价格升至 290 美元这一行权价格之上，卖出期权的买方就不会行使期权，其损失等于期权的价格，即 10 美元。

表 7-5 总结了基本的买入期权和卖出期权的关键特征。

表 7-5　基本的买入期权和卖出期权的关键特征

	买入期权	卖出期权
买方	有权在到期日或到期日之前以行权价格购买标的资产	有权在到期日或到期日之前以行权价格出售标的资产
卖方	如果买方执行期权，有义务以行权价格出售标的资产	如果买方执行期权，有义务以行权价格购买标的资产
谁会购买	想要押注标的资产价格将会上升的投资者	想要押注标的资产价格将会下降的投资者
谁会出售	想要押注标的资产价格不会上升的投资者	想要押注标的资产价格不会下降的投资者

期权定价与"宽客"的崛起

我们可以解释一下为何期权合约的价格被称为"期权溢价"。如果期权被执行的话,期权的卖方将会遭受损失。比如,假定你以 150 美元的行权价格卖出了一份购买微软股票的买入期权。如果买入期权的买方行使期权,我们知道微软股票的市场价格一定高于 150 美元。在这种情况下,你有义务以比目前更低的价格出售微软的股票,因此,买方的收益就是你的损失。可想而知,期权溢价的大小反映了买方行使这一期权的可能性,这与汽车保险的费用反映了汽车出事故的风险是一样的。

我们可以将期权溢价看作由两部分构成,即期权的内在价值和时间价值。一份期权的内在价值等于期权的买方立即行使期权所能获得的收益。比如,如果微软股票买入期权的行权价格是 150 美元,而微软股票的市场价格为 155 美元,那么这一期权的内在价值为 5 美元,因为买方可以立即执行期权,从卖方那里以 150 美元的价格购买一股微软的股票,然后在市场上以 155 美元的价格将其出售。内在价值为正的期权被称为实值期权(in the money)。如果标的资产的市场价格高于行权价格,则买入期权就是实值期权;如果标的资产的市场价格低于行权价格,则卖出期权就是实值期权。

可以归纳如下,如果标的资产的市场价格:

- 低于行权价格,则买入期权就是虚值期权(out of the money)或潜水期权(underwater)。
- 高于行权价格,则卖出期权就是虚值期权。
- 等于行权价格,则买入期权或卖出期权就是等价期权。

注意,由于买方不一定执行期权,期权的内在价值永远不会低于零。

除了内在价值以外,期权溢价还包括时间价值,这取决于到期日有多远以及股票价格过去的波动有多剧烈。到期日越远,期权内在价值上升的可能性越大。假定一份微软股票买入期权的行权价格为 150 美元,而当前的市场价格为 145 美元。如果期权明天到期,微软股票的市场价格升至 150 美元以上的机会很小。但是,如果期权 6 个月后过期,这一机会就会大增。我们可以得出结论,即在其他条件都相同的情况下,**期权到期日越远,期权溢价就会越大**。同样地,如果标的资产价格波动很小,期权的内在价值由于价格大幅波动而显著增加的机会就很小。但是,如果标的资产价格波动很大,这一机会就大得多。因此,在其他条件都相同的情况下,标的资产的价格波动越大,期权溢价就越大。

期权内在价值的计算简单明了,但是,精确地估计距离期权到期的时间或标的资产的价格波动性对期权溢价有何影响,则困难得多,以至于多年来期权很少被交易,因为华尔街企业和其他专业投资者无法确定该如何为其定价。1973 年，在芝加哥大学任教的费希尔·布莱克（Fischer Black）和迈伦·斯科尔斯（Myron Scholes）取得了突破，他们发表于《政治经济学季刊》（*Journal of Political Economy*）的一篇学术论文使用复杂的数学方法，得出了一个期权最优定价的公式。布莱克 – 斯科尔斯公式创立于芝加哥期权交易所建立之际，使期权交易出现了爆炸式的增长。

布莱克 – 斯科尔斯公式还产生了更为重要的影响，因为它向华尔街企业表明，高深的数学模型可以对复杂的金融证券进行定价。结果，华尔街企业雇用了很多拥有经济学、金融学和数学高等学位的人来建立数学模型，为新证券定价并评估其价值。这些人被称为"股市分析高手"（rocket scientists）或"宽客"（quants）。

▌解决问题 7.4：与你相关

解读特斯拉的期权报价

利用表 7-6 中有关特斯拉股票买入期权和卖出期权的信息，回答下述问题。在回答问题时，除了期权或股票的价格以外，忽略与买卖期权和标的股票相关的费用。

表 7-6　特斯拉股票买入期权和卖出期权信息

（标的股票价格：752.68 美元）

到期日期	行权价格（美元）	买入期权			卖出期权		
		价格（美元）	交易量（份）	持仓量（份）	价格（美元）	交易量（份）	持仓量（份）
8 月	700.00	52.65	101	2 375	26.43	70	1 341
10 月	700.00	64.03	12	519	37.97	10	409
1 月	700.00	81.67	26	2 443	54.82	16	1 200
6 月	700.00	100.95	0	41	77.40	2	92

a. 为何买入期权的出售价格高于卖出期权？

b. 为何 6 月买入期权的出售价格高于 10 月买入期权？

c. 假定你购买了 6 月的买入期权。简单解释一下你是否会立即执行这一买入期权。

d. 假定你按照上述报价购买了 10 月的买入期权，并在特斯拉股票价格达到 800 美元时执行了这一期权。你的利润或者损失是多少？记住，每份期权合约包含 100 股股票。

e. 假定你按照上述报价购买了 6 月的卖出期权，特斯拉股票的价格一直保持在752.68 美元。你的利润或者损失是多少？

解决问题

第一步　复习本章内容。这一问题有关期权报价的解读，因此，你应该复习"期权定价与'宽客'的崛起"的内容。

第二步 解释为何买入期权的售价高于卖出期权，从而回答问题 a。注意，700 美元的行权价格低于标的股票的价格，即 752.68 美元。因此，买入期权都是实值期权，因为如果你执行期权，你能够以每股 700 美元的价格从期权的卖方那里购买 100 股特斯拉的股票，然后在市场上以每股 752.68 美元的价格出售，从而每股赚取 752.68 美元 −700 美元 =52.68 美元的利润。卖出期权都是虚值期权，因为你不会执行你的期权，即在可以以每股 752.68 美元的价格在市场上出售特斯拉的股票时，以每股 700 美元的价格向期权的卖方出售。因此，卖出期权的内在价值为零，其价格都低于买入期权的价格。

第三步 解释为何 6 月的买入期权售价要高于 10 月的买入期权，从而回答问题 b。期权的价格等于期权的内在价值加上时间价值，后者是指所有影响期权执行可能性的其他因素。到期日期越远，期权内在价值上升的可能性越大，期权的价格也就会越高。因此，由于两份买入期权的行权价格是相同的，6 月买入期权的价格就会高于 10 月的买入期权。

第四步 解释你是否会立即执行 6 月的买入期权，从而回答问题 c。如果你购买了 6 月的买入期权，你就能以每股 700 美元的价格从期权卖方那里购入特斯拉的股票，然后在市场上以 752.68 美元的价格出售，从而每股赚取 52.68 美元。但是，这一期权的价格为 100.95 美元，所以你购买这一买入期权，不是为了立即执行。只有你预期在到期日之前特斯拉的股票会涨得足够高，使买入期权的内在价值高于 100.95 美元，你才会购买 6 月买入期权。

第五步 计算购买 10 月的买入期权并在特斯拉的股票价格达到 800 美元时执行期权的收益或损失，从而回答问题 d。如果你执行 10 月的买入期权，行权价格为 700 美元，此时特斯拉股票的市场价格为 800 美元，你赚取的利润为 100 美元减去期权的价格 64.03 美元，即 35.97 美元。期权合约中包含 100 股，因此，你的总利润为 35.97 美元 / 股 ×100 股 =3597 美元。

第六步 计算如果特斯拉股票的价格一直保持在 752.68 美元，购买 6 月的卖出期权的收益或损失，从而回答问题 e。如果特斯拉股票的价格一直保持在 752.68 美元，6 月的卖出期权将会一直是虚值期权。因此，你不会执行这一期权，而是承受每股 77.40 美元这一期权价格损失。你的总损失是 77.40 美元 / 股 ×100 股 =7740 美元。

利用期权来管理风险

与期货一样，企业、银行和个人投资者可以利用期权，来对冲由于商品或股票价格、利率或外汇汇率的波动而产生的风险。期权的不利之处在于，它比期货更昂贵。

但是期权有一个重要的优点，即如果价格变动的方向与原本对冲的方向相反，购买期权的投资者可以不承受损失。比如，我们之前已经知道，如果你拥有中期国债，并且希望对冲中期国债价格下跌的风险，你就可以卖出中期国债期货。但是，如果中期国债的价格上涨了呢？在这种情况下，你会因为持有中期国债而获得收益，但是会因为持有期货的头寸而遭受损失。你确实对冲了风险，但是无法从中期国债价格上涨中获益。

你可以通过购买中期国债卖出期权来对冲风险。如果中期国债的价格下跌了，你可以执行你的卖出期权，并按照行权价格出售中期国债，从而使你的损失最小化。如果中期国债的价格上涨了，你可以让自己的卖出期权过期，不执行期权，从而就可以保留大部分价格上涨的收益。由于期权合约使投资者避免了不利的结果，同时还能够从有利的结果中获益，与期货合约相比，它们更像是保险。期权的这种保险功能就是期权价格被称为期权费（option premium）的原因。购买保险的人向保险公司支付的款项被称为保险费（premium）。

是选择使用期权还是期货来对冲风险，企业和投资者需要在使用期权普遍更高的费用与期权所提供的额外保险的作用之间进行权衡。如果购买的是期权，你认为这样做风险要比购买期货合约更小一些，因为你面临的最大损失就是期权费。然而，需要注意的是，期权的卖方无法控制损失的大小。比如，如果中期国债价格下跌到很低的水平，卖出期权的卖方仍有责任以行权价格购买中期国债，即使其价格已经远高于当前的市场价格。

很多对冲者购买的期权，不是基于标的金融资产，而是基于这种金融资产衍生出来的期货合约。比如，在上述例子中，不是通过购买中期国债的卖出期权来对冲中期国债价格下跌的风险，而是购买针对中期国债期货的卖出期权。与买卖标的资产的期权相比，买卖期货期权（futures option）有几个好处。针对中期和长期国债的期货期权是在交易所交易的证券，因此流动性要比中期国债和长期国债更强，因为中期国债和长期国债一般必须通过交易商才能交易。同样地，在整个交易日，投资者可以随时了解交易所期货合约的价格，但是，只有当天闭市时，投资者才能获知有关中期国债和长期国债价格的信息。

| 概念应用：与你相关 |

你预期股票市场的波动有多大

你可能不愿意投资于股市，因为股票价格的波动性很强。毕竟，一种资产的价格波动幅度越大，你作为投资者承担的风险就越大。是否能够测度投资者预期未来波动的程度有多大? 如果可以的话, 这种测度可以让你拥有一种方法, 对股票投资和其他金融资产投资进行比较。

构建这种测度指标的一种方法, 就是使用期权的价格。1993 年, 如今在范德堡大学(Vanderbilt University)任教的罗伯特·E. 威利(Robert E. Whaley)注意到, 股票市场价格指数的期权价格隐含着对投资者预期的未来市场波动性的测度, 比如标普 500 指数。这种对波动性的测度是隐含的, 而不是明显的, 因为期权价格的影响因素包括期权的内在价值和其他一些因素, 比如波动性, 这会影响投资者执行期权的可能性。威利提出了一种方法, 将期权价格的一部分分离出来, 这部分价格代表了投资者对波动性的预测。

使用标普 500 指数的卖出期权和买入期权的价格, 芝加哥期权交易所构建了市场波动指数(Market Volatility Index), 以此衡量对美国股票市场未来 30 天波动性的预期, 这个指数被称为波动指数(VIX)。很多人将波动指数视为"恐慌指数"(fear gauge), 因为当投资者预期股票价格波动性增强时, 他们就会增加对期权的需求, 从而使期权价格升高, 并使波动指数的数值提高。图 7-3 展现了波动指数从 2006 年 1 月至 2020 年 6 月的变动。

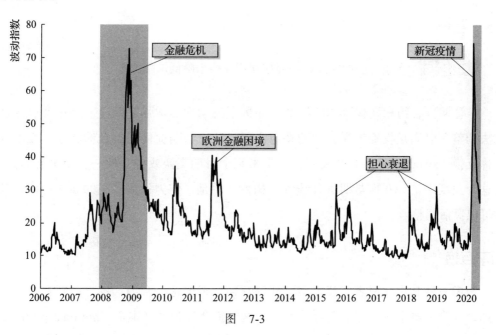

图　7-3

在 2007 年中期, 波动指数的数值一般在 10 ~ 20 之间, 这意味着投资者预期在未来 30 天, 标普 500 指数以年率计算将会上涨或下跌 10% ~ 20%。然后, 当金融危机在 2007 年爆发时, 波动指数开始上升, 在雷曼兄弟投资银行破产之后, 于 2008 年 10 月和 11 月达到了 80 这一创纪录的水平。波动指数的上涨是由于投资者预期波动性将会增强, 为了对冲他们股票市场投资的风险, 从而抬高了期权的价格。波动指数直到

2009 年 12 月才回落至 20 以下。在 2010 年 5 月和 2011 年秋天，随着市场又经历了一个剧烈波动的时期，波动指数再次急剧上升，这次是由于担心欧洲的金融困境有可能影响美国市场。在 2015 年、2016 年和 2018 年，由于投资者担心全球增长放缓会导致经济衰退，波动指数有几次出现峰值。从 2020 年 2 月底开始一直持续到 4 月初期，波动指数达到了自 2007 ~ 2009 年金融危机以来的最高水平，因为投资者担心新冠疫情的影响会使全球经济出现严重的衰退。接着，由于投资者断定这次衰退可能不像原来预期的那样严重，指数有所下降，然而直至 2020 年中期，指数仍远高于正常水平。

2004 年 3 月，芝加哥期权交易所开始交易波动指数期货，2006 年 2 月，开始交易波动指数期权。投资者如果想要对冲市场波动性增加的风险，就可以购买波动指数期货。同样地，如果投机者想要押注市场波动性增加，也可以购买波动指数期货。如果投机者想要押注市场波动性下降，就可以出售波动指数期货。

波动指数是一个很方便的工具，用于估计投资者预期市场的波动有多大，并对由波动引发的风险进行对冲。

7.5 互换

学习目标 了解互换的定义，解释如何用互换来降低风险。

尽管期货合约和期权合约的标准化促进了流动性的增强，但这也意味着这些合约无法调整，以满足投资者和企业的特定需要。这一缺陷促使互换合约激增。互换合约又称互换（swap），是指双方或多方在未来某个时期交换或者互换一组现金流的协议。从这个角度来讲，互换与期货合约较为相像，但是，作为各方之间的私人协议，其条款可以灵活调整。

利率互换

考虑一种基本的或者"基本型"利率互换，根据这一合约，各方同意在某个特定时期，互换一笔金额固定的资金的利息，这笔资金称为名义本金（notional principal）。名义本金用作计算的基础，但是不是各方之间实际转账的金额。比如，富国银行和 IBM 基于一笔 1000 万美元的名义本金，就一份持续 5 年的互换合约达成共识。IBM 同意按照 6% 的年利率，向富国银行支付名义本金为 1000 万美元的利息，期限为 5 年。作为回报，富国银行同意向 IBM 支付变化的或浮动的利息。按照利率互换，浮动利率通常以跨国银行相互之间借贷的利率为基础。这一利率就是 LIBOR（伦敦银行同业拆借利率）。假定根据协商一致的互换条款，浮动利率被设定为 LIBOR 加 4%。图 7-4 总结了这笔互换交易的付款情况。

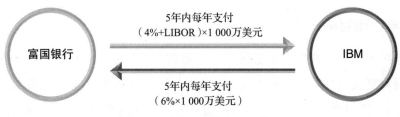

5年内每年支付
（4%+LIBOR）×1 000万美元

富国银行

IBM

5年内每年支付
（6%×1 000万美元）

图 7-4　互换交易中支付的款项

如果第一笔支付的利息是基于 3% 的 LIBOR。IBM 欠富国银行 1000 万美元 × 0.06＝60 万美元，而富国银行欠 IBM1000 万美元 ×（0.03＋0.04）＝70 万美元。两笔款项相减，富国银行应向 IBM 支付 10 万美元。一般而言，各方交易的只是剩余的款项。

企业和金融机构参与利率互换，有五个重要原因。第一，互换将利率风险转移至更愿意承受风险的一方。在我们的例子中，在利率互换之后，IBM 暴露在更大的利率风险之下，但是它愿意承受这种风险，并期望从中获利。在第一次付款时，IBM 收到的款项比其付给富国银行的款项要多 10 万美元。第二，一家银行如果有很多利率浮动的资产，比如利率可调整的抵押贷款，它可能希望与有很多利率固定的资产的银行进行利率互换。银行和其他企业通常基于充分的商业原因获取利率可调整的或利率固定的资产。比如，银行可能会发现，购房者可能更喜欢利率固定的抵押贷款，而非利率可调整的贷款。互换允许它们保留这些资产，同时改变它们收到的固定的或浮动的利息支付的组合。第三，正如前面已经提到的，互换比期货或期权更为灵活，因为它们可以量体裁衣，以满足各方的需要。第四，互换通常比交易所的交易更为私密，也受到相对较少的政府管制。第五，互换可以签署长期合约，甚至最长达到 20 年。结果，与金融期货或者期权相比，它们可以在更长的时间里对冲风险，而金融期货或期权通常在一年或者更短的时间内就要清算或到期。

然而，与期货或者在交易所交易的期权不同，在互换交易中，交易各方必须确定交易对手的信誉度。这一问题使得互换市场主要被大企业和金融机构统治着，因为它们的信誉度更容易辨别。此外，互换和远期合约一样，流动性不如期货和期权。实际上，互换很少被再次出售。

2010 年通过的《多德 - 弗兰克法案》加强了对互换的监管。每年从事互换交易的金额超过 80 亿美元的金融企业，现在必须在商品期货交易委员会注册为"互换经纪商"。自 2014 年起，互换经纪商必须通过一个中央清算所进行互换交易，这个清算所被称作"互换交易执行系统"（swap execution facility）。交易数据向公众开放。就像期货合约交易长期以来所做的那样，经纪商被要求在这一系统中存入互换合约价值一定比例的金额作为保证金。

货币互换与信用互换

在利率互换中，各方按照固定利率和浮动利率交换债务的利息支付。在货币互换中，各方同意交换以外币标价的本金金额。比如，一家法国企业可能有欧元，并且想用这些欧元来交换美元。一家美国企业可能有美元，并且想用这些美元来交换欧元。

基本的货币互换包括三个步骤。第一，双方以两种货币交换本金金额。注意，这与利率互换不同，在利率互换中各方以相同的货币进行交易，并且通常只交换净利息，而不是本金。第二，在协议持续期间，双方定期交换利息。第三，在互换结束时，双方再次交换本金金额。

为何企业和金融机构愿意参与货币互换？原因之一是，企业在以本国货币进行借款时可能具有比较优势。它们可以通过与国外的交易对手互换获得外汇并用于项目投资等。通过这种方式，与直接获取所需货币的贷款相比，双方都能够以更低的成本借款。

在信用互换中，交换的是利息，目的是降低违约风险或信用风险，而不是基本型利率互换所要避免的利率风险。比如，蒙大拿州的一家银行向铜矿企业发放了很多贷款，它可能就希望与向生产小麦的农户发放了很多贷款的一家堪萨斯州的银行进行信用互换。蒙大拿州的银行担心如果铜价下跌，该行业的一些借款人就可能出现贷款违约，而堪萨斯州的银行则担心如果小麦价格下跌，一些农户的贷款也有可能违约。两家银行通过互换一些贷款支付的现金流，就可以降低风险。虽然蒙大拿州的银行可以选择减少对铜矿企业的贷款，同时增加对农户的贷款，从而实现贷款组合的分散化，但是，这可能很难实施，因为很多银行专门向与自己有长期关系的企业发放贷款。堪萨斯州的银行在实现自己贷款组合的分散化时，也面临类似的困难。

信用违约互换

在20世纪90年代中期，美国信孚银行（Bankers Trust）和JP摩根投资银行开发了信用违约互换（credit default swaps，CDS）。这个名称有些误导性，因为与我们到目前为止已经讨论过的互换不同，信用违约互换实际上是一种保险。在2007～2009年金融危机期间，这种互换被广泛地与抵押贷款支持证券和担保债务凭证（collateralized debt obligations，CDO）联系在一起。担保债务凭证与抵押贷款支持证券类似。抵押贷款支持证券的信用违约互换发行人从买方那里获得支付的款项，作为交换，它承诺如果证券违约的话，会向买方支付相应的款项。比如，买方购买了某项抵押贷款支持证券的信用违约互换，面值为 1000 美元，作为交换，它每年向信用违约互换的卖方支付 20 美元。如果抵押贷款支持证券的发行人未能按计划偿还本金和利息，从而导致债券违约，其价值就会显著下降。如果债券的价格降至 300 美元，信用违约互换的买方将从卖方那里得到 700 美元。

至 2005 年，在房地产繁荣时期，一些投资者认为很多包含在抵押贷款支持证券和担保债务凭证中的次级抵押贷款有可能违约，于是决定通过购买这些证券的信用违约互换进行投机。这些投资者是在投机而不是在购买保险，因为对于他们购买的信用违约互换而言，大部分投资者并未持有底层的抵押贷款支持证券。作为美国最大的保险公司，美国国际集团（American International Group，AIG）发行了大量针对抵押贷款支持证券的信用违约互换。事后来看，与实际风险相比，AIG 向买方收取的费用明显偏低。AIG 发行的信用违约互换数量太多使其在美国房地产市场下跌时变得非常脆弱，因为对于该企业提供保险的抵押贷款支持证券而言，房地产市场下跌会使很多抵押贷款违约。AIG 低估了自己承受的风险，这明显是由于它过于相信标准普尔和惠誉对很多这类证券的高评级。

至 2008 年 9 月，AIG 提供信用违约互换的证券价格似乎已经严重贬值，信用违约互换的买方坚持让 AIG 提供抵押品，从而使买方可以冲销由 AIG 引发的交易对手风险，并且使买方确信能获得他们认为自己由于标的证券价格下跌而有权得到的款项。由于缺乏足够的抵押品，AIG 濒临破产。财政部和美联储决定由美联储向其贷款 850 亿美元，作为交换，联邦政府取得了该公司 80% 的股权。通过出售子公司，加上持有的一些金融资产出现了价格反弹，AIG 最终偿还了所有从联邦政府取得的贷款。至 2012 年年底，财政部出售了其持有的 AIG 股票，并获得了超过 220 亿美元的利润。

在房地产繁荣结束之前的最后几个月，次级抵押贷款的发行数量开始少于对抵押贷款支持证券和担保债务凭证的需求。一些商业银行、投资银行和其他金融企业由于看好这些证券的前景，于是决定出售针对这些证券的信用违约互换。它们的想法是，这些证券的价格会保持在较高的水平，因此这些企业就无须向信用违约互换的买方支付任何款项，从而从买方向其支付的款项中赚取利润。对它们来讲不幸的是，标的资产大幅贬值，这些企业不得不向信用违约互换的买方支付巨额款项。

㊀ 对于信用违约互换在金融危机期间的发展，迈克尔·刘易斯（Michael Lewis）做了有趣而生动的描述，参见其《大空头》（*The Big Short: Inside the Doomsday Machine*），2010 年由纽约的诺顿出版社（W. W. Norton & Company）出版。注意，书中复述的很多与投资者的对话有不经之语。有关担保债务凭证的一个极佳的信息来源是，哈佛大学本科四年级学生安娜·凯瑟琳·巴内特 - 哈特（Anna Katherine Barnett-Hart）撰写的《担保债务凭证市场崩溃的故事》（*The Story of the CDO Market Meltdown*），哈佛学院，2009 年 3 月 19 日。

一些金融界人士以及经济学家和政策制定者，仍然担心信用违约互换可能给金融体系带来的风险。出售的信用违约互换不仅可以基于证券，还可以基于企业。因此，证券违约或者企业破产，都有可能导致出售以这些证券或企业为基础的信用违约互换的多家公司出现重大损失。国际互换和衍生工具协会（International Swaps and Derivatives Association）是一家衍生品交易商组成的私人组织，致力于促进信用违约互换合约的标准化，并澄清信用违约互换的卖方有责任向买方支付款项的条件。

2018 年，联邦政府机构美国商品期货交易委员会关注到，黑石集团（Blackstone Group）这家金融企业诱使房屋建筑商霍夫纳尼安公司（Hovnanian Enterprises）就一小笔利息的偿付违约，目的在于触发基于霍夫纳尼安公司债务的信用违约互换的相关合约条件，而黑石集团是这些信用违约互换的买方。这些信用违约互换的卖方，包括投资银行高盛，对黑石集团提出了质疑，迫于美国商品期货交易委员会的压力，黑石集团同意放弃相关约定。一些政策制定者担心，这一事件表明信用违约互换仍会导致金融体系的动荡。一些买卖互换的企业抱怨，由于监管权力被分别赋予了美国证券交易委员会和美国商品期货交易委员会，治理这些衍生品的规则有时未能得到清晰的界定。

| 概 念 应 用 |

衍生品是"大规模毁灭性金融武器"吗

我们已经看到，衍生品在金融体系中扮演了重要角色，特别是在促进风险分担方面。然而，正如本章开头提到的，亿万富翁沃伦·巴菲特将衍生品视为"大规模毁灭性金融武器"。需要注意的是，巴菲特所指的并非我们在本章所关注的这类期货合约或者在交易所交易的期权合约。他指的是不在交易所交易的衍生品。这些衍生品包括远期合约、非上市期权合约和信用违约互换。

巴菲特指出了这类衍生品存在的三个问题：

1. 这类衍生品的交易频率较低，也就是说，相关的买卖交易不经常发生，因此，很难对其进行定价。市场价值的缺失使得很难评估买方或卖方的金融状况。此外，一些这类期权的交易商逐日盯市时使用的是利用计算机模型预测的价格，而不是实际的市场价格，因为市场价格可能并不存在。这种做法意味着，交易商会将资金转入买方或卖方的账户，存入哪方账户取决于价格变化使哪一方受益同时将资金从另一方的账户中转出。受益于衍生品价值升值的一方可以将这一收益作为收入计入自己的财务报表。巴菲特认为，由于用于估计价格变化的模型可能并不准确，增加的收入也有可能是不准确的。

2. 很多这类衍生品没有受到政府严格的管制，因此，企业可能不会拨备准备金，以冲销潜在的损失。AIG 就面临一个问题——当该企业不得不为其信用违约互换提供抵押品时，它缺乏足够的资金，从而需要向美联储和财政部借款。

3. 一些衍生品不在交易所交易，因此它们涉及严重的交易对手风险。尽管自 2014 年以来，大部分互换都是在互换交易执行系统中进行的，但是与芝加哥期货交易所不同，这一系统并不作为买卖双方的交易对手。在金融危机期间，对交易对手风险的担忧导致了某些衍生品市场交易枯竭，因为潜在的买方担心违约风险。在雷曼兄弟于 2008 年 9 月宣布破产并对其很多合约违约之后，这一问题变得尤为严重。

很多经济学家和政策制定者与巴菲特有着同样的担忧。2010 年，受上一次金融危机的影响，美国国会通过了《华尔街改革和消费者保护法案》，又称《多德－弗兰克法案》。根据这一法案，很多衍生品现在必须在交易所交易。对于交易对手风险的下降和透明度的增加是否足以补偿由衍生品合约的标准化导致的其在灵活性方面的损失，经济学家还未形成共识。

回答关键问题

在本章开始时，我们提出的问题是：

"衍生品是'大规模毁灭性金融武器'吗？"

我们已经发现，期货和在交易所交易的期权在金融体系中扮演了重要角色，并提供了重要的风险分担功能。沃伦·巴菲特认为某些不在交易所交易的衍生品是金融危机产生的重要原因。尽管并非所有衍生品都是大规模毁灭性金融武器，但政策制定者还是制定了新的监管规定，以确保某些衍生品的使用不会导致金融体系的动荡。

第 8 章

外汇市场

学习目标

在学习了本章之后，你应该能够：

8.1　解释外汇市场是如何运作的。

8.2　使用购买力平价理论，解释长期汇率是如何确定的。

8.3　使用供求模型，解释汇率在短期是如何确定的。

新冠疫情、美元和可口可乐

为了经营一家企业并获取利润，你需要考虑很多因素，比如如何定价，如何控制成本，如何处理好与雇员和供应商的关系，如果推销自己的商品，如何维护自己的企业在社交媒体上的形象。但是，不管你在这些方面做得有多好，一些突发事件总有可能使你的企业遭遇灭顶之灾。2020 年年初，全世界相当一部分民众都感染了新冠病毒。结果，很多美国人不再乘飞机出行，不去看电影或者观看体育赛事，也不去餐馆就餐。由于销售额下降，相关企业遭受了严重的损失，并解雇了工人。至 3 月中旬，州政府和地方政府实施了社交疏离措施，包括关闭学校和大部分非必需企业。

病毒的广泛传播使得全球经济出现了下滑，出口企业发现自己的销售额急剧下降。全球产业链受到严重破坏，苹果公司等企业遭受了重创，这些企业依赖中国和其他一些国家的供应商，而新冠疫情对这些国家的生产造成了很大的影响。

无论何时，一家企业只要将产品出口到海外，或者从其他国家进口商品并在国内销售，又或者需要进口某些中间产品，就会极为关注汇率。汇率衡量的是以另外一种货币来计算，某种货币价值几何。在新冠疫情开始时，与大部分美国贸易伙伴的货币相比，美元的币值先是上升，然后又下降了。

汇率的这种变化非常重要，因为在如今经济全球化的时代，很多大型企业都在几个国家从事生产活动，并将产品出售到其他国家。考虑一下可口可乐的例子，这家公司在全球 200 个国家销售超过 4000 种软饮料。该公司在美国的销售额不到全部销售额的 20%。因此，美元相对于其他货币的币值波动就会对可口可乐的利润产生影响。与其他一些年份相比，在某些年份将营业收入由外币转换为美元将导致收入减少。比如，如果以美元衡量而不是以英国的英镑、德国的欧元或墨西哥的比索来衡量，2019 年可口可乐的全球营业收入就会减少 14 亿美元。为何出现了这一偏差？2019 年，美元的币值相对于某些货币升值了，但是相对于另外一些货币则贬值了。然而，总体而言，美元币值是升值的，这意味着对于可口可乐公司而言，将外币转换为美元，收入将会减少。

可口可乐的利润不仅受外币相对于美元的币值波动的影响，还会受到一些外币相对于其他外币的币值波动的影响。比如，可口可乐在马来西亚生产软饮料，并将其出口到印度尼西亚。因此，该公司在印度尼西亚销售的产品的利润率就会受到马来西亚和印度尼西亚两国货币汇率的影响。可想而知，可口可乐在年报中会提醒投资者，对于公司未来几年的利润，"公司无法以某种合理的确定性来预测外汇汇率的变化所产生的影响"。在新冠疫情暴发之后，外汇市场的波动加剧了，这使得在多个国家从事经营活动的可口可乐和其他美国企业很难预测疫情对其销售和成本会产生何种影响。

为何美元与其他货币之间的汇率会出现波动？一个关键原因就是，在过去的 25 年中，跨境金融投资增加了，投资者对各国之间的利差更为敏感。在美联储为应对新冠疫情对美国经济的影响而降低其目标利率时，外国投资者购买美国金融资产的可能性更低。结果，相比对其他货币的需求，对美元的需求减少了，这使得美元和这些货币之间的汇率下降了。

正如我们将在本章中看到的那样，除了投资者采取的行动以外，其他因素也会对汇率产生影响，特别是对于长期汇率而言。在现代国际金融体系中，美联储、欧洲中央银行和其他中央银行无法忽视自己采取的政策对其他国家的经济造成的影响，以及其他国家的金融和经济动向对本国经济的影响。

关键议题和问题

议题：最近这些年，美元和其他货币之间的汇率大幅波动。

问题：为何如果以其他货币来衡量，美元的币值就无法保持稳定？

在本章中，我们将会分析汇率是如何确定的，以及汇率为何会随着时间推移而发生变化。汇率会围绕长期趋势出现短期的波动。理解了这些变化，就能明白为何美国的经济动向，包括美国利率的变化，将会影响国际金融市场以及范围更广的全球经济。

8.1 汇率和外汇市场

学习目标 解释外汇市场是如何运作的。

如今，很多产品和金融资产都是面向全球市场的，商品和服务的出口与进口以惊人的速度增长。2020 年，在美国生产的商品和服务中，有 11.7% 是由外国的消费者、企业和政府购买的，同时，在美国消费的商品和服务中，有 14.6% 是在国外生产的。与 20 世纪 60 年代相比，这两个比例是那时的两到三倍。当美国的个人或企业进口或出口商品，或者在其他国家进行投资时，他们需要将美元转换为外币。**名义汇率**经常被简称为汇率，指的是一个国家的货币以另外一个国家的货币来衡量的价格。比如，2020 年 6 月，1 美元可以买 107 日元或 22 墨西哥比索。

美元与外币之间的汇率波动会影响美国消费者为进口的外国商品所支付的价格。比如，一套索尼 PlayStation 4 视频游戏机在东京卖 3 万日元，日元与美元之间的汇率为 100 日元 =1 美元，那么，PlayStation 4 的美元价格为 300 美元 [=30 000 日元 /（100 日元 / 美元）]。如果汇率为 80 日元 =1 美元，那么，PlayStation 4 的美元价格就会升至 375 美元 [=30 000 日元 /（80 日元 / 美元）]，尽管 PlayStation 4 在东京的日元价格并没有变化。在这种情况下，日元相对于美元就升值了，因为购买 1 美元只需要花费更少的日元。

一国货币在交换其他国家的货币时价值上升，这被称为**升值**。如果日元相对于美元升值，日本企业在将其商品和服务销售到美国时就会更加困难。同样的道理，日元相对于美元升值会使美国企业在将其商品和服务销售到日本时更为容易。比如，在汇率为 100 日元 =1 美元时，一根好时（Hershey）糖果棒在费城卖 1 美元，在日本则卖 100 日元。但是，如果日元升值至 80 日元 =1 美元，这根糖果棒的日元价格就只有 80 日元。如果我们说日元相对于美元升值了，这就等价于美元相对于日元**贬值**了，或者说价值下降了。

| 概念应用 |

英国脱欧、新冠疫情、汇率和英国企业的盈利状况

在 18 世纪 50 年代，英国是第一个开始工业化的国家。到了大约 19 世纪 50 年代，

它成了第一个超过一半的人口生活在城市的国家，这使得英国消费的相当一部分的食品是从国外进口的。美国直到 1920 年左右才跨越了这一里程碑。在一战之前，英镑一直是国际贸易中使用最广泛的货币，直至今天，仍在全球商贸领域占有一席之地。长期以来，国际贸易对于英国来讲至关重要，在 2020 年初期新冠疫情暴发之前一直如此。英国的进出口占其 GDP 的比例是美国的两倍。因此，汇率的波动对英国经济会产生重要的影响。

1973 年，英国加入了欧共体。这是欧盟的前身，由 28 个国家组成，它通过取消大部分关税并且允许工人和企业在各国之间几乎不受约束地流动，将这些国家整合在一起。2001 年，当欧盟大部分成员国都开始使用欧元作为它们共同的货币时，英国决定继续使用英镑。2016 年 6 月，英国举行了一次全民公投，多数人投票赞同脱离欧盟。这次投票被称为脱欧（Brexit），表示"英国退出"（British exit）的意思。

在投票之前，很多投资者认为英国脱离欧盟将会产生两个重要的结果：①伦敦作为金融中心的地位将被削弱；②英国经济将会受到伤害，因为英国企业在向欧盟国家出口时很有可能不得不支付关税。大部分政治分析家预测，大部分民众将会投票赞同留在欧盟。因此，实际的投票结果令很多投资者感到意外，如图 8-1 所示，在投票之后的第二天金融市场开盘时，以美元计算，英镑币值下跌了将近 8%，即从 1.48 美元 = 1 英镑降至 1.36 美元 =1 英镑。

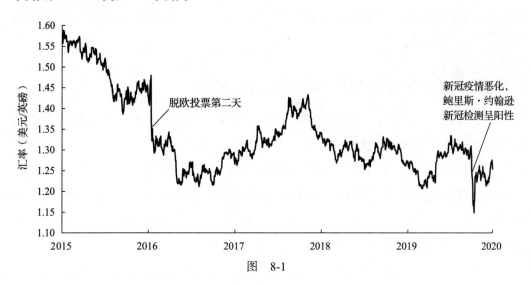

图 8-1

2020 年 3 月，投资者意识到新冠疫情是一场全球性的疫情，这使得英镑再次急剧贬值，相对于美元的币值降至 1985 年以来的最低点。投资者担心疫情将会影响国际金融市场，这将使英国面临严峻的挑战，因为伦敦是全球金融中心。此外，英国政府宣布首相鲍里斯·约翰逊（Boris Johnson）的新冠病毒检测呈阳性，这让人怀疑英国政府迅速应对这场危机的能力。

抛开脱欧与新冠疫情给英国经济带来的问题，英镑贬值对于英国的企业而言是件好事还是坏事？答案是，总体来讲，贬值对英国的出口企业是件好事，但是对于供应商位于国外的英国企业是件坏事。比如，布朗普顿自行车（Brompton Bicycle）就在脱欧投票之后由于英镑贬值而获益，这是伦敦的一家畅销折叠自行车生产企业。它 80% 的自行车销往其他国家。由于英镑贬值，在将美元转换为英镑时，每辆在美国以美元出售的自行车都能带来更多的收益。同样地，劳斯莱斯在英国制造飞机引擎，并且大部分产品用于出口。这家公司的经理估计，英镑兑换美元的汇率每下降 1%，其年度利润就会增加 200 万美元。在脱欧投票的第二天，英镑兑美元的汇率下降了 16%，因此，如果下降后的汇率保持不变，劳斯莱斯的年度利润将会增加 3200 万美元。

然而，Air & Grace 鞋业公司由于英镑贬值而受损。这家公司在英国设计并销售各种鞋，但是在葡萄牙的一家工厂进行生产，而葡萄牙使用的货币是欧元。由于英镑相对于欧元的币值也下跌了，因此 Air & Grace 进口的鞋的成本在转换为英镑时就增加了。

新冠疫情对于所有的英国企业都是一个挑战，无论它们主要从事进口还是出口。但是出口商的损失稍微小一些。2020 年 2 月，英国从美国进口的商品要比出口到美国的商品多大约 20 亿美元，而到了 4 月，英国的出口比进口多了大约 5 亿美元。这一变化表明，英国的出口商受益于英镑的贬值，这也说明了汇率是决定企业利润的重要因素之一。

是每日元兑换多少美元还是每美元兑换多少日元

对于每种汇率而言，可以用两种方式来表示：①每单位本币兑换的外币数量；②每单位外币兑换的本币数量。比如，美元和日元之间的汇率可以表示为 100 日元 = 1 美元或者 0.01 美元 =1 日元。从数学的角度来看，这两种表达方式是相同的，一个是另外一个的倒数。银行和其他金融机构中专业的外汇交易商通常以每单位外币兑换的本币数量进行定价或者"报价"。以这种方式来表示汇率，被称为"直接标价法"。间接标价法是以每单位本币兑换的外币数量来表示汇率。

在现实中，财经新闻在报道汇率时遵循一定的惯例，既使用直接标价法，也使用间接标价法。比如，在报道美元和日元之间的汇率时，几乎总是报告每美元兑换多少日元，而在报道欧元和美元之间的汇率或者英镑和美元之间的汇率时，则会报告每欧元兑换多少美元或者每英镑兑换多少美元。很多新闻媒体都提供外汇"交叉汇率"的表格，其中既有直接标价，也有间接标价。

图 8-2 展现了美元与日元、加元和欧元这三种货币之间的汇率自 2006 年以来的波动。为了统一，每张图中纵轴表示的都是购买每单位的外币所需的美元数量。在图 8-2 中，汇率的数值上升代表美元贬值，外币升值，因为购买一单位的外币需要更多的美元。这些图表明，相对于这些货币，美元的币值出现了明显的波动。在第 8.2 节和第 8.3 节中，我们将会考察是哪些因素导致汇率出现了波动。

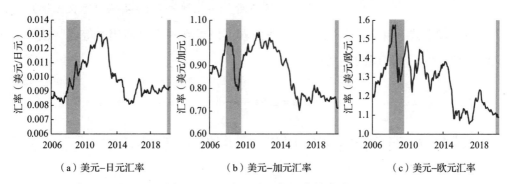

图 8-2　2006 ～ 2020 年汇率的波动

注：这组图展现了美元与日元、加元和欧元之间汇率的波动。因为在纵轴上是以每单位外币兑换多少美元的
　　形式来表示汇率的，因此，汇率的上升代表美元贬值，其他货币升值。
资料来源：圣路易斯联邦储备银行。

名义汇率与实际汇率

名义汇率告诉我们的是 1 美元可以兑换多少日元、欧元或加元，但是并没有告诉我们 1 美元可以在另外一个国家购买多少商品和服务。如果我们感兴趣的是两个国家货币的相对购买力，就要使用**实际汇率**，它衡量的是一国的商品和服务与另外一个国家商品和服务的兑换比率。为了简化，让我们用一种特定的商品来考察实际汇率，即麦当劳的巨无霸汉堡。我们想要知道，在美国和英国的巨无霸汉堡价格既定的情况下，购买一个巨无霸汉堡分别需要多少美元和英镑。让我们假设巨无霸汉堡在纽约的售价为 4.5 美元，在伦敦的售价为 5 英镑，美元与英镑之间的名义汇率为 1.25 美元 = 1 英镑。通过乘上名义汇率，我们可以将伦敦巨无霸汉堡的英镑价格转换为美元，即 5 英镑 ×1.25 美元 / 英镑 =6.25 美元。因此，一个美国的巨无霸汉堡只能交换 0.72 个伦敦的巨无霸汉堡，即 4.5 美元 /6.25 美元 =0.72。

我们可以将上述计算归纳为一个以巨无霸汉堡来衡量的美元与英镑之间实际汇率的表达式：

$$实际巨无霸汉堡汇率 = \frac{纽约巨无霸汉堡的美元价格}{伦敦巨无霸汉堡的英镑价格 \times 美元/英镑（名义汇率）}$$

当然，对于以某种单一商品来衡量的实际汇率，我们并不特别关心。但是，通过用每个国家的消费者价格指数来代替某种特定商品的价格，我们可以按照相同的方法来确定两种货币的实际汇率。回想一下，消费者价格指数代表了一个典型的消费者购买的所有商品和服务的平均价格，因此代表了该国的价格水平。通过这一替换，我们就可以利用名义汇率和每个国家的价格水平来表示实际汇率：

$$\text{美元与英镑之间的实际汇率} = \frac{\text{美国的消费者价格指数}}{\text{英国的消费者价格指数} \times \text{美元／英镑（名义汇率）}}$$

重新整理上式，并以符号来表示，我们就可以得到一个更通用的等式，从而表明名义汇率和实际汇率之间的关系：

$$e = E \times \left(\frac{P^{\text{本国}}}{P^{\text{外国}}} \right)$$

在上式中，$E=$ 名义汇率，以每单位本币兑换的外币数量来表示。

$e=$ 实际汇率。

$P^{\text{本国}} =$ 本国的价格水平。

$P^{\text{外国}} =$ 外国的价格水平。

比如，如果英镑与美元之间的实际汇率是 2，这一数值表明美国生产的一件普通商品或者提供的服务可以交换英国生产的两件普通商品或服务。换句话说，平均而言，美国的商品和服务要比英国的更贵。如果实际汇率低于 1，美国的商品和服务就比英国的商品和服务更便宜。

外汇市场

通过使用汇率，个人消费者或投资者可以将一种货币转换为另外一种货币。如果你由于公务、上学或度假而去往另外一个国家，你就需要将美元转换为当地的货币，可能是加元、日元、人民币或英镑。如果美元相对于这些货币升值，在你旅行期间你就可以换得更多的外币，这意味着你可以到更高档的餐厅用餐或者带回更多的纪念品。同样地，如果你想要购买外国的股票或债券，你必须将美元兑换为合适的货币。如果美元升值了，你同样可以购买更多的加拿大、日本、中国或英国的股票或债券。

与其他价格一样，汇率是由供求共同决定的。货币在全世界各地的**外汇市场**上交易。大部分买卖外汇的交易是由北美、欧洲和亚洲的大型商业银行的交易商完成的。与纳斯达克股票市场一样，外汇市场并非一个实际的地点，而是一个场外交易市场，电脑将经纪人联系在一起。大型商业银行被称为"做市商"（market maker），因为它们愿意在任何时间买卖主要的货币。大部分规模较小的银行和企业向大型商业银行支付一笔费用，以实施自己的外汇交易，而不是直接进入外汇市场。交易商通常买卖的是以外币标价的银行存款，而不是外币本身。比如，美国银行的外汇交易商可能会以欧元兑换日元，方法是将美国银行巴黎分行的账户上持有的欧元兑换成德意志银行（Deutsche Bank）东京分行的账户上持有的日元。大部分外汇交易发生在位于伦敦、纽约和东京的银行之间，次一级的中心包括中国香港、新加坡和苏黎世。

存在美国之外的银行的美元存款被称为欧洲美元，买卖欧洲美元的市场被称为欧洲美元市场。一开始，欧洲美元仅指欧洲银行的美元存款，现在这个术语指的是所有美国以外的银行的美元存款。欧洲美元市场发端于 20 世纪 50 年代，有两个主要目标，首先，在 20 世纪 40 年代后期和 50 年代初期，大多数西欧国家都存在资本控制，即投资者或金融企业将某种货币自由兑换为其他货币的能力受到了限制。欧洲规避资本控制的方法之一，就是为其客户提供美元存款，与欧洲货币不同，这些美元可以自由交易。其次，从 20 世纪 40 年代后期至 90 年代初期，美国和苏联之间爆发了冷战。尽管在政治上敌视对方，苏联仍然需要获得一些美元以购买某些用美元来定价的商品，比如石油。苏联政府认为，将存款存到美国的银行风险很高，因为一旦冷战升温，美国政府就有可能将这些存款据为己有。与之不同，苏联能够说服欧洲的银行允许自己持有美元存款。现在，美国的银行有时发现，在外国银行持有美元存款可以更好地满足美国跨国公司的需求。实际上，在海外筹集的欧洲美元已经成了美国银行重要的资金来源之一。

由于每天的交易额高达数万亿美元，外汇市场成为世界上规模最大的金融市场。除了商业银行以外，外汇市场的主要参与者还包括基金经理和美联储等中央银行。参与者全天 24 小时不间断地从事美元、日元、英镑、人民币和欧元等各种货币的交易。最繁忙的交易时间是美国东部时间的上午，此时伦敦和纽约的金融市场都已开盘进行交易。但是，交易在某些地方会一直进行。纽约的外汇交易商可能会在午夜时分收到一条消息，使其买卖美元或者其他货币。

8.2 长期汇率

学习目标 使用购买力平价理论，解释长期汇率是如何确定的。

我们已经发现，汇率存在大幅波动。现在，我们转向汇率波动的原因。

一价定律与购买力平价理论

我们首先分析长期汇率是如何确定的，这里的长期指的是至少几年的时间。首先，我们考察一下所谓的"**一价定律**"这一重要的经济理念，这是指同样的商品在各地出售的价格应该相等。为了说明一价定律为何成立，考虑下面这个例子：假定一部iPhone手机在休斯敦的商店中的售价为 799 美元，在波士顿的商店售价为 699 美元。任何生活在波士顿的人都可以以 699 美元的价格购买 iPhone 手机，然后利用 eBay、Craigslist 或社交媒体以 799 美元的价格在休斯敦出售。正如我们在第 3 章看到的，如果相似的证券有不同的收益率，就存在套利的机会，这会使证券的价格发生变化，直至它们的收益率相同为止。同样地，iPhone 手机在休斯敦和波士顿的价格差异也会产生套利机会，通过在波士顿购买并在休斯敦以更高的价格出售 iPhone 手机就可以赚取这一利润。如果波士顿 699 美元的 iPhone 手机销售没有限制，套利活动就会一直存在，直至休斯敦 iPhone 手机供应的增加使其价格降至 699 美元为止。

　　一价定律不仅对于在一国之内交易的商品是成立的，对于跨国交易的商品同样成立。在存在国际贸易的情况下，一价定律构成了购买力平价（purchasing power parity，PPP）理论的基础，这是指汇率的变动会使不同货币的购买力趋于相等。换句话说，长期汇率应当处于即使得所有国家等量的货币能够购买相同数量的商品和服务的水平。

　　考虑一个简单的例子：你可以以 1.5 美元在纽约或者以 1 英镑在伦敦买到一瓶 2 升的可口可乐，购买力平价理论表明，美元和英镑之间的汇率应该是 1.5 美元 =1 英镑。如果汇率与购买力平价所表明的数值不一致，就存在套利的可能。假定你可以在纽约以 1.5 美元或者在伦敦以 1 英镑买到一瓶可口可乐，但是，美元和英镑之间的汇率为 1美元 =1 英镑。你就可以以 1000 万美元兑换 1000 万英镑，然后在伦敦购买 1000 万瓶可口可乐，并将其用船运至纽约，出售以后获得 1500 万美元。结果就是你赚取了 500万美元的套利利润，当然，还要减去运输的费用。如果不仅是瓶装可乐，英镑和美元之间的汇率与很多产品的购买力平价都不符合，对于其他很多种商品，你都可以重复上面的套利过程，从而成为巨富。然而，在现实中，当你和其他一些人试图通过将美元兑换为英镑，并赚取这样的套利利润时，对英镑的需求将会增加，从而使英镑的价格相对于美元上升，直至汇率达到购买力平价所表明的 1.5 美元 =1 英镑这一水平。一旦汇率与两种货币的购买力一致，套利的机会就消失了。按照购买力平价所确定的汇率，美国的一瓶可乐可以交换英国的一瓶可乐，因此，实际汇率等于 1。

　　上述推理过程表明，从长期来看，名义汇率将会调整到使不同货币的购买力相等为止。这意味着长期的实际汇率等于 1。回想一下第 8.1 节，如果实际汇率等于 1，美国的商品和服务可以交换相同数量的英国的商品和服务。这一理论应该是成立的，因为若非如此，就会存在套利机会。在长期，个人通过在外汇市场买卖外汇来追逐套利机会，使名义汇率进行调整，从而使实际汇率等于 1，购买力平价理论由此成立。尽管这一逻辑可能很有说服力，但是实际上是有瑕疵的，我们将在下一节讨论这一点。

在讨论购买力平价理论的缺点之前，我们可以关注一下这一理论对汇率长期变动趋势的预测，即如果一国的通货膨胀率高于另外一个国家，高通胀国家的货币将会相对于低通胀国家的货币贬值。为了说明何以如此，我们重新考察一下实际汇率的表达式：

$$e = E \times \left(\frac{P^{\text{本国}}}{P^{\text{外国}}} \right)$$

我们可以利用一个简便的代数规则，即如果一个等式中各个变量是相乘的关系，那么这一等式就近似地等同于一个这些变量变化的百分比相加的等式。同样地，如果等式中两个变量是相除的关系，这一等式也近似地等同于这两个变量变化的百分比相减的等式。记住，价格水平变化的百分比与通货膨胀率是一回事。

让我们以 $\pi^{\text{本国}}$ 代表本国的通货膨胀率，$\pi^{\text{外国}}$ 代表外国的通货膨胀率，那么，就可以得到下式：

$$e的百分比变化 = E的百分比变化 + \pi^{\text{本国}} - \pi^{\text{外国}}$$

如果购买力平价理论是正确的，那么长期实际汇率 e 就等于 1。如果实际汇率一直等于 1，那么它的百分比变化就等于 0，从而上式可以重新表述为：

$$E的百分比变化 = \pi^{\text{外国}} - \pi^{\text{本国}}$$

上式告诉我们，名义汇率的百分比变化等于外国通货膨胀率与本国通货膨胀率之差。比如，如果英国的通货膨胀率高于美国，我们就可以预期随着时间推移，兑换 1 英镑所需的美元数量会更少，也就是说，名义汇率将会升值。实际上，购买力平价理论的这一预测是正确的。在过去几十年间，与墨西哥等通货膨胀率较高的国家的货币相比，美元的币值上升了，与日本等通货膨胀率较低的国家的货币相比，美元的币值下降了。

购买力平价理论是一个完整的汇率理论吗

尽管一般而言，购买力平价理论可以正确地预测长期汇率的变动，但是对于预测短期汇率的变动，它的表现要糟糕得多。现实世界有三点复杂之处，使得购买力平价理论还不能成为一种完整的汇率理论。

1. **并非所有商品都可以进行跨国贸易**。如果商品可以进行跨国贸易，那么，只要汇率没有处于购买力平价所表明的水平，就可以通过套利来谋取利润。但是在大多数国家，超过一半的商品和服务是无法进行跨国贸易的。如果商品不能进行跨国贸易，就无法通过套利促使其价格相等。比如，假定汇率为 1 美元 =1 欧元，但是在芝加哥洗牙的价格相当于柏林的两倍。在这种情况下，无法在柏林购买这一服务并在芝加哥出售，芝加哥人也不会仅仅为了洗牙就飞去柏林。由于很多商品和服务无法进行跨国贸易，汇率也就无法准确地反映货币的相对购买力。

2. **商品是有差别的**。我们预期同样的商品在全世界的售价都是相同的，然而，如果两种商品是相似的但是并不完全相同，它们的价格可能就会有所不同。因此，尽管石油、小麦、铝和其他一些商品本质上是相同的，汽车、电视、衣服和很多其他商品却是有差别的。所以，我们不能预期它们在各地的价格完全相等。换句话说，对于有差别的商品，一价定律并不成立。

3. **政府的贸易壁垒**。绝大部分国家的政府对进口商品都实施关税和进口配额。**关税**是政府对进口商品征缴的税。**进口配额**是政府对可以进口商品实施的数量限制。关税和进口配额产生的影响都是使商品的国内价格高于国际价格。比如，美国政府对食糖的进口实施配额。结果，美国食糖的价格通常是其他多数国家的两到三倍。由于存在进口配额的限制，没有合法的途径可以以低价从国外购买食糖，然后在美国出售。因此，一价定律不适用于受关税和进口配额约束的商品。

8.3 汇率短期波动的供求模型

学习目标 使用供求模型，解释汇率在短期是如何确定的。

正如我们在图 8-2 中看到的，汇率的波动非常显著。实际上，汇率在几天之内上下波动几个百分点，不是什么稀罕事。比如，在 2020 年 3 月，投资者费尽心思想要搞清楚哪个经济体受新冠疫情的影响最大，这使得汇率出现了明显的波动。在 2020 年 3 月的前三周，美元升值超过了 8%。接着，从 3 月 23 日至 26 日，在短短 3 天之内，美元又贬值了 3%，然后在下一周又升值了 2%。在如此之短的时间内，货币购买力的变化是微乎其微的。因此，汇率短期波动的幅度如此之大，再次表明购买力平价理论无法对汇率做出完整的解释。

汇率的供求模型

经济学家使用供求模型来分析市场价格是如何确定的。由于汇率是用本币来衡量的外汇价格，我们可以使用供求模型来分析影响短期汇率的最为重要的因素。我们在这里考虑的是一个很短的时期，分析的是美国、加拿大、日本、中国和西欧国家的货币，这些国家每年的通货膨胀率处于很低的水平，因此，可以合理地假定价格水平保持不变。我们已经知道，使名义汇率相对于实际汇率发生变化的唯一因素是两个国家的价格水平。因此，通过假定价格水平保持不变，我们的模型将同时确定均衡的名义汇率和均衡的实际汇率。

对于美元的需求代表的是美国之外的家庭和企业对于美国商品和美国金融资产的需求。比如，一家日本电器商店想要进口苹果的 iPhone 手机，它必须用日元来兑换美元，以便支付这些手机的款项。对美元的需求数量取决于汇率，这是合乎逻辑的，因为汇率越低，一单位外币能够兑换的美元数量就会越多，从而对美元的需求数量就越多。比如，当汇率为 80 日元 =1 美元时，对美元的需求就会多于汇率为 100 日元 =1 美元时。在图 8-3 中，我们将汇率置于纵轴上。在这种情况下，汇率表示为 1 美元能够兑换的日元数量，当然，对于任意两种货币之间的汇率，道理都是一样的。在横轴上，我们衡量的是用日元来兑换的美元的数量。以日元来兑换美元的需求曲线是向下方倾斜的，因为随着美元汇率的下降，美国商品和金融资产以日元表示的价格也将变得相对更便宜，因而对美元的需求数量将会增加。

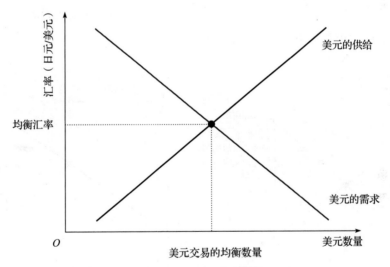

图 8-3　外汇的需求和供给

注：汇率越低，一单位外币能够兑换的美元数量就会越多，美元的需求数量就会更多。因此，以日元来交换美元的需求曲线是向下倾斜的。汇率越高，家庭或企业就可以用美元交换更多的日元，美元的供给数量就越多。用于交换日元的美元供给曲线是向上倾斜的，因为随着汇率升高，美元的供给数量会增加。

以美元来交换日元的供给曲线是由家庭和企业以美元来交换日元的意愿决定的，即美国的家庭和企业想要用美元来交换日元，以购买日本的商品和金融资产的意愿。对美元的供给数量取决于汇率，这是合乎逻辑的，因为一个美国的家庭或企业每美元能够兑换的日元越多，日本的商品和金融资产以美元计算的价格就会越便宜。因此，汇率越高，家庭或企业用美元兑换的日元数量就会越多，美元的供给数量就会越多。在图 8-3 中，用于兑换日元的美元供给曲线是向上倾斜的，因为当汇率上升时，美元的供给数量将会增加。

外汇供求曲线的移动

在画供求曲线时，我们假定除了汇率以外，所有影响家庭和企业美元供求意愿的其他因素都保持不变。汇率的变化导致美元数量沿着需求曲线或供给曲线移动，即美元的供给数量或需求数量发生变化，但是并不会使需求曲线或供给曲线发生移动。其他因素的变化会导致需求曲线或供给曲线移动。

任何因素如果能使日本家庭和企业购买美国商品或资产的意愿增强，就会使美元需求曲线向右移动。比如，图 8-4a 展现了日本消费者对美国企业出售的智能手机的需求增加所产生的影响。当日本的零售商店对这些智能手机的订单增加时，它们以日元来兑换美元的需求必然增加。图 8-4a 表明，美元需求曲线向右移动，使得均衡汇率由 80 日元 =1 美元上升至 85 日元 =1 美元，美元交易的均衡数量由美元$_1$增至美元$_2$。图 8-4b 展示了美国消费者增加对索尼电视的需求所产生的影响。由于美国零售商店对这些电视的订单增加，它们必须提供更多的美元以交换日元。图 8-4b 表明，用于交换日元的美元供给曲线向右移动，导致均衡汇率由 80 日元 =1 美元降至 75 日元 =1 美元，美元交易的均衡数量由美元$_1$增至美元$_2$。

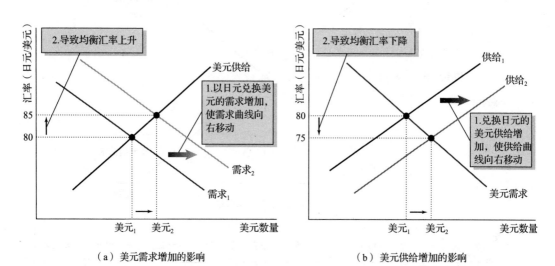

（a）美元需求增加的影响　　　　　　　　　（b）美元供给增加的影响

图 8-4　美元需求和供给变化的影响

注：图 a 展现了以日元兑换美元的需求增加所产生的影响。美元需求曲线向右移动，导致均衡汇率由 80 日元 =1 美元上升至 85 日元 =1 美元，美元交易的均衡数量由美元$_1$增至美元$_2$。图 b 展示了美元供给增加所产生的影响。用于交换日元的美元供给曲线向右移动，导致均衡汇率由 80 日元 =1 美元降至 75 日元 =1 美元，美元交易的均衡数量由美元$_1$增至美元$_2$。

直至 20 世纪 60 年代，汇率的短期波动主要是由刚刚讨论的这些因素导致的，对外币的需求和供给发生了变化，以便为进口和出口提供资金。也就是说，即便是在短期，商品交易也比国家之间金融证券的流动更为重要。相对而言，很少有美国的投资者会买卖欧洲或日本的股票和债券，同样地，也很少有欧洲或日本的投资者买卖美国的股票和债券。然而，如今源自金融交易的外币供求在短期内的影响，要比源自商品交易的外币供求重要得多。结果，利率的变化是导致外币供求曲线发生移动的关键因素。比如，如果美国的利率相对于日本有所提高，对美元的需求就会增加，因为外国投资者会将他们的货币换成美元，以便购买美国的金融资产，需求曲线就会向右移动导致均衡汇率上升。如果日本的利率相对于美国有所提高，美元的供给曲线就会右移，因为美国投资者会将美元换成日元，以便购买日本的金融资产，供给曲线就会向右移动导致均衡汇率下降。

同样地，如果美国的金融资产除了利率以外的其他方面的特性相对于外国的证券发生了变化，美元的需求曲线也会移动。比如，如果投资者认为某些政府对其债券违约的可能性增加了，美元的需求曲线就会向右移动，因为投资者将会出售外国债券并购买美国债券。如果投资者认为外国债券的流动性变得更强，美元的供给曲线就会向右移动，因为投资者会用美元来兑换外币，以便购买外国债券。

最后，一些金融市场的参与者会分析确定某种货币的供给和需求的因素所产生的影响，并利用自己的分析对汇率的未来变动进行投机。比如，如果投资者断定欧元未来将会升值，他们就会用美元来兑换欧元。结果，美元的供给曲线将向右移动，导致美元兑换欧元的汇率下降。同样地，如果投资者认为美元未来会升值，他们就将增加以外币来兑换美元的需求。

表 8-1 总结了影响用于兑换其他货币的美元供求的因素。

利率与汇率之间的关系极为重要，以至于很多经济学家认为在解释汇率的短期波动时，最好将注意力完全转向金融投资者和不同国家的利率变化所产生的影响。我们下一节在讨论利率平价条件时就采用了这一方法。

表 8-1　使用于兑换外币的美元供求发生变化的影响因素

在其他条件不变的情况下，以下因素增加	导致	因为	对外汇市场的均衡产生的影响
外国对美国商品的需求	对美元的需求增加	外国企业需要更多的美元来购买从美国进口的商品	
美国的利率相对于外国的利率	对美元的需求增加	外国投资者需要更多的美元来购买美国的金融证券	

（续）

在其他条件不变的情况下，以下因素增加	导致	因为	对外汇市场的均衡产生的影响
美国金融证券吸引人的特性	对美元的需求增加	外国投资者需要更多的美元来购买美国的金融证券	
美国对外国商品的需求	美元的供给增加	美国企业需要更多的外币来购买从外国进口的商品	
外国的利率相对于美国的利率	美元的供给增加	美国投资者需要更多的外币来购买外国的金融证券	
外国金融证券吸引人的特性	美元的供给增加	美国投资者需要更多的外币来购买外国的金融证券	

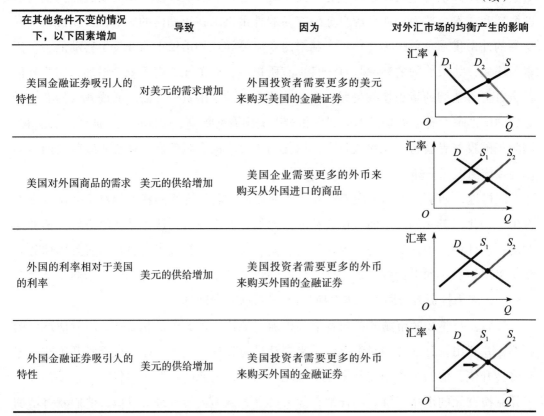

利率平价条件

任何一天，超过 95% 的外汇需求源自投资者购买外国金融资产，而非家庭和企业购买外国商品和服务。出于金融投资的目的而产生的巨额外汇需求，反映了数十年来规模不断扩大的国际资本流动所产生的重要影响。很多国家的政策制定者都取消了曾经阻碍跨境金融投资的监管措施。互联网使一国的投资者可以很方便地获取其他国家企业的信息。互联网还使得投资者更容易与外国的金融企业取得联系，特别是从事经纪业务的企业，从而使他们可以投资于外国的企业。在这一节中，我们将会考察国际资本流动对汇率确定的影响。

假定你计划将 1 万美元投资于一年期政府债券，并且假定一年期美国国债当前的利率为 1%，而一年期日本政府债券当前的利率为 3%。为了简化，假定你认为这两种国债除了利率以外完全相同。也就是说，你认为它们具有相同的违约风险、流动性、信息成本和其他特性。你会买哪个债券？答案似乎显而易见，因为 3% 大于 1%，你应该购买日本的政府债券。但是需要记住的是，为了购买日本债券，你必须将自己的美元兑换为日元，因此会承担一定的**汇率风险**，这是指投资者或企业由于汇率波动而蒙受损失的风险。当你把资金投于日本债券时，日元可能会相对于美元贬值。

仍以上述例子为例，如果你购买了美国国债，一年之后你会拥有 10 100 美元（＝10 000 美元 ×1.01）。如果我们假定汇率为 100 日元 ＝1 美元，那么当你购买日本政府债券时，你需要将 1 万美元兑换为 100 万日元 [＝10 000 美元 ×（100 日元 / 美元）]。在一年结束时，你对日本政府债券的投资将使你获得 1 030 000 日元（＝1 000 000 日元 × 1.03）。如果汇率还是 100 日元 ＝1 美元，你可以将日元重新兑换为美元，并且获得 10 300 美元 [＝1 030 000 日元 /100（日元 / 美元）]。因此，投资于日本政府债券明显是一个更好的选择。但是，如果在这一年当中日元贬值了 4%，即 104 日元 ＝1 美元，这相当于美元升值了 4%，那么，结果会怎么样？在这种情况下，你从日本债券投资中获得的 1 030 000 日元只能兑换成 9903.85 美元，这意味着投资于美国债券是更好的选择。

正如我们最初在第 3 章第 3.4 节讨论的那样，经济学家假定在金融市场上不存在套利机会。这一假定与如下情况一致吗？即美国国债的收益率为 1%，日本政府债券的收益率为 3%，投资者普遍预期日元会贬值 4% 或者说美元会升值 4%。这是不一致的，因为在这种情况下，投资者将会预期在美国的投资要比在日本的投资收益率高得多。这一收益率的差异会使投资者购买美国国债，从而导致美国国债的价格上升，利率降低。这一差异还会使投资者卖掉日本政府债券，导致其价格下降，利率上升。美国国债的利率要下降多少，日本政府债券的利率要上升多少，才能消除这种套利的可能性？利率的变化要满足下述条件才可以，即**两者的利率之差等于日元与美元之间汇率的预期变化**。

比如，假定日本政府债券的利率升至 5%，同时预期日元相对于美元将会贬值 4%。那么，购买美国国债的你获得的是 10 100 美元，而购买日本政府债券的你获得的是 1 050 000 日元 /（104 日元 / 美元）=10 096.15 美元，两者几乎相等。

利率平价条件是指，不同国家相似的债券的利差反映的是对汇率未来变动的预期。一般来讲，我们可以将这一条件表示为⊖：

本国债券的利率 ＝ 外国债券的利率 − 本国货币的预期升值率

⊖ 需要注意的是，这个等式是一个近似的表达式，比如在上个例子中，投资于日本政府债券所获得的总款项并不等于投资于美国国债所获得 10 100 美元。在上述例子中，或者一般而言，只有在汇率的预期变动率略小于两种投资的利率之差时，这两种投资的收益率才会相等。因此，文中讨论的只是一个近似的结果。准确的表达式需要更多的代数知识，也会使得这里要表达的主要观点更难理解。对于我们想要论述的内容，文中的结果是一个足够准确的近似表达式。

比如，如果德国的政府债券利率为 5%，而类似的美国政府债券利率为 3%，那么对美元相对于欧元汇率的预期必然升至 2%。利率平价条件背后的经济学逻辑与下述结论是相同的，即在任何国家，相似的债券收益率是相等的，如果不相等的话，投资者就会进行套利。这一点对于全球投资同样成立，即在考虑预期汇率变动的情况下，如果持有某种外国资产的预期收益率与持有本国资产的收益率不一致，投资者也会进行套利，因为这意味着这种资产或者另外一种资产相对于它的预期收益率而言，定价偏低。

利率平价条件总是成立的吗？也就是说，我们能否确信，不同国家相似债券的利差总是反映了对汇率未来变动的预期？在现实中，由于以下几个原因，并非总是如此。

1. **违约风险和流动性的差异**。不同国家的债券对于投资者而言，总是存在一些重要的差别。比如，美国投资者可能会认为，德国或日本政府债券的违约风险尽管处于较低的水平，但是仍高于美国的政府债券。同样地，从美国投资者的角度来看，美国政府债券的流动性可能比外国政府债券更强。因此，我们看到的不同国家的债券利率存在差异，是由于债券某些特性的差别而对投资者所做的补偿。特别是在国际金融市场出现动荡的时候，比如 2007 ～ 2009 年金融危机期间、英国决定脱离欧盟的脱欧公投之后以及 2020 年席卷全球的新冠疫情期间，美国和外国的投资者都更愿意投资于美国国债而不是外国的债券，因为美国国债的违约风险很小，这时就会出现资金向高质量资产的转移。这种投资偏好会驱使美国国债的收益率低于外国的债券。

2. **交易成本**。通常来讲，购买外国金融资产的成本，也就是所谓的交易成本，要比购买本国资产更高一些。比如，外国经纪公司和证券交易商对于购买外国企业的债券收取的费用，可能要高于本国的经纪公司和证券交易商对于购买本国企业的债券收取的费用。

3. **汇率风险**。就像我们所表述的那样，利率平价条件没有考虑投资于外国资产的汇率风险。比如，投资于美国一年期国债的收益率为 4%，投资于德国一年期国债的收益率也是 4%。投资于德国国债可能要承担更大的风险，因为美元相对于欧元的升值可能会超过预期。经济学家有时在利率平价等式中加入一个外币溢价，代表投资于外国资产所的额外的风险：

本国债券的利率 = 外国债券的利率 − 本国货币的预期升值率 − 外币溢价

比如，假定一年期美国国债的利率为 1%，一年期德国国债的利率为 3%，预期美元相对于欧元升值1%，美国投资者要求一年期以欧元标价的投资预期收益率要比一年期以美元标价的投资高1%，从而使两种投资具有相同的吸引力。那么，利率平价等式可以表示为：1%＝3%－1%－1%。

解决问题 8.3：与你相关

投资于墨西哥债券可以赚钱吗

假定你读到了如下投资建议："一种获得超额收益的策略就是，在美国以2%的利率借钱，然后投资于墨西哥违约风险、流动性和信息成本的同类资产，并获得4%的收益率。"你会按照这一策略进行投资吗？

解决问题

第一步　复习本章内容。这个问题是解释不同国家的利率差异，因此，你需要复习"利率平价条件"这一部分的内容。

第二步　利用利率平价条件来解释预期汇率变动与各国利率差异之间的关系，从而回答这个问题。如果利率平价条件成立，那么，美国债券与墨西哥类似债券之间2个百分点的利差意味着投资者一定预期美元相对于比索升值2%（＝4%－2%）。因此，投资美国债券和墨西哥债券的预期收益率是相等的。如果作为一名美国投资者，你以2%的利率在美国借钱，然后以4%的利率投资于墨西哥债券，在美元升值2%的情况下，你将不会获得任何纯收益，因为你在墨西哥的投资的真正收益率是2%，而不是4%。除此之外，你还要承担汇率风险，因为美元升值可能会超过2%。

我们在之前的章节中已经看到，可以利用外汇的供求模型来分析一国利率的升降对汇率产生的影响。很多经济学家更喜欢运用利率平价条件的方法，因为它直接聚焦于金融投资者的行动。然而，对于利率的变化如何影响汇率，这两种方法给出的答案是相同的。比如，假定一年期美国国债的利率现在是2%，与之类似的法国一年期国债的利率是4%，预期美元相对于欧元将会升值2%。如果美联储采取行动，使美国国债的利率由2%升至3%，我们预期对美元的需求将会增加，因为欧洲的投资者将会以欧元兑换美元，以投资于利率提高的美国国债。对美元需求的增加导致汇率上升，在新的均衡条件下，购买一美元需要更多的欧元。

美国利率越高就会导致汇率越高，这与利率平价条件是一致的。如果一年之后欧元与美元之间的汇率预期保持不变，现在汇率的上升意味着一年之内的升值概率将会更小一些。在上面这个例子中，美国利率上升了 1% 而法国利率保持不变，这意味着美元预期的升值率将从 2% 降至 1%，即 3%＝4%－1%。

| 概念应用 |

哪些因素可以解释美元汇率的波动

以下是 2020 年年中时《华尔街日报》的一些头条新闻：

"随着投资者追逐安全资产，美元在升值"

"通胀公布后美元贬值"

"美联储报告发布后美元升值"

"由于疫情引发新的恐慌，美元急剧攀升"

"随着投资者对全球经济重拾信心，美元急剧下跌"

这些新闻标题表明，大部分企业、消费者和政府的政策制定者都知道，美元与其他货币之间的汇率会出现剧烈波动，因此需要密切关注。

衡量一种货币相对于其他货币的一般价格的方法之一，就是计算贸易加权汇率（trade-weighted exchange rate），这是一个指数，类似于消费者价格指数。正如消费者价格指数根据各种产品在家庭支出中的份额来对单个的价格进行加权，美元的贸易加权汇率是将各国与美国的贸易所占的份额作为权重，对单个的汇率进行加权。计算的指数以 2006 年 1 月为 100。图 8-5 展示了美元贸易加权汇率从 1996 年 1 月至 2020 年 7 月的变动情况。

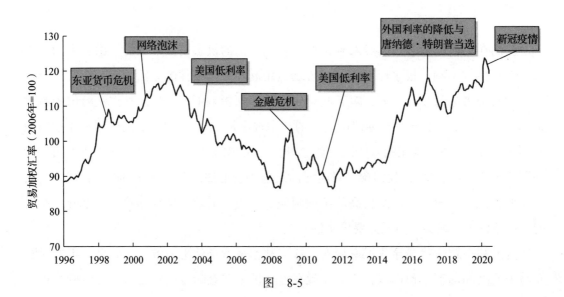

图　8-5

如图 8-5 所示，美元在 20 世纪 90 年代后期升值，这是由于外国投资者对美国的股票和债券产生了强劲的需求，特别是对美国的国债。包括韩国、泰国、马来西亚和印度尼西亚在内的几个东亚国家爆发了货币危机，导致这些国家货币的币值暴跌。结果，很多外国投资者将资金转向高品质的资产，购买以美元标价的资产，尤其是美国国债，因为这似乎是安全的投资。除此之外，一些外国投资者试图从网络股票价格暴涨中分一杯羹。外国投资者对美元需求的增加促使美元升值。

在 2001 年经济衰退期间以及衰退之后，美联储降低了联邦基金的目标利率，于是美元贬值了。在 2007 ～ 2009 年金融危机期间，很多投资者担心除了美国国债以外的几乎所有其他证券违约风险都会增加，结果就是资金又一次向高质量资产转移，这使得对美元的需求增加并促使美元升值。

为了应对金融危机，美联储使利率急剧降低，在接下来的几年中，美元持续贬值，只有 2010 年曾短暂回升，当时投资者担心希腊和其他几个欧洲国家的政府可能出现债务违约。至 2012 年年末时，投资者开始预测美联储将会提高联邦基金的目标利率，同时欧洲中央银行开始采取激进的措施来降低利率。结果，美元急剧上升，并一直持续到 2016 年 11 月唐纳德·特朗普在总统大选中胜出。特朗普当选令投资者预期美国经济增长将会加速，利率水平也会更高。

美元在 2020 年年初的升值反映了新冠疫情的影响。世界各国的中央银行通过降低利率来应对疫情。正如我们将在第 12 章第 12.3 节看到的那样，美联储将联邦基金利率实际上降到了零。其他几家中央银行甚至更为激进，将利率降至零以下。比如，在 6 月，欧洲中央银行为隔夜存款支付的利率为 -0.50%，日本银行相应的利率为 -0.10%。在英国、法国、德国、日本、意大利和瑞典，甚至两年期的政府债券也出现了负利率。两年期美国国债的利率处于 0.189% 的低点，但是仍为正值。美国更高的利率吸引了外国的投资者。由于全球经济下滑的范围很广，一些外国投资者也开始投向高品质的资产，纷纷购买美国国债而不是其他政府发行的债券。投资者这些决策产生的结果就是增加了对美元的需求，从而使得美元相对于其他货币升值。2020 年 7 月，与其贸易伙伴相比，美国似乎在抑制新冠疫情传播方面遇到了更大的困难，于是美元的币值在 4 月达到峰值以后开始下跌。

展望未来，由于美元的汇率会反映国际金融市场供求的变动，像本专栏一开始列出的那样的新闻头条还将继续出现。

外汇的远期合约和期货合约

我们在第 7 章已经看到，衍生品在美国的金融体系中扮演了重要角色。我们可以简单考察一下它们在外汇市场上的作用。在外汇市场上，**现货市场交易**涉及以当前的汇率进行直接的货币交易或者间接的银行存款交易。在**远期交易**中，交易商今天签订**远期合约**，并在一个未来的具体日期按照某一汇率交换货币或银行存款，这一汇率被称为**远期汇率**。

　　期货合约与远期合约有几点不同之处。远期合约是交易商之间签订的私人协议，约定在某一未来的日期交换一定数量的外汇，而期货合约是在交易所交易的，比如芝加哥商品交易所，这笔交易交换的货币数量和结算日期都是标准化的。在远期合约中，远期汇率在签订合约时就要固定下来，而在期货合约中，随着合约在交易所买卖，期货汇率会一直变动。

　　交易对手风险指的是由于合约的另一方违约，从而无法买卖标的资产的风险。期货合约的交易对手风险要比远期合约低，因为每笔交易的对手都是交易所，而不是买方或卖方。比如，一个人在芝加哥期货交易所购买了一份期货合约，他的交易对手就是芝加哥期货交易所，这会降低违约风险。对于很多金融资产而言，交易对手风险的降低意味着期货合约的交易数量要大于远期合约。然而，这一结论对于外汇并不成立，因为大量的交易发生在大银行之间，其交易员一般对交易对手很有信心，知道他们不会对远期合约违约。由于银行喜欢远期合约的灵活性，外汇远期合约的交易量至少比期货合约大 10 倍。表 8-2 归纳了外汇远期合约和期货合约的主要区别。

表 8-2　外汇远期合约与期货合约的主要区别

	远期合约	期货合约
合约如何交易	场外交易；通常发生在银行之间	在期货交易所交易，比如芝加哥商品交易所
远期汇率	在合约签订时固定下来	随着合约的交易而一直变动
合约条款	灵活；通过卖方和买方谈判达成	由交易所固定
结算日期	灵活；通过卖方和买方谈判达成	由交易所固定
交易对手风险	可能存在重大风险，尽管由于交易通常发生在大型金融机构之间而得以降低	无风险；由交易所承担

　　外汇也有买入期权和卖出期权。正如我们在第 7 章看到的，买入期权使买方有权在期权到期之前的任何时间，按照既定价格购买标的资产，这一价格被称为执行价格。卖出期权使买方有权按照执行价格出售标的资产。

汇率风险、对冲与投机

　　一家美国企业如果要向其他国家出售其商品和服务，就会面临汇率风险。假定你为斯味可（Smucker's）工作，这是一家生产果酱、果冻和其他食品的企业，总部位于俄亥俄州的奥维尔。假定斯味可向英国的一家连锁超市出售了价值 30 万美元的果酱和果冻，当时的汇率为 1.5 美元 =1 英镑。斯味可同意今天将这些果酱和果冻装船运输，但是就像多数时候一样，英国的这家企业将在 90 天之后付款。斯味可同意这家英国企业以英镑付款，于是斯味可将在 90 天之后收到 20 万英镑［=30 万美元 /（1.5 美元 / 英镑）］的货款。斯味可将会面临汇率风险，因为在英国的连锁超市付款之前，相对于美元，英镑可能会贬值，斯味可收到的货款将会少于 30 万美元。比如，如果 90 天之后汇率为 1.25 美元 =1 英镑，那么斯味可收到的 20 万英镑只能兑换 25 万美元［=20 万英镑 ×（1.25 美元 / 英镑）］。

如果你在斯味可的工作，就是降低该企业面临的汇率风险。通过签订远期合约，你就可以对冲或者降低汇率风险，或者更可能的情况是，让与企业有关联的银行实施远期交易并为此付费。通过这份远期合约，斯味可同意按照当前的远期汇率，在今天出售 90 天后将会获得的 20 万英镑。如果当前的远期汇率与即期汇率是相同的，即 1.5 美元 =1 英镑，那么斯味可就可以将自己的汇率风险完全对冲掉，付出的成本是银行索取的费用。远期汇率反映的是远期市场的交易商对 90 天之后美元与英镑之间即期汇率的预期，因此，远期汇率可能与目前的即期汇率并不相等。然而，一般来讲，当前的即期汇率与 90 天后的远期汇率密切相关，从而使得斯味可可以将自己面临的大部分外汇风险对冲掉。

斯味可对冲的是英镑相对于美元贬值的风险。现在假定你为博柏利（Burberry）工作，这是一家英国的服装生产企业。你的部分工作职责就是对冲下述交易的外汇风险，即博柏利向美国的连锁商店梅西百货出售了价值 200 万英镑的男士大衣。当前的汇率为 1.5 美元 =1 英镑，博柏利同意梅西百货在 90 天后支付 350 万美元［=200 万英镑 ×（1.5 美元 / 英镑）］的款项。博柏利面临汇率风险，因为在接下来的 90 天，英镑有可能相对于美元升值，这就使得 90 天后从梅西百货收到的 350 万美元的货款只能兑换较少的英镑。为了对冲这一风险，你可以在今天按照当前的远期汇率购买英镑。注意，这与斯味可使用的策略正好相反，即为了对冲英镑贬值的风险，斯味可在远期市场上出售英镑，而为了对冲英镑升值的风险，博柏利在远期市场上购买英镑。

对冲者利用衍生品市场来降低风险，而投机者则利用衍生品市场为货币的未来币值下赌注。比如，一名投资者确信，欧元的未来币值将比外汇市场上的其他人现在认为的更低，他就可以在远期市场上出售欧元。如果欧元的币值下降了，那么未来欧元的即期价格就会更低，这就使这名投资者可以通过远期合约来谋利。同样地，如果一名投资者预期，欧元的未来币值将比外汇市场上的其他人现在认为的更高，他就可以通过在远期市场上购买欧元来赚钱。当然，无论哪种情况，如果欧元币值的变化与这名投资者预期的正好相反，他就会由于持有远期头寸而遭受损失。

企业和投资者也可以利用期权合约来对冲风险或者进行投机。比如，一家企业注意到某种外汇的币值将比预期的下降得更多，比如我们之前例子中的斯味可，它就可以通过购买这种外汇的卖出期权来对冲这一风险。如果这种外汇的币值降至执行价格以下，企业就可以执行期权合约，以高于市场的执行价格出售这种外汇。同样地，一家企业注意到某种外汇的价格将比预期的升值更多，比如我们之前例子中的博柏利，它就可以通过购买这种外汇的买入期权来对冲这一风险。如果这种外汇的价格升至执行价格以上，企业就可以执行期权合约，以低于市场的执行价格购买这种外汇。

对于对冲者而言，期权合约的好处在于，如果价格变动的方向与对冲的方向相反，就可以拒绝执行期权合约，并从有利的价格变化中获利。比如，假定斯味可决定购买英镑的卖出期权，而不是在远期市场上出售英镑。在英镑价格下跌时，斯味可仍然可以得到保护，因为它可以执行卖出期权，从而以高于市场的价格出售英镑。但是，如果英镑升值了，斯味可可以让期权过期，而不执行期权合约。90 天后英国连锁超市支付的 20 万英镑可以兑换更多的美元，斯味可就可以从中获利。

尽管从这方面来看，期权合约似乎优于远期合约，但是，期权的价格或期权费也要比远期合约所产生的费用更高一些。

投机者如果认为某种外汇的币值可能会比预期的升值得更多，他就可以购买买入期权，而他如果认为某种外汇的币值可能会比预期的贬值得更多，他就可以购买卖出期权。如果这种外汇币值变动的方向与投机者希望的方向相反，购入期权合约的投机者可以选择不执行合约。因此，期权合约的好处是，投机者的损失限于他所支付的期权费用。但是同样地，利用期权合约进行投机的不利之处在于，期权的价格要高于远期合约的费用。

| 概念应用 |

投机者能否降低某种货币的价格

外汇市场的参与者分为两类：①对冲者，就像我们例子中的斯味可和博柏利，它们的动机是降低汇率风险；②投机者，希望从汇率的波动中谋利。外汇投机者与股票、债券和其他金融资产的交易商一样，通常会买卖一国的货币，并希望在短期内谋取利润。正如我们已经看到的，投机者可以为金融市场提供流动性，从而发挥有益的作用。为了对冲汇率风险，企业需要足够多的交易对手，愿意与它进行交易。如果没有投机者，很多金融市场的流动性会显著减弱，包括外汇市场。

然而，很多政策制定者认为，投机者有时会使汇率降至不正常的低水平，从而引发外汇市场的动荡。比如，2010 年，就对冲基金的经理是否串通一气使欧元贬值，并从中获利数十亿美元，爆发了一场争论。对冲基金与共同基金相似，它们都从投资者那里筹集资金，再将其投资于资产组合。与共同基金不同的是，对冲基金所做的投资通常风险更高，且投资者人数在 100 人以内，这些投资者或者是像养老基金这样的机构投资者，或者是富有的个人。根据《华尔街日报》的一篇文章，四名对冲基金的经理在纽约市聚在一起，讨论利用衍生品押注欧元贬值是否有利可图。参加这次会议的包括由乔治·索罗斯（George Soros）运营的一家基金的代表。索罗斯曾在 20 世纪 90 年代初期押注英镑贬值，并赚得 10 亿美元，他也由此而闻名。

在召开这次会议时，欧元与美元之间的汇率为 1.35 美元 =1 欧元，与上一年 12 月的 1.51 美元 =1 欧元相比，美元已经有所贬值。一些对冲基金的经理相信，在接下来的一年中，欧元的币值有可能一路下滑至与美元相同的水平，即 1 美元 =1 欧元。对冲基金可以通过在远期市场上出售欧元，出售欧元期货合约或者购买欧元卖出期权来获利。对冲基金在进行投资时，只需要拿出相当于投资金额大约 5% 的现金，其余的95% 可以通过借款来获取。这种高杠杆率或者利用借款来投资的方法，可以提高收益与其实际的现金投资的比例。欧元币值大幅下跌所产生的收益可能是巨大的，所以一些分析人士称之为"职业生涯中最重要的一笔交易"，这意味着仅这一笔交易就会使对冲基金的经理名利双收，这确实值得冒一次险！

尽管美国和欧洲的一些政府官员对对冲基金持批评态度，但很多经济学家怀疑这些经理的行动是否能够对欧元的币值产生很大的影响。在全球外汇市场上，欧元每天的交易总额超过 1.2 万亿美元，在纽约会议上现身的四名基金经理押注欧元在长期会贬值，他们押注的总额只有几十亿美元。无论如何，在接下来的两年中，欧元兑换美元的汇率从未低于 1.19 美元 =1 欧元，所以，任何人如果投机于欧元会贬值至与美元币值相等，都要遭受很大的损失。

像欧元和美元这样的主要货币之间的汇率，是由一些几个投机者可能无法影响的因素所决定的，即便他们拥有相当可观的资源。

回答关键问题

在本章开始时，我们提出的问题是：

"为何如果以其他货币来衡量，美元的币值就无法保持稳定？"

我们已经发现，美元和其他货币之间的汇率在短期内取决于美国的利率相对于外国利率的水平，也取决于美国国债的"避风港"特性。过去数年间，各国中央银行采取行动以使利率上升和下降，由于亚洲货币危机、2007 ~ 2009 年金融危机、欧洲债务危机、英国脱欧和新冠疫情的影响，国际金融市场动荡不安。这些事件使得美元的供求出现了波动，因此，美元与其他货币之间的汇率也波动不已。

第 9 章

交易成本、信息不对称和金融市场的结构

学习目标

在学习了本章之后，你应该能够：

9.1 经济学家认为经济表现取决于金融体系，对其提出的理由进行评价。

9.2 分析交易成本、逆向选择和道德风险使金融体系产生的问题。

9.3 通过经济分析来解释美国金融体系的结构。

金融科技或者众筹可以为你创办企业提供资金吗

提出一些开办新企业的好点子并非难事，比如开办一家有机食品餐饮公司，开发一款智能手机应用程序，或者创建一家网站为学习货币银行学的学生提供教学辅导。但是，为开办一家新企业找到资金，就困难得多了。传统上，当很多企业家创办小企业时，都不得不依靠自己的储蓄或者向亲戚朋友借款来筹集资金。他们很难从银行获得贷款，除非拥有高品质的抵押品，比如房屋，这样在其贷款出现违约时，银行就可以以此作为补偿。

在过去的十年间，一些企业家开始向**金融科技**企业借款，以获得开办企业所需的资金。金融科技企业指的是那些以创新的方式利用技术来提供金融服务的企业。为了获得开办企业所需的资金，你可能会求助于 LendingClub、Affirm 或者 Social Finance（SoFi）等金融科技企业。这些企业有时被称为市场出借人，专门向难以获得银行贷款的个人和小企业发放贷款。与银行不同，这些金融科技企业发放贷款所用的资金主要来自个人投资者和其他金融企业。

在决定是否发放贷款时，银行通常依赖于某些标准化的数据，比如在当前的岗位上已经工作了多长时间、在目前的公寓或住房已经居住了多长时间、你的费埃哲

（FICO）信用评分是多少，这一分数取决于你的收入、拥有的信用卡数量以及是否按时还贷等因素。与之不同，金融科技企业利用先进的技术来发放贷款，这包括①云计算；②大数据，这是指收集和分析海量的数据；③人工智能，如机器学习，这是指应用软件程序来筛查数据，以探索消费者的行为模式。这些技术使金融科技企业有可能通过分析极为不同的数据来评估你的信誉度。比如，ZestFinance 要考察每位借款人多达 2700 个不同特征，包括借款人如何填写申请表。ZestFinance 的分析表明，全部使用大写字母来填写申请表的人贷款违约的可能性会更大。SoFi 认为，在评估借款人的信誉度时，教育程度应该被赋予更高的权重。这家公司的数据分析表明，尽管很多年轻的大学毕业生没有太多的信用记录，但是他们仍然很有可能按时偿还贷款。由于金融科技企业通常没有像银行那样的实体分支机构，也不需要雇用太多的信贷员来评估贷款申请，所以它们的成本要比银行低，这使其可以以更低的利率来发放贷款。

然而，最近一些行业分析师怀疑金融科技企业能否在评估借款人信誉度方面，比使用传统方法的银行做得更好。包括美联储在内的金融监管者也正在关注金融科技企业是否遵守《平等信贷机会法案》（Equal Credit Opportunity Act）等有关公平借贷的法律和规定，这些是银行必须遵守的。这些法律要求出借人不能对种族、性别、宗教、年龄和特定的其他特征有所歧视。最终是否会要求金融科技企业达到与银行同样的标准，现在还不清楚。

你可能还可以利用众筹（crowdfunding）来获得资金，这是指从很多人那里筹集小额的资金。截至 2016 年，根据联邦法规，对于尚未进行正式的首次公开募股（IPO）的企业，只有富有的个人投资者才能进行股权投资。修改后的法规于 2016 年 5 月生效，允许收入或净资产少于 10 万美元的投资者通过线上的众筹网站，购买不超过 2000 美元的初创企业的股权，收入或净资产超过 10 万美元的投资者可以进行更多的投资。通过这种方式来为你的企业筹集资金的一个复杂之处在于，每位投资者都成了你这家企业的部分所有者，从而有权获得企业的详细信息。

综合来看，金融科技和众筹对于企业家来说是一个好消息。但是，如果你是一个小投资者，这一定是个好消息吗？传统上，小投资者更愿意将自己的储蓄存到银行或者投到共同基金，以避免金融市场上的信息不对称问题。信息不对称指的是在经济交易中，一方比另外一方拥有更多的信息的情况。在众筹中，对于自己成功的可能性，筹集资金的初创企业知道的要比小投资者多得多。

如果你是一名小投资者，你可能会查找各种方法，以获得比银行定期存单或货币市场共同基金更高的收益。众筹网站提供了一种获得高收益的途径，但是这种方法也有可能会使你面临重大的损失。

关键议题和问题

议题：对很多企业而言，获取资金以扩大自己的经营规模是一项重大的挑战。

问题：为何企业更依赖贷款和债券而不是股票作为外部融资的来源？

在前面的章节，我们考察了包括债券市场、股票市场、衍生品市场和外汇市场在内的各种金融市场。我们现在开始分析金融体系的另外一部分，即金融中介。在本章中，我们后退一步，考察一下金融市场和金融中介的特点，思考金融体系结构的决定因素这一更为广泛的问题。我们将会分析影响家庭、非金融企业和金融企业决策的经济因素，这些决策决定了目前的金融结构。

9.1　金融体系与经济表现

学习目标　经济学家认为经济表现取决于金融体系，对其提出的理由进行评价。

一国经济能否为其居民提供较高的生活水平，生活水平能否随着时间不断提高，这取决于很多因素。这些因素包括：①一国企业积累机器、电脑、机器人和其他物质资本的能力；②企业采用最新技术的能力；③该国政府提供法律框架，以保护产权和执行契约的能力。

除此之外，很多经济学家认为，一国要实现稳健的经济增长，从而提高生活水平，一个强大的金融体系是重要的基础性条件。美国就是一个很好的例子。纽约大学的经济学家理查德·西拉（Richard Sylla）认为，在 18 世纪 90 年代乔治·华盛顿政府早期，财政部部长亚历山大·汉密尔顿（Alexander Hamilton）所做的一系列决策帮助美国发展出了一个现代金融体系。在美国革命时期，大陆会议和州政府都发行了债券，但是最终都停止了偿付。新生的联邦政府承担起了偿还这些债券的责任，包括一些由欧洲人持有的债券，从而建立起了美国的信用。因此，美国和欧洲的投资者都相信，以后他们可以以更低的风险来购买这些债券。随着债券市场的扩张，州政府和联邦政府以及私人企业通过出售债券来筹集资金，变得更容易了。

美国国会还特许设立一家中央银行，即 1791 年成立的美国银行（Bank of the United States），尽管就像我们在第 13 章第 13.3 节看到的那样，这家银行最终在政治方面遇到了一些困难。这家银行是以私人公司的形式成立的，股票向普通公众出售。该银行在几个州设有分支机构，更为广泛地向企业发放贷款，并激励州政府允许其他私人银行开办。

股票市场和债券市场在纽约、波士顿和费城建立起来。最初，在这些金融市场上交易的证券主要是由美国银行发行的股票和政府债券。但是，一旦这些金融市场被组织起来，就为其他企业提供了筹集资金的途径，也为投资者提供了购买企业的部分所有权，从而分享经济增长成果的途径。

西拉认为，现代金融体系的这些早期发展有助于解释 19 世纪美国快速的经济增长，因为金融市场提供了一个途径，使资金可以由储蓄者流向创办企业并实现扩张的企业家。在整个 19 世纪，美国的经济增长速度显著高于其他与美国类似的吸收了大量欧洲移民的国家，比如澳大利亚、新西兰、加拿大和拉美国家。

时至今日，一国金融体系的发展程度和该国的经济表现之间仍有很强的相关性。世界银行是一个以促进经济发展为使命的国际组织。世界银行衡量一国金融发展程度的指标之一，就是银行和金融市场向家庭和企业发放的信贷总额占 GDP 的比例。对于一国在为其居民提供较高的生活水平方面有多成功，经济学家使用的最佳衡量指标就是实际人均 GDP。尽管金融发展与经济表现之间的关系并非完全精准，但是在很大程度上，金融发展水平有限的国家，比如阿富汗和多哥，实际人均 GDP 也处在低水平，而金融发展处于高水平的国家，比如美国，实际人均 GDP 也处于高水平。像中国和越南这样的国家，实际人均 GDP 低于按照金融发展程度所预测的水平，而这些国家最近也开始实现经济现代化。高水平的金融发展有助于这些国家的企业获得扩张所需的资金，因此，这些国家的实际人均 GDP 水平将会上升。

拥有更发达的金融市场不是一些国家比其他国家在经济方面更成功的唯一原因，但是很多经济学家认为，缺乏一个发达的金融市场，一国很难实现较高的生活水平。在本章中，我们将进一步考察金融体系如何促进繁荣，分析信息不对称和交易成本对金融体系的结构产生的影响。在本章章末，我们将强调一些有关美国金融体系的关键事实。

9.2 交易成本、逆向选择与道德风险

学习目标 分析交易成本、逆向选择和道德风险使金融体系产生的问题。

一些人有资金可以出借，一些人则愿意借款。金融体系发挥的关键作用就是将他们撮合到一起。将储蓄者和借款人聚到一起并达成借款的协议，对双方都有好处。这似乎是一个简单的任务。但是就像我们在前面章节看到的那样，金融体系可能非常复

杂。为何金融体系这样复杂？为了回答这个问题，我们先考虑一下储蓄者为了找到他们愿意向其出借资金的借款人，以及借款人为了找到愿意向他们贷款的储蓄者，需要克服哪些困难。

小投资者面临的问题

假定你有 500 美元的储蓄，并想进行投资。你应该投资于股票吗？使用 Fidelity 或者 E-Trade 这样的在线经纪网站，你可以购买股票，并且不用缴纳传统的全服务经纪商所收取的服务费。但是，正如我们在第 4 章第 4.1 节看到的，投资于股票是有风险的，因为股票价格会波动。从 2020 年 2 月下旬至 3 月下旬的新冠疫情期间，标普 500 指数跌幅超过 30%，这令很多投资者重新注意到这一事实。如果你通过购买大量不同企业的股份以实现分散投资，可能会降低购买股票的某些风险。你是否应该转向债券市场，比如说购买微软公司发行的债券？不幸的是，由于债券的面值为 1000 美元，你的钱还不够买一张债券。而且，我们在第 4 章第 4.3 节已经发现，如果利率很低，比如处于 2020 年的水平，长期债券也会面临巨大的利率风险。

如果在金融市场上找不到合适的机会，你会寻找其他投资机会。你室友的表姐正好需要 500 美元来开发一款智能手机的新应用程序。如果你把 500 美元借给她一年，她愿意支付你 10% 的利率。但是，你不知道她是否真的擅长开发应用程序。如果她开发应用程序失败了，她可能就无法把钱还给你了。你可能需要找找其他借款人，看一下他们借款的目的是什么。然后，你发现了另外一个问题，你在法学院的朋友告诉你，起草一份合约并列出有关贷款的条款，比如如果借款人不偿还贷款的话，你将拥有哪些权利，可能需要 300 美元。这笔费用超过了你投资额的一半。在听到这个消息后，你决定不再把这 500 美元投资出去。对你而言，这是一个糟糕的结果，对于应用程序的开发者而言，也同样如此，他们在从其他个人投资者那里筹集资金时，可能也会面临相同的困难。

你在将这 500 美元进行投资时遇到的困难，正好可以说明**交易成本**这一概念，这是指在进行直接的金融交易（比如购买金融资产或发放贷款）时产生的成本。在上面的例子中，交易成本包括你在与借款人起草合约时不得不支付的法律费用，以及在进行投资决策时花费的时间。这个例子还说明了**信息成本**的概念，这是指储蓄者在确定借款人信誉度以及在监控借款人如何使用贷款资金时产生的费用。出于存在交易成本和信息成本，储蓄者从自己的投资中获得的收益会更少，而借款人为自己借得的资金支付的费用会更多。这些成本意味着有时资金根本就不会出借或者无法借到。尽管交易成本和信息成本降低了金融体系的效率，但是也为那些能够想方设法降低这些成本的个人和企业创造了有利可图的机会。

金融中介如何降低交易成本

个人储蓄者通常不会直接把钱借给借款人，因为交易成本太高了。出于同样的原因，需要借钱或者出售部分所有权以筹集资金的中小企业，也很难找到愿意对它们进行投资的个人。结果，小投资者和中小企业都转向了商业银行或共同基金等金融中介，以满足自己的金融需求。例如，很多小投资者购买共同基金的份额，比如嘉信理财股票市场指数基金（Schwab Total Stock Market Index Fund）。这只基金投资的资产组合包括 3000 多家美国企业发行的股票。一名投资者如果只有 500 美元用于投资，他在购买分散化的投资组合时就必然产生大量的交易成本，而共同基金或交易所交易基金（ETF）可以以较低的交易成本实现分散化。同样地，投资者可以从商业银行那里购买定期存单。然后，商业银行可以用这笔资金向家庭或企业发放贷款。

银行、共同基金、ETF 和其他金融中介为何能够将交易成本降至足够低的水平，以满足储蓄者和借款人的需要，同时还能获得利润？金融中介发挥了**规模经济**的优势，这是指由于生产的商品或服务数量的增加，使交易的平均成本降低了。比如，国债经纪人对购买价值 100 万美元的国债向投资者收取的费用，并不比对购买价值 1 万美元的国债收取的费用高多少。通过购买 500 美元的债券共同基金或 ETF——这些基金购买了价值数百万美元的债券的份额，投资者就能从这只基金的规模经济中受益。

金融中介还可以利用其他方面的规模经济。比如，由于银行发放了很多贷款，它们依靠一套标准化的法律合约，所以草拟合约的成本就可以由很多笔贷款来分担。同样地，银行的信贷员专门花费时间来评估和审核贷款，借助于这种专业化，他们可以更有效率地审核贷款，减少所需的时间，并由此降低每笔贷款的成本。金融中介可以利用提供金融服务的技术，比如自动柜员机网络所提供的服务。金融中介还可以利用复杂的软件来评估贷款申请人的信誉度。

为了理解金融中介如何帮助降低信息成本，我们需要进一步考察信息成本的性质，这正是接下来的内容。

金融市场上的信息问题

储蓄者最关注的就是借款人的财务状况。如果借款人不可能还款，储蓄者就不会借钱给他们。对于储蓄者而言，财务状况不佳的借款人有隐瞒这一事实的动机。比如，一家向投资者出售债券的公司，可能知道自己的销售量在急剧下降，已经濒临破产了，但是债券的购买者可能不了解这一信息。**信息不对称**描述的就是这种情况，即经济交易的一方比另外一方拥有信息优势。在金融交易中，借款人通常拥有比出借人更多的信息。

经济学家区分了由于信息不对称而产生的两类问题：

1. **逆向选择**是指，投资者在决定投资之前，由于难以区分低风险的借款人和高风险的借款人而产生的问题。
2. **道德风险**是指，投资者由于难以确定借款人是否会按照原先的计划使用资金而产生的问题。

有时候，投资者会认为由于信息不对称而产生的成本如此高，以至于只将钱借给那些风险明显较低的借款人，比如联邦政府。但是，金融市场或金融中介通常拥有一些方法，能够降低进行投资决策所需要的信息成本。

逆向选择

加州大学伯克利分校和乔治城大学的乔治·阿克洛夫（George Akerlof），因其对信息经济学的研究而获得 2001 年的诺贝尔经济学奖。他是第一个系统分析逆向选择问题的经济学家，分析的背景是二手车市场。阿克洛夫注意到，与潜在的买家相比，二手车的卖家通常对于车辆的真实状况拥有更多的信息。买家可能没有意识到，他正在考虑购买的车是一辆"柠檬车"，即一辆车况很糟糕的车，比如没有定期更换机油。潜在的买家愿意为二手车支付的价格，反映了买家对车辆的真实状况缺乏完整的信息。

考虑一个简单的例子：假定二手车市场完全由个人买家和卖家构成，也就是说，不存在二手车经销商，你所在的是一个 2017 年本田思域的二手车市场，你和其他买家愿意为一辆车况良好、精心保养的汽车支付 20 000 美元，但是对于一辆"柠檬车"，你只愿意支付 12 000 美元。不幸的是，你无法分辨哪些是"柠檬车"，哪些是好车，但是你阅读的一份在线报告表明，大约 75% 的 2017 年本田思域二手车得到了精心保养，其余的 25% 则是"柠檬车"。回忆一下第 4 章第 4.1 节的内容，一项投资的预期收益等于每项概率与每项数值的乘积之和。在我们的例子中，如果你随机地从正在出售的二手车中选一辆，我们可以计算一辆 2017 年的本田思域车对你而言的预期价值：

预期价值 = 好车的概率 × 好车的价值 +"柠檬车"的概率 ×"柠檬车"的价值

或者，

预期价值 =（0.75×20 000 美元）+（0.25×12 000 美元）=18 000 美元

你愿意为一辆 2017 年的本田思域车支付的价格等于 18 000 美元的预期价值，这似乎是合理的。不幸的是，你可能会遇到一个严重的问题，从你的角度来看，由于你不知道任何一辆特定的二手车是好车还是"柠檬车"，18 000美元的报价似乎是合理的。但是卖家知道他们出售的车是好车还是"柠檬车"。对于一辆好车的卖家而言，18 000美元的报价比这辆车的真实价值低了2000美元，于是不愿意出售。但是对于一辆"柠檬车"的卖家来说，18 000美元的报价比该车的真实价值高了6000美元，于是很愿意出售。由于"柠檬车"的卖家利用了比买家拥有更多信息的优势，二手车市场就受制于逆向选择问题——大部分供销售的二手车都是"柠檬车"。换句话说，由于信息不对称，二手车市场会反向地选择那些供销售的汽车。注意，逆向选择问题减少了二手车市场上的买卖数量，因为没有多少好车可供出售。根据阿克洛夫对二手车市场逆向选择问题的分析，我们可以得出结论，即信息问题降低了市场的经济效率。

与一个只有个人买家和卖家组成的市场相比，实际的二手车市场在某些方面减轻了逆向选择问题的严重程度，但是无法完全消除。汽车经销商在卖家和买家之间发挥了中介作用，降低了逆向选择的成本。为了维护自己在买家中间的声誉，与个人卖家相比，经销商不太愿意利用有关自己出售的二手车品质的私人信息谋利，个人卖家可能终其一生也就卖几辆二手车。因此，经销商会按照与其真实价值接近的价格出售"柠檬车"和好车。除此之外，政府的监管措施也会要求汽车经销商向消费者披露汽车的有关信息。

金融市场上的"柠檬车问题"

对于股票和债券市场为资金由储蓄者流向投资者提供渠道，逆向选择问题会产生何种影响？首先来看股票市场。举一个简单的例子，与上述二手车市场类似。假定存在盈利状况良好的好企业和目前盈利状况不佳的"柠檬"企业。这些企业知道自己是好企业还是"柠檬"企业，但是基于可以获得的信息，潜在的投资者无法将它们区分开来。正如我们在第6章第6.2节看到的，一只股票的基本价值应该等于投资者预期在不确定的未来收到的所有股息的现值之和。假定在对未来支付的股息预期既定的条件下，你认为由好企业发行的股票，价值为每股50美元，但是由"柠檬"企业发行的股票，基于该企业最终能实现盈利的预期，你认为价值只有每股5美元。根据你阅读的《华尔街日报》和其他财经网站，你确信有90%出售股票的企业是好企业，剩下的10%是"柠檬"企业，但是你没有足够的信息，以确定某一特定的企业是好企业还是"柠檬"企业。

你可以利用这些假设来计算一下，如果在所有出售股票的企业中随机选择一家，你对该企业发行的股票预期价值是多少：

$$预期价值 =（0.90×50\ 美元）+（0.10×5\ 美元）=45.5\ 美元$$

因此，你愿意为一股股票支付 45.5 美元，但是对一家好企业而言，这一价格低于其股票的基本价值。以较低的价格出售股票，就是以低于其真实价值的价格出售企业的部分所有权，即股票所代表的含义。因此，好企业不愿意以这一价格出售股票。然而，"柠檬"企业很乐意按照这一价格出售股票，因为这一价格高于其股份的真实价值。由于"柠檬"企业会利用在企业真实价值方面相对于投资者的信息优势，股票市场将会像二手车市场一样，受制于逆向选择问题。

股票市场的逆向选择问题产生的一个后果就是，很多中小企业无法或者不愿意发行股票。这些企业无法找到愿意购买其股票的投资者，因为投资者担心买到"柠檬"企业的股票，企业也不愿意以远低于其基本价值的价格出售其股票。因此，美国公开上市交易的企业只有大约 3600 家。这些企业的规模足够大，因此投资者从华尔街分析师提供的报告和财经记者撰写的文章那里，可以很容易地找到有关企业财务状况的信息。这些信息有助于投资者克服逆向选择问题。

债券市场同样存在逆向选择问题。就像投资者如果无法确定哪些企业是好企业，哪些企业是"柠檬"企业，就不愿意投资于这些企业的股票一样，他们也不愿意通过购买这些企业的债券为其提供资金。因为借钱给"柠檬"企业的风险要高于借钱给好企业，所以如果投资者对于每家企业的财务状况都有完全的信息，他们就愿意以低利率为好企业提供资金，以高利率为"柠檬"企业提供资金。然而，由于信息不对称，投资者通常不愿意以高利率发放任何贷款。投资者的理由是，随着债券利率的提高，在愿意支付高利率的企业中，大部分都是"柠檬"企业。当企业濒临破产，经理人员可能愿意支付极高的利率来借款，并将其用于高风险的投资项目。如果这些投资没有成功，经理人员的境况也不会比之前更糟，但企业还是会破产。然而，购买了这些债券的投资者的境况要比将资金用于风险更小的投资糟糕得多。换句话说，随着利率的上升，潜在借款人的信誉有可能恶化，使得逆向选择问题更为严重。由于投资者认识到了这一问题，他们可能会减少贷款的数量，而不是将利率提高到使资金的供求数量相等的水平。这种对借款的限制就是所谓的"信贷配给"。当出借人限制信贷的数量时，企业无论好坏都很难借到资金。

总结一下，在二手车市场上，逆向选择导致车况不佳的车辆将车况良好的车辆逐出市场。在股票市场上，逆向选择使得任何企业都很难售出股票，除非是规模最大的企业。在债券市场上，逆向选择导致了信贷配给。

逆向选择使经济发展付出了代价。如果投资者很难获得好企业的信息，这些企业筹集资金的成本就会上升。这种状况迫使很多企业在扩张时主要依靠内部资金，也就是企业赚取的利润或企业所有者提供的资金。今天，在美国企业筹集自己所需的资金时，超过 2/3 的资金都来自企业内部。逆向选择问题最有可能限制的是经济中最具活力的新兴部门的年轻企业的发展机会，比如软件行业或生物技术行业，因为在这些部门，投资者特别难以区分好企业和"柠檬"企业。

减少逆向选择的尝试

金融市场的参与者和政府采取了一些措施，努力减少金融市场上的逆向选择问题。在 1929 年 10 月股市大崩溃之后，很明显很多企业在纽约证券交易所出售其股票时，没有向投资者披露有关企业财务状况的重要信息，或者曾经有意误导投资者对企业真实状况的认识。为了应对这种问题，美国国会于 1934 年创建了证券交易委员会，对股票和证券市场进行监管。证券交易委员会要求上市公司在财务报表中报告自己的业绩，比如表明企业资产、负债和股东权益（企业资产和负债之间的差值）的资产负债表，以及表明企业收入、成本和利润的利润表。企业必须利用标准的会计方法来准备这些报表，这就是所谓的"一般公认会计原则"（generally accepted accounting principles, GAAP），它是由非营利的财务会计准则委员会（Financial Accounting Standards Board, FASB）制定的。此外，企业必须披露重要信息，这是指那些一旦投资者知道以后就有可能影响企业股价的信息。

证券交易委员会所要求的信息披露降低了逆向选择的信息成本，但是由于 4 个重要的原因存在，并不能将信息成本完全消除。

1. 一些好企业可能过于年轻，没有太多的信息供潜在的投资者评估。
2. "柠檬"企业会尽力展示自己光鲜夺目的一面，从而使投资者对其证券估值过高。
3. 对于如何报告利润表和资产负债表中的某些项目，存在不同的法律观点。比如，在 2007 ~ 2009 年金融危机期间，很多银行和其他金融企业在其资产负债表中包含了缺乏流动性的一些资产，比如贷款和抵押贷款支持证券。交易这些资产的市场处于停滞状态，这意味着交易很少或者没有发生。在这种情况下，投资者就很难通过阅读这些企业的资产负债表来确定这些资产的真实价格。
4. 有人会在解释何谓重要信息方面要花招。比如，有些投资者批评苹果公司，在其总裁史蒂夫·乔布斯（Steve Jobs）去世之前的数年间，未充分披露其健康问题的严重程度。尽管苹果公司的代表争辩说，乔布斯的健康问题属于私人事务，一些投资者仍然认为该公司应该充分披露这一问题，因为这会影响公司未来的盈利状况，从而影响其股价。

私人企业通过收集企业信息并将其出售给投资者，从而降低逆向选择的成本。只要这些企业工作到位，购买了这些信息的投资者就能够更好地判断借款人的品质，从而提高借款的效率。虽然投资者为这些信息支付了费用，但只要这能够让他们获得更高的收益，投资者仍能从中受益。穆迪投资者服务公司、标准普尔、价值线（Value Line）和邓白氏（Dun & Bradstreet）等企业专门从各种来源收集信息，包括企业的利润表、资产负债表、对企业经理的访谈以及对企业办公场所和工厂的考察等。然后，这些企业将信息出售给订阅人，包括个人投资者、图书馆和金融中介，其中一些出版物可以在线获取。

私人信息搜集企业有助于降低逆向选择的成本，但是它们也无法将其消除。虽然只有订阅人为搜集的信息付费，但其他人不付费也可以受益。能够获得这些信息又不用付费的人被称为"搭便车者"。这就是说，他们获得了与那些为这些信息付费的人一样的收益，但是没有付出任何成本。私人信息搜集企业准备的这些报告很容易被复印并分发出去，或者扫描后传到网上，因此，每位付费的订阅人都可能会有很多的搭便车者。由于私人信息搜集企业最终实际上向很多投资者免费提供了它们的服务，它们搜集的信息要比不存在搭便车问题时少一些。正如我们在第 5 章第 5.1 节讨论债券评级时看到的那样，搭便车问题迫使穆迪和标准普尔改变它们的商业模式，从提供债券发行企业信用信息并向投资者收费，转变为向债券发行企业收费。

抵押品和净资产如何减少了逆向选择问题

无论是政府监管产生的直接影响还是私人信息搜集企业付出的努力所产生的间接影响，信息披露都减轻了逆向选择问题的严重程度，但是并未将其消除。因此，出借人经常要依靠精心设计的金融合约来减轻逆向选择问题的影响。如果企业所有者在其企业中没有投入多少自己的资金，那么一旦其债券违约或者不偿还贷款，它们也不会有多少损失。为了增加经理利用有关企业真实状况的私人信息谋利的成本，出借人经常要求企业以其某些资产作为**抵押**，如果企业违约的话，出借人就可以将其据为己有。比如，一家企业拥有一座仓库，在发行债券时就可以以这座仓库作为抵押。如果企业未能偿付债券的利息，投资者就可以占有这座仓库，并将其出售以补偿其在债券方面的损失。只有规模很大、非常知名的企业，比如苹果公司或沃尔玛，才能出售信用债券，即发行没有特定抵押品的债券。

净资产是企业资产价值与负债价值的差额，也可以向出借人提供与抵押品一样的担保。如果一家企业的净资产值很高，经理通过借款进行高风险投资的代价就会更大。相反，如果企业的净资产值很低，经理就没有什么可损失的。因此，投资者经常只将钱贷给高净资产值的企业，以减少逆向选择问题。

尽管如此，归根结底逆向选择的成本还是会让很多企业难以在金融市场上筹集资金。除了很高的交易成本以外，这种成本也是很多企业在需要外部融资时，求助于银行和其他金融中介的原因之一。

金融中介如何减少逆向选择问题

金融中介，特别是银行，专门收集与借款人违约风险有关的信息。根据长期经验，银行知道家庭和企业等借款人的哪些特征可能与违约风险极为相关。银行所利用的一些信息，任何金融机构都可以得到。这些信息包括信用记录和费埃哲信用评分，后者是现在被称作费埃哲（FICO）的这家公司编制的，其之前的名称为公平艾萨克公司（Fair，Isaac and Company）。但是，银行自己也有一些特定借款人的信息，这是其他人一般无法获取的。银行基于有关借款人的私人信息来评估其信用风险的能力，被称为关系银行业务。比如，一家本地银行，也就是常说的社区银行，可能在数年间一直向一家本地汽车专营店发放贷款，这家银行由此可以获得这家专营店的信用信息，这是其他潜在的出借人无法获取的。

银行从储户那里筹集资金，然后利用它们有关借款人信用的信息优势，将存款贷放给那些风险较低的借款人。由于银行比个人储户更有能力识别哪些是品质高的借款人，哪些是"柠檬"借款人，于是就可以通过向借款人收取比付给储户的更高的利率来赚取利润。储户愿意接受较低的利率，因为他们知道交易成本和信息问题使其难以将资金直接贷放给借款人。

银行可以利用有关借款人的私人信息来获取利润，因为在关系银行业务中，它们可以控制很多自己发放的贷款。因此，对于发放类似的贷款，投资者很难获得利润。收集本地企业和家庭的信息可以使银行获利，因为其他投资者在经营这些贷款业务时，很难与其竞争。银行从关系银行业务中获得的信息优势，可以使其减少逆向选择的成本，这有助于说明银行在向企业提供外部融资时扮演的关键角色。

| 概念应用 |

证券化加重了逆向选择问题吗

2007 ～ 2009 年的金融危机凸显了证券化对经济产生的重要影响。证券化包括将抵押贷款等贷款打包成证券，在金融市场上出售。一些经济学家认为，过去 25 年间证券化的发展加重了逆向选择问题。正如我们已经看到的，在关系银行业务中，银行有动力获得潜在借款人的信息，并利用这一信息向企业和家庭发放贷款。银行开展关系银行业务可以赚取利润，因为银行向储户支付的利率要低于它们发放贷款的利率，而大部分这类贷款，银行都会持有至到期。

证券化使得银行的业务重心由关系银行业务转变为发起－分销的业务模式。在这种模式下，银行仍然发放贷款，但是不会将这些贷款持有至到期，银行要么将其证券化，要么将其出售给其他金融企业或政府机构以实现证券化。对于这些贷款，银行仅在短期内持有，而不是持有至到期。在发起－分销模式下，银行赚取的是由发起贷款而获得的费用和由处置贷款的偿付款项而收取的费用，即它们从借款人那里收取还款，然后将其转给证券的持有者所收取的费用。

一些经济学家和政策制定者认为，发起－分销模式减少了银行区分品质优良的借款人和"柠檬"借款人的动力。换句话说，这一模式减少了银行抑制逆向选择问题的动力。一旦一笔贷款被证券化，如果借款人违约，承受大部分损失的将是证券所有者，而不是发起这笔贷款的银行。除此之外，一些经济学家认为，银行可能会利用其信息优势，出售风险更高的贷款，并将风险更低的贷款留在自己的资产组合中。购买了被证券化的贷款的投资者，很难评估包含在这些证券中的各种贷款的风险程度。像穆迪和标准普尔这样的评级公司为这些证券提供评级，但是与发起贷款的银行相比，对于包含在这些证券中的贷款的风险程度，这些评级机构拥有的信息也相对较少。证券化为金融体系带来了好处，它允许风险在更大范围内被分散，增强了贷款市场的流动性，降低了借款人支付的利率，使投资者的资产组合分散。证券化的不利之处在于，它可能在不经意之间使逆向选择问题变得更为严重。

对于证券化是否使贷款市场的逆向选择问题变得更严重，正反两方面的证据都有。澳大利亚国立大学的安特耶·伯恩特（Antje Berndt）和凯斯西储大学的安劳格·古普塔（Anurag Gupta）研究了发起－分销模式对逆向选择的影响。他们调查了从 2000 年年初至 2004 年年末银行向企业发行的贷款。他们发现，银行贷款最终被证券化了的企业在其贷款被出售之后的三年间，盈利状况明显要比银行贷款未被出售的企业或者未从银行借款的企业更差。伯恩特和古普塔的研究表明，银行要么对于原计划要进行证券化的贷款，在发放时不够谨慎，要么对于发放给盈利状况较差的企业的贷款，银行更有可能将其出售。

西北大学的埃夫拉伊姆·本米莱克（Efraim Benmelech）、华盛顿大学圣路易斯分校的詹妮弗·德乌戈什（Jennifer Dlugosz）和哈佛商学院的维多利亚·伊凡希娜（Victoria Ivashina）对贷款抵押债券（collateralized loan obligation，CLO）的研究却得出了不同的结论。贷款抵押债券是一种将风险较高的企业贷款予以证券化的金融工具。他们发现，与未被证券化的同样品质的贷款相比，被证券化了的贷款表现得并不差，按照某些标准甚至表现得更好。

W. 斯科特·弗雷姆（W. Scott Frame）考察了证券化如何影响住房抵押贷款的学术文献，他的结论是，"最近对美国住房抵押贷款市场的研究表明，证券化本身可能并非一个严重的问题"。在 2007～2009 年金融危机期间违约风险最高的抵押贷款是所谓的"低凭证贷款"（low-documentation loans），即出借人在发放贷款时不要求借款人提供全部的收入、其他债务或净资产证明。弗雷姆发现，即便是这些贷款，在被证券化之后也没有表现得更糟。

美国国会在 2010 年通过《华尔街改革和消费者保护法案》或者说《多德－弗兰克法案》的目的之一，就是为了解决证券化有可能使金融体系中的逆向选择变得更严重的问题。这一法案最初包含一项风险自留的规定，即要求银行或其他金融企业如果出售包含风险较大的抵押贷款的抵押贷款支持证券，至少自己要持有证券总额的 5%。然而，最终联邦监管者认为这一规定可能会使抵押贷款的数量大幅减少，从而取消了这一要求。2016 年 12 月，监管者开始要求贷款抵押债券的卖方要自己持有至少 5% 的证券。对于风险自留的规定能否有效解决贷款证券化过程中的逆向选择问题，经济学家和政策制定者尚未形成共识。

解决问题 9.2

银行为何限制向消费者发放贷款

2019 年年末时，《华尔街日报》刊载了一篇文章，讨论了美联储的监管者提出的一项提议，允许银行在决定是否向家庭发放贷款或信用卡时，参考除消费者借款和还款的历史记录以外的其他因素。这可能会使消费者更容易获得贷款。

a. 哪些消费者最有可能从这项监管措施的改变中获益？银行是否也能获益？简单解释一下。

b. 为何银行之前没有为这些消费者提供贷款和信用卡？银行为何不能简单地对其提高利率，以补偿这些消费者贷款违约或者停止偿付信用卡账单概率更高的风险？简单解释一下。

解决问题

第一步　复习本章内容。这一问题与逆向选择和信贷配给有关，你需要复习"逆向选择"一节的内容。

第二步　解释哪些消费者有可能受益于这项监管政策的改变以及银行是否也能受益，回答问题 a。最有可能从这项改变中获益的消费者，是那些缺少偿还以前的贷款或者定期偿付信用卡账单的记录的人。比如，一些定期领工资的人，他们有能力偿还贷款或者付清信用卡账单，但是他们从高中或大学毕业以后，工作的时间较短，还缺少信用记录，这些人可能受益。如果这些消费者能够像那些按照传统的信用评估方法获得信贷资格的消费者一样，也获得同等水平的信用，那么，如果允许银行向这些人发放贷款或信用卡，银行就可以从中获益。

第三步　讨论银行为何没有向这些消费者发放贷款并收取更高的利率，从而回答问题 b。我们已经知道，出借人不愿意提高向借款人收取的利率，是因为高利率可能会吸引信誉度更低的借款人。也就是说，高利率可能使逆向选择问题变得更加严重。

道德风险

即便出借人收集了有关借款人是品质优良的借款人还是"柠檬"借款人的信息，出借人仍会面临其他信息问题。在出借人向似乎品质优良的借款人发放了贷款之后，借款人还有可能不按照预期计划使用这笔资金。这种状况被称为"道德风险"，在借款人有动机隐瞒信息或者采取的行动与出借人的利益不一致时，更有可能出现。出现道德风险的原因是信息不对称，即对于借来的资金实际上如何使用，借款人要比出借人了解得更多。

股票市场上的道德风险

如果你买了一家企业的股票，你希望企业的管理层实现利润最大化，从而使你的投资增值。不幸的是，监督企业管理层是否实现了利润最大化，对于个人投资者而言是极为困难的，这就引发了严重的道德风险问题。在你购买微软新发行的股票时，你不知道该公司是将这笔钱明智地用于新版视窗软件的开发，还是将其浪费在了总裁新洗手间的黄金水龙头上。研发投资可能会提高微软的利润，增加你的收益，而安装黄金水龙头就未必如此了。

大型上市公司的组织结构导致了控制权与所有权的分离。也就是说，从法律上来讲，虽然这家企业归股东所有，但是企业实际上是由高级管理人员运营的，包括首席执行官（CEO）、首席运营官（COO）和首席财务官（CFO）等。在大部分大企业中，高级管理层只拥有企业很少一部分的股权，通常少于5%。尽管股东希望管理层按照实现股东投资价值最大化的原则经营企业，但是管理人员可能有不同的目标。一些高级管理人员被指责成了"帝国建造者"，即他们感兴趣的是通过内部扩张和收购其他企业，尽可能地扩大企业规模，哪怕企业规模更小时会有更多的利润。比如，汽车租赁企业赫兹（Hertz）于2020年宣布破产，除了受新冠疫情影响产生的经济问题以外，一些行业分析师将其归咎于前任首席执行官收购廉美租车公司（Dollar Thrifty）的决策，后者是一家与之竞争的汽车租赁企业。另一些高级管理人员似乎更关心的是使用企业的喷气式飞机和在昂贵的度假胜地召开会议，而不是企业的利润。经济学家将这种管理人员追逐的目标与股东不同的现象称为**"委托-代理问题"**。股东作为企业的所有者是委托人，而被雇用来实施股东意图的高级管理人员则是代理人。

管理人员甚至还有低报企业利润的动机，以减少应归属股东的股东利润，并将这些留为己用。由于证券交易委员会要求管理人员发布按照一般公认会计原则编制的财务报表，低报利润的问题被控制在一定范围之内。联邦法律将谎报或者盗取归属股东利润的行为列为联邦罪行，犯罪者可以被处巨额罚金或一定的刑期，或者并处两种惩罚。不断有高级管理人员由于不当表述企业的财务状况而被证券交易委员会起诉，这表明罚金和刑期并不能完全阻遏这种行为。

投资者选出董事会，代表他们控制企业。不幸的是，董事会也无法完全解决股票投资中的道德风险问题。首先，董事会很少开会，通常一年只有四次，并且一般要依靠高级管理人员为其提供信息。即便是动力十足、充满疑心的董事会也很难了解到与高级管理人员同样多的信息。因此，董事会成员通常很难判断管理人员采取的行动是否符合股东的最佳利益。董事会不能以盈利状况作为评价高级管理人员的唯一标准，因为决定企业盈利状况的不只是管理人员的努力程度。比如，由新冠疫情导致的2020年经济衰退使一些企业遭受了很大的损失，管理人员对此也无能为力。其次，董事会并不总是独立于高级管理人员。实际上，在一些企业中，首席执行官也是董事会主席。此外，即使由股东来选举董事会成员，很多股东也很少关注这些选举，所以首席执行官有时可以成功地在董事会中安插会在投票中支持自己的候选人。一些董事会成员包括其他企业的首席执行官，而这些企业是其公司的供应商。这些董事会成员可能不愿意违背首席执行官的意见，因为他们担心这位首席执行官会以取消与他们的合同进行报复。近年来，养老基金等机构投资者在董事会选举中扮演了越来越重要的角色，这有助于抑制道德风险问题。比如，加州公共雇员退休基金（California Public Employees' Retirement System，CalPERS）有一位公司治理董事，其职责是确保基金投资于那些尊重股东利益的公司。然而，大部分经济学家认为，公司董事会可以抑制但是无法消除道德风险问题。

一些董事会试图通过使用激励合约来抑制道德风险问题，这些合约能够使高级管理人员的目标与股东的目标更为一致。根据某些激励合约，管理人员的部分薪酬与企业绩效挂钩。比如，一位首席执行官只有在企业实现特定的利润目标时，才能获得自己的全部薪酬。其他的激励合约为高级管理人员提供期权合约。这种期权合约允许管理人员以特定的价格购买企业的股票，而这一价格高于期权合约签订时的市场价格。期权为管理人员提供了为企业赚取更多利润的动力，这会提高企业股票的价格，并使期权合约更具价值。尽管期权合约可以降低道德风险，但是有时也会使这一问题更为严重，因为这会使管理人员作出不符合股东最佳利益的决策。比如，如果高级管理人员的薪酬与企业利润挂钩，他们就有可能进行高风险的投资，这会增加企业的短期利润，但是危害企业的长期发展前景。

一些经济学家曾经提出，在 2007～2009 年金融危机爆发之前的那些年，由于部分薪酬取决于企业的短期利润，某些金融企业的高级管理人员所做的投资要比没有这种激励合约时所做的投资风险更高。如果董事会为高级管理人员提供股票期权，也会存在同样的问题。在 21 世纪最初的十年，有几家企业的高级管理人员由于倒填股票期权合约的时间而被捕。这些管理人员篡改了合约，使其看起来是在更早的时期授予的，此时企业股票的价格要低得多，这样合约就无法反映期权实际被授予时企业股票的价格。因此，即使企业股票价格相比期权实际被授予时并没有提高，这些管理人员也能从期权中获得大量的收益。证券交易委员会将倒填视为欺诈，几位有过这种行为的管理人员被判定有罪并被捕入狱。

债券市场上的道德风险

与股票市场相比，债券市场上的道德风险更低一些。当你购买股票时，你依靠企业高级管理人员来实现利润最大化。他们是否会这样做，不管是你还是董事会都很难验证。但是，当你购买债券时，你只需要高级管理人员偿付债券利息，并在债券到期时支付本金。管理人员是否实现了利润最大化，与你没有什么关系。换句话说，对一位持有债券的投资者而言，监督企业管理层的成本要比股票持有者低得多。

即使投资者在购买债券时遇到的道德风险问题要比购买股票少一些，购买债券也并不能完全免受这一问题的影响。由于债券偿付的款项都是固定的，对于超过这些款项的部分企业都可以留作利润，因此，企业管理人员有动力承担更大的风险以赚取这一利润，而不是为债券投资者的最大利益着想。比如，你和其他投资者购买了一家软件企业发行的债券，这家企业在为苹果 iPhone 手机编写应用程序时取得了成功。你预期这家企业会将这笔资金用于开发新的应用程序。然而，这家企业的管理人员决定将这笔钱用于风险要大得多的投资，即开发一款新的智能手机并与 iPhone 竞争。一旦这款新智能手机无法与 iPhone 竞争，企业可能被迫破产，也就无法像其承诺的那样偿还债券。

为了抑制债券市场上的道德风险，投资者采用的一个重要方法就是在债券合约中写入限制性条款。**限制性条款**①对于借款人如何使用获得的资金进行限制，②如果借款人的净资产低于某一特定水平，就要求借款人清偿债券。作为第一类限制性条款的例子，企业可能只能将通过发行债券筹集的资金用于购买一座仓库或者修建工厂。第二类限制性条款的目的，在于防止企业管理人员承担太大的风险。管理人员知道，如果他们由于高风险的投资而遭受了损失，企业净资产就可能会降至触发这一条款的水平。比原定的到期时间提前数年清偿企业发行的债券，这对企业而言可能非常困难，也会使董事会质疑管理人员的能力。

虽然限制性条款可以降低风险，但它们也有缺点，即会使债券变得更为复杂，从而可能使得投资者在二级市场上更难将其出售。监督企业是否真的遵守了限制性条款，相关的成本也降低了债券的受欢迎程度和流动性。而且，限制性条款也不可能面面俱到，无法使出借人免受借款人从事各种可能的高风险行为所产生的危害。

金融中介如何减少道德风险问题

在抑制金融市场上的逆向选择造成的危害时，金融中介发挥了关键作用，同样地，对于抑制道德风险，它们也扮演了重要角色。商业银行擅于监督借款人，并开发了有效的技术，确保它们贷放出去的资金真的用于原本计划的项目。比如，你获得了一笔贷款用于购买汽车，银行在向你提供资金时通常会给汽车经销商开一张支票，而不是给你开支票。同样地，如果一家餐馆的所有者申请了一笔贷款来扩大自己的店面，银行可能会分阶段放款，并要求店主提供每阶段建筑工程完工的证据。银行贷款通常会包含限制性条款。比如，如果你申请了一笔贷款以购置一辆汽车，银行会要求你购买最低金额的偷盗险或车损险，当出现事故后，你和银行的名字都会出现在你收到的保险公司的支票上。如果你申请了一笔抵押贷款用于购置房屋，你就必须购买房屋险，并且在偿还你的抵押贷款之前无法将其出售。

在一些国家，银行在为企业提供资金时，还会用其他工具来克服道德风险。比如在德国，一家银行可以购买企业的股票并使自己的雇员成为该企业的董事会成员，比如德意志银行就可以这样做。这一举措可以使银行了解更多的企业信息，更便于监督管理人员的行为。然而，美国的联邦监管法规禁止银行购买非金融企业的股票，也就是不能对这些企业进行股权投资。

其他金融中介逐渐发展起来，弥补了由于禁止银行对非金融企业进行股权投资而在金融市场上留下的空白。加速合伙公司（Accel）或安德森·霍洛维茨基金（Andreessen Horowitz）等**风险投资公司**（风投公司）从投资者那里筹集资金，并将其投资于小型初创企业，而且经常是高科技行业中的初创企业。近些年来，风投公司从机构投资者那里筹集了大量资金，比如养老基金和大学捐赠基金。风投公司通常占有初创企业的大量股权，并经常令自己的雇员加入其董事会，甚至使之成为管理人员。这些举措可以减少委托－代理问题，因为风投公司密切监督所投资企业管理人员的能力更强。企业管理人员可能会更关注大投资者的意愿，因为一旦大投资者出售其在企业的股权，企业将很难从新投资者那里筹集资金。除此之外，在投资于一家非上市公司时，风投公司可以避免搭便车问题，因为其他投资者无法模仿这家风投公司的投资策略。

风投公司瞄准的是年轻企业。相反，私募股权投资公司或者说企业重构公司，比如黑石（Blackstone）、凯雷（Carlyle）或者科尔伯格·克拉维斯·罗伯茨公司（Kohlberg Kravis Roberts & Co.，KKR），通常投资于成熟企业。它们一般瞄准的是管理人员似乎没有致力于实现利润最大化的企业。通过在董事会任职，它们可以监督高级管理人员，并促使其遵守新的政策。在某些情况下，它们会获得企业的控股股权，并替换高级管理层。芝加哥大学史蒂文·戴维斯（Steven Davis）和其同事的研究表明，当私募股权投资公司控制了一家企业，它经常通过关闭生产率较低的机构，比如工厂或商店，将其员工分配到生产率较高的机构，以及开设新的机构，显著提高该企业的生产率。在提升了收购企业的绩效之后，私募股权投资公司通常会将企业卖掉，从被收购企业股票的升值中获利。私募股权投资公司帮助建立了一个企业控制权市场，这提供了一种将未能实施股东意愿的高级管理层驱逐出去的途径，从而抑制了金融体系中的道德风险。

| 概念应用 |

抵押贷款市场上的道德风险、逆向选择与新冠疫情

自 20 世纪 60 年代以来，房利美和房地美这两家政府特许企业成了住房抵押贷款市场的重要组成部分（参见第 1 章第 1.2 节）。国会创建了政府特许企业，以实现提高住房自有率的政治目标。政府特许企业通过向投资者出售抵押贷款支持证券，并用由此获得的资金从银行和其他出借人那里购买抵押贷款，创建了住房抵押贷款的二级市场。出借人为这些贷款提供的服务包括从借款人那里收缴抵押贷款的还款，并将其支

付给抵押贷款支持证券的投资者。在政府特许企业成立之前，一家本地银行发放的住房抵押贷款数额受其所能获得的资金数量的制约，这些资金主要是支票账户和储蓄账户的存款。但是，政府特许企业使得本地的借款人有可能使用来自其他州的投资者的资金，甚至是外国投资者的资金，只要这些投资者购买了抵押贷款支持证券。政府特许企业还为它们购买的贷款提供担保，所以，如果借款人停止偿还贷款，政府特许企业将偿还银行或其他出借人被要求向抵押贷款支持证券投资人支付的款项。

需要注意的是，在这一为抵押贷款融资的体系中，大部分逆向选择和道德风险问题从银行和其他出借人转到了政府特许企业。由于银行向政府特许企业出售贷款，它们认真审查借款人信用状况的动力减小了，逆向选择问题由此变得更为严重。如果借款人不再偿还贷款，承受损失的将是政府特许企业而不是发起这笔贷款的银行。在 2007～2009 年金融危机期间，政府特许企业面临严峻的问题。由于房价下跌，投资者担心房地美和房利美无法履行为其发行的抵押贷款支持证券提供担保的承诺。除此之外，这两家机构都持有大量的自己发行的抵押贷款支持证券。从法律上来讲，房地美和房利美是私营企业，其股东预期它们能够赚得利润。2008 年 9 月，为了避免抵押贷款市场的崩溃，国会授权财政部为房地美和房利美注入 1890 亿美元的新资本，并将其置于一家新成立的联邦机构的控制之下，即美国联邦住房金融局（Federal Housing Finance Agency，FHFA）。

当美国联邦政府控制房地美和房利美时，很多经济学家和政策制定者预计，在未来的某个时候这两家企业将再次被私有化。但是，新冠疫情在 2020 年席卷美国，这两家企业仍然在美国联邦住房金融局的控制之下。这两家政府特许企业和其他政府机构为 10 万亿美元住房抵押贷款中的 7 万亿美元提供了担保，这意味着在金融危机结束十多年以后，美国联邦住房金融局仍然在抵押贷款市场上扮演着重要角色。在新冠疫情期间，抵押贷款利率降至创纪录的低水平，但是很多人仍然很难获得贷款，部分原因在于抵押贷款市场的结构，部分原因是国会对疫情期间为偿还抵押贷款而苦苦挣扎的民众提供救助。根据《新冠病毒援助、救济和经济安全法案》，国会允许拥有联邦担保贷款的借款人申请延期偿还贷款，最长不超过一年。至 2020 年 5 月下旬，接近 500 万人申请了延期还款，总额超过 1 万亿美元。但是，一笔借款人可能申请延期还款的贷款，无法出售给房地美或房利美，除非出借人支付一笔罚金，这降低了银行和其他抵押贷款的出借人发放这类贷款的意愿。抵押贷款出借人担心贷款在出售之前，借款人会申请延期还款。除此之外，寻求延期还款的出借人也不能申请利率更低的新的抵押贷款，从而为其贷款再度融资。

一些出借人还担心，如果借款人被允许延期还款，出借人仍有义务按期向抵押贷款支持证券的投资者支付还款。虽然房利美和房地美同意向出借人归还这些款项，但这一过程可能需要几个月的时间。在收到房利美和房地美的赔款之前，银行可以依靠其存款作为资金来源，但是在 2020 年，大部分抵押贷款的出借人不是银行，这意味着它们不得不借款来支付转给抵押贷款支持证券投资者的款项。由于需要借款，它们发放贷款的利润减少了，有时甚至无利可图。出借人还不得不判断贷款申请人只是由于新冠疫情的影响，收入暂时下降，还是在更长的时期找不到工作。如果出借人判断错误，贷款最终就无法满足政府特许企业的要求，出借人可能被要求回购这些抵押贷款。

实际上，这些变化使得逆向选择和道德风险问题从政府特许企业又重新转移给抵押贷款发放企业。因此，出借人对借款人的要求更为严格，比如提高了最低的信用评分要求、收入要求和首付的数量。城市研究所（Urban Institute）的一项研究表明，根据新的标准，2019 年发放的抵押贷款中有 2/3 达不到要求。美联储一般在经济衰退时会采取行动，降低利率。经济中最早受益的部门一般是房地产业，因为即便是利率的小幅下降也会使拥有抵押贷款的借款人每月还款额显著下降。在 2020 年中期，由于抵押贷款出借人受到越来越严重的逆向选择和道德风险问题的困扰，对于美联储的刺激计划，住房市场一开始的反应较为缓慢。

9.3 关于美国金融体系结构的结论

学习目标 通过经济分析来解释美国金融体系的结构。

我们已经看到了，交易成本和信息成本严重阻碍了资金由储蓄者向借款人的流动。我们还看到，金融体系如何调整以减轻交易成本和信息成本的影响。但是，如果交易成本和信息不对称问题不存在的话，金融体系会怎么样？为了理解会有何差别，我们考察一下美国金融结构的一些关键事实。

图 9-1 展现了非金融、非法人企业在 2017 ～ 2019 年最重要的外部资金来源，这些企业包括独资企业和合伙企业等典型的中小企业。这些企业依靠各类贷款和商业信贷（trade credit）。商业信贷指的是如下这种常见的情形，即一家企业将另外一家企业订购的商品发货，并同意在未来的某个时间收取货款，通常是在 30 天到 90 天以后。比如，一家房屋装修商店收到了一家剪草机企业的发货通知，但是 60 天之后才会向这家企业付款。图 9-1 表明，对于这些企业而言，抵押贷款是最重要的外部资金来源，且重要程度远超其他来源，其次是银行贷款（不含抵押贷款）。

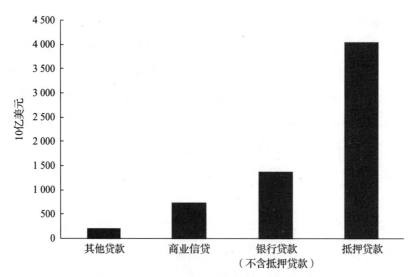

图 9-1　非金融、非法人企业的外部资金来源

注：数据为 2017 ～ 2019 年的平均年度总额，发放的对象为非金融、非法人企业。

资料来源：美联储理事会，美国资金流量表，2020 年 3 月 20 日。

图 9-2 展现了法人企业的外部资金来源。在美国，因为法人企业的销售额占所有企业的 80% 以上，所以它们的资金来源特别重要。图 9-2a 展示了 2017 ～ 2019 年年末时，法人企业各类资金来源的平均余额。图 9-2a 展示的是存量值，即在某一时点上这些变量的总值。由于这些是存量值，它们反映了企业如何满足自己当前的融资需求，也反映了过去如何满足这些需求。比如，企业的债券余额包括在 20 年前甚至更久之前发行的一些债券。图 9-2b 展现的是不同资金来源的净变化。比如，新债券的净值等于企业在这一年中已经发行的新债券的价值减去这一年已经到期的和偿还的债券的价值。新发行股票的净值等于发行的新股票的价值减去企业从投资者那里回购的股票价值。图 9-2b 中的数值也是 2017 ～ 2019 年的年度平均值。图 9-2a 表明，企业发行的股票价值远远超过债券的价值或贷款的价值，而图 9-2b 则表明在这段时期，对于这些企业而言，债券和贷款作为外部资金来源的作用远远超过股票。事实上，近些年来企业实际从投资者那里回购的股票远远超过了它们发行的股票。

我们可以利用第 9.2 节对交易成本和信息成本的讨论与图 9-1 和图 9-2 中的统计数据，分析金融体系的三个关键特征：

1. **金融中介的贷款是中小企业最重要的外部资金来源**。正如我们已经注意到的，规模较小的企业通常不得不由内部来满足自己的大部分融资需求，即来自所有者的个人资金或者来自企业赚取的利润。图 9-1 表明，对于规模较小的企业而言，贷款是最重要的外部资金来源。这些企业无法直接从储蓄者那里借款，因为储蓄者在向这类企业直接发放贷款时，面临的交易成本过高。由于存在因信息不对称导致的逆向选择和道德风险问题，中小企业也无法出售债券或股票。因为金融中介，特别是商业银行，能够降低交易成本和信息成本，它们能够提供资金由储蓄者流向中小企业的渠道。

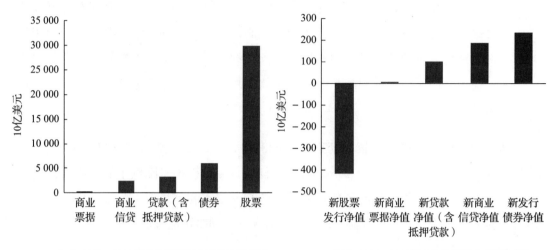

（a）2017～2019年企业外部资金来源的年末值　　　　（b）2017～2019年企业外部资金来源的变化

图 9-2　法人企业的外部资金来源

注：图 a 展示了企业的资金来源，由 2017 ～ 2019 年年末时的平均余额来表示。图 b 展示了各类资金来源的净变化。图 a 表明，企业发行的股票价值远超过债券和贷款的价值，图 b 表明，在这几年，债券和贷款作为这些企业外部融资的来源，重要性远超过股票。这里是非农业、非金融法人企业的数据。

资料来源：美联储理事会，美国资金流量表，2020 年 3 月 12 日。

2. **对于法人企业的外部融资而言，股票市场的重要性不如债券市场。** 股票市场每天发生的故事经常是财经新闻报道的主题。《华尔街日报》的网站上在最显眼的位置有一个栏目，展示美国所有重要的股票价格指数每分钟的变化。然而，大部分股票市场的交易都是在买卖已经发行的股票，而不是出售新发行的股票。相比于已发行股票的交易额，新股发行的交易额规模要小得多。正如之前看到的那样，图 9-2b 表明了一个惊人的事实，即在近些年来，企业从投资者那里回购的股票实际上超过了它们发行的股票。图 9-2b 还表明，贷款和债券是这些企业最重要的外部信贷类别。为何企业更有可能通过出售债券或者申请贷款来筹集外部资金，即借助于债务融资的方式，而不是通过出售股票，即借助于股权融资的方式？正如我们之前讨论过的，与股权合约相比，债务合约受道德风险的影响较小。对企业的高级管理人员实际上是否致力于实现企业利润最大化持怀疑态度的投资者，可能仍有信心这些管理人员能够偿还债券或贷款的固定款项。

3. **债务合约一般需要抵押品或限制性条款。** 家庭很难从银行获得贷款，除非它们可以提供抵押品。大部分家庭从银行获得的大额贷款，都以购买的商品作为抵押品。比如，住房抵押贷款以购买的房屋作为抵押，汽车贷款以购买的汽车作为抵押。正如之前讨论的那样，企业也经常面临同样的情形。图9-1表明，中小企业筹集的资金更多地来自抵押贷款，而不是其他商业贷款。很多企业债券也有具体的抵押品，一旦企业未能按照要求偿付债券，债券持有人就可以将其据为己有。贷款和债券通常还包含限制性条款，明确规定企业应如何使用借得的资金。尽管与股权合约相比，债务合约受道德风险的影响较小，但是仍有一些潜在的风险。抵押品和限制性条款的目的在于降低债务合约中涉及的道德风险。

储蓄者希望从自己的投资中获得最高的利率，而借款人则希望支付最低的利率。交易成本和信息成本在储蓄者和借款人之间打入了一个楔子，降低了储蓄者得到的利率，提高了借款人必须支付的利率。通过降低交易成本和信息成本，金融中介可以向储蓄者提供更高的利率，向借款人索取更低的利率，同时还能赚取利润。

| 概念应用：与你相关 |

如果股票是有风险的，你是否应该去买债券

我们在第6章第6.3节中看到，经济学家经常建议还有几十年才退休的年轻人，将大部分储蓄投资于股票，因为从长期来看，股票的预期收益率要高于银行大额存单、国债或企业债券。但是，股票收益也会波动，有些时期收益很高，有些时期收益会是负值。比如，正如我们在第6章看到的那样，在2020年新冠疫情期间，股票价格经历了大幅波动。这样的波动促使一些人将部分储蓄由股票转为了债券。正如我们在第15章将进一步讨论的货币政策那样，在疫情期间，美联储增加了美国国债的购买数量，将这些债券的利率推至历史低点。因此，一些寻求更高收益的投资者购买了企业债券。企业的反应就是增加债券的发行数量，并以此作为疫情期间筹集资金的方法之一。

我们在第5章第5.1节看到，被债券评级机构评为低级别的债券收益率要高于评级较高的债券，以此补偿低级别债券更高的违约风险。Baa是穆迪投资者服务公司赋予投资级债券的最低评级。图9-3展现了Baa债券和10年期美国国债之间的利差。这一利差可以衡量相比10年期美国国债，Baa债券由于使投资者承担了更大的风险而给予投资者的补偿。

注意，在2007～2009年衰退时期，两种利率之间的差距增至6个百分点。然而，

在 2020 年新冠疫情期间，这一利差不到 3.5 个百分点。换句话说，投资者由于投资于企业债券而获得的补偿，在 2020 年要少于 2007 ～ 2009 年衰退期间。部分原因在于，美联储通过直接购买企业发行的债券或者通过购买投资于企业债券的 ETF，购买了大量的企业债券。结果，对这些债券需求的增加使其价格上涨，从而使收益率低于原来的水平。

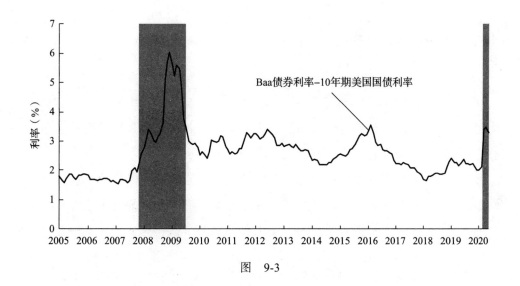

图　9-3

2020 年，对于企业债券的违约风险投资者是否获得了足够的补偿？ 2007 ～ 2009 年的衰退是美国自 20 世纪 30 年代大萧条以来经历的最为严重的经济衰退。从某些指标来看，2020 年的衰退甚至更为严重。但是，由于实际 GDP 和就业率下降的部分原因在于社交疏离措施，而这些措施自 2020 年 3 月中旬实施了几个月的时间，经济学家认为，这次的经济复苏要比 2007 ～ 2009 年衰退之后的复苏更为迅速。尽管如此，根据 2020 年 5 月下旬《华尔街日报》刊载的一篇文章，穆迪预期 2020 年企业债券的违约率与 2008 年相当。

除了受制于违约风险以外，长期债券还有利率风险。2020 年 5 月，Baa 级企业债券的平均收益率不到 4%。如果这些企业债券的收益率回升至 2007 年以前的 6% ～ 7% 这一正常水平，在 2020 年购买了企业债券的投资者就会蒙受重大的损失。因此，虽然对于通过发行长期债券来筹集廉价资金的企业而言，2020 年被证明是一个运气上佳的好年份，但是在投资于这些债券之前保持谨慎将会是明智的。

通过促使资金由储蓄者流向借款人，银行和其他金融企业一直在寻找各种赚取利润的方法。正如我们在本章开头中看到的那样，近些年来，一些金融科技企业利用复杂的软件来开办网站，并将小储蓄者与小企业进行匹配。储蓄者收到的利率高于他们从银行存款中获得的利率，企业支付的利率低于为银行贷款支付的利率。这些新型的金融科技网站是否有可能替代银行相当一部分的资金融通功能，尚有待观察。正如我们在本章看到的那样，一个关键的问题在于，储蓄者是否认为通过这些网站进行投资是一种安全的投资方式。

回答关键问题

在本章开始时，我们提出的问题是：

"为何企业更依赖贷款和债券而不是股票作为外部融资的来源？"

我们已经发现，无论是债券市场还是股票市场都受道德风险问题的制约。在这两种情形下，投资者不得不担心企业获得了这些资金后，不按照原定的目标来使用。当投资者购买债券时，道德风险要比购买股票小很多。因此，投资者更愿意购买债券而不是股票，这就解释了为何债券是一种更为重要的企业外部融资来源。中小企业无法发行债券或股票，必须依靠银行贷款作为它们主要的外部融资来源。

第 10 章

银行经济学

学习目标

在学习了本章之后，你应该能够：

10.1 评估银行的资产负债表。

10.2 描述商业银行的基本运作。

10.3 解释银行如何管理风险。

10.4 解释美国商业银行业的发展趋势。

一场疫情展现了银行的重要性

2020 年春季，美联储对很多个人和小企业施以援手，但是有些个人和企业很难获得这些援助。这些援助是依据《新冠病毒援助、救济和经济安全法案》提供的。国会和唐纳德·特朗普总统于 2020 年 3 月批准了这项法案，以应对新冠疫情。根据这一法案，如果你的收入低于 7.5 万美元，你就可以从联邦政府那里获得一笔 1200 美元的款项。根据你 2019 年申报纳税的信息，美国财政部会直接把这笔钱存到你在银行的支票账户，不需要你申请。但是，如果你没有支票账户，那会怎么样？你仍会得到这笔款项，只不过是以纸质支票或借记卡的形式邮寄给你，但是在这种情况下，你就需要申请，并且等待更长的时间。一些经济学家和政策制定者认为，疫情凸显了没有银行账户的那些人所面临的困难。正如我们将在第 10.4 节看到的那样，一项提高银行业务普及性的动议，使得美联储第一次可以为家庭和企业提供银行服务。几位国会议员也推动了一项法案，以恢复某种形式的邮政储蓄体系，利用这一体系，地方邮政局在 1911 ～ 1967 年向家庭提供了某些银行服务。

《新冠病毒援助、救济和经济安全法案》还通过"薪资保护计划"为小企业及其员工提供帮助。根据"薪资保护计划"，小企业有权申请由联邦小企业协会（Federal Small Business Association）负责管理的贷款。如果这家企业将这笔贷款的60%用于发放薪酬，这笔贷款就可以转换为一项补贴，企业将不必偿还。很多企业发现，如果它们的企业支票账户是在一家大银行开户的，但是它们目前并没有使用这家银行的贷款，那么这些银行就不会优先考虑它们申请的"薪资保护计划"贷款。正如全国企业联合会的一位官员所讲的那样，"没有与大银行建立业务往来的小企业主为数众多，它们往往被排斥在外"。

一些小企业如果在小银行开立了企业支票账户，它就更有可能通过"薪资保护计划"获得那些小银行的贷款。这些小银行通常被称为"社区银行"（community bank）。大多数小银行没有证券交易和经纪业务，也没有数字化的银行业务应用程序，它们通常向小企业发放贷款。社区银行从事的是关系银行业务，正如我们在第9章看到的那样，这是指银行搜集有关借款人的私人信息，并以此来评估其信用风险。很多大银行认为，在评估小企业贷款的风险时交易成本太高，从而使其无利可图。结果，在依据"薪资保护计划"发放的第一轮贷款中，有将近60%的贷款是由小银行发放的。格林威治联营公司（Greenwich Associates）为金融服务业提供数据分析，一项由这家公司发布的研究报告表明，有多达600万家中小企业正在考虑换银行。

正如我们将在第10.4节看到的那样，银行业在某些方面存在显著的规模经济，这导致银行业变得越来越集中，10家最大的银行现在几乎拥有一半的存款。但是在银行服务的某些领域，比如向小企业发放贷款，规模经济似乎更为有限，这为一些小银行的生存提供了空间。鉴于政府在新冠疫情期间向那些没有银行账户的人发放款项时遇到的困难，政策制定者正在思考的问题是，在将银行业务扩展到农村地区和低收入的城市地区时，小银行是否应当扮演关键角色，以及是否有必要采取不同的方法。

关键议题和问题

议题： 在过去的40年间，美国金融体系经历过两次银行倒闭数量大幅上升的时期。

问题： 银行业是一个风险特别高的行业吗？银行需要面对哪些类型的风险？

我们在第9章已经看到，银行对于金融体系的有效运转至关重要。在本章中，我们将进一步考察银行如何做生意以及如何赚取利润。然后，我们将分析银行在管理风险时遇到的各种问题。近些年来，银行面临来自其他金融机构和金融科技企业的竞争，这些机构和企业有可能以更低的成本向储蓄者和借款人提供与银行相似的服务。我们还将描述银行为应对日益激烈的竞争所采取的一些措施，并以此作为本章的小结。

10.1 商业银行的基本原理：资产负债表

学习目标 评估银行的资产负债表。

商业银行是一家企业。银行通过提供某种服务来满足市场需求，并由此向顾客收费，从而赚取利润。商业银行最为重要的业务是从储户那里吸收存款，并向家庭和企业发放贷款。为了赚取利润，银行为从储户那里吸收存款所支付的费用，需要低于由发放贷款和其他投资而获得的收入。讨论银行业务之前，我们先来考察一下银行的资金来源和资金运用，前者主要是存款，后者主要是贷款。银行的资金来源和资金运用被汇总为资产负债表。资产负债表是一份列明某个人或某家企业资产和负债状况的报告，表明其在特定日期的财务状况。资产是个人或企业拥有的某种有价值的东西，比如股份或房屋。负债是个人或企业欠别人的东西，比如贷款。表 10-1 将美国所有银行的数据整合在一起，形成了美国整个商业银行体系在 2020 年 5 月合并的资产负债表。一般而言，资产负债表的各个条目都是以美元计价的。为了便于理解，我们将美元金额转换为百分比。表 10-1 展示了一张资产负债表通常的表示方式，这是基于如下会计等式：

$$资产 = 负债 + 股东权益$$

表 10-1 2020 年 5 月美国商业银行合并的资产负债表

资产（资金运用）	在总资产中的百分比（%）	负债和银行资本金（资金来源）	在总负债和资本金中的百分比（%）
准备金和其他现金资产	16.5	存款	75.2
证券	19.7	支票存款	15.9
美国政府国债	4.7	非交易存款	59.3
抵押贷款支持证券	10.8	小额定期存款（低于 10 万美元的定期存款）加储蓄存款	50.6
州政府和地方政府以及其他证券	4.2		
贷款	53.1		
工商业贷款	14.9	大额定期存款（10 万美元以上的定期存款）	8.7
房地产贷款（包括抵押贷款）	22.9		
消费贷款	7.4	借款	10.1
其他贷款	7.8		
		其他负债	4.8
其他资产（包括物质资本）	10.7	银行资本金（或股东权益）	9.9

注：表中包含美国所有国内特许商业银行在 2020 年 5 月 20 日的数据。由于四舍五入的原因，各分项加总之后可能与总值不等。

资料来源：美联储 H.8 报告，2020 年 5 月 29 日。

股东权益是企业资产与负债价值的差额。股东权益代表的是，如果企业被关闭，资产被出售，在偿还负债之后，留给企业所有者的金额。对于一家上市公司而言，所有者就是股东。股东权益也被称为企业的净资产。在银行业，股东权益通常也被称为银行资本金。银行资本金是股东通过购买该银行的股票所提供的资金，再加上银行积累的留存利润。上述会计等式告诉我们，一家企业资产负债表的左侧，数值必须永远与右侧相等。我们可以将银行的负债和资本金视为它的资金来源，将银行的资产视为它的资金运用。

银行负债

最重要的银行负债是银行从储蓄者那里获得的资金。银行用这些资金进行投资，比如购买债券，或者向家庭和企业发放贷款。与以其他方式持有资金相比，银行存款为家庭和企业提供了某些特定的好处。比如，与现金相比，存款更不容易被偷窃，而且还会支付利息。与短期国债等金融资产相比，存款的流动性更强。能够开支票的存款提供了一种便捷的支付方式。银行提供各种各样的存款账户，因为储蓄者有不同的需求。我们接下来考察一下几种主要的存款账户。

支票存款

银行向储蓄者提供支票存款账户，储户可以用这些账户来开支票。支票存款也被称为交易存款。支票存款也有不同的类型，这部分源自银行业的监管规定，部分源自银行经理希望对支票账户进行的调整，以更好地满足家庭和企业的需要。活期存款账户和可转让支付命令（negotiable order of withdrawal，NOW）账户是两种最重要的支票存款账户。活期存款是银行不支付利息的支票存款。NOW 账户是支付利息的支票账户。企业通常拥有大量活期存款余额，因为这些存款是具有流动性的资产，企业可以以很低的交易成本迅速地利用这些资产。目前，美国银行业的监管规定不允许企业持有 NOW 账户。

在收到请求后，银行必须支付所有的支票存款。换句话说，只要储户的存款足以支付支票的金额，银行必须立即将储户的支票兑换为现金。需要记住的是，支票存款对于银行而言是一笔负债，因为银行有义务在储户提出要求时，向其支付这些款项，但是支票存款对于家庭和企业而言是一笔资产，因为即便银行实际上控制着这笔资金，家庭和企业仍是这笔资金的所有者。从记账的角度来讲，理解下面这一点非常重要，即同样一笔支票存款，既是家庭和企业的资产，又是银行的负债。掌握了这一点，你就能够更容易地理解本章后面的讨论。

非交易存款

储蓄者只需用一部分存款就能完成日常的交易。银行向储蓄者提供非交易存款，这些储蓄者愿意以牺牲部分流动性为代价，来换取更高的利率。最重要的非交易存款账户包括储蓄账户、货币市场存款账户（MMDA）和定期存款或定期存单（CD）。对于储蓄账户而言，储户在提款时需要提前 30 天告知银行。这种账户过去一般被称为存折账户（passbook account）。然而，在现实中，银行通常会免去这一要求，因此大部分储户预期可以立即获得他们存在储蓄账户中的资金。货币市场存款账户兼有储蓄账户和支票存款账户的优点，因为这些账户会支付利息，但是储户每个月只能开出三张支票。

与储蓄存款不同，定期存单有特定的到期日期，时间从几个月到数年不等。如果在到期之前取出存款，银行会要求储蓄者放弃部分已经产生的利息，以作惩罚。定期存单的流动性不如储蓄账户，但是支付的利息更高。低于 10 万美元的定期存单被称为小额定期存款，10 万美元及以上的定期存单被称为大额定期存款。两者之间有一个重要的区别，大额定期存款是可以交易的，这意味着投资者在到期日之前可以在二级市场上买卖这些存款的存单。

储蓄金额有限的家庭通常更喜欢支票存款和小额定期存款，因为这些存款受到联邦存款保险的保护，每位储户在每家参保银行受到保护的存款上限是 25 万美元。由于存在这种保险机制，即使你开户的银行倒闭了，你的资金也不会有损失，一般通过自动柜员机、借记卡或者直接提现，你仍然可以取回自己的资金。存款保险有助于银行与其他金融中介争夺小储蓄者的资金，因为其他类似的资产，比如货币市场共同基金，缺乏这种来自政府的保险。

借款

银行有机会发放的贷款，通常会超过从储户那里吸收的存款。银行也会通过借款筹集资金，只要银行借款的利率低于向家庭和企业发放贷款的利率，借款就是有利可图的。借款包括从联邦基金市场上获得的短期贷款，银行在国外的分行、子公司或关联公司获得的贷款，回购协议以及从美联储获得的贴现贷款。联邦基金市场是银行之间发放短期贷款的市场，通常只是隔夜贷款。尽管这一市场的名称表明涉及政府的资金，但是实际上联邦基金市场上的资金都是银行自己的资金。这些银行间贷款的利率被称为联邦基金利率。

回购协议也被称为"repo"或者"RP"。通过使用回购协议，银行出售短期国债等证券，并同意回购这些证券，时间通常是第二天。银行利用回购协议向企业或其他银行借款，并以标的证券作为抵押。购买这些证券的企业或其他银行可以赚取利息，并且流动性并不会有重大损失。回购协议通常发生在大型银行或企业之间，因此交易对手风险或者交易的另一方违约的风险曾经被认为是很小的。但是在2007～2009年金融危机期间，很明显，即使是大企业也有可能在一夜之间被迫破产，这使得回购协议的另一方蒙受严重的损失或无法及时获取它们的资金，或者两者同时发生。比如，各家机构担心雷曼兄弟投资银行的回购协议会出现交易对手风险，这促使该银行走向了破产，并使这场金融危机雪上加霜。

| 概念应用 |

支票账户的兴衰与重生

1960年，不支付利息的普通活期存款在商业银行负债中的占比超过一半。图10-1展示了从1973年1月至2020年5月这段时期，支票存款在银行所有负债中的比例。尽管这些年有些起伏，总体而言，截至2007～2009年的金融危机开始，支票存款在银行负债中的占比呈下降趋势。至2008年，支票存款在所有银行负债中的占比降至6%的低点。然后，金融危机来袭，家庭和企业开始将更多的资金存为支票存款，以至于到了2017年，支票存款在银行负债中的占比上升至大约14%。在2020年春季新冠疫情暴发之前，这一比例依然保持稳定。在疫情期间，雇主解雇了数以百万计的工人，尽管有时仍向其支付工资。联邦政府依据《新冠病毒援助、救济和经济安全法案》中一项被称为"薪资保护计划"的条款，向一些雇主提供资金。其他雇主则利用自己的资金来为暂时休假的员工支付工资，因为他们预计很快就会召回这些工人，使其重返工作岗位。联邦政府依据《新冠病毒援助、救济和经济安全法案》中另一项条款，为被解雇的工人提供额外的失业保险赔付金。依据该法案的其他条款，很多人还从联邦政府那里收到了价值1200美元的支票。随着更多企业由于社交疏离措施的要求而暂时关闭，人们可以花钱的场所要比平时更少。一些人陷入了严重的经济困境，难以维持基本的生活需要。然而，总体而言，家庭储蓄在这几个月增加了，其中很大一部分被存入了支票账户，从而导致支票账户余额增加。结果，支票账户余额在银行负债中的占比几乎飙升至18%，这是自20世纪90年代中期以来的最高点。

直到2007～2009年金融危机，支票账户受欢迎的程度长期呈下降趋势，这似乎令人难以理解，因为从某些方面来看，随着时间的推移这些账户变得更有吸引力。在20世纪60年代和70年代，唯一能开支票的存款就是不付利息的活期存款。1980年，银行监管规定发生了变化，准许开设可以支付利息的 NOW 账户。此外，由于在那个年代没有自动柜员机，如果要从支票账户中取钱，就需要去银行排队，并填写取款单。银行通常只在"银行家工作"时间才开门，即星期一至星期五的上午 10 点到下午 3 点。如果商店或餐馆拒绝接受支票，消费者就无法用其账户上的钱来付款，而当时很多商家都是如此。现在，借记卡使消费者可以随时使用自己在支票账户的资金，即使商家不接受支票也不影响其付款。几家银行开办了 Zelle 这一快速支付应用程序，以便与广受欢迎的 Venmo 进行竞争，后者是一款个人之间进行支付的应用程序。相比于 Venmo，一些人更喜欢 Zelle，因为在用其支付时，款项可以直接从一个人的支票账户转到另外一个人的支票账户，而不是像 Venmo 那样，需要转到一个并非在银行开立的 Venmo 账户。

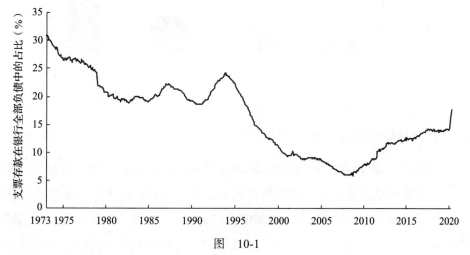

图　10-1

资料来源：圣路易斯联邦储备银行，美联储理事会。

至 2007 ～ 2009 年金融危机开始，对于很多家庭和企业而言，支票账户服务改善的好处更多地被其他资产所能支付的更高的利率所抵消了。图 10-2 展示了 2020 年 5 月家庭和企业持有的各种短期金融资产。尽管近些年来支票存款受欢迎的程度有所提高，储蓄存款和小额定期存款（低于 10 万美元的定期存单）的余额是支票存款的四倍以上。

与之前相比，家庭持有的支票存款相对于其他金融资产减少了，部分的原因是随着时间推移，家庭变得更为富有。当拥有更多财富时，家庭更有能力持有定额存单等资产，这些资产的流动性差一些，但是会支付更高的利率。于 1971 年首次出现的货币市场共同基金也很受欢迎，先锋集团旗下的现金储备联邦货币市场基金（Cash Reserves Federal Money Market Fund）就是一个例子。与其他共同基金一样，货币市场共同基金向投资者出售基金份额，并用筹集的资金购买金融资产。这些资金只能用于购买货币市场上的资产，或者说短期资产，比如短期国债或者企业发行的商业票据。货币市场共同基金支付的利率要高于银行存款账户，它们还允许投资者开出数量有限的支票，因此，这些基金成为银行支票账户可怕的竞争对手。

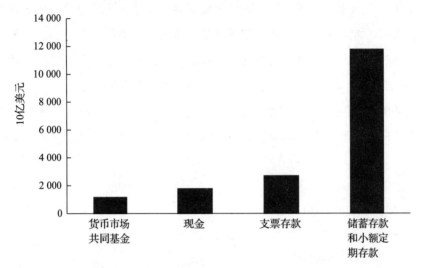

图　10-2

资料来源：圣路易斯联邦储备银行，美联储理事会。

然而，2007～2009 年金融危机和 2020 年新冠疫情表明，支票账户对家庭和企业仍然有用。支票账户为家庭和企业提供避风港，因为它们的资金受到联邦存款保险的保护，上限高达 25 万美元。此外，在 2007～2009 年经济衰退结束之后，极低的利率持续了数年之久。三月期定期存单的利率在 2007 年年末时在 5% 左右，在 2020 年只有 0.15%。同样地，货币市场共同基金的收益率在 2007 年也在 5% 左右，在 2020 年仅有 0.3%。结果，在新冠疫情期间，一些家庭将其资金从定期存单和货币市场共同基金中提取出来，转存到支票账户，以获得更强的流动性，同时也不用放弃太多利息。

银行资产

银行获取银行资产的资金来自：①从储户那里筹集的资金，②借来的资金，③由于股东购买银行新发行的股票而获得的资金，④以往经营获得的留存利润。银行经理构建资产组合，一方面要满足银行客户的贷款需求，另一方面也需要在银行的收益和风险、流动性以及信息成本之间进行权衡。下面是几种最重要的银行资产。

准备金和其他现金资产

银行持有的流动性最强的资产就是准备金，这包括库存现金和银行在美联储的存款。库存现金是指银行手中持有的现金，包括自动柜员机中的现金，以及在其他银行的存款。经国会授权，美联储规定银行需要持有一定比例的活期存款和 NOW 账户存款作为法定准备金，但是不包括货币市场存款账户。很重要的一点是，2020 年 3 月，美联储理事会将活期存款和 NOW 账户存款的法定准备金率降至零，从而取消了法定准备金的要求。尽管理事会有权重新实施法定准备金的要求，但是它声称此时无意这样做。

银行持有的准备金超过法定要求的部分，被称为超额准备金。至 2020 年 3 月，由于美联储理事会取消了法定准备金的要求，所有的银行准备金实际上都成了超额准备金。银行一直抱怨美联储不为银行的准备金存款付利息，这就相当于向银行征收一笔税款，因为银行本来可以将法定准备金贷放出去或者购买债券，从而赚取利息。2008 年 10 月，在金融危机期间，国会授权美联储开始为银行的法定准备金和超额准备金存款支付利息，这一利率很低，在 2020 年 9 月只有 0.1%。当然，银行的库存现金不能赚取任何利息。在 2007 ～ 2009 年的金融危机之前，超额准备金降至极低的水平，但是，由于这些准备金是银行重要的流动性的来源，在金融危机期间，银行持有的超额准备金飙升。在金融危机结束以后的数年间，银行继续持有大量的准备金，因为很多银行在发放贷款时仍然非常谨慎，它们认为由消费贷款和企业贷款获得的低利率经常难以弥补贷款违约的风险，除非银行将钱借给信誉度最高的借款人。此外，银行监管规定的变化也要求大银行持有更多具有流动性的资产。

另外一种重要的现金资产是银行对其他银行未到账资金的求索权，这被称为在收现金。假定你的蒂莉阿姨生活在西雅图，她寄了一张 100 美元的支票作为你的生日礼物。蒂莉阿姨的支票是用她在西雅图一家银行的支票账户开出的。如果你把这张支票存进你在纳什维尔的银行，这张支票就成了一笔在收现金款项。最终，你的银行会从西雅图的那家银行收到这笔钱，在收现金也将转换为你这家银行资产负债表上的准备金。由于银行体系已经采用了支票电子清算技术，这种资产已变得不那么重要了，而在 20 年前，支票的实物需要在银行之间传送才能进行清算。

一些小银行通常会在其他银行保留一定的存款，以便获得外汇交易、支票兑取或其他服务。这被称为代理银行业务，在过去的 50 年间，这种业务变得无足轻重，因为金融体系已提供了其他方式使小银行可以获得这些服务。

证券

可售证券是银行在金融市场上交易的具有流动性的资产。银行被允许持有由美国财政部和其他政府机构发行的证券、在首次发行时被评为投资级的企业债券以及由州政府和地方政府发行的市政债券。由于流动性很强，银行持有的美国财政部债券有时也被称为二级储备。在美国，商业银行不能将支票存款投资于企业债券或者非金融企业的普通股，它们可以利用其他资金来购买企业债券。在过去的 15 年中，银行持有的抵押贷款支持证券越来越多。2020 年，在银行持有的证券中，抵押贷款支持证券的占比超过了 55%。在 2007～2009 年金融危机期间，大多数抵押贷款支持证券急剧贬值，这使得很多银行蒙受了巨额损失，一些银行因此而倒闭。

贷款

贷款在银行资产中的占比遥遥领先。相对于可售证券，贷款的流动性更差，违约风险更高，信息成本也更大。因此，银行对贷款收取的利率要高于可售证券的收益率。第 10.1 节一开始列出的表 10-1 表明，大多数银行贷款属于以下三种类型：

1. 对企业的贷款，被称为工商业贷款。
2. 消费贷款，是指向家庭发放的贷款，主要用来购买汽车、家具或其他商品。
3. 房地产贷款，这包括抵押贷款和其他以房地产作为抵押品的贷款。由于借款人购买房屋而发放的抵押贷款被称为住房抵押贷款，由于借款人购买商店、办公楼、工厂和其他商业建筑而发放的抵押贷款被称为商业抵押贷款。

图 10-3 表明，自 20 世纪 70 年代初期以来，银行发放的贷款类型发生了重要的改变。房地产贷款增加了，从 1973 年大约占银行贷款的 31% 上升至 2020 年年初时的 56%，在新冠疫情暴发之后的几个月间，这一比例又降至 54%。工商业贷款在 1973 年时占比最大，但是这一比例从那时的超过 40% 降至 2020 年初期的 24%，然后由于银行根据《新冠病毒援助、救济和经济安全法案》的有关条款增加了对企业的贷款，这一比例又上升至 28%。

企业申请工商业贷款，或是为了长期投资融资，比如购买机器设备，或是为了满足短期的资金需求，比如为存货融资。自 20 世纪 70 年代后期开始，一些之前使用工商业贷款来满足自己长期融资需求的企业，开始转向发行垃圾债券，即债券评级机构的评级在投资级以下的债券。一个发行新的垃圾债券的市场在 20 世纪 70 年代后期发展起来，很多企业发现这些债券的利率要低于从银行获得的工商业贷款。当商业票据市场在 20 世纪 80 年代发展起来以后，一些之前从银行获得短期商业贷款的企业开始转向发行商业票据。

工商业贷款重要性的下降，从根本上改变了商业银行的性质。如果说商业银行的业务主要由两部分构成，即吸收支票存款的资金，然后将其贷放给企业，从传统上来讲，这种说法并非过于夸张。工商业贷款通常风险较低，银行可以指望依靠这些贷款来赚取利润。银行发放的工商业贷款，主要是贷放给那些与自己建立了长期关系并搜集了私人信息的企业。此外，这些贷款通常有优质的抵押品。这些因素都降低了企业贷款违约的概率。在发放贷款时，银行面临的竞争一般也不是非常激烈，这使得这些贷款的利率相对较高。随着工商业贷款需求的下降，银行被迫将其资金投入风险更高的用途，特别是住房贷款和商业房地产贷款。2006 年房地产泡沫开始破裂，这表明以房地产贷款来替代工商业贷款，通常会提高银行贷款组合的风险。

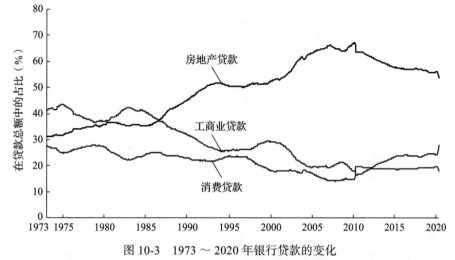

图 10-3 1973 ～ 2020 年银行贷款的变化

注：1. 自 20 世纪 70 年代初期以来，银行发放的贷款类型发生了重要的变化。房地产贷款在银行贷款中的占比由 1973 年的大约 31% 上升至 2007 ～ 2009 年金融危机爆发之前的 66%。2020 年，就在新冠疫情暴发之前，房地产贷款在银行贷款中的占比为 56%，由于疫情期间银行根据《新冠病毒援助、救济和经济安全法案》增加了向企业发放的贷款数量，这一比例降至 54%。工商业贷款的占比从超过银行贷款的 40%，降至 2020 年初期的 24%，然后在疫情期间又上升至 28%。消费贷款在所有贷款中的占比由超过 27% 降至疫情之前的大约 20%，然后又在疫情最初的几个月进一步降至 18% 左右。

2. 表中数值为美国国内特许银行工商业贷款、消费贷款和房地产贷款的份额。全部贷款不含银行间贷款或其他贷款。

资料来源：美联储 H.8 报告，2020 年 5 月 29 日。

其他资产

其他资产包括银行的实物资产，比如计算机设备和建筑。这类资产也包括从对贷款违约的借款人那里获得的抵押品。自房地产泡沫从 2006 年开始破灭后，由于借款人和开发商对抵押贷款违约，很多银行最终暂时性地拥有了大量房屋和住宅。

银行资本金

银行资本金也被称为股东权益或银行净资产，这是银行资产与负债价值的差额。

2020 年，总体而言，美国银行体系的资本金大约是银行资产的 9.9%。银行资本金等于银行股东通过购买银行股票而提供的资金，再加上累积的留存利润。当银行资产或负债的价值发生变化时，银行资本金也会随之变化。比如，在 2007 ～ 2009 年金融危机期间，很多银行发现自己持有的贷款和证券贬值了。银行资产的这一贬值导致了其资本金的下降。

▌解决问题 10.1

构建银行的资产负债表

表 10-2 中的各项来自一家美国银行实际的资产负债表。

表 10-2	（单位：10 亿美元）
现金，包括在收现金	121
无息存款	275
在美联储的存款	190
商业贷款	253
由该银行发行的长期债券	439
房地产贷款	460
商业票据和其他短期借款	70
消费贷款	187
证券	311
有息存款	717
建筑与设备	16
其他资产	685
其他负债	491

a. 利用这些条目构建一张类似于表 10-1 那样的资产负债表，资产列在资产负债表的左侧，负债和银行资本金在右侧。

b. 银行资本金占其资产的百分比是多少？

解决问题

第一步 复习本章内容。这一问题有关银行资产负债表，因此应该复习"商业银行的基本原理：资产负债表"这一节的内容。

第二步 利用表 10-2 这些条目来构建该银行的资产负债表，从而回答问题 a，需要记住的是，银行资本金等于资产的价值减去负债的价值，如表 10-3 所示。

<table>
<tr><td colspan="2" align="center">表　10-3　　　　　　　　　　（单位：10 亿美元）</td></tr>
</table>

资产	负债和银行资本金
现金，包括在收现金	121
在美联储的存款	190
商业贷款	253
房地产贷款	460
消费贷款	187
证券	311
建筑与设备	16
其他资产	685
总资产	2 223
无息存款	275
有息存款	717
商业票据和其他短期借款	70
长期债券	439
其他负债	491
总负债	1 992
银行资本金	231
总负债与银行资本金之和	2 223

第三步　计算银行资本金占其资产的百分比，从而回答问题 b。

$$总资产 = 22\ 230\ 亿美元$$

$$银行资本金 = 2310\ 亿美元$$

$$银行资本金占总资产的百分比 = 2310\ 亿美元\ /22\ 230\ 亿美元 = 0.104，或者\ 10.4\%$$

10.2　商业银行的基本运作

学习目标　描述商业银行的基本运作。

在这一节中，我们考察银行如何通过将储蓄者和借款人匹配起来，从而赚取利润。当储户将钱存入支票账户，然后银行用这笔钱发放贷款时，这家银行就将储蓄者的一项金融资产（存款）转变为了借款人的一项负债（贷款）。与其他企业一样，银行投入资源，使其增值，并形成产出。

为了进一步分析银行的基本运作，我们将使用被称为 T 型账户的会计工具，它可以展示由某项特定的交易导致的资产负债表相关条目的变化。举一个简单的例子，假定你在富国银行开立了一个支票账户，并存入了 100 美元的现金。富国银行的库存现金增加了 100 美元，它将其记为资产，并且根据银行监管规定，将其作为准备金的一部分。由于你可以随时去富国银行的网点或自动柜员机，把你的存款取出来，富国银行会将你的 100 美元以支票存款的形式记为负债。我们可以利用 T 型账户来表明由此导致的富国银行资产负债表的变化：

富国银行			（单位：美元）
资产		负债	
库存现金	+100	支票存款	+100

注意，富国银行资产负债表中库存现金和支票存款的数额要远大于这里展示的 100 美元。这里 T 型账户只是表示这些条目的变化，而非它们的总额。

你存到富国银行的 100 美元是如何被使用的？通过回答这一问题，我们就能发现银行是如何赚取利润的。假定富国银行在收到你的 100 美元存款之前，没有任何的超额准备金，并且美联储要求银行将支票存款的 10% 作为准备金（尽管美联储在 2020 年 3 月暂时取消了对支票存款的法定准备金要求）。因此，100 美元中有 10 美元被用作法定准备金，剩余的 90 美元是超额准备金。为了表明法定准备金和超额准备金之间的区别，我们将富国银行持有的准备金重新写为如下形式：

富国银行			（单位：美元）
资产		负债	
法定准备金	+10	支票存款	+100
超额准备金	+90		

银行以现金形式持有的准备金不会产生任何的利息收入，银行在美联储的存款利率也很低，在 2020 年 9 月只有 0.10%。此外，支票存款会使银行产生费用，比如银行要为储户支付利息，必须支付维护支票账户的成本，包括记账、运营网站和数字应用程序、提供自动柜员机服务等。因此，银行通常希望利用超额准备金来发放贷款或者投资证券，从而产生收入。假定富国银行利用其超额准备金购买了价值 30 美元的短期国债，并发放了 60 美元的贷款。为了简化，在这个例子中所用的单位非常小。我们用如下 T 型账户来说明这些交易的情况：

富国银行			（单位：美元）
资产		负债	
准备金	+10	支票存款	+100
证券	+30		
贷款	+60		

富国银行已经利用你 100 美元的存款购买了美国国债，并向个人或企业发放了贷款。通过运用你的存款，银行获得了可以赚取利息的资产。如果富国银行从这些资产

中赚取的利息，超过了银行为你的存款支付的利息以及由于为你提供存款服务而产生的成本，那么富国银行就可以从这些交易中获得利润。银行由这些资产中获得的平均利率与银行为其负债所支付的平均利率之间的差额，被称为银行的利差。

为了取得成功，银行必须谨慎地发放贷款和进行投资，从而使其获取的利率足以覆盖其成本，并且能够赚取利润。这一计划貌似简单，但是在过去的 15 年间，很多银行要非常努力才能从简单的借款中赚取利润，部分原因在于 2007 ～ 2009 年衰退之后的经济复苏步履蹒跚，美联储旨在支持经济增长的政策缩小了银行收取的利率与为存款支付的利率之间的利差。银行愿意将大量的准备金存入美联储，低利率是一个重要原因，尽管这些准备金能够获得的利率很低。规模更大的银行，其利润增长主要依靠投资银行业务和为企业和富裕家庭提供的收费服务，比如金融证券和衍生品交易。我们将在第 11 章第 11.1 节讨论投资银行业务。小银行依靠关系银行业务，为小企业提供利率较高的贷款，而这些小企业很难从其他途径获得这些贷款。

银行资本金和银行利润

与其他企业一样，银行利润是其收入与成本之间的差额。银行的收入主要来自由持有的证券和发放的贷款获得的利息，以及由于提供信用卡和借记卡、存款账户服务、财务分析和财富管理服务、发起证券化贷款并收缴相应的款项、执行外汇交易等业务而收取的费用。银行的成本包括向储户支付的利息、为贷款和其他债务所偿付的利息，以及提供相应服务的成本。银行的净息差是其由于持有证券和发放贷款而收到的利息与其为存款和债务所支付的利息之间的差额，再除以生息资产的总额[⊖]。

如果我们将银行由于提供服务而产生的成本从其收取的费用中扣除，除以银行的总资产，再加上银行的净息差，就能够得到一个表示每单位资产所能获得的总利润的公式，这被称为资产收益率（return on assets，ROA）。资产收益率通常按照税后利润来衡量，即银行在支付税款以后剩余的利润。

$$资产收益率 = \frac{税后利润}{银行资产}$$

银行资本金归银行股东所有，这代表了它们对企业投资的价值或者说股权的价值。股东自然更关心银行经理能够利用股东的投资为其赚取多少利润，而不是银行总资产的收益。因此，股东判断银行经理表现如何，通常依据的是股权收益率（return on equity，ROE），而不是资产收益率。股权收益率是每一美元股权或银行资本金所能获

⊖ 生息资产不包括无法为银行带来收入的资产，比如库存现金。

得的税后利润：

$$股权收益率 = \frac{税后利润}{银行资本金}$$

资产收益率和股权收益率可以由银行资产与其资本金之间的比率联系起来：

$$股权收益率 = 资产收益率 \times \frac{银行资产}{银行资本金}$$

2020年5月，美国商业银行的总资产是20.4万亿美元，银行资本金是2万亿美元，这意味着银行体系整体上的资产与资本金之间的比率为10.2。如果银行的资产收益率为2%，资产与资本金之间的比率为10.2，那么，其股权收益率将达到20.4%（=2%×10.2）。然而，如果银行资产与资本金之间的比率为15，那么，其股权收益率将达到30%。在21世纪最初十年的中期，一些金融企业资产与资本金之间的比率高达35。对于这些企业而言，资产收益率只要达到2%这一普普通通的水平，股权收益率就能猛增至70%！我们可以得出如下重要结论：银行和其他金融企业的经理有动力将其资产与资本金之间的比率保持在很高的水平。

资产与资本金之间的比率是一个衡量银行杠杆的指标，这个指标的倒数被称为银行的杠杆率，即资本金与资产的比率。杠杆衡量的是投资者在进行投资时背负了多少债务。用资产与资本金的比率来衡量银行杠杆，是因为银行通过吸收存款等负债的方式来筹集资金，并积累资产。很高的资产与资本金的比率或者说高杠杆，是一柄双刃剑，杠杆可以将相对较小的资产收益率转化为较大的股权收益率，但是也会放大损失。比如，假定银行遭受的损失为总资产的3%。如果资产与资本金的比率为10.2，股本收益率就会扩大为 −30.6%，这一数字较大但可能并非灾难性的。但是，如果银行的资产与资本金的比率为35，股权收益率就会变成 −105%。换句话说，银行资产相对较小的损失就会将银行的资本金一扫而空。我们的结论是，高杠杆会放大以股权收益率衡量的利润的波动，从而使金融企业暴露在更大的风险之下。

道德风险会从两个方面促使银行增加杠杆。首先，银行经理的薪酬至少有一部分与其为股东提供更高的股权收益率的能力挂钩。正如我们已经看到的，投资风险越高，通常预期收益率也越高。因此，为了提高股权收益率，银行经理可能进行风险更高的投资，比如向高风险的商业房地产开发商提供贷款，或者像2007～2009年金融危机爆发之前的几年间出现的情况——购买高风险的证券。如果经理自己持有的本银行的股票不多，这一问题就尤为严重，他们有动力进行风险更高的投资，风险程度将会超过股东所希望的水平。其次，联邦存款保险降低了储户监督银行经济行为的动力，这也会使道德风险问题更为严重。即使银行经理由于过度冒险而导致银行倒闭，账户余额在存款保险限额以下的储户也不会有任何损失。因此，银行经理不用担心由于杠杆率的提高而导致很多储户将存款取走。

为了解决银行由于杠杆率太高而承受太大风险的问题，银行监管法规对商业银行资产与资本金的比率设置了上限，这被称为资本金要求。无论在美国还是在全球，资本金要求都在提高，这是政府为了应对 2007 ～ 2009 年金融危机而采取的重要的监管措施。我们将在第 12 章第 12.4 节讨论这些要求。

10.3 管理银行风险

学习目标 解释银行如何管理风险。

银行面临的风险除了资本金相对于资产不够充足以外，还有其他几种类型的风险。在这一节中，我们将考察银行如何处理以下三类风险，即流动性风险、信用风险和利率风险。

管理流动性风险

流动性风险是一家银行无法以合理的成本出售资产或者筹集资金，以满足其现金需求的可能性。比如，储户大规模提取存款可能迫使银行出售流动性较差的证券，并可能由此而蒙受损失。银行在管理流动性时所面临的挑战是，在没有牺牲太多盈利性的情况下，降低自己所承受的风险。比如，银行可以通过持有更少的贷款和证券，持有更多的准备金，将流动性风险最小化。然而，这种策略会降低银行的盈利性，银行的库存现金不能赚取任何利息，银行存在美联储的准备金利率也很低。因此，尽管自 2007 ～ 2009 年金融危机以来的这些年利率一直处于很低的水平，导致很多银行持有大量的准备金，但是在 2007 年之前的大多数时间，当利率处于更高水平时，银行通常会采取资产管理和流动性管理策略来降低流动性风险。

银行可以通过在联邦基金市场上出借资金，进行资产管理，这些出借的资金通常属于隔夜拆借。在 2007 年之前，银行一般会将资金在联邦基金市场上贷放给其他银行，而不是将资金存在美联储，以便获得更高的利率。然而，从 2007 年开始，银行在联邦基金市场上赚取的利率与存在美联储的准备金存款的利率之间的利差变得非常小。银行还可以使用反向回购协议，这是指一家银行购买企业或另一家银行持有的国债，并同意稍后再将这些债券出售给原来的持有者，日期通常是在第二天上午。回购协议是指银行将国债出售给另一家企业，并且同意稍后将其购回。反向回购协议实际上相当于银行向企业或其他银行发放短期贷款，国债在其中扮演了抵押品的角色。大部分银行既在联邦基金市场上发放贷款，也使用反向回购协议。由于这些交易涉及的期限都非常短，这些资金可以用来满足存款提取的需要。

为了应对存款提取的急剧增加，银行也可以通过借款等方式来增加自己的负债而不是增加自己的准备金。负债管理是指确定各种借款的最佳组合，以获取满足存款提取需求所必需的资金。银行可以在联邦基金市场上向其他银行借款，利用回购协议向企业或其他银行借款，或者从美联储那里获得贴现贷款。

管理信用风险

信用风险是指借款人可能对其贷款违约的风险。信用风险产生的原因之一是信息不对称，这经常导致逆向选择和道德风险，我们曾经在第 9 章第 9.2 节讨论过。由于对于自己的财务状况以及如何使用借款，借款人知道的要比银行更多，银行可能发现自己无意之间就把钱借给了信誉度很低的人，或者那些隐瞒了自己真实的资金使用意图的人。下面我们简单考察一下银行管理信用风险的不同方法。

分散化

无论是个人还是金融企业，通过分散自己持有的资产，投资者都可以降低自己所承受的风险，我们在第 4 章第 4.1 节已经讨论过这一概念。如果银行将太多的资金贷放给同一借款人、同一地区的借款人、同一产业的借款人，这些贷款都会使其承受更大的风险。比如，一家银行将其大部分资金都贷放给了得克萨斯州的石油勘探和钻井公司，一旦石油价格下跌，这些贷款就可能蒙受严重的损失。2020 年 1 月，由于新冠疫情的影响，就发生了这种情况。通过将贷款分散至不同借款人、不同地区和不同产业，银行可以降低自己的信用风险。

信用风险分析

通过进行信用风险分析，银行信贷员会筛选贷款申请人，消除潜在的高风险，选出一组信誉度较高的借款人。个人借款人一般必须向信贷员提供有关自己就业、收入和净资产的信息。企业借款人需要提供有关自己当前和预期的利润与净资产的信息。银行通常使用信用评分系统，从统计学角度预测一名借款人是否可能违约。比如，与那些有稳定的工作经历的人相比，经常换工作的人更有可能违约。在发放贷款之前，信贷员要收集信息，在贷款被使用过程中，也要对借款人进行监督。2007 ～ 2009 年金融危机爆发之后，很多银行的贷款程序变得更为严格，以降低贷款的信用风险，特别是抵押贷款。尽管更为严格的审查有助于银行降低自己所面临的风险，但是也使得一些家庭和企业很难获得贷款。2020 年，在新冠疫情这一非同寻常的严峻形势下，银行信贷员在使用信用评分系统时不得不更加小心谨慎。很多工人失业了，如果使用传统的信用评分系统，他们通常很难获得贷款资格。但是有些失业人员只是暂时被解雇了，这意味着他们可能很快就能返回工作岗位，并挣得与之前一样的收入，因此，他们实际的信用风险要低于其当前状况所表明的水平。

| 概念应用：与你相关 |

FICO——是否一个数字就能预测你的财务状况甚至爱情生活

你在买车或者买房时贷款的利率，甚至你能否获得贷款，几乎完全取决于一个三位数的数字，即你的 FICO 分数。FICO 这一名称来自费埃哲公司，这家公司由工程师威廉·费尔（William Fair）和数学家厄尔·艾萨克（Earl Isaac）创办于 1956 年。在公司创办初期，还不存在全国性的银行，信用卡也未得到广泛应用。因此，大多数家庭和小企业在借款时要依靠银行信贷。银行信贷员在发放贷款时，通常在很大程度上凭借主观判断。由于信息不对称问题，一些信用不佳的人有时会获得贷款，而信用较好的人申请贷款有时却被拒绝。

费尔和艾萨克意识到，计算机技术的进步使得利用有关借款人信用记录的信息，更准确地预测借款人是否会按时还款，有可能实现。现在，该公司有几款信用评分产品，使用最广泛的 FICO 评分是一个范围在 300～850 之间的三位数数字，分数越高代表信用记录越好。你的 FICO 得分基于费埃哲公司从三个主要的信用报告机构收集的信息，即艾可菲（Equifax）、益博睿（Experian）和环联（TransUnion）公司。每家机构对使用信用卡、申请贷款或者开立银行账户的每个人都会编辑一份信用报告。几乎每个成年人都有一份信用报告，尽管一些大学生可能还没有。你的信用报告包括你有多少贷款，有多少张信用卡，信用卡额度有多少，是否按时支付账单，在哪里生活，为谁工作等。

很多年来，一些消费者通常并不知道自己的 FICO 分数是多少，因为公众可以获得的信用报告中不包括这一分数。从 2002 年开始，你可以从自己的信用报告中找到这一分数。现在，很多出借人免费向你提供你的 FICO 分数。尽管费埃哲并没有公开自己在计算这些分数时使用的准确的计算方法，但是它确实解释了自己是如何对从信用报告中获得的广泛的信息进行加权的。图 10-4 展示了这些权重。决定你 FICO 分数的最重要的因素是你是否按时支付账单，权重为 35%。第二重要的因素是你现在的贷款和信用卡的欠款数额，权重为 30%。

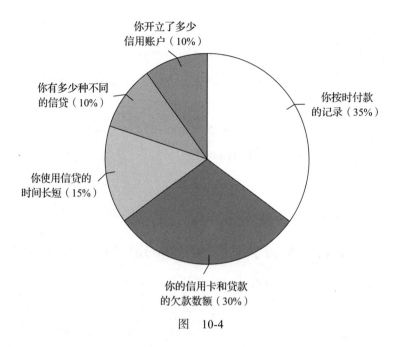

图 10-4

大多数人的 FICO 分数在 600 ～ 750 之间。如果想要从银行获得最优惠的车贷或抵押贷款利率，你的分数要在 740 分以上。图 10-5 展示了从 1999 年至 2020 年，成功获得汽车贷款的那些人信用分数的范围。这些是艾可菲公司使用的分数，它与 FICO 分数类似。最上面的一条线表示这些分数的中位数，这意味着有一半获得了车贷的人信用分数要比中位数更高，有一半的人信用分数要更低。最下面的一条线表示这些分数 10% 的分位数，这意味着只有 10% 的获得了车贷的人信用分数要更低。在 2020 年第 1 季度，获得车贷的人信用分数的中位数是 718，10% 的分位数是 574。因此，如果你的信用分数低于 574，你将很难获得车贷。

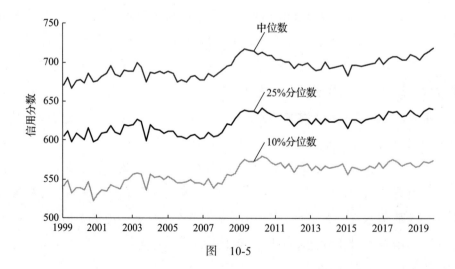

图 10-5

如果分数低于 620，你将很难获得抵押贷款。2020 年，获得抵押贷款的人中分数低于 620 的只有 3%，部分原因在于，政府特许企业房地美和房利美一般不会购买银行向信用分数较低的人发放的抵押贷款。自 2007 ～ 2009 年金融危机以来，被证券化了的抵押贷款主要都是由房地美和房利美购买的，因此，它们的要求大部分银行都要遵守。

使用信用分数的远不仅是银行和信用卡公司。保险公司在决定是否向某些申请人提供保险合约以及在设定保费时，也会使用这些分数。一些雇主使用信用分数来决定是否雇用员工，一些房东则使用信用分数来决定哪些人可以租用他们的房子。美联储的研究人员曾经发现，在关系刚建立时，如果情侣们的信用分数相近，与那些信用分数相差很大的情侣相比，长相厮守的概率会更高。他们的结论是，"很明显，信用分数揭示了个人处理关系的技巧和信守承诺的品质"。时间将会证明，这项研究是否会引发第一次约会时的新话题。

一些过去十年间建立的科技金融企业，比如 Social Finance（SoFi），已经开发出了在线匹配借款人和出借人的网站，这些企业不太相信信用分数。它们认为，信用分数过于看重以往的经历，关注的都是人们以前做过什么，而不是他们未来将会做什么。比如，SoFi 以前的业务主要集中在学生贷款的再融资，现在已经扩展到发放抵押贷款，其贷款决策主要关注的是：①借款人在支付完账单以后还剩下多少收入，②他们的工作经历，③他们的教育水平，④他们未来的职业前景。

尽管这些企业试图开发其他信誉度测算方法，但到目前为止，在评估贷款申请时仍有 90% 的申请使用的是 FICO 分数。因此，不论你计划买车或者买房，你的信用分数可能都很重要。

传统上，企业贷款利率基于基本利率，这是银行向预期违约风险最低的借款人或者说所谓的优质借款人收取的期限为 6 个月的贷款利率。其他贷款根据其信用风险程度，利率要更高一些。风险越大的贷款，利率也会越高。然而，现在银行向规模最大的企业到中等规模的企业收取的利率，反映的是市场利率的变化，而不是基于上述基本利率。现在基本利率仅是向规模较小的借款人收取的利率。

抵押

为了减少逆向选择问题，银行一般会要求借款人提供抵押品或者供抵押的资产，以防借款人违约。比如，假定你是一名企业家，需要一笔银行贷款来创办一家企业，银行可能就会要求你将自己的某些资产抵押给银行作为抵押品，比如你的房子。此外，银行可能要求你保持补偿性余额，即一家获得了贷款的企业在向其发放贷款的银行开立的支票账户上，金额不得少于某一最低值。

信贷配给

在某些情况下，银行通过信贷配给的方法来最大程度地降低逆向选择和道德风险产生的成本。信贷配给指的是，银行批准借款人的贷款申请，但是限制贷款的额度，或者在目前的利率水平下，直接拒绝向借款人发放任何贷款。第一类信贷配给是为了应对可能存在的道德风险。限制银行贷款的规模，可以提高借款人偿还贷款以保持优良的信用评级的概率，从而降低了道德风险产生的成本。出于同样的原因，银行在发放万事达卡或者 Visa 卡时，会设置信用额度。如果你信用卡的信用额度是 2500 美元，你可能会按时还款，以便将来可以再借钱。如果银行愿意将你的信用额度增加至 250 万美元，你就面临很大的诱惑，使自己的开支超过偿付能力。因此，限制借款人的贷款额度，使之低于借款人在目前利率水平下的贷款需求，这是合理的，也能实现银行利润的最大化。

第二类信贷配给是为了解决逆向选择问题，当借款人没有或者只有很少的抵押品提供给银行时，就会出现这种情况。银行为何不提高利率，以补偿这类借款人带来的更高的违约风险？如果银行无法可靠地将这一组中低风险的借款人与高风险的借款人区别开来，它就会面临使低风险的借款人由于利率升高而退出，只留下高风险借款人的风险。因此，使利率保持在较低水平，同时拒绝某些借款人，这将增加银行的利润。

监督和限制性条款

为了降低道德风险的成本，银行会对借款人进行监管，以确保他们不会将借来的资金用于未授权的高风险活动。银行会一直追踪借款人是否遵守了限制性条款，或者贷款协议中禁止借款人从事特定活动的明确规定。一家企业如果借款购买新设备，它可能就会被禁止用这笔钱来给工人发工资或者购买存货。

长期企业关系

正如我们在本章开头所指出的，银行基于借款人的私人信息评估信用风险的能力，被称为关系银行业务。银行搜集借款人发展前景信息或者监督借款人经营活动的最好的方法，就是与企业建立长期关系。通过长期关注借款人的行为，比如借款人支票账户的变动或者偿还贷款的状况，银行可以降低信息收集成本和监督成本，显著减少信息不对称问题。借款人也可以从与银行的长期关系中获益。客户可以以较低的利率或较少的限制获得信贷，因为银行避免了成本高昂的信息收集工作。正如我们在本章开头中看到的，2020 年很多中小企业如果借助于大银行利用"薪资保护计划"来申请贷款，遇到的困难就会更大，而通过小银行或社区银行申请则遇到的困难较小，因为企业与这些银行建立了长期关系。

管理利率风险

如果市场利率的变化导致银行利润或资本金波动，银行就会面临**利率风险**。市场利率的变化对银行资产和负债产生的影响，与利率变化对债券价格产生的影响类似。也就是说，市场利率的上升将会使银行资产和负债的现值下降，市场利率的下降将会使银行资产和负债的现值上升。利率变化对银行利润的影响，部分取决于银行的资产和负债有多少属于可变利率，有多少属于固定利率。利率可变的资产或负债，其利率一年至少变动一次，而固定利率的资产或负债，其利率的变动通常少于一年一次。

表 10-4 展示了伯克敦国民银行（Polktown National Bank）假定的资产负债表。该表列出了利率固定和利率可变的资产与负债的例子。如果利率升高，伯克敦国民银行 2.1 亿美元的可变利率负债就要支付更多的利息，比如短期定期存单，而 1.5 亿美元的可变利率资产也会收到更多的利息，比如利率可以调整的抵押贷款。结果，其利润将会下降，这意味着该银行面临利率风险。

表 10-4　伯克敦国民银行假定的资产负债表　　　（单位：百万美元）

伯克敦国民银行			
资产		负债和银行资本金	
固定利率的资产	350	固定利率的负债	250
准备金		支票存款	
长期可售证券		储蓄存款	
长期贷款		长期定期存单	
可变利率资产	150	可变利率负债	210
利率可调整的贷款		短期定期存单	
短期证券		联邦基金	
		银行资本金	40
总资产	**500**	**总负债和银行资本金**	**500**

市场利率在 20 世纪 80 年代大幅上升，这使银行和储贷机构蒙受了严重损失，因为其贷款利率是固定的，但是使用的资金是利率可变的短期存款。由于我们下一节将会解释的原因，市场利率上升也会降低银行资产相对于负债的价值，因而会减少其资本金，这在一定程度上可以解释在 20 世纪 80 年代后期，为何银行和储贷机构倒闭的数量有所增加。

衡量利率风险：缺口分析和久期分析

银行经理使用缺口分析和久期分析来衡量该银行在面临利率风险时的脆弱程度。缺口分析（gap analysis）考察的是银行利率可变的资产与利率可变的负债的价值之差，或者说缺口。大部分银行的缺口都是负债，因为与其资产相比，负债更有可能是利率可变的，负债主要是存款，资产主要是贷款和证券。比如，根据表 10-4，我们可以看到伯克敦国民银行的缺口等于 1.5 亿美元 −2.1 亿美元 =−6000 万美元。为了分析的简化，假定伯克敦银行所有利率可变的资产和利率可变的负债，其利率都在一年之内上涨了 2 个百分点。伯克敦银行资产的收入增加了 0.02×1.5 亿美元 =300 万美元，但是，负债的成本增加了 0.02×2.1 亿美元 =420 万美元，因此，其利润下降了 120 万美元。我们也可以直接用市场利率的变化乘以伯克敦银行的缺口，从而计算出其利润下降的金额，即 0.02×−6000 万美元 =−120 万美元。这个简单的缺口分析表明了计算银行利润在面对市场利率变动时的脆弱性的基本原理。在现实中，银行经理会进行更复杂的计算，并把一些实际因素考虑在内，比如不同的资产和负债可能利率的变动有所不同。

除了影响银行的利润外，利率的变化通过改变银行资产和负债的价值，还会影响银行的资本金。我们知道，金融资产的到期时间越长，既定的利率变动导致的资产价格变化就会越大。20 世纪 30 年代，国家经济分析局的经济学家弗雷德里克·麦考利（Frederick Macaulay）发明了久期（duration）的概念，这一概念可以更准确地衡量在利率发生变动时，金融资产价格对到期日期的敏感程度。⊖某种特定的银行资产或银行负债如果久期越长，当市场利率发生变化时，这种资产或负债的价值变化幅度就会越大。久期分析衡量的是银行资本金对于市场利率的变化有多么敏感。银行的久期缺口是银行资产的平均久期与银行负债的平均久期之间的差额。如果银行有正的久期缺口，该银行资产的久期就会比该银行负债的久期更长。在这种情况下，市场利率上升将会使银行资产价值的下跌超过银行负债价值的下跌，从而使银行的资本金下降。银行通常存在正的久期缺口，因为它们资产的久期要比它们负债的久期更长，前者主要是贷款和证券，后者主要是存款。

表 10-5 对缺口分析和久期分析进行了总结，表明市场利率下降通常对银行是件好事，因为这会增加银行的利润和资本金的价值，而市场利率上升对银行是件坏事，因为这会减少银行的利润和资本金的价值。自 2007 ～ 2009 年金融危机以来，一些银行

⊖ 从数学角度，下面是对久期的更精确的定义，即久期是来自某一金融资产的各种款项到期日期的加权和，这里的权重等于各款项的现值与该资产的现值之比。如果我们将某一款项第 t 期的现值表示为 PV_t，那么，在到期时这种资产的市场价值 MV 就可以表示为：$MV = \sum_{t=1}^{T} PV_t$，这种资产的久期为 $d = \sum_{t=1}^{T} t\left(\dfrac{PV_t}{MV}\right)$。

遇到了困难，因为最初当利率下降时，银行为存款支付的利息减少了，从而使得利润增加，但是持续的低利率最终使得银行贷款的利息收入减少了。结果，银行存款和贷款之间的利差减少了，这降低了银行的利润。

表 10-5 缺口分析和久期分析

大多数银行	因此，市场利率上升将会	市场利率下降将会
有负的缺口	使银行利润减少	使银行利润增加
有正的久期缺口	使银行资本金减少	使银行资本金增加

降低利率风险

银行经理可以利用各种策略来降低银行承受的利率风险。有负缺口的银行可以发放更多的利率可调整的贷款或者浮动利率的贷款。通过这种方法，当市场利率上升，从而银行必须为存款支付更高的利率时，它们也可以调高贷款的利率。对银行而言，不幸的是很多贷款客户不愿意申请利率可调整的贷款，因为这样的贷款可以降低银行面临的利率风险，却增加了借款人面临的风险。比如，你使用可调整利率抵押贷款来买房，如果市场利率下降了，你每月的还款额将会下降，但是如果市场利率提高了，你每月的还款额也会上升。很多借款人不想承担这种利率风险，因此，大部分住房抵押贷款发放时利率都是固定的。同样地，利率可调整的汽车贷款也很少见。对于银行而言，幸运的是，作为证券化进程的一部分，它们可以将很多长期贷款出售，我们此前已经讨论过这一点。此外，很多向企业发放的贷款是利率可变的短期贷款，其利率风险较小。

正如我们在第 7 章第 7.5 节看到的那样，银行使用利率互换。在使用这一工具时，银行同意用固定利率贷款支付的款项，来交换或者互换由某家公司或者其他金融企业持有的可调整利率贷款所支付的款项。互换可以使银行满足其贷款客户对固定利率贷款的需求，同时降低自己承受的利率风险。假定伯克敦国民银行利用通过利率可变的定期存单筹集的资金，向一家当地的汽车配件厂发放长期的固定利率贷款。如果利率上升，伯克敦银行必须为其定期存单支付更高的利率，或者只能让这笔资金流向其他银行，但是无法从固定利率贷款中获得更高的利息。为了降低或者对冲这一利率风险，伯克敦银行可以出售短期国债期货合约。如果市场利率上升，短期国债期货合约的价值将会下降，这就使得伯克敦银行在买回期货合约并结清头寸时赚取利润。这一利润可以冲抵它必须支付的定期存单的额外的利息。伯克敦银行也可以利用短期国债的卖出期权合约，进行类似的对冲。对于期货和期权合约更完整的讨论，请参见第 7 章的内容。

10.4 美国商业银行业的发展趋势

学习目标 解释美国商业银行业的发展趋势。

在过去的数年间，美国商业银行经历了巨大的变化。在本节中，我们简要回顾银行业的历史，考察过去二十年主要的变化，包括 2007 ～ 2009 年金融危机产生的影响。

美国银行业早期的历史

在美国历史上的大部分时间，大多数银行规模都很小，通常经营范围都局限在某个特定的地区。建国初期，在美国首任财政部部长亚历山大·汉密尔顿（Alexander Hamilton）的极力推动下，国会创建了美国银行（Bank of the United States）。这家银行采取的某些行动与现代中央银行类似，它还在全国设立了分支机构。当这家银行最初 20 年的特许状到期后，政治上的反对力量使得该银行的特许状未能更新，从而被迫关门。该银行的反对者认为，这家银行的行为使得发放给农民和小企业主的贷款减少，而国会创建这家银行的行为超越了宪法授予它的权力。1812 年战争期间的金融问题使国会在 1816 年特许成立第二美国银行。但是，政治上的反对力量再次阻止了这家银行的特许状在 1836 年更新，这次的领导者是安德鲁·杰克逊（Andrew Jackson）总统。

在这两次建立分支机构遍布全国的中央银行的努力失败以后，有数十年的时间各州设立的银行成了唯一一种银行。希望开办一家银行的企业家必须从州政府获得特许状，即允许该银行营业的法律文件。1863 年的《国民银行法案》使企业家有可能从货币监理署（Office of the Comptroller of the Currency）获得联邦银行的特许状，这家机构是美国财政部的一部分。联邦特许银行被称为国民银行。美国现在有一套双重银行体系，银行的执照或由州政府颁发，或由联邦政府颁发。1863 年和 1864 年的《国民银行法案》还禁止银行使用存款来购买非金融企业的所有权。这项禁令一直持续至今，但是在其他一些国家并没有这样的规定，特别是在德国和日本。

银行恐慌、美联储和联邦存款保险公司

我们已经知道，如果很多储户同时决定将钱取出来，而银行又无法立即拿出这么多现金，这就有可能使银行面临严重的流动性风险。在当前的银行体系中，这种风险相对较小，因为对于银行存款，包括企业的银行存款，每家银行每个储户的保险上限高达 25 万美元，这使得储户不用担心一旦银行倒闭，他们的资金就会出现损失。此外，美联储扮演了最后贷款人的角色，即银行在出现暂时性的流动性危机时，美联储

会向其发放贴现贷款。然而，在 19 世纪的大部分时间和 20 世纪初期，无论是联邦存款保险还是美联储都不存在。结果，银行经常遭遇周期性的挤兑风潮，在这一风潮出现时，大量储户断定银行有倒闭的危险，进而同时要求提取自己的存款。如果只有几家银行出现挤兑的现象，它们还有可能通过向其他银行借款来满足储户提取现金的需求。但是，如果很多家银行同时出现挤兑，结果就是银行恐慌，这通常会导致银行无法偿还储户的资金，不得不暂时关门。由于家庭和企业无法提取自己的存款，也无法获得贷款，银行恐慌通常会引发经济衰退。1907 年的一场极为严重的恐慌最终使国会承认，这个国家需要一个能够发挥最后贷款人作用的中央银行。国会于 1913 年 12 月通过了《联邦储备法案》，1914 年美联储开始运转。

尽管美联储的建立使银行恐慌暂时告一段落，但是在 20 世纪 30 年代初期，恐慌在大萧条期间再次卷土重来。国会于 1934 年建立了联邦存款保险公司（FDIC），由其来运营联邦存款保险系统，以此来应对银行恐慌。所有国民银行都被要求加入这一系统，而州立银行有选择加入与否的权利。现在，所有储户中的大约 99% 得到了完全的保障，因此，如果银行的财务状况出了问题，大部分储户很少有动力将钱取出来，从而使这家银行倒闭。FDIC 一般采用以下两种方法中的一种来解决银行倒闭问题：①关闭这家银行，偿付储户的存款；②买下并控制这家银行，同时找到另外一家银行来收购这家倒闭的银行。如果 FDIC 关闭一家银行，它会利用这家银行的资产，立即清偿被保险的储户。如果这些资金还不够，FDIC 会利用自己的保险准备金来弥补差额，这些准备金来自被保险银行向 FDIC 缴纳的费用。在 FDIC 赔偿被保险储户之后，所有剩余的资金将被支付给没有保险的储户。

FDIC 更愿意让经营失败的银行继续运营，而不是将其关闭。为了使这家银行运营下去，FDIC 将会很快找到另外一家愿意将其收购的银行，这通常是在 FDIC 控制这家经营失败的银行之前发生。另外一家银行可能愿意收购这家失败的银行，以便进入一个新的地区，或者获得这家银行的存款和贷款客户。如果 FDIC 不得不购买并控制这家失败的银行，它在过渡阶段通常会产生一些成本。一般而言，FDIC 会试图找一家愿意进行收购的银行，由其吸收这家失败的银行的所有存款。在这种情况下，FDIC 会对收购提供一定的补贴，比如以较低的利率提供贷款，或者购买失败的银行资产组合中有问题的贷款。如图 10-6 所示，在 2007 ～ 2009 年金融危机期间，银行倒闭的数量出现了暂时性的急剧上升，尽管尚未达到 20 世纪 80 年代储贷危机时的最高水平。我们将在第 12 章讨论储贷危机。金融危机爆发后，大量大型机构倒闭了，使得 FDIC 的支出大幅上升。至 2020 年年中时，金融体系由于新冠疫情而出现的问题尚未使银行倒闭数量显著增加。

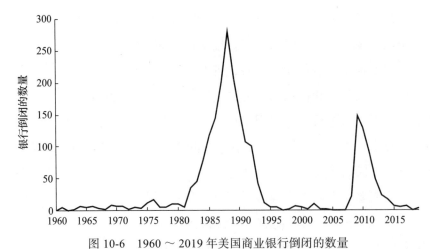

图 10-6　1960 ～ 2019 年美国商业银行倒闭的数量

注：从 20 世纪 60 年代至 80 年代中期储贷危机爆发之前，美国银行倒闭的数量处于较低水平。至 20 世纪
　　90 年代中期，银行倒闭的数量恢复至较低的水平，这种状况一直持续到 2007 ～ 2009 年金融危机之前。
　　这次金融危机使得银行倒闭的数量急剧增加，但是持续的时间较短。

资料来源：圣路易斯联邦储备银行。

法律变革、规模经济与全国性银行的兴起

在历史上，一系列联邦法规限制了银行跨州运营的能力。在这些法规中距离现在最近的一个就是国会于 1927 年通过的《麦克法登法案》（McFadden Act）。此外，大多数州实行的都是单一银行制，这意味着这些州规定禁止银行拥有一个以上的分支机构。圣路易斯联邦储备银行的大卫·惠洛克（David Wheelock）所做的研究表明，1900 年，在美国 12 427 家商业银行中只有 87 家有分支机构。相比之下，很多年以来，大部分其他国家银行的数量相对较少，并且每家银行都在全国范围内有分支机构。

美国形成了由很多地理上受到限制的众多小银行组成的银行体系，是由于如下政治观点，即提倡通过使银行保持在较小的规模，并将银行吸收的存款用于在当地发放贷款，来限制银行的权力。但是，大部分经济学家认为美国的银行体系效率低下，因为它未能充分利用银行业的规模经济。规模经济是指提供的商品或劳务数量增加会导致平均成本降低。规模更大的银行可以将固定成本平摊至数量更多的交易中，比如信贷员的薪酬、计算机系统、软件和数字应用程序的成本、银行建筑的运转成本等。将银行限制在一个较小的地理区域内也是无效率的，因为这会使银行由于将贷款集中在同一地区而承受更大的信用风险。如果银行坐落于伊利诺伊州一个偏远的小镇上，大多数本地的企业都与农业密切相关，一场干旱就会使很多农民的贷款出现违约，这会使这家银行蒙受严重的损失，从而有可能倒闭。

随着时间的推移，对于银行规模和地理范围的限制逐渐被取消。在 20 世纪 70 年

代中期以后，大部分州取消了在州内设立分支机构的限制。1994 年，国会通过了《里格尔－尼尔州际银行业务和分支机构效率法案》（Riegle-Neal Interstate Banking and Branching Efficiency Act），允许分阶段取消对州际银行业务的限制。1998 年，位于北卡罗来纳州的国民银行（NaitonsBank）与位于加利福尼亚州的美国银行合并，成了第一家在东西两个海岸都有分支机构的银行。

美国银行业的集中度快速提高，这是源于监管规定的变化。1984 年，美国有大约 14 200 家商业银行，到了 2020 年，只剩下了 4500 家。对于一个存在显著的规模经济的行业，只要企业被允许相互之间进行竞争，我们就可以预期会出现集中度的提高，限制银行设立分支机构和跨州经营的管制措施被取消后，就出现了这种情况。正如你在经济学原理课上学到的，当一个行业存在规模经济时，不断扩张的企业就可以以更低的平均成本来生产商品或提供劳务。相对于规模更小的竞争对手，更低的成本允许不断扩张的企业以更低的价格出售商品或提供劳务，进而将对手赶出市场，或者迫使其与其他企业进行合并。由于大银行的成本比小银行低，它们可以向储户支付更高的利率，向借款人收取更低的利率，以更低的价格提供投资建议和其他金融服务。

尽管在过去的 25 年间，美国银行业的集中度大幅提高，4500 家的银行数量仍然比大部分其他国家都多。因此，似乎银行业的集中度将来还会进一步提高，银行数量会继续下降。银行数量的下降低估了美国银行业的集中程度。

2010 年，国会实施了金融监管改革，一些参议员和众议员建议限制银行的规模。他们认为如果银行规模过大，由此获得的市场势力就会使其能够向储户支付较低的利率，并收取更高的贷款利率。此外，一些经济学家和政策制定者担心，大银行会"大而不能倒"，这意味着这些银行的倒闭会引发金融动荡，从而迫使美联储、FDIC 和美国财政部采取措施，使其免于破产，而不管该银行的经营有多么糟糕。我们将在第 12 章第 12.4 节讨论 2010 年的《多德－弗兰克法案》，该法案并没有为银行的规模设置具体的限制，但是限制了 FDIC 和其他联邦监管者在拯救濒临倒闭的银行时所能使用的手段。对于是否应该规定银行规模的上限，争论仍在继续。

| 概念应用：与你相关 |

你想在美联储或者邮局开设一个银行账户吗

在本章开头我们已经看到，当美国财政部依据《新冠病毒援助、救济和经济安全法案》的授权，开始向个人派发有关款项时，一些人由于没有银行账户而难以收到这笔资金。财政部向很多人邮寄了预付费的借记卡，但是实际上这些卡是由私人承包商货币网络（Money Network）或元银行（MetaBank）发行的，并附上了货币网络持卡人服务公司（Money Network Cardholder Services）的寄件人地址。由于很多收到这些卡的人对这家公司并不熟悉，有些人将这些卡误以为是广告或者诈骗，从而弃之不顾。然后，他们不得不再联系这家公司，让其再次发卡。近些年来，很多大银行关闭了分支机构，特别是在农村和收入比较低的城市地区，因此，一些人无法获得银行服务。采取何种措施，以便将银行服务扩展到目前无法获得这些服务的 1000 万个家庭，这再次引起了政策制定者和经济学家的关注。

纽约州参议员柯丝汀·基利勃朗特（Kirsten Gillibrand）曾竞选 2020 年民主党总统候选人但未能成功，她提出了《邮政银行法案》，该法案授权美国邮政（U.S. Postal Service，USPS）利用本地邮政局提供基本的金融服务，包括开立支票账户和储蓄账户。正如我们在本章开头看到的，在 1911～1967 年之间，邮政局负责运营邮政储蓄系统，可以开立储蓄账户，但是不能开立支票账户。在其他国家，大约有 75% 的邮政局可以向个人提供金融服务，比如英国、法国、日本和中国。银行业以及一些政策制定者和经济学家怀疑美国邮政提供的银行服务无法与目前私人银行提供的服务进行竞争，除非国会愿意为美国邮政提供的服务予以补贴。一项由美国邮政所做的研究得出的结论是，"建立一家邮政银行将会极大地提升金融包容性，使数量极为可观的未能获得相关服务的家庭享受到主要的金融服务"。但是，这项研究也指出：

> 然而，如果美国邮政成功地成为一家银行，随之而来的风险、成本和监管负担将会带来巨大的挑战。为了投入运营，美国邮政可能不得不改造营业厅，雇用大量金融专家，创建拥有大量分支机构的内部系统，筹集数十亿美元的资本金以及培养一支遵守指令的员工队伍。

至 2020 年年中，授权美国邮政开展银行业务似乎并未在国会中获得足够的支持。

对于扩展银行业务，一些经济学家和政策制定者更喜欢另一种备选的方法，即允许个人在美联储开设账户。美联储网站最近注意到了这个问题，并且做了回答：

问题："我如何在美联储开立一个账户？"
答案："只有存款机构和特定的其他金融实体才能够在美联储开立账户。"

正如 npr.org 网站上一篇专栏文章所讲的，答案是否应该改成"所有人都可以在美联储开立账户！"？范德堡大学（Vanderbilt University）法学院教授摩根·瑞克斯（Morgan Ricks）及其同事认为，国会应当授权美联储为个人开立账户，只要人们愿意就可以在美联储开立一个账户，他们称之为美联储账户。这些账户实际上是一种数字货币账户的形式，因为其运作与银行目前在美联储设立的准备金账户是一样的。这些银行准备金账户以电子记账的方式存在，不涉及任何纸质支票或纸质现金。

正如我们在第 2 章的"概念应用"专栏所看到的，即便是那些收入较低的拥有银行账户的人，每年由于透支、支票兑现或者工薪日贷款而支付的费用也高达 340 亿美元，因为美国银行体系实施转账要比其他大多数国家慢得多。从一个美联储账户向另外一个美联储账户付款如果可以即时结清，就可以为低收入人群节省可观的费用。拥有美联储账户的个人和企业越多，支付系统运转的速度就越快。

支持这一想法的人认为，由于转账速度更快，并且任何数额的存款都是有保障的，而不是像银行存款那样，每个人每个账户的保障金额只有 25 万美元的上限，美联储账户对富有的个人和企业也具有吸引力。最终，美联储资产的数量将会有实质性的增加，因为它可以将美联储账户中的资金投资于美国国债和其他资产。由于美联储从其资产中赚得的收益会超过为这些准备金账户支付的利息，美联储账户将会产生大量的收入，足以补偿这一计划的费用。

尽管《新冠病毒援助、救济和经济安全法案》的早期草案曾经授权美联储提供美联储账户，但是这一条款在法案通过时被剔除了。对美联储账户持批评态度的人提出了 3 个重要的反对理由：

1. 美联储缺少基础设施来处理可能出现的数百万家庭和企业的新账户，也缺乏满足零售客户需求的经验，比如设计应用程序，解决问题和投诉，提供技术支持等。

2. 国会创建美联储，原本的目的是令其扮演最后贷款人的角色，美联储账户与这一目的毫不相关。

3. 与上述两点有关的另一个观点是，美联储账户将会侵扰商业银行的业务范围，在这一领域已有多家相互竞争的私人企业，它们拥有服务于零售客户的基础设施和经验。如果运营美联储账户系统，美联储可能会遭到商业银行的反对，由此产生的政治问题可能会削弱美联储的独立性。

至 2020 年年中，国会似乎不可能授权美国邮政或美联储开展银行零售业务。未来将银行服务扩展至那些尚未获得这些服务的民众，似乎更有可能通过现有商业银行以数字应用程序的形式来实现。

银行业扩大边界

在过去的 60 年中，银行业的业务有极为显著的变化。1960 ～ 2020 年，银行的业务变化包括：①通过定期存款和可转让定期存单筹集的资金数量增加了；②通过回购协议获得的借款增加了；③降低了对工商业贷款和消费贷款的依赖；④增加了对房地产贷款的依赖；⑤非传统借贷业务和收入来自收费而非利息的业务增加了。我们下面主要关注最后一点。

表外业务

银行越来越多地转向了可以产生费用收入的表外业务。传统的银行业务，比如吸收存款和发放贷款，会影响企业的资产负债表，因为存款作为负债，贷款作为资产都出现在资产负债表上。表外业务不会影响银行的资产负债表，因为既不增加银行的资产，也不增加其负债。比如，银行代客户买卖外汇时，银行向客户收取手续费，但是这些外汇并不出现在银行的资产负债表上。银行也会因为向高收入家庭提供私人业务而收取费用，这是指净资产在 100 万美元或以上的家庭。银行现在尤其依赖以下 4 种表外业务来赚取费用收入。

1. **备用信用证**。我们已经知道，在 20 世纪 70 年代和 80 年代，银行失去了一些向企业发放商业贷款的业务，这些企业转向了商业票据市场。随着商业票据市场的发展，大多数买方坚持让卖方出具备用信用证（standby letter of credit）。根据备用信用证，银行承诺如果有必要的话，可以向借款人或者说商业票据的卖方发放贷款，使之可以清偿到期的商业票据。银行收取的费用一般是商业票据价值的 0.5%。现在，为了出售商业票据，不仅企业通常需要备用信用证，州政府和地方政府也是如此。信用备用证实际上将贷款的发放分成了两部分：①通过收集信息进行信贷风险分析；②实际发放贷款。银行可以提供有效的信用风险分析，而金融市场可以以更低的成本实际发放贷款。与传统贷款不同，备用信用证不出现在银行的资产负债表上。

2. **贷款承诺**。根据贷款承诺（loan commitment），银行同意在某一特定时期内为借款人提供金额既定的资金。然后借款人有权决定是否获取以及何时获取这笔贷款。通过贷款承诺，银行可以赚取费用。这一费用通常分为两部分：①在出具这份承诺时获得的预付费用；②对这笔贷款未使用部分收取的未使用费。对于实际发放的贷款，收取的利率采用基准借款利率加成的方法来确定。贷款承诺会事先确定如何对基准利率进行加成，而不是如果发放了这笔贷款的话需要收取的利率，因为利率将会随着基准利率而变化。此外，如果借款人的财务状况恶化至某一特定水平之下，银行放贷的承诺就可以中止。

3. **贷款出售**。我们已经知道，贷款证券化是美国金融体系一个重要的发展趋势。

通过证券化，银行将一组贷款转化为证券，然后通过金融市场直接出售给投资者，而不是在自己的投资组合中持有这些贷款。作为自 20 世纪 80 年代以来证券化趋势的一部分，美国银行贷款出售市场从无到有发展起来，目前规模已经相当可观。贷款出售是一份金融合约，按照这一合约，银行同意将某一标的贷款预期的未来收益出售给第三方。贷款出售也被称为二次贷款参与（secondary loan participation）。用术语来讲，贷款合约的出售是没有追索权的，这意味着银行不对这笔贷款的价值提供任何保证或保险。大银行的贷款主要出售给本国银行和外国银行，以及其他金融机构。一开始，银行只出售短期的优质贷款，这些贷款收集信息的成本和监督成本都很低。后来，银行越来越多地出售期限更长、品质更差一些的贷款。在出售贷款时，银行要承担声誉受损而不是资本金受损的风险。贷款状况糟糕的银行不可能成为这个市场上成功的参与者。

4. **交易业务**。通过在价值数十亿美元的期权、期货和利率互换市场上进行交易，银行可以赚取手续费。银行在这些市场上进行交易，主要是为了对冲银行自己持有的贷款和证券组合的风险，或者为银行客户提供对冲服务。但是，银行有时也通过在这些市场上进行投机，从价格变化中赚取利润。当然，只要投机就会承受资金损失的风险。银行负责进行这些交易的雇员，所获的薪酬通常与其赚得的利润有关。这就会出现委托 – 代理问题，因为这些雇员可能过于冒险，以期获取更高的利润和更高的薪酬，由此承担的风险会超出银行高层或股东所希望的水平。在 2007 ~ 2009 年金融危机期间，国会议员们担心由于证券交易而造成的损失会使某些银行的财务状况恶化。2010 年国会通过了《多德 – 弗兰克法案》，在美联储前主席和奥巴马总统经济复苏顾问委员会主席保罗·沃尔克的建议下，该法案包含一个被称为"沃尔克规则"的条款。根据这一规则，银行不能使用自己的资金进行交易，即禁止银行进行自营交易（proprietary trading）。当银行和监管者力图将银行代表客户进行的交易和自营交易区别开来时，银行和监管者都面临一些不确定性。根据现在的法律规定，代客交易是合法的，而自营交易则是不合法的。

银行从事表外业务以赚取费用收入，也会承担额外的风险。为了评估表外业务给自己带来的风险，银行已经开发出了复杂的计算机模型。一个流行的模型被称为"风险价值方法"（value-at-risk，VAR）。这一方法利用统计模型来估计在一个特定时期内，某一资产组合的价值可能遭遇的最大损失，这也是其名称的由来。这些模型有助于银行评估风险，但是 2007 ~ 2009 年金融危机的经验表明，这些模型远称不上简单可靠，并不能使银行免于遭受严重的损失，主要的原因在于它们没有充分考虑交易资产中存在的信用风险。

电子银行和移动银行

成本低廉的计算机程序的开发和互联网的兴起，使大量银行交易的处理方式发生了革命性的变化。电子银行第一个重要的发展是自动柜员机的普及，这使得储户第一次可以在银行正常的工作时间之外随时存取自己的资金。只要愿意，储户现在可以在凌晨 2 点取钱，而不用在上午 10 点至下午 3 点去银行办理。自动柜员机对银行也很有吸引力，因为一旦安装，运营和维护这些机器的成本远低于向银行柜员支付的薪酬。此外，在限制银行建立分支机构的州，自动柜员机特别具有吸引力，因为这些机器在法律上不被视为银行的分支机构，因此，这可以让银行将其业务扩展到那些它们尚未开设分支机构的地区。

20 世纪 90 年代中期，虚拟银行开始出现。这些银行并没有实体的银行建筑，但是它们可以在线从事所有的银行业务。客户可以开户，支付电子账单，将自己的薪水直接存入银行，所有这些业务都是无纸化的。ING Direct 是第一资本金融公司拥有的一家在线银行，在美国拥有 750 万储户。正如本节前面"概念应用"专栏讨论过的，一些美联储账户的倡导者建议美联储为家庭和企业提供虚拟银行服务。到了 21 世纪第一个十年的中期，大部分传统银行开始提供移动银行服务，这使储户可以在智能手机上方便地支付部分或全部账单，而不必使用纸质支票，而且一般不需要支付手续费。借款人也可以利用银行的移动应用程序来申请贷款，大量的许可程序也是以电子的方式完成的。银行已经开始以电子方式清算大量支票。就在数年之前，如果你想将一张手写的支票存入另一家银行的账户，你的银行或者为银行提供支票结算服务的美联储还不得不将这张支票寄到另一家银行，这家银行才能收取这笔款项。现在，你的银行可能只需要将这张支票的电子图片发给另一家银行，就可以结清了。

电子银行在银行业中扮演的角色越来越重要，但是实体的银行分支机构仍然在修建，大量利用支票账户进行的支付仍然使用纸质支票。尽管如此，以电子方式来提供银行服务的趋势是确定无疑的。

2007 ～ 2009 年金融危机、"不良资产救助计划"以及政府拥有银行的部分所有权

银行在 2007 ～ 2009 年金融危机期间发放的很多高风险的抵押贷款都被证券化了，然后出售给了投资者。银行持有一部分这类证券作为投资，如图 10-3 所示，银行也依

赖房地产贷款的发放获利。随着金融危机的爆发，先是住宅房地产抵押贷款的违约率飙升，然后是商业房地产抵押贷款，这使得以这两类抵押贷款为基础发行的证券价值下跌。至 2008 年年中时，20 个规模最大的都市区的房地产价格降幅超过了 15%，所有抵押贷款中违约至少 30 天的超过了 6%，次级抵押贷款违约至少 30 天的超过了 25%。抵押贷款支持证券市场被冻结了，这意味着这些证券的买卖大部分都停止了，这使得这些证券的价格很难确定。这些证券开始被称作"有毒资产"。

　　我们很难对银行的资产负债表进行评估，因为无论是投资者还是银行自己都无法确定这些"有毒资产"真实的市场价值。因此，银行资本金的真实价值，甚至银行的净资产是否还是正值，都很难判断。从 2007 年 8 月开始，为了应对资产负债表出现的严重问题，银行发放消费贷款和商业贷款的标准变得更为严格。由此引发的信贷紧缩导致了自 2007 年 12 月开始的经济衰退，因为家庭和企业很难为自己的支出筹集资金。

　　2008 年 10 月，为了解决银行面临的问题，国会通过了"不良资产救助计划"。这一计划方案为财政部和美联储提供了 7000 亿美元的资金，以帮助恢复抵押贷款支持证券市场和其他"有毒资产"的市场，从而为那些资产负债表上有价值数万亿美元的这类资产的金融企业提供援助。不幸的是，没有很好的方法可以恢复这类资产的市场，因此，一些资金被用来为银行"注入资本金"。根据所谓的"资本金购买计划"（Capital Purchase Program，CPP），财政部购买了数百家银行的股票，从而增加了这些银行的资本金，这就像发行新股一样。参与这一计划的银行被要求每年向财政部支付相当于股票价值 5% 的股息，并且出具保证书，允许财政部购买额外的相当于其最初投资价值 15% 的股份。尽管财政部购买股票等同于政府拥有了数百家银行的部分所有权，但是财政部无意干涉任何一家银行的管理决策。表 10-6 展示了财政部根据"资本金购买计划"所进行的 10 笔最大的投资。

表 10-6　财政部依据 TRAP 或 CPP 投资最多的 10 家银行

银行	财政部投资额（10 亿美元）
摩根大通	25
花旗银行	25
富国银行	25
美国银行	10
高盛	10
摩根士丹利	10
PNC 金融服务集团	8
美国合众银行	7
太阳信托银行	5
第一资本金融公司	4

资料来源：美国财政部。

一些经济学家和政策制定者批评 TRAP 和 CPP 是对华尔街银行的"紧急救助"。一些经济学家认为，通过为那些曾经发放不良贷款和投资于高风险资产的银行提供资金，财政部是在鼓励糟糕的商业决策，从而使金融体系中的道德风险问题更为严重。也有人担心得到财政部资金的银行经理，可能被迫在进行贷款和投资决策时需要考虑更多的政治因素而不是商业因素。然而，财政部和美联储的官员担心的是，银行倒闭数量剧增会使美国经济重蹈大萧条的覆辙，他们认为由于金融状况如此糟糕，这些计划是恰当的。随着经济和银行体系开始复苏，对于这项计划的批评声音减弱了，很多银行购回了财政部的股票。在从 2008 年 8 月 1 日至 2009 年 9 月 30 日这段时期，财政部根据 CPP 一共投资了 2450 亿美元。最终，出售股票的收入和以利息或股息形式收到的收入一共是 2750 亿美元，这使得这项计划获得了 300 亿美元的利润。

回答关键问题

在本章开始时，我们提出的问题是：

"银行业是一个风险特别高的行业吗？银行需要面对哪些类型的风险？"

在一个市场体系中，各类企业都会面临风险，很多企业都会倒闭。经济学家和政策制定者特别关注银行面临的风险以及银行可能出现的倒闭，因为它们在金融体系中扮演着至关重要的角色。在本章中，我们已经了解了商业银行的基本业务，即从储户那里借来短期资金，并将其长期贷放给家庭和企业，这会产生几类风险，包括流动性风险、信用风险和利率风险。

第 11 章

超越商业银行：影子银行与非银行金融机构

学习目标

在学习了本章之后，你应该能够：

11.1 解释投资银行如何经营。

11.2 区分共同基金和对冲基金，描述它们在金融体系中的作用。

11.3 解释养老基金和保险公司在金融体系中的作用。

11.4 解释影子银行体系与系统性风险之间的联系。

一家银行何时就不再是一家银行了？当它成为一家影子银行的时候

正如我们在第1章第1.2节看到的，国会创建了美联储，作为商业银行的最后贷款人。在2008年和2020年，美联储采取了强有力的措施，支持货币市场基金的运转。货币市场基金不是商业银行，美联储为何要给予支持？答案在于，在过去几十年间，金融体系中演化出了"非银行"金融机构，包括货币市场共同基金、对冲基金、养老基金和投资银行等，这些机构获得了家庭和企业以前存在银行中的资金。这些非银行机构利用这些资金向家庭和企业提供信贷，而这些信贷原来是由银行提供的。尤其是货币市场基金，它们向家庭和养老基金与保险公司等机构投资者出售份额，然后利用这些资金购买大企业的商业票据，在金融体系中扮演了重要角色。大企业通过出售商业票据筹集资金，以满足自己支付薪酬和供应商货款的需要。在2008年和2020年经济衰退期间，当商业票据市场出现一些严重问题时，美联储不得不进行干预。

经济学家所讲的非银行机构是指什么？什么是对冲基金？商业银行和投资银行

有何区别？在 2007 ～ 2009 年金融危机刚开始时，大多数美国人甚至很多国会议员尚不能回答这些问题。大多数人也不明白抵押贷款支持证券（MBS）、担保债务凭证（CDO）、信用违约互换（CDS）和其他一些新金融证券的字母缩写是什么意思，而这些都是金融体系的重要组成部分。在 2007 ～ 2009 年金融危机期间，人们对这些术语已经耳熟能详，因为经济学家、政策制定者和普通公众已经意识到，在从储蓄者到借款人的资金流转中，商业银行已经不再拥有统治性的地位。相反，非银行金融企业接管了商业银行之前曾经统治过的某些业务。

就在 2007 ～ 2009 年金融危机刚开始时，在 2007 年由堪萨斯城联邦储备银行主办的一场会议上，太平洋投资管理公司（Pacific Investment Management Company，PIMCO）的总经理保罗·麦卡利（Paul McCulley）发明了影子银行体系这一术语，以此来描述非银行金融企业的新角色。一年之后，蒂莫西·盖特纳（Timothy Geithner）在纽约经济俱乐部的演讲中使用了这个词，影子银行由此广为人知。盖特纳时任纽约联邦储备银行行长，此后成为奥巴马政府的财政部部长。盖特纳引用了美联储的一项研究，表明至 2008 年，影子银行体系的规模已经超过了商业银行的 50%。

在 2007 ～ 2009 年金融危机期间，两家大型投资银行，即贝尔斯登和雷曼兄弟，以及一家保险公司，即美国国际集团，身处风暴中心。尽管很多商业银行也卷入了这场危机，但是，2007 ～ 2009 年在美国历史上第一次出现了起源于商业银行体系之外的重大金融危机。非银行机构存在的问题使应对这场危机变得更加困难，因为美国政策制定和监管结构所依据的假定是，商业银行是最重要的金融企业。尤其是创建于 1914 年的美联储，其目的在于监管商业银行体系，并用贴现贷款帮助银行解决短期流动性问题。同样地，创建于 1934 年的联邦存款保险公司为商业银行的存款提供保险。我们在本章中将会看到，FDIC 并不为影子银行的短期借款提供保险，除非是在金融危机期间，否则影子银行在遇到流动性问题时也没有资格获得美联储的贷款。结果，影子银行体系产生动荡的某些原因，与在美联储和 FDIC 建立之前使商业银行体系屡遭重创的原因是一样的。

在 2007 ～ 2009 年金融危机之后，国会于 2010 年通过了《华尔街改革和消费者保护法案》。这一法案通过建立联邦金融稳定监督委员会（Federal Stability Oversight Council），在某种程度上加强了联邦政府对影子银行体系的监管。但是在 2020 年，美联储再一次向影子银行提供资金，这清楚地表明与商业银行相比，影子银行的存在已经成为引发金融动荡的一个更重要的原因。对于经济学家以及国会与美联储的政策制定者而言，为了稳定金融体系，必须要稳定影子银行。

关键议题和问题

议题：在 21 世纪前 10 年和 21 世纪 10 年代，在银行体系之外，由出借人向借款人的资金流动有所增加。

问题：对于美国金融体系的稳定，影子银行体系是不是一个威胁？

在本章中，我们将会介绍构成影子银行体系的不同类型的企业，探究这一体系何以发展起来，并讨论这对金融稳定性是不是一个挑战。

11.1　投资银行

学习目标　解释投资银行如何经营。

当想到"华尔街"或者"华尔街企业"时，大多数人就会想到投资银行。在财经新闻中，人们对高盛、美林和 JP 摩根等企业的名字已经耳熟能详。这些企业的一些雇员赚得了丰厚的薪酬和奖金，这激发了很多毕业生要去华尔街闯荡一番的志向。在本节中，我们将会讨论投资银行的基本信息及其随时间推移而发生的变革。

投资银行是什么

商业银行的基础是吸收存款，发放贷款。与之不同的是，投资银行的业务主要包括以下几项：

1. 为发行新证券提供咨询。
2. 承销新证券。
3. 为并购提供咨询和融资服务。
4. 金融工程，包括风险管理。
5. 研究。
6. 自营交易与做市。

前三项是投资银行的核心业务，其余三项业务最近正在兴起。我们接下来简要介绍一下每项业务。

为发行新证券提供咨询

微软擅长生产软件，苹果擅长制造智能手机，可口可乐擅长生产软饮料。然而，所有这些企业都不太了解金融市场上的门道。企业一般会转向投资银行，由其提供如何通过发行股票、债券或者申请贷款来筹集资金的建议。投资银行了解当前投资者购买各类证券的意愿，以及投资者可能支付的价格。企业可能很难自己收集这些信息，但是，如果它们想要以较低的成本来筹集资金，这些信息至关重要。

承销新证券

投资银行赚取收入的方法之一，就是承销企业向公众发行的新股票或新债券。在承销中，投资银行通常会向发行企业提供价格保证，然后以一个更高的价格在金融市场上出售这些证券，或者将它们直接卖给投资者。投资银行获得价格之间的差额，也就是所谓的价差（spread）。平均而言，投资银行可以赚得首次公开发行募集资金总额的 6% ～ 8%。IPO 是指企业首次向公众出售股票。投资银行通常可以赚得二次发行筹集资金总额的 2% ～ 4%。这是指之前已经出售过证券的企业再次出售证券。发行债券的费用一般要低得多，投资级债券为 0.375%，非投资级的债券或者垃圾债券为 1% ～ 2%。

作为赚取价差的回报，投资银行承诺要付出"最大的努力"来销售所承销的证券。在某些情形下，投资银行会直接买下这些证券，从而承担起自己由于错误判断市场状况而产生的代理风险，然后可能不得不以低于向发行企业保证的价格将这些证券销售出去。投资银行也会同意在这些证券的二级市场上做市。这样做是为了支持 IPO 的价格。然而，这种支持只是暂时的。一旦投资银行停止买入首次公开发行的股份，股票价格就可能随着投资者在二级市场的买卖而下降。实际上，2015 ～ 2019 年上市的公司股票的价格对于主要的股票市场价格指数都是一种拖累。

一家投资银行可以承销规模相对较小的股票或债券发行，大规模的发行则需要一组投资银行，这被称为承销团（syndicate）。2019 年，有 29 家银行参与了优步的 IPO，为这家企业筹集了 81 亿美元的资金。在承销团销售中，领头的银行扮演经理的角色，并获得部分价差，其余的价差在承销团成员和向公众出售这些证券的经纪公司之间分配。一旦一家企业选定了某家投资银行承销其证券，这家银行就要进行企业经营评估（due diligence process），在这个过程中它会研究这家企业的价值。然后，投资银行要准备招股说明书，证券交易委员会要求每家企业在获准向公众发行证券之前，都必须准备这一文件。招股说明书应当包括影响潜在的投资者购买该企业股票或债券的所有相关信息，如企业的盈利状况和净资产，以及企业面临的风险，比如悬而未决的法律诉讼。接着，投资银行会进行"路演"，与企业代表一起拜访共同基金、养老基金和大学捐赠基金等机构投资者，这些机构可能有兴趣购买将要发行的证券。最后，投资银行会设定股票价格，它估计这一价格能够使得证券销售的数量和投资者需求的数量相等。

　　承销可以降低出借人和借款人之间的信息成本，因为投资银行以自己的声誉为所承销的企业进行了背书。投资者通常相信，由于从事承销业务的投资银行在企业经营评估阶段已经收集了发行企业足够多的信息，投资者可以放心购买这家企业的证券而不用承担太大的风险。在 2007 ～ 2009 年金融危机期间，投资银行承销了抵押贷款支持证券，而这些证券被证明是非常糟糕的投资，投资者的这种信心有所动摇。

为并购提供咨询和融资服务

　　大企业经常通过并购其他企业以实现扩张。小企业可能会断定，被另外一家企业收购是实现最快扩张的必由之路。比如，2020 年，苹果公司以 1 亿美元的价格收购了虚拟现实初创企业 NextVR。苹果总裁认为这次收购将有助于苹果公司实现在 2022 年出售增强现实眼镜的目标。

　　投资银行非常积极地参与并购活动。它们同时为买方和卖方提供咨询，前者被称为"买方委任"，后者被称为"卖方委任"。投资银行通常会就潜在的收购、出售和合并业务主动联系企业。当为一家寻求被收购的企业提供咨询时，投资银行将会试着找到一家愿意以明显高于该企业的市场价值（这相当于该企业现在所有股票的总值）来进行收购的企业。在一次典型的收购中，收购企业将会向被收购企业支付超出其市值 25% ～ 30% 的溢价。投资银行可以估计企业价值，引导谈判，准备收购报价。投资银行要向被收购企业的董事会提供公平意见书，表明它所提出的报价是公平的。收购企业可能需要通过发行股票、债券或者申请贷款来筹集资金，以完成收购。作为咨询程序的一部分，投资银行将会协助安排这类融资。对于投资银行而言，并购咨询利润尤为丰厚，因为与承销或者其他大多数投资银行业务不同，投资银行在提供并购咨询时不需要投入自己的资本。并购咨询中唯一显著的成本就是与这笔交易有关的银行家的薪酬，以及投资银行拨付的一笔准备金，以防被交易的一方起诉。

　　除了提供并购咨询以外，投资银行还会向企业提供有关资本结构的建议，这是指企业用股票和债券的组合来筹集资金。由于自 2007 ～ 2009 年金融危机以来，企业债券的利率一直维持在极低的水平，一些投资银行建议其企业客户发行债券，然后用这笔资金来回购企业的股票，特别是在企业股票的价格处于较低的水平时。投资银行也会就应当为其股票发放多少股息而向企业提供咨询服务。

金融工程，包括风险管理

在设计新证券时，投资银行扮演了主要角色，这个设计过程被称作金融工程。金融工程通常涉及利用由拥有经济学、金融学和数学高等学位的人发明的复杂的数学模型，开发新的金融证券和投资策略。这些人被称为"火箭专家"或者"宽客"。很多我们在第 7 章讨论过的衍生证券都来自金融工程。正如我们已经知道的，企业利用衍生品来对冲或降低风险。比如，航空公司利用原油期货合约来降低由油价急剧上涨导致的企业利润下降的风险。就像大多数企业由于缺乏金融市场的专业知识，从而无法确定通过出售股票和债券来筹集资金的最佳方式一样，对于如何利用衍生品合约来更好地对冲风险，这些企业也需要有人提供建议。投资银行通过为企业建立风险管理策略来提供这类建议，并由此赚取咨询费。

在 2007 ～ 2009 年金融危机期间及之后，一些政策制定者和经济学家对投资银行提出了批评，他们认为这些银行通过金融工程创造出的证券过于复杂，很难估计其风险程度，特别是基于抵押贷款的证券。大多数这类新证券并不适合对冲风险。很明显，很多商业银行和投资银行的高级经理人员无法充分理解这些新创造出来的衍生产品，比如担保债务凭证和信用违约互换合约，尽管他们自己在买卖这些衍生品，并在向其客户推荐。这些经理极大地低估了当房价下跌，房主开始对其抵押贷款违约时，这些衍生品的价格下跌的风险。投资银行的经理通常依赖穆迪、标普和惠誉等评级机构对这些证券的高评级。正像实际情况表明的那样，评级机构的分析师也不完全了解其中的一些证券，因而未能准确地估计这些证券的风险。

研究

投资银行开展了几种类型的研究。这些银行会指派分析师研究一些大企业，比如苹果或沃尔玛，也会研究一些行业，比如汽车行业和石油行业。这些分析师收集有关企业可以获得的公开信息，有时也会拜访企业机构，对企业经理进行访谈。投资银行利用某些研究来为客户确定合并或收购的对象，也会通过财经媒体公开一些研究资料作为"研究纪要"。从事研究的分析师经常向投资者提供"买入""卖出"或者"持有"某些特定股票的建议。近些年来，对于某只他们推荐的股票，一些分析师还会使用在投资组合中进行"超配"（overweight）这一术语，对于他们不推荐的股票使用"低配"（underweight）一词。大型投资公司中高级分析师的观点对市场会产生重要影响。比如，一位高级分析师的研究纪要如果出人意料地对某一特定企业持负面态度，就有可能使这家企业的股价下跌。

一些分析师专门提供有关金融市场当前状况的观点，有时在市场交易时间他们会分析每一交易时刻的状况。这些观点可以为投资银行中交易员买卖股票的交易部门提供有用的信息。分析师也会从事经济研究，撰写有关经济趋势的研究报告，提供对宏观经济指标的预测，如 GDP、通货膨胀率、就业和各种利率等。

自营交易与做市

投资银行的三项核心业务是：①为新证券发行提供咨询；②承销新证券；③为并购提供咨询和并购融资服务。投资于证券、商业房地产和其他资产，传统上在大部分投资银行的经营中只占很小的部分。然而，从 20 世纪 90 年代开始，自营交易或自营业务成为很多投资银行经营的重要部分，也是其利润的重要来源。这是指投资银行用自己的账户来买卖证券和其他资产，而不是代客户买卖。正如下面将要讨论的那样，国会对自营交易的限制削弱了这种交易对于投资银行的重要性。

自营交易使投资银行需要承担利率风险、信用风险和融资风险。如果投资银行持有长期证券，比如美国长期国债或者很多抵押贷款支持证券，银行就要承担市场利率上升的风险，因为这会导致这些长期证券的价格下降。在 2007 ～ 2009 年金融危机期间，很明显，投资银行由于从事自营交易而面临严重的信用风险。信用风险是指借款人对其贷款违约的风险。抵押贷款支持证券的信用风险远高于投资银行或者信用评级机构原本预期的水平，特别是由次级抵押贷款或者次优级抵押贷款构成的这类证券。在 21 世纪最初 10 年的中期，投资银行发行了数千亿美元的抵押贷款支持证券。在承销这些证券的过程中，它们将部分证券留在手中，一直持有这类证券，因为它们相信这些是很好的投资对象。从 2007 年开始，很多这类证券的价格开始下跌，至 2008 年，这些证券的市场停摆了或者说冻结了，使之很难被卖出。结果，一些投资银行蒙受了严重的损失。

在 2007 ～ 2009 年金融危机期间，投资银行遇到的这些问题变得更为严重了，因为它们借入短期资金购买长期证券，这些短期资金有时甚至是隔夜贷款。融资风险是指，投资者借入短期资金来进行长期投资，无法重新获得短期资金时所面临的风险。如果为投资银行提供短期贷款的出借人（通常是其他的金融企业）要求偿还这些贷款，而不是续借或者允许这些贷款展期，投资银行就不得不出售其长期证券以偿还这些贷款。在发生金融危机时，投资银行所投资的很多长期证券都贬值了，这使其无法偿付从出借人那里获得的短期贷款。使用借贷资金也会提高杠杆。我们在下一节将进一步讨论融资风险和杠杆问题。

为了降低自营交易带来的风险，国会于 2010 年通过《多德 - 弗兰克法案》，该法案包含了一条沃克尔规则，严格限制这类交易。大多数投资银行停止了自营交易，但是在发挥自己做市商的作用时，它们继续买卖证券。做市是指企业买卖证券并持有一定数量的这种证券，以便在买方和卖方之间发挥中介的作用，这里所指的证券通常是不在交易所交易的证券。由于购买证券的价格与出售证券的价格之间存在价差，投资银行可以在做市时赚取利润。尽管这一价差通常很小，偶尔也会出现负值（这时投资银行就会遭受损失），但是有时也相当可观。比如，高盛曾经从一只垃圾债券那里赚取了1000 万美元，因为从该银行购买这些债券到它卖出这些债券的这段时间，债券价格大幅上升。如此多的收益产生了一个问题，即在自营交易和做市之间是否存在明显的区别，前者已经被监管部门禁止了，而后者是监管部门仍然允许从事的。禁止银行从事自营交易也减少了某些证券市场上卖方和买方的数量，这会降低在这些市场上交易的证券的流动性。

回购协议融资、杠杆和投资银行的融资风险

我们可以进一步考察投资银行面临的融资风险。商业银行投资的资金主要来自存款。利用存款来为投资融资被称为零售融资。投资银行不依靠存款，因此它们必须用其他方式来为自己的投资进行融资。高盛投资银行通过创建 Marcus 在线商业银行从而进军零售银行业务，这家在线银行可以吸收储蓄存款，但是不能吸收支票存款。直至2020 年，Marcus 尚未实现盈利。投资银行的一个资金来源是自己的银行资本金，这包括来自股东的资金和过去这些年银行的留存利润。另一个资金来源是短期借款，这主要来自其他金融企业。这类融资方式被称为批发融资。在 20 世纪 90 年代之前，大多数投资银行都是以合伙制的形式组织起来的，其自营交易和做市的规模都相对较小，主要从事传统的投资银行业务，如承销证券和提供并购咨询。从事这些业务的资金主要是合伙人的资本金或者说股本。然而，在 20 世纪 90 年代和 21 世纪初期，大多数大型投资银行从合伙制转为了上市公司，自营交易也成为这些银行一项更重要的利润来源。

投资银行利用批发融资的方式来筹集资金，以便投资于证券以及向其他公司直接发放贷款，包括向商业房地产开发商提供抵押贷款。通过借款而不是资本金为投资提供资金，这提高了银行的杠杆。在投资中使用杠杆是一柄双刃剑，投资的利润率会由此增加，但是一旦出现损失，损失率也将增加。回忆一下，银行资产与资本金的比率是衡量银行杠杆的一个指标。由于银行的股本收益率等于资产收益率乘以这个杠杆，银行的杠杆越高，在资产收益率既定的条件下，股本收益率就越高。无论资产收益率

是正是负，这种关系都是成立的，这意味着杠杆可以将很低的负资产收益率转变成很高的负股本收益率。

解决问题 11.1

杠杆的危险

假定一家投资银行将要购买 1000 万美元的长期抵押贷款支持证券。考虑以下这三种该银行为这笔投资进行融资的方式：

1. 该银行投资所需的资金完全来自自己的股本。

2. 该银行用 750 万美元借款和 250 万自己的股本完成这笔投资。

3. 该银行用 950 万美元借款和 50 万自己的股本完成这笔投资。

a. 计算在这三种融资方式中，银行的杠杆分别是多少。

b. 对于每种融资方式，计算股本投资的收益率是多少，假定：

i. 在买完之后的一年里，这些抵押贷款支持证券的价值增加了 5%。

ii. 在买完之后的一年里，这些抵押贷款支持证券的价值下降了 5%。

为了简化，忽略从这些证券中收到的利息、为购买这些证券而支付的借款利息以及银行必须支付的税款。

解决问题

第一步　复习本章内容。这个问题有关杠杆与风险之间的关系，因此，你需要复习"回购协议融资、杠杆和投资银行的融资风险"这一部分的内容。

第二步　计算每种融资方式的杠杆，从而回答问题 a。正如本节定义的那样，杠杆等于资产价值除以资本金或股本的价值。在这个例子中，资产的价值始终是 1000 万美元，但是银行投入的自有资金有所不同，即在为投资进行融资时，资本金或股本的数额并不相同。如果银行使用第 1 种融资方法，它使用了 1000 万美元自己的资金；如果用第 2 种融资方法，它使用了 250 万美元自己的资金；如果用第 3 种融资方法，它使用了 50 万美元自己的资金。因此，每种方法的杠杆如下：

1. $\dfrac{10\,000\,000\text{美元}}{10\,000\,000\text{美元}} = 1$

2. $\dfrac{10\,000\,000\text{美元}}{2\,500\,000\text{美元}} = 4$

3. $\dfrac{10\,000\,000美元}{500\,000美元} = 20$

第三步　计算每种融资方式下银行的股本收益率，从而回答问题 b 的第 i 部分。

在这种情况下，银行由于抵押贷款支持证券价格上涨而获得的收益为 50 万美元。由于每种融资方式下银行投入的资本金数额不同，股本收益率也有所差别：

1. $\dfrac{500\,000美元}{10\,000\,000美元} = 0.05或5\%$

2. $\dfrac{500\,000美元}{2\,500\,000美元} = 0.02或20\%$

3. $\dfrac{500\,000美元}{500\,000美元} = 1.00或100\%$

第四步　计算每种融资方式下银行的股本收益率，从而回答问题 b 的第 ii 部分。

在这种情况下，银行由于抵押贷款支持证券价格下跌而蒙受的损失为 50 万美元。因此，银行的股本收益率为：

1. $\dfrac{-500\,000美元}{10\,000\,000美元} = -0.05或-5\%$

2. $\dfrac{-500\,000美元}{2\,500\,000美元} = -0.20或-20\%$

3. $\dfrac{-500\,000美元}{500\,000美元} = -1.00或-100\%$

这些结果表明，银行投资的杠杆越高（也就是说，银行更多地依靠借款而不是自己的资本金或者股本来投资），潜在的利润或者潜在的损失越大。正如我们将会看到的，即使本题中最高的杠杆 20 也远低于大型投资银行在 2007～2009 年金融危机之前的那些年所具有的杠杆。

正如我们在第 10 章看到的，联邦银行监管部门对商业银行杠杆的大小设定了限制。然而，这些监管规定并没有对投资银行进行限制。结果，在 21 世纪最初的 10 年，随着投资银行以借款融资的方式进行的投资越来越多，其杠杆远超过大型商业银行的水平。图 11-1a 展示了金融危机开始爆发的 2007 年 5 家大型商业银行和 5 家大型投资银行的杠杆。总体而言，投资银行的杠杆明显高于商业银行。正如我们将在下一节讨论的，至 2008 年年末，高盛和摩根士丹利是仅有的两家仍保持独立的大型投资银行。

如图 11-1b 所示，在金融危机期间和之后，高盛和摩根士丹利将其杠杆降至与大多数商业银行更为相当的水平。这一降低杠杆的过程被称为去杠杆化。

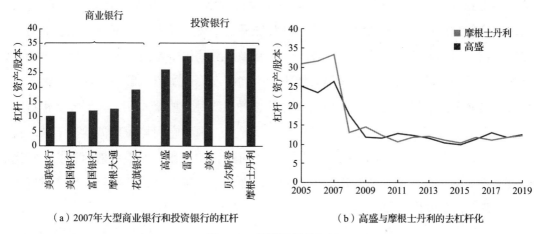

（a）2007年大型商业银行和投资银行的杠杆　　　（b）高盛与摩根士丹利的去杠杆化

图 11-1　投资银行的杠杆

注：图 a 表明，在 2007 年金融危机刚开始时，大型投资银行的杠杆远超过大型商业银行。

　　图 b 表明，在金融危机期间以及危机之后，高盛和摩根士丹利降低了自己的杠杆或者说进行了去杠杆。

除了高杠杆以外，投资银行还由于为其投资进行融资的方式而容易面临融资风险。投资银行依赖批发融资，主要通过发行商业票据或者使用回购协议来借款。回购协议（repurchase agreement 或 repo）是有抵押品作为保证的短期贷款。比如，一家投资银行可能通过向其他银行或养老基金出售短期国债来借款，同时，这家投资银行同意在第二天或者几天之后以稍高一些的价格回购这笔短期国债。这笔短期国债售出价格与回购价格之间的差额就代表了这笔借款的利息。至 21 世纪最初 10 年的中期，投资银行开始严重依赖这类回购协议融资。[⊖]

无论是商业票据还是回购协议融资都代表的是短期借款。如果投资银行将这些资金投资于抵押贷款支持证券或者发放长期贷款，就会面临期限错配，因为商业票据和回购协议融资这些负债的到期时间要比抵押贷款支持证券和贷款的到期时间更短。正如我们在第 10 章看到的那样，当吸收短期存款，发放长期贷款时，商业银行经常面临期限错配。这种期限错配使商业银行很容易出现挤兑问题，即很多储户同时想把钱取出来，却无法做到这一点，因为银行已经将大多数资金投于缺乏流动性的贷款。在国会于 1934 年建立了联邦存款保险制度以后，银行挤兑在美国才很少出现。

⊖ 雷曼兄弟投资银行于 2008 年破产。一名由法院任命的破产审查员在 2010 年公开了一份报告，这份报告表明，这家投资银行将部分回购协议融资记为了销售而非借款，以减少其资产负债表上公布的资产和负债，从而使投资者误以为其杠杆没有那么高，这是这家投资银行惯用的伎俩。

然而，在商业银行可以获得的零售融资与投资银行依靠的批发融资之间有一个重要区别。购买由投资银行发行的商业票据的出借人或者涉足回购协议融资的出借人，都不会得到联邦政府的保障。如果一家投资银行倒闭了，出借人将会遭受严重损失，除非这笔贷款的抵押品价值没有贬值。这种交易对手风险或者说一笔金融交易的另一方无法履行自己义务的风险，在 2007～2009 年金融危机中扮演了重要角色。由于投资银行在抵押贷款支持证券方面损失惨重，它们所面临的融资风险显而易见，因为借款人拒绝购买这些银行的商业票据或者与其签署回购融资协议。几家大型投资银行陷入了严重的财务困境，特别是贝尔斯登和雷曼兄弟，因为它们将短期借款投于缺乏流动性的长期资产。很多人都懂得金融界一条不可违背的戒律，即不可借短贷长，特别是投资于缺乏流动性的长期资产。不幸的是，在金融危机之前的这些年，很多投资银行都违背了这条戒律。

美联储一直担心回购协议融资将会引发金融体系的动荡。隔夜回购协议融资的利率与联邦基金利率通常联系非常紧密，后者是银行在联邦基金市场上相互之间的短期贷款所收取的利率。我们将在第 15 章第 15.3 节进一步讨论这个问题。然而，2019 年 9 月，尽管美联储设定的联邦基金利率为 2%～2.25%，隔夜回购协议融资的利率却飙升至 9%，这表明金融企业对短期资金的需求难以被满足，除非支付极高的利率。如果这一利率持续下去，它们就会提高其他利率，从而增加企业和家庭的贷款成本，阻碍经济增长。为了避免这种结果，美联储自 2007～2009 年金融危机以来第一次被迫直接干预隔夜回购协议融资市场，通过向金融企业发放隔夜贷款来为金融体系注入流动性，而这些金融企业主要以国债作为抵押品。

美联储一开始认为这种干预只是短期的，预期金融企业将会恢复向其他金融企业借款，而不是向美联储借款。但是实际上金融企业对现金的需求一直维持在高位，直至 2020 年初期，美联储一直在向回购协议市场注入资金。当新冠疫情在 2020 年开始影响美国经济时，美联储大幅增加了在回购协议市场上的贷款数量。长期以来，一些经济学家和政策制定者建议改变回购协议市场的运作方式，以避免出现短期流动性危机，而这一市场现在已经出现了这种趋势。一个提议是让美联储通过创建常备回购协议便利（standing repo facility），将其对这个市场的干预正规化。利用这一工具，只要金融企业无法从其他企业那里获得短期贷款，美联储就随时都可以介入这一市场。这一计划的某些版本可以使这一工具仅适用于商业银行。其他提议包括通过使更多的回购协议以集中的方式进行结算，提高这个市场的透明度和流动性，就像 2010 年通过的《多德－弗兰克法案》对一些互换合约的要求一样。将大多数回购协议集中清算，需要对回购协议市场进行大规模重组。

| 概念应用 |

是道德风险使投资银行脱轨的吗

至 20 世纪 80 年代早期，所有的大型投资银行都是合伙制。这些银行开展各项业务的资金主要来自企业合伙人自己的股本。银行赚取了利润，合伙人共享；银行出现了亏损，合伙人也会共担。财经作家罗杰·洛温斯坦（Roger Lowenstein）描述了所罗门兄弟（Salomon Brothers）投资银行在 20 世纪 70 年代后期的情形，认为合伙人始终都在担心一项投资是否会进展顺利。

1981 年，所罗门兄弟成为第一家上市的大型投资银行，从一个合伙制企业转变为一家有限公司。至 2007 ～ 2009 年金融危机时，所有的大型投行都变成了上市公司。正如我们在第 9 章看到的，公司的所有权和控制权是分离的，因为尽管股东拥有企业的所有权，但实际控制它的是高级管理人员。由此引发的道德风险会产生委托 - 代理问题，因为高级管理人员采取的行动可能并不符合股东的最大利益。

抑制道德风险的一种方法就是股东对高级管理人员的行为进行监督。在 21 世纪初期，投资银行不太重视承销和并购咨询等传统业务，开始买卖复杂的金融证券，如担保债务凭证和信用违约互换等。股东和董事会通常并不了解这些业务及其带来的风险，因而无法有效监督企业的管理人员。一些评论员和政策制定者曾经指出，由于以上原因，投资银行通过提高杠杆并购买那些事后被证明风险很高的抵押贷款支持证券，在房地产繁荣时期承担了太多的风险。它们之所以这样做，是因为一旦出现巨额损失，高级管理人员所承担的后果不像企业原来处于合伙制时那么严重。

其他评论员对这一观点提出了质疑。很多投资银行的高级管理人员在金融危机期间也蒙受了严重的损失，这表明道德风险问题可能并不严重。在贝尔斯登和雷曼兄弟这两家杠杆最高的投资银行，大多数经理都持有数量可观的该公司的股票。当这些公司的股票在金融危机期间变得几乎一文不值时，很多公司经理的个人财富也随之灰飞烟灭。理查德·富尔德（Richard Fuld）是雷曼兄弟破产时的主席和首席执行官，由于雷曼兄弟股票贬值，他损失了大约 9.3 亿美元。

在 2007 ～ 2009 年金融危机之前的那些年，投资银行为何提高了杠杆并承担了更大的风险？有关的争论可能还会继续。

投资银行业

在 20 世纪 30 年代大萧条之前，联邦政府允许金融企业同时涉足商业银行业和投资银行业。在大萧条期间发生了一次金融恐慌，股票价格崩溃了，超过 9000 家银行倒闭。为重构金融体系而出台的一系列法律，包括国会于 1933 年通过的《格拉斯－斯蒂格尔法案》（Glass-Steagall Act），将投资银行业与商业银行业分离开来。国会认为，就本质而言，投资银行业的风险要高于商业银行业。一家银行如果同时从事商业银行业务和投资银行业务，就必须被拆分为不同的企业。商业银行仍被允许提供其他金融服务，如人寿保险、投资咨询或经纪服务。国会为何会采取这一措施？ 1929 年 10 月股票市场大崩溃使投资银行的证券承销蒙受了巨额损失，因为与其向发行企业保证的价格相比，它们被迫以更低的价格出售这些证券。《格拉斯－斯蒂格尔法案》还包含创建联邦存款保险制度的条款，此后永久性地建立了联邦存款保险公司。大多数国会议员相信，如果联邦政府保障了存款的安全，就不应该允许银行使用这些存款从事投资银行业务，因为国会认为这些业务风险太高。

在《格拉斯－斯蒂格尔法案》通过之后，很多规模更大的银行认为商业银行业务的利润要比投资银行业务更为丰厚，于是就将投资银行业务分离出去，另立公司。比如，JP 摩根将摩根士丹利作为一家投资银行分离出去以后，成为一家商业银行；波士顿第一国民银行也将第一波士顿公司分离出去，后者成为一家独立的投资银行。

数十年以后，20 世纪 30 年代早期银行业的混乱局面在人们的记忆中已经模糊，经济学家和政策制定者开始重新思考《格拉斯－斯蒂格尔法案》是否合理。从理论上讲，这一法案的目的是保护将钱存入商业银行的民众，使其免受这些银行高风险的投资业务的影响。然而在现实中，一些经济学家认为这一法案保护了投资银行业，使之免于来自商业银行的竞争，因为商业银行不再提供投资银行服务。这些经济学家认为，更少的竞争使投资银行赚取的利润比商业银行更多。结果，企业被迫为证券承销和其他投资银行服务支付更多的费用，如果允许商业银行参与这一领域的竞争，企业本来不必如此。

至 20 世纪 90 年代，国会的态度逐渐转向了废除《格拉斯－斯蒂格尔法案》。最终，《格雷姆－里奇－比利雷法案》（Gramm-Leach-Bliley Act）于 1999 年废除了《格拉斯－斯蒂格尔法案》，前者的正式名称是《金融服务现代化法案》。这一法案授权成立新的金融控股公司，允许证券和保险企业拥有商业银行。这一法案还允许商业银行参与证券、保险和房地产业务。在 2007 ～ 2009 年金融危机期间，一些经济学家和政策制定者认为废除《格拉斯－斯蒂格尔法案》是一个错误。他们的观点是，就像 20 世纪 30 年代一样，高风险的投资银行业务使商业银行蒙受损失，并使得到政府保险的存款面临风险。

随着《格拉斯－斯蒂格尔法案》于 1999 年被废除，投资银行业经历了重大变革。规模最大的投资银行被称为"华尔街大投行"（bulge bracket firm），这包括两类：一类是拥有广泛的商业银行业务的大型金融企业的一部分，比如 JP 摩根、花旗集团和瑞信银行；另一类则是独立的投资银行，对商业银行业务涉足不多，比如高盛、摩根士丹利、雷曼兄弟、贝尔斯登和美林。大型商业银行也有附属的投资银行，比如美国银行、瑞士银行、美联银行和德意志银行。还有一些规模较小的或者区域性的投资银行，比如黑石集团（Blackstone Group）、拉扎德（Lazard）、瑞杰（Raymond James）和佩雷拉·温伯格（Perella Weinberg），它们被称为"精品投行"（boutiques），在这一行业中也扮演了重要角色。

| 概念应用 |

国会应当恢复《格拉斯－斯蒂格尔法案》吗

正如我们刚刚讨论过的，至 20 世纪 90 年代，大部分经济学家都支持废除《格拉斯－斯蒂格尔法案》，认为将商业银行业与投资银行业分离开来，减少了投资银行服务市场的竞争，减少了银行业获得范围经济的机会。如果一家企业提供各种商品或服务的成本要低于分别生产这些产品，就意味着存在范围经济。比如，一家银行在服务时间、软件和员工等方面的成本可以由商业银行业务和投资银行业务共同分担，这就可以降低这两类服务的供给价格。

尽管《格雷姆－里奇－比利雷法案》在通过时获得了大多数议员的支持，但近些年来，一些政策制定者已经在敦促恢复将商业银行与投资银行分离开来的政策。比如，在 2020 年总统竞选期间，马萨诸塞州参议员伊丽莎白·沃伦号召国会重新恢复这一政策，而佛蒙特州参议员伯尼·桑德斯则呼吁通过立法，将摩根大通等大银行拆分成相互分离的投资银行和商业银行。

与几位共同倡议者一起，沃伦参议员提出了《21 世纪格拉斯－斯蒂格尔法案》。这一议案将禁止商业银行从事投资银行业务，也不能提供保险、互换和大多数衍生品等其他金融服务。但是直至 2020 年中期，这一议案尚未成为法律。该议案的目的在于将商业银行的业务尽可能地限制在传统领域，如吸收存款和向家庭与企业发放常规贷款。

政策制定者支持恢复某种版本的《格拉斯－斯蒂格尔法案》，主要有两个目的：①降低金融体系的风险；②缩小银行的规模。第一个目的与 20 世纪 30 年代《格拉斯－斯蒂格尔法案》支持者的目的类似，即通过禁止将低成本的、受政府保护的存款用于高风险的金融投资，来降低金融体系的风险。从这种观点来看，FDIC 为银行存款提供保险产生了道德风险问题。储户并不关心用自己提供的资金进行的投资风险有多大，因为只要不超过 25 万美元存款保险的上限，他们的资金就不会有任何损失。因此，储户要求的收益率较低，不足以补偿用其资金所进行投资的风险。由于投资业务的资金来自低成本的、受政府保护的存款，银行得到了联邦政府隐含的补贴。

第二个目的源自人们相信银行规模太大会威胁金融体系的稳定性，这些银行会利用其市场势力抑制金融体系中的竞争，通过向国会议员提供竞选资金并进行政治游说，对政府政策产生实质性的影响。恢复《格拉斯－斯蒂格尔法案》可以将商业银行业务、证券承销业务、保险销售以及交易或经纪服务等不同的金融业务限制在相互分离的企业，从而缩小银行的规模。

有些政策制定者和经济学家怀疑是否有必要恢复《格拉斯－斯蒂格尔法案》，比如美联储前主席本·伯南克。他们认为，通过直接规定投资银行所能投资的类型，或者采取措施降低这些投资的损失对金融体系的影响，比如要求银行持有更多的资本金，这两个目的都可以更好地得以实现。自 2007～2009 年金融危机以来，基于这两个目的的管制措施已经得以实施。对于恢复《格拉斯－斯蒂格尔法案》持怀疑态度的经济学家和政策制定者还提到，在金融危机期间出现严重问题的企业要么只有单一的投资银行业务，比如贝尔斯登和雷曼兄弟，要么没有从事任何投资银行业务，比如华盛顿共同基金，这是一家大型抵押贷款出借人。同时从事商业银行业务和投资银行业务的大型银行，并非 2007～2009 年金融危机的核心问题。而且，在危机期间，摩根大通有能力收购贝尔斯登，美国银行有能力收购美林，这都有助于金融体系的稳定。如果当时存在《格拉斯－斯蒂格尔法案》所规定的那些限制措施，这两起收购就都无法实施。

几乎所有政策制定者和经济学家都同意的一个结论是，超大规模的金融企业的倒闭将会引发金融危机，或者使已经出现的危机进一步恶化。我们将在第 12 章第 12.1 节讨论这个问题。由于已经懂得大型金融机构的倒闭有可能产生的问题，监管者有动力采取干预措施，避免这类企业倒闭。由于存在这种"大而不能倒"的问题，金融体系中的道德风险进一步增加了，因为如果大型企业的经理预期在其经营失败时联邦政府会出手救助，就有可能开展高风险的投资。将商业银行与投资银行分离开来，是使银行规模变小的方法之一，因而有可能抑制"大而不能倒"的问题。在金融危机爆发之后，联邦监管者采用了另外一种方法来解决这一问题。监管者获得了接管经营失败的银行的权力，逐步处置银行的资产，避免引发金融体系的动荡，而不是将大型银行拆分，因为这有可能会影响大型银行由于规模经济和范围经济而降低的成本。我们将在第 12 章进一步讨论这一方法。

有关《格拉斯－斯蒂格尔法案》的争论表明，大型银行对金融体系效率与稳定性的影响仍是经济学家和政策制定者关注的一个重要议题。

所有投资银行去向何方

2007～2009 年金融危机对投资银行业产生了深远的影响。随着抵押贷款支持证券价格暴跌，持有大量这类证券的企业损失惨重。独立的投资银行很难挺过这场危机，部分原因在于它们长期投资的资金主要来自机构投资者和其他金融企业的短期借款。随着危机进一步深化，这些企业很难获得短期借款，于是被迫出售资产，而且通常价格低廉。此外，由于它们不是商业银行，因此无法从美联储那里获得贴现贷款，以应对暂时的流动性问题。2008 年 3 月，贝尔斯登濒临破产，于是将自己以极低的价格卖给了摩根大通。2008 年 8 月，雷曼兄弟申请破产。不久之后，美林将自己卖给了美国银行。10 月，仅剩的两家独立的投资银行，即高盛和摩根士丹利，请求美联储允许它们成为金融控股公司，这类公司受美联储监管，从而有资格通过其附属银行申请贴现贷款。作为金融控股公司，高盛和摩根士丹利都可以向美联储借款，根据国会于 2008 年 10 月通过的"不良资产救助计划"，它们有资格获得美国财政部以购买其股票的形式注入的资本金。

一些评论员将金融危机对投资银行的影响称为"华尔街的终结"，因为长期以来，独立的大型投资银行都被视为股票和债券市场上最重要的金融企业。尽管这个产业的结构发生了变化，但是金融控股公司的子公司、商业银行的附属机构和精品投行仍在从事投资银行业务，如承销和提供并购咨询等。

| 概念应用：与你相关 |

那么，你想成为一名投资银行家吗

在过去 25 年间，投资银行业是世界上报酬最丰厚的行业之一。高盛、摩根士丹利和 JP 摩根等投资银行的高管每年的薪酬和奖金高达数千万美元。如此高的薪酬引发了争议。一些政治评论家认为，承销证券和提供并购咨询的经济贡献不足以使这些高管获得这么高的薪酬。一些批评者哀叹，高薪酬诱使这个国家太多优秀的人才和聪明的头脑进入投行，而没有去从事那些在这些批评者看来更具生产性的工业、科学、法律、医药和教育等领域的工作。在金融危机期间，对投资银行的高管持批评态度的人越来越多了，一些经济学家和政策制定者认为，由于推广高风险的抵押贷款支持证券，投资银行对这场危机负有一定的责任。正如我们已经看到的，在金融危机之后，没有一家大型投资银行能够作为独立的企业生存下来，只从事投资银行业务。

但是投资银行业务仍在继续。投资银行以商业银行作为依靠，在承销和提供并购服务等领域仍然非常活跃。很多精品投行和区域性投资银行继续生存了下来，高盛和摩根士丹利的运营在很大程度上与危机之前并无二致，尽管高盛开办了 Marcus 银行，从而向传统商业银行业务迈出了有限的一步。Marcus 银行是一家吸收储蓄存款，发放个人贷款，但是不接受支票存款的线上商业银行。高盛在 2007 年赚得了 176 亿美元的利润，在危机最严重的 2008 年出现了 13 亿美元的亏损，但是利润在 2009 年恢复至 198 亿美元，并且直至 2019 年一直盈利。大卫·所罗门（David Solomon）作为高盛的首席执行官，在 2019 年获得了 2750 万美元的薪水和奖金，实际上这比时任高盛首席执行官的劳埃德·布兰克费恩（Lloyd Blankfein）在危机之前的 2007 年挣的 6860 万美元少得多。这家企业的 38 300 名员工在 2019 年的平均薪水和奖金为 322 533 美元，尽管如此，这一薪酬仍低于 2009 年 498 000 美元的水平。高盛的薪酬接近于投资银行雇员的平均值。

那些有兴趣从事投资银行工作的人从哪里开始起步？投资银行雇用的应届毕业生有时从事后勤工作，即为企业运营提供文秘或技术支持。真正被投行雇用的新员工一般被称为分析师。这些职位以每周的工作时间在 80 小时或更长而闻名。分析师日常的职责包括行业和企业分析，为银行客户做展示，收集和分析数据，协助开展企业经营评估以便进行 IPO，撰写财务报告的草稿，参加进行并购的"交易团队"。投资银行通常对分析师采用"非升即走"的方法，即在 2～3 年之后，或者将其提升至经理的职位，或者让其离职。拥有工商管理硕士学位而不是只有本科学位的新员工有时会被直接聘为经理。投资银行中更高的工作职位通常的头衔是副总裁、董事和董事总经理。

国会根据 2010 年的《多德－弗兰克法案》实施的金融监管新规定，正在改变投资银行的就业结构。特别是沃尔克规则对这些银行使用自己的资金来买卖证券进行了限制，这使得投资银行交易部门的就业人数减少。2021 年，高盛计划引入智能投顾，这是一些提供财务咨询的软件程序。如果智能投顾能够获得成功，最终就会减少高盛和其他投资银行中财务顾问的就业岗位。包括高盛在内的一些投资银行增加了它们的私募股权（private equity）业务，在这些业务中，投资银行筹集资金购买表现不佳的企业，改善这些企业的经营管理，然后再将其售出，投资银行期待由此获得可观的利润。无论投资银行此后如何演化，都可能会吸引一些有志于在金融领域闯荡一番的大学毕业生。

11.2 投资机构：共同基金、对冲基金和金融公司

学习目标 区分共同基金和对冲基金，描述它们在金融体系中的作用。

除了投资银行以外，还有其他重要的非银行金融企业。投资机构是筹集资金以投资于贷款或证券的金融企业。最重要的投资机构是共同基金、对冲基金和金融公司。特别是共同基金和对冲基金，它们在金融体系中扮演的角色越来越重要。

共同基金和交易所交易基金

共同基金和交易所交易基金（ETF）是一种金融媒介，允许储蓄者购买某一金融资产组合的份额，这些金融资产包括股票、债券、抵押贷款和货币市场证券等。共同基金和 ETF 给储蓄者带来的好处是降低了交易成本。储蓄者不是分别购买了很多股票、债券或者其他金融资产，每种都产生了相应的交易成本，而是通过一次性买入基金，购买这些资产一定比例的份额。通过提供分散化的资产组合，共同基金和 ETF 具有风险分担的优点，也更具流动性，因为储蓄者可以很容易地出售这些份额。而且，管理这些基金的公司，比如富达基金或先锋基金，擅长收集有关各种投资的信息。

美国共同基金业的兴起可以追溯至 1924 年 3 月建立的马萨诸塞投资者信托（Massachusetts Investors Trust），由马萨诸塞金融服务公司（Massachusetts Financial Service, Inc.）管理。这家基金的卖点强调共同基金有助于为储蓄的退休金找到一种分散化的投资组合。在 1924 年的晚些时候，道富投资公司成立。1925 年，普特南管理公司创建了 Incorporated 投资基金。时至今日，这三家投资管理公司仍是共同基金业的主要参与者。

共同基金和 ETF 的种类

共同基金的运营分为封闭式和开放式两种。对于封闭式共同基金，基金管理公司发行数量固定的不可赎回的基金份额，然后投资者可以在场外交易市场进行交易，就像交易股票一样。基金份额的价格会随着基金所持有的资产的市场价格波动，资产的市场价格通常被称为资产净值（net asset value，NAV）。由于基金管理水平或基金份额的流动性有所不同，相对于基金基础资产的市场价格，基金份额发行时会有折扣或者溢价。更常见的是开放式基金，对于这种基金所发行的份额，投资者可以在每天闭市之后按照一个与净资产有关的价格予以赎回。

在过去的 20 年间，很多投资者开始购买 ETF 而不是共同基金。ETF 持有一定的金

融资产组合，投资者可以全天持续交易，就像交易股票一样。实际上，ETF 第一次开始流行起来是由于 1987 年 10 月 19 日股票价格的暴跌，有时人们也将此次暴跌称为黑色星期一。令很多投资者感到不满的是，直到股市下午 4 点闭市之后，他们才能出售自己的开放式共同基金。尽管封闭式基金全天都可以交易，与之相比，ETF 还有一个优点，即 ETF 的市场价格与基金持有资产的价格密切相关。与封闭式基金不同，ETF 通常不进行主动管理，这意味着基金持有固定的资产组合，基金经理不会改变这一组合。尽管如此，一些主动管理的 ETF 已经开始出现了。大型机构投资者如果购买某只 ETF 的份额在一定数量以上，就有权用这些份额换回基金的资产，这些份额被称为总设立单位。比如，2020 年，先锋大盘 ETF 投资了 583 只股票。如果基础股票的价格高于 ETF 的价格，机构投资者就可以以基础股票的形式赎回基金份额，从而赚取套利的利润。同样地，如果 ETF 的价格高于基础资产的价格，机构投资者就不会购买这些基金。由于套利会使 ETF 的价格与基础资产的价格非常接近，小投资者可以将这些基金作为一种成本低廉的购买分散化资产组合的方法。

很多共同基金也被称为免佣金基金，因为基金不向购买者收取手续费或佣金（load）。共同基金公司由于运营基金，要对免佣金基金收取管理费从而获得收入，管理费通常为基金资产价值的 0.5%。而有佣金的基金，在买卖份额时都要收取佣金。

大多数共同基金和 ETF 都投资于股票或债券。一些领先的共同基金公司提供很多股票和债券基金，如富达、先锋和普信。一些基金持有范围很广的股票或债券，而另一些则专门投资特定行业或部门发行的证券，也有一些像指数基金一样，按照指数的构成投资于各种证券，比如标普 500 指数中的股票。2019 年，指数基金持有的资产第一次超过了主动管理基金，后者主动买卖股票并试图战胜市场，以为投资者赚取比股票市场指数更高的收益率。共同基金公司还提供专门投资于外国企业发行的股票和债券的基金，这些基金为小投资者提供了一种便捷的方法，可以参与国外金融市场。

货币市场共同基金

近些年来，货币市场共同基金增长迅速，这些基金持有优质的短期资产，如短期国债、可转让定期存单和商业票据等。一些基金主要投资于企业商业票据，这些基金被称为优质货币市场基金。另外一些基金主要投资于政府债券，比如短期国债。大多数货币市场共同基金允许储蓄者以其账户开具特定金额（比如 500 美元）以上的支票。作为一个商业银行储蓄存款和支票存款的替代选项，货币市场共同基金很受小储蓄者的欢迎，因为储蓄存款和支票存款只支付很低的利率。

从 20 世纪 80 年代开始，优质货币共同市场基金开始争夺商业银行向大企业发放短期贷款的业务，并且取得了成功。企业不去申请银行贷款，而是向这些基金出售商业票据。企业为这些票据支付的利率低于银行贷款的利率，但是高于货币市场共同基金投资于短期国债所获得的收益。通过购买商业票据而不是短期国债，这些基金承担了更大的风险，但是由于到期时间很短，通常少于 90 天，而且商业票据得到了评级机构很高的评级，这种风险得以最小化。至 21 世纪初期，包括投资银行在内的很多金融企业也开始依靠出售商业票据来为自己的短期信贷需求融资。正如我们已经看到的，一些投资银行依靠商业票据为长期投资融资，由此承担了很大的风险。

2007 ～ 2009 年的金融危机表明，市场参与者低估了由于广泛使用商业票据而产生的两种风险。第一，使用商业票据为自己的经营提供资金的企业面临融资风险，即当它们现有的商业票据到期时，可能很难出售新的商业票据。融资风险使得这些企业竞相寻找其他资金来源，这要求它们支付更高的利率。第二，货币市场共同基金和其他商业票据的购买者获得的利率要比短期国债稍高一些，但是可能不足以补偿由此而承担的信用风险。

由于货币市场共同基金持有的基础资产期限较短并且貌似品质优良，因此这些基金可以将它们的资金净值稳定在每股 1 美元左右。日常价格小幅下降可能会使基金份额的净值降至 1 美元以下，但是基金可以应对这一点，因为基金经理知道，当投资到期时，在很短的时间内他们就可以收到这些投资的面值。因此，与其他类型的共同基金不同，购买者不必担心本金的损失，在金融危机之前，大多数投资者都是这样认为的。

令大多数投资者感到震惊的是，2008 年 9 月，储备管理公司宣布旗下的基本储备基金这一知名的货币市场共同基金将"跌破面值"，雷曼兄弟破产并对其商业票据违约，使得这家基金损失惨重。跌破面值意味着这家基金允许其净资产跌至 0.97 美元，这将导致基金的投资者损失 3% 的本金。此外，储备管理公司宣布暂缓投资者赎回份额或者开具支票。一家知名基金的投资者遭受本金损失并且无法赎回份额，导致其他货币市场共同基金也出现了大规模的赎回现象。这一赎回浪潮导致美国财政部宣布，它将为由于持有货币市场共同基金而遭受的损失提供暂时性的保障，从而确保其他基金不至于被迫跌破面值。

尽管财政部提供的保障降低了货币市场共同基金的赎回速度，基金还是显著减少了商业票据的购买数量。由于这些基金在商业票据市场上占有的份额很大，以及很多企业已经严重依赖出售商业票据来为自己的经营提供资金，因此基金减少购买数量导致的不利影响极为严重。2008 年 10 月，美联储采用商业票据融资便利这一工具，自

20 世纪 30 年代大萧条以来第一次直接购买商业票据，从而试图稳定商业票据市场。美联储的行动有助于使资金重新流向依赖商业票据的企业。

正如我们将在第 11.4 节进一步讨论的那样，为了应对货币市场共同基金在 2008 年遇到的问题，美国证券交易委员会发布新的规定。一个关键的变化是，它要求机构优质货币市场基金份额的价格进行浮动，以反映基金持有资产的市场价格发生的变动。这些基金主要出售给了机构投资者和金融企业，而不是个人投资者。比如，如果商业票据的价格下跌了，机构优质货币市场基金就必须降低基金份额赎回的价格。零售优质货币市场基金被允许将每份价格保持在 1 美元，但是如果投资者出售份额，基金有权收取赎回费，并且在某些特定时期可以限制赎回数量。

这些监管规定的改变未能阻止货币市场共同基金在 2020 年 3 月新冠疫情期间出现问题。投资者开始赎回货币市场共同基金的份额，导致基金不得不卖出商业票据。旨在降低风险的银行监管规定的改变，意味着对于基金试图出售的商业票据，摩根大通和高盛等大型银行能够购买的数量是有限的。结果就是和 2008 年一样，商业票据市场冻结了。对于基金正在努力出售的商业票据，没有一家金融企业愿意提出报价。很多企业在商业票据市场上无法融资，这使得它们很难获得资金来支付员工的工资或供应商的货款。为了解决这一问题，美联储重拾商业票据融资便利，再次开始直接购买商业票据，使资金重新流向大企业，以满足它们短期支出的需求。

对冲基金

对冲基金与共同基金类似，因为它们也使用从储蓄者那里筹集的资金来进行投资。然而，共同基金与对冲基金有几点不同。对冲基金通常采用合伙制，投资者的数量不超过 99 人，所有投资者都是富有的个人或机构投资者，比如养老基金或大学捐赠基金。由于对冲基金由数量相对较少的富人和机构投资者组成，因此它们很少受到监管。不受监管使得对冲基金可以从事高风险的投资，而共同基金无法这样做。

对冲基金经常卖空它们认为价格将会下跌的证券，这意味着它们从交易商那里借入这种证券，然后在市场上卖出，并计划在其价格下跌之后将其购回。早期对冲基金使用的一个典型策略是，将空头头寸与多头头寸进行配对，比如买入这种证券的期货合约，这样无论这种证券价格涨跌，基金总会盈利。由于这类策略与我们在第 7 章第 7.1 节讨论过的对冲策略很像，因此这些早期的基金被称为"对冲基金"。然而，现在的对冲基金通常所做的投资是一种投机行为而不是对冲，因此基金的这个名称已经不能准确地描述它们的策略。我们很难获得可靠的对冲基金数据，2020 年美国大约有 1 万家这类基金在运营，管理的资产超过了 3 万亿美元。

由于以下 4 个重要原因，对冲基金一直争议不断：

1. 共同基金的经理通常由于管理基金而向基金收取费用，对冲基金则既收取管理费用，也获得一部分基金赚取的利润。对冲基金一般向投资者收取基金资产价值的 2% 作为管理费，还要获得基金赚取利润的 20%。这些费用有时被称为"利润分成"，经理需要按照资本收益税的税率为此缴税，而不是按照一般的所得税税率缴税。然而在 2020 年，民主党总统候选人乔·拜登提议修改法律，使利润分成按照一般收入来缴税。

2. 对冲基金的投资通常缺乏流动性，投资者经常在 1 ～ 3 年的时间内不得取出自己的资金。即便过了这段时间，允许投资者赎回自己资金的时间窗口通常也很短。

3. 在某些案例中，大型对冲基金曾经出现过严重的损失，这给金融体系带来了潜在的风险。最为有名的是 1998 年的对冲基金长期资本管理公司（Long-Term Capital Management，LTCM），其创始人包括迈伦·斯科尔斯（Myron Scholes）和罗伯特·莫顿（Robert Merton）这两位诺贝尔经济学奖获得者。该公司进行了投机性投资，如果高风险债务的利率相对于低风险债务的利率下降，这项投资就可以赚取利润。对该公司来讲不幸的是，高风险债务和低风险债务之间的利差不仅没有缩小，反而扩大了，这将长期资本管理公司推到了破产的边缘。尽管该公司进行这项投资时只使用了 40 亿美元的资本金，但是通过借款和使用衍生品合约，其持有资产的总价值超过了 11 万亿美元。美联储担心一旦该公司宣布破产并且对其借款和衍生品合约违约，很多该对冲基金的交易对手就会蒙受损失，这会损害金融体系的稳定性。于是，纽约联邦储备银行于 1998 年 9 月组织了一次救援行动，16 家金融企业同意对该公司进行投资，以使其稳定下来，并将投资以不会引发金融市场动荡的方式抛售或者说"沽清"。一些经济学家认为，美联储支持该公司的措施导致其他投资经理的投资行为更为冒进，因为他们认为美联储同样会伸出援手，将其企业从困境中拯救出来。然而，其他一些经济学家对此持怀疑态度，认为美联储救援长期资本管理公司的行动对投资经理们的行为不会有重要影响。

4. 对冲基金还因为过多使用卖空策略而遭到批评。卖空通过增加证券的出售数量，可以使证券价格下跌。在 2007 ～ 2009 年金融危机期间，大型投资银行的领导声称，对冲基金的卖空行为使这些银行股票的价格人为地被降至很低的水平，从而使其财务状况雪上加霜。2010 年，德国政府担心对一些欧洲政府发行的证券和一些德国金融企业的股票进行的投机，正在引发欧洲金融市场的动荡。5 月，德国政府禁止无交割保障卖空，这是指没有在事先借入证券的情况下就将该证券卖空。

尽管存在这些批评，很多经济学家仍然认为对冲基金在金融体系中扮演了重要角色。由于对冲基金可以动员大量资金，并在购买证券时利用杠杆，因此它们可以迫使价格迅速发生变化，从而纠正市场的无效行为。

| 概念应用：与你相关 |

如果可以的话，你会投资于对冲基金吗

一些人认为投资于共同基金的收益率不够高，并因此感到失望。对于这些人而言，对冲基金是否代表一种更好的投资选择？潜在的对冲基金投资者面临两个问题。首先，普通投资者无法投资于对冲基金。为了购买对冲基金，你必须是一名证券交易委员会所界定的"合格投资者"（accredited investor）。要成为一名合格投资者，你的净资产至少要达到100万美元，且不含你房子的价值，或者在进行投资之前的两年中，每年的收入至少达到20万美元，并且能够合理地预期在进行投资的这一年，你可以获得相同的收入。2020年，证券交易委员会允许持有特定凭证的人成为合格投资者，即使他们的收入或财富达不到上述标准。这些凭证包括入门级的股票经纪人执照。这些要求将大多数投资者排除在外，但是，如果你是一名合格投资者，你是否愿意买入对冲基金，并赚取比购买共同基金更高一些的收益？先锋500指数基金投资于标普500指数中所包含的股票，大多数投资者都可以购买这一基金，因为其最低投资额只有3000美元，而且对投资者也没有收入要求。

对冲基金能否提供比先锋500指数基金或者类似的共同基金更高的收益？答案并非确定无疑，因为与共同基金不同，大多数对冲基金不向证券交易委员会提供有关投资者收益的详细报告。尽管每年都有一些基金赚取了极高的收益，财经新闻也会大肆报道，然而对对冲基金收益的估计结果表明，近些年来，这些基金普遍表现糟糕。一份由《华尔街日报》所做的分析表明，从2009年第1季度至2019年第3季度，一家普通的对冲基金年收益率要比标普500指数的年收益率低将近9个百分点。即使是那些有几年获得过巨额回报的基金，在其他年份也经常蒙受巨大的损失。比如，由约翰·鲍尔森（John Paulson）管理的对冲基金，它所投资的大量证券，如果房地产价格下跌的话，证券就会升值。当房地产价格在2007年和2008年下跌时，该基金赚得了150亿美元的利润。仅在2007年，鲍尔森收取的费用就高达40亿美元，这是美国金融市场上个人在一年中所获得的最高收益。如果你是一名合格投资者，那么你当然会赶紧抓住这个机会，投资于鲍尔森的基金，对吧？实际上，在2011年，美国经济复苏的速度慢于鲍尔森预测的结果，他投资的证券贬值了。结果，他规模最大的基金损失高

达 35%，还有一只基金的损失超过了 50%，这导致大量投资者赎回份额。对冲基金在获得巨额收益的同时也经常遭受巨额损失，原因之一在于它们的杠杆一般要比共同基金高得多。在 2008 年和 2020 年早些时候，对冲基金的表现相对较好，尽管它们也蒙受了损失，但是与投资标普 500 指数相比，损失要小一些。对冲基金在这些时期的表现表明，在出现严重的经济衰退时，它们能够使投资者在一定程度上免受更大的损失。但是在 2020 年，仅仅在几个月内，标普 500 指数就恢复了过来。

除了收益不稳定，对冲基金还有几个其他缺点。正如我们已经提到的，对冲基金的经理收取的费用要比共同基金高得多。比如，先锋集团为投资于标普 500 指数的基金收取的管理费为资产价值的 0.14%，并且基金所有的利润都归投资者，而像约翰·鲍尔森这样的对冲基金经理通常收取的费用为基金资产价值的 2%，再加上基金赚取利润的 20%，一些基金经理收取的费用甚至更高！由于管理费用很高，对冲基金必须进行利润极为丰厚的投资，才能使投资者的收益超过正常水平。与共同基金不同，对冲基金的投资通常缺乏流动性，因为只有在特定时间，投资者才能取出他们的资金。对冲基金所投资的资产也比共同基金所投资的资产流动性更差。由于这些流动性较差的资产可能无法频繁被买卖，投资者很难确定这些资产的市场价格，也就很难判断基金的真实价值。

2010 年的《多德－弗兰克法案》第一次要求大型对冲基金在证券交易委员会登记，但是并不要求详细披露自己所持有的资产，这与对共同基金的要求不同。对冲基金经理认为，完全披露这些信息将会导致其他经理抄袭他们的投资策略。由于未充分披露有关信息，投资者很难对对冲基金进行评估，而评估共同基金则要简单得多。在极端情况下，披露不足有助于隐瞒欺诈行为。2008 年，伯纳德·麦道夫（Bernard Madoff）经营了数十年的基金被证实使用新投资者的资金来偿付之前的投资者，而不是用这些钱来购买证券。在这场诈骗中，投资者损失了数十亿美元，麦道夫的刑期超过 150 年。

表 11-1 归纳了对冲基金相对于共同基金的优缺点。

表　11-1

共同基金		对冲基金	
优点	缺点	优点	缺点
1. 管理费低	1. 不允许使用某些投资策略	1. 允许使用复杂的投资策略	1. 管理费高
2. 完全披露持有的资产	2. 可能收益率较低	2. 可能收益率较高	2. 部分披露持有的资产
3. 份额具有流动性		3. 在严重经济衰退期间，可能损失较小	3. 基金投资可能缺乏流动性
4. 低风险			4. 高风险

表 11-1 表明，对冲基金一个很大的优势在于能够使用复杂的交易策略，以赚取更

高的收益。然而，金融市场上一个重要的理念就是，要在风险和收益之间进行权衡。即使对冲基金的投资者获得了超出正常水平的收益，他们承担的风险也明显大于分散化的公共基金的投资者。而且，对冲基金能否赚取更高的收益，实际上并不确定。因此，即使你有资格投资于对冲基金，在投资之前也要仔细考查该基金的历史业绩、各种费用和投资策略。

金融公司

金融公司是一种非银行金融中介，通过出售商业票据和其他证券来筹集资金，并利用这些资金向家庭和企业发放小额贷款。一些投资银行通过短期贷款或循环贷款，为金融公司提供资金。在发放贷款之前，金融公司会收集借款人违约的信息。因为金融公司无法像商业银行那样吸收存款，联邦政府和州政府一般认为不需要对其进行太多监管，只要求其向潜在的借款人披露信息并防止欺诈。由于受到的监管较少，与其他受监管较多的机构所能提供的标准贷款相比，金融公司可以提供能够更好地满足借款人需求的贷款。

金融公司有三种主要类型，即消费金融公司、商业金融公司和销售金融公司。

消费金融公司发放贷款，以便消费者购买汽车、家具和家电，装修房屋，为家庭债务再融资。金融公司的客户可能比银行的优质客户有更高的违约率，也因此要支付更高的利率。

商业金融公司从事保理业务（factoring），即以折扣价购买小企业的应收账款。应收账款是企业因赊销商品和服务而应获得的账款。比如，美联信集团（CIT Group）是一家总部位于纽约市的商业金融公司，它可能会以 9.5 万美元的价格购买艾克斯轮胎公司 10 万美元的短期应收账款。美联信实际上是借给了艾克斯 9.5 万美元，在收到这笔应收账款时，美联信将获得 5000 美元的收益。艾克斯愿意将它的应收账款出售给美联信，因为它需要现金来支付存货和人工的成本，如果它等着所有的客户支付这些账单，可能会面临现金流问题。商业金融公司的另一项业务是购买昂贵的设备，比如飞机或大型推土机，然后在一个固定期限内将这一设备租赁给企业。

销售金融公司附属于百货商店，以及生产或出售大件商品的企业。比如，塔吉特（Target）和百思买（Best Buy）发放信用卡，消费者可以用信用卡提供的资金购买本商店的商品。这种便捷的借贷方式是这些商店促销手段的一部分。

很多经济学家认为，金融公司为金融市场填补了一些重要的空白，因为它们在监督抵押品价值方面相比商业银行更有优势，因而它们能够合理地参与为购买耐用消费品、存货和企业设备发放贷款。然而，其他经济学家则注意到金融公司承担了比商业银行更大的风险，并且依赖短期融资，而出借人有可能不再续借。这些特点使金融公司在严重的经济衰退或金融危机期间，很容易倒闭。

11.3　契约型储蓄机构：养老基金和保险公司

学习目标　解释养老基金和保险公司在金融体系中的作用。

养老基金和保险公司看起来似乎与商业银行没有太多的相似之处，但是它们也是从个人那里获得资金，并用这些资金进行投资的金融中介。养老基金和保险公司被称为契约型储蓄机构，因为个人依据合约向它们支付款项，比如保险合同或养老基金协议。

养老基金

对于很多人而言，为退休而进行储蓄是最重要的储蓄。人们可以以两种方法积累养老金，一种是由雇主来缴费的养老基金，一种是个人储蓄账户。由于退休是可预测的，养老基金可以将工人和企业缴纳的费用投资于长期资产，比如股票、债券和抵押贷款，以便在工人退休之后为其支付退休金。私人、州政府和地方政府养老基金是资本市场上规模最大的机构参与者，2020 年在美国拥有的资产超过了 190 万亿美元。图 11-2 展示了私人养老基金和公共养老基金在 2021 年第 1 季度持有的资产。全部养老金的资产相当于所有美国家庭拥有的金融资产的 21%。养老基金持有的公开交易的股票相当于所有美国家庭持有股票数量的 40%。

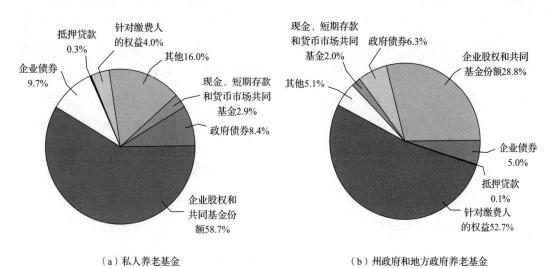

（a）私人养老基金　　　　（b）州政府和地方政府养老基金

图 11-2　2020 年养老基金的资产

当你为一家参与某一养老基金的企业工作时，只有工作满一定年限之后，你才可以获得养老金福利。不同的养老金计划要求的年限各不相同。员工可能愿意通过由雇主提供的养老金计划来进行储蓄，而不是通过储蓄账户。之所以如此，有以下 3 个原因：第一，与员工自己相比，养老基金可能能够更有效率地管理某一金融资产组合，交易成本也更低；第二，养老基金可能能够提供一些福利，如终身年金，个人储蓄者如果要自己得到这些福利，可能要付出很大的成本；第三，对于员工而言，养老金特殊的税收待遇可能会使养老金福利比现金工资更有价值⊖。

养老金计划之间有一个重要的区别，即它们是否固定缴费或者有固定收益。根据固定收益计划，基于每位员工的收入和服务年限，企业向员工承诺支付特定金额的福利金。这笔款项可以随着通货膨胀而呈指数化增长，但也可能不会如此。如果养老金计划中的资金超过了原先承诺的金额，超过的部分可以留给雇主，继续运营这一计划。如果养老金计划中的资金不足以支付事先承诺的福利金，这一计划就是资金不足的（underfunded），雇主有责任补上差额。

根据固定缴费计划，雇主将为员工缴纳的费用进行投资，比如投资于共同基金，员工可以选择投资对象。员工对这一计划中的资金拥有所有权。如果员工的投资获得了利润，员工退休之后的收入就会更高，如果员工的投资没有获得利润，员工在退休之后的收入就会更低。尽管曾经有一段时间固定收益计划更为常见，但现在大多数退休金方案都是固定缴费计划。一个明显的例外是公共雇员（比如教师、消防员和警察）的养老金计划，以及私营部门工会会员的养老金计划。

大多数私人雇主的固定缴费计划是 401（k）计划，这一名称来自国税局描述这部分内容的编号。401（k）计划使很多员工有机会自己管理自己的养老金。根据 401（k）计划，员工可以通过定期工资代扣，缴纳免税的养老金费用。每年缴纳的费用不能超过一定的限额，累积的收益不用缴税，直到退休时再缴。一些雇主也缴纳不超过一定金额的相应的费用。很多参与 401（k）计划的人通过共同基金进行投资，这使他们可以以比较低的成本持有大量的资产组合。至 2020 年，401（k）计划的金额超过了个人储蓄的 1/3。

从固定收益计划转为固定缴费计划，对员工有利有弊。根据固定收益计划，雇主的财务问题可能导致员工收到的养老金要比事先承诺的少得多。相比之下，员工对于他们 401（k）计划的余额拥有明确的所有权，雇主破产对其没有任何影响。员工通常

⊖ 你向某家养老基金的缴费可以从你当前的收入中扣除而不用缴税，你雇主相应的缴费也是免税的。此外，你获得的养老基金的投资收益也是免税的。你要缴纳的税款会被递延，直到你从你的养老金收到退休金时才用缴税。你也可以选择将养老金福利款项转移至一个个人退休账户（IRA）或另外一个更有利的派发计划，这可以减少由于你的养老金计划而需要一次性支付的一大笔税款。

也有机会在大量的共同基金中进行选择。根据固定收益计划，雇主要承担风险，因为一旦做出了糟糕的投资决策，就有可能使企业被迫用一些当前的收入来支付事先承诺的养老金。根据固定缴费计划，员工要承担投资收益不佳的风险。

为了解决企业在管理养老金计划时遇到的困难，国会在 1974 年通过了《雇员退休收入保障法案》（Employee Retirement Income Security Act，ERISA）。这一标志性的法案为养老基金的年限要求和资金来源设定了全国标准，限制养老金计划进行特定类型的高风险投资，实施标准化的信息报告和披露。这一法案授权创建养老金福利保障公司（Pension Benefit Guaranty Corporation，PBGC 或者"Penny Benny"）。如果一家企业由于破产或者其他原因，无法履行自己的固定收益计划，这家公司将为该企业的养老金收益提供保障，但有一定金额的上限。2020 年，对于一位 65 岁的受益人而言，这一上限为每年 69 750 美元。PBGC 由于承担养老金的责任而向企业收取费用，并且从美国财政部那里获得未明确的信用额度。目前未提拨的固定收益私人养老金数额已经远超 PBGC 的准备金。这使一些经济学家担心，一场养老金保险危机已经迫在眉睫。

州政府和地方政府养老金资金不足已经成为一个更大的问题。2020 年，美联储估计这些养老金计划的资金缺口合计超过 4 万亿美元。这些养老金计划的款项支付不在 PBGC 的保障范围内，这些计划通常是固定收益计划。由于收入和税收减少，底特律和其他一些人口数量下降的城市很难履行养老金承诺，这些承诺是在经济更加繁荣的时期做出的。此外，低利率降低了很多州政府和地方政府养老金计划的收益。结果，很多州政府和地方政府以及很多校区不得不大幅提高税率，或者削减其他开支，以履行自己的养老金承诺。与公共雇员工会的谈判在某些情况下会降低未来的养老金收益或者增加员工的费用，但是，目前已退休人员的养老金有时受到州宪法的保护，因而很少被削减，除非地方政府宣布破产，就像底特律 2013 年那样。公共养老金计划资金不足的问题似乎未来会一直困扰地方政府。

保险公司

保险公司是一种金融中介，专门创建合约，以保护投保人免于与特定事件有关的财务损失的风险，比如汽车发生交通事故或者房屋发生火灾。保险人通过向投保人收取保费而获得资金，并利用这些资金进行投资。比如，你可能每年缴纳 1000 美元的保费，以获得一份生命保险保单，这份保单在一定条件下将向你的受益人支付 100 万美元。保险公司利用你和其他购买了保单的人所缴纳的保费，向一家连锁酒店发放贷款，该酒店正在进行改装或扩张。投保人支付保费，以换取保险公司承担某种风险，即如果得到保险的事件发生，保险公司将赔偿投保人。保险公司将投保人的保费投资于股票、债券、抵押贷款，并向企业直接发放贷款，这被称为私募（private placement）。

保险行业由两部分组成，**寿险公司**出售保单，保护家庭免受因被保险人失能、退休或死亡而蒙受的收入损失。**财险公司**出售保单，保护家庭和企业免于疾病、偷盗、火灾、事故或自然灾害产生的风险。保险公司通常并不从出售保单中获取利润，因为它们由于被索赔而支付的费用超过收到的保费。它们的利润来自将保费进行投资。2020 年第 1 季度，寿险公司持有大约 8.3 万亿美元的资产，而财险公司持有大约 2.6 万亿美元的资产。图 11-3 表明，财险公司的资产组合与寿险公司不同。寿险公司用于投资的资金是免税的，但是财险公司没有这项税收优惠。这一税收差异也反映在了它们的资产组合中，财险公司更多地投资于市政债券，因为其利息是免税的，而寿险公司则更多地投资于企业债券，因为企业债券支付的利率更高。

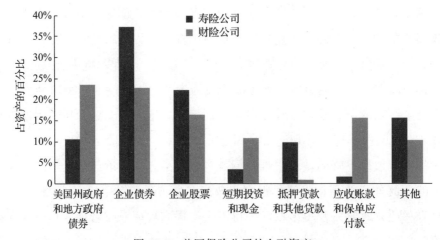

图 11-3 美国保险公司的金融资产

注：寿险公司资产组合的规模要比财险公司更大。财险公司持有更多的市政债券，因为这些债券的利息是免税的，而寿险公司持有更多的企业债券，因为企业债券支付的利率更高。

应收账款和保单应付款是指尚未收到的其他保险公司或者投保人应付的款项。

资料来源：Board of Governors of the Federal Reserve System, *Financial Accounts of the United States: Flow of Funds, Balance Sheets, and Integrated Macroeconomic Accounts, First Quarter 2020*, June 11, 2020.

保险公司的盈利状况在很大程度上取决于它们在提供保险时降低风险的能力。对保险人盈利状况有重要影响的风险源自逆向选择和道德风险。保险公司在提供保险时有几种方法可以降低这些风险，我们在下面这一部分进行讨论。

风险分担

通过运用大数法则，保险公司可以有效地预测什么时候赔付投保人，以及赔付多少。这一统计概念表明，尽管个人的死亡、疾病和受伤的风险很难预测，但是对于人群而言，任何这类事件的平均发生率一般都是可以预测的。通过出售足够多的保单，保险公司可以利用风险分担来估计准备金的规模或者支付可能的索赔所需要积累的资金。被称为精算师的统计学家编辑概率表，帮助估计人群中某一事故发生的风险。保险公司利用这些估计结果来设定保单的费用。然而，正像新冠疫情表明的那样，极不寻常的事件会使保险公司蒙受损失，而这种损失是风险分担所无法避免的。

通过筛选和基于风险来确定保费，抑制逆向选择

保险公司面临逆向选择问题。最渴望购买保单的人，是那些最有可能需要保险公司进行赔付的人。身患严重疾病的人可能想要购买大额人寿保单，与纵火犯相邻而居的人想要购买大额火灾保险。为了抑制逆向选择问题，保险公司经理收集信息，以将严重的保险风险筛选出去。如果你要申请车险，你就不得不提供自己的驾驶记录，包括超速罚单和出事故的情况。

基于风险来收取保费，保险公司也可以抑制逆向选择，这意味着设定的保费基于个人申请索赔的可能性。比如，对于那些出现过多起交通事故和收到多张超速罚单的驾驶员，保险公司对其车险保单的收费要比那些拥有安全驾驶记录的驾驶员更高。同样地，更年长的人寿险保单的保费要比更年轻的人多一些。

通过使用免赔额、共同保险和限制条款来抑制道德风险

保险公司面临道德风险问题，因为投保人在买保险之后，可能会改变自己的行为。比如，一家企业在为一栋仓库买了火灾保险之后，就可能没有太强的动力花钱维修仓库里已经破损了的自动灭火装置。保险公司为了降低某种保险事故发生的可能性，一种方法就是确保投保人的某些钱财也处于危险之中。保险公司通过设定免赔额来实现这一点，这是指一笔索赔的某一具体金额保险公司不予赔付。比如，你的车险有 500 美元的免赔额，这意味着如果你发生了一次事故，导致了 2000 美元的车辆损失，保险公司将只赔付你 1500 美元。为了使投保人有更强的动力压低成本，保险公司可以提供共同保险这一选项，以换取更低的保费。这一选项要求在免赔额条件满足以后，对于索赔额，投保人要承担一定的比例。比如，你拥有一份医疗保险的保单，免赔额为 200 美元，共同保险的比例为 20%，那么对于一笔 1000 美元的索赔，你需要支付 200 美元 + 0.2×800 美元 =360 美元，而保险公司将会代你支付其余的 640 美元。

为了降低道德风险，保险人有时也会使用限制条款，如果以后要得到赔偿的话，被保险人需要被限制进行高风险活动。比如，如果企业没有按照合约的要求，安装和维护好烟雾报警器、灭火器和自动灭火系统，火险公司可能就会拒绝该企业的索赔。

保险公司使用抑制逆向选择和道德风险的工具，旨在使投保人的利益与保险公司的利益一致。保险公司在这方面做得越成功，提供保险的成本就越低。保险公司之间

竞争导致这些节省下来的成本，都以降低保费的形式返还给了投保人。

2020 年，财险公司与一些投保人就业务中断保险的条款产生了分歧。根据这类保单，当业务由于某些损害而不得不暂时中断时，保险公司要进行赔付。这包括火灾或风暴带来的损害。2020 年春天，美国各地很多企业被市长或州长命令关闭，以缓解新冠疫情带来的危害。此外，在乔治·弗洛伊德（George Floyd）被明尼阿波利斯警方杀害之后，一些地方爆发了游行，这也导致一些企业关闭。但是，很多保险合约有不可抗力条款或天灾条款（act of God），这些条款规定，在出现意外事件的情况下，比如暴乱或者其他社会动荡，免除保险公司的赔付责任。由于不可抗力条款很少被引用，因此人们并不清楚这一条款是否适用于 2020 年春天由疫情或抗议导致的企业关闭。随着很多这类争议的出现，法庭或仲裁员将会对其进行裁决。

11.4 风险、监管和影子银行体系

学习目标 解释影子银行体系与系统性风险之间的联系。

我们已经看到，在 2007 ~ 2009 年金融危机之前的那些年，非银行金融机构成为使资金由出借人流向借款人的越来越重要的渠道，比如投资银行、对冲基金和货币市场共同基金。这些非银行金融机构被贴上了影子银行的标签，因为它们在将储蓄者和借款人匹配在一起时，是在商业银行体系之外实现这一点的。从理论上来讲，影子银行通过降低借款人的成本，向储蓄者提供收益，从商业银行手中抢走了这一部分业务。金融危机前夕，影子银行体系的规模超过了商业银行体系[⊖]。这一融资渠道的改变对于金融体系和经济的重要影响是什么？影子银行体系的扩张在金融危机中扮演了什么角色？

系统性风险和影子银行体系

在市场体系中，企业一般可以按照自己的意愿自由经营，只受防止欺诈、种族主义和其他歧视等方面法律的约束。然而，我们在第 10 章第 10.4 节看到，从美国建国初期开始，对美国银行金融实力的担忧导致政府在很多方面对银行实施管制，包括限制银行分支机构的数量，禁止银行跨州开展业务。尽管到 20 世纪 90 年代，一些管制措施被废除了，但与包括非银行金融机构在内的大多数企业相比，银行仍然受到更严格的监管。

⊖ 蒂莫西·盖特纳在一次演讲中提到，2007 年，投资银行和对冲基金持有的资产价值加上资产支持商业票据和回购协议的价值，超过商业银行所持有的贷款、证券和所有其他资产的价值。

20 世纪 30 年代，股票价格的急剧下跌和银行的大量倒闭，促使联邦政府实施了新的金融管制。为了帮助稳定银行体系，国会建立了联邦存款保险公司，为商业银行的存款提供保险。为了帮助抑制金融市场上的信息问题，国会建立了证券交易委员会，并使其承担起监管股票和债券市场的责任。

在没有存款保险的时候，银行经理有动力避免高风险的投资，因为这些投资会让储户提高警惕，使银行陷入资不抵债的困境。储户有动力监督银行如何利用其存款进行投资，以免银行倒闭给自己带来损失。银行倒闭会使银行的所有者和储户蒙受损失，其实在市场体系中出现亏损的可能性是一直存在的。而且，正像国会意识到的那样，实施存款保险会增加道德风险，因为这会减少银行经理避免高风险投资的动力，也会减少储户监督银行经理行为的动力。那么，为何国会要创建 FDIC？它的主要目的不是在银行倒闭时保护储户免受资金损失的风险，而是阻止银行恐慌。国会试图降低单家银行经营失败导致储户将自己的钱从其他银行取出来的可能性，这个过程被称为传染。存款保险在很大程度上消除了银行挤兑，因为储户不再担心自己的支票存款和储蓄存款在银行倒闭的情况下会出现损失。因此，从本质上来讲，国会实施存款保险制度主要是担心整个金融体系的系统性风险，而不是单个储户的风险。

存款保险稳定了金融体系，使资金通过银行由储户持续流向借款人，特别是流向依赖银行贷款的企业。但是，在影子银行体系中，并没有类似于存款保险的制度。在影子银行体系中，短期贷款采取回购协议、购买商业票据和购买货币市场共同基金份额等形式，而不是银行存款的形式。或者，用我们之前介绍过的术语来讲，影子银行依靠批发融资来为自己的投资融资，而不是依靠商业银行那样的零售融资。在 2007～2009 年金融危机期间，财政部暂时性地为货币市场共同基金份额的持有者提供了保障，保证他们现在持有的基金份额的本金不会有损失，但是这一计划在 2009 年 9 月就结束了。除此之外，当投资者和企业提供给影子银行的贷款出现损失时，政府并不会予以偿还。因此，尽管商业银行挤兑已经是过去发生的事情，但影子银行的挤兑却绝非如此。在 2007～2009 年金融危机和 2020 年新冠疫情期间，影子银行受到系统性风险的影响，这种风险与商业银行体系在国会于 1934 年创建 FDIC 之前的那些年遇到的系统性风险是一样的。

监管与影子银行体系

过去，商业银行体系是大部分企业主要的资金来源，并在某些时期动荡不已。于是，联邦政府长期以来一直对商业银行持有的资产类型和杠杆进行监管。影子银行与投资银行和对冲基金一样，不受这些监管的约束。很多非银行金融机构持有资产的类型和杠杆未受监管，主要有两个原因。首先，政策制定者认为这些企业对金融体系不像商业银行那么重要，也不认为这些企业倒闭会损害金融体系。其次，这些企业主要与非金融企业、机构投资者或者富有的个人投资者打交道，而不是普通的个人投资者。政策制定者假定，由于投资银行和对冲基金与经验丰富的投资者做生意，而这些投资者可以照顾好自己的利益，因此不需要联邦的监管。

1934 年，国会授予证券交易委员会监管股票和债券市场的广泛的权力。随着期货合约交易规模越来越大，国会于 1974 年创建了商品期货交易委员会（Commodity Futures Trading Commission，CFTC），对期货市场进行监管。然而，随着时间的推移，金融创新导致了复杂的金融证券的出现，而这些证券不在交易所交易，因此不受证券交易委员会和商品期货交易委员会的监管。到了 2007～2009 年金融危机时，信用违约互换等价值数万亿美元的证券在影子银行体系中交易，它们几乎不受证券交易委员会和商品期货交易委员会的监管。这场金融危机表明，这类交易涉及严重的交易对手风险，特别是抵押贷款支持证券的交易。正如我们在第 7 章看到的，当衍生品在交易所交易时，交易所充当交易对手，这会降低买方和卖方的交易风险。随着 2010 年《多德－弗兰克法案》的通过，国会修改了监管规定，推动更多的衍生品交易转移至交易所。

随着时间的推移，影子银行体系中的交易对手风险也增加了，因为其中一些企业杠杆越来越高。通过使用高杠杆，规模较小的损失就会被放大，从而增加了违约的概率。

影子银行体系的脆弱性

我们可以将影子银行体系的脆弱性归纳如下：很多影子银行体系中的企业运营模式与商业银行类似，它们也是借短贷长，即通过发行商业票据或者通过回购协议来借款，然后将资金长期贷放出去。然而，由于 3 个重要的原因，在 2007～2009 年金融危机期间，这些企业比商业银行更容易出现严重的亏损并且有可能倒闭。

1. 与银行存款不同，投资者通过短期贷款向投资银行和对冲基金提供资金，而这些贷款的本金不受联邦保险的保护。缺乏联邦保险有可能使投资银行和对冲基金像 20 世纪 30 年代初期的银行一样，容易出现挤兑。

2. 由于缺乏密切的监管，与商业银行相比，影子银行可以投资于风险更高的资产，获得更高的杠杆。

3. 这场金融危机证实了影子银行的脆弱性，因为，很多影子银行在 21 世纪初期和 21 世纪第一个 10 年中期所做的投资，一旦美国房屋价格下跌就会迅速贬值。

当房屋价格开始下跌时，很多影子银行蒙受了巨额损失，其中一些被迫破产。鉴于这些企业在金融体系中变得越来越重要，结果就是爆发了一场自大萧条以来最严重的金融危机。

现在影子银行还容易出现挤兑吗

在金融危机期间以及危机刚结束时，一些经济学家和政策制定者呼吁对影子银行采取广泛的监管新措施。最终，《多德－弗兰克法案》增加了对影子银行的监管，但是力度有限。一些衍生品交易被要求在交易所进行，大型对冲基金第一次被要求在证券交易委员会注册。此外，联邦监管机构有权接管可能倒闭的大型金融企业（不仅仅是大型商业银行），要求具有系统重要性的金融企业增加资本金。从事影子银行业务并成为银行持股公司的企业，比如投资银行高盛和摩根士丹利，也被要求提交处置方案或者"生前预嘱"（living wills）。根据美联储的要求，"一旦公司遭遇实质性的财务困境或者面临倒闭"，这份方案"必须描述公司迅速而有序地进行处置的策略"。

此外，证券交易委员会新的监管规定要求，从 2016 年开始，向机构投资者销售的优选货币市场基金必须将传统的每份 1 美元的价格，转变为由基金持有资产的实际市场价格确定的浮动价格。基于基金份额的净值来定价，使这些货币市场基金的定价方法与投资企业传统上使用的对股票和债券共同基金的定价方法一致。这些基金也可以在个人投资者和机构投资者赎回份额时收取费用，并在基金最具流动性的资产价值降至某一特定水平之下时，限制份额的赎回。结果，一些机构投资者将资金从优选基金（这些基金主要投资于商业票据等短期企业债权）中提取出来，转投主要投资于短期国债等联邦政府债券的货币市场基金，这些基金不受新监管规定的约束。正如我们在第 11.2 节看到的，这些针对货币市场基金的新规定并没有阻止这些基金在 2020 年新冠疫情期间出现严重的问题。就像 2008 年一样，美联储被迫使用商业票据融资便利来直接购买商业票据，使资金重新流向一些依赖这种融资方式以满足短期支出需求的大企业。

《多德－弗兰克法案》和其他监管规定基本上没有改变影子银行在 2007 ～ 2009 年金融危机期间暴露的基本问题，即影子银行借短贷长，而且经常使用高杠杆的问题。由于向影子银行提供短期贷款的出借人无法获得与商业银行存款一样的联邦保险，现在的影子银行看上去几乎与 2007 ～ 2009 年金融危机期间一样容易出现挤兑问题。一些经济学家和政策制定者呼吁，将联邦保险扩展到广泛的短期贷款，从而彻底解决影子银行体系的挤兑问题，这与建立 FDIC 以终结商业银行体系挤兑的道理是一样的。其他经济学家则对此提出了质疑，因为他们认为为其他类型的短期借款提供保险，将会极大地激发道德风险问题，因为出借人将没有动力去监督借款人。除此之外，如果在金融危机期间影子银行对其短期借款违约，联邦政府就有可能出现巨额的债务。

一些经济学家和政策制定者持有更为乐观的观点，即商业银行挤兑和影子银行挤兑有一个重要区别。在 FDIC 建立之前，很多拥有商业银行存款的人监督银行经理用他们的存款所做投资的能力是有限的。他们的存款也没有任何具体的抵押品作为担保。在这种情况下，一家银行出现任何负面新闻，都有可能引起挤兑，经由传染机制，引发一场银行恐慌。相比之下，影子银行的出借人在很多时候都是其他金融企业、机构投资者和富有的个人。这些出借人监督影子银行经理所做投资质量的能力要强得多，并且通常要求影子银行为他们的贷款提供具体的抵押品，就像用国债来为回购协议担保一样。根据这种观点，影子银行在这场金融危机期间出现挤兑，并导致了雷曼兄弟倒闭和贝尔斯登及 AIG 濒临倒闭，是由于它们遭遇了历史上罕见的重大事件，即广泛使用某类金融证券，而这类证券基于住房抵押贷款这种单一类型的金融资产。从这种观点来看，新冠疫情是另外一个不同寻常的事件，增加了影子银行体系面临的压力，可能很难通过监管来避免。如果这种观点是正确的，那么影子银行免受严密监管的最初的理由，即与影子银行打交道的主要是经验丰富的投资者，确实不无道理。

回答关键问题

在本章开始时，我们提出的问题是：

"对于美国金融体系的稳定，影子银行体系是不是一个威胁？"

影子银行体系在 2007～2009 年的金融危机中确实发挥了关键作用。很多影子银行，特别是投资银行和对冲基金，过于依赖短期借款为长期投资融资，杠杆很高，一旦房价下跌，其持有的证券就将大幅贬值。房价在 2006 年真的下跌了，于是这些企业蒙受了严重的损失，其中一些被迫破产。由于影子银行在金融体系中非常重要，结果就是引发了一场金融危机。

影子银行对于金融体系的稳定仍然是一个威胁吗？由于影子银行可以比商业银行更有效率地填补某些空白，因此，其运作方式与 2007～2009 年金融危机之前相比，并无太大的差别。特别是，影子银行继续借短期资金，并用这些资金进行长期投资，这与商业银行存款不同，这些短期资金不受联邦的保护。2020 年新冠疫情期间的经历表明，影子银行仍然容易出现挤兑问题，就像 2007～2009 年金融危机期间发生过的一样。

第 12 章

金融危机与金融监管

学习目标

在学习了本章之后，你应该能够：

12.1 解释什么是金融危机以及金融危机产生的原因。

12.2 描述大萧条时期金融危机的主要特征。

12.3 描述 2007 ～ 2009 年和 2020 年金融危机中的主要事件。

12.4 掌握金融危机与金融监管的关系。

影子银行与金融危机

2007 ～ 2009 年，世界经济遭遇了经常被称为一生只会遇到一次的金融危机。然而在 2020 年新冠疫情期间，世界经济又遭遇了另一场一生只会遇到一次的金融危机。在不到 15 年的时间里遇到了两场一生只会遇到一次的危机，这似乎有点过于频繁了。何以如此？有两种可能：①这是由于两件非同寻常的事件引发了金融危机，即 2006 年开始的美国房地产市场崩溃和 2020 年的新冠疫情，否则不会如此；②金融体系变得更脆弱了，因此，更有可能出现危机。

如果第二种可能是正确的，为何金融体系会变得更脆弱？正如我们在第 11 章第 11.4 节看到的那样，在过去的几十年中，包括货币市场共同基金、投资银行、对冲基金和保险公司在内的影子银行已经成为金融体系更为重要的一部分。正如我们已经讨论过的，影子银行更容易出现挤兑，这是由于它们没有资格像商业银行那样获得与联邦存款保险一样的保障，也因为在通常情况下，当影子银行遇到流动性问题时，它们没有资格从美联储那里获得贷款。

2007 ～ 2009 年金融危机之后缓慢的经济复苏，使全世界大多数中央银行将低利率保持了数年之久。在这场金融危机之前，自 1958 年以来，除了一些极短的时期外，联邦基金利率从未低于 1%，而这一利率也是美联储关键的目标利率。但是在 2008 年 10 月，美联储将联邦基金利率的目标降至 1% 以下，并且直至 2017 年 6 月才将目标利率提至 1% 以上。2008 年 4 月，英格兰银行的目标利率是 5%，它在 2009 年 3 月将这一利率降至 1%，而且在 2020 年仍维持在这一水平。

正如我们在第 15 章将要进一步讨论的，在经济衰退和增长缓慢的时期，中央银行会降低利率以刺激家庭和企业借贷。随着家庭和企业借钱买新房、家电、计算机、厂房、办公楼和机器设备，总需求、GDP 和就业都会增加。然而，一旦经济衰退结束，中央银行一般只会将低利率保持有限的一段时间，以便使上述宏观变量升至正常水平以上。将低利率保持如此长的时间，会不会导致金融体系的扭曲？

一些经济学家和政策制定者认为，投资者会利用以低利率借款的机会，购买股票、债券和其他金融资产以及房地产和大宗商品，这会使这些资产和商品的价格上升至不可持续的水平。传统资产的低利率，比如投资级企业债券，会使包括一些金融企业在内的投资者进行高风险的投资，比如购买非投资级或垃圾债券，或者贷款抵押债券，后者是由信用评级相对较低的大企业发行的贷款打包而成的证券。这些经济学家和政策制定者担心的是，这些债券市场会出现泡沫，也就是像我们在第 6 章第 6.5 节看到的那样，某种资产的价格升至基本价值之上。某些时候，当相当数量的投资者相信这种资产的价格可能下降，并且开始出售这些估值过高的资产时，泡沫就会破裂。泡沫破裂会使金融体系出现重大问题，与 2006 年房价泡沫破裂时的情形一样。

但是，在 2020 年年初时，金融资产和其他资产的价格真的存在泡沫吗？泡沫在破灭之后更容易识别，在这之前则很难识别。尽管我们现在知道某些市场的房价在 2006 年达到了无法维持的水平，但是当时的一些行业观察家认为，由于区域规划的限制，以及建筑材料涨价增加了新屋建造的成本，高房价是合理的。同样地，尽管在 2020 年之前美国尚未发生新冠疫情时，一些经济学家和政策制定者担心股票市场、商业抵押贷款支持证券市场或者其他金融证券市场出现了泡沫，但是其他经济学家则认为这些资产的价格较高是合理的，特别是在低利率可能还会持续很多年的情况下。

对于这些相互矛盾的观点，我需要指出的并非金融体系是无法理解的，而是金融危机是很难预测的，因为危机发生的频率很低。只有那些在 20 世纪 30 年代生活过的人，才经历过一场像 2007 ～ 2009 年那么严重的危机。只有极少数经历过 1918 年大流行的人，才能体会疫情对经济和金融体系产生的影响，当然，1918 年的世界经济与

2020 年有很大的不同。当我们在本章讨论金融危机时，需要注意的是，在危机发生时，政策制定者、金融企业的管理人员、投资者和家庭被迫应对的是极不寻常的事件。

关键议题和问题

议题： 在不到 15 年的时间里，美国经历了两次金融危机，即房地产价格泡沫破灭之后的 2007 ～ 2009 年危机和新冠疫情期间的 2020 年危机，两次危机都伴随着严重的经济衰退。

问题： 爆发金融危机的原因是什么？

我们已经看到，过去 25 年间影子银行体系的扩张极大地改变了资金由出借人流向借款人的方式。在本章中，我们将会考察金融危机的起因与后果，具体来看一下，影子银行体系存在的问题如何导致了 2007 ～ 2009 年和 2020 年的金融危机。

12.1 金融危机的起因

学习目标 解释什么是金融危机以及金融危机产生的原因。

金融体系的重要功能是便利资金由出借人向借款人流动。金融危机使这种流动受到了极大的破坏。经济活动依赖家庭为各种购买行为进行融资的能力，以及企业为日常经营和长期投资进行融资的能力，比如投资新工厂、新设备和研发活动。因此，金融危机通常会导致经济衰退，因为家庭和企业很难借到钱，从而不得不减少自己的开支。从 19 世纪初期至 20 世纪 30 年代，大多数美国金融危机都与商业银行体系有关。我们从银行恐慌开始讨论金融危机。

商业银行本质上的脆弱性

商业银行的基本业务是吸收短期存款，比如支票账户存款，然后用这些资金来发放汽车贷款、抵押贷款和企业贷款等各类贷款，以及购买市政债券等长期债券。换句话说，银行从储户那里获得的短期借款，通常以更长的期限贷放给家庭、企业和政府。结果，银行存在期限错配问题，因为它们以存款为主的债务的到期日期，要比以贷款和证券为主的资产的到期日期短得多。银行相对缺乏流动性，因为储户可以随时将他们的钱取出来，但是银行可能很难将利用储户的存款投资的贷款出售出去。因此，银行面临流动性风险，因为它们有可能在满足储户取钱的需求方面遇到困难。如果储户要取的钱超过了银行手头拥有的现金，银行就必须借钱，通常是向其他银行借。如果银行无法通过借款满足储户的取款要求，那么它们就不得不出售资产以筹集资金。如果银行已经发放的贷款和购买的证券贬值了，它就有可能资不抵债，这意味着它的资产价值低于负债的价值，因此它的净资产或者资本金就成了负值。资不抵债的银行可能无法履行偿还储户资金的义务。

银行挤兑、传染和银行恐慌

如果政府不提供存款保险并且不存在中央银行，流动性风险就是银行面临的一个特别严重的问题。1836 ~ 1914 年，美国没有中央银行。1933 年之前，联邦政府也没有建立存款保险制度。那些年，如果储户怀疑银行发放的贷款或者进行的其他投资不明智，他们就有很强的动力冲向银行，把钱取出来。储户知道，银行持有的现金和其他流动性资产只够偿付部分存款。一旦银行的流动性资产用光了，它就不得不至少暂时关门，直至能够筹集更多的资金。银行如果被迫以极低的折扣价格出售资产以筹集现金，就可能会资不抵债，并永远关门。储户的银行如果倒闭，就可能只能收回自己的部分资金，而且一般还需要经过漫长的等待。银行的储户同时去取款，从而导致银行关门，这一过程被称为银行挤兑。

作为这一时期的银行储户，如果有理由怀疑银行出现了问题，你就有很强的动力排在取钱队伍的前列。即使你确信自己存钱的银行经营得很好，其贷款和投资都没有问题，如果你相信这家银行其他储户认为该银行有问题，你仍有动力在其他储户去银行取钱并且迫使银行关门之前，把你的钱先取出来。换句话说，在没有存款保险的情况下，银行的稳定性取决于储户的信心。在这种情况下，如果坏消息甚至流言动摇了储户的信心，银行也会出现挤兑。

而且，缺少政府存款保险制度，一家银行的负面消息会像滚雪球一样影响其他银行，这一过程被称为传染。一旦一家银行出现了挤兑，其他银行的储户也会担心自己存钱的银行面临同样的问题。这些储户有动力把自己的存款从银行取出来，以免银行倒闭令自己的存款出现损失。这些其他银行被迫出售贷款和证券，以筹集资金，偿付储户。关键的一点是，如果多家银行都被迫出售同类资产，比如现代银行体系中的抵押贷款支持证券，这类资产的价格就有可能下跌。随着资产价格的下跌，银行净资产会减少，一些银行可能就会出现资不抵债的情况。如果多家银行都出现了挤兑，结果就是银行恐慌，这可能迫使多家银行甚至所有银行都关门。银行恐慌源自一个自我实现的观念，即如果储户认为他们的银行有问题，这些银行就真的会出现问题。

传染和银行恐慌出现的根本原因在于，银行在形成自己的贷款组合时是以有关借款人的私人信息为基础的，银行收集这些信息以决定发放哪些贷款。这些信息是私人信息，储户无法审查，以确定哪家银行是稳健的，哪家银行是脆弱的。这种状况类似于金融市场上的逆向选择，即出借人难以将优质的贷款申请人和糟糕的贷款申请人区别开来。由于储户无法了解银行在积累资产时所获得的这些私人信息，他们也就无法评估银行资产组合的品质，也就无法辨别有偿付能力的银行和资不抵债的银行。于是，一家银行的负面新闻就会引发储户对其他银行财务状况的担忧，从而导致银行恐慌。

政府干预以阻止银行恐慌

政策制定者想要维护银行业的正常运转，因为银行降低了金融体系的信息成本和交易成本。财务状况良好的银行由于流动性问题而倒闭，会削弱家庭和中小企业获得贷款的能力，从而降低金融体系匹配储蓄者和借款人的效率。

政府采取两种方法来避免银行恐慌：①中央银行发挥最后贷款人的作用；②政府为存款提供保险。美国国会为了应对银行恐慌，于 1913 年创建了美联储。政策制定者和经济学家认为，银行业需要一家"银行的银行"或者说最后贷款人。通过发挥最后贷款人的作用，美联储成为银行在银行恐慌期间获得贷款的最终来源。美联储可以向有偿付能力的银行提供贷款，并以银行优质但缺乏流动性的资产作为抵押。政策制定者希望美联储只向那些有偿付能力的银行发放贷款，并允许资不抵债的银行倒闭。

正如我们将在本章中看到的那样，美联储未能阻止 20 世纪 30 年代的银行恐慌，这导致国会在 1934 年创建了联邦存款保险公司（FDIC）。通过向储户保证，即使银行倒闭，他们也能收回自己的存款，存款保险实际上为美国商业银行恐慌的时代画上了句号。

▌ 解决问题 12.1

要求银行持有 100% 的准备金可以消除银行挤兑吗

自 2020 年 3 月以来，美联储不再要求银行对其支票存款提取法定准备金。20 世纪 50 年代，诺贝尔奖得主、芝加哥大学的米尔顿·弗里德曼（Milton Friedman）建议，应该要求银行持有 100% 的准备金。晚近，波士顿大学的劳伦斯·科特利科夫（Laurence J. Kotlikoff）倡导一个类似的方案。如果持有 100% 的准备金，银行只能用它们的资本金来发放贷款和购买证券，而不能使用存款。简单讨论一下这个建议对银行挤兑的可能性会有何影响。

解决问题

第一步 复习本章内容。这个问题与银行挤兑的原因有关，因此，你需要复习"银行挤兑、传染和银行恐慌"这一部分的内容。

第二步 讨论银行挤兑的原因，以及要求银行持有 100% 的准备金是否会影响银行挤兑，从而回答这一问题。我们已经知道，银行挤兑是由于储户知道银行只保留一部分存款作为准备金，并将其他的存款贷放出去。在一个不存在最后贷款人和政府存款保险的体系中，银行在出现挤兑时会迅速耗尽自己的准备金，因此只有排在队列前面的储户才能完全取回他们的存款。如果银行持有 100% 的准备金，而不是 10% 或者其他类似比例的准备金，储户就不必再担心当他们取钱时无法把自己的钱要回来。就算银行投资有误，储户也没有资金损失的风险，因为银行贷款和证券的价值与银行归还储户存款的能力之间不再有任何联系。

我们的结论是，无论 100% 准备金率的银行体系有什么其他优点或缺点，这样的体系将不再受挤兑的困扰。

银行恐慌与经济衰退

从 19 世纪中期至 1934 年国会建立 FDIC，美国一直深受银行挤兑的困扰。国民经济分析局提供的美国经济衰退的日期被广泛接受。从 1857 年至 1933 年，除了 19 世纪 60 年代美国南北战争时期的两次恐慌外，每次银行出现恐慌，经济都出现了衰退。

银行恐慌和经济衰退同时发生，这并非巧合。银行恐慌会导致产出和就业的下降，这或许会引发衰退，或者会使已有的衰退变得更加严重。银行倒闭会直接影响家庭和企业支出的能力，因为这会使它们以存款的形式持有的财富一扫而空。当银行倒闭时，银行股东的财富也会蒙受损失。此外，原来依靠这些倒闭的银行获得信贷的家庭和企业，也无法再获得贷款，以便为自己的某些支出进行融资。在发生银行恐慌时，有偿付能力的银行通常也会减少自己的贷款，因为它们力图积累更多的准备金，以应付储户提款。结果就是信贷紧缩，因为之前有资格获得银行贷款的家庭和企业，现在已经无法获得了。最后，由于一些存款消失了，银行倒闭会导致货币供给的减少。

银行恐慌和经济衰退之间也存在负循环反馈机制。如果银行恐慌引发了经济衰退，衰退会使恐慌变得更加严重。由于经济衰退减少了企业的盈利和家庭的收入，违约的借款人会增加，银行持有的证券价格也可能下降，这会进一步削弱储户的信心，从而导致更多人提款。提款增加的威胁和信誉良好的借款人数量的减少，会使得银行进一步减少自己的贷款，从而抑制家庭和企业的支出，使衰退变得更为严重。图 12-1 展示了发生银行恐慌时的负循环反馈机制。

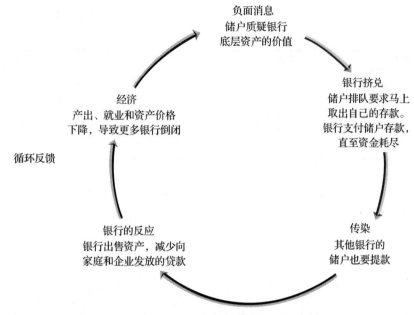

图 12-1　发生银行恐慌时的负循环反馈机制

注：银行挤兑会导致表现良好的银行与表现糟糕的银行一起倒闭。银行倒闭代价惨重，因为这减少了家庭和企业可以获得的信贷。一旦出现银行恐慌，收入、就业和资产价格的下降会导致更多银行倒闭。这种循环反馈机制会使银行恐慌持续，直至政府进行干预。

| 概念应用 |

为何很少有人想到 2007 ～ 2009 年的衰退会如此严重

政策制定者、经济学家和企业的首席执行官们，都对美国 2007 ～ 2009 年经济衰退得如此严重感到目瞪口呆。之所以出人意料，一个关键的原因就是自 20 世纪 30 年代以来，美国再也没有经历过金融恐慌。经济出现周期性衰退的原因有很多。2001 年的衰退是由于投资支出的下降，这是因为之前很多企业在 20 世纪 90 年代后期出现"网络泡沫"时对信息技术投资过多。油价飙升也是引发衰退的原因之一。但是，无论是何原因，在 1933 ～ 2007 年，美国在出现经济衰退时并没有伴随着银行恐慌。在 20 世纪 30 年代大萧条刚开始时，出现过一系列的银行恐慌。2007 ～ 2009 年的衰退也伴随着银行恐慌，但是这主要发生在影子银行体系内，而不是商业银行体系。大萧条和 2007 ～ 2009 年的衰退都非常严重，是因为同时出现了银行恐慌吗？出现了银行恐慌的经济衰退是否比没有出现银行恐慌的经济衰退更严重？哈佛大学的卡门·莱因哈特（Carmen Reinhart）和肯尼斯·罗格夫（Kenneth Rogoff）收集了大量国家经济衰退与银行恐慌或银行危机的数据，试图回答这一问题。在爆发银行危机之后，主要经济变量平均的变化率如表 12-1 所示：

表　12-1

经济变量	平均变化率（%）	这一变化的平均持续时间（年）	国家数量（个）
失业率	7	4.8	14
实际人均 GDP	-9.3	1.9	14
股票实际价格	-55.9	3.4	22
房屋实际价格	-35.5	6	21
实际政府债务	86	3	13

表 12-1 表明，对于这些国家平均而言，爆发银行危机之后的衰退十分严重。失业率上升了 7%，比如说从 5% 上升至 12%，并且在危机开始之后差不多 5 年的时间内一直上升。实际人均 GDP 也大幅下降。银行危机之后的经济衰退平均持续时间接近 2 年。经通胀调整后，股票价格降幅超过一半，房屋价格降幅超过三分之一。政府债务飙升 86%。公共债务增加，部分原因是政府支出增加，包括为拯救倒闭的金融机构而花费的费用。但是大部分公共债务的增加是由于政府预算赤字，因为衰退导致收入和利润减少，从而使税收急剧减少。

表 12-2 展示了 2007 ～ 2009 年美国衰退时一些重要的指标，并与二战以后美国发生的其他衰退进行了比较。

表　12-2

	持续时间（个月）	实际 GDP 降幅（%）	最高失业率（%）
战后经济衰退的平均值	10.4	-1.7	7.6
2007 ～ 2009 年的衰退	18	-4.1	10.0

注：在表 12-2 中，经济衰退的持续时间基于国民经济分析局确定的经济周期日期计算，实际 GDP 的下降幅度是由这一季度波谷与这一季度波峰变化的百分比来衡量的，最高失业率是波峰之后各月失业率的最高值。

2007 ～ 2009 年的经济衰退是美国自 20 世纪 30 年代以来最严重的衰退，这与莱因哈特和罗格夫的研究结论是一致的，即在银行恐慌之后出现的经济衰退格外严重。这次衰退的持续时间几乎达到了战后衰退平均值的两倍，GDP 下降的幅度超过了这一平均值的两倍，最高失业率超过平均值的三分之一。

大多数人并没有预见到金融危机即将来临，他们也未能预见到 2007 ～ 2009 年的衰退会如此严重。

美国经历的金融危机主要是银行恐慌，其他国家还经历过汇率危机，有时也被称为货币危机或主权债务危机。

汇率危机

正如我们在第 8 章第 8.3 节看到的，货币之间交换的比率，比如美元与欧元之间或者日元和澳元之间，与其他价格一样，是由供求共同决定的。然而，在某些情况下，一些国家会通过盯住另外一种货币，来保持本国货币币值稳定。比如，20 世纪 90 年代，很多发展中国家使本国货币币值盯住美元。盯住汇率所涉及的两个国家，并不一定对这一安排达成了协议。当一个发展中国家将本国货币盯住美元时，该国银行必须按照盯住的汇率来买卖本国货币。如果一国与另外一个国家有广泛的贸易往来，那么实行固定汇率对这个国家有一个重要的好处。如果汇率是固定的，商业计划就变得简单多了。比如，如果韩元相对于美元升值，韩国的电视机制造商可能就要提高它们出口到美国的电视机价格，这会使销量下降。如果韩元与美国之间的汇率固定不变，这些制造商制定计划就更容易一些。

此外，如果一个国家的企业想要直接从外国投资者那里借款，或者间接地从外国银行借款，汇率波动就会导致它们债务偿还金额的波动。比如，一家泰国企业从一家日本银行那里借了一笔美元。如果这家泰国企业想要用这笔美元在泰国新建一家工厂，企业必须将这笔美元兑换为等价的泰国货币，即泰铢。当工厂开张并开始生产时，这家泰国企业将会赚取更多的泰铢，从而换成美元以支付这笔贷款的利息。如果泰铢相对于美元贬值，就会出现问题，因为现在这家泰国企业必须支付更多的泰铢以兑换所需的美元。通过将泰铢盯住美元，泰国政府可以降低泰国企业以外币贷款的风险。

盯住汇率会产生一些问题，特别是如果盯住汇率最终显著高于在不实行盯住汇率的情况下市场的均衡汇率。图 12-2 展现了 20 世纪 90 年代后期几个东亚国家在试图盯住美元时遇到的问题。如果不实行盯住汇率，韩元与美元之间的汇率应该是 E_1，每天交易的韩元的均衡数量将是 Won_1。由于韩国政府将汇率盯住在 E_2 的水平，这高于均衡汇率，因此，韩元的过度供给为 $Won_3 - Won_2$。在这一汇率下，更多的人想要用韩元来交换美元，而不是用美元来交换韩元，负责维持这一盯住汇率的韩国中央银行就必须使用其之前积累的美元来购买多余的韩元，以维持盯住汇率。

最终，韩国中央银行会耗尽自己持有的美元。为了将盯住汇率维持尽可能长的时间，韩国与处境相似的其他东亚国家采取措施，以提高国内利率。提高利率的目的在于吸引外国投资者购买本国债券，从而增加对本币的需求，这有可能维持住盯住汇率。不幸的是，更高的国内利率会抑制本国企业的实际资本投资，也会抑制本国家庭借款来购买房屋和耐用消费品。结果，20 世纪 90 年代后期的东亚货币危机导致了这些国家的经济衰退，因此，一些国家决定放弃盯住汇率制度。

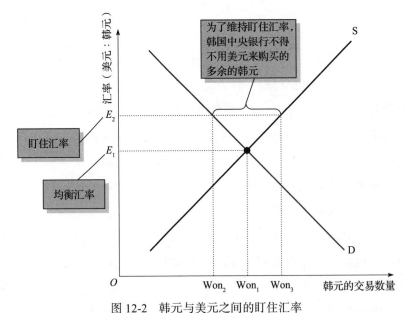

图 12-2 韩元与美元之间的盯住汇率

注：韩国政府将韩币的币值盯住美元。盯住汇率 E_2 高于均衡汇率 E_2。为了维持盯住汇率，韩国中央银行不得不用美元来购买多余的韩元，即 $\text{Won}_3 - \text{Won}_2$。

主权债务危机

主权债务（sovereign debt）是指某一政府发行的债券。一国在支付其债券的本金或利息时遇到困难，或者投资者预期一国未来会遇到这种困难，就会爆发主权债务危机。如果一次主权债务危机导致实际违约，该国政府将在一段时期内无法发行债券，这意味着它将只能依靠税收来为政府支出提供资金。即使一国避免了违约，它再次发行债券时，有可能不得不支付高得多的利率。由此导致的政府其他支出的减少或税收的增加，会使其经济陷入衰退。

在以下两种典型的情形下，经常会爆发主权债务危机：

1. 政府预算长期处于赤字状态，最终使得政府债券所支付的利息在政府支出中占有很大的比例，而这是不可持续的。

2. 一次严重的衰退导致政府支出增加，税收减少，使得政府赤字飙升。

2007 ～ 2009 年经济陷入衰退以后，由于投资者开始怀疑它们支付债券利息的能力，欧洲几国政府濒临债务危机，其中最引人注目的就是希腊。这些国家大幅削减了政府支出并提高了税收，以降低政府的预算赤字。

12.2　大萧条时期的金融危机

学习目标　描述大萧条时期金融危机的主要特征。

在 2007 年之前，美国历史上最为重大的金融危机，就是与 20 世纪 30 年代大萧条相伴而行的那场金融危机。在本节中，我们仔细考察一下这场发生在 20 世纪 30 年代的危机。

大萧条的开始

图 12-3a 展示了从 1929 年至 1939 年实际 GDP，企业在工厂、办公楼和其他物质资本方面与家庭在住房建造方面的实际投资支出，以及家庭在商品和服务方面的实际消费支出。数据以指数形式表示，1929 年的数值为 100。从 1929 年至 1933 年，实际 GDP 下降了 27%，而实际消费下降了 18%，实际投资令人震惊地下降了 81%。这种下降幅度远比 20 世纪其他衰退更为严重。图 12-3b 展示了同一时期的失业率。失业率从 1929 年至 1930 年上升了 3 倍，在 1932 年和 1933 年超过了 20%。1939 年，在大萧条开始十年之后，失业率仍然在 10% 以上。

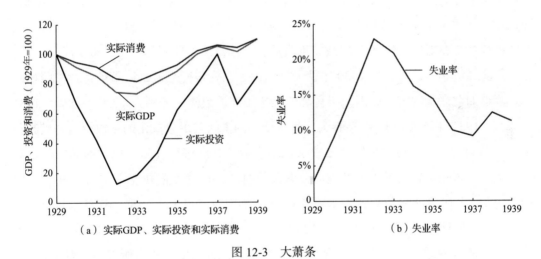

图 12-3　大萧条

资料来源：图 a 来自美国经济分析局；联邦政府没有收集 20 世纪 30 年代有关失业率的数据，经济史学家对其进行了各种估计，图 b 中使用的估计数字来自 David R. Weir, "A Century of U.S. Unemployment, 1890-1990," in Roger L. Ransom, Richard Sutch, and Susan B. Carter (eds.), Research in Economic History, Vol. 14, Westport, CT: JAI Press, 1992, Table D3, pp. 341-343.

尽管很多人认为大萧条始于 1929 年 10 月著名的股市崩溃，但是，国民经济分析局将大萧条开始的日期定在两个月之前，也就是 1929 年的 8 月。1928 年，美联储已经开始担心股票价格的快速上涨。美联储认为股票价格出现了投机性泡沫，于是提高了利率，美国经济在 1929 年早些时候开始放缓，并最终陷入了衰退。

有几个因素使得 1929 年秋天至 1930 年秋天的经济下滑变得非常严重。从 1929 年 9 月至 1930 年 9 月，股票价格暴跌超过了 40%，这使得家庭财富缩水，企业更难通过发行股票筹集资金，家庭和企业对于未来收入的不确定性也增加了。这种不确定性的增加大概可以解释家庭对于汽车等耐用消费品的支出和企业对工厂、办公楼与其他物质资本的投资，都出现大幅下降的原因。我们曾经在第 6 章第 6.1 节的概念应用栏目中，详细地讨论过 1929 年的股市崩溃。此外，国会于 1930 年 6 月通过了《斯穆特－霍利关税法案》（Smoot-Hawley Tariff Act），这使得外国政府也提高了关税进行报复，从而使得美国的出口减少。一些经济学家还认为，新房支出的减少也使衰退变得更严重了。新房支出的减少是由于人口增速放缓，部分原因是国会于 20 世纪 20 年代初期通过了限制移民的法案。

20 世纪 30 年代初期的银行恐慌

即使 1929 年 8 月开始的经济下滑能够在 1930 年秋天结束，这仍然是历史上最严重的衰退之一。然而，此时衰退还远未结束，经济下滑一直持续到 1933 年 3 月。然后经济缓慢复苏，直到 1937 年 5 月再次开始衰退，并且直至 1938 年 6 月才结束。结果，在大萧条开始十年之后的 1939 年，很多企业的生产状况仍然低于自己的生产能力，失业率依然维持在高位。1945 年二战结束之后，美国经济才恢复到正常状态。

很多经济学家认为，从 1930 年秋天开始的一系列银行恐慌是大萧条持续时间如此长、衰退如此严重的重要原因。银行恐慌经历了几波浪潮，分别在 1930 年秋天、1931 年春天、1931 年秋天和 1933 年春天。为数众多的未能实现分散化的小银行对恐慌起到了推波助澜的作用，特别是那些发放了很多农业贷款的银行，因为此时商品的价格下跌了。当一家银行暂时或永久性地向公众关闭时，银行就停止办理业务了。图 12-4 展示了 1920 ～ 1939 年银行停业的数量。1933 年的银行恐慌最为严重，有美国几个州宣布了"银行假期"，在这些日子里，州内所有银行都要关门。1933 年 3 月富兰克林·罗斯福总统刚一执政，就宣布了一次全国性的银行假期，几乎全美所有银行都关门了。1929 年 10 月，美国有 24 500 家商业银行在经营，到了 1934 年 6 月，仍在经营的只剩下 15 400 家。图 12-4 表明，随着 1934 年 FDIC 的成立，银行停业降至了很低的水平。

我们已经讨论过银行恐慌如何加剧了经济衰退。此外，在大萧条期间，银行恐慌还引发了债务紧缩过程（debt-deflation process），当时耶鲁大学的欧文·费雪第一次描述了这一过程。费雪认为，由于银行被迫出售资产，这些资产的价格将会下跌，从而使得持有这些资产的其他银行和投资者净资产下降，导致更多的银行倒闭和投资者破产。银行倒闭和企业破产会使被出售的资产进一步增加，从而资产价格进一步下跌。

此外，随着经济衰退越来越严重，价格水平将会下降，20 世纪 30 年代初期就出现了这种情况。这会产生两个不利的影响，一是实际利率将会上升，二是债务的实际价值将会增加。从 1929 年至 1933 年，消费者价格指数下降了大约 25%，这意味着名义值固定的贷款和债券的还款额，实际的购买力将会更大，这会增加借款人的负担，增加违约的概率。债务紧缩，即资产、商品与劳务价格的下降导致破产和违约数量增加的过程，使经济下滑越发严重。

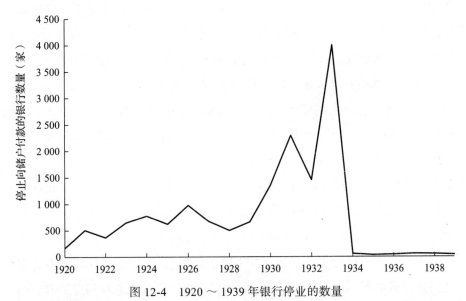

图 12-4　1920 ～ 1939 年银行停业的数量

注：停止营业的银行数量在 20 世纪 30 年代早期的银行恐慌期间急剧飙升，此时银行暂时性或永久性地向公众关闭。1934 年 FDIC 建立之后，银行停业的数量降至很低的水平。

资料来源：美联储委员会，*Banking and Monetary Statistics of the United States, 1914-1941*, Washington, DC: U.S. Government Printing Office, November 1943.

大萧条时期美联储政策的失败

20 世纪 30 年代初期，一些银行倒闭是由于大萧条极为严重，它们的贷款和证券投资损失惨重，从而导致资不抵债，进而破产。但是，有些银行倒闭是由于银行体系的动荡，这些银行只是出现了流动性问题，非资不抵债，然而也发生了挤兑，不得不关门。具有讽刺意味的是，国会于 1913 年创建美联储的目的在于阻止银行恐慌，但是，在这场美国历史上最为严重的恐慌发生时，美联储却选择了袖手旁观。

为何美联储不进行干预，以稳定银行体系？经济学家提出了 4 种可能的解释：

1. 无人负责。今天，担任美联储主席的人明显可以控制局面。他既是美联储理事会的主席，也是联邦公开市场委员会的主席，后者负责制定美联储最重要的政策。尽管任何货币政策实施都必须经过正式投票，主席仍被认为是负责提出新的政策动议，阐明应对危机措施的人。然而，直到 1935 年，美联储目前的这种机构才开始就位，在 20 世纪 30 年代初期，美联储内部的权力更为分散。财政部部长和货币监理署署长（comptroller of currency）都在美联储董事会（美联储理事会的前身）任职，并直接向美国总统报告。财政部部长担任美联储董事会的主席。因此，与今天相比，美联储相对于政府部门中行政分支机构的独立性要差一些。此外，12 家美联储地区银行的行长也比今天的行长独立性更强，纽约联邦储备银行的行长对这一体系的影响力，几乎与美联储董事会主席相当。当银行恐慌爆发时，纽约联邦储备银行的行长是乔治·哈里森（George Harrison），他担任公开市场政策会议的主席，这个会议是现在联邦公开市场委员会的前身。哈里森经常不顾罗伊·杨（Roy Young）和尤金·迈耶（Eugene Meyer）的意见而独自行动，这两人在那些年担任美联储董事会的主席。只有当这些不同的群体意见一致时，才能做出重要的决策。20 世纪 30 年代早期，事实证明它们很难形成共识，也很难采取果断的政策行动。

2. **美联储不愿意拯救资不抵债的银行**。建立美联储的目的，是使它担负起银行最后贷款人的职责，这些银行由于挤兑而暂时面临流动性问题，但是仍然具有偿付能力。在 20 世纪 30 年代初期的银行恐慌中，如果以市场价格来衡量银行的资产，很多倒闭的银行已经资不抵债了。一些美联储官员认为，《联邦储备法案》禁止他们将钱借给资不抵债的银行。正如我们将在后面的概念应用专栏看到的，美联储未向雷曼兄弟贷款并使其最终于 2008 年破产，这引发了一场争论。在这场争论中，上述议题再次被提及。除了法律问题以外，很多美联储官员认为采取行动拯救资不抵债的银行是一项错误的政策，因为这有可能鼓励银行经理进行更为冒险的行动。换句话说，美联储担忧经济学家后来所谓的道德风险问题。

3. **美联储尚不理解名义利率与实际利率之间的区别**。美联储密切关注名义利率，特别是短期贷款的名义利率，20 世纪 30 年代初期，这一利率降至极低的水平。很多美联储官员认为，利率如此低，表明对贷款的需求很少，因此提供给借款人的贷款并没有大幅减少。然而，经济学家认为实际利率能够比名义利率更好地表明贷款市场的状况。30 年代初期，美国经济经历了通货紧缩，在 1930～1933 年，价格水平平均每年下降 6.6%。因此，如果用实际值来衡量，30 年代初期的利率要比美联储的政策制定者所认为的高得多。一些经济学家认为，如此高的利率表明贷款的供给下降了，从而迫使努力获得信贷的借款人不得不抬高利率。

4. **美联储想要"消除过度投机行为"**。美联储的很多官员认为，大萧条是 20 世纪 20 年代后期金融投机活动的结果，特别是发生在 1928 年和 1929 年的股票价格大涨，他们认为这是一个泡沫。他们认为，只有这种过度投机行为产生的恶果被"清除"，持续的经济复苏才有可能。一些经济学家认为，美联储遵循的是"清算主义"（liquidationist）的政策，据说这是由财政部部长安德鲁·梅隆（Andrew Mellon）倡导的。根据这一政策，允许价格水平下跌和糟糕的银行与企业破产，是经济开始复苏的必要条件。

| 概念应用 |

是美国的银行倒闭导致了大萧条吗

20 世纪 60 年代初期，芝加哥大学的米尔顿·弗里德曼和国民经济分析局的安娜·施瓦茨（Anna Schwartz）在其著作《美国货币史：1867—1960》中，讨论了 20 世纪 30 年代银行恐慌的重要性，这产生了广泛的影响。在这部著作以及之后的论著中，弗里德曼和施瓦茨认为美国银行（Bank of United States），这家坐落于纽约市的大型私人银行于 1930 年 12 月的破产，尤为重要。这家银行尽管名称中有"美国"字样，但是与政府没有隶属关系。

这家银行遇到了麻烦，部分原因在于其房地产贷款的占比出奇地高，至 1930 年秋天，房地产市场出现了价格下跌和抵押贷款违约的现象。此外，这家银行的股东利用银行存款来购买银行的股票，试图阻止股票价格的下跌。这种操作是违法的，两位银行的股东后来因此而被判入狱。在这家银行关门之前的几周，纽约联邦储备银行试图安排这家银行与纽约市另外两家银行合并。由于合并计划失败，这家银行关闭了，这是至那时为止美国倒闭的规模最大的银行。

美国银行的倒闭在当时引起了很多讨论，直到今天经济学家仍争论不休。这家银行在关闭时似乎已经资不抵债了，这可能就是通过与其他银行合并来拯救这家银行的计划失败的原因。然而，有一些证据表明，时任纽约联邦储备银行行长的乔治·哈里森不支持合并计划，这可能是合并计划被其他银行拒绝的重要原因。对于美联储是否应该采取更有力的措施来阻止这家银行倒闭，经济学家一直未能达成共识。

对于弗里德曼和施瓦茨强调银行倒闭的重要性，很多经济学家提出了质疑。在美国银行倒闭之后，其他纽约市的银行并未立即出现严重的流动性问题，也没有倒闭。几个月之后，才出现了另外一次银行恐慌，这场恐慌涉及的银行都是纽约市以外的小银行。此外，后来的这场恐慌是否与美国银行的倒闭有任何联系，仍不清楚。在美国银行倒闭之后，低评级的企业债券利率开始相对于高评级债券上升，这可能表明投资者认为这家银行的倒闭预示着美国经济前景不佳。但是同样地，利率的这种变化是否由这家银行的倒闭引起，还不清楚。

与这一事件后来对政策制定者产生的影响相比，美国银行倒闭的细节无关紧要。特别是在弗里德曼和施瓦茨的著作出版以后，很多经济学家无论身处美联储内部还是美联储之外，都相信允许这家银行倒闭是政策的严重失误。一些经济学家甚至认为，这一事件非常重要，以至于美联储开始遵循"大而不能倒"的信条。根据这一信条，不能让大型金融机构倒闭，因为这类倒闭会引发金融体系的动荡。在 2007～2009 年金融危机期间以及危机之后，这一信条引发了激烈的争论。

尽管美国银行在 90 多年前就倒闭了，这家银行倒闭产生的后果仍在影响着当前的政策。

12.3　2007～2009 年和 2020 年的金融危机

学习目标　描述 2007～2009 年和 2020 年金融危机中的主要事件。

美联储采取大规模行动干预金融市场，以保持资金由出借人流向借款人，这在不到 15 年的时间里发生了两次。2007～2009 年发生的第一次危机，令美联储和很多其他政策制定者与经济学家感到惊讶，因此，美联储反应迟缓。相比之下，在 2020 年新冠疫情引发金融体系动荡时，美联储的反应要迅速得多。实际上，由于美联储的应对措施非常有效地阻止了金融体系出现严重问题，一些经济学家认为 2020 年发生的事情不应该被称为一次"金融危机"。

我们依次考察这些历史事件，先从 2007～2009 年的这次危机开始。

房地产泡沫与 2007～2009 年金融危机

2007～2009 年的经济衰退如此严重，有几个方面的原因，包括原油价格从 2004 年的每桶 34 美元增至 2008 年的每桶 147 美元。最重要的原因，很明显就是房地产市场泡沫的破裂。

从 2000 年 1 月至 2005 年 7 月，新房销售增加了 60%，此时，很多经济学家认为房地产市场的泡沫已经形成了。回忆一下，泡沫是指某种资产的价格超过其基本面价值。我们已经知道，一只股票的基本面价值等于投资者预期由持有该股票获得的股息的现值。同样地，一栋房子的基本面价值等于房主预期获得的住房服务的现值。那么，我们可以预期，房价与租金应当以大致相同的速度增长[⊖]。相应地，如果独栋住宅的价

⊖ 如果房屋购买者预期未来租金增加，就有可能房价上涨而当前的租金保持不变。但是，在 2000～2005 年，没有迹象表明购房者或者经济学家预期房租未来会急剧上涨。

格相对于独栋住宅的租金大幅上升，房地产市场就有可能出现了泡沫。如图 12-5 所示，从 2000 年 1 月至 2006 年 5 月，房价上涨速度要比租金快得多。很多经济学家将房价和租金的这种分离视为出现了泡沫的证据。

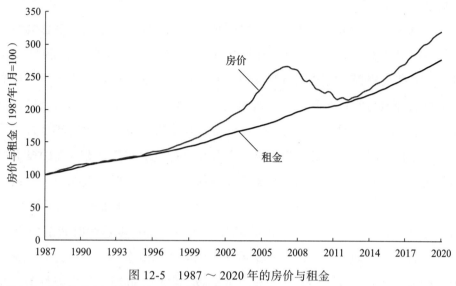

图 12-5　1987 ～ 2020 年的房价与租金

资料来源：圣路易斯联邦储备银行，标准普尔。

随着新房和已有住房的价格在 2006 年开始下跌，一些购房者在偿还抵押贷款时遇到了麻烦。当出借人对违约的抵押贷款取消赎回权时，他们会将这些房屋卖掉，这使得房价进一步下跌。专注于发放次级贷款的抵押贷款出借人损失惨重，一些出借人破产了。很多银行和其他出借人对借款人的要求更为严格。这种信贷紧缩使得潜在的购房者很难获得抵押贷款，这进一步打击了房地产市场。房地产市场的下滑不仅导致了人们在住宅建筑方面的支出减少，也影响了家具、家电、家居装修等市场，因为房主很难凭借自己价值下跌的房屋来借款。

贝尔斯登和雷曼兄弟出现的银行挤兑

至 2007 年年初，持有由次级抵押贷款组成的抵押贷款支持证券的投资者很明显损失惨重，包括银行和其他金融企业。然而，很多经济学家和政策制定者仍然相信次级抵押贷款违约率的上升不会引发更广泛的经济问题。比如，美联储前主席伯南克认为，"我们相信次级贷款部门遇到的麻烦对更广泛的房地产市场的影响有可能是有限的，我们预期次级贷款市场对经济其他部门和金融体系的溢出效应不严重"[⊖]。金融危机已经迫

<hr />

⊖　Ben S. Bernanke, " The Subprime Mortgage Market," speech at the Federal Reserve Bank of Chicago's 43rd Annual Conference on Bank Structure and Competition, Chicago, May 17, 2007.

在眉睫的第一个信号出现在 2007 年 8 月，此时法国巴黎银行（BNP Paribas）宣布，不允许旗下三家投资基金的投资者赎回他们的份额。这些基金持有大量的抵押贷款支持证券，由于这些证券的交易已经枯竭了，很难确定这些证券的市场价格，也就无法确定这些基金份额的价值。

在 2007 年秋天和 2008 年夏天，信贷状况恶化了。很多出借人不愿意借钱给金融企业，除非期限极短，而且还坚持要有政府债券作为抵押。正如我们在第 11 章第 11.1 节看到的，一些投资银行将从银行和其他金融企业借来的短期资金用于长期投资。这些投资银行的处境与联邦存款保险公司建立之前的商业银行类似。如果出借人拒绝续借发放给这些银行的短期借款，投资银行就特别容易出现挤兑，2008 年 3 月，贝尔斯登就出现了这样的问题。出借人担心贝尔斯登在抵押贷款支持证券方面的投资严重贬值，导致这家投资银行资不抵债。在美联储的帮助下，贝尔斯登被摩根大通银行以每股 10 美元的价格收购，从而免于破产，一年之后，贝尔斯登的股票卖到了 170 美元。

2008 年 8 月，危机更严重了，将近 25% 的次级抵押贷款违约时间至少达到了 30 天。9 月 15 日，在财政部和美联储拒绝承诺提供必要的资金，以吸引另外一家金融企业购买这家银行之后，投资银行雷曼兄弟申请破产保护。同时，投资银行美林同意将自己出售给美国银行。雷曼兄弟的倒闭是这场危机的转折点。9 月 16 日，基本储备基金这家大型的货币市场共同基金宣布，由于持有雷曼兄弟的商业票据而损失惨重，因此它将"跌破面值"，即允许该基金每份额的价格从 1 美元跌至 0.97 美元。这一消息的宣布引发了货币市场共同基金的挤兑，投资者纷纷将自己的份额提现。随着大多数证券化贷款停止了交易，金融体系中的很大一部分被冻结了，大企业与小企业一样，都很难获得贷款，甚至连短期贷款也是如此。

联邦政府为应对 2007～2009 年金融危机而采取的极端措施

在这场金融危机之前，美国联邦政府的政策制定与监管结构关注的重点是商业银行体系和股票市场。这使得政府没有适当的政策工具来应对一场以投资银行、货币市场共同基金、保险公司和对冲基金等影子银行体系为核心的危机。此外，正如我们已经看到的，直到 2007 年以后，大多数政策制定者才意识到次贷危机已经演变成了一场全面的金融危机。

这场危机爆发之后，美联储、财政部、国会和乔治·W. 布什总统做出了积极的回应。2007 年 9 月 18 日，美联储开始通过降低联邦基金利率，大刀阔斧地压低短期利率。联邦基金利率是商业银行之间发放短期贷款的利率。2008 年 12 月，联邦基金利率降至接近于零的水平，这是历史最低水平。2008 年 9 月，联邦政府通过命令财政部承诺为房地美和房利美各自提供最高 1000 亿美元的资金，以换取它们 80% 的所有权，这实际上将这两家政府特许企业国有化了。这两家企业负责将大部分抵押贷款证券化。财政部将这两家企业的控制权交给了联邦住房金融局。同样在 9 月，财政部宣布了一项总额为 500 亿美元的计划，为这些基金提供保险，从而阻止了货币市场共同基金的挤兑。10 月，美联储宣布，自大萧条以来将第一次通过商业票据融资便利直接向企业贷款，购买非金融企业发行的期限为三个月的商业票据。

2008 年 9 月，美联储和财政部还公布了一项提交国会的计划，希望获得 7000 亿美元用于购买金融机构和其他投资者持有的抵押贷款和抵押贷款支持证券。国会于 2008 年 10 月通过的 "不良资产救助计划"，目标在于恢复这些证券的市场活力，从而为资产负债表上有数万亿这类资产的金融机构提供救助。现实表明，为购买抵押贷款和抵押贷款支持证券设计一个方案是非常困难的，大部分 "不良资产救助计划" 的资金被用于直接购买银行的优先股以增加其资本金，以及为濒临倒闭的汽车公司提供资金。

这些政策措施代表了美国历史上政府对金融体系最广泛的干预。大部分经济学家和政策制定者认为，这些政策稳定了 2008 年秋天和 2009 年春天的金融体系。由财政部在 2009 年年初实施的 19 家大型金融企业的压力测试，也有助于稳定金融体系。这次测试的目的在于搞清楚，如果衰退变得更加严重，这些企业的状况如何。测试结果表明，为了应对严重的经济下滑，这些企业只需要筹集大约 1000 亿美元的新增资本金，这让很多投资者安下心来。

这次危机过去以后，国会转而研究是否应该彻底改革治理金融体系的监管政策。2010 年 7 月，国会通过了《华尔街改革和消费者保护方案》，或者说《多德 - 弗兰克法案》，经巴拉克·奥巴马签署后正式生效，我们将在第 12.4 节讨论这一法案。

新冠疫情和 2020 年金融危机

2007 ～ 2009 年的大衰退是美国自 20 世纪 30 年代大萧条以来最为严重的一次经济收缩。正如我们已经看到的，这引发了联邦政策制定者积极的回应。至 2020 年中期，由新冠疫情导致的经济收缩已经超过了 2007 ～ 2009 年的危机，尽管尚不清楚这次收缩会持续多长时间。美国有了新冠疫情以后，政策制定者从 2020 年 3 月开始采取重大举措进行应对。

2019 年，美联储两次降低联邦基金利率的目标，以应对经济增长速度放缓。随着新冠疫情的传播，美联储在 2020 年 3 月又两次降低了目标利率，并且实际上使目标利率重新回到了 0。新冠疫情病毒是自 1918 年流感大流行以来，第一种对美国经济产生重大影响的疾病。据估计，1918 年疫情的死亡人数为 55 万人，或者说大约是美国人口的 0.5%，这相当于现在死亡 165 万人。联邦政府、州政府和地方政府采取社交疏离措施来应对新冠疫情，包括关闭学校和大多数非必要企业。在这种情况下，政策制定者面临的任务比 2007～2009 年金融危机时期更为复杂。政策制定者关注的主要问题并不是维持经济中的需求水平，而是在一段很多工人停止工作，很多企业的营业收入锐减的时期，必须努力维持家庭和企业不破产。

国会和唐纳德·特朗普总统在 2020 年 3 月 27 日通过了《新冠病毒援助、救济和经济安全法案》，以作回应。这项法案是一个超过 2 万亿美元的一揽子救助政策，远超过美国历史上其他财政政策的力度。这一方案包括：

- 向家庭直接支付相关的款项。
- 补充性失业保险偿付。
- 为州政府提供资金，以弥补它们在抗击疫情时的开销。
- 向企业提供贷款和补贴。

由于大量企业关门，很多消费者被限制在家中无法外出，美联储知道更低的利率不是维持经济活动的关键。到了 3 月，商业票据、企业债券、市政债券和国债市场相继出现问题。相应地，美联储重拾在 2007～2009 年金融危机期间使用过的借贷工具，并创建了新的工具，目的在于维持金融体系中的资金流动，以及企业和地方政府获得信贷的能力，因为它们的收入已经大幅下降了。

美联储采取的措施广泛，也有些复杂，这都是资金由出借人流向借款人，或者说在危机期间无法流向借款人的各种渠道。我们将在第 15 章第 15.3 节更完整地讨论美联储采取的行动，在这里，我们只是简单地归纳一下这一方案的各种目标。哥伦比亚大学法学院的列弗·梅南德（Lev Menand）将美联储在 2020 年使用的借贷便利分为两类[⊖]。

1. **流动性便利**（liquidity facilities）。这些政策工具通过将发放信贷的对象扩展至商业票据、货币市场共同基金份额和与影子银行体系有关的其他资产的发行人，并通过在回购协议市场上发放大量贷款，使美联储发挥了与商业银行的最后贷款人一样的作用。对商业银行体系的讨论，参见第 11 章第 11.4 节，关于回购协议以及回购协议融资对现代金融体系的重要性，参见第 11.1 节。

2. **信贷便利**（credit facilities）。这种政策工具允许美联储通过发放贷款或购买债券，向非金融企业、州政府和地方政府直接提供资金。

⊖ Lev Menand, "Unappropriated Dollars: The Fed's Ad Hoc Lending Facilities and the Rules That Govern Them," *ECGI Working Paper Law Series*, Working Paper No. 518/220, May 2020.

与 2007～2009 年金融危机期间一样，美联储采取这些措施主要依据《联邦储备法案》第 13（3）款获得的权力，这一条款授权美联储在"异常条件和紧急情况下"，可以实施广泛的借款，尽管对于美联储的行动是否与对该法案更严格的解释完全一致，法学家们有不同的意见。在 2007～2009 年金融危机之后，国会修改了《联邦储备法案》，要求美联储在采取这类行动之前要得到财政部部长的批准。在与美联储主席杰罗姆·鲍威尔商讨之后，财政部部长斯蒂文·姆努钦（Steven Mnuchin）予以批准。与 2007～2009 年金融危机一样，美联储在实施货币政策时再次与美国财政部进行了协商，而不是像在 2007 年之前的 50 多年里，独立自主地实施。一些经济学家和政策制定者担心，与财政部密切合作会使美联储丧失某种独立性。

至 2020 年中期，美联储的措施似乎成功地使金融体系中的资金保持了流动性。对于那些营业收入由于社交疏离政策而大幅减少的企业，是否能够获得足够的信贷以维持自己的偿付能力，现在还不得而知。经济已经陷入了衰退，按照某些指标来衡量，这是自 20 世纪 30 年代以来最为严重的一次衰退。从这次危机中迅速恢复过来，不仅要靠美联储的行动，也要靠国会和总统实施的财政政策，以及工人和企业在某些社交疏离政策仍未取消的情况下进行调整并运转起来的能力。

12.4 金融危机与金融监管

学习目标 掌握金融危机与金融监管的关系。

政府制定新的监管政策，通常是为了应对金融危机。如果我们考察数年来政府实施的各类监管措施，就能发现一个普遍的模式：

1. 金融体系发生危机。
2. 政府采取新的监管措施，以应对这一危机。
3. 金融企业对这些新的监管措施作出回应。
4. 政府监管部门修改政策，因为金融企业试图规避这些监管措施。

这种监管演变模式的第一个阶段是金融体系发生危机。比如，如果储蓄者对银行失去了信心，他们就可能把资金提取出来，从而导致银行恐慌。在银行恐慌中，银行无法正常发挥金融中介的作用，因而很多家庭和企业无法获得贷款。

政府采取措施，通过监管来结束这场危机，这是第二个阶段。如果感觉金融机构出现了动荡，并且有进行干预的政治压力，政府一般就会干预。比如，为了应对银行恐慌，美国和其他国家实施了存款保险制度。

第三个阶段是金融企业的回应。像存款保险这样的新的重大监管措施，会导致金融机构业务的改变与创新。比如，存款保险使储户放松了对银行投资的监督，银行在投资时可能就会冒更大的风险。就像制造业企业或者其他非金融企业一样，创新会使一家企业建立相对于竞争者的优势，比如开发新产品或者新业务以服务消费者。金融创新的动机与其他行业创新的动机是一样的，那就是获得利润。

第四个阶段是监管的回应。监管者密切关注监管措施对金融机构产生的影响。特别是在金融创新绕过监管限制时，监管者必须调整政策或寻求新的监管权力以回应。比如，当国会实施了一项监管措施，禁止银行为支票账户支付利息，银行通过开发出与支票账户类似的其他账户来规避这条禁令，这就是所谓的 NOW 账户，但是这种账户可以支付利息。然后，国会不得不修改监管规定，要么禁止 NOW 账户，要么允许其存在。在这个案例中，国会决定允许 NOW 账户继续存在。

最后贷款人

我们已经知道，国会在 1913 年创建了美联储，作为在发生银行恐慌时为银行提供流动性的最后贷款人。然而，我们还看到，美联储未能通过第一次重要的考验，在 20 世纪 30 年代初期银行体系崩溃时，美联储选择了袖手旁观。为了解决这一问题，国会于 1934 年建立了 FDIC，并且对美联储进行了重组，使联邦公开市场委员会成为美联储主要的政策制定机构，使美联储主席而不是纽约联邦储备银行的行长，成为联邦公开市场委员会的主席。后一项改变确保了在这一体系中拥有统治权力的是位于华盛顿特区的美联储理事会而不是 12 家地区联邦储备银行的行长，从而使美联储的政策制定更为集中。

战后时期的成功与"大而不能倒"政策的发展

尽管在大萧条时期美联储对于自己最后贷款人的角色摇摆不定，但是在二战以后的大多数时间，美联储在这方面做得很好。比如，当宾州中央铁路（Penn Central Railroad）这家美国曾经规模最大的企业在 1970 年申请破产时，有 2 亿美元的商业票据违约。投资者开始怀疑由其他大公司发行的商业票据的品质，并对在这一市场上的投资变得更为谨慎。美联储通过为商业银行提供贷款，并允许这些银行将这些贷款贷放给那些平时只能在商业票据市场上借款的企业，帮助阻止了一场危机。

在 1974 年一件类似的事件中，富兰克林国民银行（Franklin National Bank）开始经历一场由持有可转让定期存单的储户引发的挤兑。由于这些定期存单的金额至少是

10 万美元，超过了当时联邦存款保险 4 万美元的上限，投资者担心一旦银行倒闭，自己会蒙受巨额损失。其他银行担心自己也会被持有可转让存单的储户挤兑。由于可转让存单是银行重要的资金来源，银行被迫收回自己的贷款，减少向家庭和企业发放的贷款。美联储向富兰克林国民银行发放了超过 15 亿美元的短期贷款，直至找到一家愿意与之合并的银行，从而避免了上述结果。美联储行动迅速，避免了金融体系遭受沉重的一击。

1987 年 10 月 19 日股票市场的崩溃，令人担心 1929 年股市崩溃之后的事件会重演，特别是在很多证券公司由于股票价格的下跌而损失惨重的情况下。通过买卖和持有一定数量的在纽约证券交易所营业厅交易的证券，证券公司为这些证券做市。近些年来，证券公司的这种作用减弱了，因为现在大多数交易都是以电子形式完成的，而不是发生在交易所的营业厅。这些证券公司的倒闭将会严重扰乱纽约证券交易所的交易。在股票市场第二天开盘之前，美联储主席艾伦·格林斯潘向新闻媒体宣布，美联储随时准备提供流动性，以支持经济和金融体系。同时，美联储作为最后贷款人，鼓励银行向证券公司发放贷款，并增加了给银行的贷款。这些措施使银行和投资者恢复了信心，维护了金融市场的正常运转。

在上述这些以及其他一些行动中，美联储成功地扮演了最后贷款人的角色，发挥了稳定金融体系的作用，从而避免了再犯 20 世纪 30 年代的错误，当时美联储不愿意拯救那些有可能资不抵债的银行，并在金融体系崩溃时选择了袖手旁观。但是，美联储是否有可能在另外一个方向上犯错？从原则上来讲，中央银行应该为那些缺乏流动性但是不至于资不抵债的银行提供短期借款。如果向资不抵债的银行发放贷款，中央银行面临的危险是，银行经理可能会承担过高的风险，因为他们知道一旦投资失败从而资不抵债，中央银行会拯救他们。换句话说，采取措施拯救资不抵债的银行，美联储会增加金融体系中道德风险问题的严重程度。至 20 世纪 80 年代初期，很明显美联储和 FDIC 认为最大的银行是"大而不能倒"的。1984 年，负责监管国民银行的货币监理署署长向国会提交了一份银行名单，这些银行被认为是"大而不能倒"的。这些银行中的任何一家倒闭，都被认为会引发金融体系的系统性风险。我们在第 11 章已经知道，这是指整个金融体系而非单个企业或者单个投资者面临的风险。

由于美联储和 FDIC 不允许这些大银行倒闭，这些银行的储户实际上获得了无限的存款保险。如果这些银行倒闭，包括可转让定期存单持有人在内的大储户不会有任何损失，即使他们的存款超过了当时联邦存款保险 10 万美元的限额。因此，这些储户没有多少动力监督银行经理的行为，或在这些经理鲁莽地进行投资时将存款提取出来或者要求更高的利率。

　　而且，有人批评大而不能倒政策是不公平的，因为它将小银行与大银行区别对待。当 FDIC 在 1990 年关闭由非裔美国人拥有的哈莱姆自由国民银行（Harlem's Freedom National Bank）时，一些大储户未受保险保护的存款每美元只得到了大约 50 美分。这些大储户包括联合黑人大学基金会和城市联盟等慈善组织。就在数月之后，由于持有的房地产资产组合崩溃，规模大得多的新英格兰银行于 1991 年 1 月倒闭了，它的大客户得到了 FDIC 完全的保护，这耗费了纳税人 23 亿美元。

　　由大而不能倒政策导致的不公平问题和道德风险的增加，是国会于 1991 年颁布《联邦存款保险公司改进法案》（Federal Deposit Insurance Corporation Improvement Act, FDICIA）的原因之一。这一法案要求 FDIC 使用对纳税人来讲成本最低的方法来处置倒闭的银行，这通常意味着关闭这家银行，赔偿该银行受保险保护的储户，出售银行资产来筹集资金，以赔偿不受保险保护的储户。由于一家倒闭的银行资产价值总是低于其负债的价值，因此不受保险保护的储户会蒙受损失。然而，这一法案包含一个例外条款，即一家银行的倒闭会对"经济状况或金融稳定产生严重的不利影响"。如果要援引这一例外条款，必须得到 FDIC 董事会三分之二的董事、美联储理事会三分之二的理事和财政部部长的同意。在 2007 ~ 2009 年金融危机期间，这一例外条款被证明是重要的。

2007 ~ 2009 年和 2020 年的金融危机与美联储更广泛的最后贷款人职责

　　由于在 2007 ~ 2009 年开始时直接受到冲击最大的是投资银行而不是商业银行，政策制定者面临从未遇到过的挑战。与商业银行不同，投资银行没有资格直接从美联储贷款。商业银行的存款受到了 FDIC 的保护，而贷放给投资银行的资金则没有这种保障。我们已经看到，美联储通过向大型投资银行贷款来应对这一问题，并且通过购买商业票据，保证企业能够满足它们的短期信贷需求。此外，财政部还向拥有货币市场共同基金份额的投资者提供暂时性的保险。

　　美联储最具争议性的行动，可能就是在 2008 年 3 月决定与财政部一起，通过安排摩根大通收购贝尔斯登，使其免于倒闭。作为这一处理方案的一部分，美联储同意补偿摩根大通由于贝尔斯登持有抵押贷款支持证券而可能遭受的高达 290 亿美元的损失。一些经济学家和政策制定者对这一行动提出了批评，声称这使金融体系中的道德风险愈加严重。对于美联储在 2008 年 9 月不采取行动拯救雷曼兄弟的决定，这一批评可能起到了重要的作用。然而，几天之后，美联储向美国国际集团（AIG）这家保险公司发放了一大笔贷款，以换取该企业 80% 的所有权。实际上，美联储、FDIC 和财政部一起采取行动，使得除了雷曼兄弟之外，任何一家大型金融机构都能免于倒闭。大而不能倒政策似乎又回来了。

| 概念应用 |

美联储能够拯救雷曼兄弟吗

在 2008 年 9 月 13 ~ 14 日这个周末，美联储和财政部的官员确定他们无法使雷曼兄弟不破产，他们既不能找到另一家金融企业购买雷曼兄弟，也无法发放贷款以便使这家银行解决难以获得短期资金的问题。9 月 15 日星期一清晨，雷曼兄弟申请破产。第二天，美联储和财政部依据前面提到过的条件，使 AIG 免于破产。允许雷曼兄弟破产却拯救 AIG，这一貌似自相矛盾的决定令当时很多观察家感到震惊，经济学家和政策制定者对这一问题至今仍在进行激烈的争论。

美联储对待雷曼兄弟的态度一直是一个引发争议的议题，因为大多数经济学家认为雷曼兄弟的倒闭使金融危机和经济衰退明显加剧了。圣路易斯联邦储备银行编制的一个金融压力指数的变动可以展现雷曼兄弟倒闭的影响。这一指数是 18 个金融变量的平均值，包括企业债和国债的利差。如果投资者纷纷转向安全资产，而家庭和企业难以获得信贷，这一指数就倾向于升高。图 12-6 展示了从 2007 ~ 2009 年金融危机之前至危机之后这一指数的变化。指数的平均值是 0，如果金融压力高于正常水平，指数值为正，金融压力低于正常水平，指数值则为负。

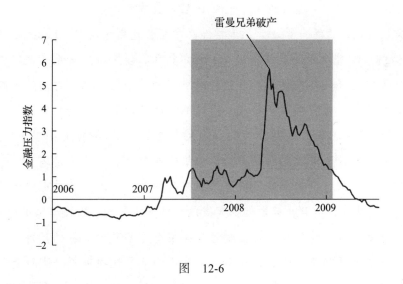

图　12-6

图 12-6 表明，雷曼兄弟破产之后，金融压力显著升高。家庭和企业由于难以获得信贷，经济不确定性明显增加，支出大幅下滑。支出下滑导致生产和就业的收缩。从 2007 年 12 月经济开始衰退至雷曼兄弟倒闭，美国总就业人数下降了大约 120 万人。从雷曼兄弟倒闭至 2009 年年底，就业人数又下降了 700 万人。这是截至当时美国历史上

在如此短的时期内最为严重的就业人数下降。在 2020 年经济开始衰退时，就业人数下降超过了 2200 万人。

对于为何美联储没有采取措施使雷曼兄弟免于破产，政策制定者和经济学家主要提出了两种解释。

1. 国会议员对美联储拯救贝尔斯登这一行动提出了批评，而且他们担心这会使金融体系中的道德风险更为严重，这使得美联储允许雷曼兄弟宣布破产。

2.《联邦储备法案》的相关条款束缚住了美联储的手脚，使其无法合法地拯救雷曼兄弟。

如果两种解释是正确的话，第一种解释意味着美联储本来可以拯救雷曼兄弟，但是它选择了不这样做；第二种解释意味着从法律上来讲，美联储即使想，也无法拯救雷曼兄弟。

在这场金融危机爆发时，本·伯南克担任美联储主席。在其出版于 2015 年的回忆录中，伯南克认为由于雷曼兄弟当时已经资不抵债，因此，《联邦储备法案》禁止美联储采取拯救行动。

但是，雷曼兄弟真的资不抵债了吗？在雷曼兄弟破产后，一些债权人获得的偿付少于这家企业对它们的欠款，这似乎表明这家企业的资产已经少于负债，这正是资不抵债的定义。但是，约翰·霍普金斯大学经济学家劳伦斯·鲍尔（Laurence Ball）在其 2018 年出版的一本著作中反驳了伯南克。鲍尔认为，没有证据表明美联储的政策制定者在考虑是否向这家银行提供贷款时，考虑过雷曼兄弟的偿付能力。鲍尔相信雷曼兄弟拥有充足的抵押品来获得一笔贷款，而这笔贷款可以满足它的短期流动性需求。他还提出，《联邦储备法案》在 2008 年时，也就是在被 2010 年的《多德 – 弗兰克法案》修改之前，并没有禁止美联储向资不抵债的银行发放贷款，只要这笔贷款有足够的抵押品作为担保就可以。换句话说，雷曼兄弟在其宣布破产时确实被证明已经资不抵债了，但是这一事实并没有禁止美联储向其发放足够多的贷款，以使这家银行免于倒闭。

鲍尔认为上面第一种解释才是美联储允许雷曼兄弟破产的原因。特别是，他认为财政部部长亨利·保尔森（Henry Paulson）深度参与了这项决策。当年夏天，财政部和美联储采取行动拯救了贝尔斯登，这让保尔森受到了政治批评，而他对这些批评很敏感。

有一些证据支持鲍尔的观点，比如财经记者詹姆斯·斯图亚特（James Stewart）和彼得·伊维斯（Peter Eavis）对纽约联邦储备银行经济学家的访谈。这些经济学家是负责评估雷曼兄弟偿付能力的两个团队的成员。在雷曼兄弟破产之前的那个周末，两个团队分析了雷曼兄弟的资产负债表，并得出结论，该银行勉强具有偿付能力。然而，在本·伯南克、亨利·保尔森或者纽约联邦储备银行行长蒂莫西·盖特纳做出允许雷曼兄弟宣布破产的决定之前，这些报告很明显没有送到他们面前。一些经济学家反对鲍尔的结论，因为他们认为鲍尔以及接受斯图亚特和伊维斯采访的那些经济学家，低估了雷曼兄弟遇到的财务困境，美联储的贷款不可能挽救这家银行。

90 年之后，经济学家们仍在争论美联储 1930 年在美国银行倒闭时所采取的行动。有关 2008 年雷曼兄弟倒闭的争论，在未来很多年也会继续下去。

2010 年金融检查：大而不能倒政策的终结

尽管美联储、FDIC 和财政部帮助金融体系恢复稳定的行动得到了一些经济学家和政策制定者的赞扬，但是很多国会议员和一般公众却对所谓的"华尔街救助"（Wall Street Bailout）持批评态度，这是指根据《不良资产救助计划》采取的使大型金融企业免于倒闭的行动。国会于 2010 年 7 月通过了《华尔街改革和消费者保护法案》，部分原因就是为了回应这一批评。这个法案包含旨在结束大而不能倒政策的条款。这一法案允许美联储、FDIC 和财政部控制大型金融企业，并使其"缓缓落地"，这意味着这家企业的资产将被出售，但是不会引起金融市场的动荡。在此之前，仅有 FDIC 拥有这一权力，而且只能用来关闭商业银行。《多德－弗兰克法案》中这一条款的目的，是在允许大型企业破产和采取行动进行拯救之外，为政策制定者提供第三个选择。

《多德－弗兰克法案》还创建了金融稳定监督委员会，该委员会由联邦主要金融监管机构的首脑组成，包括美联储、FDIC 和证券交易委员会。委员会的主席由财政部部长担任，除了其他职责以外，还负责识别哪些金融企业是具有系统重要性的金融机构。如果一家企业的倒闭有可能引发金融危机，该企业就被认为具有系统重要性。这些企业将受到更为严密的监管，被要求持有更多的资本金，并进行年度压力测试，以便搞清楚它们应对严重衰退或者金融危机的能力。此外，这些企业必须写下"生前预嘱"，说明如何能够在不用纳税人出资的情况下实施破产。《多德－弗兰克法案》还明确了有序清算的权力，根据这一条款，财政部部长在得到美国总统、美联储委员会和理事会多数成员的允许之后，可以指令濒临倒闭的金融企业被 FDIC 接管。FDIC 可以继续运营这家企业，直至确保该企业的倒闭不会使金融体系陷入危险的境地。

这些精心制定的监管措施是否真的有助于减少大而不能倒政策所产生的负面影响，尚待观察。2020 年，规模最大的美国银行仍在金融体系中具有举足轻重的地位，五家最大的银行控股公司拥有的资产超过全部银行的一半，相比之下，20 年前这一比例仅为大约四分之一。一些经济学家和政策制定者怀疑，监管者能否使这几家银行中的任何一家倒闭而不重创金融体系，他们甚至怀疑对一些规模稍小的银行倒闭，监管者可能也无法做到这一点，尽管这些银行现在持有更多的资本金，而且事先准备好了"生前预嘱"。

图 12-7 归纳了在危机爆发、实施监管、金融体系的应对措施和监管者的应对措施中，美联储所扮演的最后贷款人的角色。

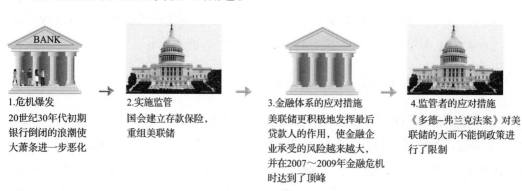

1.危机爆发
20世纪30年代初期银行倒闭的浪潮使大萧条进一步恶化

2.实施监管
国会建立存款保险，重组美联储

3.金融体系的应对措施
美联储更积极地发挥最后贷款人的作用，使金融企业承受的风险越来越大，并在2007～2009年金融危机时达到了顶峰

4.监管者的应对措施
《多德–弗兰克法案》对美联储的大而不能倒政策进行了限制

图 12-7   最后贷款人：危机爆发、实施监管、金融体系的应对措施和监管者的应对措施

2020 年金融危机：有关大而不能倒政策的讨论还重要吗

正如我们已经看到的，国会在 1913 年建立了美联储，以便向出现短期流动性问题的商业银行提供贷款。1932 年，国会修改了《联邦储备法案》，增加了第 13（3）款，使美联储在金融危机期间拥有更广泛的权力。这一条款授权美联储理事会在"异常条件和紧急状况下"，向"任何个人、合伙企业和公司"贷款。国会在 1991 年对《联邦储备法案》做了进一步的修订，明确了美联储在紧急情况下可以直接向非银行企业贷款。

20 世纪 30 年代以后，美联储始终没有使用过这一授权，直至 2007 ～ 2009 年的金融危机。在这场金融危机期间，美联储数次使用这一权力，包括向摩根大通发放 290 亿美元贷款，以帮助它收购贝尔斯登，向保险公司 AIG 发放贷款，向包括投资银行在内的大型证券交易商发放贷款以及购买商业票据。

一些国会议员不同意美联储援引第 13（3）款的内容来向具体企业贷款。结果，作为 2010 年《多德–弗兰克法案》的一部分，国会修改了《联邦储备法案》中这一部分的内容，删除了向"任何个人、合伙企业和公司"的表述，代之以明确的规定，即贷款只能发放给"申请资格广泛的任何计划或便利措施的参与者"。换句话说，贷款只能作为某项计划的一部分来发放，某一大类的企业都有资格参与这一计划，比如所有的商业银行或者所有的证券交易商，不再允许向单个公司提供贷款。特别是，美联储被禁止"出于帮助单个、具体的公司免于破产的目的"而发放贷款。美联储在这场危机期间向摩根大通和 AIG 发放贷款的行为不再被允许了。此外，向商业银行发放贷款以外的任何新计划，都需要得到财政部部长的批准。在 2007 ~ 2009 年金融危机期间，只需得到美联储委员会多数人的同意，美联储就可以开始实施一项新计划。

在《多德 - 弗兰克法案》通过时，对改变美联储作为最后贷款人的权力持批评态度的人，担心如果它不能向单个企业发放贷款，美联储将很难遏制金融恐慌。尽管《多德 - 弗兰克法案》提出了一些措施，以便在不扰乱金融体系的情况下，允许大型金融企业倒闭，但是批评者质疑这些措施在危机时是否能够迅速地被实施。然而，一些经济学家和政策制定者持乐观态度，认为美联储保留了足够的权力，能够有效地发挥最后贷款人的作用。比如，美联储前主席本·伯南克认为，由于美联储保留了在经过财政部部长批准的情况下向一组企业发放贷款的权力，比如投资银行或者证券交易商，因此，美联储有序清算的权力足以消除单个金融企业引发恐慌的危险。

2020 年，当新冠疫情对经济的影响开始冲击金融市场时，似乎上述乐观主义者的观点是正确的，即《多德 - 弗兰克法案》并不是美联储致力于向很多不同类型的金融企业发放大量贷款的严重阻碍。由于美联储快速地行动起来，创造了第 12.3 节描述的那些借贷便利工具，没有大型金融企业出现在 2007 年和 2008 年时的流动性问题。特别是，美联储已经明白回购协议市场的重要性，甚至在疫情暴发之前就已经在这一市场上发放了大量的贷款。结果，没有金融企业在进行回购协议融资时遇到困难，而这正是贝尔斯登和雷曼兄弟在 2008 年出现流动性问题的重要原因。

然而，一些经济学家和政策制定者担心，美联储在 2020 年采取的行动远远超过了国会根据《联邦储备法案》对其的授权，这些行动包括依据"薪资保护计划"和"主街贷款便利"向中小企业发放贷款或便利贷款，以及根据"一级市场和二级市场企业信贷便利"（Primary and Secondary Market Corporate Credit Facility），直接购买企业债券。国会的《新冠病毒援助、救济和经济安全法案》默许了这些计划，根据《多德 - 弗兰克法案》的要求，美联储就这些计划取得了财政部部长斯蒂文·姆努钦的批准，但是，国会并没有修改《联邦储备法案》以明确将这些计划包含在内。很多经济学家和政策制定者认为，大而不能倒政策使企业更有动力进行高风险投资，因而使道德风险问题更为严重。一些经济学家担心，美联储在 2020 年采取的积极行动会增加道德风险问题，比如购买被债券评级机构评为投资级中最低一级的债券。由于美联储在不到 15 年的时间里使用了两次紧急借款便利条款，一些经济学家认为，企业可能会预期，如果在下一次危机时高风险投资使它们面临困境，美联储仍然会拯救它们。

其他经济学家和政策制定者不太担心美联储的行动有可能增加金融体系中的道德

风险问题，因为为了应对美国 100 多年来最严重的疫情对经济造成的冲击，美联储需要迅速采取有力的措施。如果不采取这些措施，疫情可能导致经济陷入时期更长也更为严重的危机，这会使家庭和企业遭受更痛苦的折磨。

抑制银行动荡

大萧条时期的银行危机不仅导致了美联储的重组和 FDIC 的建立，还使得国会实施了新的监管措施，以直接增强商业银行体系的稳定性。国会实现这一目标的方法之一，就是抑制银行之间的竞争。国会的目的是降低银行挤兑的可能性，并降低银行的道德风险。抑制竞争的理由之一是，这将增加银行的价值，从而抑制银行进行风险过高的投资的意愿。

然而，从长期来看，抑制竞争的监管措施并没有增强银行的稳定性，因为这使得非银行金融企业有动力提供与银行存款和贷款接近的替代品，并与银行进行竞争。对于抑制竞争的监管措施实际上如何引发了竞争，一个明显的例子就是针对银行所能支付的存款利率的上限展开的斗争。这场斗争始于 1933 年的《银行法》，这一法案实施了 Q 条例。这项由美联储实施的监管措施，为银行向定期存款和储蓄存款支付的利率设置了上限，并且禁止银行为活期存款支付利息。活期存款是当时唯一的支票存款。实施 Q 条例的目的在于通过限制银行为获得资金而展开竞争，并确保银行贷款利率与存款利率之间有一个合理的利差，从而维持银行的盈利。在现实中，这一规定迫使银行进行创新，以便生存下去。

通过为银行支付给储户的利率设定上限，国会使银行在贷款市场上获得竞争优势。因为银行为存款支付的利率较低，它们在发放贷款时就可以收取较低的利率，并成为家庭和企业主要的出借人。但是，一旦市场利率超过 Q 条例所设置的利率上限，储蓄者就有动力将钱从银行取出来，这就使得银行很难获得发放贷款所需要的资金。比如，在20 世纪 60 年代后期，通货膨胀率的上涨使利率超过了 Q 条例规定的上限，大企业，以及富有的个人，将在银行的短期存款取出来，转而投资于短期国债、商业票据和回购协议等。1971 年出现的货币市场共同基金使得储蓄者在银行存款之外，又多了一个选择。

正如我们已经看到的，货币市场共同基金的发展也为借款人提供了一个新的资金来源。经营状况良好的大企业可以在商业票据市场上筹集短期资金。企业相当一部分商业票据出售给了货币市场共同基金。商业票据市场抢走了银行很大一部分商业贷款业务，因为正如我们对逆向选择的分析所预测的那样，只有优质的借款人才能成功地出售商业票据，这就把品质较差的借款人留给了银行。储蓄者和借款人从银行退出并转向金融市场，这被称为**脱媒**（disintermediation），这使得银行丧失了很多收入，因为这意味着它们无法获得储蓄者的资金来发放贷款。

为了规避 Q 条例，银行为储蓄者开发了新的金融工具：

1. 可转让定期存单。
2. 可转让支付命令（NOW）账户。
3. 自动转账系统（ATS）账户。
4. 货币市场存款账户（MMDA）。

花旗银行在 1961 年引入了可转让定期存单，这一定期存款的到期期限是固定的，比如 6 个月。这些定期存单有两个重要特点：一是由于价值至少为 10 万美元，因而不受 Q 条例利率上限的限制；二是由于可以买卖，可转让定期存单可以与商业票据竞争。

此外，银行通过发展可以支付利息的可转让支付命令账户，试图绕过不得为活期存款支付利息的禁令。拥有 NOW 账户的储户获得了"可转让支付命令"，在将资金转给其他人时，储户可以签署这一命令。尽管这些可转让支付命令不被称为支票，但是它们看起来和支票一样，而且也被当作支票来使用，因此，NOW 账户实际上是可以支付利息的支票账户。

银行还开发了自动转账系统（ATS）账户，这是一种帮助大储户规避利率上限的方法。ATS 账户通过在每天结束时将客户支票账户中的余额转入一个可以支付利息的隔夜回购协议，实际上为支票账户支付利息。

为了解决银行业利率监管失效的问题，国会实施了两条法律，即 1980 年的《存款机构放松管制和货币控制法案》（Depository Institutions Deregulation and Monetary Control Act，DIDMCA）和 1982 年的《甘恩－圣哲曼法案》（Garn-St. Germain Act）。随着第一个法案的通过，国会通过逐步取消 Q 条例和正式允许开设 NOW 账户和 ATS 账户，减轻了由反竞争给银行带来的负担。Q 条例最终在 1986 年被完全取消。此外，这一法案还完全取消了抵押贷款和商业贷款的利率上限。国会通过《甘恩－圣哲曼法案》的目的，是通过授予银行一个更有力的对抗货币市场共同基金的武器，以逆转脱媒的趋势。这一法案允许银行开设货币市场存款账户（MMDA），并受到 FDIC 的保护，但是银行不需要为此提取法定准备金。储户每月可以开出数量有限的支票。对银行而言，MMDA 的成本很低，因为不要求银行为其提准备金，也不用处理很多支票业务，因此，银行可以为这些账户的存款支付比 NOW 账户更高的利率。由于这种新的账户兼具支付市场利率和安全性，并且是在人们所熟悉的银行开设的，所以立即受到很多储户的欢迎。

图 12-8 从利率上限的角度，总结了危机爆发、实施监管、金融体系的应对措施和监管者的应对措施。

1. 危机爆发
在1930～1933年危机期间，公众对银行体系失去了信心。储蓄者将存款转换为现金，银行对贷款进行清算。

2. 实施监管
银行业动荡使人们呼吁实施监管限制。为了使银行保持盈利，Q条例规定了存款利率上限

3. 金融体系的应对措施
证券企业促进了货币市场共同基金和商业票据市场的发展。银行进行创新以规避筹集资金时遇到的利率上限问题，并在贷款时发挥信息成本优势

4. 监管者的应对措施
竞争压力迫使立法机构通过《存款机构放松管制和货币控制法案》和《甘恩－圣哲曼法案》并取消了利率上限，这使银行更有效地展开竞争

图 12-8　利率上限：危机爆发、实施监管、金融体系的应对措施和监管者的应对措施

资本金要求

联邦政府提升银行体系稳定性的一种方法，就是向银行派出 FDIC、美联储和货币监理署的审查员，检查银行是否遵守监管规定。货币监理署主要对大型国民银行进行检查。每次检查之后，银行会收到一个以 CAMELS 评级的形式得出的分数，这是基于对以下内容的考察：

资本充足率（capital adequacy）。

资产质量（asset quality）。

管理（management）。

收益（earnings）。

流动性（liquidity）。

对市场风险的敏感程度（sensitivity to market risk）。

一个糟糕的 CAMELS 分数会导致货币监理署向银行发放一个制止令，令其改正自己的行为。这一制度效仿了私人市场通过在金融合约中加入限制性条款，解决道德风险问题的做法。

在 CAMELS 的各个分数项中，资产质量和资本充足率通常最受关注。对资本金的管制是宏观审慎监管的一个例子，目的在于通过提高金融企业所有者承担企业损失的可能性，来降低金融体系的风险。当银行进行高风险投资，以期获得更高的股权收益率时，就会产生道德风险。要求银行必须持有的资本金不得少于某一最低数额，这种监管措施从两个方面抑制了可能存在的道德风险，降低了银行倒闭给 FDIC 带来的成本：一是增强了在发生亏损之后银行仍然能够偿还负债的能力；二是一旦银行倒闭，银行所有者损失的金额会更大，从而使其有更强的动力避免进行高风险投资。20 世纪 80 年代的储贷危机之后，监管者更为关注对资本金的要求。为了促进抵押贷款的发展，联邦监管机构在20 世纪 30 年代创建了储贷机构，储贷机构吸收短期定期存款，发放长期的、利率固定

的抵押贷款。尽管这种结构使得储贷机构面临严重的期限错配问题，但是只要利率是稳定的，并且监管部门限制储贷机构和银行为其存款支付的利率，就不会有大问题。然而，从 1979 年开始，市场利率的大幅上升增加了储贷机构的融资成本，降低了它们现有抵押贷款资产的现值，使其净资产大幅下降。储贷机构还有很高的杠杆，它们的资本金通常只有资产值的 3%，如此高的杠杆放大了亏损对其股本的影响。在联邦政府实施了成本高昂的救助之后，20 世纪 80 年代储贷机构倒闭的浪潮才被终结。很多商业银行在 20 世纪 80 年代也损失惨重，尽管由于杠杆较低并且抵押贷款的数量相对较少，其损失相对有限。

由于储贷危机的影响很大，政策制定者决定解决资本充足率的问题。美国与其他国家一起，参加了由坐落于瑞士巴塞尔的国际清算银行（Bank of International Settlements，BIS）发起的一项计划。巴塞尔银行监管委员会形成了《巴塞尔协议》（Basel accord），规定了对银行资本金的要求。尽管巴塞尔银行监管委员会的决定仅是建议，但仍然对成员的银行监管产生了强有力的影响。

根据《巴塞尔协议》，银行资产按照风险程度被分为四类。这些分类被用于计算衡量银行经风险调整的资产的一个指标，计算方法是每项资产的金额乘以风险调整因子。然后，用银行资本金相对于经风险调整的资产的比率，来计算银行的资本充足率。一级资本大部分是我们所讲的银行资本，即股东权益。二级资本包括银行的贷款损失准备金、次级债务和其他几个银行资产负债表中的项目。银行拨出部分资本金作为贷款损失准备金，以冲抵未来贷款的损失。使用贷款损失准备金，能够使银行报告的利润避免出现大幅波动。在银行出售债券时，一些债券是优先债务，另一些债券是次级债务或者低级债务。如果银行倒闭，持有优先债务的投资者获得的偿付在持有低级债务的投资者之前。由于持有低级债务的投资者有更强的动力去监管银行经理的行为，因此，根据《巴塞尔协议》，低级债务被包含在二级资本中。

银行监管者通过计算两个比率来确定一家银行的资本充足率，即银行的一级资本相对于经风险调整的资产的比率和银行的总资本相对于经风险调整的资产的比率，其中总资本等于一级资本和二级资本之和。基于这两个资本金比率，银行被分为了五种风险类别，如表 12-3 所示。注意，一家银行的资本金比率越高，杠杆就越低，承受短期损失的能力也越强。

表 12-3　衡量银行的资本充足率

类别	描述	一级资本充足率	总资本充足率
1	资本完全充足	8% 或者更高	10% 或者更高
2	资本充足	6% 或者更高	8% 或者更高
3	资本不足	低于 6%	低于 8%
4	资本明显不足	低于 4%	低于 6%
5	资本严重不足	低于 2%	—

资料来源：FDIC。

对于第 1 类银行，除了明确规定的对银行业的监管措施以外，对其业务没有其他的限制。第 2 类银行的业务必须遵守特定的限制，但是银行不需要采取任何措施。第 3、4、5 类银行必须采取措施提高自己的资本金比率。一般而言，FDIC 会与第 3、4、5 类银行签署一个正式的协议，明确规定要采取的具体措施以及完成这些措施的截止时间。第 5 类银行必须让 FDIC 相信，它有一个立即增加资本金的计划，否则就要关门。需要注意的是，第 5 类银行可能拥有偿付能力，也就是说它的资本金是正的，因此它的资产可能超过了负债，但是，如果它无法立即增加资本金，仍然会被 FDIC 关闭。

实施这些资本金要求，意味着那些资本金比率较低的银行将会被迫关门或者增加资本金，从而增强商业银行体系的稳定性。但是，这些要求也会使大型商业银行以金融创新作为回应，这些创新可以使银行将某些资产从其资产负债表上剥离出去。银行如果持有的资产风险相对较高，比如抵押贷款支持证券，就会被要求增加资本金。一些大型商业银行创造了特殊投资工具（special investment vehicles，SIV）来持有这些资产。SIV 与发起这些工具的银行有着不同的管理者和资本金，但是在买卖证券时，它们受益于与发起银行的关系。至 2007 ～ 2009 年金融危机时，大约有 30 家 SIV，持有的资产约为 3200 亿美元。当由 SIV 持有的资产贬值时，发起银行将面临艰难的选择，它要么让 SIV 倒闭，要么将其带回银行的资产负债表中。最终，大多数银行都选择了第二种方法，在金融危机期间，这增加了银行在资产负债表上的损失，但是对于那些由这些 SIV 发行的商业票据和其他债务的投资者，银行维护了与他们的关系。

《巴塞尔协议》的监管规定不断演化，特别是在风险调整因子方面，这些因子被用于计算对于特定的资产，银行必须持有多少资本金。

图 12-9 从资本金要求的角度，总结了危机爆发、实施监管、金融体系的应对措施和监管者的应对措施。

图 12-9　资本金要求：危机爆发、实施监管、金融体系的应对措施和监管者的应对措施

2007～2009 年的金融危机以及危机应对模式

在 2007～2009 年金融危机期间以及之后发生的事件，符合我们在本章中数次见到的危机与应对模式。很明显，房地产市场崩溃引发了一场自 20 世纪 30 年代大萧条以来美国金融体系最严重的一次危机。房价崩溃减少了家庭的净资产，使它们削减开支以偿还债务。试图借款的家庭，包括通过抵押贷款再融资来借款，发现很难获得贷款，因为它们的净资产下降了，而出借人发放贷款的标准也更严格。很多小企业处于类似处境之中，因为商业房地产价格大幅下跌，建筑贬值了，而很多企业在借款时要将这些建筑作为抵押品。

抵押贷款支持证券以及其他与住房相关的资产贬值，使得银行和其他中介机构蒙受了损失。财政部和美联储最初的监管反应是救助 AIG 等企业、通过"不良资产救助计划"为商业银行注入资本金以及美联储发放大量贷款，以此来稳定金融体系。

为了应对这场危机、重建资本金并减少资产负债表上不良贷款的监管压力，银行减少了发放的贷款，积攒准备金，力图降低杠杆。此外，银行在重新评估自己的借款标准时，变得更为厌恶风险。很多小企业发现自己难以获得贷款，甚至与它们已经建立了长期关系的银行现在也拒绝贷款。

随着危机逐渐过去，国会试图修改对金融体系的监管规定，并于 2010 年 7 月通过了《多德－弗兰克法案》。以下是这项法案中的一些关键条款：

- 创建位于美联储的消费者金融保护局，设立旨在保护消费者借款和投资行为的规则。
- 建立金融稳定监督委员会，成员包括所有联邦重要金融监管机构的代表，如证券交易委员会、FDIC 和美联储。该委员会建立的目的是识别和应对金融体系的系统性风险。
- 试图终结针对大型金融企业的大而不能倒政策（本章前面讨论过这个问题）。
- 使美联储的运转发生了一些变化。
- 要求某些衍生品要在交易所进行交易，而不是进行场外交易。
- 实施沃尔克规则，禁止商业银行的自营交易。
- 要求对冲基金和私募股权投资企业在证券交易所注册。

图 12-10 从 2007～2009 年金融危机的角度，总结了危机爆发、实施监管、金融体系的应对措施和监管者的应对措施。

1.危机爆发
从2006年开始的房地产泡沫崩溃导致家庭净资产下降，扰乱了金融中介的经营活动

2.实施监管
财政部和美联储通过救助AIG等企业、通过"不良资产救助计划"向商业银行注入资本金以及美联储大量发放贷款应对危机

3.金融体系的应对措施
银行和其他金融企业增加了自己的资本金、去杠杆，在发放贷款和进行投资时更为厌恶风险

4.监管者的应对措施
国会通过了《多德-弗兰克法案》，增加了对金融企业的监管

图 12-10　2007～2009 年金融危机：危机爆发、实施监管、金融体系的应对措施和监管者的应对措施

　　2020 年的金融危机和美联储与财政部应对这场危机的措施是否会导致更多的金融监管，如何实施新的监管措施，以及金融体系将会如何应对，现在还不清楚。

回答关键问题

　　在本章开始时，我们提出的问题是：

　　"爆发金融危机的原因是什么？"

　　正如我们在本章开始时提到的，美国在不到 15 年的时间里经历了两次金融危机，即在房地产价格泡沫破灭之后爆发的 2007～2009 年危机和新冠疫情期间的 2020 年危机。美国在 20 世纪 30 年代大萧条的初始阶段也曾遭遇过一次严重的金融危机。这些危机都伴随着严重的经济衰退。每次危机产生的原因都有所不同，20 世纪 30 年代的金融危机与商业银行的挤兑有关，2007～2009 年的金融危机是由于房地产崩溃对抵押贷款支持证券和相关金融资产造成了不利影响，2020 年的金融危机则是由于新冠疫情的影响，特别是州政府和地方政府实施的社会疏离措施。尽管最初的原因各不相同，但每次金融危机都出现了出借人继续向借款人发放贷款的意愿降低，因为他们认为这些借款人的信誉度降低了。结果就是金融体系中资金的正常流动被中断了，这导致了产出量、就业水平和家庭收入的下降。

第 13 章

美联储和中央银行业务

学习目标

在学习了本章之后，你应该能够：

13.1　解释美联储的结构。

13.2　解释美联储与政府之间的关系以及赞同和反对其独立地位的观点。

13.3　比较其他国家中央银行的独立程度。

富国银行拥有美联储的部分股份，这重要吗

　　美国联邦调查局（FBI）、国防部和环境保护署归谁所有？由于这些机构是联邦政府的一部分，很明显这些机构及其办公楼和电脑系统都归联邦政府所有。对于构成美联储的 12 家区域性联邦储备银行归谁所有，这个问题要复杂得多。

　　正如我们将在本章看到的那样，国会争吵了一百多年，才为这个国家的中央银行确定了在政治上可以接受的结构。1913 年通过的《联邦储备法案》以及之后的数次修订都体现了这种妥协。根据这种妥协方案，控制美联储的委员会（Board of Governors）是一个与联邦调查局或国防部类似的联邦政府机构。但是，开展美联储大多数业务的 12 家区域性联邦储备银行，在法律上等同于私人企业，所在地区的商业银行拥有这些区域性联邦储备银行的股票，从而也就拥有了美联储的一部分。比如，旧金山有一家联邦储备银行。富国银行在全国都建立了分支机构，其总部坐落于旧金山，因此，它就是旧金山联邦储备银行的部分所有者。但是，富国银行和其他成员银行拥有的所有权，与股东通常对私人企业拥有的那种所有权并不相同。这些银行不能出售或交易它们的股票，联邦储备银行运转的目的也不像商业银行那样，是实现利润最大化，尽管

成员银行确实每年会收到股息。对于每家储备银行如何运作，成员银行有一定的影响力，因为它们可以选举储备银行理事会 9 名成员中的 6 名。这些理事会进而任命储备银行的行长。

由于储备银行负责监督和管制本地区的成员银行，如果成员银行对于储备银行的运转有重要影响，这是否存在利益冲突？一些政策制定者确实是这样想的。于是在 2010 年，作为《多德－弗兰克法案》的一部分，国会修改了《联邦储备法案》，禁止作为储备银行理事会成员的银行家被任命为储备银行行长。曾经竞选 2020 年民主党总统候选人的佛蒙特参议员伯尼·桑德斯更进一步，建议银行业的管理人员不得进入美联储的各种委员会。桑德斯认为，由于美联储要监管银行，这些管理人员如果在美联储的委员会任职的话，就会出现利益冲突，因此，需要对美联储的治理结构从根本上进行重组，以消除利益冲突。

近些年来，很多政策制定者希望改变美联储的结构，有关银行对美联储产生影响的争论仅是几个反映这种观点的现象之一。我们已经看到，《联邦储备法案》旨在使美联储在财务方面独立于联邦政府的其他部门，并且在政治方面也保持一定的独立性。但是，在 2007～2009 年金融危机期间和 2020 年新冠疫情导致的经济衰退期间，美联储采取了非同寻常的政策行动，这使得一些批评者认为，美联储在经济中发挥的作用过于重要了。实际上，很多人认为美联储主席影响经济和金融体系的能力，仅次于美国总统。

未经选举的中央银行首脑是否应该拥有这么大的权力？或者说国会和总统是否应该对美联储的运转和政策制定发挥更直接的作用，就像在防务、环境、税收和联邦政府支出等领域一样？在本章中，我们将讨论目前美联储的结构，从而为这些争论提供背景知识。

关键议题和问题

议题： 唐纳德·特朗普总统对美联储政策的批评引发了一场辩论，即是否应该降低美联储的独立性。

问题： 国会和总统是否应该对美联储拥有更大的权力？

在本章中，我们将讨论美联储的组织和结构，以及它所发挥的经济政策制定的作用。我们还会介绍美联储运转所处的政治舞台，以及关于中央银行独立性的争论，近些年来这些争论在国会变得越来越激烈了。然后，我们将考察除美国以外的其他中央银行的组织和独立性，包括欧洲中央银行。

13.1　美联储的结构

学习目标　解释美联储的结构。

其他中央银行的结构很少像美联储这样复杂。政治斗争使得美国的银行体系变得很细碎，一些人拥护强大的金融机构，而另外一些人则担心如此强大的金融机构会滥用它们的经济权力。政治斗争塑造了美联储的组织形式。最近国会对于是否要削弱美联储的独立性展开了争论，这也可以被视为早先那些政治斗争的回音。为了理解为何美联储会按照现在这个样子组织起来，我们需要简要回顾一下这个国家早些时候创建中央银行的一些尝试。

创建美联储

美国在获得独立之后不久，财政部部长亚历山大·汉密尔顿就组织建立了美国银行（Bank of the United States），旨在发挥中央银行的职能，但是由政府和私人共同所有。这家银行通过采取措施，确保地方银行相对于自己的资本金，不要发放太多的贷款，从而试图稳定金融体系。但是，美国银行很快招来了很多人的敌视。地方银行憎恨美国银行监管它们的业务。很多拥护对联邦政府进行限制的人不信任这家银行所拥有的权力，因为宪法没有明确地赋予国会创建一家中央银行的权力。农民和小企业主憎恨这家银行干涉他们从地方银行获得信贷的能力，特别是在西部和南部地区。

1791 年，国会授予美国银行 20 年的特许权，这使其成为唯一由联邦政府授予特许权的银行。当时所有其他银行都是从州政府那里获得的特许权。面对政治上的反对意见，国会缺乏足够的支持力量，以延长这家银行的特许权，于是美国银行在 1811 年停止了运转。部分地由于联邦政府要为 1812 年的战争筹集资金，国会中的政治意见转向认为有必要建立一家中央银行。1816 年，国会建立了第二美国银行（the Second Bank of the United States），特许权仍为 20 年。第二美国银行遇到了很多与美国银行一样的争议。在第二美国银行特许权临近到期时，在民粹主义总统安德鲁·杰克逊与第二美国银行行长尼古拉斯·比德尔（Nicholas Biddle）之间爆发了严重的政治冲突。1832 年，尽管国会通过了一项法案，允许延长第二美国银行的特许权，但是杰克逊否决了这一法案，第二美国银行的特许权于 1836 年到期。第二美国银行作为宾夕法尼亚州特许的银行，又存在了一段时间。

第二美国银行的消失使这个国家失去了中央银行，因而也就没有了正式的银行作为最后贷款人。像纽约清算所（New York Clearing House）这样的私人机构试图填补这一空缺，但是，1873 年、1884 年、1893 年和 1907 年几次全国性的金融危机以及与之相伴的经济衰退，激起了国会对美国金融体系稳定性的担忧。在 1907 年的金融恐慌和经济衰退之后，很多政策制定者担心像纽约金融家 J. P. 摩根这样的银行家无法应对未来的金融危机。这些银行家过去协助组织了向暂时出现流动性问题的银行发放贷款。国会在 1908 年任命国家货币委员会来研究建立中央银行的可能性。国会对这个委员会提出的建议进行了修改，并在伍德罗·威尔逊（Woodrow Wilson）总统的支持下，于 1913 年通过了《联邦储备法案》。

《联邦储备法案》创建了美联储作为美国的中央银行。很多国会议员认为，一家位于华盛顿特区的统一的中央银行将会把太多的经济权力集中在运营这家银行的官员手中。于是，这个法案将美联储的经济权力按照以下三种方式进行了分割，一是在银行家的和企业界之间进行分割，二是在各个州和地方之间进行分割，三是在政府和私人部门之间进行分割。这个法案和后续的法律将这个体系分为了四个团体，从理论上来讲，每个团体都有独立的职能，这四个团体为联邦储备银行、作为成员的私人商业银行、美联储委员会和联邦公开市场委员会。所有的国民银行，即由联邦政府授予特许权的商业银行，都被要求加入这一体系。由州政府授予特许权的商业银行，即州立银行，可以自愿选择加入。通过《联邦储备法案》最初的目的是让中央银行依据最后贷款人的职能，来控制货币余额和向成员银行发放贷款的数量，也就是所谓的折价贷款。1913 年，总统和国会并没有想到美联储会拥有集中的权力，对货币和银行体系的几乎各个方面进行广泛的控制。

联邦储备银行

为了将联邦储备系统中的权力分割开来，国会决定不建立一家拥有分支机构的单个的中央银行，尽管第一和第二美国银行都采取了这种结构。相反，《联邦储备法案》将美国分为 12 个联邦储备区域，每个区域在某个城市建立一家联邦储备银行，多数情况下，在本区域的其他城市设有分支机构。国会这样做的目的是，将每家联邦储备银行的首要功能明确为向本区域的成员银行发放贴现贷款。这些贷款将为银行提供流动性，从而以一种分散化的方式实现联邦储备系统所扮演的最后贷款人的角色，并终结银行恐慌，或者说，国会希望如此。

图 13-1 展示了联邦储备区域和联邦储备银行所在的城市。这张地图第一眼看上去可能有点奇怪，因为有些州被各区之间的分界线隔开了，在经济方面并不相似的州被分在了同一区域。最大区域（旧金山）的地理面积是最小区域（纽约）的 10 倍以上。大多数联邦储备区域既有都市区，也有农村地区，并且包括了制造业、农业和服务业

等不同行业的企业。这一安排的目的是防止任何一个利益集团或任何一个州从地区联邦储备银行那里获得优待。这些区域反映了美国的经济结构，以及产业和人口在 1914 年的地理分布。但是，从那时起，发生了一些重要的变化。比如，旧金山联邦储备银行所服务的区域在 1914 年包含了美国大约 6% 的人口，但是今天该区域的人口占比大约为 20%。有议员提出议案，建议重新划分各区的边界，但是到目前为止，这类议案还没有正式通过。

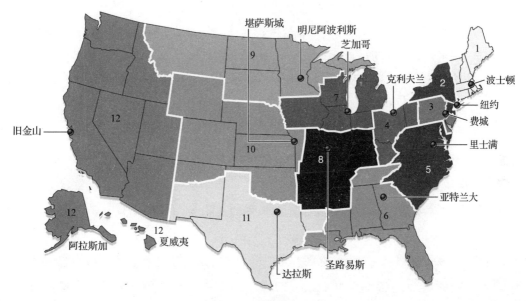

图 13-1　联邦储备区域

注：国会将美国分为 12 个联邦储备区域，每个区域既有都市区，也有农村地区，并且包括了制造业、农业和服务业等不同行业的企业。注意，阿拉斯加和夏威夷包含在第 12 个联邦储备区域内。

资料来源：联邦储备公报。

| 概念应用 |

密苏里州有两家储备银行？地区联邦储备银行的选址取决于哪些因素

目前的美联储和国会当初通过《联邦储备法案》时的设想并不完全一样。特别是当初设想的储备银行要比今天拥有更多的独立性。因此，在国会就这一法案进行争论时，这些银行坐落在何处就是一个重要的议题。法案允许有 8～10 个区域，但是没有具体说明这些区域的边界，也没有说明联邦储备银行坐落于哪些城市。决定权被授予了由财政部部长、农业部部长和货币监理署署长组成的联邦银行组织委员会。委员会于 1914 年公布了各区域的边界和联邦储备银行所在的城市，至今未变。

委员会做出的选择引发了争议，因为三名委员会委员都是由民主党总统伍德罗·威尔逊任命的。一些批评者认为，民主党的政治意见决定了委员会选择哪座城市。比如，唯一有两家储备银行的州是密苏里，第10区的联邦储备银行位于堪萨斯城，第8区的联邦储备银行位于圣路易斯。批评者指出，属于民主党的众议长来自密苏里。同样地，民主党参议员卡特·格拉斯（Carter Glass）是《联邦储备法案》的发起人之一，他的家乡弗吉尼亚的里士满有一家储备银行。有人力图说服美联储官员推翻委员会的这些决定，直到最后在1916年，美国司法部部长裁定，只有国会修改《联邦储备法案》，联邦储备银行的区域边界和地址才能修改。

尽管一些经济学家认为，联邦储备银行的选址是由20世纪初期的政治局势决定的，有关这一议题的研究成果却对这种解释提出了质疑。纽约州立大学安尼昂塔学院的迈克尔·麦克沃伊重新考察了联邦银行组织委员会的决定，以便了解是政治因素还是经济因素发挥了更大的作用。他发现，当时的大多数团体对于联邦储备银行选在6个城市有共识，即波士顿、芝加哥、纽约、费城、圣路易斯和旧金山。麦克沃伊利用统计模型来估算是政治变量还是经济变量能够更好地预测哪些城市会被选中。政治变量包括这座城市在国会中是否有民主党议员，经济变量包括城市人口、银行资本金的增长和委员会对银行家偏好的调查。麦克沃伊的结论是，经济变量可以正确地预测哪些城市会被选中，而政治变量则无法做到这一点。

圣路易斯联邦储备银行的经济学家大卫·惠洛克研究了美联储为何会在密苏里州设置两家储备银行。他注意到，在20世纪初期，代理银行业务特别重要。代理银行通常坐落于规模较大的城市，并为周围地区规模较小的银行提供支票结算和贷款等服务。代理银行还有助于满足小银行的企业客户的需求。比如，坐落于堪萨斯城的一家银行可能向位于堪萨斯州、内布拉斯加州和科罗拉多州的小银行提供这些服务。惠洛克发现，根据联邦银行组织委员会的调查，小银行更有可能与堪萨斯城和圣路易斯的银行而不是与位于丹佛或奥马哈等其他城市的银行，建立这种代理关系，尽管这些城市也想拥有一家储备银行。这些小银行支持将储备银行选定在堪萨斯城和圣路易斯，而不是其他城市。

因此，尽管密苏里州有两家联邦储备银行在今天看起来有些奇怪，但是在1914年，这似乎有其经济方面的原因。

在本章开头，我们提到过，尽管联邦储备银行的建立已有一个多世纪，它的所有权结构仍然存在争议。在银行加入美联储时，它们被要求购买联邦储备银行的股票，而联邦储备银行也会根据这些股票向成员银行支付股息。因此，从原则上来讲，在每个区域，作为美联储成员的私人商业银行与政府一起共同拥有这一家地区联邦储备银行。实际上，每家联邦储备银行都是一家由私人商业银行和政府合资的企业，因为成员银行很少享有一般股东拥有的那些特权。比如，对于地区联邦储备银行的利润，成员银行没有法定求偿权，这与私人企业的股东是不同的。

1913 年《联邦储备法案》的一项指导原则就是，某一群体不得以牺牲另外一个群体的利益为代价，利用中央银行的经济权力。因此，国会对联邦储备银行董事会的构成有严格的限定。这些董事代表三个群体的利益，即银行、企业和公众。成员银行选举三名银行家作为 A 类董事，三名来自工业、商业和农业的代表作为 B 类董事。美联储委员会任命三名代表公众利益的董事作为 C 类董事。在美联储的历史上，大多数时候联邦储备银行行长都是由这 9 名董事选举的，并经由美联储委员会批准。根据 2010 年的《多德－弗兰克法案》，A 类董事不再参与储备银行行长的选举。正如我们在本章开头中看到的，佛蒙特州参议员伯尼·桑德斯提出议案，规定不再允许银行选举 A 类和 B 类董事，而银行家也不能再做储备银行的董事。本章稍后将讨论这一议案。

12 家地区联邦储备银行承担以下职责，这与美联储在支付系统、货币供给控制和金融管制等方面所要发挥的作用有关：

- 管理支付系统中的支票结算。注意，由于银行体系已经实施了电子支票结算，而不再需要真的将纸质支票由资金转出的银行寄到资金存入的银行，因此，这种业务已经不像原来那么重要了。
- 通过发行新的联邦储备钞票以及从流通中收回受损的钞票，管理流通中的现金。
- 通过向本区域的银行发放并管理贴现贷款，实施贴现借贷业务。
- 承担监督和管制职能，比如检查州成员银行，评估银行合并的申请。
- 通过收集和发布本区域经济活动的数据，以及发布与货币和银行有关的文章（这些文章是由联邦储备银行雇用的职业经济学家撰写的），为企业和普通公众提供服务。
- 服务于联邦公开市场委员会，这是美联储主要的货币政策机构。

联邦储备银行以直接和间接的方式参与货币政策，直接方式包括发放贴现贷款，间接方式包括作为联邦储备委员会的成员发挥作用。从理论上来讲，联邦储备银行确定商业银行为贴现贷款支付的利率，以及允许单个银行借款的数量，这些银行既包括成员银行，也包括非成员银行。然而，在现实中，从 20 世纪 20 年代开始，贴现利率实际上是由位于华盛顿特区的美联储委员会设定的，并且这一贴现利率在 12 个区域都是相同的。联邦储备银行还通过它们在联邦公共市场委员会和联邦顾问委员会中的代表来影响政策，后者是由区域储备银行家构成的顾问机构。

成员银行

尽管《联邦储备法案》要求所有国民银行都要成为美联储的会员银行，但是州立银行被授予了选择是否加入的权利，有很多州立银行选择不加入。目前，大约有 20% 的州立银行是成员银行。在美国所有的商业银行中，大约有 38% 属于联邦储备银行，所有银行存款相当大的一部分是由这些成员银行持有的。

从历史来看，州立银行经常选择不加入美联储，因为它们认为这种成员资格是有成本的。不加入这一体系的州立银行不用遵循美联储的法定准备金要求。由于美联储不为法定准备金支付利息，银行将法定准备金看作一种事实上的税负，因为它们本来能够将这笔资金贷放出去并获取利息。换句话说，成为美联储的成员使这些银行产生了很大的机会成本，即失去一定的利息收入。随着名义利率在 20 世纪 60 年代和 70 年代上升，成为美联储成员的机会成本增加了，于是选择成为或继续留作美联储成员的州立银行越来越少了。

20 世纪 70 年代，美联储认为这种向成员银行增加的所谓的准备金要求，使这些银行相对于非成员银行处于竞争劣势。美联储宣布，部分银行拒绝成为成员银行削弱了美联储控制货币供给的能力，因此敦促国会迫使所有商业银行都加入美联储。尽管国会并没有通过立法实施这种要求，但是 1980 年的《存款机构放松管制和货币控制法案》要求所有银行都要保留与美联储要求一致的准备金存款。这一法案使成员银行和非成员银行都有资格获得美联储的贴现贷款和支付系统（支票结算）服务。《存款机构放松管制和货币控制法案》有效地模糊了成员银行和非成员银行之间的区别，中止了美联储成员银行数量的下滑。2008 年 10 月，美联储开始为准备金存款支付利息，这降低了银行持有准备金的机会成本。2020 年 3 月，美联储取消了法定准备金的要求。2020 年 9 月，美联储向银行准备金存款支付的利率为 0.1%。

▌解决问题 13.1

对银行来讲，法定准备金成本有多高

假定富国银行为支票账户余额支付的年利率为 1%，法定准备金率为 10%。注意，在 2020 年 3 月，美联储取消了法定准备金的要求，尽管在未来的某个时间，它还有可能恢复这一要求。假定对于富国银行持有的准备金，美联储支付的利率为 0.5%，而富国银行的贷款和其他投资的收益率为 5%。

a. 对于 1000 美元的支票账户存款，法定准备金对富国银行赚取收入有何影响？忽

略除了支付给储户的利息以外，富国银行由于存款产生的所有成本。

b. 法定准备金使银行产生的机会成本，在经济衰退时期更高还是在经济扩张时期更高？简单解释一下。

解决问题

第一步　复习本章内容。这个问题与对银行的法定准备金要求有关，因此，你需要复习"成员银行"这一部分的内容。

第二步　计算这笔资金使富国银行产生的实际成本，从而回答问题 a。由于法定准备金率是 10%，富国银行必须将 1000 美元支票账户存款中的 100 美元作为存在美联储的准备金，这笔准备金的利率是 0.5%。这家银行可以将其余的 900 美元投资出去。因此，它的收益将是：

（900 美元 ×0.05）+（100 美元 ×0.0050）=45.00 美元 +0.50 美元 =45.50 美元

如果这家银行对于这笔存款不需要持有准备金，它的收益将是：

$$1000 \text{ 美元 } \times 0.05 = 50 \text{ 美元}$$

因此，法定准备金使富国银行的收益减少了 4.5 美元，或者：

$$\frac{4.50 \text{美元}}{1000 \text{美元}} \times 100 = 0.45\%$$

第三步　解释准备金税在经济周期中如何变化，从而回答问题 b。银行从其贷款和其他投资中获得的利率越高，存在美联储的准备金的机会成本就越高，因为美联储仅为准备金支付很低的利率。正如我们在第 4 章看到的，在经济衰退时利率倾向于下降，在经济扩张时利率倾向于上升。因此，法定准备金使银行的机会成本有可能在经济扩张时期高于经济衰退时期。

美联储委员会

美联储委员会的总部位于华盛顿特区，它是美联储的最高权力机构。委员会的 7 名委员由美国总统任命，并经美国参议院批准。为了增加美联储的独立性，委员的任期是这样设定的：每名委员的任期为 14 年，不可连任，每名委员的任期相互交错，每两年的 1 月 31 日会有一名委员任期到期。因此，一名美国总统不可能任命委员会的全部委员。平均而言，总统每两年任命一名新委员。一个人的任职期限有可能长于 14 年，即一名委员退休时任期未结束，于是另外一个人接替他，在剩余的任期内担任委员，之后这个人再被指任一个完整的任期。通过这种方法，格林斯潘的任期从 1987 年持续到了 2006 年。地区联邦储备银行在委员会中的代表不得多于一名。

总统从委员会委员中选择一人担任主席。主席的任期为 4 年，并且可以连任。比如，本·伯南克被乔治·W. 布什总统于 2006 年 1 月任命为主席，然后在 2010 年 1 月再次被巴拉克·奥巴马总统任命为主席。2020 年，杰罗姆·鲍威尔担任主席，他是 2018 年被唐纳德·特朗普总统任命的，此时珍妮特·耶伦（Janet Yellen）结束了从 2014 至 2018 年的主席任期。

现在，很多委员会委员是来自企业界、政府和学术界的职业经济学家。自二战以来，美联储委员会主席的背景多种多样，比如威廉·麦克切斯尼·马丁（William McChesney Martin）和杰罗姆·鲍威尔来自华尔街，阿瑟·伯恩斯（Arthur Burns）、本·伯南克和珍妮特·耶伦来自学术界，威廉·米勒（William Miller）来自企业界，保罗·沃尔克来自公共服务部门，艾伦·格林斯潘来自经济预测领域。

委员会管理货币政策，通过公开市场业务、法定准备金和贴现贷款来影响美国的货币供给和利率。自 1935 年以来，委员会拥有在国会设定的范围内决定法定准备金要求的权力。它在联邦公开市场委员会的 12 个席位中拥有 7 个席位，因此可以影响公开市场业务指导方针的制定。除了这些正式的职责以外，委员会还可以通过非正式的途径影响全国和国际经济政策的制定。委员会主席为总统提供建议，就经济增长、通货膨胀和失业等经济事务在国会发言。

委员会负责某些金融监管。它设定保证金要求，即证券购买价格的一定比例投资者需要以现金来支付，而不能用借款来支付。此外，它还决定是否允许银行持有某些企业的股份，以及是否批准银行合并。美联储主席也在金融稳定监督委员会任职，这是依据 2010 年《多德－弗兰克法案》创建的一家监管金融体系的机构。委员会对单个联邦储备银行进行管理和控制，审查它们的预算，决定行长和办公人员的薪酬。

联邦公开市场委员会

由 12 名委员组成的联邦公开市场委员会（FOMC）指导美联储的公开市场业务。FOMC 的委员包括美联储主席、美联储委员会的其他委员以及 12 家地区联邦储备银行行长中的 5 位。纽约联邦储备银行行长一直担任委员会委员，其他 11 家联邦储备银行行长轮流在 FOMC 任职，期限为一年。12 家地区联邦储备银行行长都出席会议并参加讨论。美联储主席担任 FOMC 的主席。委员会每年在华盛顿特区开 8 次会议，如果在 2 次预定的会议之间发生了重要的经济变化，可能会在计划之外举行会议。比如，2020 年 3 月，FOMC 召开了 2 次计划外的会议，以应对新冠疫情对美国经济的冲击。

最近几十年，FOMC 在美联储的政策制定中具有核心地位。正如我们将在第 15 章讨论的，至 2007 ～ 2009 年金融危机，美联储最重要的政策工具是设定联邦基金利率的目标，这是银行之间收取的短期贷款的利率。在这场金融危机期间，美联储主席本·伯南克需要迅速做出决定，并使用新的政策工具。结果，货币政策的焦点不再集中于 FOMC。2010 年以后，FOMC 恢复了它以往的重要性，当美联储制定政策以应对 2020 年的新冠疫情时，情况仍是如此。

每次会议之前，FOMC 委员可以从三份文件中获得相关的数据：

- "绿皮书"，由美联储自己的经济学家提供，包括对未来两年全国经济的预测。
- "蓝皮书"，也是由美联储的工作人员提供的，包括对货币总量的预测以及其他信息，为可供选择的货币政策提供背景资料。
- "褐皮书"，由联邦储备银行提供，包含对每个区域经济状况的总结。

每次会议结束时，在美联储委员会委员和所有储备银行行长发言之后，美联储主席会对这些讨论进行评述。然后，FOMC 举行正式的投票，以设定联邦基金利率的目标。美联储委员会在公开声明中总结自己的观点，权衡通货膨胀上升和经济下滑的风险。美联储委员会通常会准备三个声明，措辞略有不同，以供委员们选择。如果美联储未来的政策存在不确定性，声明中准确的措辞就是非常重要的。

美联储并不以行政命令的方式来决定联邦基金利率，而是在美国国内政策指令中设定一个目标，这一指令将会派送至纽约联邦储备银行的公开市场交易部门。在那里，国内公开市场业务的经理通过与一级市场交易商进行国债交易来执行这一指令。一级市场交易商是私人金融企业，有权与美联储进行这些证券的交易。正如我们将在第 15 章讨论的，近些年来，公开市场交易部门实施 FOMC 的政策指令，主要是通过执行与一级市场交易商的逆回购协议。

| 概念应用 |

在美联储委员会，四人就会"超标"

由于货币政策的焦点是设定联邦基金利率的目标，至 20 世纪 80 年代，美联储内部有关货币政策的重要争论都是发生在 FOMC 会议期间。经济学家和华尔街分析师密切关注每次会议的结果，以便找到美联储政策方向的线索。然而，在 2007 ～ 2009 年金融危机期间，很明显，美联储不再将自己的行动限制在改变联邦基金利率的目标。与在其他经济衰退期间一样，FOMC 在 2007 年 9 月初迅速降低了利率目标。但是，至 2008 年 12 月，尽管利率目标实际上已经降到了零，经济仍然在收缩，金融体系处于危机之中。

正如我们在第 12 章看到的，美联储主席本·伯南克采取了一系列政策措施进行应对，其中一些史无前例。由于事态变化非常迅速，等待下一次 FOMC 会议以讨论可能的政策行动是不可能的。此外，由于 FOMC 会议要由所有的美联储委员会委员和 12 家地区联邦储备银行的行长出席，人数众多有可能有碍迅速做出决定。选择依靠美联储委员会也可能存在问题。1976 年，国会通过了《阳光政府法案》（Government in the Sunshine Act），要求大多数联邦政府机构在开会之前都要向公众公布。如果美联储委员会中的四名或四名以上的委员开会讨论一项政策措施，根据这项法案，这就将被视为一次正式的会议，如果没有事先向公众公布的话，该会议就无法召开。

由于事态每小时都在发生变化，伯南克需要迅速做出决定。事先向公众公布的要求使得他不可能与两名以上的其他委员会成员开会讨论。结果，伯南克依靠的是一个非正式的顾问组，这个顾问组由美联储委员会委员唐纳德·科恩（Donald Kohn）和凯文·沃尔什（Kevin Warsh）以及纽约联邦储备银行行长蒂莫西·盖特纳组成。盖特纳是 FOMC 的委员，但不是美联储委员会委员，因此他的出席不会使会议违反《阳光政府法案》的要求。这个四人组是美联储在这场危机期间重要的政策制定机构，后来人们也把这四个人称为"四个火枪手"。《阳光政府法案》有一个其制定者未曾想到的后果，就是它极大地限制了 FOMC 其他委员对货币政策制定的参与。

美联储内部的权力和权威

国会在设计美联储时考虑了权力制衡，以确保没有任何一个团体能够控制它。因此，在其成立初期，这个体系缺乏集中控制或者全国性的控制系统。由 12 家地区联邦储备银行行长组成的行长会议与位于华盛顿的美联储理事会就这一体系的控制权展开竞争[⊖]。在 20 世纪 30 年代初期发生了严重的银行危机之后，很多政策制定者和经济学家断定，分散化的美联储不足以应对全国性的经济和金融动荡。1933 年和 1935 年的《银行法案》将设定法定准备金的权力授予美联储委员会，将指导公开市场业务的权力授予 FOMC。1935 年的《银行法案》还将控制这一体系的权力集中在美联储委员会，并使其在 FOMC 的投票中占据多数席位，即 12 名委员中占 7 名。此外，财政部部长和货币监理署署长不再进入美联储委员会，从而增强了美联储的独立性。

从法律上来讲，国会将制定和实施货币政策的权力正式授予美联储委员会和 FOMC。然而，很多美联储观察家认为，美联储主席拥有的权威经常发挥举足轻重的作

⊖ 当时，储备银行的首脑被称为行长。在美联储建立初期，行长会议控制着公开市场业务。20 世纪 20 年代，公开市场业务由公开市场投资委员会控制。1933 年，公开市场投资委员会被联邦公开市场委员会代替。

用。我们可以将其与美国最高法院的首席大法官进行比较，美国总统会提名一名最高法院的法官做首席大法官。尽管首席大法官拥有某些管理职责，从而使其可以影响最高法院的判决，但是首席大法官手中仅有 1 票，在一些重要的判决中经常被其他大法官以多数票打败。美联储主席在委员会的 7 张选票中仅有 1 张选票，在 FOMC 的 12 张选票中也仅有 1 张选票，但是他们总是能够实施自己所偏好的政策。一些委员会委员和身处 FOMC 的地区储备银行行长可能会质疑美联储主席，但是通常情况下，主席的影响力仍会占上风。为委员会工作的经济学家也可以影响政策的制定，因为他们负责为每次 FOMC 会议提供有关经济形势和可能的政策选择的总结。由于纽约联邦储备银行总是在 FOMC 占有一个席位，并且实施公开市场业务的公开市场交易部门也在这家银行，因此，纽约联邦储备银行的行长通常拥有很重要的影响力。我们的结论是，在美联储，非正式的权力结构要比正式的权力结构更为集中。图 13-2 展示了美联储的组织结构和权力分配。归根结底，美联储主席拥有这一体系的大部分权力。

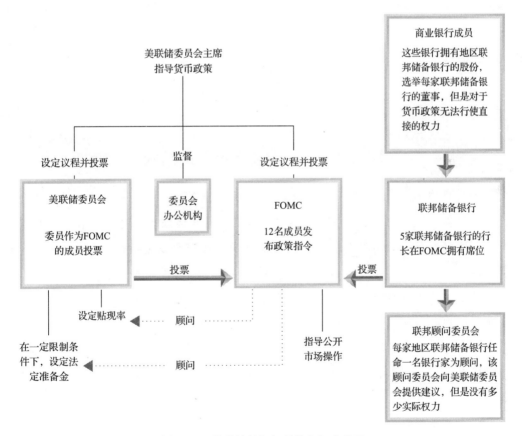

图 13-2　美联储的组织结构与权力分配

注：1913 年的《联邦储备法案》建立了美联储，并在这一体系中引入了一系列权力制衡机制。然而，在美联储中，与正式的权力结构相比，非正式的权力更多地集中于美联储委员会主席的手中。

成员银行在名义上是联邦储备银行的所有者，但是在这一体系内没有多少实际的权力。联邦储备银行的所有权和控制权之间的区别是显而易见的，即成员银行拥有联邦储备银行的股份，但是这种所有权并没有被授予私人企业的股东通常拥有的那些权利，而且这些股份也不能被售出。在美联储的历史上，大多数时间成员银行每年可以收到 6% 的固定股息。在扣除包括支付给成员银行的股息在内的全部费用以后，联邦储备银行剩下的所有收入都会交给美国财政部，从而为联邦政府的支出提供资金。2015年，为了筹集资金以修缮全国高速公路，国会改变了美联储支付给资产在 100 亿美元以上的大型成员银行的股息，使之低于 6%，或者等于 10 年期中期国债的利率。2020年，10 年期中期国债的利率低于 1%，因此，大型成员银行现在收到的股息要比原来少得多。注意，这一变化并未改变一个基本事实，即美联储支付给成员银行的股息并不取决于美联储的收益，成员银行也不拥有私人企业的股东对企业的利润拥有的那种剩余索取权。而且，对于它们在这一体系中的投资如何使用，成员银行实际上也无法控制，因为位于华盛顿的美联储委员会负责制定政策。尽管成员银行选举 A 类和 B 类董事，但是这些是非竞争性的选举。美联储的官员或者美联储委员会通常会为每个职位提出一名候选人。

| 概念应用 |

国会是否应该改变美联储的结构

很多人没有意识到，实际上有 12 家地区联邦储备银行，而非只有在华盛顿的 1家。人们可能也没有意识到，银行家们选举出 12 家地区联邦储备银行董事会的多数成员。这些联邦储备银行的职责之一，就是监管本地区的成员银行。成员银行对于储备银行的运转有一定的影响，这似乎存在利益冲突，就像医药公司影响食品药品监督管理局地区分支机构的运转，而后者负责新药的审批一样。佛蒙特参议员伯尼·桑德斯认为，允许银行影响美联储的运转会产生明显的利益冲突。2010 年，《多德－弗兰克法案》禁止由银行家构成的 A 类董事参与联邦储备银行行长的选举。但是，桑德斯参议员和其他一些国会议员认为应该更进一步，将银行家从联邦储备银行董事会剔除出去。

一些经济学家也认为，由于联邦储备银行行长在联邦公开市场委员会任职，美联储有时不能以一种声音对货币政策发表意见。加州大学伯克利分校的安妮特·维辛－乔根森（Annette Vissing-Jorgensen）建议，将目前的 12 家地区联邦储备银行合并为一组数量更少的超级储备银行，并且一直拥有投票权，从而减少美联储政策制定者的人数。

我们已经看到，国会建立美联储时成立了 12 家地区联邦储备银行，因为一个权力集中于华盛顿特区的集权体系遭到了政治上的反对，但是，国会为何让银行家影响地区联邦储备银行的运转？主要原因是在美联储建立之前，银行依赖清算所，特别是大城市的银行，而本地银行可以自愿加入这些清算所。清算所一开始的主要作用是结算支票和成员银行之间的转账，但是到了 19 世纪后期，清算所也是向成员银行提供短期贷款的机构来源之一，因为成员银行会遇到暂时的流动性问题。尽管清算所可以解决几家银行的短期流动性问题，但是在面对真正的银行恐慌时它就无能为力了，这在 1907 年的恐慌中显露无遗。国会为了解决这一问题而创建了美联储，其运作与清算所类似，主要提供支票结算服务和短期借款。

通过削弱联邦储备银行行长的影响力或者取消联邦储备银行的独立性，以及使银行家无法影响美联储的管理，从而将美联储的权力进一步集中起来，是否会产生负面影响？克利夫兰联邦储备银行行长洛蕾塔·梅斯特（Loretta Mester）为美联储目前这种结构进行了辩护：

> 权力分散在 12 家地区联邦储备银行，有助于美联储与遍及全国的相关人员建立密切的联系……由于经济活动在全国的分布并不均匀，这种区域结构也允许与每个区域相关的特定产业的专家发展专业化技能，并在需要时征召这些专家。

罗格斯大学的迈克尔·博尔多和克利夫兰联邦储备银行的诺贝尔经济学奖得主爱德华·普雷斯科特（Edward Prescott）认为，美联储分散化的结构有助于在美联储的内部讨论中增强政策观点的多样性。

里士满联邦储备银行前行长杰弗里·莱克（Jeffrey Lacker）相信，储备银行目前公私混合的性质使其运转良好。他认为如果改变法律，使成员银行不再拥有储备银行，就会引起谁拥有储备银行的问题。他相信这将会破坏自联邦储备银行建立以来一直有效运转的公私混合所有制，还会引发一些问题，比如美联储能否不受政治干扰，自由地实施货币政策。其他经济学家和政策制定者不太确定由美联储监管成员银行，在现实中会不会出现问题。目前，成员银行被禁止直接影响储备银行的监管职责。正如我们在第 12 章第 12.3 节看到的，2007～2009 年的金融危机源自影子银行体系，而非商业银行体系。共同基金、对冲基金、不属于银行控股公司的投资银行以及其他影子银行企业不是美联储的成员，也没有员工在联邦储备银行的董事会任职。美联储前主席珍妮特·耶伦在国会作证时总结了很多美联储官员的想法，她认为美联储的结构是一百年前政治家们苦苦思索之后做出的选择，目前运转良好，没有改变的必要。

归根结底，决定美联储结构的权力在国会。国会做出的选择要考虑经济因素，但是也经常会考虑到政治因素的影响。

美联储依据《多德－弗兰克法案》做出的改变

2007～2009 年金融危机的严重性和美联储在此期间采取的一些史无前例的政策行动，导致很多经济学家和政策制定者重新思考美联储在金融体系中扮演的角色。在有关金融改革的长期争论中，对于改变美联储的结构或者职责，国会议员们提出了很多提案。然而，在最终于 2010 年 7 月通过的《华尔街改革和消费者保护法案》或者所谓的《多德－弗兰克法案》中，没有包含任何之前提出的对美联储更为广泛的改革。以下是该法案中影响到美联储的主要条款。

- **美联储新的监管职责**。美联储与证券交易委员会和 FDIC 等其他 8 家监管机构一起，成为新成立的金融稳定监督委员会的成员之一。国会授予金融稳定监督委员会权力，使它可以要求具有系统重要性的金融机构增加资本金，并要求这些企业提供"生前预嘱"，详细说明这些企业在破产之后如何处置，并且不会引发金融动荡。这些政策的目标是避免再次出现 2008 年雷曼兄弟倒闭时的状况，即一家大型金融机构资不抵债威胁到整个金融体系的稳定。
- **对美联储发挥最后贷款人作用的限制**。正如我们在第 11 章讨论过的，《联邦储备法案》第 13（3）款进行了修改，收回了美联储在基础广泛的借贷项目之外，向单个金融企业提供贷款的权力。这一变化反映了国会对美联储在 2007～2009 年金融危机期间所采取行动的不满，即出借资金使得贝尔斯登和 AIG 免于破产。然而，在新冠疫情期间，这一改变对美联储采取行动影响甚微。一些经济学家和法律学者认为美联储向企业直接购买商业票据，特别是直接购买债券的行为，违背了对《联邦储备法案》的这一修订。然而，当国会在 2020 年 3 月通过《新冠病毒援助、救济和经济安全法案》时，默许了美联储采取的这些措施。
- **美联储委员会委员的新职责**。美联储委员会的一名委员现在被任命为金融稳定监督委员会的副主席，专门负责协调美联储的监管措施。
- **联邦审计署对紧急借贷的审计**。美国联邦审计署（Government Accountability Office，GAO）受命对美联储的紧急借贷项目进行审计。

- **选举储备银行行长的新程序**。正如之前提到的，联邦储备银行的 A 类董事不再参与本行行长的选举。
- **对美联储的借款人和交易对手有新的披露要求**。为了增强美联储运作的透明度，它被要求披露作为贷款发放对象和证券交易对象的金融机构的名称。
- **位于美联储的新监管部门**。在美联储新成立了消费者金融保护局。尽管这家机构的办公地址位于华盛顿美联储的大楼内，其预算也来自美联储的收入，但是美联储官员对其没有监督管理的权力。这家机构的局长是由总统任命的，并经参议院批准，其职能独立于其他美联储官员。设立这家机构的目的在于确定适用于所有金融机构的、与消费者保护有关的规则。美联储曾经拥有的一些监管消费者贷款的职责，被转移给了这家机构。

13.2 美联储与政府的关系

学习目标 解释美联储与政府之间的关系以及赞同和反对其独立地位的观点。

政府创建美联储，目的在于为银行提供短期流动性，监控银行体系的方方面面，并管理货币供给。美国宪法没有明确说明要建立一家中央银行。正如我们在上一节看到的，国会曾经在 19 世纪两次废除当时的中央银行。在本节中，我们将介绍政治环境如何影响美联储的运作，并讨论有关美联储独立性的争论。

应对外部压力

国会有意让美联储的运作在很大程度上独立于来自总统、国会、银行业和企业团体的外部压力。美联储委员会委员的任期很长且不得连任，以减少任何一位总统对委员会构成的影响，也是为了使委员抵御仅仅为了取悦总统和议员而采取某些行动的诱惑。

美联储在财务方面的独立性，允许其抵制外部的压力。一般而言，联邦机构必须请求国会拨付它们运作所需的资金。国会将审查这些预算请求，如果一些机构不受众议院或者参议院某些重要议员的待见，它们申请的数额就有可能被削减。美联储不受这一程序的影响，因为它的运作通常可以产生利润，实际上美联储会为财政部提供资金，而不是从财政部那里获得资金。美联储大多数收入来自它持有的证券所产生的利息，少量来自贴现贷款的利息和从金融机构那里获得的支票结算和其他服务的费用。2019 年，美联储的利润是 555 亿美元，其中的 549 亿美元上交给了财政部。美联储的利润相当可观，甚至与美国规模最大的企业相比也是如此。比如，在 2019 年，苹果公司的利润为 600 亿美元，埃克森美孚为 140 亿美元，微软为 390 亿美元，谷歌（现在叫 Alphabet）为 340 亿美元。但是，正如之前讲过的，与这些公司不同，美联储要将这些收入在扣除自己的费用之后，全部上交美国财政部，而不是自己保留下来。

尽管试图使美联储独立，它还是无法完全不受外部压力的影响。首先，总统可以控制委员会的委员资格。委员经常无法完成 14 年的任期，因为他们可以在私人部门赚取更多的收入，或者他们希望回归学术界或从事其他职业。因此，一名总统如果可以任职两届，就有可能任命多名委员。此外，总统可以每四年任命一名新主席。一名主席如果未能连任，还可以完成自己作为一名委员的剩余任期，但是传统上大多数主席会辞职，从而为总统提供了一个填补空缺的机会。另外，正如我们在第 2 章的开头看到的，总统可以对美联储施加政治压力，使其遵循总统所偏向的政策，正像唐纳德·特朗普总统在 2019 年和 2020 年所做的那样。尽管大多数法律学者相信，一旦美联储主席被任命并得到了美国参议院的批准，《联邦储备法案》不允许总统替换这位主席，但是，美联储主席还是希望避免与总统公开发生冲突。

其次，尽管美联储拥有可观的利润，从而不必请求国会拨款，但是美联储是由国会创建的。国会可以修改美联储的章程，改变美联储的权力，甚至完全废除美联储。国会议员经常毫不掩饰地提醒美联储这一事实。比如，随着《汉弗莱 - 霍金斯法案》（Humphrey-Hawkins Act，正式的名称是 1978 年《充分就业与平衡增长法案》）的通过，国会开始要求美联储解释如何将自己的措施与总统的经济目标协调起来。正如我们已经看到的，《多德 - 弗兰克法案》对美联储某些方面的组织和程序进行了修改。最近，一些国会议员提议，联邦审计署要对美联储的货币政策行动进行审计。大多数美联储官员认为，对美联储政策行动进行这种程度的审查，将会显著降低美联储的独立性，大多数国会议员似乎也同意这一观点。因此，国会实际上在某些方面削弱了美联储的独立性，但是它还没有限制美联储独立实施货币政策的能力。

最后，正如我们已经在第 12 章第 12.3 节讨论过的，在 2007 ～ 2009 年金融危机和 2020 年新冠疫情期间，美联储与财政部协调行动，2020 年，根据《多德 - 弗兰克法案》中的某一条款，美联储在实施自己的某些政策之前，事先获得了财政部部长斯蒂文·姆努钦的同意。

美联储和财政部之间发生冲突的案例

除了我们刚才已经提到的 2019 年和 2020 年特朗普总统对美联储主席杰罗姆·鲍威尔的批评以外，美国历史上还发生过美联储和总统发生冲突的其他案例，这时总统经常由财政部部长来代表。在二战期间，富兰克林·罗斯福总统的政府增强了对美联储的控制。为了为战时预算赤字融资，美联储同意以低利率持有财政部发行的债券，即短期国债的利率为 0.375%，长期国债的利率为 2.5%。美联储只需要将未被私人投资者买走的国债全部买下，就可以将利率保持在低水平，也就是把利率固定住或者盯住这一利率。当战争于 1945 年结束时，财政部想要继续实施这一政策，但是美联储不同意。美联储担心的是通货膨胀，美联储购买的国债越多，货币供给的增长速度就越快，通货膨胀率也就越高。当战争结束时，政府取消了之前抑制通货膨胀的价格管制。

美联储主席马里纳·埃克尔斯（Marriner Eccles）强烈反对固定利率的政策。他的这一反对态度也导致哈里·杜鲁门总统在 1948 年没有再次任命他为主席，而埃克尔斯在完成作为委员的剩余任期时，一直为争取美联储的独立地位而斗争。1951 年 3 月 4 日，根据《财政部－美联储协议》，联邦政府正式放弃了固定国债利率的战时政策。对于重建美联储相对财政部独立运作的能力，这份协议非常重要。

然而，财政部和美联储的斗争并没有随着这份协议而终结。比如，就谁应该为 20 世纪 80 年代初期严重的经济衰退负责，罗纳德·里根总统和美联储主席保罗·沃尔克展开争论。里根将其归咎于美联储的让利率飙升。沃尔克坚称美联储不能采取降低利率的行动，除非预算赤字下降，而预算赤字是总统和国会政策行动的结果。类似的冲突还发生在乔治·W.布什和比尔·克林顿执政的时期，因为财政部经常施加压力，要求降低短期利率，而这一利率低于美联储认为合适的水平。

正如之前提到的，在 2007～2009 年金融危机和 2020 年新冠疫情期间，美联储与财政部密切合作。两者的关系如此密切，一些经济学家和政策制定者甚至担心这会使美联储丧失某种独立性。在 2008 年秋天金融危机正处于高潮时，美联储主席本·伯南克和财政部部长亨利·保尔森经常一起商讨对策，这打破了美联储主席独立于总统行政部门制定政策的传统。在 2020 年新冠疫情期间，美联储主席杰罗姆·鲍威尔与财政部部长斯蒂文·姆努钦也经常讨论政策。如果美联储和财政部部长的紧密合作在金融体系没有经历危机的时期也能够持续下去，这就会引发美联储是否能够独立于白宫来实施政策的问题。

什么因素在激励着美联储

我们已经看到，美联储对于制定和实施货币政策拥有法定的权力。我们现在考察一下美联储在运用这一权力时受哪些因素的激励。对于这一问题，主要有两种观点，一种是公共利益的观点，一种是委托－代理的观点。

公共利益的观点

在解释企业经理的行为动机时，通常的出发点是，他们根据自己所服务的客户的利益采取行动，而他们的客户就是股东。对于美联储的动机，公共利益的观点认为，美联储也会根据自己主要的客户的利益来采取行动，而它的主要客户就是一般公众，它努力实现符合公共利益的经济目标。这些目标包括价格稳定、高就业和经济增长。

对于美联储而言，证据是否支持这种公共利益的观点？一些经济学家认为，就价格稳定来讲，并非如此。特别是 20 世纪 70 年代后期和 80 年代初期的高通货膨胀率，削弱了美联储强调价格稳定的观点。另外一些经济学家则认为，美联储保持价格稳定的纪录相对优异，20 世纪 70 年代的高通货膨胀率主要是由于石油价格飙升，这让美联储也大吃一惊。自 20 世纪 90 年代初期以来，通货膨胀率更接近美联储每年通货膨胀率保持在 2% 的目标，尽管自 2007 ～ 2009 年金融危机以来，通货膨胀率通常低于这一目标。对于美联储的行动是否与其高就业和高经济增长率的目标一致，也存在类似的争论。

委托 - 代理的观点

很多经济学家认为政府组织有相互冲突的目标。尽管创建这些组织的目的是服务公众，但是政府组织也有自己的目标，而且这种目标可能与其公开声明的使命并不一致。实际上，公共组织也面临委托 - 代理问题，就像私人企业一样。

回忆一下，如果经理（代理人）在企业中没有多数股份，他们实现股东（委托人）利益最大化的动机可能就很弱。在这种情况下，代理人并不总是根据委托人的利益来采取行动。乔治梅森大学已故的戈登·图洛克（Gordon Tullock）和已故的诺贝尔奖得主詹姆斯·布坎南（James Buchanan）提出了委托 - 代理的观点，以解释像美联储这样的官僚组织的动机。这种观点主张，官员的目标是实现他们个人福利的最大化，比如权力、影响力和声望，而不是实现一般公众福利的最大化。因此，这种关于美联储的委托 - 代理的观点预测，美联储的行动是为了增强自己作为一个组织的权力、影响力和声望，并受到总统和国会这两位委托人对其施加的约束。

如果委托 - 代理的观点能够精准地解释美联储的动机，我们可以预期美联储会努力保持自己的自治，美联储也确实是这样做的。美联储经常抵制国会控制其预算的尝试。实际上，美联储一直成功地动员了自己的客户来保护自己的利益，比如银行家和企业高管。尽管在《多德 - 弗兰克法案》的最初版本中包含一些会降低美联储独立性和监管权力的条款，但美联储成功地游说了国会，在法案最后的版本中将大多数这类条款剔除掉了。然而，公共利益观点的支持者认为，美联储捍卫自己的自治权是为了更好地服务于公共利益。

赞同委托－代理的观点的人还预测，美联储将会避免与那些能够限制其权力，降低其影响力和声望的团体发生冲突。比如，美联储可以制定货币政策以帮助在位的总统再次赢得大选，因为总统有可能限制它的权力。结果就会出现政治经济周期，即美联储在选举前努力降低利率以刺激经济活动，从而赢得试图再次当选的在位政党的好感。在选举之后，美联储会使经济活动紧缩，以降低由于之前的扩张而产生的通货膨胀压力，此时经济会出现下滑。但是，此时，对美联储抱有同情之心的总统可能已经再次当选了。然而，美国的实际经验并不支持这一政治经济周期的假说。比如，在1972年理查德·尼克松（Richard Nixon）总统再次参加竞选之前，货币供给的增速加快了，但是，在吉米·卡特（Jimmy Carter）总统和乔治·W.布什总统分别在1980年和1992年再次参加竞选并最终落败之前，货币供给的增速降低了。

尽管如此，总统的意愿仍有可能对美联储的政策产生微妙的影响。有一项研究考察1979年至1984年政治因素对货币政策产生的影响。作者统计了政府成员希望货币政策发生改变的言论被《华尔街日报》的文章引用的次数，发现货币政策的改变与政府希望政策改变的信号发出的次数之间，关系非常密切○。

对委托－代理的观点的一个批评，强调有必要区分美联储的意愿和外部压力，即美联储自己想要在某一方面采取行动，而国会和总统可能试图让美联储追求别的目标。委托－代理的观点也未能解释为何国会会允许美联储通过经费自给来保持相对独立。一些经济学家认为，通过经费自给，美联储有可能增加国会的长期的利益。如果经费自给使美联储有动力在公开市场上买入更多的国债，从而增加美联储持有的资产，财政部就可以获得更多的收入，以供国会开支。确实，在2007～2009年金融危机期间和之后，美联储持有的债券大幅增加，从而导致美联储的利息收入增加，然后大多数利息收入又转给了财政部。

美联储的独立性

一般而言，有关美联储独立性的政治争论并非由于对货币政策或美联储在管理货币政策时发挥的作用有意见分歧，而是由于公众对美联储的政策持反对意见。一个例子就是国会通过立法，命令联邦审计署对美联储的货币政策行动进行审计。之所以有这样一条法律规定，部分的原因就在于公众对美联储未能使经济从2007～2009年

○ Thomas Havrilesky, "Monetary Policy Signaling from the Administration to the Federal Reserve," *Journal of Money, Credit, and Banking*, Vol. 20, No. 1, February 1988, pp. 83-101.

的衰退中迅速复苏过来感到不满。我们可以分析一下支持和反对美联储独立性的相关观点。

支持美联储独立性的观点

支持美联储独立性的主要观点是，货币政策会影响通货膨胀、利率、汇率和经济增长，它太重要了，也太过专业，不能由政治家来决定。由于经常要选举，政治家关注的是短期利益，而不考虑长期成本。特别是，政治家希望再次当选的短期欲望可能与本国实现低通货膨胀的长期目标相冲突。因此，美联储不能假定政治家的目标反映了公众的观点。公众可能更希望由美联储的专家而不是政治家来制定货币政策。

另一个赞同美联储独立性的观点是，完全由当选的官员来控制美联储，会增加货币供给和利率出现政治经济周期波动的可能性。当选的官员可能会迫使美联储通过购买国债来帮助财政部借款，这会增加货币供给，降低利率，并引发通货膨胀。在很多其他国家，政府官员迫使中央银行购买国债是导致通货膨胀的最主要的原因。比如，委内瑞拉政府无法将国债卖给私人投资者，只能迫使委内瑞拉中央银行来购买，结果就是货币供给极度过剩，据估计 2019 年的年通货膨胀率几乎是令人难以置信的百分之两百万。

反对美联储独立性的观点

货币政策对于经济的重要性也是反对中央银行独立性的一个主要观点。这一观点的支持者认为，当选的官员应当制定公共政策。由于公众可以使当选的官员对无效的货币政策负责，一些经济学家和政策制定者赞成让总统和国会对货币政策拥有更多的控制权。有一种观点认为货币政策对于当选的官员来讲过于专业，反对这种观点的人则认为，国家安全和外交政策也需要进行复杂的分析，视野也要足够长远，而这些职能都被赋予了当选的官员。此外，反对美联储独立性的人认为，将中央银行置于当选官员的控制之下，可以使货币政策与政府的税收和支出政策协调起来，从而带来一些益处。

那些赞同国会进行更多控制的人提出的一个理由是，美联储并不能总是很好地运用自己的独立地位。比如，一些批评者提到，美联储在 20 世纪 30 年代初期经济收缩时未能给予银行体系以必要的帮助。很多批评者还指出，美联储在 20 世纪 60 年代和 70 年代的政策导致通货膨胀率过高。一些分析家还认为，美联储忽视了 21 世纪初期的房地产市场泡沫，在泡沫最后于 2006 年破裂时，未能及时阻止泡沫破裂对金融体系产生影响。

对美联储独立性的总结性评述

经济学家和政策制定者对于美联储独立性的优点并没有形成广泛的共识。然而，在目前的制度下，美联储的独立性并不是绝对的，因此，这有时会让批评者感到满意。在现实中，争论的焦点是在某些方面限制美联储的独立性，而不是正式取消它的独立地位。有关《多德－弗兰克法案》的广泛争论给了对美联储的独立地位持批评态度的人一次机会，他们考虑了很多的提议。然而，大多数国会议员最终还是支持仅对《联邦储备法案》进行小幅的调整。

| 概念应用 |

终结美联储吗

很多最近的提案都建议改变美联储的结构，包括禁止银行家进入地区联邦储备银行的董事会，重新划分联邦储备区域的界限，减少联邦储备银行的数量，由美国总统来任命联邦储备银行的行长，由联邦审计署审计美联储的货币政策行动。一些经济学家和政策制定者呼吁进行更为彻底的改革，敦促取消美联储。

一些美联储的批评者质疑它的合法地位。美国宪法并没有明确授权联邦政府建立一家中央银行。这也是 19 世纪前期第一和第二美国银行引发争论的原因之一。这两家银行的一些反对者将其视为使联邦权力凌驾于各州权力之上的手段，这种方法并未得到宪法的授权。南方很多奴隶主反对第二美国银行，部分原因就是他们担心联邦政府如果声称有权建立一家中央银行，它也会声称自己有权废除奴隶制。

1913 年，在就《联邦储备法案》展开争论时，中央银行是否符合宪法的问题再次浮出水面。认为美联储符合宪法的主要理由是，美国宪法第 1 条第 8 款称国会有权"铸币并监管铸币的币值"。国会在《联邦储备法案》中将这一权力委托给了美联储。联邦法院在 1929 年赖希勒（Raichle）诉纽约联邦储备银行一案中，旗帜鲜明地维护了《联邦储备法案》的合宪性。

现代反对美联储的理由通常不是由于它不合宪法，而是认为需要考虑拥有一家独立的中央银行是不是实施货币政策的最佳方式。2012 年，得克萨斯州前议员罗恩·保罗（Ron Paul）竞选共和党总统候选人，他强力支持废除美联储。他出版的《终结美联储》（*End the Fed*）成了畅销书。他认为废除美联储可以消除经济周期波动，中止通货膨胀，为所有的美国人带来繁荣，阻止政府与银行沆瀣一气，相互勾结。除了废除美联储，保罗议员还赞同回到金本位制，并使银行采用100%的准备金制度，这样就没有必要实施存款保险，因为银行在发放贷款和进行其他投资时，只能使用自己的资本金。

更近的时候，财经记者约翰·塔姆尼（John Tamny）在其著作《谁需要美联储？》（*Who Needs the Fed?*）中辩称，美联储的作用很容易就能由私人金融企业来填补，或者直接由国会或财政部来代替。比如，财政部在金融危机期间可以取代美联储。

在国会就《多德－弗兰克法案》展开争论时，废除美联储的吁请并未得到太多的支持。但是，在本法案的早期版本中包括几条对美联储进行重大改组或降低其独立性的提议。比如，该法案的草案包含以下条款，即剥夺美联储大部分对银行实施监管的权力，建立一个新的机构来监督金融体系的稳定性，而这一新机构与美联储无关。在《多德－弗兰克法案》于2010年通过时，这些条款并未出现在该法案的最终版本中。

甚至在《多德－弗兰克法案》通过之后，一些经济学家和国会议员仍然对美联储感到不满，因为美联储在2007～2009年金融危机期间以及之后采取了非同寻常的政策措施，并且美联储的这些措施可能是经济复苏缓慢的原因之一。肯塔基州参议员兰德·保罗（Rand Paul）追寻自己的父亲、国会议员罗恩·保罗的提案，建议由联邦审计署审计美联储的货币政策行动。保罗参议员在几届国会上都提出过这样的议案，最近的一次在2019年，但是至2020年中期仍未获得通过。支持美联储的人认为，美联储的政策行动绝非2007～2009年衰退之后经济复苏缓慢的原因，反而是美联储避免了经济不断恶化，以至于陷入萧条之中，如果不是美联储提供的帮助，复苏会更为缓慢。同样地，这样的支持者还指出，美联储在新冠疫情暴发之后迅速采取行动，避免了一场全面的金融危机的爆发。他们还认为，从长期来看，削弱美联储的独立性将会降低货币政策的有效性。

由于美联储拥有巨大的权力，而其官员又并非选举产生，美联储的作用将一直是经济学家和政策制定者争论的议题。

13.3 其他国家中央银行的独立性

学习目标 比较其他国家中央银行的独立程度。

中央银行的独立性在各国之间有很大差异，但是，如果我们将美联储的结构与加拿大、欧洲和日本的中央银行进行比较，就会发现一些特点。首先，在那些中央银行委员会的成员拥有固定任期的国家，没有一个国家委员的任期像美联储委员会委员那样长达 14 年，这意味着美国中央银行在名义上拥有更强的独立性。其次，在其他国家，中央银行行长的任期要比美联储委员会主席的任期更长，这意味着美国在某种程度上对中央银行有更多的政治控制。因此，与其他中央银行相比，美联储的结构是否使其更加独立于政治控制，并不清楚。

一家独立的中央银行可以自由地追求自己的目标，不受其他政府官员或者立法者直接干预。大部分经济学家认为，一家独立的中央银行可以更专注于将通货膨胀率控制在较低水平。从理论上来讲，欧洲央行非常独立，而传统上日本银行和英格兰银行的独立性要稍弱一些。

英格兰银行

英格兰银行创建于 1694 年，是世界上最古老的中央银行之一，但是直到 1997 年才获得了独立于政府以设定利率的权力。在"极端条件下"，政府仍然可以统治英格兰银行，但是到今天为止，这种事情尚未发生过。然而，英格兰银行有关通货膨胀的目标是由财政大臣设定的，这一职位类似于美国的财政部部长。货币政策委员会负责确定利率，该委员会有 9 名委员，包括相当于美联储主席的英格兰银行行长、3 名副行长、英格兰银行的首席经济学家和 4 名由财政大臣提名的外部经济专家。财政部会派出 1 名委员参加货币政策委员会，但是没有投票权。货币政策关注的焦点是银行利率，即英格兰银行为商业银行的准备金支付的利率。

日本银行

日本银行政策委员会的委员包括行长、2 名副行长、6 名由内阁提名并经日本国会（Diet）批准的外部人士。日本国会是日本的全国性立法机构。尽管政府可以派代表参加政策委员会的会议，但是该代表没有投票权。然而，财政大臣保留了控制日本银行预算的部分权力，这部分预算与货币政策无关。1998 年 4 月生效的《日本银行法》赋予政策委员会更多地追求价格稳定的自主权。2010 年，在主要的中央银行中，日本银行成为第一家开始购买 ETF 的央行。日本银行购买的基金一开始限定于由积极进行物质资本投资和人力资本投资的企业构成的基金。这一措施的目的在于鼓励企业增加支出，因为日本经济陷入了长期的缓慢增长。一些日本经济学家和政策制定者担心这一政策远远超越了传统的货币政策，迈入了财政政策的领域，而财政政策传统上应该由日本首相和议会来负责。这些观察家担心，这些政策会削弱日本银行的独立性，特别是截至 2019 年，日本银行购买并持有了将近四分之三的日本股票 ETF。然而，日本银行继续投资于 ETF。2020 年 3 月，为了应对新冠疫情产生的影响，日本银行宣布自己购买 ETF 的速度将会增加一倍。

加拿大银行

加拿大银行实行通货膨胀目标制，并以此作为货币政策的目标之一，但是具体的通货膨胀目标是由加拿大银行和政府共同制定的。自 1967 年以来，尽管制定货币政策的最终责任在于政府，但是，加拿大银行通常会控制货币政策。财政大臣可以向加拿大银行发布指令，然而，这样的指令必须是书面的和公开的。至 2020 年中期，财政大臣还未曾发出过一项这样的指令。2020 年 3 月，加拿大银行行长斯蒂芬·波洛兹（Stephen Poloz）在一次有财政大臣比尔·莫诺（Bill Morneau）出席的新闻发布会上，宣布紧急降低目标利率。波洛兹认为，尽管有必要协调政府的货币政策和财政政策，以帮助应对新冠疫情对加拿大经济的冲击，然而，这样的协调可以在不损害加拿大银行独立性的条件下实现。

欧洲中央银行

作为欧洲经济整合的步骤之一，欧洲中央银行（European Central Bank，ECB）负责为参与欧洲货币同盟的 19 个国家实施货币政策。这一货币同盟又称欧元区，所有成员国均以欧元作为它们共同的货币。1991 年 12 月，很多欧洲国家的代表在荷兰的马斯特里赫特签署了一项重要的协议。这份协议详细说明了如何逐步建立一个货币同盟，这一同盟于 1999 年 1 月正式生成。

欧洲央行的组织机构在某些方面类似于美国的美联储。欧洲央行的执行委员会有 6 名委员，2020 年的主席是克里斯蒂娜·拉加德（Christine Lagarde），她也是欧洲央行的行长。执行委员会的 6 名委员包括 1 名主席、1 名副主席和 4 名其他委员。在征求了欧洲议会和欧洲央行管理理事会的意见之后，基于欧盟经济财政理事会的推荐，由成员国家任命欧洲央行执行委员会的委员。这些委员的任期为 8 年，不可连任。每个欧盟成员国中央银行的行长也参与欧洲央行的管理，各国中央银行行长的任期至少是 5 年。设计较长的任期是为了增加欧洲中央银行的政治独立性。

从原则上来讲，欧洲央行总体的独立性很高，它的一项明确的使命就是实现价格稳定，在实施政策时很少受到欧盟或者各国政府的干预。而且，要改变欧洲央行的章程，只能修改马斯特里赫特条约，而这需要签署这份协议的所有国家的同意。然而，法律上的独立性是否足以确保实际上的独立性，这就是另外一个问题了。美联储的历史也能印证欧洲央行经历的某些问题。1913 年的《美联储法案》所设想的分权化的中央银行体系，导致了体系内部的权力斗争，在 20 世纪 30 年代初期发生金融危机时，使其找不到达成共识的办法。各国中央银行在欧洲央行中拥有相当可观的权力。在欧洲央行的管理委员会中，欧洲中央银行体系（European System of Central Bank）的行长们拥有大部分投票权。各国中央银行的工作人员总数远超欧洲央行。

欧洲中央银行有复杂的使命。与美联储、英格兰银行和日本银行不同，这些中央银行只负责实施一个国家的货币政策，而欧洲央行负责制定 19 个主权国家的货币政策。这些国家均以欧元作为自己的货币。2007 ～ 2009 年的金融危机以及随之而来的经济衰退，对这 19 个国家的影响各有不同。甚至在 2002 年引入欧元硬币和纸币之前，一些经济学家就质疑，一种由一家中央银行来控制的单一货币是否能够奏效，因为相关各国的经济状况有很大的差异。在经济衰退期间，一国的中央银行通常会实施扩张性的政策，并根据需要确定政策的力度。但是，在 2007 ～ 2009 年危机期间，作为欧洲货币同盟的一部分，这 19 个国家都要依靠欧洲中央银行，无法独立地实施政策。

在 2007 ～ 2009 年的经济衰退之后，欧洲经历了漫长的增长缓慢的时期。2016 年，欧洲央行采取了激进的货币政策，使一些政府债券出现了负利率。这引发了欧元区国家一些政策制定者的批评。比如，德国的经济增长和就业都比欧元区总体上的表现好得多，一些德国的政策制定者对欧洲央行的政策提出了批评。2020 年 7 月，面对新冠疫情对经济的冲击，欧洲货币同盟第一次出售共同债券，而不是由各个国家发行债券。它发行 7500 亿欧元债券的目的，在于筹集资金以帮助欧洲货币同盟国家恢复经济，特别是西班牙和意大利，这两个国家受新冠疫情的影响最大。对于通过发行共同债券来为政府支出提供资金，德国总理安格拉·默克尔（Angela Merkel）曾经表示质疑，但是现在她也认为鉴于疫情的严重性，有必要采取联合行动。

欧洲央行还要努力应对主权债务问题，或者说政府在 2007 ～ 2009 年经济衰退时发行的债券所引发的问题。葡萄牙、爱尔兰、希腊和西班牙等欧元区国家由于税收减少，政府支出增加，出现了巨额政府预算赤字。为了弥补赤字，这些政府不得不发行债券。至 2010 年春天，希腊发行的债券太多，以至于私人投资者质疑希腊是否有能力继续偿还这些债券的利息。对于爱尔兰、西班牙和葡萄牙发行的债券，投资者也提出了同样的质疑。由此引发的主权债务危机使欧洲央行陷入了两难的境地，它可以通过购买部分债券来进行干预，但是这样做会进一步增加欧洲金融体系的流动性，从而提高对未来通货膨胀的预期。此外，购买这些债券会被视为允许这些政府采取糟糕的预算政策，从而引发道德风险。

尽管有反对意见，欧洲央行行长让－克罗德·特里谢（Jean-Claude Trichet）还是在 2010 年 5 月开始购买主权债务。特里谢认为，干预是有必要的，只有这样才能够确保受影响的政府依然有能力通过出售债券来筹集资金，并且使那些购买了大量这类政府债券的欧洲银行仍然拥有偿付能力。然而，这一行动引发了相当多的争议。但是，特里谢的继任者马里奥·德拉吉（Mario Draghi）扩大了购买计划，以试图遏制主权债务危机，确保欧洲银行体系的稳定。

2020 年，主权债务危机似乎被遏制住了，但是克里斯蒂娜·加拉德一方面要努力实现欧洲央行 2% 的通货膨胀目标，另一方面还要应对新冠疫情对经济的冲击。加拉德实施了一项更大规模的主权债券和企业债券购买计划，但是，她认为在疫情期间，货币政策维持生产和就业的能力是有限的，因此敦促成员国采取更具扩张性的财政政策。

有关中央银行独立性的结论

尽管在大多数高收入国家，中央银行在某种程度上都要受到政治的影响，然而在现实中，央行实施货币政策的独立性在各国有很大的差异。对于中央银行的结构，我们能够得出什么结论？很多分析师认为，独立的中央银行通过在不增加产出和就业波动幅度的情况下降低通货膨胀，可以改善经济绩效。正如我们在第 2 章第 2.5 节看到的，艾尔波托·艾莱斯纳和劳伦斯·萨默斯所做的研究表明，在 20 世纪 70 年代和 80 年代，中央银行独立性最强的国家，平均通货膨胀率也最低。那些央行独立性较弱的国家，通货膨胀率明显更高。

央行独立性的真实含义是什么？经济学家强调，政府如果只是宣称本国央行是独立的，这是不够的。中央银行必须能够在不受政府直接干预的情况下实施政策。中央银行还必须设定可以被问责的目标。这种目标的典型例子就是通货膨胀目标。加拿大、芬兰、新西兰、瑞典和英国的中央银行有正式的通货膨胀目标，欧洲中央银行也是如此。在经过数年的争论之后，美联储效仿其他中央银行，于 2012 年将通货膨胀的目标设定为 2%。

回答关键问题

在本章开始时，我们提出的问题是：

"国会和总统是否应该对美联储拥有更大的权力？"

正如我们在本章看到的，几乎自美联储创建的那一天起，就美联储应该在多大程度上保持相对于政府其他部门的独立性，经济学家和政策制定者一直争论不休。1913 年的《联邦储备法案》将财政部部长和货币监理署署长置于美联储委员会之上，而这两人都是由总统任命的，并且财政部部长还要担任委员会的主席。1935 年，国会将这些官员从委员会中移除，以增强美联储的独立性。在 2010 年就金融改革展开讨论的时候，国会曾经认真地考虑过显著削弱美联储独立性的提议，尽管这些提议并未被纳入《多德－弗兰克法案》的最终版本。在 2020 年总统大选期间，有人再次提出改变美联储结构的建议。由于美联储在金融体系中占据如此重要的地位，对于美联储应当在多大程度上保持独立性，经济学家和政策制定者还会继续讨论下去。

第 14 章

美联储的资产负债表与货币供给创造过程

学习目标

在学习了本章之后，你应该能够：

14.1　解释美联储的资产负债表与基础货币之间的关系。

14.2　推导简单的存款乘数公式，使用 T 型账户说明多倍存款是如何创造出来的。

14.3　解释银行和非银行公众的行为如何影响货币乘数。

附录 14A　描述货币供给 M2 的创造过程。

黄金是抵御经济动荡的完美工具吗

在灾难电影和电视节目中，当文明社会遭遇灭顶之灾时，足够聪明的人会将金币或金条藏起来，通常能够逃过一劫。毕竟，在人们将黄金视为珍宝的年代以及经济崩溃的时期，谁还愿意用货真价实的东西来换纸币？然而，在一些不那么严重的灾难时期，比如 2007 ~ 2009 年的金融危机或者 2020 年的新冠疫情，情况又如何？在这样的金融动荡时期，很多人将黄金视为一种安全资产。但是，确实如此吗？

曾经有一段时期，黄金是美国和其他高收入国家货币供给的基础，但是现在已经不是这样了。美国于 1933 年放弃了金本位制，不再铸造金币以作通货。但美国铸币局仍在生产金币，这是为了纪念重要人物和历史事件，这类铸币大部分被收藏者买走了。一些人对金币感兴趣，是因为把金币当成了投资工具，因此铸币局还在生产美国鹰币（American Eagle Bullion coin）。从 2008 年开始，当金融危机达到高潮时，这些铸币受到了追捧。1 盎司$^{\ominus}$重的美国黄金鹰币售价超过了金融危机之前的 10 倍。BullionVault

---

　　$\ominus$　1 盎司 =28.3495 克。——译者注

这家在线公司向投资者出售储存在纽约、伦敦和苏黎世地下金库的金条，据称很受欢迎。在 2020 年新冠疫情期间，黄金购买也出现了类似的热潮。在这一年的前六个月，金价涨幅超过了 15%，达到了自 2012 年以来的最高点。2020 年 1～3 月，美国铸币局黄金鹰币的销量增加了一倍多，2020 年 3 月的销量超过了 2019 年全年的销量。尽管一些投资者喜欢直接拥有黄金的所有权，另外一些投资者则更喜欢通过购买黄金 ETF 来押注于黄金。黄金 ETF 可以在金融市场上买卖，目的在于跟踪黄金的价格，黄金 ETF 的所有者免去了由于持有金块而产生的储存成本和保险费用。

尽管有些个人投资者总是希望持有黄金，这些人就是所谓的"金甲虫"（gold bugs），但是驱使金价上涨的并非只有个人投资者。在 2007～2009 年金融危机爆发之后，作为对冲基金经理的亿万富翁乔治·索罗斯（George Soros）和约翰·保尔森（John Paulson）也投资于黄金和黄金开采公司。索罗斯在 1992 年由于押注英镑贬值并从中获益 10 亿美元而一战成名。你可以想象，他此次购买黄金的行为引发了很多投资者的关注。保尔森由于在 2007 年和 2008 年押注房价下跌而赚取了数十亿美元，在 2010 年由于黄金价格上涨又赚取了 50 亿美元。尽管黄金价格在从 2008 年下半年至 2012 年年末的大多数时间里一直在上涨，但是在 2013 年出现的暴跌，导致押注于黄金的保尔森和其他对冲基金经理蒙受了可观的损失。即便如此，金价在 2020 年新冠疫情期间再次上涨，而一些对冲基金经理和很多个人投资者也再次开始购买黄金。黄金 ETF 的市值从 2019 年的 1180 亿美元上升至 2020 年的 2150 亿美元。

为何黄金作为一种投资工具具有如此大的吸引力？投资者有各种不同的动机，但是很多人将黄金视为经济前景不明时的一种安全资产，特别是在他们担心通货膨胀会上升时。在包括美国在内的很多国家，货币供给在疫情期间迅速增加。如果用 M2 来衡量，2020 年 6 月，美国的货币供给以年率来计算增长率超过了 20%，这是数十年来最快的货币增长速度，银行持有的准备金也达到了历史最高水平。即使到了 2020 年秋天通货膨胀依然保持在很低的水平，但一些投资者预测来年的通货膨胀将会飙升，并将持有黄金视为对冲这一风险的最佳方式。

在本章中，我们将探究美国的货币供给为何增长得这么快，通货膨胀上升的风险有多大，以及黄金作为抵御通货膨胀的安全资产，最近这些年的表现如何。

关键议题和问题

议题：2007～2009 年金融危机结束数年以后，银行持有的准备金仍然处在创纪录的水平。

问题：为何在 2007 ～ 2009 年金融危机期间及以后，银行准备金急剧增加？政策
　　制定者是否应当关注银行准备金的增加？

经济学家、政策制定者和投资者都对货币供给感兴趣，因为它会影响利率、汇率、通货膨胀率以及经济中商品和服务的生产。中央银行的职责之一就是管理货币供给，欧洲中央银行、美国的美联储、日本银行和英格兰银行概莫能外。为了理解中央银行如何管理货币供给，我们需要分析决定货币供给的主要因素，以及中央银行如何增加或者减少流通中货币的数量。在本章中，我们将构建一个模型，以解释货币供给的数量，以及货币供给为何会出现波动。一国的货币供给是如何被创造出来的，这被称为货币供给创造过程。我们学习本章的目的是理解美国的货币供给创造过程。我们还会明白，美国的银行准备金为何在 2007 ～ 2009 年金融危机期间飙升，并且直至 2020 年新冠疫情，一直保持在极高的水平。

14.1　美联储的资产负债表与基础货币

学习目标　解释美联储的资产负债表与基础货币之间的关系。

为了分析货币供给创造过程，我们先介绍基础货币，然后考察一下基础货币是如何与货币供给联系在一起的。有关货币供给是如何被决定的模型包括三个群体的行为。

1. 美联储，负责控制货币供给，监管银行体系。
2. 银行体系，创造支票账户存款，这是以 M1 来衡量的货币供给的一部分。
3. 非银行公众，是指除了银行以外的所有家庭和企业。非银行公众决定自己以哪种形式来持有货币，比如是以现金的形式还是以支票存款的形式。

图 14-1 展示了货币供给创造过程，并说明了经济中的各个群体对这一过程中每个变量的影响。这张图是本章分析的基础。这一过程从**基础货币**开始，基础货币也被称为**高能货币**。基础货币等于流通中的现金加上银行体系中的准备金[⊖]。

基础货币 ＝ 流通中的现金 ＋ 银行的准备金

⊖　注意，基础货币中的"准备金"这一项使用的技术术语是"准备金余额"，包括一些非银行的存款机构在美联储的存款，比如储贷机构等。

图 14-1　货币供给创造过程

注：三个群体决定货币供给，即中央银行（美联储）、银行体系和非银行公众。

正如我们将会看到的，美联储可以很好地控制基础货币。货币乘数将基础货币与货币供给联系在一起。只要货币乘数的数值是稳定的，美联储就可以通过控制基础货币来控制货币供给。

我们有关货币供给创造过程的模型主要应用于货币供给 M1，这是美联储定义的狭义货币。本章附录 14.A 将货币供给创造过程的模型扩展到广义货币，即 M2。

美联储的资产负债表

基础货币与美联储的资产负债表之间有密切的联系，后者列出了美联储的资产和负债。表 14-1a 展示了美联储完整的资产负债表，表 14-1b 展示了一个简化的版本，仅包括四个条目，这些条目与美联储增加或减少基础货币的措施最为相关。在多数年份中，美联储最重要的资产是其持有的美国国债，包括短期、中期和长期国债，以及美联储向银行发放的贴现贷款。2007 ～ 2009 年金融危机、之后缓慢的经济复苏以及 2020 年的新冠疫情，使得美联储极大地增加了国债的购买数量，因为它试图降低利率，以刺激家庭和企业的支出。此外，美联储还购买了由房地美和房利美担保的抵押贷款支持证券，以支持房地产市场。表 14-1a 还展示了资产负债表中资产方的几个条目，代表了美联储由于在新冠疫情期间采取的某些措施而取得的债券、贷款和其他资产。我们在第 12 章第 12.3 节简单地讨论了这些措施，并将在第 15 章第 15.3 节进一步讨论。2020 年，美联储与其他国家的中央银行开展了流动性互换，从而积累了与这些互换有关的数量可观的资产。

表 14-1　美联储的资产负债表　　　　（单位：百万美元）

(a) 美联储的资产负债表（2020 年 6 月）			
资产		**负债和资本金**	
证券		流通中的现金	1 910 886
美国国债	4 169 340	逆回购协议	225 462
联邦机构债务凭证	2 347	银行准备金余额（包括定期存款）	3 069 439
抵押贷款支持证券和其他证券	2 244 401	财政部存款，一般账户	1 565 306
回购协议	79 053		

（续）

(a) 美联储的资产负债表（2020 年 6 月）			
资产		**负债和资本金**	
向银行发放的贴现贷款	7 492	外国政府和国际组织的存款和其他存款	160 884
一级交易商信贷便利	5 306		
货币市场共同基金流动性便利	24 680		
Paycheck Protectonr Program Liquidity Facility	57 552		
商业票据融资便利	12 797		
企业信贷便利	38 916		
主街贷款计划	31 876		
Municipal LiquidityFacly	16 079		
黄金	11 041	延迟入账现金项目	268
		财政部为信贷便利工具提供的资金	114 000
		其他负债	9 531
在途资金	51	总负债	7 055 776
建筑	2 202		
硬币	1 431	资本金	38 915
中央银行流动性互换	352 470		
外币资产	20 866		
其他资产	36 790		
总资产	7 094 690	总负债和资本金	7 094 690
(b) 简化的美联储资产负债表			
资产		**负债**	
美国政府债券		流通中的现金	
向银行发放的贴现贷款		银行准备金	

注：由于四舍五入，各项的加总与总值不等。

表 14-1a 的来源：*Federal Reserve Statistical Release H.4.1, Factors Affecting Reserve Balances of Depository Institutions and Condition Statement of Federal Reserve Banks,* June 18, 2020.

当经济学家、政策制定者和记者们提到"美联储资产负债表的规模"时，他们通常指的是美联储的资产值。从这个角度来讲，美联储资产负债表的规模在 2020 年 6 月大约为 71 万亿美元，相当于 2007 年 12 月经济衰退和金融危机刚开始时的 8 倍。

表 14-1a 还表明，美联储的主要负债是流通中的现金和银行准备金余额，后者简称准备金。作为联邦政府控制的银行，美联储还持有美国财政部以及外国政府和国际机构的存款。作为公开市场业务的一部分，美联储以逆回购协议的形式拥有一些负债。资产中的"在途现金"和负债中的"延迟入账现金项目"，都与美联储承担的支票结算功能有关。"财政部为信贷便利工具提供的资金"源自美联储为了应对新冠疫情而采取的行动。

表 14-1b 部分省略了美联储资产负债表中的一些细节，集中关注两种资产和两种负债，这些项目与美联储增加或者减少基础货币的行动关系最为密切。

基础货币

注意，表 14-1b 展示的美联储的两种负债，即流通中的现金与银行准备金，这两者之和等于基础货币。我们以美联储印制的纸币，也就是经济中流通的联邦储备券（Federal Reserve Notes），作为流通中的现金[⊖]。**流通中的现金**包括银行持有的现金，这被称为**库存现金**。由家庭和企业这类非银行公众持有的现金被称为 **M1 中的现金**，它等于流通中的现金减去库存现金。

$$M1 \text{ 中的现金} = \text{流通中的现金} - \text{库存现金}$$

美联储资产负债表中的银行准备金余额等于商业银行在美联储的存款。但是，根据法律，库存现金也包含在**银行准备金**中。如果我们从流通中的现金中减去库存现金，再加上银行在美联储的存款，就得到了一个更为准确的基础货币的定义：

$$\text{基础货币} = M1 \text{ 中的现金} + \text{银行的总准备金}$$

上式中的最后一项是库存现金和银行在美联储的准备金之和。为了简便，以后我们将基础货币等同于通货加准备金。

准备金存款是银行的资产，但是是美联储的负债，因为银行随时可以要求美联储以联邦储备券来归还这些存款。这种情况类似于你的支票存款，它是你的资产，但是对于你开立支票账户的银行来讲，这是一笔负债。

总准备金由**法定准备金**和**超额准备金**两部分组成。法定准备金是美联储要求银行持有的金额，超额准备金是银行自己决定持有的金额：

$$\text{准备金} = \text{法定准备金} + \text{超额准备金}$$

在 2020 年 3 月之前，美联储规定银行必须将支票存款的一定比率以准备金的形式持有，这一比率被称为**法定准备金率**。比如，如果法定准备金率是 10%，一家银行就必须将其支票存款（活期存款 +NOW 账户余额）的 10% 拨出来，存在美联储作为准备金或者以库存现金的形式持有。2020 年 3 月，在新冠疫情期间，美联储委员会将法定准备金率设定为银行活期存款和 NOW 账户余额的 0%，从而取消了法定准备金的要求。尽管委员会有权重新实施法定准备金要求，但是它声称自己没有计划这样做。自 2008 年 10 月以来，美联储就按准备金存款向银行支付利息，只是利率非常低，2020 年 9 月，这一利率只有 0.1%。尽管银行传统上持有的超额准备金数量很少，但是自 2007 ～ 2009 年金融危机以来，银行持有的超额准备金大幅增加。银行之所以持有比原

⊖　从技术上来讲，基础货币还包括美国财政部的现金余额，这主要是硬币。由于硬币在流通中的金额相对于美联储的现金余额或者银行准备金，都要小一些，我们对其忽略不计。在美联储资产负债表中显示的银行准备金余额包括所有存款机构在美联储的存款，不管它们是不是商业银行。为了方便起见，我们假定所有这些存款机构都是商业银行。

来更多的超额准备金，主要有三个原因：①尽管美联储支付给准备金的利率很低，但是这种投资是无风险的，而且这一利率与银行所能从事的其他安全的短期投资相比，具有一定的竞争力；②在金融危机期间以及之后和 2020 年新冠疫情期间，金融体系的不确定性达到历史高点，很多银行增加了它们的流动性；③根据第 12 章第 12.4 节讨论过的《巴塞尔协议》，一些大银行属于全球系统重要性银行（G-BIS），它们被要求保持比 2007 年之前更高的流动性。结果，这些银行无法通过在联邦基金市场上以隔夜拆借的方式从其他银行那里借得准备金，必须在它们的美联储准备金账户上保持数量可观的余额。这些余额虽然从技术上来讲属于超额准备金，因为对于满足美联储的法定准备金要求来讲，这些准备金不是必需的，而且自 2020 年 3 月以来，对法定准备金的要求降至了 0，但是，大银行实际上仍被要求持有这些准备金，以满足对它们流动性的要求。比如，摩根大通在 2007 年之前是联邦基金市场上规模最大的准备金借款人，现在在美联储的准备金余额则是最多的[⊖]。

美联储如何改变基础货币

美联储通过改变自己的资产数量来增加或者减少基础货币，也就是说，美联储通过买卖国债或者向银行发放贴现贷款来改变基础货币。

公开市场业务

为了改变基础货币，美联储使用的最直接的工具就是公开市场业务，包括买卖证券，一般是美国国债。公开市场业务由美联储位于纽约联邦储备银行的交易部门来实施。美联储交易部门的员工与一级交易商进行买卖证券的电子交易。2020 年，一共有 24 家一级交易商，包括投资银行、证券交易商和商业银行的证券部门。如果交易商不是商业银行，就要在商业银行开立账户，所以，我们可以认为公开市场业务是在美联储与银行体系之间进行的。在实施公开市场购买时，美联储购买国债，会增加基础货币。假定美联储从富国银行那里购买了价值 100 万美元的短期国债。富国银行以电子的方式将这些短期国债的所有权转移给美联储，美联储在富国银行的美联储准备金账户上存入 100 万美元，以此来付款。

我们可以利用 T 型账户来表明美联储实施公开市场购买产生的影响，这种 T 型账户是一种简化的资产负债表。我们利用 T 型账户只是为了说明一笔交易如何影响资产负债表。尽管在我们的例子中美联储只是从一家银行购买了证券，但是，在现实中，

⊖　Zoltan Pozsar, "Global Money Notes #26: Countdown to QE4," Credit Suisse, December 9, 2019.

美联储通常同时从几家银行购买证券。因此，我们使用整个银行体系的 T 型账户来说明美联储公开市场购买产生的结果，即银行体系的资产负债表表明持有的证券减少了 100 万美元，而准备金则增加了相同的数量。注意，银行体系的资产负债表只是简单地将美国所有商业银行的资产和负债加总。

银行体系

资产		负债
证券	−100 万美元	
准备金	+100 万美元	

我们可以利用 T 型账户来表明美联储资产负债表的变化。美联储持有的证券（资产）增加了 100 万美元，银行准备金存款（负债）也增加了 100 万美元。

美联储

资产		负债	
证券	+100 万美元	准备金	+100 万美元

美联储与富国银行进行的公开市场购买使得银行准备金增加了 100 万美元，因此基础货币增加了 100 万美元。关键之处在于，基础货币增加的金额与公开市场购买的金额是相等的。

同样地，美联储可以通过在公开市场出售国债来减少基础货币。比如，假定美联储向美国银行出售了价值 100 万美元的国债。美联储将这笔证券转移给美国银行，而美国银行则用其准备金账户上的资金进行付款。结果，银行体系持有的证券增加了 100 万美元，而持有的准备金则减少了 100 万美元。

银行体系

资产		负债
证券	+100 万美元	
准备金	−100 万美元	

美联储持有的证券减少了 100 万美元，银行准备金也减少了 100 万美元。

美联储

资产		负债	
证券	−100 万美元	准备金	−100 万美元

由于准备金减少了 100 万美元，所以美国的基础货币也减少了同样的数量。我们可以得出结论，基础货币减少的金额与美联储在公开市场出售的金额是相等的。

正如我们将会看到的，非银行公众在货币供给创造过程中的关键作用，就是相对于支票存款，他们希望持有多少现金。但是，公众更偏好现金还是更偏好支票存款，并不会影响基础货币。为了明白何以如此，考虑如果家庭和企业决定将 100 万美元从它们的支票账户中取出来，会出现何种结果。下面的 T 型账户表明了非银行公众的资产负债表发生的变化。注意，非银行公众的资产负债表就是美国所有家庭和企业资产和负债的简单加总。

非银行公众

资产		负债
支票存款	−100 万美元	
现金	+100 万美元	

随着银行体系从美联储的准备金账户提取了 100 万美元，以向家庭和企业提供现金，银行体系资产负债表的变化如下：

银行体系

资产		负债	
准备金	−100 万美元	支票存款	−100 万美元

随着流通中的现金增加和银行准备金的下降，美联储的资产负债表也会发生变化：

美联储

资产	负债	
	流通中的现金	+100 万美元
	准备金	−100 万美元

注意，尽管基础货币的一部分（准备金）减少了 100 万美元，但是另外一部分（流通中的现金）则增加了 100 万美元，因此，基础货币的总额保持不变。这一结果很重要，因为这意味着美联储可以通过公开市场业务增减基础货币，而且这种变化不受非银行公众喜欢持有现金还是喜欢持有支票存款影响。

贴现贷款

尽管美联储通常使用公开市场业务来管理基础货币，它也可以通过向商业银行发放贴现贷款来增加或减少准备金。这种银行准备金的变化会改变基础货币。

假定美联储向银行发放的贴现贷款增加了 100 万美元。美联储通过增加这些银行的准备金来为其提供资金。对于美联储而言，由于发放了更多的贴现贷款，资产增加了 100 万美元，而银行准备金的增加，使其负债增加了 100 万美元。因此，贴现贷款的增加对美联储资产负债表的两侧都有影响。

<table>
<tr><td colspan="4" align="center">美联储</td></tr>
<tr><td colspan="2" align="center">资产</td><td colspan="2" align="center">负债</td></tr>
<tr><td>贴现贷款</td><td>+100 万美元</td><td>准备金</td><td>+100 万美元</td></tr>
</table>

银行体系资产负债表的两侧都会受到影响。银行的资产以准备金的形式增加了 100 万美元，负债则以欠美联储的贴现贷款的形式增加了 100 万美元：

<table>
<tr><td colspan="4" align="center">银行体系</td></tr>
<tr><td colspan="2" align="center">资产</td><td colspan="2" align="center">负债</td></tr>
<tr><td>准备金</td><td>+100 万美元</td><td>贴现贷款</td><td>+100 万美元</td></tr>
</table>

由于美联储发放了 100 万美元的贴现贷款，银行准备金和基础货币同时增加了 100 万美元。

如果银行向美联储偿还了 100 万美元的贴现贷款，从而降低了贴现贷款的总额，这与之前的交易正好相反。贴现贷款减少了 100 万美元，准备金和基础货币也是如此：

<table>
<tr><td colspan="4" align="center">美联储</td></tr>
<tr><td colspan="2" align="center">资产</td><td colspan="2" align="center">负债</td></tr>
<tr><td>贴现贷款</td><td>−100 万美元</td><td>准备金</td><td>−100 万美元</td></tr>
</table>

<table>
<tr><td colspan="4" align="center">银行体系</td></tr>
<tr><td colspan="2" align="center">资产</td><td colspan="2" align="center">负债</td></tr>
<tr><td>准备金</td><td>−100 万美元</td><td>贴现贷款</td><td>−100 万美元</td></tr>
</table>

公开市场业务与贴现贷款的比较

尽管公开市场业务和贴现贷款都可以改变基础货币，但是美联储对公开市场业务的控制力要强于贴现贷款。美联储可以完全控制公开市场业务的数量，因为它通过向纽约联邦储备银行的交易部门发出与一级交易商的交易指令，主动进行证券的交易。美联储在买卖证券时可以任意设置价格，以便使得公开市场业务成功地实施。

美联储对贴现贷款的控制力度要远小于公开市场业务，因为是否从美联储借款，取决于银行。美联储可以部分地控制贴现贷款，因为它可以设定贴现率，也就是美联储对贴现贷款收取的利率。注意，贴现率与大多数其他利率不同，它是由美联储设定的，而大部分其他利率是由金融市场的供求决定的。

由于美联储对公开市场业务的控制能力要强于贴现贷款，所以经济学家认为基础货币由两部分组成，一部分是非借入的基础货币 B_{non}，另一部分是借入的准备金 BR，这是贴现贷款的另一个名字。我们可以将基础货币 B 表示为：

$$B = B_{non} + BR$$

尽管贴现贷款的数量是由美联储和银行共同决定的，但是美联储自己可以控制非借入的基础货币。

| 概念应用 |

解释基础货币的扩张

如图 14-2 所示，截至 2008 年秋天，大约 98% 的基础货币是由现金组成的，因为银行持有的准备金数量非常少。2008 年秋天，基础货币急剧增加，从 9 月初至 12 月末增加了一倍。尽管流通中的现金也增加了，但是准备金增加得要更多，从 2008 年 8 月占基础货币的 2%，上升至 12 月的 47%。图 14-2 表明，基础货币在 2008 年至 2020 年出现了大幅波动，特别是准备金，但是一直保持在远超 2007 年的水平。

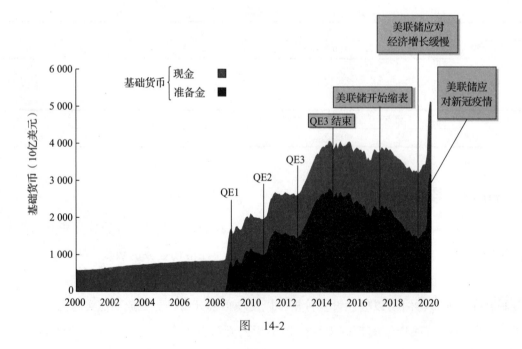

图 14-2

我们已经看到，美联储有能力通过公开市场购买国债以增加银行准备金，从而增加基础货币。基础货币的大规模增加通常意味着美联储购买了短期国债和其他国债。然而，在图 14-2 中，在基础货币扩张的第一个月，美联储持有的国债实际上下降了。美联储在 2007 年 1 月持有的各类国债为 7790 亿美元，但是到了 2009 年 1 月，仅有 4750 亿美元。在同一时期，美联储持有的短期国债从 2007 年 1 月的 2770 亿美元猛降至 2009 年 1 月的 180 亿美元。

因此，2008 年秋天基础货币的增加并不是由于通常的公开市场业务。相反，这一增加反映了美联储创新性的政策措施。由于美联储开始购买抵押贷款支持证券、商业票据以及与投资银行贝尔斯登和保险公司 AIG 有关的资产，其资产负债表的资产方不断扩大，因而基础货币也增加了。这一事件为基础货币的扩张机制提供了一个重要的经验，即美联储无论购买哪种资产，基础货币都会增加。无论这些资产是短期国债、抵押贷款支持证券还是计算机系统，都无关紧要。比如，达拉斯联邦储备银行从当地的计算机公司购买了价值 1000 万美元的计算机系统，并用支票为这些计算机付款。当这家公司将支票存入银行时，银行将支票寄到美联储，银行准备金就会增加 1000 万美元。如果计算机公司决定将这张支票兑换成现金，结果也是一样的，即流通中的现金将增加 1000 万美元，而这家公司开立账户的银行的准备金保持不变，因此基础货币仍会增加 1000 万美元。

我们可以简单评论一下图 14-2 所示的基础货币的其他变动。正如我们将在第 15 章第 15.3 节讨论的，从 2009 年开始，美联储实施了几轮量化宽松（QE）政策。量化宽松包括美联储购买长期国债，特别是 10 年期国债，以及抵押贷款支持证券，以降低长期利率，促使企业增加在机器设备、厂房和办公楼等方面的支出，促使家庭增加在新房方面的支出。尽管量化宽松政策在 2014 年 10 月结束了，但是在 2017 年 6 月之前，基础货币并未显著下降。当时的美联储主席珍妮特·耶伦宣布美联储将会缩减自己的资产负债表，当美联储持有的中期国债和抵押贷款支持证券到期之后，将不会购买新的证券以替代现在持有的证券。随着美联储持有的证券减少，银行准备金也会相应减少，从而使基础货币下降。由于美国经济增长放缓，这一举措在 2019 年年中停止了。美联储主席杰罗姆·鲍威尔增加了美联储购买证券的数量，以应对增长放缓。在新冠疫情期间，美联储重拾 2007 ～ 2009 年金融危机期间使用过的一些借贷便利工具，也启动了新的计划。我们将在第 15 章第 15.3 节更详细地讨论美联储是如何应对新冠疫情的，但是我们在这里可以提一下，即美联储的应对措施除了购买其他资产以外，还包括购买企业债券、市政债券和商业票据。这些购买行动增加了银行准备金，使得到 2020 年6 月基础货币飙升了 60% 以上。

14.2　简单的存款乘数

学习目标　推导简单的存款乘数公式，利用 T 型账户说明多倍存款是如何创造出来的。

我们现在转向货币乘数，以深入理解货币供给的决定因素。我们的分析分为三个步骤，因为货币乘数的大小取决于经济中三个部门的行为，即美联储、非银行公众和银行：

- 我们在这一节中介绍第一步，表明可以通过所谓的"多倍存款创造"来增加或减少货币供给。在这一部分的分析中，我们将确定简单的存款乘数。
- 第二步将会表明，非银行公众的行为如何影响货币乘数。
- 第三步将把银行的行为整合进来。
- 第二步和第三步将在第 14.3 节中介绍。

多倍存款创造

如果美联储通过在公开市场上购买国债以增加银行的准备金，那么货币供给会如何变化？为了回答这个问题，我们首先分析一下单个银行会发生哪些变化，然后再考察整个银行体系的变化。正如我们已经注意到的，2020 年 3 月，美联储取消了对准备金的要求，至少暂时是这样的。**本节后面的讨论假定存在对准备金的要求**。在第 14.3 节中，我们将展示将对准备金的要求降至零，会对货币乘数产生何种影响。为了分析的简化，在本章其余部分，我们使用 2021 年之前对 M1 的定义，在这一定义中 M1 不包括储蓄账户。

准备金增加对单个银行有何影响

假定美联储从富国银行那里购买了 10 万美元的国债，从而使富国银行的准备金增加了 10 万美元。我们可以用 T 型账户来说明，这些交易会使富国银行的资产负债表发生何种变化。

<table>
<tr><th colspan="3">富国银行</th></tr>
<tr><th colspan="2">资产</th><th>负债</th></tr>
<tr><td>证券</td><td>−10 万美元</td><td></td></tr>
<tr><td>准备金</td><td>+10 万美元</td><td></td></tr>
</table>

美联储购买富国银行持有的国债，会增加该银行的超额准备金，而不是它的法定准备金。法定准备金不会增加，因为它取决于这家银行活期存款的比例，由于这笔交易对富国银行的活期存款没有直接影响，所以它不会改变该银行必须持有的准备金数量。对于这笔由于出售国债而得到的额外的准备金，富国银行只能从美联储获得很低的利率，因此它有动机将这笔钱贷放或投资出去。

假设富国银行贷给罗茜烘焙店 10 万美元，使其可以购买两个新烤箱。我们假定富国银行为罗茜烘焙店开设了一个活期存款账户来发放贷款，然后再将这 10 万美元贷款的本金存到这一账户上。富国银行资产负债表的资产方和负债方都会增加 10 万美元。

富国银行

资产		负债	
证券	−10 万美元	活期存款	+10 万美元
准备金	+10 万美元		
贷款	+10 万美元		

回忆一下按照 M1 定义的货币供给，它等于现金加活期存款。通过借钱给罗茜烘焙店，富国银行创造出了活期存款，从而增加了货币供给。假定罗茜烘焙店接下来开了一张 10 万美元的支票用来购买鲍勃烘焙设备厂的烤箱，从而花掉了这笔贷款。鲍勃烘焙设备厂将这张支票存在了自己在 PNC（匹兹堡国民金融集团）银行的账户上。一旦这张支票款项被结清，PNC 银行就会从富国银行收到这笔钱，而富国银行的准备金和活期存款就会减少 10 万美元。

富国银行

资产		负债	
证券	−10 万美元	活期存款	0 美元
贷款	+10 万美元		
准备金	0 美元		

富国银行现在可以心满意足了，因为它将自己持有的低利率的国债转换成了高利率的贷款。但是美联储在公开市场上购买国债的行为对银行体系产生的影响尚未结束。

准备金增加对银行体系有何影响

我们可以考虑一下 PNC 银行在收到鲍勃烘焙设备厂 10 万美元的支票之后的情形，从而考察公开市场业务所产生的进一步的影响。在 PNC 银行结清支票并从富国银行获得这笔资金之后，它的资产负债表会发生如下变化：

PNC 银行

资产		负债	
准备金	+10 万美元	活期存款	+10 万美元

PNC 银行的存款和准备金都会增加 10 万美元。为了简化，让我们假定在它获得鲍勃烘焙设备厂的活期存款时，没有超额准备金。如果美联储有 10% 的法定准备金率的要求，PNC 银行在活期存款增加 10 万美元时，必须持有 1 万美元（=0.10×10 万美元）的法定准备金。记得美联储在 2020 年 3 月取消了法定准备金的要求。我们将在第 14.3

节考虑准备金率为 0 的情形。) PNC 银行获得的另外 9 万美元的准备金是超额准备金。PNC 银行知道，它应该假定当它发放贷款时，自己将失去与这笔贷款数额相等的准备金，因为这笔贷款可能会被花出去，这笔钱就会存到其他银行的账户上。因此，为了稳妥起见，**PNC 银行只能将与自己超额准备金数额相等的资金贷放出去**。假定 PNC 银行向圣地亚哥印刷厂发放 10 万美元的贷款，以购买新的办公设备。一开始，PNC 银行的资产（贷款）和负债（活期存款）都增加了 9 万美元。但是这只是暂时的，因为圣地亚哥印刷厂会用这笔贷款来开一张 9 万美元的支票，以从环宇计算机公司购买设备，而后者在太阳信托银行有一个账户。当太阳信托银行向 PNC 银行结清这一 9 万美元的支票时，PNC 银行资产负债表的变化如下所示：

PNC 银行

资产		负债	
准备金	+1 万美元	活期存款	+10 万美元
贷款	+9 万美元		

太阳信托银行资产负债表的变化如下：

太阳信托银行

资产		负债	
准备金	+9 万美元	活期存款	+9 万美元

截至此时，作为美联储在公开市场上购买 10 万美元国债的结果，银行体系中的活期存款已经增加了 19 万美元。

太阳信托银行面临与富国银行和 PNC 银行相同的决策。太阳信托银行试图利用增加的准备金来扩大自己的贷款规模，但是为了稳妥起见，它只能将增加的超额准备金贷放出去。根据 10% 的法定准备金率要求，太阳信托银行的法定准备金必须增加 9000 美元（ =9 万美元 ×0.10），因而只能发放 8.1 万美元的贷款。假定太阳信托银行将 8.1 万美元贷放给马利克理发店，用于重新改造。一开始，太阳信托银行的资产（贷款）和负债（活期存款）增加了 8.1 万美元。但是，当马利克理发店花掉这笔贷款，并将 8.1 万美元的支票在太阳信托银行结清时，后者的资产负债表如下所示：

太阳信托银行

资产		负债	
准备金	+9 000 美元	活期存款	+9 万美元
贷款	+8.1 万美元		

如果发放给马利克理发店的贷款被存到了另外一家银行，银行体系中的活期存款

又会增加 8.1 万美元。此时，由美联储提供的 10 万美元的准备金已经使活期存款的数量增加了 27.1 万美元（=10 万美元 +9 万美元 +8.1 万美元）。这一过程就被称为**多倍存款创造**。随着每笔贷款的发放，货币供给增加了。银行准备金和基础货币最初的增加，会使货币供给以数倍于最初准备金的数量增加。

这一过程仍未结束。从马利克理发店收到 8.1 万美元支票的人，如果把这笔钱存起来，另外某家银行的活期存款就会增加。这一过程将在银行体系和经济中继续传导下去，其结果展现在表 14-2 中。从表 14-2 中可以看到，每当支票被存到银行和银行发放新的贷款时，新的活期存款就继续被创造出来，但是活期存款每次增加的数量越来越小，因为银行每次都必须持有部分货币作为法定准备金。

表 14-2　多倍存款创造，假定美联储在公开市场购买了 10 万美元国债，并且法定准备金率为 10%

（单位：美元）

银行	增加的存款	增加的贷款	增加的准备金
PNC 银行	100 000	90 000	10 000
太阳信托银行	90 000	81 000	9 000
第三家银行	81 000	72 900	8 100
第四家银行	72 900	65 610	7 290
第五家银行	65 610	59 049	6 561
⋮	⋮	⋮	⋮
增加合计	1 000 000	900 000	100 000

计算简单的存款乘数

表 14-2 表明，美联储在公开市场购买 10 万美元国债，将会使银行体系的准备金增加 10 万美元，最终使活期存款增加 100 万美元。由银行创造的存款数量与新增准备金之比，被称为**简单的存款乘数**。在这个例子中，简单的存款乘数等于 100 万美元 /10 万美元 =10。为何等于 10？我们怎么知道最初银行准备金增加 10 万美元，最终会使存款增加 100 万美元?

有两种方法可以回答这一问题。第一种方法，在这一过程中，每家银行保留的准备金都等于其存款的 10%，因为我们假定没有任何一家银行持有超额准备金。如果把银行体系视为一个整体，准备金的增加量是 10 万美元，即美联储在公开市场上购买国债的数量。因此，从总体来看，银行体系最终存款增加了 100 万美元，因为 100 万美元的 10% 正是 10 万美元。

第二种方法是求得简单的存款乘数的表达式。根据表 14-2，存款总的增加量可以用下式来表示：

$$\Delta D = 100\,000\ \text{美元} + [\,0.9 \times 100\,000\ \text{美元}\,] + [\,(0.9 \times 0.9) \times 100\,000\ \text{美元}\,] +$$
$$[\,(0.9 \times 0.9 \times 0.9) \times 100\,000\ \text{美元}\,] + \cdots$$

或者，可以简化为：

$$\Delta D = 100\,000\ \text{美元} \times [\,1 + 0.9 + 0.9^2 + 0.9^3 + \cdots\,]$$

代数规则告诉我们，像上述表达式中这样的无穷数列可以加总为：

$$\frac{1}{1 - 0.9} = \frac{1}{0.10} = 10$$

因此，$\Delta D = 10\ \text{万美元} \times 10 = 100\ \text{万美元}$。注意，这里的 10 等于 1 除以法定准备金率 rr_D，在这个例子中，法定准备金率等于 10% 或 0.10。这一思路为我们提供了另外一种表示简单的存款乘数的方法：

$$\text{简单的存款乘数} = \frac{1}{\text{rr}_D}$$

因此，现在我们可以用一个等式来表明，当准备金最初发生变化时（ΔR），存款的变动是多少（ΔD）。

$$\Delta D = \Delta R\,/\,\text{rr}_D$$

或者，在我们的例子中，

$$\Delta D = \frac{10\ \text{万美元}}{0.10} = 100\ \text{万美元}$$

如果一家银行决定将其全部或一部分超额准备金投资于市政债券或其他证券，而不是发放贷款，那么存款创造过程与这家银行发放贷款的过程是相同的。假定 PNC 银行决定从一家债券交易商那里购买 9 万美元的债券，而不是向圣地亚哥印刷厂发放 9 万美元的贷款。PNC 银行将向这家债券交易商开出一张金额为 9 万美元的支票，后者会将其存到自己的银行账户上。这样，这家债券交易商的银行就会有超额准备金，然后它就会将其用于贷款或投资，等等。银行无论将其超额准备金用于贷款还是购买证券，对多倍存款创造产生的影响都是相同的。

在开始时，你可能认为是单个银行在创造货币。但是一家银行向外贷款的数量不能超过它的超额准备金。当借款人将其从银行获得的贷款花出去的时候，新的存款就会被创造出来，然后这笔钱又会被存回银行体系中。多倍存款创造讲的是银行体系作为一个整体的行为，而不是单独一家银行的行为。

最后需要注意的是，正如美联储可以通过提高准备金来增加银行体系中活期存款的数量一样，它也可以通过降低准备金来减少活期存款的数量。美联储通过在公开市场上出售政府债券来减少准备金。这一行动对银行体系产生的一系列影响与存款创造是相似的，但是方向相反。美联储在公开市场卖出国债的结果是**多倍存款收缩**。假定美联储向富国银行出售了 10 万美元的国债，从而使银行准备金减少了 10 万美元。由于简单的存款乘数是 10，我们就能知道 10 万美元准备金的下降最终将会导致活期存款减少 100 万美元。

14.3　银行、非银行公众和货币乘数

学习目标　解释银行和非银行公众的行为如何影响货币乘数。

对于理解货币供给创造过程而言，理解简单的存款乘数是重要的一步，但是这还不是故事的全部。为了得到简单的存款乘数，我们做了两个关键的假设。

1. 银行没有超额准备金。
2. 非银行公众持有的现金没有增加。

换句话说，我们在上一节中假定，只要银行有超额准备金，它们就会将其贷放出去。我们还假定，如果家庭或企业收到一张支票，它们会将其全部存到自己的活期存款账户上，不会以现金的形式来持有这笔钱。这两个假定都是不正确的。自 2020 年 3 月以来，银行持有的准备金都是超额准备金，因为美联储至少暂时地将法定准备金率设定为 0。而且，非银行公众在自己的活期存款余额增加时，通常会持有更多的现金。在本节中我们将会考察，如果放宽上述两个假定条件，货币供给创造过程会发生何种变化。

持有的现金和超额准备金数量增加产生的影响

在第 14.2 节我们关于货币供给创造过程的论述中，一旦富国银行向美联储出售国债从而获得 10 万美元的超额准备金，它就会将其全部贷放给罗茜烘焙店。然后，罗茜烘焙店用这笔贷款向鲍勃烘焙设备厂开一张 10 万美元的支票，后者将其全部存入自己在 PNC 银行的账户。一旦支票结清，PNC 银行就获得了 10 万美元的准备金。但是，假定鲍勃烘焙设备厂没有将 10 万美元完全存到自己的账户上，而是存了 9 万美元，剩下的 1 万美元以现金形式持有。在这种情况下，PNC 银行只能获得 9 万美元的准备金，而不是 10 万美元，因此，它可以发放的贷款数量就减少了。

在银行发放贷款并创造新的活期存款的整个过程中，家庭和企业都会将一些新增

的资金以现金而非存款的形式持有。存在银行的资金会受多倍存款创造过程的影响，但是以现金形式持有的资金则并非如此。我们可以得出结论，**相对于活期存款，非银行公众持有的现金越多，多倍存款创造的乘数就会越小**。

现在假定鲍勃烘焙设备厂将 10 万美元存入自己在 PNC 银行的账户，该银行决定不是持有 1 万美元作为法定准备金并将其余的 9 万美元贷放出去，而是将全部 10 万美元都作为超额准备金。如果 PNC 银行这样做的话，多倍存款创造过程立即就会结束，因为没有新的贷款被贷放出来，也没有新的存款被创造出来。美联储 10 万美元的公开市场买入就不会使 100 万美元存款的增加，而只是使存款增加 10 万美元。存款乘数将从 10 降至 1。我们可以得出结论，**相对于活期存款，银行持有的超额准备金越多，多倍存款创造的乘数就会越小**。

对于理解货币供给创造过程而言，图 14-1 表明了我们最终的目标：找到一个稳定的货币乘数，能够将基础货币和货币供给联系起来。我们已经发现，美联储可以通过公开市场业务来控制基础货币的规模。如果货币乘数是稳定的，美联储对基础货币的控制就可以使其控制货币供给。对于理解准备金的创造如何导致了贷款和存款的增加，简单的存款乘数很有帮助，这是货币供给创造过程的核心内容。但是，我们需要从三个方面深入探讨对简单的货币乘数的认识。

1. 我们不仅需要把准备金和存款联系起来，还需要把基础货币和货币供给联系起来。

2. 相对于活期存款，非银行公众持有现金的意愿发生变化对货币供给创造过程的影响，我们需要将其纳入分析之中。

3. 相对于活期存款，银行持有超额准备金的意愿发生变化产生对货币供给过程的影响，同样要纳入分析中。

在下一部分，我们依次考察上述变化对简单的存款乘数的影响，从而完整地论述货币供给创造过程。

推导一个现实的货币乘数

我们需要推导一个货币乘数 m，使其将基础货币 B 和货币供给 M 联系起来：

$$M = m \times B$$

上述等式告诉我们，货币乘数等于货币供给与基础货币之比：

$$m = \frac{M}{B}$$

回想一下，货币供给是现金 C 和活期存款 D 之和，而基础货币是现金和银行准备金 R 之和。因为我们想要考察银行持有超额准备金的决策，所以我们将准备金分为两部分，即法定准备金 RR 和超额准备金 ER。这样，我们就可以将货币乘数的表达式扩展如下：

$$m = \frac{C + D}{C + RR + ER}$$

记住，令我们感兴趣的是，相对于活期存款，非银行公众持有现金的意愿和银行持有超额准备金的意愿。为了在上述货币乘数的表达式中考察这些行为，我们试图把**现金－存款比率**和超额准备金率包含在内。前者衡量的是相对于持有活期存款，非银行公众持有现金的意愿；后者衡量的是相对于持有活期存款，银行持有超额准备金的意愿。为了将这两个比率纳入货币乘数表达式，我们需要借助基本的代数规则，即一个分式的分子和分母乘以一个相同的变量，分式的值保持不变。这样，我们就可以按照如下方式，将两个存款比率引入货币乘数的表达式：

$$m = \left(\frac{C + D}{C + RR + ER} \right) \times \frac{(1/D)}{(1/D)} = \frac{(C/D) + 1}{(C/D) + (RR/D) + (ER/D)}$$

回想一下，法定准备金与活期存款的比率就是法定准备金率 rr_D。据此，我们就可以得到货币乘数最终的表达式：

$$m = \frac{(C/D) + 1}{(C/D) + rr_D + (ER/D)}$$

因此，我们可以说，由于：

$$\text{货币供给} = \text{货币乘数} \times \text{基础货币}$$

因此：

$$M = \left(\frac{(C/D) + 1}{(C/D) + rr_D + (ER/D)} \right) \times B$$

比如，假定我们有如下数值：

$$C = 5000 \text{ 亿美元}$$
$$D = 1 \text{ 万亿美元}$$
$$rr_D = 0.1$$
$$ER = 1500 \text{ 亿美元}$$

那么，现金－存款比率 =5000 亿美元/1 万亿美元 =0.50，超额准备金率 =1500 亿美元/1 万亿美元 =0.15。由此，货币乘数的值就是：

$$m = \frac{0.5+1}{0.5+0.1+0.15} = \frac{1.5}{0.75} = 2$$

如果货币乘数等于 2，那么基础货币每增加 10 亿美元，就会使货币供给增加 20 亿美元。对于这一将货币供给与基础货币联系在一起的表达式，有以下几点需要注意。

1. 无论基础货币还是货币乘数的值增大，货币供给都会增加；无论基础货币还是货币乘数的值减小，货币供给都会减少。

2. 现金 – 存款比率增加，会导致货币乘数的值下降，如果基础货币保持不变，这就会使得货币供给减少。比如在上述例子中，如果现金 – 存款比率从 0.5 增加至 0.6，货币乘数的值就会从 1.5/0.75 = 2 降至 1.6/0.85 = 1.88。这一结果的经济含义是，如果家庭和企业更愿意持有现金而不是活期存款，银行能够出借的资金数量相对地就会更少，这将抑制存款的多倍创造。

3. 法定准备金率 rr_D 的提高，将导致货币乘数下降，如果基础货币保持不变，这就会使货币供给减少。从数学的角度来看，导致这一结果的原因简单明了，即 rr_D 在货币乘数表达式的分母上，当 rr_D 的值上升时，m 的值就会下降。从经济学的角度来看，rr_D 的增加意味着银行获得的准备金的增加，都必须以更大的比例以法定准备金的形式持有，因而在多倍存款创造的过程中，这部分资金就无法贷放出去。

4. 超额准备金率（ER/D）的提高将会导致货币乘数下降，如果基础货币保持不变，这就使得货币供给的数量减少。同样地，这一结果的数学原因显而易见，因为 ER/D 在货币乘数表达式的分母上。从经济学的角度来看，ER/D 的增加意味着银行相对持有更多的超额准备金，因此，在多倍存款创造的过程中，银行就无法使用这部分资金发放贷款。

最后，让我们考察一下美联储 2020 年 3 月取消法定准备金的影响。利用前面的等式，我们可以将法定准备金率设定为 0：

$$M = \left(\frac{(C/D)+1}{(C/D)+(ER/D)} \right) \times B$$

我们无须再区分法定准备金和超额准备金，因为**随着法定准备金率设定为 0，所有的准备金都成了超额准备金**。于是，我们就得到了下列货币乘数表达式：

$$M = \left(\frac{(C/D)+1}{(C/D)+(B/D)} \right) \times B$$

■ 解决问题 14.3

运用货币乘数的表达式

考虑以下信息：

$$银行准备金 = 5000\ 亿美元$$

$$现金 = 4000\ 亿美元$$

$$R/D = 0.625$$

$$rr_D = 0$$

基于上述信息：

a. 基础货币是多少？

b. 货币供给 M1 是多少？

c. 货币乘数是多少？

解决问题

第一步 复习本章内容。这个问题与货币乘数有关，因此，你需要复习"推导一个现实的货币乘数"这部分的内容。

第二步 计算基础货币的数量，从而回答问题 a。基础货币等于现金与银行准备金之和：

$$B = C + R$$

$$= 4000\ 亿美元 + 5000\ 亿美元$$

$$= 9000\ 亿美元$$

第三步 为了计算货币供给的数量，需要先计算支票存款的数量，从而回答问题 b。已有的信息表明，$R/D = 0.625$。因此：

$$5000\ 亿美元 /D = 0.625$$

$$5000\ 亿美元 = 0.625 \times D$$

$$D = 5000\ 亿美元 /0.625 = 8000\ 亿美元$$

货币供给 M1 等于现金的数量加上支票存款的数量：

$$M = C + D$$

$$= 4000\ 亿美元 + 8000\ 亿美元$$

$$= 1.2\ 万亿美元$$

同时：

$$B = C + R$$

$$= 4000\ 亿美元 + 5000\ 亿美元$$

$$= 9000\ 亿美元$$

第四步 计算货币乘数，从而回答问题 c。我们可以用两种方法计算货币乘数。首先，注意货币乘数等于货币供给与基础货币之比：

$$m = M/B = 1.2 \text{万亿美元} / 9000 \text{亿美元} = 1.33$$

或者，我们可以利用本节前面得出的表达式来计算货币乘数：

$$m = \frac{(C/D)+1}{(C/D) + \text{rr}_D + (ER/D)}$$

在使用这一表达式时，我们要注意 $\text{rr}_D = 0$，所有的准备金都是超额准备金。将这些值代入货币乘数的表达式，从而得到：

$$m = \frac{(4000\text{亿美元}/8000\text{亿美元})+1}{(4000\text{亿美元}/8000\text{亿美元}) + 0 + (5000\text{亿美元}/8000\text{亿美元})}$$

$$= \frac{1.5}{1.125} = 1.33$$

因此，这两种计算货币乘数的方法可以得出相同的结果。

我们在第 14.1 节看到，经济学家将基础货币视为由两部分组成，即非借入的基础货币 B_{non} 和借入的准备金 BR，后者是贴现贷款的另一种说法，因此 $B = B_{non} + \text{BR}$。由于美联储和银行的行为都可以决定贴现贷款的数量，因此，美联储对于非借入贷款拥有更强的控制力。我们通过重新写一下货币供给与基础货币的关系式，就可以更好地认识这一点：

$$M = \left(\frac{(C/D)+1}{C/D + \text{rr}_D + (ER/D)} \right) \times (B_{non} + \text{BR})$$

我们现在可以完整地描述货币供给创造过程：

1. 货币供给等于基础货币乘以货币乘数。
2. 基础货币等于非借入基础货币和贴现贷款之和，前者主要由美联储的公开市场业务决定，后者由银行和美联储共同决定。
3. 货币乘数取决于法定准备金率、超额准备金率和现金 - 存款比率。法定准备金率由美联储决定，自 2020 年 3 月以来法定准备金率为 0。超额准备金率由银行决定。现金 - 存款比率由家庭和企业等非银行公众决定。

表 14-3 总结了决定货币供给的这些变量。注意，第一列中的变量数值下降会导致第三列中货币供给相反的变化。

表 14-3　货币供给创造过程中的变量

以下变量增加	影响这些变量的是	导致货币供给	这是因为
非借入基础货币 B_{non}	美联储的公开市场业务	增加	基础货币增加，有更多的准备金可以用于货币创造
法定准备金率 rr_D	美联储对法定准备金的要求	减少	能够出借的准备金减少，货币乘数的数值下降
现金 – 存款比率	非银行公众	减少	货币乘数的数值下降，减少了存款的创造
超额准备金率（ER/D）	银行	减少	货币乘数的数值下降，减少了存款的创造

我们曾经讲过，美联储控制着货币供给。我们现在知道，这一表述并不是完全正确的，美联储可以将非借入基础货币设定在自己选择的任意水平。但是，非银行公众的行为会通过现金 – 存款比率影响货币供给，银行的行为通过影响贴现贷款的数量和超额准备金率，也可以影响货币供给。在下一部分，我们将根据这一分析结论来解释自 2007 ～ 2009 年金融危机以来，基础货币与货币供给的变化。

自 2007 ～ 2009 年金融危机以来的货币供给、货币乘数和基础货币

我们已经看到，从 2008 年秋天开始，为了应对金融危机，美联储购买了巨额的金融资产，包括抵押贷款支持证券。图 14-3a 表明，基础货币的数量由此飙升。M1 也增加了，但是增加得没有这么多。如图 14-3b 所示，在同一时期，货币乘数大幅下降。货币乘数有下降的趋势，由从 2000 年年初的大约 1.9，降至 2007 年年初的大约 1.7。然后，这一数值在金融危机期间下降了 50% 以上，至 2008 年下半年已降至 1 以下。实际上，随着基础货币超过货币供给，货币乘数变成了货币除数！ 2018 年 5 月，货币乘数终于上升到 1 以上，然后一直保持在这一水平，直到 2020 年新冠疫情期间再次降至 1 以下。

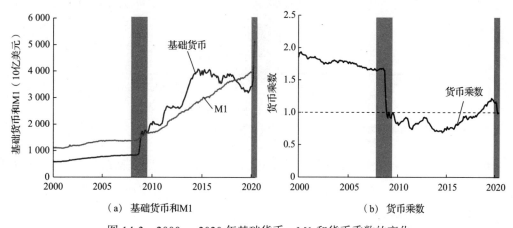

（a）基础货币和M1　　　　　　　　（b）货币乘数

图 14-3　2000 ～ 2020 年基础货币、M1 和货币乘数的变化

为何在 2007 ～ 2009 年金融危机期间以及之后，基础货币的增加显著大于 M1 ？

图 14-4 有助于解开这一谜题。该图展示了现金 - 存款比率和超额准备金与存款比率的变化。尽管自 2000 年以来，现金 - 存款比率有逐渐上升的趋势，这一比率在 2007 ～ 2009 年金融危机期间下降了，并且在 2020 年新冠疫情期间再次降低。这一比率的下降是由于家庭和企业将投资于货币市场共同基金和其他资产的资金转存为支票存款，它们认为前者的风险增加了，2020 年，家庭收到了联邦政府依据《新冠病毒援助、救济和经济安全法案》发放的款项。由于存款增加得比现金更快，所以现金 - 存款比率下降了。回忆一下，我们曾经讨论过现金存款比率的变化对货币乘数产生的影响。当其他因素保持不变时，现金存款比率的下降将导致货币乘数的增加，如果基础货币的数量保持不变，M1 的数量也会增加。我们从图 14-3b 中发现，货币乘数实际上下降了。原因在于 ER/D 的数值飙升，从 2008 年 8 月的接近于 0，增加至 2009 年秋天的大约 1.3。之前接近于 0，是因为银行持有很少的超额准备金。换句话说，银行开始持有比原来更多的超额准备金，导致 ER/D 上升至 1 以上，并且直至 2018 年年初一直保持在这一水平。由于银行已经持有数量可观的超额准备金，ER/D 在新冠疫情期间的增长就没有那么显著，即从 2019 年 12 月的 0.65 上升至 2020 年 5 月的 0.99。

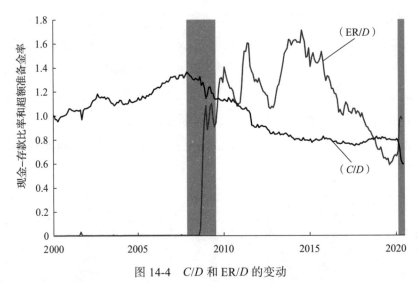

图 14-4　C/D 和 ER/D 的变动

资料来源：圣路易斯联邦储备银行。

由于在 2008 年秋天和 2020 年春天，ER/D 增长的幅度都显著超过现金 - 存款比率下降的幅度，因此，货币乘数下降了，与货币乘数不下降相比，基础货币增加导致的 M1 的增加，数量要小得多。

我们已经讨论过，在 2007 ～ 2009 年金融危机结束以后，银行为何要持有大量的准备金，数额远超 10 年前的水平。简单重述一下：①尽管美联储为准备金支付的利率很低，但是这些投资是无风险的；②金融体系的不确定性处于历史高位，这使得很多银行增加了它们的流动性；③大银行被要求持有比 2007 年之前更多的流动性资产，它们通过在美联储的准备金账户保留数量可观的余额来满足这一要求。

| 概念应用 |

美联储是否担心超额准备金会导致 1937～1938 年的衰退重演

如果美联储担心银行体系中超额准备金的数量过多，一个解决的方法就是通过提高法定准备金率，将超额准备金转变为法定准备金。美联储在 2020 年 3 月决定取消法定准备金的要求，这并不意味着它将永远不再使用这一工具，它还是有可能重新实行法定准备金的要求，并以此作为管理银行准备金的工具之一，但现在还不清楚。在大萧条时期，美联储于 20 世纪 30 年代中期采取了这一方法。图 14-5 表明，在银行恐慌于 1933 年年初结束以后，银行体系中的超额准备金急剧增加。

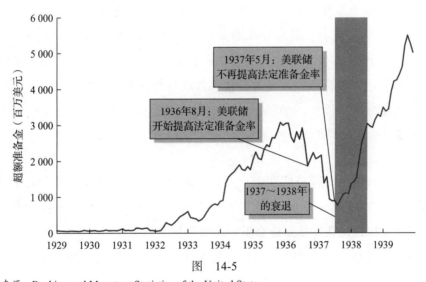

图　14-5

资料来源：Banking and Monetary Statistics of the United States.

20 世纪 30 年代中期，银行积累了超额准备金，原因与 2008 年之后银行积累超额准备金类似。尽管在 FDIC 建立之后，银行恐慌结束了，但很多银行都蒙受了巨大损失，并有保持流动性的强烈愿望。名义利率也降至极低的水平，这降低了美联储持有准备金的机会成本。由于大萧条极为严重，大部分借款人的信誉度都恶化了。至 1935 年年末，失业率仍然保持在很高的水平，超过了 14%，而通货膨胀率保持在很低的水平，低于 2%。然而，一些美联储委员会的委员担心股票价格增长太快。他们认为，尽管经济还处于萧条之中，但股票价格上涨可能会导致投机泡沫，与 1929 年 10 月股市大崩溃之前的情形类似。一些委员还担心通货膨胀率会上升。美联储工作人员的备忘录提到，"大家普遍担心，超额准备金处于目前这种水平，迟早会引发通货膨胀，如果不在通货膨胀增强之前采取措施，以后可能会失控"。

美联储委员会决定从 1936 年 8 月开始，分四步来提高支票存款的法定准备金率，将这一比率由 10% 提至 20%，以减少银行体系中超额准备金的数量。委员会还将定期存款的法定准备金率从 3% 提高到 6%。美联储于 1990 年取消了对定期存款的法定准备金要求。图 14-5 表明，一开始美联储的行动成功地减少了超额准备金。但是，美联储的政策忽视了这一时期银行持有超额准备金的原因。随着法定准备金率的提高，银行为了使持有的超额准备金恢复到原来的水平，唯一的方法就是发放更少的贷款，从而持有更少的活期存款。由于银行贷款减少，货币供给也减少了，家庭和企业无法获得信贷，只能减少支出，于是经济在 1937 年陷入了衰退。尽管失业率仍然远低于 1929 年充分就业的水平，但现在又开始攀升。⊖

1938 年 4 月，美联储通过将支票存款的法定准备金率由 20% 降至 17.5%，将定期存款的法定准备金率由 6% 降至 5%，部分地实现了政策的转向。但是，这一政策已经对经济造成了伤害。很多经济学家认为，美联储提高法定准备金率的行动是 1937～1938 年衰退的重要原因。美联储错误地判断了银行持有超额准备金的意愿，因而未能预见银行会采取行动以恢复自己持有的准备金数量，尽管法定准备金率已经大幅提高了。美联储的一位经济学家注意到，"20 世纪 30 年代的经验表明，提高法定准备金率确实不是消除超额准备金的最佳方法"。⊖

为了应对新冠疫情对经济的冲击，美联储采取的措施使得银行持有的本来已经很多的准备金，在 2019 年 9 月至 2020 年 6 月之间又增加了一倍。一些投资者、政策制定者和经济学家担心这在将来可能会引发通货膨胀。如果银行将 2020 年 7 月持有的准备金中相当大一部分突然贷放出去，结果将是货币供应量激增，这可能导致通货膨胀率的迅速上升。英国经济学家蒂姆·康登（Tim Congdon）在 2020 年春天为《华尔街

⊖ 其他因素也促使美国经济在 1937 年陷入了衰退。1936 年，国会和富兰克林·罗斯福总统显著提高了个人所得税和企业所得税的税率。此外，在 1936 年年末时，美国财政部决定对黄金的流入进行"消毒"。尽管美国已经正式废除了金本位制，但是财政部仍然按照每盎司（约 28.3495 克）35 美元的价格收购了大部分流入美国的黄金。财政部利用自己在美联储的存款来购买黄金。如果财政部以存在美联储的黄金作为凭证来代替这些存在美联储的资金，那么，黄金的流入就会导致基础货币的增加。如果财政部不这样做，黄金流入就被"消毒"了，基础货币就会保持不变。由于财政部与美联储一样，担心通货膨胀会上升，它决定从 1936 年 12 月开始，对黄金的流入进行"消毒"。直至 1938 年 2 月，财政部一直在实施这一政策。财政部采取的为黄金流入"消毒"的政策，消除了前些年基础货币和货币供给增加的一个重要来源。

⊖ 20 世纪 30 年代，美联储对银行实行不同的法定准备金要求，这取决于它们的规模和选址。这里所讨论的法定准备金要求是针对城市储备银行（reserve city banks）的。

日报》撰写了一篇专栏文章，标题就是《为通胀回归做好准备》[⊖]。对通货膨胀的担忧传统上会使一些投资者购买黄金。

| 概念应用：与你相关 |

如果担心通胀，你应该投资于黄金吗

正如我们在本章开头中看到的，很多人将黄金视为一种避险的投资工具，在金融市场陷入混乱时购买。因此，向个人投资者出售的金条和金块以及追踪黄金价格的ETF 份额，在 2007～2009 年金融危机期间销量猛增，2020 年新冠疫情期间同样如此。很多投资者担心，银行准备金和货币供给的增加有可能导致未来通货膨胀率大幅上升，这些人将黄金视为对冲通货膨胀的工具。

从历史上来看，黄金是一种很好的投资对象吗？作为一种投资工具，黄金显然有一些缺点。与债券不同，黄金不支付利息；与股票不同，黄金也没有分红。现在，包括大多数股票和债券在内的很多投资品仅以电子的形式存在，而黄金是一种真正的实物资产，必须进行储存和保护。比如，拥有由美国铸币局发行的美国鹰币的个人投资者，必须找地方把它们储存起来，可能需要向银行支付一笔费用以便使用保险箱，也可能不得不花钱为这些金币上保险。投资者可以通过购买黄金 ETF 来节省这些费用，尽管由于担心未来金融体系崩溃而购买黄金的人还是喜欢持有实物黄金。

由于黄金不支付利息，很难确定它作为一种投资工具的基本价值。归根结底，黄金的最低价格是由它作为一种金属的价值决定的，比如用于珠宝制作或其他工业用途的价值，特别是在电子工业中，由于黄金具有良好的导电性能和抗腐蚀性，它具有很高的使用价值。黄金作为一种投资品的价值，取决于其价格未来上涨的可能性，因为它的收益完全是资本收益。很多个人投资者认为，黄金能够很好地对冲通货膨胀，因为如果一般价格水平上涨，黄金的价格也会上涨。但是，这种观点正确吗？图 14-6 展示了从 1976 年 1 月至 2020 年 6 月每月的黄金价格。

图 14-6 表明，在 20 世纪 70 年代后期经历了高通胀的那些年，黄金价格飙升。1976 年 1 月，每金衡盎司（troy ounce）黄金的售价大约为 132 美元，1980 年 9 月上升至 670 美元。对于黄金投资者而言，不幸的是，尽管 1980 年以后的那些年一般价格水平持续上升，但是黄金的价格实际上是下降的。1999 年 8 月，每金衡盎司黄金的售价仅为大约 255 美元，或者说，比其 20 年前的峰值下降了将近 60%。同时，以消费者

⊖ Tim Congdon, "Get Ready for the Return of Inflation," *Wall Street Journal*, April 23, 2020.

价格指数来衡量的价格水平翻了一倍。图中展示黄金的实际价格的线，其计算方法是黄金的名义价格除以消费者价格指数。[⊖]这条线表明，2020 年 6 月，即便黄金的名义价格自 2018 年下半年以来出现了大幅上涨，但黄金的实际价格仍然比 1980 年 9 月的水平低 15% 以上。1980 年，很多新闻和投资指南都在强调黄金在 20 世纪 70 年代后期是一种多么伟大的投资品。听取了这一建议并购买了金条或金币的人都感到失望不已：在为他们的金条和金币支付了将近 40 年的储存费和保险费之后，他们的这项投资所能获得的却是 −15% 的实际收益。如果他们购买的是投资于标普 500 指数的共同基金，实际收益率超过了 800%。

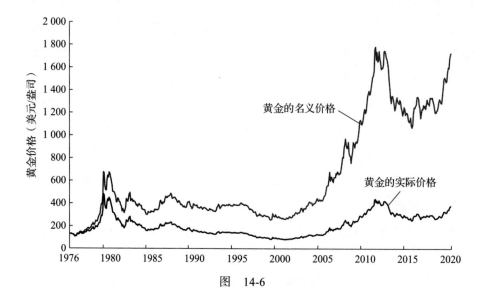

图　14-6

与一些投资者的信念相反，从长期来看，黄金被证明是一种糟糕的对冲通胀的工具。尽管在 2020 年购买了黄金的投资者认为自己做了一项精明的投资，但是过去 40 年的历史经验并不支持这一点。

回答关键问题

在本章开始时，我们提出的问题是：

"为何在 2007 ～ 2009 年金融危机期间以及以后，银行准备金急剧增加？政策制定者是否应当关注银行准备金的增加？"

正如我们已经看到的，银行准备金从 2008 年秋天开始的急剧增加，是美联储

⊖　黄金的名义价格是伦敦黄金市场上的"议定金价"（gold fixing price）。黄金的实际价格为黄金的名义价格除以消费者价格指数，1976 年 1 月的消费者价格指数为 100。

购买资产的结果。只要美联储购买资产，基础货币就会增加。构成基础货币的现金和银行准备金在 2008 年都增加了，但是银行准备金增加得特别多。自 2008 年以来的这些年，银行一直持有大量的准备金，主要有三个原因：①尽管美联储为准备金支付的利率很低，但是这项投资是无风险的，而且与银行所能从事的其他安全的短期投资相比，这一利率具有竞争力；②在金融危机期间与危机刚过去时以及 2020 年新冠疫情期间，金融体系的不确定性处于历史高位，这使得很多银行增加了它们的流动性；③大银行现在被要求持有比 2007 年之前更多的流动性资产，它们通过在美联储的准备金账户保留数量可观的余额来满足这一要求。2020 年，通货膨胀一直保持在很低的水平，但是一些政策制定者担心，如果银行开始将它们持有的准备金中相当大一部分用于发放贷款，未来通货膨胀率最终将会上升。

附录 14A　货币供给 M2 的创造过程

学习目标　描述货币供给 M2 的创造过程。

20 世纪 80 年代和 90 年代的金融创新产生了重要影响，比如国会允许银行为支票账户支付利息，一些分析家和政策制定者担心，M1 不足以代表承担交易媒介功能的资产。结果，他们更为关注 M2。正如我们在第 2 章看到的，M2 是一个比 M1 更为宽泛的衡量货币总量的指标，不仅包括现金 C 和支票存款 D，还包括非交易账户的余额。我们可以将这些非交易账户分为两部分：

1. N，由储蓄账户组成，包括货币市场存款账户和小额定期存款。
2. MM，由零售货币市场共同基金组成。

因此，我们可以将 M2 表示为：

$$M2 = C + D + N + MM$$

当家庭和企业这些非银行公众将持有的资金由某类账户转移至另一类账户时，以 M2 来衡量的货币供给不如 M1 敏感。比如，假定非银行公众想要将资金由支票存款转移至储蓄账户。在这种情况下，D 将会下降，N 会增加相同的数量，从而使 M2 保持不变。但是作为现金和支票存款之和的 M1 将会下降。

我们可以将 M2 表示为 M2 乘数与基础货币的乘积：

$$M2 = M2 乘数 \times 基础货币$$

与我们得到的 M1 乘数的表达式类似，我们也可以得到一个 M2 乘数的表达式，即：

$$M2乘数 = \frac{1 + (C/D) + (N/D) + (MM/D)}{(C/D) + rr_D + (ER/D)}$$

注意，对 N 和 MM 账户没有法定准备金的要求。考虑到美联储于 2020 年 3 月取消了法定准备金的要求，我们可以得到下列 M2 乘数的公式：

$$M2乘数 = \frac{1 + (C/D) + (N/D) + (MM/D)}{(C/D) + (R/D)}$$

M2 乘数明显大于 M1 乘数，因为分子上增加了 N/D 和 MM/D 这两项。自 1980 年以来，M2 乘数要比 M1 乘数更为稳定。

M2 乘数中的各个部分对 M2 乘数大小的影响与 M1 乘数类似。支票存款的法定准备金率和现金 - 存款比率提高，将会限制存款创造的能力，从而使乘数变小。相对于支票存款，如果非银行公众更喜欢非交易账户或者货币市场类的账户，乘数将会增大。

近些年来，很多经济学家和政策制定者在预测其他经济变量未来的变化时，比如预测实际 GDP，不像以前那样重视货币供给的变化。然而，一些"美联储观察家"一直在研究货币供给的变化。这些美联储观察家预测 M2 增长的方法与预测 M1 很相似，他们会预测基础货币的变化，特别是非借入基础货币的变化，并预测 M2 乘数各个部分的变化。

第 15 章

货币政策

学习目标

在学习了本章之后，你应该能够：

15.1 介绍货币政策的目标。

15.2 理解美联储如何运用货币政策工具来影响联邦基金利率。

15.3 了解随着时间的推移，美联储货币政策工具如何变化。

15.4 解释货币政策中货币目标的作用。

货币政策的"美丽新世界"

美联储真是与时俱进啊！数十年来，经济学家和政策制定者对美联储运作的各个方面争论不休，但是很长时间以来，货币政策的基本机制大体上保持不变。为了应对经济的变化，美联储会调整对于联邦基金利率的目标，这是银行相互之间进行短期借贷的利率。当经济似乎有可能陷入衰退时，美联储会降低联邦基金利率的目标。如果通货膨胀抬头，美联储就会提高联邦基金利率的目标。为了降低联邦基金利率，美联储会通过公开市场购买来增加银行体系的准备金。准备金供给的增加将降低银行为短期准备金借款支付的利率，也就是联邦基金利率。减少准备金的供给将会提高联邦基金利率。

如果美联储要有效地利用这一机制，银行只能持有少量的超额准备金，在2007～2009年金融危机之前，实际情况就是如此。由于超额准备金数量稀少，大多数大型银行都通过联邦基金市场来借入准备金，以满足美联储的法定准备金要求，而资金则大多来自规模较小的银行。正如我们在第14章第14.1节看到的那样，这种状况从

2008 年开始发生了变化，美联储为了应对金融危机采取了一些创新性的政策措施，包括购买 10 年期的中期债券、抵押贷款支持证券和商业票据。美联储的资产负债表和银行体系的准备金急剧膨胀。此外，美联储第一次向银行支付准备金的利息。

起初，美联储和大多数经济学家认为等到危机一结束，美联储就会缩小资产负债表的规模，银行仍将持有少量的超额准备金，因为美联储为准备金支付的利率远低于市场利率。伯南克和其他美联储官员使用"退出策略"一词来指称美联储将会采取的步骤，以便使准备金恢复至 2008 年以前的水平。

然而，2007～2009 年经济衰退之后的复苏实际上非常缓慢，美联储又实施了三轮量化宽松政策，这使得美联储的资产负债表进一步扩张。2015 年 12 月，美联储自这场金融危机以来第一次提高了联邦基金利率的目标。由于准备金不再稀缺，美联储需要除了公开市场业务以外的新途径来影响联邦基金利率。我们将在第 15.3 节讨论这些新途径。尽管联邦基金利率提高了，美联储的资产负债表规模仍然很大，相应地，银行的准备金也处于很高的水平。2017 年 6 月，当时的美联储主席珍妮特·耶伦宣布将要缩小美联储资产负债表的规模，当持有的中期国债和抵押贷款支持证券到期，它将不再购买新的证券作为替代。由于美联储持有的证券减少了，银行的准备金相应减少，基础货币收缩了。但是，这一过程在 2019 年年中时中断了，为了应对当时美国经济增长放缓，美联储主席杰罗姆·鲍威尔增加了美联储购买证券的数量。在 2020 年新冠疫情期间，美联储重新启用了一些曾在 2007～2009 年金融危机期间使用过的借贷便利工具，还启动了一些新计划，银行准备金飙升。我们将在第 15.3 节更为详细地讨论美联储对于新冠疫情的应对措施。美联储还将联邦基金利率实际上降到了零。

美联储为了应对新冠疫情而采取的政策，是否表明它只是推迟了回归 2007 年之前货币政策程序的时间，即通过公开市场业务来管理联邦基金利率？还是说美联储为了应对新冠疫情而采取的政策表明管理联邦基金利率的新程序已经成为永久性的政策工具？出于以下两个原因，很多经济学家和政策制定者认为这些新程序已经是永久性的了：

1. 低通胀和低利率意味着短期名义利率可能在未来很长的时间内一直保持在很低的水平。在这种情况下，美联储只能以相对较小的幅度降低联邦基金利率的目标，因为利率已经接近于零这一下限。尽管包括欧洲中央银行和日本银行在内的其他中央银行愿意将利率降至零以下，但是美联储不愿意这样做。使用量化宽松等新的政策工具，而不是依靠以联邦基金利率作为目标，将会使美联储的资产负债表和银行的准备金一直保持在远高于 2008 年之前的水平。

2. 自 2007 ～ 2009 年危机以来，银行监管措施的变化要求大银行与 2008 年之前通常的状况相比，要拥有更多的流动性。大银行在 2007 年之前一般都是在联邦基金市场上借入短期资金，现在则保持大规模的准备金余额，以满足对它们的流动性的要求。

由于存在以上变化，美联储似乎不可能重新回到原来准备金稀缺的状况。在那种情形下，美联储依靠公开市场业务来调整联邦基金利率，这种货币政策程序在 2007 年之前是可行的。

一些经济学家和政策制定者担心，长期实行这种非常规的政策会使经济和金融体系产生扭曲，从而在未来引发经济动荡。他们特别担心的是：

- 名义利率长期维持在极低的水平，将会导致股票、企业债券和政府债券、企业贷款和其他资产的价格处于不可持续的高位。
- 低利率降低了储蓄的收益率，使厌恶风险的投资者很难利用定期存单和其他低风险的资产为退休积攒足够的资金。
- 美联储在其资产负债表上持有数万亿美元的金融资产，这会扭曲金融市场，特别是住房市场的价格和收益，因为这意味着通常由私人投资者持有的证券在市场上消失了。

2020 年，有关未来货币政策的争论似乎会一直持续下去，并愈演愈烈。

关键议题和问题

议题：在 2007 ～ 2009 年和 2020 年金融危机期间，美联储实施了非同寻常的货币政策以稳定金融体系，帮助经济从衰退中恢复过来。

问题：美联储是否有可能重新使用 2007 年之前的货币政策程序？

尽管我们已经了解了货币政策的目标，但是正如 2007 ～ 2009 年衰退之后缓慢的经济复苏所表明的那样，美联储要实现这些目标，并不总是一件很容易的事。在实现自己的目标时，可供美联储使用的货币政策工具，数量是有限的。它使用这些政策工具，主要是为了改变货币供给和短期利率。然而，在 2007 ～ 2009 年金融危机期间以及之后，美联储不得不将关注的焦点放在货币供给和短期利率以外，在 2020 年也是如此。在本章中，我们将介绍美联储如何实施货币政策，并且说明美联储在设计有效的货币政策时遇到的困难。

15.1 货币政策的目标

学习目标 介绍货币政策的目标。

大多数经济学家和政策制定者都同意，货币政策的最终目标是增加民众的经济福利。尽管评估经济福利的方法有很多种，最常用的方法是以个人所能享有的商品和服务的数量与质量来衡量。经济福利源自劳动和资本得到有效利用，产出能够实现稳定增长。此外，稳定的经济状况也可以增加经济福利，比如将产出和就业的波动限制在最低程度、稳定的利率、金融市场运转良好等。为了增加经济福利，美联储有 6 个货币政策目标：

1. 价格稳定。
2. 高就业水平。
3. 经济增长。
4. 金融市场和金融机构的稳定。
5. 利率稳定。
6. 外汇市场稳定。

美联储和其他中央银行运用货币政策来实现这些目标。

价格稳定

通货膨胀或者说价格持续上涨，会损害货币作为交易媒介和记账单位的价值。特别是在 20 世纪 70 年代通货膨胀出现了显著且出人意料的上涨之后，美国、欧洲、加拿大和日本的政策制定者纷纷将价格稳定作为一项关键的政策目标。市场经济依靠价格来向家庭和企业传递商品和服务的成本与需求的信息。通货膨胀削弱了价格作为资源配置信号的作用，因为家庭和企业很难区分相对价格的变化与一般价格水平的变化，前者指引家庭和企业做出决策，后者则是通货膨胀产生的影响。比如，如果玉米的相对价格上涨了 5%，出售玉米将会获得更多的利润，农民就会种植更多的玉米。但是，如果只有 5% 的通货膨胀，而玉米的相对价格并没有上升，那么出售玉米并不会带来更多的利润，因为玉米的价格和种植玉米所需的要素投入的价格都上升了。在这种情况下，农民并不想增加玉米的生产，但是如果他们错误地将通货膨胀当成了玉米相对价格的上涨，就有可能会这么做。

如果出现了通货膨胀，家庭很难决定应该为自己的教育或退休储蓄多少，因为对于一笔数额固定的储蓄，他们不能确定未来的购买力是多少。未来价格的不确定，使企业犹豫要不要与供应商签订长期合约。通货膨胀的波动会导致任意的收入再分配，因为如果通货膨胀比原本预期的更高，出借人就会蒙受损失，领取金额固定的养老金的退休人员也会由于养老金购买力出人意料地下降而蒙受损失。

严重的通货膨胀甚至会产生更大的经济成本。每年百分之几百或者几千的通货膨胀率会严重损害经济的生产能力，这被称为超级通货膨胀。在一些极端的例子中，货币贬值得太快，以至于它无法再发挥价值储藏或交易媒介的作用。人们需要拿着满满一手推车的现金去买些杂货。在 20 世纪 20 年代的德国发生超级通货膨胀时，产出暴跌，失业飙升。由此引发的经济动荡为希特勒和纳粹党 10 年后上台铺平了道路。通货膨胀会引发各种各样的问题，从不确定性到经济灾难，不一而足，这使得价格稳定成为一项关键的货币政策目标。

高就业水平

高就业水平或者说低失业率是另一项关键的货币政策目标。工人失业，工厂和设备得不到充分利用，会降低经济的产出。失业使得失去工作的工人财务状况陷入困境，自尊心受到伤害。

尽管美联储致力于实现高就业水平，但它并不寻求将失业率降至零。即使经济处于最佳状态，一些工人也会在工作市场上进进出出，或者处于两份工作之间的过渡期。工人有些时候会辞去一份工作并去从事另一份工作，在此期间则处于失业状态。人们也会离开劳动力市场，以接受教育或培训，或者为了养家糊口而重新进入劳动力市场，这都需要花费一些时间。这类摩擦性失业使工人可以搜索能够使自己的福利最大化的工作岗位。结构性失业是指由经济结构的变化导致的失业，比如生产技术的自动化，在办公中使用更多的计算机软硬件，服务而非商品的产出增加。货币政策工具对于降低摩擦性失业和结构性失业无能为力，因为这类失业取决于技术发展的长期趋势、劳动力的年龄和性别构成、产业选址的变化和劳动者在不同地区的流动等因素，这些因素与货币供给和利率的变化无关，而这两者是货币政策通常关注的焦点。美联储试图减少的是周期性失业，即与经济周期性衰退有关的失业。有时候经济学家很难区分结构性失业和周期性失业。

除了摩擦性失业和结构性失业以外，当所有想要工作的工人都得到了工作，劳动力的供求处于均衡状态时，经济学家就称此时的失业率为自然失业率，有时也称实现了充分就业的失业率。对于自然失业率的准确数值，经济学家意见不一，劳动力年龄和性别结构的变化以及在税收、最低工资和失业保险赔偿金等方面的政府政策的变化，会导致自然失业率很有可能会随着时间的推移而改变。目前，大多数经济学家估计自然失业率大约为 4%。然而，在 2020 年 8 月，美联储宣布它所实施的货币政策不会与自然失业率的某一具体估计值紧密地联系在一起。

经济增长

政策制定者寻求实现稳定的**经济增长**，或者说经济中商品和服务的产出随着时间的推移而不断增加。经济增长是家庭实际收入持续增加的唯一源泉。经济增长取决于高就业水平。在实现高就业水平的条件下，企业通过投资于新的工厂和设备而不断壮大，从而提高利润、生产率和工人的收入。相反，如果失业率很高，企业的生产能力未得到充分利用，就不太可能投资于资本的更新改造。政策制定者努力实现稳定的经济增长，因为稳定的经营环境允许企业和家庭进行准确的规划，鼓励长期投资，而这是维持增长的必要条件。

金融市场和金融机构的稳定

如果金融市场和金融机构不能有效地将储蓄者和借款人匹配在一起，经济就会失去一些资源。一些企业将无法获得设计、开发和推广商品和服务所需的资金。储蓄者在寻找令人满意的投资时会浪费资源。金融市场和金融机构的稳定使得储蓄者和借款人的有效匹配成为可能。

国会和总统创建美联储，是为了应对 19 世纪后期和 20 世纪初期的金融恐慌。然而，正如我们在第 12 章看到的，美联储未能遏制 20 世纪 30 年代初期的银行恐慌，这使得大萧条变得更为严重。在二战以后的这段时期，美联储在防止商业票据市场、股票市场和大宗商品市场出现恐慌方面，取得了更大的成功。

尽管美联储也采取了积极的措施来应对 2007 年开始的金融危机，但是它在开始时低估了这场危机的严重性，未能阻止 2007 ～ 2009 年出现严重的衰退。这场金融危机重新激发了有关美联储是否应该采取行动，以预先遏制资产价格泡沫的争论，比如 20 世纪 90 年代后期美国股票市场上的互联网泡沫和 21 世纪第一个十年中期的美国房地产市场泡沫。美联储的政策制定者以及很多经济学家一般认为，资产泡沫事先很难识别，压低其价格的措施有可能会适得其反。但是，2007 ～ 2009 年经济衰退的严重性使一些经济学家和政策制定者对这一观点进行了反思。2020 年，为了应对新冠疫情，美联储实施了一系列创新性措施，集中关注金融体系中的资金流动。金融稳定性很明显已经成了美联储一个更为重要的政策目标。

利率稳定

与价格水平的波动一样，利率的波动使得家庭和企业很难进行规划和投资决策。

利率显著上升或下降使企业难以规划对工厂和设备的投资，使家庭对于住房这类长期投资更加犹豫不决。如果人们认为利率过高或过低，他们就会责备美联储，因此，除了希望为储蓄和投资提供一个稳定的环境以外，美联储在实现利率稳定这一目标时还受政治压力的影响。此外，正如我们已经看到的，利率的剧烈波动会使银行和其他金融机构出现问题。因此，稳定利率有利于稳定金融体系。

外汇市场稳定

在全球经济中，外汇市场的稳定或者说限制美元汇率的波动，是一项重要的货币政策目标。稳定的美元汇率可以使规划商业和金融交易变得更为简单。此外，美元币值的波动会改变美国相关产业的国际竞争力。美元升值会使美国商品在国外变得更为昂贵，从而减少出口，美元贬值会使外国商品在美国变得更为昂贵，从而减少进口。在现实中，美国财政部经常会最先推动外汇政策变化，尽管这些政策变化是由美联储实施的。

美联储的双重使命

美联储如何同时实现这六个政策目标？实际上，这些目标可以归为两个目标，即价格稳定和高就业水平。如果美联储能够实现这两个目标，它通常也能很好地实现其他目标。如果美国经济处于一个价格稳定和高就业水平的时期，它一般也会实现经济增长和金融市场、利率与汇率的稳定。

国会和总统与美联储一起承担实现高就业水平的责任。国会出台了 1946 年的《就业法案》和 1978 年的《充分就业和平衡增长法案》（《汉弗莱 - 霍金斯法案》），明确承诺联邦政府要实现高就业水平和价格稳定。由于《就业法案》和《汉弗莱 - 霍金斯法案》都明确提到了价格稳定和高就业水平，并且国会在《联邦储备法案》中也有类似的语句，美联储负有实现这两个目标的双重使命。

| 概念应用 |

为了减少黑人失业，美联储是否已经做得足够多了

实现高就业水平是美联储双重使命的一部分，但是，并非美国民众中的所有群体都有着相似的就业水平。图 15-1 展示了黑人、西班牙裔和白人关键的劳动力市场数据。图 15-1a 展示的是从 1973 年至 2020 年失业率的月度数据。图 15-1b 展示的是就业与人口的比率，由就业人数除以劳动年龄人口计算而得，劳动年龄人口是指 16 岁及以上的人口。

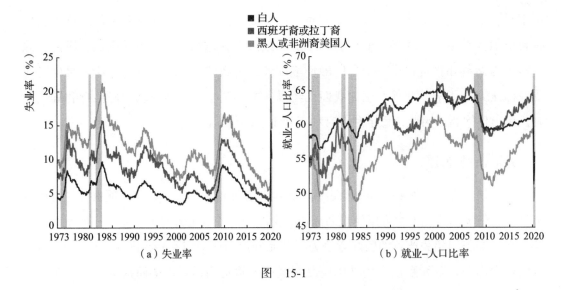

图　15-1

　　图 15-1a 表明，黑人的失业率始终高于白人和拉丁裔美国人。特别是在经济衰退时期，黑人的失业率可能出现大幅上升。在 2007 ～ 2009 年衰退期间，黑人失业率从 8.5% 增加至 16.8%，尽管 8.5% 的失业率已经是白人的两倍了。2019 年，黑人失业率降至 5.4%，这是劳工统计局自 1972 年按照种族报告失业率以来的最低水平。但是，新冠疫情对经济的冲击使得黑人的失业率在 2020 年 5 月飙升至 16.8%。

　　图 15-1b 表明，黑人的就业 - 人口比率低于拉丁裔美国人和白人。在这一时期，黑人就业 - 人口比率的平均值为 55.3%，而白人是 61.4%。这一差异意味着，按照月度平均值来计算，白人中拥有工作的人所占的比例要比黑人高大约 6 个百分点。

　　白人和黑人的收入和财富也存在显著差距。2018 年，黑人全职劳动者年收入的中位数是 35 079 美元，而白人劳动者是 48 819 美元。芝加哥联邦储备银行的布哈需卡·马宗达（Bhashkar Mazumder）的一项研究也表明，从一代人到下一代人，与白人相比，黑人跃升到更高收入阶层的可能性更小，他们更有可能跌入收入更低的阶层。根据 2016 年美联储最新的消费者金融调查，黑人家庭收入的中位数是 17 600 美元，而白人家庭收入的中位数几乎是这一数值的 10 倍，即 171 000 美元。

　　传统上，美联储认为自己的目标是针对整个经济的，而不是针对任何特定的部门或者群体，因为它的货币政策行动通常会影响实际 GDP 或价格水平等全国性的经济指标。但是，美联储是否应该把改善黑人的经济结果作为自己的目标之一？前副总统乔·拜登的前经济顾问、预算和政策优先中心（Center on Budget and Policy Priorities）的贾里德·伯恩斯坦（Jared Bernstein）和智库基层合作（Groundwork Collaborative）的贾内尔·琼斯（Janelle Jones）建议美联储应该把目标定在黑人的失业率，而不是总体的失业率。他们认为，由于黑人失业率通常显著高于总体失业率，如果美联储在总体失业率达到充分就业水平时就不再实施扩张性政策，那么黑人失业率仍将处于令人难以容忍的高水平。比如，自 2007 ～ 2009 年大衰退以来，美联储从 2015 年 12 月开始第一次提高联邦基金利率的目标，此时总体失业率为 5%，但是黑人的失业率仍然高达8.5%，这几乎相当于白人失业率 4.4% 的两倍。

在明尼阿波利斯的乔治·弗洛伊德于 2020 年 5 月去世并引发抗议之后，几位美联储官员公开承诺美联储要致力于减少不平等。美联储主席杰罗姆·鲍威尔在 2020 年 6 月在国会作证时讲道："我的讲话代表了我在美联储的全体同事，美联储没有种族主义的容身之地，我们这个社会也应如此。每个人都应当拥有全面参与社会和经济活动的机会。"他还提到，现在美联储在权衡货币政策各种选项时，考虑种族不平等问题已经是一种常规的做法。

亚特兰大联邦储备银行行长拉斐尔·博斯蒂克（Raphael Bostic）是第一位担任地区联邦储备银行行长的黑人，他注意到货币政策选择对种族产生的影响是美联储内部讨论的一个重要议题。明尼阿波利斯联邦储备银行行长尼尔·卡什卡利（Neel Kashkari）创办了机会与包容型增长研究所（Opportunity & Inclusive Growth Institute），并由劳动经济学家阿比盖尔·沃兹尼亚克（Abigail Wozniak）担任主任。卡什卡利指出，这家研究机构的目的是利用最好的数据和可能获得的证据来进行经济研究，提出其他政策制定者可以实施的政策建议，从而为减少种族不平等做出贡献。

国会在《联邦储备法案》中赋予美联储的使命，使其只能主要关注经济总体上的表现。但是正如美联储主席鲍威尔在国会所讲的，为了减少不同种族在就业和收入方面的不平等，适度紧张的就业市场可能是美联储所能采取的最佳单一举措。正如之前提到的，2020 年 8 月，美联储宣布它不再将货币政策的实施与实现某一特定的失业率捆绑在一起。一些经济学家认为这项声明是一个信号，表明美联储愿意将失业率降至比之前的目标更低的水平。如果确实如此，那么这就可以降低黑人的失业率。

在下一节中，我们将考察美联储为了实现这些目标所能利用的货币政策工具。

15.2 货币政策工具与联邦基金利率

学习目标 理解美联储如何运用货币政策工具来影响联邦基金利率。

在 2007 ～ 2009 年金融危机之前，美联储主要依靠三个货币政策工具。从 2008 年开始，美联储使用了几种新的政策工具。我们先来考察美联储的三个传统货币政策工具：

1. **公开市场业务**是指美联储在金融市场上购买和出售证券。传统上，美联储主要购买和出售短期国债，目的在于影响银行准备金和短期利率。

2. **贴现政策**包括设定贴现贷款的贴现率和期限。当国会于 1913 年通过《联邦储备法案》时，它预计贴现政策将会是美联储主要的货币政策工具。**贴现窗口**是美联储向银行发放贴现贷款的手段，这是满足银行短期流动性需求的渠道。

3. **法定准备金**是指美联储规定银行必须以库存现金或者在美联储存款的形式，持有支票存款的一定比例。在第 14 章第 14.3 节，我们知道法定准备金率是货币供给创造过程中货币乘数的决定因素之一。自 2008 年以来，银行持有的准备金远远超过满足美联储的法定准备金率所需要的水平，使得法定准备金不再是一种重要的货币政策工具。2020 年 3 月，美联储决定取消法定准备金的要求，至少暂时如此。

在 2007 ～ 2009 年金融危机期间，美联储引入了五种新的政策工具。在 2020 年新冠疫情期间，美联储继续使用这些工具。其中三种工具与银行准备金账户有关，旨在控制联邦基金利率。剩下的两种工具是为了解决本章开头中提到的利率接近于零这一下限的问题。一旦美联储促使其联邦基金利率的目标接近于零，它就需要其他手段来刺激处于经济衰退之中的产出和就业。

管理联邦基金利率的新工具

美联储管理联邦基金利率的前两个新工具，比我们前面刚讲过的美联储的三种传统工具更重要。

1. **为银行准备金余额付息**。2008 年 10 月，美联储引入了一种新工具，它开始为银行的法定准备金和超额准备金支付利息，这是有史以来的第一次。这一利率被称为 IOER，即超额准备金利率（interest rate on excess reserves）。通过向准备金余额支付利息，美联储影响银行准备金余额的能力更强了。如果提高这一利率，美联储就可以促使银行增加准备金，从而有可能限制银行增加贷款和货币供给的能力。如果降低这一利率，美联储就可以取得相反的效果。美联储为准备金余额支付利率有助于为短期利率设定一个下限，因为如果贷款的利率低于银行把准备金存到美联储所获得的利率，它们通常就不会将这些资金贷放出去。

2. **隔夜逆回购协议工具**。就像我们将在下一部分讨论的，美联储提高短期利率的传统方法是提高自己对于联邦基金利率的目标，也就是银行之间隔夜贷款的利率，采取的方法是通过公开市场出售来减少银行体系中的准备金。但是，在金融危机之后的这些年，银行仍然持有数万亿美元的超额准备金，美联储公开市场出售的方法无法实现提高联邦基金利率的目标。于是，在 2015 年 12 月，当美联储自 2006 年 6 月以来第一次提高联邦基金利率的目标时，它通过提高支付给银行的准备金利率和为逆回购协议支付的利率来实现这一目标。我们将在第 15.3 节讨论这一过程的细节。在这里，回想一下回购协议或者回购，它是指一笔有抵押品作为担保的短期贷款。根据回购协议，美联储从一家金融机构那里购买某种证券，后者承诺第二天从美联储那里将其购回。根据逆回购协议，美联储进行反向的操作，即它向一家金融机构出售证券，并承诺第二天购回这一证券。这种逆回购协议有时也被称为再买回协议（matched sale-purchase agreement）或者反向回购（reverse repo）。在进行反向回购时，美联储实际上是从购买了证券的企业借得了隔夜资金。通过提高它愿意为这笔贷款支付的利率，美联储降低了从事这些交易的企业或者说它的交易对手以更低的利率发放贷款的意愿。美联储将隔夜逆回购协议称为 ON RRP，将这些证券的利率称为 ON RRP 利率。尽管这一过程比美联储提高联邦基金利率目标的传统方法更加复杂，但是在银行持有的超额准备金数额极大的情况下，这种方法可以使美联储有效地实现目标利率。

3. **定期存款便利**。2010 年 4 月，美联储宣布它将向银行提供购买定期存款的机会。这种定期存款类似于银行向家庭和企业提供的存款凭证。美联储以定期拍卖的方式向银行提供定期存款。这些定期存款的利率由拍卖决定，并且略微高于美联储为准备金余额支付的利率。比如，2019 年 8 月，美联储拍卖了 17 亿美元期限为 7 天的定期存款，利率为 2.11%，高于美联储为准备金余额支付的 2.10%的利率。定期存款便利为美联储提供了另外一种管理银行持有的准备金的工具。银行将越多的资金存为定期存款，它们能够用于扩张信贷和货币供给的资金就越少。美联储不经常使用定期存款便利这一工具，因此，在美联储管理联邦基金利率目标的三个新的货币政策工具中，它是最不重要的一个。

在联邦基金利率接近于零时的新工具

在 2007 ~ 2009 年金融危机期间，美联储引入了另外两种工具，以解决本章开头中提到的利率接近于零的问题。

1. **量化宽松**。在 2007 年之前，美联储的公开市场业务集中于买卖短期国债，目的在于影响银行准备金市场和均衡的联邦基金利率。但是到了 2008 年 12 月，随着金融危机和经济衰退不断加深，美联储将联邦基金利率的目标降至了接近于零的水平。这一连串的问题使得美联储采取了异乎寻常的措施，在 2009 年和 2010 年年初，购买了超过 1.7 万亿美元的抵押贷款支持证券和长期国债。中央银行采取的这种通过购买长期证券来刺激经济的政策，被称为**量化宽松**

（quantitative easing，QE）。美联储的目标在于降低抵押贷款和 10 年期国债的利率。

10 年期国债的利率在金融体系中扮演着重要的角色，因为它是一种无违约风险的基准利率。降低 10 年期国债的利率，有助于降低企业债券的利率，从而增加投资支出。此外，很多利率可调整的抵押贷款的利率也是由 10 年期国债的利率决定的。当 10 年期国债的利率下降时，这些利率可调整的抵押贷款的利率也会自动下调。2010 年 11 月，美联储宣布实施第二轮量化宽松政策，代号 QE2。在 QE2 中，至 2011 年 6 月，美联储又购买了 6000 亿美元的长期国债。2012 年 9 月，美联储宣布实施第三轮量化宽松（QE3），主要购买抵押贷款支持证券。美联储于 2014 年 10 月结束了 QE3。

2020 年 3 月，在再次将联邦基金利率目标降至接近于零的水平之后，美联储宣布恢复量化宽松政策，购买 7000 亿美元的 10 年期国债和抵押贷款支持证券。对于量化宽松是否能够有效地促进美国经济中就业和产出的显著增长，经济学家依旧意见不一。

2. **前瞻指引**（forward guidance）。我们已经提到过，货币政策如果想要卓有成效，必须影响长期利率，比如企业债券和抵押贷款的利率。与改变短期利率相比，改变长期利率对于家庭和企业的支出能够产生更大的影响，因为家庭和企业在为购置住房和工厂等长期支出融资时，通常需要支付的是长期利率。美联储既可以通过量化宽松直接降低长期利率，也可以使用前瞻指引。**前瞻指引**是指联邦公开市场委员会有关它在未来将会如何实施货币政策的公告。

比如，2020 年 8 月，FOMC 发布了一份《有关长期目标与货币政策策略的公告》。这份公告包括以下内容：

> 委员会判断，与在更长时期内实现就业最大化和价格稳定一致的联邦基金利率，相比于这一利率的历史平均水平下降了。因此，与以往相比，联邦基金利率可能会在更多的时候被有效地限制在更接近于零的水平。[⊖]

这份公告代表了前瞻性的指引，因为它通知企业、家庭和投资者，FOMC 将会在一个相当长的时期内将联邦基金利率的目标保持在接近于零的水平。我们在第 5 章第 5.2 节已经看到了，像 10 年期国债利率这样的长期利率部分取决于投资者对未来短期利率的预期。如果 FOMC 能够说服投资者，委员会将会采

⊖　Board of Governors of the Federal Reserve System, " Statement on Longer-Run Goals and Monetary Policy Strategy," August 27, 2020.

取措施，在未来数年内将短期利率保持在很低的水平，那么长期利率也会比没有这样的指引时更低一些。注意，只有 FOMC 的公告对于投资者来讲是可信的，也就是说，投资者只有相信 FOMC 未来真的会采取公告中说明的那些行动，前瞻指引才会发挥作用。

在 2007 ～ 2009 年金融危机和 2020 年新冠疫情期间，美联储也采取了一些暂时性的措施，这些措施与上述五种政策不同，并不属于美联储通常的货币政策工具箱的一部分。我们将在第 15.3 节讨论这些政策。

联邦基金市场与美联储为联邦基金利率设定的目标

数十年来，美联储政策的焦点一直是设定联邦基金利率的目标，这是银行之间极短期贷款的利率。联邦基金利率的目标是在 FOMC 的会议上决定的，FOMC 在华盛顿特区一年召开 8 次这类会议，在发生危机时，也可以召开临时会议，比如 2020 年 3 月就召开了两次临时会议。美联储设定联邦基金利率的目标，但是利率实际上是由联邦基金市场上银行准备金的供求决定的。

为了分析联邦基金利率的决定因素，我们需要考察银行体系对准备金的需求和美联储对准备金的供给。我们可以利用准备金的供求图形来说明美联储如何运用自己的政策工具来影响联邦基金利率和货币供给，如图 15-2 所示。

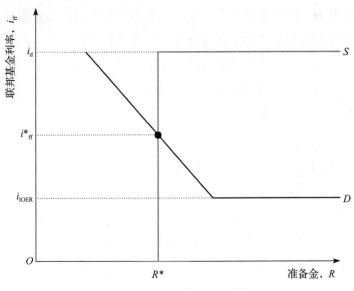

图 15-2　联邦基金市场的均衡

注：当准备金的需求曲线 D 和供给曲线 S 相交时，联邦基金市场就处于均衡状态。美联储决定准备金的数量 R、贴现利率 i_d，以及美联储向银行准备金余额支付的利率 i_{IOER}。准备金的均衡数量是 R^*，联邦基金的均衡利率是 i^*_{ff}。

准备金稀缺的传统假定

我们现在考察一下准备金供求的共同作用如何决定联邦基金利率的均衡水平，并且假定准备金是稀缺的。"稀缺"的意思是，在某个平常的日子，很多银行需要通过在联邦基金市场上从其他银行借款，以满足自己所需要的准备金。在 2007～2009 年金融危机之前，这一假定是准确的。比如，2007 年 6 月，银行业仅持有大约 100 亿美元的准备金，并拥有 6000 亿美元的支票存款。然而，从 2007～2009 年金融危机开始，这一假定就不再准确了，因为银行持有的准备金数量之多，以至于它们很少再需要从其他银行借款。比如 2020 年 6 月，银行业持有 3.1 万亿美元的准备金，并拥有 3.4 万亿美元的支票存款。正如我们在第 14 章看到的，银行准备金的增加是美联储的资产负债表在 2007～2009 年金融危机和 2020 年新冠疫情期间大幅扩张的结果。

分析准备金市场在 2007～2009 年金融危机之前如何运转，为理解美联储当前的做法提供了一个很好的背景。

准备金的需求

传统上，银行持有准备金是为了满足美联储法定准备金的要求，并满足自己短期流动性的需要。图 15-2 所示的准备金需求曲线 D 包括银行对法定准备金的需求 RR 和对超额准备金的需求 ER。回想一下，自 2020 年 3 月以来，美联储至少暂时性地取消了对法定准备金的要求，从而使得银行持有的所有准备金都变成了超额准备金。在画需求曲线时，假定除了联邦基金利率以外的其他影响银行对准备金需求的因素都保持不变，比如其他的市场利率或法定准备金率。与其他类型的贷款一样，我们预期利率越高，贷款的需求就越少。当联邦基金利率 i_{ff} 上升时，银行持有超额准备金的机会成本就增加了，因为如果它们将这些准备金贷放出去，所能获得的收益增加了。所以，随着联邦基金利率上升，准备金的需求数量将会下降。因此，银行对准备金的需求曲线是向下方倾斜的。

在美联储于 2008 年 12 月开始向准备金支付利息时，它认为向银行准备金余额支付的利率 i_{IOER} 将有效地为联邦基金利率设定一个下限。因此，在图 15-1 中，准备金的需求曲线在利率达到 i_{IOER} 时就会成为一条水平的曲线。美联储将 i_{IOER} 视为联邦基金利率下限的理由如下：假定美联储为准备金余额支付的利率为 0.75%，但是联邦基金利率只有 0.3%。那么银行就可以从联邦基金市场上以 0.3% 的利率借款，然后将这笔钱作为准备金存到美联储，赚得 0.45% 的收益且不用承担任何风险。银行会为获得这些资金而展开竞争，以进行这种无风险的套利，这会迫使联邦基金利率上升至 0.75%，在这一利率水平下，银行无法再获得套利利润。然而，正如我们将会看到的，实现这一点是有条件的，因为它没有考虑一些非银行金融机构，比如房利美和房地美，这些机构有资格参与联邦基金市场，但是没有资格获得美联储为准备金余额支付的利息。我们在这一节后面的部分将会讨论这种资格限制产生的影响。

准备金的供给

图 15-2 还展示了准备金的供给曲线 S。美联储既以贴现贷款的形式提供借入准备金，又以公开市场业务的方式提供非借入准备金。在 2007 ～ 2009 年金融危机期间以及之后，美联储通过购买政府债券和抵押贷款支持证券，极大地增加了准备金的供给，在 2020 年新冠疫情期间再次采取了这种方法。供给曲线的垂直部分反映了如下假定，即美联储可以将准备金 R 设定在任何水平，以实现自己的目标。因此，准备金的数量不取决于联邦基金利率，所以这部分的供给曲线表现为一条垂直的直线。然而，需要注意的是，供给曲线在联邦基金利率达到美联储设定的贴现利率 i_d 时，这条曲线就会变成水平的，或者说具有完全弹性。当联邦基金利率低于贴现利率时，我们假定银行不向美联储借款，因为它们从其他银行借款会更便宜。因此，在这种情况下，所有银行的准备金都是非借入准备金。贴现利率是联邦基金利率的上限，因为银行从其他银行那里的借款，利率不会超过贴现利率，否则它们就会从美联储借款。为了简化，我们假定银行在使用贴现窗口时没有任何限制。

联邦基金市场的均衡

在供给曲线和需求曲线相交时，联邦基金利率和准备金处于均衡水平，如图 15-2 所示。均衡的准备金数量等于 R^*，均衡的联邦基金利率等于 i_{ff}^*。

公开市场业务和美联储对联邦基金利率的目标

美联储政策制定的核心是 FOMC 会议，委员会在开会时宣布联邦基金利率的目标。尽管只有商业银行和几家其他金融机构可以在联邦基金市场上借款和贷款，但是联邦基金利率的变化会对经济产生广泛的影响。比如，当 FOMC 降低联邦基金利率的目标时，银行获得资金的成本更低，这通常会导致银行向家庭和企业发放的贷款利率也更低。由于利率较低，企业会增加在机器设备和其他投资品方面的支出，家庭会增加在汽车、家具和其他耐用消费品方面的支出。

美联储称联邦基金的市场利率为联邦基金实际利率，以与美联储的联邦基金目标利率区别开来。这两个利率通常联系很紧密。如图 15-3 所示，联邦基金实际利率、抵押贷款利率和企业债券的利率一般会一起变化。然而，需要注意的是，联邦基金利率上升和下降的幅度通常超过长期利率。比如，在 2000 年以后的数年间，所有的利率都下降了，但是抵押贷款和企业债券的利率下降的幅度不如联邦基金利率大，速度也更慢。在这种情况下，投资者认为低水平的短期利率不会持续太长时间。换句话说，投资者预期短期利率未来将会上升。一般而言，如果美联储调高或者调低自己对联邦基金利率的目标，长期名义利率也会上升或者下降，比如 30 年期抵押贷款利率就是如此。

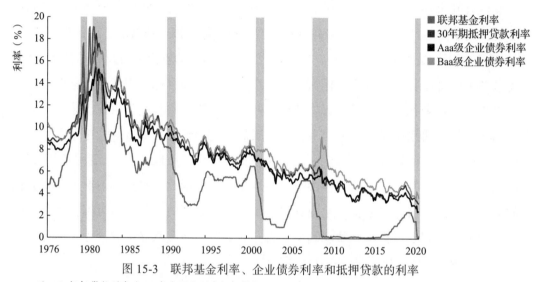

图 15-3　联邦基金利率、企业债券利率和抵押贷款的利率

注：1. 抵押贷款利率为 30 年期固定利率抵押贷款。
　　2. 美联储控制联邦基金利率。家庭为了买房而支付的利率和企业为了投资而支付利率，一般都会随着联邦基金利率一起上升和下降。
资料来源：圣路易斯联邦储备银行。

传统上，美联储使用公开市场业务来实现自己对联邦基金利率的目标。比如，2008 年 10 月 29 日，为了帮助缓解不断深化的金融危机和经济衰退，FOMC 将联邦基金目标利率从 1.5% 降至 1%。为了实现这一目标，美联储通过公开市场购买国债。在美联储降低联邦基金目标利率的同时，它还将贴现利率从 1.75% 降至 1.25%。图 15-4a 表明了美联储行动的结果。如果联邦基金市场的其他方面都保持不变，公开市场购买使准备金供给曲线从 S_1 向右移动至 S_2，这会增加银行准备金，降低联邦基金利率。由于贴现利率降低，准备金供给曲线的水平部分也会向下移动。银行准备金的均衡值从 R_1^* 增加至 R_2^*，联邦基金均衡利率由 1.5% 下降至 1%。

在 2007 年之前，为了提高联邦基金目标利率，美联储通过公开市场出售国债。比如，2006 年 6 月 29 日，FOMC 将联邦基金目标利率从 5% 提高至 5.25%。同时，美联储将贴现利率由 6% 提高至 6.25%。美联储想要通过提高利率，减缓产出和就业增长速度，从而抑制通货膨胀。图 15-4b 表明了公开市场出售的结果。准备金供给曲线从

S_1 向左移动至 S_2，这会将银行准备金的均衡值从 R_1^* 减少至 R_2^*，将联邦基金均衡利率由 5% 提高至 5.25%。由于贴现利率提高，准备金供给曲线的水平部分也会向上移动。注意，由于这些事情发生时美联储尚未向银行的准备金余额支付利息，我们忽略了需求曲线的水平部分。

总结一下，假定准备金是稀缺的，美联储通过公开市场购买证券将会降低联邦基金利率。通过公开市场出售证券将会提高联邦基金利率。

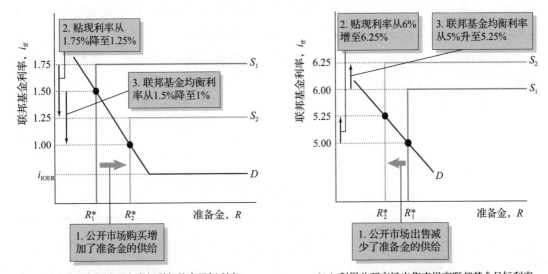

（a）利用公开市场购买来降低联邦基金目标利率　　　　（b）利用公开市场出售来提高联邦基金目标利率

图 15-4　公开市场业务对美联储基金市场的影响

注：在图 a 中，美联储通过公开市场购买证券增加了银行体系中的准备金，将供给曲线从 S_1 向右移动至 S_2。准备金的均衡值从 R_1^* 增加至 R_2^*，联邦基金均衡利率由 1.5% 下降至 1%。贴现利率从 1.75% 降至 1.25%。在图 b 中，美联储通过公开市场出售证券减少了银行体系中的准备金，将供给曲线从 S_1 向左移动至 S_2。准备金的均衡值从 R_1^* 降低至 R_2^*，联邦基金均衡利率由 5% 提高至 5.25%。贴现利率从 6% 增至 6.25%。

贴现利率和法定准备金的变化产生的影响

在 2007 年之前，美联储在试图控制联邦基金利率时几乎只依靠公开市场业务，但是我们可以简单地考察一下贴现利率和法定准备金率的变化对准备金市场造成的影响。

贴现利率的变化

自 2003 年以来，美联储将贴现利率保持在高于联邦基金利率的水平。这使得贴现利率成为一种惩罚利率，意味着银行从美联储借款要比从联邦基金市场上的其他银行那里借款支付的利率更高。美联储在提高或降低联邦基金利率时，通常会同时提高或降低贴现利率。[⊖] 结果，贴现利率的变化不会独立地对联邦基金利率产生影响。在准备

⊖　2010 年 2 月，这一规则发生了一次意外，当时美联储将贴现利率由 0.5% 提高至 0.75%，但是联邦基金利率保持不变。

金市场的图示中，供给曲线的水平部分总是在联邦基金均衡利率之上。

法定准备金率的变化

美联储很少改变法定准备金率。美联储在 2020 年 3 月将法定准备金率降至零，从而实际上取消了法定准备金的要求。美联储上一次改变法定准备金率还是在 1992 年 4 月，当时美联储将这一比率由 12% 降至 10%。在 2007 年之前准备金稀缺的情况下，在改变法定准备金率的同时如果不通过公开市场业务进行冲抵，就会导致联邦基金均衡利率的变动。如果决定准备金供求曲线的其他因素都保持不变，法定准备金率增加会使得需求曲线向右移动，因为银行不得不持有更多的准备金。结果，联邦基金均衡利率将会提升，准备金的均衡数量则保持不变。

▌ 解决问题 15.2

分析美联储基金市场

利用联邦基金市场的供求图形来分析下列两种情形。在图形中，要明确说明联邦基金均衡利率和准备金均衡数量的变化，以及供求曲线发生的移动。在两个问题中，均假定准备金是稀缺的。

a. 假定银行减少了它们对于准备金的需求。说明美联储为了使联邦基金均衡利率保持不变，应当如何通过公开市场业务来抵消这一变化。

b. 假定联邦基金均衡利率等于美联储为准备金支付的利率。如果美联储实施公开市场购买，说明这一政策对联邦基金均衡利率的影响。

解决问题

第一步　复习本章内容。这一问题与联邦基金市场有关，因此你需要复习"公开市场业务和美联储对联邦基准利率的目标"和"贴现利率和法定准备金的变化产生的影响"这两部分的内容。

第二步　画出适当的图形，从而回答问题 a。如果银行减少了对准备金的需求，需求曲线将向左移动。根据准备金稀缺的假定，除非美联储抵消这一变化产生的影响，否则联邦基金均衡利率将会下降。为了抵消准备金需求下降的影响，美联储需要实施公开市场出售，将准备金供给曲线向左移动。你画的图形应当说明，在这两次变化之后，联邦基金均衡利率保持不变，如图 15-5 所示。

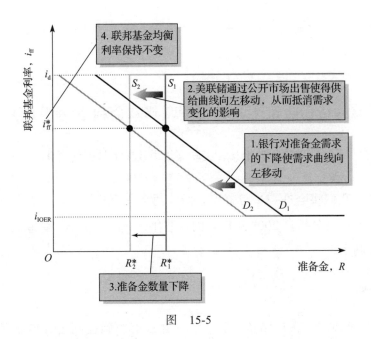

图　15-5

第三步　画出适当的图形，从而回答问题 b。 如果联邦基金均衡利率等于美联储为银行准备金余额支付的利率，供给曲线一定与需求曲线相交于后者的水平部分。公开市场购买将使供给曲线向右移动，这将会增加准备金的均衡数量。但是，由于供给曲线已经处于需求曲线的水平部分，联邦基金均衡利率将保持不变，如图 15-6 所示。

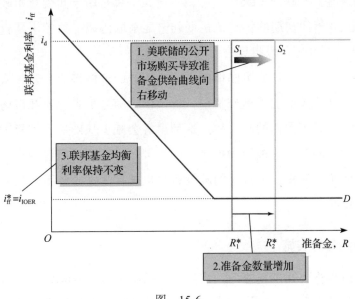

图　15-6

附加： 正如我们将会看到的，问题 b 的答案表明了在联邦基金利率接近于零时美联储所面临的状况。一旦联邦基金市场的均衡点位于准备金需求曲线的水平部分，美联储就无法进一步降低联邦基金利率，在经济陷入衰退时就必须采取其他政策，以增加产出和就业，比如量化宽松和前瞻指引。

15.3 美联储的货币政策工具和管理联邦基金利率的新方法

学习目标 了解随着时间的推移，美联储货币政策工具如何变化。

在本节中，我们将会进一步考察美联储的两个货币政策工具，即公开市场业务和贴现贷款。我们还将分析自 2008 年以来的这些年，在准备金不再稀缺时，美联储如何管理联邦基金利率。

公开市场业务

在 1913 年最初的《联邦储备法案》中，并没有明确提到公开市场业务，因为当时的政策制定者和金融市场的参与者都不太了解这些操作。美联储将公开市场业务作为一种政策工具，于 20 世纪 20 年代开始使用，当时它向银行求购自由债券（liberty bond），从而使银行有更多的资金能够用来发放企业贷款。自由债券是一种联邦政府在一战期间发行的债券。1935 年之前，地区联邦储备银行在证券市场实施有限的公开市场业务，但是这些交易缺乏上级居中协调，也并不总是用于实现货币政策的目标。美联储在 20 世纪 30 年代初期的银行危机期间未能采取协调一致的干预行动，导致国会于 1935 年创建了 FOMC，以指导公开市场业务。

当美联储通过公开市场购买国债时，这些证券的价格将会上升，从而降低它们的收益率。由于这种购买增加了基础货币，货币供给随之扩张。公开市场出售降低了国债的价格，从而提高了国债的收益率。这种出售会减少基础货币和货币供给。由于公开市场购买降低了利率，它被视为扩张性的政策。公开市场出售会提高利率，从而被视为收缩性的政策，注意，扩张性的政策有时也被称为宽松政策，收缩性的政策有时也被称为紧缩政策。

公开市场业务的实施

美联储如何实施公开市场业务？在每次会议结束时，FOMC 会发布一份公告，其中包括它对联邦基金利率的目标和对经济的评估，特别是与价格稳定和经济增长有关的政策目标。此外，FOMC 还会向美联储的账户主管发送一份政策指令，这位主管由纽约联邦储备银行的副行长担任，负责实施公开市场业务。在 2007 ～ 2009 年金融危机之前，银行准备金还没有出现大幅扩张，纽约储备银行的账户主管负责将联邦基金利率调节至 FOMC 目标利率的水平。正如我们将在本节后面看到的，由于银行准备金不再稀缺，仅靠公开市场业务已经无法将联邦基金利率调节至 FOMC 目标利率的水平。公开市场业务每天上午由纽约联邦储备银行的公开市场交易部门来实施。这个交易部门由一个名为"交易办公室自动处理系统"（Trading Room Automated Processing System，TRAPS）的电子系统与一级交易商连接在一起。这些交易商是一些由美联储挑选出来可以参与公开市场业务的私人证券企业，比如高盛和坎托·菲茨杰拉德（Cantor Fitzgerald）。2020 年 9 月，一共有 24 家一级交易商。每天上午，交易部门告知一级交易商将要实施的公开市场购买或出售的数量，并要求它们提出买卖国债的报价。交易商只有几分钟时间回复。收到交易商的报价后，美联储的账户主管会仔细检查这一清单，接受最佳报价，然后让交易部门买卖这些证券，直至准备金的数量达到美联储的目标。这些证券将会按照各家储备银行占美联储总资产的份额，增加到储备银行的资产组合中，或者从其资产组合中减去。

账户主管如何知道该怎么做？主管将领会 FOMC 最新政策指令的意图，每天与 FOMC 的两名成员召开会议，并分析金融市场状况。如果准备金的数量要增至比当前更高的水平，账户主管就会命令交易部门购买证券。如果准备金的数量需要减少，账户主管就会要求交易部门出售证券。

在 2007 年之前，准备金还处于稀缺状态，美联储在实施联邦公开市场业务时，交易部门会进行能动性的或永久性的公开市场业务，以及防御性的或临时的公开市场业务。能动性公开市场业务的目的在于根据 FOMC 的命令，改变货币政策。防御性公开市场业务的目的是冲销准备金需求或供给的暂时性波动，而不是改变货币政策。比如，当美国财政部为联邦政府采购商品和服务时，就会动用在美联储账户的资金。随着这些商品和服务的卖家将这笔钱存入自己的银行，银行体系中的准备金就会增加。

能动性公开市场业务有可能通过直接买卖国债来实施，也就是说从一级交易商那里买入或卖出国债。防御性公开市场购买通过回购协议来实施。根据这些协议，美联储从一级交易商那里购买证券，交易商同意在未来某个特定的时间按照既定的价格将其购回，通常是在一周之内。实际上，政府债券在这里充当的是短期贷款的抵押品。对于防御性公开市场出售而言，交易部门经常利用逆回购协议。按照这一协议，美联储向一级交易商出售证券，交易商同意在不久以后再将这一证券出售给美联储。自然灾害等动荡也会导致对现金和银行准备金的需求出现意料之外的波动。美联储的账户主管必须对这些事件做出反应，通过买卖证券来维持 FOMC 的指令所表明的货币政策。

公开市场业务与其他政策工具

与美联储其他传统的政策工具相比，比如贴现政策和法定准备金，公开市场业务在控制银行准备金的数量和基础货币时有几个优势。公开市场业务在政策实施的控制能力、灵活性和速度方面，具有特别的优势。由美联储发起公开市场购买和出售，它可以完全控制交易的数量。贴现贷款的交易状况部分取决于银行获得这些贷款的意愿，因此，并不能完全由美联储来控制。

公开市场业务还很灵活，因为美联储公开市场业务的规模可大可小。通常情况下，能动性公开市场业务购买或出售的数量较大，而防御性公开市场业务购买或出售的数量较小。其他的传统政策工具缺乏这种灵活性。修改公开市场业务对美联储来讲也很简单。比如，如果美联储认为它的公开市场出售使准备金增加得过于缓慢，它就可以迅速要求进行公开市场购买。要通过贴现贷款和法定准备金迅速改变政策方向则困难得多。美联储从 1992 年开始至 2020 年 3 月将法定准备金的要求废除，一直未改变法定准备金率，这是一个重要原因。

美联储可以快速实施公开市场业务，不存在行政管理方面的延迟。它要做的就是让交易部门向一级交易商发起交易。改变贴现利率或者法定准备金的要求，则更需要深思熟虑。

贴现政策

1980 年之前，除了 1966 年的很短的一段时间以外，美联储只向作为自己成员的银行发放贴现贷款。银行认为有资格从美联储通过贴现窗口借款是成为美联储成员的优势之一，这可以部分地抵消美联储对法定准备金的要求所产生的成本。从 1980 年开始，所有存款机构都可以利用贴现窗口来获得美联储的贷款，包括储贷机构和信用合作社。每家联邦储备银行都有自己的贴现窗口，所有储备银行收取的贴现利率都是一样的。

贴现贷款的种类

美联储向银行发放的贴现贷款有三类：①一级信贷，②次级信贷，③季节性信贷。

一级信贷面向拥有足够的资本金、在联邦监管者那里的监管等级较高的状况良好的银行。银行可以将一级信贷用作一切用途，在根据一级信贷便利或经常性融资便利申请贴现窗口贷款之前，不需要从其他地方获取资金。这些贷款的期限通常都很短，经常是隔夜贷款，但也可以长达数周。一级信贷的利率被设定在联邦基金利率之上，因此，它只是一种后备的资金来源，因为状况良好的银行将会选择在联邦基金市场或其他资金来源那里以更低的利率借款。一级信贷的主要目的是为那些暂时遇到流动性问题的银行提供资金。从这个角度来讲，一级信贷代表了美联储作为最后贷款人所发挥的作用。当经济学家和政策制定者提到贴现利率时，他们指的是一级信贷的利率。

次级信贷是美联储为那些没有资格获得一级信贷的银行提供的贷款，因为这些银行缺少足够的资本金或监管等级较低。那些面临严重流动性问题的银行经常会用到这类信贷，包括那些濒临倒闭的银行。美联储会认真监督银行如何使用从这些贷款中获得的资金。次级信贷的利率被设定在高于一级信贷的水平，通常会比一级信贷高0.5%。比如，2020 年 9 月，一级信贷的利率为 0.25%，而次级信贷的利率为 0.75%。

季节性信贷是指暂时性的短期信贷，目的是满足小银行季节性的资金需求。这些小银行一般位于农业或旅游业非常重要的地区。比如，通过利用这些贷款，位于佛蒙特滑雪胜地的一家银行就不必持有太多的现金或者出售贷款或投资，以满足本地的企业在冬季时的借款需求。季节性信贷的利率与定期存单的平均利率和联邦基金利率密切相关。2020 年 9 月，季节性信贷的利率为 0.1%。由于信贷市场的进步，小银行也可以从市场上获得贷款，很多经济学家怀疑季节性信贷是否还有存在的必要。

2007 ～ 2009 年金融危机期间的贴现贷款

从 1980 年开始，国会授权美联储向所有存款机构发放贷款。但是，正如我们在第 11 章看到的，至 2007 年金融危机开始爆发时，由投资银行、货币共同基金、对冲基金和其他非银行金融企业组成的影子银行体系已经发展得与商业银行体系一样大。2007 ～ 2009 年金融危机的初始阶段，主要的问题在于影子银行而非商业银行。当危机开始时，美联储无法很好地发挥最后贷款人的作用，因为除了商业银行和储贷机构以外，它在传统上不能向任何企业提供贷款。

然而，美联储有权在更广泛的范围内发放贷款。与当时一样，《联邦储备法案》第 13 (3) 款授权美联储在"异常和紧急状况"下，可以向任何"个人、合伙企业和公司"发放贷款，只要这些主体能够提供可以接受的抵押品，并且表明无法从商业银行获得贷款。美联储利用这一授权创建了几项临时性的借款工具：

- **一级交易商信贷工具**。根据这一工具，一级交易商可以利用抵押贷款支持证券获得隔夜贷款。这项工具的目的是允许作为一级交易商的投资银行和大型证券企业能够获得紧急贷款。这项工具创建于 2008 年 3 月，终结于 2010 年 2 月。
- **定期证券借贷工具**。根据这一工具，美联储可以用最多 2000 亿美元的国债来交换抵押贷款支持证券。到了 2008 年年初，出售抵押贷款支持证券变得非常困难。这项工具的目的是允许金融企业利用这些缺乏流动性的资产来借款。这项工具创建于 2008 年 3 月，终结于 2010 年 2 月。

- **商业票据融资便利**。根据这一工具，美联储可以购买由非金融企业发行的期限为 3 个月的商业票据。雷曼兄弟在 2008 年 10 月对其商业票据违约，使很多货币市场共同基金都蒙受了严重的损失。当投资者开始赎回他们在这些基金的股份时，基金不再购买商业票据。很多企业依靠出售商业票据来满足自己的短期融资需求，包括支付存货和工资的账单。通过直接从这些企业购买商业票据，美联储使它们可以继续正常经营。这一工具创建于 2008 年 10 月，终结于 2010 年 2 月。

- **定期资产支持证券贷款便利**（Term Asset-Backed Securities Loan Facility，TALF）。根据这一工具，纽约联邦储备银行将发放 3 年期或者 5 年期的贷款，以为投资者购买资产抵押证券提供资金。这些证券是被证券化了的消费贷款和企业贷款，而不仅仅是抵押贷款。比如，一些资产支持证券包含消费者的汽车贷款，这些贷款被打包在一起，作为证券出售给投资者。在金融危机爆发之后，资产支持证券市场在很大程度上枯竭了。这项工具创建于 2007 年 11 月，最后一笔贷款在 2010 年 6 月发放。

至 2010 年中期，随着金融体系从最严重的危机中恢复过来，美联储不再使用这些创新性的计划。

图 15-7 表明，在金融危机期间，美联储的各类贷款都出现了爆炸式的增长。2007 年 12 月 5 日，美联储发放的贷款仅有 21 亿美元。然而，随着金融危机在 2008 年 1 月开始恶化，金融机构从美联储获得的借款越来越多。在贝尔斯登于 2008 年 3 月 19 日轰然倒塌之后，美联储的贷款总量达到了 1089 亿美元。2008 年 9 月 17 日，就在雷曼兄弟申请破产之后几天，贷款总额达到了 2713 亿美元，并在 2008 年 12 月 10 日飙升至 9935 亿美元，此时金融危机处于最危急的时刻。在此之后，美联储的贷款稳步减少，2011 年下半年已经跌至 10 亿美元以下。

2020 年新冠疫情期间的贴现贷款

2020 年年初，新冠疫情开始在美国蔓延，并且迅速成为自 1918 年大流感以来最为严重的全国性流行疾病。由于联邦政府、州政府和地方政府采取了社交距离政策以应对新冠疫情，包括关闭学校和大多数非必需性企业，美联储的政策制定者面临比 2007 ~ 2009 年金融危机更为复杂的挑战。美联储将联邦基金利率的目标范围从 3 月 2

日的 1.5% ～ 1.75%，降至 3 月 18 日的 0 ～ 0.25%。但是，由于很多企业关闭，很多消费者在很大程度上被限制在自己的家中，美联储知道更低的借款成本并非维持经济活动的关键。到了 3 月，商业票据、企业债券和市政债券市场出现了问题。相应地，美联储重新启用了在 2007 ～ 2009 年金融危机期间曾经使用过的一些借款工具，并设立了一些新的便利措施，目的在于维持金融体系中的资金流动，以及企业和地方政府继续获得信贷的能力，因为它们的收入出现了暴跌。

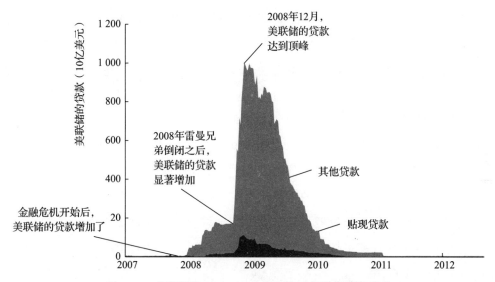

图 15-7　美联储在 2007 ～ 2009 年金融危机期间的贷款

注：在这场金融危机期间，美联储的贷款从危机之前的几亿美元增加至 2008 年 12 月的 9935 亿美元。在此后的数年间，美联储的贷款稳步减少。

资料来源：联邦储备委员会。

正如我们在第 12 章第 12.3 节提到的，哥伦比亚大学法学院的列弗·梅南德很有启发性地将美联储在 2020 年运用的借款便利分为两类[⊖]：

1. **流动性便利**。这些政策工具通过将发放信贷的对象扩展至商业票据、货币市场共同基金份额和与影子银行体系有关的其他资产的发行人，并通过在回购协议市场上发放大量贷款，使美联储在这些市场上发挥了与商业银行体系的最后贷款人一样的作用。对商业银行体系的讨论，参见第 11 章第 11.4 节；对于回购协议以及回购协议融资对现代金融体系的重要性，参见第 11.1 节。

2. **信贷便利**。这种政策工具允许美联储通过发放贷款或者购买债券，向非金融企业、州政府和地方政府直接提供资金。

⊖ Lev Menand, " Unappropriated Dollars: The Fed's ad hoc Lending Facilities and the Rules That Govern Them," *ECGI Working Paper Series in Law*, Working Paper 518/220, May 2020.

下面总结了美联储在 2020 年 3 月开始创造的一些新的政策工具。

- **一级交易商信贷工具**。24 家一级交易商是在证券市场上与美联储进行直接交易的大型金融企业。为了确保这些金融企业的流动性，美联储创造了一级交易商信贷工具，以便为这些交易商提供贷款。这些交易商在贷款时可以使用种类繁多的证券，包括商业票据和市政债券。

- **商业票据融资工具**。正如我们在第 11 章第 11.2 节看到的，很多大型企业依靠出售商业票据来满足自己支付工资账单和供货商货款的需求。货币市场共同基金是商业票据的主要买方。当投资者开始赎回自己在货币市场共同基金的份额时，这些基金出售的商业票据数量就会超过购买的数量。为了确保企业能够满足自己的短期融资需求，美联储创造了商业票据融资工具，以便直接从企业那里购买商业票据。

- **货币市场共同基金信贷工具**。由于货币市场共同基金是商业票据的主要买方，当一些基金在 2020 年 3 月开始出现严重的流动性问题时，美联储对此感到担忧。由于疫情引发了更大的不确定性，货币市场共同基金很难出售资产，以偿付赎回基金份额的投资者，包括家庭和金融企业。通过使用这一工具，美联储向银行和其他存款机构发放贷款，而银行可以使用从货币市场共同基金购买的资产作为抵押品。

- **中央银行流动性互换通道**。为了满足外国企业和政府对美元大幅增加的需求，美联储扩展了自己的中央银行流动性互换通道，允许外国中央银行用自己的货币来兑换美元。

- **为外国和国际货币机构提供的工具**。为了进一步帮助外国中央银行满足外国企业和政府对美元的需求，美联储创建了外国和国际货币机构回购协议工具，允许这些机构"暂时性地用它们在美联储持有的美国国债兑换美元，供本地区机构使用"。这一新的工具减少了外国中央银行出售美国国债以获得美元的需求。这样出售美国国债会引发美国国债市场的波动。

- **定期资产支持证券贷款工具**。为了支持向消费者和企业发放信贷，美联储开始购买资产支持证券，这些证券将一些贷款证券化了，比如学生贷款、汽车贷款、信用卡贷款以及由小企业管理局担保的贷款。

- **一级市场企业信贷工具**。为了确保企业能够获得长期资金，美联储创建了一级市场企业信贷工具，以便以购买新发行的债券的形式发放贷款，或者向债券被穆迪、标普和惠誉等私人债券评级机构评为投资级的企业发放辛迪加贷款。

- **二级市场企业信贷工具**。为了保证企业债券市场的顺利运转，美联储创建了二级市场企业信贷供给，以便在二级市场上购买由企业发行的投资级债券，或者购买主要投资于这类债券的 ETF 的份额。这一工具最初创建于 2020 年 3 月，4 月扩展至可以购买一些非投资级的企业债券，以及购买投资于这类债券的 ETF 的份额。这一工具在 6 月进一步扩展，美联储宣布，它将基于所有投资级债券的一个指数来购买资产并形成一个资产组合，久期不超过 5 年。国会根据《新冠病毒援助、救济和经济安全法案》向美联储拨付了 750 亿美元，以冲销其根据一级市场企业信贷工具和二级市场企业信贷工具购买的债券所产生的损失。
- **市政流动性工具**。为了增强州政府、县政府和市政府借款的能力，美联储开始购买短期的州政府债券和地方政府债券。
- **主街新贷款工具和主街扩展信贷工具**。为了确保中小企业获得资金以便在这场危机中存生存下来，美联储为员工在 1 万人以下或者营业收入少于 25 亿美元的企业提供为期四年的贷款。本金和利息延迟一年支付。这一工具的目的在于补充"薪资保护计划"，这一计划是《新冠病毒援助、救济和经济安全法案》的一部分，主要涉及由联邦政府小企业管理局监管的向员工人数不超过 500 人的企业发放的贷款。在这一政策实施的前几个月，美联储费尽心思出台了指导文件，以鼓励企业接受这些贷款。

梅南德将前五种工具称为流动性便利，将后四种工具称为信贷便利，他还认为定期资产支持证券贷款工具兼具两种工具的特点，因为这一工具的目的在于增强证券市场的流动性，同时也使得这些市场上的借款者更容易获得信贷。

正如我们在第 12 章第 12.3 节提到的，与 2007 ～ 2009 年金融危机时一样，采取这些措施，美联储主要依靠《联邦储备法案》第 13（3）款授予的权力。这一条款授权美联储在"异常条件和紧急状况"下可以广泛地提供借款。在 2007 ～ 2009 年金融危机之后，国会修改了《联邦储备法案》，要求美联储采取这类行动要事先获得财政部部长的授权。在与美联储主席杰罗姆·鲍威尔协商之后，财政部部长斯蒂文·姆努钦按照要求批准了相关的措施。

美联储目前如何管理联邦基金利率

正如我们已经看到的，在 2007 年以后的这些年，银行在美联储持有规模极大的准备金余额。结果，美联储通过公开市场业务来增减准备金，进而控制联邦基金利率的方法，失效了。正如我们在第 15.2 节提到的，美联储以另外两种政策工具取而代之：

①它为银行准备金余额支付的利率 i_{IOER}；②它为隔夜逆回购协议支付的利率 $i_{ON\ RRP}$。

一开始，由于我们在第 15.2 节提到的那些原因，美联储认为 i_{IOER} 将为联邦基金利率设定一个下限，也就是说，它将阻止联邦基金实际利率降至 i_{IOER} 以下。联邦基金实际利率是联邦基金市场的均衡利率。

然而，这个想法被证明是错误的，因为一些金融机构有资格在联邦基金市场上借款和贷款，比如政府特许企业房地美、房利美、联邦农业抵押贷款公司和联邦住房贷款银行等，但是它们在美联储的存款不会获得利息。国会在 1932 年建立了联邦住房贷款银行体系，来为储贷机构提供贷款，就像美联储为商业银行提供贷款一样。12 家地区联邦住房贷款银行在金融市场上出售债务，并利用这些资金来为成员机构发放贷款，这些贷款被称为"预付款"。这些联邦住房贷款银行在联邦基金市场上发放了大量隔夜贷款。这些金融企业愿意以低于 i_{IOER} 的利率在联邦基金市场发放贷款。实际上，如图 15-8 所示，自 2007 ～ 2009 年金融危机结束以来，联邦基金实际利率一直低于 i_{IOER}。⊖在这段时期的前六年中，美联储并不是特别担心这种情况，因为它希望将联邦基金利率保持在接近于零的水平。

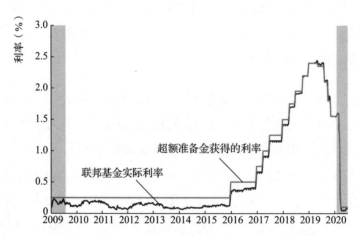

图 15-8 联邦基金实际利率和超额准备金获得的利率

注：联邦基金实际利率通常低于美联储为银行的超额准备金支付的利率。我们的结论是，超额准备金的利率并不能作为联邦基金实际利率的下限。

从 2015 年 12 月开始，i_{IOER} 实际上并不能为联邦基金利率提供一个下限，这一事实变得重要起来。在那个月，美联储决定将联邦基金目标利率提高至 0 ～ 0.25% 这一

⊖ 我们需要指出一个技术问题，联邦基金实际利率有可能由于另外一个原因低于 i_{IOER}。商业银行获取资金并将资金存在美联储是有成本的。银行在获取支票存款时会产生三种成本：①银行必须向 FDIC 支付保险费；②为这些账户提供服务可能会产生成本，比如结算支票和准备账单的成本；③随着它们资产负债表的扩张，美联储和其他机构可能会实施更多的监管，这也会产生成本。这些成本使得 i_{IOER} 和银行由将钱存在美联储而获得的净收益之间存在一定的差异。

范围之上，它从 2008 年 12 月以来一直处于这一区间。现在，美联储需要一个能够真正提供下限的利率，也就是说，美联储需要找到一种方法，可以确保能够在联邦基金市场上出借资金，但是没有资格获得 i_{IOER} 的政府特许企业不会迫使联邦基金实际利率远低于 i_{IOER} 的水平。美联储为其隔夜逆回购协议设定的利率 $i_{ON\ RRP}$ 可以实现这一目标，因为没有资格获得 i_{IOER}，从而愿意以低于这一水平的利率在联邦基金市场出借资金的金融企业将有资格获得 $i_{ON\ RRP}$，因此它们也就不愿意以低于这一水平的利率在联邦基金市场上出借资金了。

至 2020 年 7 月，除了参与美联储的逆回购协议的 24 家一级交易商以外，还有 58 家金融机构有资格成为这些协议的交易对手。这些机构包括政府特许企业房地美、房利美和联邦农业抵押贷款公司、联邦住房贷款银行，以及一些投资银行，比如富达、先锋、嘉信和黑石等。注意，这些投资公司中有一些公司没有资格在联邦基金市场上借款和贷款，比如富达和先锋。然而，通过接受它们作为隔夜逆回购协议的交易对手，美联储确保了为这些证券设定的利率将会对其他短期利率产生更广泛的影响。比如，在这些投资公司中，有很多公司经营货币市场共同基金。如果能够通过美联储的隔夜逆回购协议获得更高的利率，这些公司就有可能为其货币市场共同基金支付更高的利率。

图 15-9 总结了美联储目前为了提高联邦基金目标利率而采取的行动。注意，为了降低联邦基金目标利率，美联储会采取相反的行动，即降低 i_{IOER} 和 $i_{ON\ RRP}$。图 15-9a 描述了 FOMC 使联邦基金实际利率升至其目标区间所采取的步骤。图 15-9b 利用准备金供求图形来说明美联储的新程序。在图 15-9b 中，由于自 2007 ~ 2009 年金融危机以来的这些年，美联储购买了大量的国债和抵押贷款支持证券，准备金的供给曲线与准备金的需求曲线相交于后者的水平部分。自 2008 年以来，美联储的联邦基金目标利率是一个目标区间，而非一个单一的数值。比如，2020 年 7 月，目标区间是 0 ~ 0.25%。美联储利用 i_{IOER} 和 $i_{ON\ RRP}$，以将联邦基金实际利率维持在目标区间之内。我们在图 15-9b 中用一个包含两个水平部分的需求曲线来说明这一过程。上面的部分反映了美联储联邦基金目标利率区间的上限，这是由美联储为银行准备金支付的利率 i_{IOER} 决定的。下面的部分反映了美联储联邦基金目标利率区间的下限，这是由美联储为隔夜逆回购协议支付的利率 $i_{ON\ RRP}$ 决定的。在任何一天，联邦基金利率通常都处于这一范围之内。

正如我们在第 15.2 节"在联邦基金利率接近于零时的新工具"中讨论过的，在 2007 ~ 2009 年金融危机以来的这些年，美联储大多数时间都面临联邦基金利率接近于零的状况。美联储在衰退时依靠两个新工具来刺激经济，即量化宽松和前瞻指引，以便在无法降低目前的短期利率的情况下，努力降低长期利率。

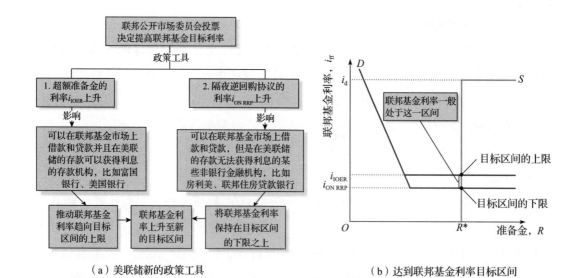

图 15-9　美联储目前管理联邦基金利率的程序

注：图 a 总结了美联储如何利用两个新的货币政策工具，即它为超额准备金支付的利率和为隔夜逆回购协议
支付的利率，在准备金不再稀缺时管理联邦基金利率。图 b 展示了准备金供给曲线与准备金需求曲线相
交于后者水平部分时的准备金市场。上面的水平部分反映了美联储联邦基金目标利率区间的上限，这是
由美联储为银行准备金支付的利率 i_{IOER} 决定的。下面的水平部分反映了美联储联邦基金目标利率区间
的下限，这是由美联储为隔夜逆回购协议支付的利率 $i_{ON\,RRP}$ 决定的。

15.4　货币目标与货币政策

学习目标　解释货币政策中货币目标的作用。

美联储在努力实现自己的货币政策目标时经常面临权衡取舍的状况，特别是一方面要实现高增长和高就业，另一方面还要保持低通胀。为了说明这一问题，假定美联储要促进经济增长和就业，于是它会降低联邦基金目标利率，并预期其他市场的利率也会下降。更低的利率通常会在短期内增加消费者和企业的支出。但是，支出增加可能会使价格水平上涨。因此，一项政策旨在实现某一货币政策的目标（高就业），会对另外一个货币政策的目标（低通胀）产生负面影响。当石油价格在 20 世纪 70 年代飙升时，美联储就面临这一困境，当时就业在下降，但是与此同时，通货膨胀却在上升。

美联储在实现自己的货币政策目标时还面临另外一个问题。尽管它希望促进提高就业水平和价格稳定，但是它并不能直接控制实际 GDP，实际 GDP 是在短期内决定就业水平的主要因素，也无法直接控制价格水平。家庭和企业的相互作用共同决定实际 GDP 和价格水平。美联储只能通过运用自己的货币政策工具来影响价格水平或实际 GDP。但是这些工具并不能让美联储直接实现自己的货币政策目标。

美联储在使用自己的货币政策工具时还面临时滞问题。使美联储难以迅速采取行动的第一个障碍是信息时滞。之所以产生这一时滞，是因为政府机构收集有关 GDP、通货膨胀或者其他经济变量发生变化的数据是需要花费时间的。如果美联储无法及时获得这些信息，它所实施的政策可能就与实际经济状况并不相符，在它试图纠正出现的问题时，采取的措施可能反而使这一问题变得更严重。比如，一些经济学家认为，在房地产泡沫破灭之后，信息时滞导致美联储在 2006 年和 2007 年降低联邦基金目标利率时行动过于迟缓。第二个时滞是影响时滞。这一时滞是指货币政策变化影响产出、就业或通货膨胀所需要的时间。利率和货币供给的变化会影响经济，但是这需要时间，不是马上就能看到效果。由于存在这种时滞，美联储对经济产生的影响可能发生在错误的时间，而且，美联储没有能力迅速认识到这一错误并采取纠正措施。

对于信息时滞和影响时滞导致的问题，一个可能的解决方法就是美联储利用工具目标来实现自己的政策目标。工具目标可以部分解决美联储由于无法直接控制决定经济表现的那些变量而产生的问题，也可以减少由于识别经济波动并对其做出反应所需要的时间。不幸的是，工具目标也有问题，在过去的 30 年间，一些传统的工具目标已经不再受美联储的欢迎。本节后面的内容将会介绍工具目标及其优缺点，以及在决定货币政策时如何使用这一方法。

利用工具目标来实现政策目标

工具目标是美联储可以直接影响的变量，并且这些变量有助于实现货币政策的目标。传统上，美联储依靠两类工具目标，即政策工具和中介目标，前者有时也被称为操作目标。尽管政策工具和中介目标已经不再是美联储喜欢使用的方法，但是对于美联储在实施货币政策时遇到的一些困难，回顾一下政策工具和中介目标是如何运作的，仍然能够获得一些洞见。

中介目标

中介目标通常是 M1 或 M2 等货币总量，或者利率，比如抵押贷款的利率。美联储可以以短期利率或长期利率作为中介目标，前者比如短期国债的利率，后者比如企业债券或住房抵押贷款的利率。美联储通常会选择一种它认为直接有助于实现其目标的中介目标。背后的想法是，使用一种中介目标，比如 M2 等货币总量，要比直接关注最终目标更有可能实现并不直接受其控制的最终目标，比如价格稳定或充分就业。使用中介目标还能够获得一些反馈信息，了解美联储的政策行动是否与实现最终目标一致。比如，通过统计研究，美联储可能会估计出以每年 3% 的速度实现 M2 的稳定增长，与其实现价格稳定的目标是一致的。如果 M2 实际上增长了 6%，美联储立即就会知道它已经偏离了实现价格稳定这一长期目标的路径。那么美联储就可以利用自己的货币政策工具，最有可能的是使用公开市场业务来降低 M2 增长速度，使之恢复至 3% 的目标增速。以 M2 为中介目标有助于美联储实现自己明确提出的目标。

政策工具（操作目标）

美联储只能间接控制中介目标变量，比如抵押贷款的利率和 M2，因为家庭、企业和投资者的决策也会影响这些变量。因此，美联储需要一个工具目标能够更好地将政策工具和中介目标联系起来。政策工具或者说操作目标与中介目标密切相关，美联储可以利用自己的货币政策工具直接控制这些变量。政策工具的例子包括联邦基金利率和非借入准备金。正如我们已经知道的，近几十年来，联邦基金利率一直是美联储最常用的政策工具。大多数高收入国家的中央银行都是用短期利率作为它们的政策工具。

图 15-10 展示了美联储利用政策工具和中介目标来实现最终目标的传统方法。这张图也有助于解释为何我们在讨论工具目标时使用的是过去时态。尽管美联储可以选择最终目标，但是它只能控制政策工具。为了使上述工具目标方法行之有效，政策措施与政策工具之间的联系、政策工具与中介目标之间的联系以及中介目标与政策最终目标之间的联系，必须稳定可靠。然而，随着时间的推移，其中一些联系已经被打破了。比如，在 1980 年之前，M1 和 M2 的增长速度与大致两年之后的通货膨胀率的涨幅之间存在相当一致的联系。这一联系使得一些经济学家认为，美联储应当集中关注货币供给，并以此作为自己的中介目标。不幸的是，自 1980 年以来，货币供给的变化和通货膨胀的变化之间的这种联系变得反复无常。货币供给增长速度的变化幅度很大，而通货膨胀率的变化则要小得多。一般而言，很多经济学家和政策制定者都认为，各种中介目标和美联储的政策目标之间那种稳定的关系已经不复存在了。

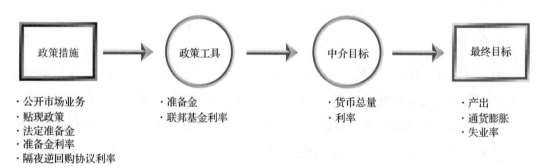

图 15-10 实现货币政策的目标

注：美联储设立有关经济变量的目标，比如通货膨胀率和失业率。美联储只能直接控制政策措施。它可以利用一些工具目标来帮助实现货币政策目标。这些工具目标是美联储可以影响的一些变量，包括中介目标和政策工具。近些年来，美联储不再强调使用这类工具目标程序。

| 概念应用 |

货币与价格之间的联系发生了哪些变化

正如我们在第 2 章第 2.5 节看到的，在美国，数十年来货币供给增长得相对较快，通货膨胀率也相对较高。但是，对于试图在短期内调控经济的政策制定者而言，这一存在了数十年的经济关系并非一直成立。在 1980 年之前，有明显的证据证明货币与价格之间的联系在一到两年的短期内是存在的。实际上，很多经济学家相信通货膨胀水平在 20 世纪 60 年代和 70 年代加速上升，是由于美联储在那些年允许货币供给的增长速度大幅提高。

强烈支持这一观点的经济学家被称为"货币主义者"。最杰出的货币主义者是芝加哥大学的诺贝尔奖得主米尔顿·弗里德曼。货币主义经济学家似乎在 1979 年 7 月受到了青睐，当时吉米·卡特总统任命保罗·沃尔克担任美联储主席。沃尔克承诺要抑制通货膨胀，并选择了货币总量作为中介目标。在沃尔克的领导下，美联储改变了政策方向，强调以非借入准备金作为政策工具或者说操作目标。这一时期有时被称为"伟大的货币主义实验"。一开始，美联储的政策似乎取得了成功，因为它降低了货币供给的增速，并且在一段时间之后，通货膨胀率下降了。然而，1981 年 7 月开始了一场严重的经济衰退，当年年底，货币供给的增速提高了。从 1981 年第 3 季度至 1983 年第 3 季度，M1 的年增长率超过了 9%。弗里德曼预测，一段时间以后，如此高的货币增速将会导致更高的通货膨胀率。

为了支持自己的观点，弗里德曼在《美国经济评论》上发表了一篇论文，展示了表 15-1 中的一些数据。先来看表中未涂上阴影的部分。弗里德曼认为，按照两年来计算的 M1 增长速度与两年之后的通货膨胀率密切相关。表中未涂上阴影的部分表明，从 1973 年至 1981 年，这一关系一直成立。特别要注意的是，货币供给的增长速度由 1977 ～ 1979 年的 8.6% 降至 1979 ～ 1981 年的 6.1%，这是沃尔克实施的政策产生的结果，通货膨胀率由 9.4% 降至 4.8%。因此，弗里德曼的预测看上去是合理的，即由于美联储允许货币供给的增长速度在 1981 ～ 1983 年增至 9.2%，通货膨胀率有可能会显著上升。然而，表中阴影部分的数字表明，尽管货币供给增速提高了，通货膨胀率实际上是下降了而不是上升了。而且，在接下来的两年中，货币增长仍保持较快的速度，通货膨胀率却下降得更快。在接下来的这些年，M1 和 M2 的增长与通货膨胀率之间的联系也没有变得更紧密。

表 15-1

货币增长的时期	M1 的增长速度 （%）	两年之后的通货 膨胀率（%）	通货膨胀的时期
1973 年第 3 季度至 1975 年第 3 季度	5.2	6.3	1975 年第 3 季度至 1977 年第 3 季度
1975 年第 3 季度至 1977 年第 3 季度	6.4	8.3	1977 年第 3 季度至 1979 年第 3 季度
1977 年第 3 季度至 1979 年第 3 季度	8.6	9.4	1979 年第 3 季度至 1981 年第 3 季度
1979 年第 3 季度至 1981 年第 3 季度	6.1	4.8	1981 年第 3 季度至 1983 年第 3 季度
1981 年第 3 季度至 1983 年第 3 季度	9.2	3.3	1983 年第 3 季度至 1985 年第 3 季度
1983 年第 3 季度至 1985 年第 3 季度	8.1	2.8	1985 年第 3 季度至 1987 年第 3 季度

为何在 1980 年之后货币供给增长与通货膨胀之间的短期联系被打破了？大部分经济学家认为，这是因为 M1 和 M2 的性质在 1980 年之后发生了改变。在 1980 年之前，不允许银行为支票存款支付利息。1980 年，国会认可了可转让支付命令（NOW）账户，银行可以为此支付利息，于是 M1 不再是单纯的交易媒介，它也具有了价值储藏功能。此外，银行的金融创新增加了家庭和企业愿意持有的支票存款数量，而不是将这笔钱花掉。从储蓄账户自动转账的功能可以使储户在每天晚上将支票账户的余额转为利率更高的定期存单，然后在第二天上午再转为支票存款。以企业为服务对象的流动账户（sweeping account）在每周结束时将其支票存款的余额转入货币市场存款账户，然后在下一周开始时将资金转回支票账户。回忆一下，监管规定禁止企业持有可以付息的支票账户或者 NOW 账户。由于这些变化，M1 的迅速增加并不一定直接转变为支出的增加，也就不会导致通货膨胀水平上升。

由于货币供给和通货膨胀之间的关系被打破了，从 1993 年开始，美联储不再宣布对于 M1 和 M2 的目标。尽管曾经有一段时间，投资者密切关注美联储每周公布的 M1 和 M2 的数据，并试图找到未来通货膨胀率的线索，但是，现在这些数据的公布对金融市场几乎没有什么影响。

以准备金作为目标还是以联邦基金利率作为目标

美联储在评估某一变量是否可以用作政策工具时，传统上会使用三个标准。美联储主要的政策工具是准备金总量，比如总的准备金或非借入准备金，以及联邦基金利率。我们简单评估一下这两个工具是否满足美联储的三个标准：

1. **可度量性**。一个变量必须在短期内能够度量，才能克服信息时滞。美联储对于准备金总量和联邦基金利率都能施以有效的控制，如果需要的话也能以小时为时间单位对其进行度量。

2. **可控性**。尽管美联储无法完全控制准备金总量的数额和联邦基金利率，因为这两个变量都取决于银行对准备金的需求，美联储仍然有办法使这两个变量接近于自己所选定的任意目标。自 2008 年 12 月以来，美联储选择一个范围而不是单个的数字，作为自己对联邦基金利率的目标。

3. **可预测性**。美联储需要一种能够对其政策目标产生可以预期的效果的政策工具。无论是准备金的变化还是联邦基金利率的变化，对经济增长和价格稳定等政策目标的影响都是复杂的。这种复杂性是美联储有时要依靠中介目标的原因之一。由于并不清楚准备金或联邦基金利率是否能够完全符合最后这一条标准，对于哪个才是最好的政策工具，经济学家一直在讨论，尽管这并不是近些年来货币政策争论的核心问题。

需要理解的一个关键点是，美联储可以选择准备金总量作为自己的政策工具，也可以选择联邦基金利率，但是它不能同时选择这两个变量。为了明白何以如此，可以看一下图 15-11，这张图展示了联邦基金市场上准备金的供给与需求。注意一点，为了更容易看出问题所在，我们假定联邦基金市场处于 2007 年之前的情形，即准备金是稀缺的，因此，准备金的需求曲线与供给曲线相交于前者向右下方倾斜的部分。在图 15-11a 中，我们假定美联储决定以准备金数量作为它的政策工具，并将准备金保持在 R^* 的水平。当准备金的需求曲线为 D_1 时，联邦基金利率的均衡值为 i^*_{ff1}。如果家庭和企业决定持有更多的支票存款，或者银行决定持有更多的超额准备金，准备金的需求曲线就会从 D_1 向右移动至 D_2。结果就是联邦基金均衡利率由 i^*_{ff1} 上升至 i^*_{ff2}。同样地，如果家庭和企业决定持有更少的支票存款，或者银行决定持有更少的超额准备金，准备金的需求曲线就会从 D_1 向左移动至 D_3。结果就是联邦基金均衡利率由 i^*_{ff1} 下降至 i^*_{ff3}。我们的结论是，使用准备金作为美联储的政策工具，将会导致联邦基金利率随着准备金需求的变化而波动。

在图 15-11b 中，我们假定美联储决定以联邦基金利率作为它的政策工具，并将这一利率保持在 i^*_{ff} 的水平。当准备金的需求曲线为 D_1 时，准备金的均衡值为 R^*_1。如果准备金的需求曲线从 D_1 增加至 D_2，美联储将不得不把准备金的供给曲线由 S_1 增加至 S_2，以便使得联邦基金利率保持在 i^*_{ff} 的目标水平。准备金的供给曲线由 S_1 移动至 S_2，将会使准备金的均衡数量由 R^*_1 增加至 R^*_2。同样地，如果准备金的需求曲线从 D_1 减少至 D_3，美联储将不得不把准备金供给曲线由 S_1 减少至 S_3，以使联邦基金利率处于目标水平。结果，准备金的均衡数量将由 R^*_1 减少至 R^*_3。我们的结论是，以联邦基金利率作为美联储的政策工具，将会导致准备金数量随着准备金需求的变化而波动。

因此，美联储面临权衡取舍，选择以准备金作为它的政策工具，并且接受联邦基金利率的波动，或者选择以联邦基金利率作为它的政策工具，并且接受准备金数量的波动。至 20 世纪 80 年代，美联储得出的结论是，联邦基金利率与政策目标之间的联系要比准备金数量与政策目标之间的联系更为紧密。因此，在过去的 35 年间，美联储选择以联邦基金利率作为自己的政策工具。

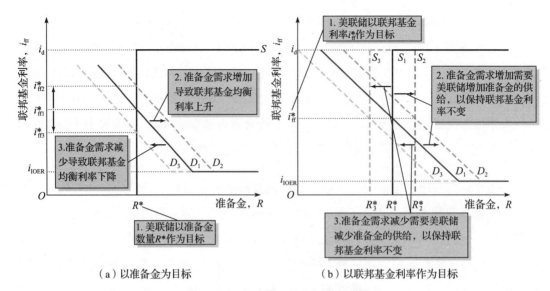

（a）以准备金为目标　　　　　　（b）以联邦基金利率作为目标

图 15-11　在政策工具之间进行选择

注：在图 a 中，美联储选择准备金数量作为它的政策工具，并将准备金保持在 R^* 的水平。当准备金的需求
　　曲线为 D_1 时，联邦基金利率的均衡值为 i_{ff1}^*。如果准备金的需求曲线从 D_1 向右移动至 D_2，联邦基金均
　　衡利率将由 i_{ff1}^* 上升至 i_{ff2}^*。同样地，如果准备金的需求曲线从 D_1 向左移动至 D_3，联邦基金均衡利率由
　　i_{ff1}^* 下降至 i_{ff3}^*。
　　在图 b 中，美联储选择联邦基金利率作为它的政策工具，并将这一利率保持在 i_{ff}^* 的水平。如果准备金
　　的需求曲线从 D_1 增加至 D_2，美联储将不得不把准备金的供给曲线由 S_1 增加至 S_2，以便使得联邦基金
　　利率保持在 i_{ff}^* 的目标水平。如果准备金的需求曲线从 D_1 减少至 D_3，美联储将不得不把准备金的供给曲
　　线由 S_1 减少至 S_3，以维持联邦基金利率处于目标水平。

泰勒规则：对美联储政策的综合度量

　　美联储对传统工具目标的使用逐渐减少，这主要发生在艾伦·格林斯潘担任美联
储主席的时期。格林斯潘在 1987 年 8 月被任命为主席，并且一直担任这一职务，直至
2006 年 1 月本·伯南克接任主席。在演讲中和在国会作证时，格林斯潘对其政策的解
释以难以理解而著称。在这一时期，大家都知道美联储以联邦基金利率作为自己的政策
工具或者说操作目标，但是，大家并不清楚 FOMC 如何设定联邦基金利率的具体目标。

　　实际上，美联储要考虑的内容是非常复杂的，包含了经济允许的很多因素。斯坦福
大学的约翰·泰勒（John Taylor）将这些因素归纳为联邦基金利率目标设定的泰勒规则。⊖
泰勒规则一开始估计了实际联邦基金利率的数值，这是经过通货膨胀调整的联邦基金
利率，它使得实际 GDP 等于长期的潜在 GDP。在实际 GDP 等于潜在实际 GDP 的情况
下，周期性失业应该等于零，美联储可以实现高就业水平的政策目标。根据泰勒规则，
美联储应该将目前的联邦基金利率设定为当前的通货膨胀率、均衡的实际联邦基金利

⊖　Taylor's original discussion of the rule appeared in John B. Taylor, "Discretion Versus Policy Rules in Practice,"
　　Carnegie-Rochester Conference Series on Public Policy, Vol. 39, 1993, pp. 195-214.

率以及另外两项之和。第一项是通货膨胀缺口，即当前的通货膨胀率与通货膨胀率目标之差；第二项是产出缺口，即实际 GDP 与潜在实际 GDP 的百分比差额。对于通货膨胀缺口和产出缺口这两项，每一项都赋予一定的"权重"，以反映它们对联邦基金目标利率的影响。当两个缺口的权重都是 1/2 时，我们可以得到泰勒规则的如下表达式：

$$联邦基金利率的目标 = 当前的通货膨胀率 + 均衡的联邦基金实际利率 +$$
$$（1/2 \times 通货膨胀缺口）+（1/2 \times 产出缺口）$$

因此，如果通货膨胀率超过了美联储的目标，FOMC 将会提高联邦基金利率的目标。同样地，如果产出缺口是一个负值，也就是说实际 GDP 低于潜在 GDP，FOMC 将会降低联邦基金利率的目标。在校正这一规则时，泰勒假定均衡的联邦基金实际利率是 2%，通货膨胀率的目标是 2%。图 15-12 展示了如果美联储严格遵循泰勒规则，那么联邦基金利率将处于何种水平，并画出了实际的联邦基金利率。该图表明，在大多数年份，两条线都非常接近。有一些时期，两条线有明显的差异。在 20 世纪 60 年代后期和 70 年初期至中期，根据泰勒规则预测的联邦基金利率始终在联邦基金目标利率之上。这一差异与大部分经济学家的观点是一致的，即在那些年通货膨胀率愈演愈烈时，FOMC 应当进一步提高联邦基金利率的目标。

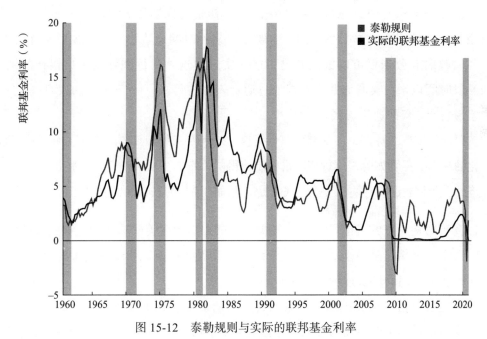

图 15-12   泰勒规则与实际的联邦基金利率

注：浅线展示的是如果美联储严格遵循泰勒规则，那么联邦基金利率将处于何种水平，深线展示的是实际的联邦基金利率。上图表明，泰勒规则能够很好地解释某些时期美联储的政策，但是也说明在有些时期，联邦基金目标利率偏离了泰勒规则的预测值。阴影部分代表经济衰退的时期。

资料来源：圣路易斯联邦储备银行，国会预算办公室。感谢已故同事昆尼皮亚大学的马修·拉弗蒂提供的依据泰勒规则预测的利率。

图 15-12 还说明，在 1981 ～ 1982 年出现严重衰退时，与泰勒规则的预测值相比，FOMC 降低联邦基金利率的步伐较为缓慢。在 2001 年经济衰退之后的复苏阶段，FOMC 将联邦基金利率保持在低于泰勒规则所表明的水平。一些经济学家和政策制定者认为，由于将联邦基金利率太长时间保持在过低的水平，美联储对于房地产市场泡沫的膨胀起到了推波助澜的作用。这种观点认为，联邦基金利率保持在低水平导致了较低的抵押贷款利率，从而刺激了对房地产的需求。当时，美联储主席艾伦·格林斯潘认为为了避免经济出现通货紧缩，有必要保持低利率。美联储前主席本·伯南克当时担任美联储委员会委员，他认为美国在 21 世纪初期长期利率处于低水平的主要原因在于全球储蓄过剩，而不是美联储采取的政策。最后需要注意的是，根据泰勒规则，在 2009 年和 2020 年，联邦基金利率本应是负值，这也从另外一个方面表明 2007 ～ 2009 年和 2020 年的经济衰退非常严重。

泰勒规则估计的结果和实际的联邦基金利率相当接近，这说明近几十年来美联储政策制定的核心是确定联邦基金利率的目标。

通货膨胀目标制和美联储新的货币政策策略

很多经济学家和中央银行家都支持以通货膨胀目标制作为实施货币政策的框架。中央银行如果使用通货膨胀目标制，需要设定某一时期通货膨胀的具体目标并公之于众，然后政府和公众就可以根据它是否成功实现了这一目标来评估中央银行的绩效。很长一段时间以来，美联储并没有提出过通货膨胀的具体目标，直至 2012 年，它宣布努力实现每年 2% 的通货膨胀。

按照通货膨胀目标制，美联储可以根据自己的判断来处理具体的状况，而不是遵循某一僵化的规则。尽管如此，通货膨胀目标制使得货币政策主要关注通货膨胀及其预期，除非经济处于严重衰退的时期。支持美联储提出明确的通货膨胀目标，主要有以下 4 个理由：

1. 宣布通货膨胀的具体目标使得公众的注意力集中在美联储实际能够完成的任务。大多数经济学家认为，从长期来看，货币政策对通货膨胀有更大的影响，而不是实际产出的增长速度和就业水平。

2. 建立公开透明的美国通货膨胀的目标为通货膨胀预期提供了一个基准。如果家庭、企业和金融市场的参与者相信美联储能够实现每年 2% 的通货膨胀，它们就会预期，就算通货膨胀暂时高于或低于这一水平，它最终还是会回到目标值。

3. 通货膨胀目标制能够更好地对美联储实施问责，因为这为衡量美联储的绩效提供了一个标准。

4. 通货膨胀目标制有可能为美联储提供另外一个货币政策工具。如果美联储提高了通货膨胀率的目标，并且金融市场的参与者相信美联储能够实现这一新的目标，从而提高它们对于通货膨胀率的预期，那么，对于任何名义利率而言，实际利率都会更低。2020 年，在新冠疫情期间，一些经济学家和政策制定者建议美联储将通货膨胀的目标由 2% 提高到 4%。由于名义利率处于历史高位，这些经济学家认为预期通货膨胀率的增加是进一步降低实际利率的最佳途径。

一些经济学家和政策制定者对于美联储采用明确的通货膨胀目标持批评态度，反对通货膨胀目标制的理由主要有以下 5 点：

1. 通货膨胀目标这一僵化的数字，会削弱货币政策实现其他政策目标的灵活性。
2. 由于货币政策对通货膨胀的影响具有时滞，因此，通货膨胀目标制要求美联储根据对未来通货膨胀的预测来实施政策，这种不确定性会导致政策的实施出现问题。
3. 如果对美联储只就实现低通胀的目标进行问责，可能会使民选的官员很难督促美联储为良好的总体性经济政策提供足够的支持。
4. 在存在通货膨胀目标的情况下，未来产出和就业水平的不确定性会使经济决策变得更为困难。也就是说，当出现经济衰退时，对于美联储是否会采取果断行动，以便使经济恢复至充分就业的水平，通货膨胀目标会使这一点变得更加无法确定。
5. 使用通货膨胀目标作为一种货币政策工具，有可能使经济变得更不稳定。20 世纪 70 年代的经验表明，一旦更高的通货膨胀成为家庭和企业固有的预期，就很难再降低这种预期。

2018 年 11 月，美联储宣布它将审查自己的货币政策策略。2020 年 8 月，美联储宣布了自己的审查结果，并公布了一份"有关长期目标和货币政策策略的公告"。在公布这份公告时，美联储主席杰罗姆·鲍威尔陈述了美联储策略的一个重要变化：

> 我们寻求在长期实现年均 2% 的通货膨胀。因此，在经历了一段通货膨胀低于 2% 的时期以后，货币政策可能会将目标定为在一段时间内，通货膨胀保持在略微高于 2% 的水平，这是恰当的……我们的方法应被视为平均通货膨胀目标制的一种更为灵活的形式。

平均通货膨胀目标制的政策将在经济衰退时自动实施扩张性的货币政策，在出现意料之外的高通胀时采取紧缩政策。如果家庭和企业认同美联储遵循这一政策，那么在经济衰退时，通货膨胀率降至目标以下，它们就会预期美联储将采取行动，提高通货膨胀率。更高的通货膨胀率将会导致更低的实际利率，从而对经济产生扩张作用。同样地，如果通货膨胀率高于目标，家庭和企业就会预期未来通货膨胀率将会降低，从而提高实际利率，这会对经济产生紧缩作用。

美联储审查其货币政策策略，并没有使其放弃平均通货膨胀目标制，转而采用名义 GDP 目标制，这令一些经济学家感到失望。回忆一下，名义 GDP 等于 GDP 价格缩减指数乘以实际 GDP。名义 GDP 的增长速度大致等于价格水平的增长速度或者通货膨胀率乘以实际 GDP 的增长速度。如果美联储预期实际 GDP 年增长率为 3%，并且希望通货膨胀率为 2%，那么它设定的名义 GDP 增长速度的目标就应当是每年 5%。如果实际 GDP 增速由于经济衰退而放缓，那么美联储就会自动采取扩张性货币政策，以实现自己名义 GDP 的目标。如果通货膨胀率超过 2%，美联储将自动采取紧缩性政策，以免名义 GDP 超过自己的目标。

名义 GDP 目标制的批评者提出，GDP 的数据有时会进行大幅修正，因此美联储做决策时可能依据的是并不准确的数据，尽管遵循泰勒规则也会遇到同样的问题。以名义 GDP 为目标这一想法对于很多人而言还很陌生，因此它不像通货膨胀目标那样，有助于家庭和企业明白美联储正在致力于解决哪些问题。

2020 年，世界各地的中央银行普遍采用了通货膨胀目标制，但是还没有一家中央银行采用名义 GDP 目标制。美联储在其 2018 ～ 2020 年的政策审查之后采用了平均通货膨胀目标制，这似乎也就关上了以名义 GDP 目标制作为其政策策略的大门。

货币政策的国际比较

尽管中央银行在实施货币政策方面存在一些制度差异，但是在最近的政策实践中，有两个重要的相似之处。首先，大多数高收入国家的中央银行使用与美国联邦基金利率相似的短期利率作为它们的政策工具或者操作目标。其次，很多中央银行采取了极端的政策措施，包括量化宽松和负利率，以应对 2007 ～ 2009 年金融危机之后经济增长缓慢的问题，以及由新冠疫情冲击导致的经济衰退。在这一部分，我们将讨论加拿大、日本、英国和欧盟的政策实践和实施货币政策的制度安排。

加拿大银行

与美联储一样，加拿大银行在 20 世纪 70 年代越来越担心通货膨胀问题。1975 年，加拿大银行宣布了一项逐渐降低 M1 增长速度的政策，然而，到了 1982 年后期，该银行已经不再使用 M1 作为政策目标。1988 年，时任加拿大银行行长的约翰·克罗

（John Crow）宣布了一系列降低通货膨胀的目标，从而公开宣称该银行将致力于实现价格稳定。为了实现通货膨胀的目标，加拿大银行为隔夜利率设立了具体的操作目标区域。这一利率类似于联邦基金利率。美联储的政策主要关注通货膨胀缺口和产出缺口，而加拿大银行还将加元的汇率作为政策的焦点。关注汇率，特别是加元和美元之间的汇率，反映了出口在加拿大经济中扮演的重要角色。

在 2007～2009 年，加拿大银行受到了赞誉，因为与美国相比，该银行帮助加拿大的银行体系经受住了金融危机的冲击，该体系发生的动荡要小得多。特别是加拿大的银行体系与美国的很多银行不同，没有因为投资于抵押贷款支持证券和商业房地产而蒙受严重损失。2010 年，加拿大银行成为工业化国家中第一家提高银行隔夜贷款利率目标的中央银行。这从另外一个角度表明，在全球经济下滑的背景下，加拿大经济的表现更为强劲。

2020 年，加拿大银行行长斯蒂芬·波洛兹（Stephen Poloz）和其继任者蒂夫·麦克莱姆（Tiff Macklem）将该银行的隔夜贷款利率从 1.75% 降至接近于零的水平，并启动了一轮量化宽松政策，使加拿大银行资产负债表的规模增加了一倍以上，以积极应对新冠疫情的冲击。

日本银行

在 1973 年第一次 OPEC 石油危机冲击之后，日本的通货膨胀率超过了 20%。高通胀导致日本银行采用了明确的货币增长目标。特别是从 1978 年开始，日本银行公布了对于以 M2 来衡量的货币总量的目标。在 1979 年第二次石油冲击之后，日本银行降低了货币增长速度。从 1978 年至 1987 年，货币增长速度逐步降低，使得日本的通货膨胀以比美国更快的速度下降。

与美国的情况一样，日本的银行和金融市场在 20 世纪 80 年代经历了一次放松管制和金融创新的浪潮。结果，日本银行在实施货币政策时更少地考虑 M2 这一货币总量。从 1987 年至 1989 年，日本银行对日元汇率的担忧成为决定其货币政策的主要因素。在这几年，日元相对于美元大幅升值。这一时期货币供给快速增长，导致日本资产价格高涨，特别是土地和股票。为了抑制价格高涨时资产市场上的投机行为，日本银行采取了紧缩性货币政策，导致资产价格下降，并最终使得日本经济增长速度也出现了下滑。

很多经济学家认为，未能实施更为扩张的货币政策，是 20 世纪 90 年代后期和 21 世纪初期日本经济出现通货紧缩和经济增长疲软的原因之一。在 21 世纪最初十年的中期，更为扩张的货币政策开始推动经济增长和通货膨胀。2006 年，日本银行开始减弱扩张性政策的力度，但是从 2007 年开始的金融危机迫使日本银行重新恢复了扩张性政策。自 2010 年以来，日本银行数次进行干预，以扭转日元相对于美元升值的势头。日元升值阻碍了日本的出口，影响了日本经济的复苏。在 2007 ～ 2009 年金融危机以后的这些年中，日本银行不断与政府展开斗争，因为政府试图迫使日本银行采取更积极的政策，以降低日元的汇率，而日本银行则要努力捍卫自己在制定货币政策时的独立性。

安倍晋三在 2012 年 12 月当选为首相之后，宣布了一项旨在促进经济增长和结束通货紧缩威胁的计划。这一计划以安倍经济学而闻名，包括日本银行采用 2% 这一明确的通货膨胀目标，以及增加政府支出，并进行结构性改革，比如改善企业治理、使妇女更容易进入劳动力市场和减少国际贸易的障碍等。

尽管对于结束通货紧缩和促进就业而言，这些措施取得了一定的成功，但是日本银行远未实现自己的通货膨胀目标，而且经济增长缓慢也令人失望。为了解决这些问题，日本银行增加了量化宽松的力度，包括以购买 ETF 的形式来间接购买日本企业的股票。美联储的量化宽松政策购买的对象被限制在长期政府债券和抵押贷款支持证券。此外，2016 年 2 月，日本银行采取了非同寻常的措施，对日本的银行在央行的存款实施负利率。这一举措的目的在于迫使银行将它们的准备金贷放出去，而不是存在日本银行。另外，更低的利率也可以降低日元相对于其他货币的价值，从而推动日本的出口增长。2016 年 9 月，日本银行进一步宣布，它开始将 10 年期日本政府债券利率的目标设定为 0。

在 2020 年新冠疫情期间，日本银行与财务省一起努力，促使银行向企业发放贷款，这一计划与美联储的主街贷款计划类似，后者也是由美联储和美国财政部共同实施的。日本银行行长黑田东彦（Haruhiko Kuroda）和财务大臣麻生太郎（Taro Aso）宣布，他们将为银行提供资金，以零利率向中小企业发放贷款，而且不需要抵押品。日本银行还通过购买企业债券，对规模更大的企业提供帮助。日本银行已经在 2016 年将隔夜贷款利率降至 −0.1%，并且在新冠疫情期间将其一直维持在这一水平。

英格兰银行

为了应对通货膨胀在 20 世纪 70 年代初期的上涨，英格兰银行宣布它将设定货币供给增长速度的目标。为了解决 20 世纪 70 年代后期通货膨胀的加速增长问题，英国首相玛格丽特·撒切尔在 1980 年正式引入了逐步降低货币供给增长速度的策略。从 1983 年开始，英格兰银行将关注的重点转向了设定基础货币增速的目标，同时也关注逐渐降低货币供给的增长速度。1992 年，英国采用了通货膨胀目标制，这一目标是由财政大臣而非英格兰银行制定的。财政大臣这一职位类似于美国的财政部部长。

1997 年，英格兰银行获得了独立于政府来设定利率的权力。在"极端情况"下，政府可以否决英格兰银行的决定，但是到目前为止，它还没有这样做过。确定利率是货币政策委员会的责任，九名成员包括对应于美联储主席的英格兰银行行长、三位副行长、英格兰银行首席经济学家，以及由财政大臣提名的四位外部经济专家。财政部的一位代表可以出席货币政策委员会的会议，但是没有投票权。货币政策主要关注银行利率，即英格兰银行为商业银行的准备金支付的利率。

在 2007 ~ 2009 年金融危机期间，英格兰银行实施了几次大规模的政策行动。它分几次将银行利率从 2007 年 7 月的 5.75% 降至 2009 年 3 月的 0.5%。2009 年，它还启动了一项量化宽松政策，购买英国政府的长期债券。英格兰银行在 2012 年结束了量化宽松，但仍将银行利率保持在 0.5% 的水平。在投票脱离了欧盟之后，也就是所谓的"脱欧"，英格兰银行在行长马克·卡尼（Mark Carney）的领导下，采取了 4 项措施以缓冲"脱欧"可能对英国经济造成的影响：①将银行利率降至 0.25%；②再次购买英国政府的长期债券；③开始购买由英国企业发行的债券；④启动了一个项目，向银行发放为期 4 年的贷款，而这些银行需要承诺将这些资金贷放给家庭和企业。这些举措有可能帮助英国经济摆脱了在 2016 年夏天陷入衰退的危险。

2020 年，安德鲁·贝利（Andrew Bailey）在马克·卡尼之后继任英格兰银行行长一职，此时新冠疫情对英国经济的影响开始显现。英格兰银行将银行利率由 0.25% 降至 0.1%，这是其 326 年历史中的最低值，该行还考虑了将这一利率降为负值的可能性，而其他几家中央银行已经采取了这一政策。2020 年 6 月，大约 20% 的英国政府债券收益率为负，这也表明了危机有多么严重，投资者对无风险资产的需求有多么强烈。英格兰银行还实施了新一轮的量化宽松。英国政府启动了一个项目，为企业支付其工资成本的最多 80%，只要这些企业同意不解雇员工。

欧洲中央银行体系

欧洲中央银行体系由欧洲中央银行和欧盟所有成员国的国家中央银行组成，在《马斯特里赫特条约》签署之后，于 1999 年 1 月开始运营。以作为德国中央银行的德国联邦银行的法律为模板，欧洲中央银行体系的首要目标是维持价格稳定。作为次要目标，欧洲中央银行体系必须支持欧盟的经济政策。欧洲中央银行强调价格稳定这一目标，这被界定为通货膨胀率在 0 ~ 2%。

在 2007 ~ 2009 年金融危机期间以及之后，欧洲中央银行努力形成一种适当的政策，以满足成员国家极不相同的需求。一些国家在经济衰退之后实现了强劲复苏，特别是德国，而另外一些国家则深受高失业率之苦，比如希腊、爱尔兰、葡萄牙和西班牙。此外，在希腊和西班牙政府似乎有可能对其政府债券违约时，欧洲中央银行感到有责任购买希腊和西班牙的政府债券，以便进行干预。主权债务危机使欧洲中央银行感受到了进一步的压力。为了应对这一债务危机，欧元区政府第一次额外授权欧洲中央银行，使之可以对成员国的金融体系进行监管。

2014年6月，欧洲中央银行担心欧元区大部分国家出现的增长放缓和极低的通货膨胀问题，在马里奥·德拉吉的领导下，欧洲中央银行扩展了自己的量化宽松政策，从而可以购买政府债券，并引入了一项新的计划，向银行发放为期4年的贷款，从而鼓励银行向家庭和企业发放更多的贷款。最为激进的是，欧洲中央银行将其支付给银行的存款利率降至了 -0.1%。在2014年至2016年，欧洲中央银行又三次降低利率，使之进入更低的负值区域。2019年9月，它将利率降至 -0.5%，这意味着至2020年中期，欧元区将一个关键的利率维持在负值长达六年之久。

2020年，在新冠疫情期间，欧洲中央银行启动了"疫情紧急资产购买计划"，根据这一计划，它购买了1.35万亿欧元的政府债券和私人债券，以及企业商业票据。欧洲中央银行还向银行提供了1.35万亿欧元的贷款，期限为3年，利率为 -1%。这一计划的目的是确保银行继续为家庭和企业提供信贷。7月，欧盟27个国家采取行动，共同发行了7500亿欧元的政府债券，以筹集资金，帮助那些受疫情影响最为严重的成员国家。

| 概念应用 |

负利率是一项有效的货币政策工具吗

2007～2009年金融危机和经济衰退是自20世纪30年代大萧条以来最为严重的一次危机。为了应对这场危机，中央银行采取了一系列史无前例的货币政策行动。正如我们在本章以及前面各章看到的，其中很多行动都引发了争议。可能争论最为激烈的，就是日本银行、欧洲中央银行、瑞士国家银行和丹麦国家银行等几家中央银行采取的以负利率来刺激经济的政策。

在这次金融危机期间以及之后，上述几家中央银行都逐渐降低了向银行在央行的存款支付的利率。从2014年开始，它们对这些存款支付负利率，这意味着银行为了将存款存在中央银行，不得不向中央银行支付利息。这些国家的其他一些利率也是负值。一些商业银行开始向企业客户就其支票账户余额收取费用，这些账户的存款实际上是负利率。很多短期政府债券在拍卖时，也开始向包括投资银行在内的投资者支付负利率。2016 年 7 月，德国政府出售了 10 年期债券，收益率为 −0.05%。由于一些银行贷款，比如抵押贷款，要根据政府债券利率的变化而进行调整，这些贷款开始出现负利率。一些房主发现银行因为他们拥有抵押贷款而在向其支付利息！

2020 年，在新冠疫情期间，上述中央银行继续对银行存在它们那里的存款收取利息（因为存款利率为负）。2020 年 9 月，法国 10 年期政府债券的收益率为 −0.173%，德国 10 年期政府债券的收益率为 −0.467%。日本 10 年期政府债券的收益率为正值，但是只有 0.04%。美联储是否会追随这些中央银行，将联邦基金利率降至零以下？似乎不可能。但是，美联储的一些经济学家认为负利率政策至少值得考虑。比如，圣路易斯联邦储备银行的 Yi Wen 认为，由于新冠疫情对美国经济的冲击严重，采取积极的货币政策是必要的。

有关中央银行采取负利率政策的争论主要涉及两个问题：①负利率政策是否有可能在短期内增加产出和就业；②这一政策是否会导致金融体系出现扭曲？经济学家还没有足够的时间深入细致地研究负利率政策产生的影响。在某些情况下，银行似乎提高了它们收取的贷款利率，以抵消它们不得不向中央银行支付的存款利息，这与预期的效果正好相反。但是日本银行行长黑田东彦认为，日本银行采取这一政策的效果是日本的企业债券和抵押贷款的利率下降了，从而促进了支出、生产和就业增长。

然而，有一些证据表明，负利率政策并不能导致促进消费支出增加的预期效果。从 2016 年开始，日本、德国、丹麦、瑞典和瑞士的储蓄率提高到了自 1995 年以来的最高水平。储蓄的增加似乎有两个原因：①更低的利率意味着家庭需要储蓄更多的资金，才能够购买大件商品或者为退休做好准备；②一些人将负利率视为中央银行发出的一个信号，即央行预期未来会出现经济动荡，因此，为了应对，人们会增加储蓄。一些经济学家和政策制定者还担心，通过降低借款成本，低利率可能会对房地产和其他资产的泡沫起到推波助澜的作用。此外，很多家庭寻找获得高利率的机会，以实现储蓄的目标，从而将资金由银行定期存单和政府债券转为风险更高的资产，比如股票、共同基金、投资于大宗商品的 ETF、评级较低的企业债券和发展中国家政府发行的债券。很多州和地方养老基金承诺为退休人员发放固定金额的退休金，由于养老基金喜欢持有的长期债券利率已经降至历史低点，遵守这一承诺变得越来越困难了。

美联储主席鲍威尔还担心负利率会损害银行的盈利状况。这有可能导致中介过程的中断，而正是这种中介过程使得储蓄通过银行流动，从而满足家庭和企业的信贷需求。一些经济学家和政策制定者认为，追求负利率是一个信号，表明在某些国家宏观经济政策变得越来越不平衡。政府不依靠货币政策和财政政策的共同作用，而是几乎只依赖货币政策。财政政策有可能促进经济增长，比如降低企业和个人的边际税率，激励企业增加对工厂、办公楼和设备的投资，增加政府对高速公路和桥梁等基础设施的投资，但是，近些年来，大多数国家的政策组合中不包含这些内容，只有日本在某种程度上是一个例外。

在 2020 年年中时，美联储的政策制定者似乎相信，与负利率政策相比，量化宽松、前瞻指引以及前面讨论过的一系列流动性和信贷便利措施能够更有效地应对新冠疫情所产生的经济影响。

在本章中，我们讨论了货币政策实施的机制，以及中央银行自 2007～2009 年金融危机以来所采取的非同寻常的货币政策所引发的激烈争论。在第 17 章和第 18 章，我们将更详细地讨论货币政策如何影响产出、就业和通货膨胀。然而，我们将先在第 16 章更为细致地考察国际金融体系和中央银行在其中扮演的角色。

回答关键问题

在本章开始时，我们提出的问题是：

"美联储是否有可能重新使用 2007 年之前的货币政策程序？"

正如我们在本章中看到的，在 2007～2009 年金融危机之前，货币政策的焦点是利用公开市场业务来提高或降低联邦基金利率。但是，只有在准备金稀缺的情况下，美联储才能通过调整准备金的水平，影响均衡的联邦基金利率。2015 年 12 月，美联储开始自 2008 年以来第一次提高了自己对于联邦基金利率的目标，它实现这一点的方法是通过提高支付给银行的准备金存款的利率和它对于隔夜逆向回购协议的利率。如果美联储要重新使用 2007 年之前的政策程序，准备金必须再次变得稀缺。这似乎是不可能的，因为其他投资的低利率使得美联储为准备金支付的利率对银行颇有吸引力，而银行监管规定的变化也使得大型银行需要持有更多的准备金余额，以满足流动性的要求。

因此，对这一重要问题的答案是，尽管可以想象美联储最终重新使用 2007 年之前的货币政策程序，但是，在可以预见的未来，它似乎并不会这样做。

第 16 章

国际金融体系与货币政策

学习目标

在学习了本章之后，你应该能够：

16.1 分析美联储对外汇市场的干预如何影响美国的基础货币。

16.2 分析美联储对外汇市场的干预如何影响汇率。

16.3 介绍如何计算国际收支。

16.4 讨论汇率制度的演变。

每个国家都使用同一种货币吗

如果每个国家都使用相同的货币，这样是否具有更高的经济效率？世界银行是一家致力于减少贫困、促进增长的国际机构。在世界银行举办一次会议时，场外爆发了抗议活动。一位记者采访了参加示威的人，问他们为何反对这家机构。一位抗议者回答说，自己反对世界银行，是因为这家机构试图让每个国家都使用相同的货币。实际上，这位抗议者错了，世界银行并不支持这个计划，但是，这真的是一个好主意吗？正如我们在第 8 章看到的，汇率波动会给从事进出口或跨国经营的企业带来麻烦。如果每个国家都使用相同的货币，也就不会有汇率了，那么国际贸易中由于汇率波动而产生的不确定性也就被消除了。企业、家庭和投资者也可以避免由于获取外汇以购买外国卖家提供的商品、劳务和投资品而产生的交易成本。

截至目前，对于一组国家使用同一货币而言，最为重要的尝试就是欧洲 12 个国家在 2002 年所做的决定，它们承诺要使用相同的货币。尽管有一些规模较小的国家曾经放弃了本国货币，转而使用某一规模更大的国家的货币，但是，在此之前像德国、法国和意大利这样的大国从来没有同意过使用某种相同的货币。在欧洲规模最大的四个经济体中，只有英国拒绝加入"欧元区"，仍然使用自己的货币。至 2020 年，有 19 个国家使用欧元作为其货币。正如我们已经看到的，各国希望自己的中央银行可以采取货币政策，以实现价格稳定和充分就业等重要的政策目标。但是，如果要实施货币政策，一国需要控制本国的货币供给。由于法国的法郎、德国的马克、意大利的里拉以及其他一些货币已经不复存在了，这些国家将货币政策的控制权交给了欧洲中央银行。欧洲中央银行而非各个成员国家的中央银行决定了关键的货币政策变量，比如银行隔夜贷款利率和基础货币的规模等。

在最初的 5 年中，使用欧元的这场冒险似乎收获颇丰。企业和家庭在跨越国境买卖商品和进行投资时不需要兑换货币或者担心货币的汇率发生波动，从而降低了交易成本。随着产出和就业水平的稳步提升，在使用欧元的国家中，很少有民众会抱怨欧洲中央银行实施的货币政策。但是，接下来 2007 ～ 2009 年金融危机爆发了。虽然这场危机使欧元区所有的国家都出现了产出和就业水平的下降，但是希腊、西班牙、葡萄牙和爱尔兰经受的打击尤为严重。在创造欧元之前，这些国家的央行可以允许本国货币贬值，从而促进出口，减少进口，以应对危机。各国也可以增加基础货币。但是，这些应对衰退的方法现在都不可行了。令问题变得更为复杂的是，政府收入下降，支出增加，使得政府预算赤字大幅增加，而这些赤字只能通过出售债券来弥补。由政府发行的债券被称为主权债务。

投资者担心，一些政府背负的债务如此之多，可能会导致无法偿付利息或本金，特别是希腊、西班牙和意大利这几个国家政府。2012 年，欧洲央行采取了非同寻常的措施，购买了西班牙和意大利政府发行的债券。此外，欧元区各国政府同意授予欧洲央行更多的权力，以监管所有成员国家的银行。正如我们在第 15 章第 15.4 节讨论过的，从 2014 年开始，欧洲央行采取了惊人的举措，使得银行准备金的利率变成了负值。至 2016 年，欧洲央行购买了更多的政府债券，并且开始购买企业债券，它启动了一项计划，向银行提供为期 4 年的贷款，以便家庭和企业可以从银行获得更多的资金。这些行动有助于稳定欧元区中最为脆弱的那些经济体，提高欧元至少在短期内能继续存在下去的可能性。

2020 年新冠疫情期间，欧元又一次面临潜在的危机。病毒对希腊、西班牙和意大利等南欧国家的经济造成的冲击比德国和荷兰等北欧国家的更为严重。一些政策制定者和经济学家建议，发行所有欧盟国家都有偿付责任的政府债券，以为经济刺激政策提供资金。尽管德国和荷兰最初反对这一想法，但是 2020 年 7 月依旧达成了一项协议，发行了 7500 亿欧元的这种债券。

拉加德有能力排除欧洲央行的成员国家对于启动 "疫情紧急资产购买计划"（PEPP）的异议，根据这一计划，欧洲央行购买了 1.35 万亿欧元的政府债券和私人债券，以及企业商业票据。这一计划的目的是维持资金在欧洲金融体系中的流动，并且让投资者相信即使购买资金紧张的政府发行的债券也是安全的，比如意大利。2020 年秋天，欧洲央行采取的这一强有力的应对措施似乎有助于欧元继续存在下去。

无论结果如何，欧元的传奇经历表明了各国愿意做出多大努力以解决汇率的问题，也说明了为了做到这一点可能面临的困难有多大。欧元区遇到的各种问题表明，使用唯一一种世界货币为何是不可能的。

关键议题和问题

议题：欧洲从 2007 ~ 2009 年金融危机中恢复缓慢，引发了对欧洲中央银行货币政策的争论。

问题：欧洲国家应该放弃使用共同货币吗？

在第 8 章中，我们介绍了外汇市场是如何运作的。在本章中，我们聚焦于美联储和其他中央银行如何干预外汇市场。我们还将介绍不同的汇率制度，比如欧元区的汇率制度，以及这些制度如何影响国内货币政策。我们首先考察一下美联储在外汇市场上采取的这些措施如何影响美国的基础货币。

16.1　外汇干预与基础货币

学习目标　分析美联储对外汇市场的干预如何影响美国的基础货币。

我们在第 14 章中分析了货币创造的过程，介绍了这一过程有三个参与者，即中央银行、银行体系和非银行公众。由于国际金融市场是联系在一起的，外国的中央银行、商业银行以及储蓄者和借款人也都可以影响美国的货币供给。特别是在中央银行和政府试图影响本国货币的汇率时，国际金融交易就会影响货币供给。结果，这种干预就会导致外汇市场稳定这一货币政策目标与国内价格稳定和经济增长这些政策目标发生冲突。

美联储和其他中央银行偶尔会介入国际市场，以影响本国货币的汇率。外汇市场干预是中央银行有意识地采取的行动，目的在于影响本国的汇率。外汇市场干预会改变中央银行的国际储备或者说外汇储备，这些储备是以外币标价的资产或者用于国际交易的资产。

如果美联储想要美元的币值上升，它就可以通过在国际外汇市场上出售外国资产并购买美元，来增加对美元的需求。如果美联储想要美元的币值下跌，就可以通过出售美元和购买外国资产来增加美元的供给。○这类交易不仅影响美元的价值，还会影响国内的基础货币。我们可以利用 T 型账户来展示外汇市场干预对美联储资产负债表产生的影响，从而说明基础货币会发生何种变化。

假定为了降低美元的币值，美联储购买外国资产，比如由外国政府发行的短期债券，价值为 10 亿美元。通常，为了购买这些外国政府的债券，美联储要从商业银行那里购买所需的外汇。这一交易会使美联储的国际储备增加 10 亿美元，因此，美联储资产负债表上的外国资产项目将会增加 10 亿美元。美联储向银行支付的 10 亿美元，会使该银行在美联储的准备金存款增加 10 亿美元，这是美联储的负债。我们可以将这笔交易对美联储资产负债表的影响归纳如下。

美联储

资产		负债	
外国资产（国际储备）	+10 亿美元	在美联储的银行准备金	+10 亿美元

另外，如果美联储用 10 亿美元的现金来为这笔外国资产付款，由于流通中的现金也是美联储的负债，因此，其负债也会增加 10 亿美元。

美联储

资产		负债	
外国资产（国际储备）	+10 亿美元	流通中的现金	+10 亿美元

由于基础货币等于现金与银行准备金之和，这两笔交易都会使基础货币增加，增加的金额等于购买的外国资产或国际储备的数量。换句话说，对于基础货币而言，中央银行购买外国资产与在公开市场上购买政府债券会产生相同的影响。当中央银行购买外国资产时，其国际储备和基础货币增加的数量与其购买的外国资产的数量相等。

同样地，如果美联储为了使美元升值而出售外国资产，基础货币将会减少，美元的币值将会上升。比如，如果美联储出售 10 亿美元由外国政府发行的短期债券，美联储持有的外国资产将会下降 10 亿美元。同时，如果为了购买美联储出售的这些外国资

○　注意，美国与其他一些由中央银行负责外汇市场干预的国家不同，负责这类干预的是美国财政部而不是美联储。在现实中，财政部和美联储通常会就在这一领域所采取的行动进行协调，因此，我们可以假定美联储独自实施外汇市场干预，从而简化我们的分析。

产，买家以美国的银行开具的支票进行付款，那么这家银行在美联储的准备金将会减少 10 亿美元。这笔交易对美联储资产负债表的影响如下。

美联储

资产		负债	
外国资产（国际储备）	−10 亿美元	存在美联储的银行准备金	−10 亿美元

如果美联储用出售外国资产所获得收入来购买美元，流通中的现金将会减少，金额与其出售的外国资产的价值相等，而流通中的现金也是美联储的一种负债。由于基础货币是现金与准备金之和，因此，基础货币下降的数量与美联储出售的外国资产或国际储备的金额相等。这样，国内银行在美联储的准备金或现金就减少了。换句话说，对于基础货币而言，中央银行出售外国资产与在公开市场上出售政府债券会产生相同的影响。中央银行用出售外国资产所获得的资金来购买国内的通货，会减少国际储备和基础货币的数量，减少的金额与其出售的外国资产相等。

如果中央银行允许基础货币随着外汇市场上本币的买卖而发生相应的变化，那么这笔交易就被称为**非冲销式的外汇干预**（unsterilized foreign exchange intervention）。另外，中央银行可以利用公开市场业务来冲销由外汇干预导致的基础货币的变化。比如，假定美联储出售了 10 亿美元的外国资产，如果不对这一干预进行冲销，基础货币将会减少 10 亿美元。美联储也可以通过公开市场业务购买 10 亿美元的美国短期国债，从而消除外汇干预对基础货币产生的影响。这些交易可以用以下的 T 型账户来说明。

美联储

资产		负债	
外国资产（国际储备）	−10 亿美元	基础货币（现金和准备金）	+0 亿美元
短期国债	+10 亿美元		

如果在进行外汇干预的同时实施了国内公开市场业务以作冲销，从而使得基础货币保持不变，这就被称为**冲销式的外汇干预**。

16.2 外汇干预与汇率

学习目标 分析美联储对外汇市场的干预如何影响汇率。

外汇干预可以影响国内的货币供给，从而无意之中影响国内经济。尽管存在这一缺陷，中央银行仍会偶尔干预外汇市场，以尽量抑制汇率的波动。本币贬值会提高外国商品的成本，从而可能引发通货膨胀。正如我们在第 16.1 节看到的，中央银行可以通过购买以本币标价的资产，出售以外币标价的资产，从而限制本币的贬值。本币升值会使本国的商品在国际市场上的竞争力下降。中央银行可以通过出售以本币标价的资产来限制本币升值。在本节中，我们将考察非冲销式和冲销式外汇市场干预对汇率的影响。

非冲销式干预

在第 8 章第 8.3 节中，我们知道汇率是由外汇市场美元的供求决定的。我们可以使用供求分析来说明中央银行的外汇干预对于汇率的影响。

假定美联储试图通过非冲销式干预提高美元相对于日元的汇率。美联储出售日本短期国债以换回美元，这会使流通中的美元减少，从而减少美国的基础货币。美联储减少了外汇市场上对美元的供给，但是正如我们在第 15 章第 15.2 节看到的，基础货币的减少还会提高美国的利率。在银行准备金稀缺时，更有可能出现这种结果。随着美国的利率相对于日本的利率提高，外国投资者会对美元产生更大的需求，以便购买美国的金融资产，而美国投资者购买日本金融资产的意愿下降，因此，他们为了兑换日元而提供的美元就会减少。图 16-1a 表明，用日元来兑换美元的需求曲线由 D_1 向右移至 D_2，而供给曲线则由 S_1 向左移至 S_2。结果，均衡汇率由 E_1 上升到 E_2，表明美联储成功地提高了美元的汇率。因此，如果其他条件都不变，中央银行出售外国资产以换回本国货币的非冲销式干预，将会导致国际储备和基础货币减少，本币升值。

为了利用非冲销式外汇干预来降低利率，美联储可以购买日本政府的短期国债，这会增加美国的基础货币。随着基础货币的增加，美国利率的下降，用日元来兑换美元的需求曲线由 D_1 向左移至 D_2，而美元的供给曲线则由 S_1 向右移至 S_2。如图 16-1b 所示，结果就是均衡汇率下降。因此，如果其他条件都不变，中央银行以本国货币购买外国资产的非冲销式干预，将会导致国际储备和基础货币增加，本币贬值。

冲销式干预

在进行冲销式的外汇干预时，中央银行利用公开市场业务来冲销干预对于基础货币的影响。由于基础货币保持不变，国内利率也不会发生变化。因此，如果美联储出售日本政府债券，但是同时通过购买美国短期国债来冲销这一干预所产生的影响，美国的利率就会保持不变。这样，用来兑换日元的美元需求曲线和供给曲线也不会受到影响，汇率将保持不变。我们的结论是，冲销式干预不会影响汇率。为了使政策行之有效，中央银行意在改变汇率的干预必须是非冲销式的。

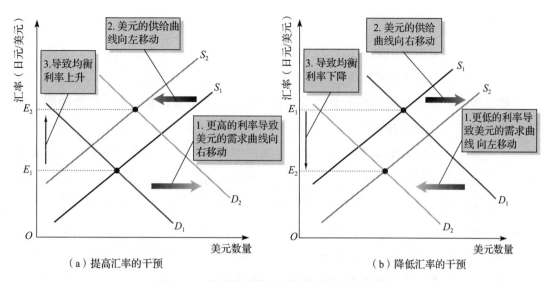

图 16-1　非冲销式外汇市场干预对汇率的影响

注：在图 a 中，美联储通过出售日本政府的短期国债来进行干预。这一举措将会减少美国的基础货币并提高
美国的利率。结果，用日元来兑换美元的需求曲线由 D_1 向右移至 D_2，而美元的供给曲线则由 S_1 向左移
至 S_2。均衡汇率由 E_1 上升到 E_2。

在图 b 中，美联储通过购买日本政府的短期国债来进行干预。这一举措将会增加美国的基础货币并降低
美国的利率。结果，用日元来兑换美元的需求曲线由 D_1 向左移至 D_2，而美元的供给曲线则由 S_1 向右移
至 S_2。均衡汇率由 E_1 下降到 E_2。这两个例子所讲的都是非冲销式干预。

▌ 解决问题 16.2

瑞士中央银行抵抗瑞士法郎的升值

2020 年，《华尔街日报》上刊载的一篇文章注意到瑞士国家银行（Swiss National
Bank，SNB，即瑞士的中央银行）有可能一直在采取干预措施，以避免瑞士法郎升值，
因为瑞士法郎相对于欧元升值有可能损害该国经济。这篇文章还提到，金融分析师密
切关注瑞士银行在瑞士国家银行的存款。这些存款增加表明瑞士国家银行今年已经采
取措施，抑制瑞士法郎的升值。

a. 如果瑞士法郎升值，购买一欧元所需的法郎会更多还是更少？为何瑞士国家银
行会认为这一变化有可能损害本国经济？

b. 为何分析师密切关注瑞士银行在瑞士国家银行的存款数量，就可以确定瑞士国
家银行是否进行了外汇干预？瑞士国家银行的外汇干预是冲销式的还是非冲销式的？
简单解释一下。

c. 利用瑞士法郎兑换欧元的市场图形，说明瑞士国家银行为了抑制瑞士法郎的升
值而采取的行动会产生何种影响。

解决问题

第一步　复习本章内容。这一问题涉及中央银行的干预如何影响汇率，因此，你需要复习"外汇干预与汇率"这一节的内容。

第二步　解释瑞士法郎升值意味着购买一欧元需要更多还是更少的瑞士法郎，以及瑞士法郎升值为何可能损害瑞士经济，从而回答问题 a。如果瑞士法郎相对于欧元升值，兑换 1 欧元时只需花费更少的瑞士法郎，或者说兑换一瑞士法郎需要更多的欧元。当瑞士法郎相对于欧元升值时，瑞士的出口商在欧洲的销量就可能下降，比如食品公司雀巢（Nestlé）或者制药公司诺华（Novartis）和罗氏（Roche），因为它们的产品以欧元标价的价格将会上升。比如，假定雀巢的一块糖在苏黎世卖 1 瑞士法郎。如果瑞士法郎与欧元之间的汇率为 1 瑞士法郎 =1 欧元，那么这块糖在巴黎的价格就是 1 欧元。但是，如果瑞士法郎相对于欧元升值至 1 瑞士法郎 =1.1 欧元，那么这块糖在巴黎的价格就上涨至 1.1 欧元，这会使其销量下降。由于出口占到瑞士 GDP 的 66%，出口显著下降将会损害瑞士经济。相较之下，出口仅占美国 GDP 的 12%，因而影响也就小得多。

第三步　解释为何瑞士银行在瑞士国家银行的存款数量可以说明后者是否进行了外汇干预，以及外汇干预是冲销式的还是非冲销式的，从而回答问题 b。我们已经知道，中央银行可以通过购买外国资产来降低本币的币值。购买外国资产会使中央银行持有的外国资产增加，这将体现在中央银行资产负债表的资产一侧，同时，银行的准备金存款也会增加相同的数量，这将体现在中央银行资产负债表的负债一侧。瑞士的基础货币也会增加相同的数量。通过密切关注瑞士银行在瑞士国家银行的存款数量，分析师就可以确定瑞士国家银行是否进行了外汇干预。如果瑞士国家银行为了抑制瑞士法郎升值而采取行动，银行存在瑞士国家银行的存款必然会增加，而且这种干预是非冲销式的。如果瑞士国家银行进行了冲销式干预，存款的数量就不会增加，因为瑞士国家银行会采取冲销措施，从而使基础货币保持不变。

第四步　画图说明瑞士国家银行采取使瑞士法郎贬值的措施所产生的影响，从而回答问题 c。图 16-2 展示了瑞士国家银行采取非冲销式干预所产生的影响。瑞士国家银行的行动将用于兑换欧元的瑞士法郎供给由 S_1 增加至 S_2。这一行动也会增加瑞士的基础货币，从而有可能降低瑞士相对于其他欧洲国家的利率。结果，外国投资者将会减少对瑞士金融资产和瑞士法郎的需求。用于兑换欧元的瑞士法郎需求曲线将从 D_1 向左移至 D_2，均衡利率也会由 E_1 降至 E_2。注意，由于你是从瑞士国家银行的角度画的图，所以纵轴的刻度为"欧元 / 瑞士法郎"。

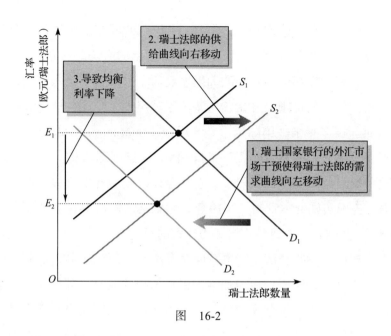

图　16-2

资本管制

　　墨西哥在 1994 ～ 1995 年出现了货币危机，几个东亚国家在 1997 ～ 1998 年也经历了货币危机。在这些危机中，有关国家的货币币值出现了大幅贬值，这对该国经济造成了严重的困扰。这些危机爆发的原因之一是金融投资资金大量流入和流出，或者说资本流入和流出，这使得一些经济学家和政策制定者赞同新兴市场国家限制资本流动。这些限制被称为**资本管制**，是指政府对外国投资者购买本国资产或者本国投资者购买外国资产所实施的限制。政府实施资本管制的目标是抑制本币与外币之间汇率的波动。

　　由于资本流出通常是货币危机的罪魁祸首，一些政治领导人对其实施了限制，马来西亚总理马哈蒂尔·穆罕默德在 1998 年就采取了这样的措施。然而，大多数经济学家担心这些控制措施会对本国经济造成不利影响。资本管制会产生三个重大问题。首先，在存在资本管制的情况下，本国企业和投资者在将本币兑换成外币时，必须得到政府的允许。负责审批的政府官员可能在收取贿赂之后才予以批准。大多数实施资本管制的发展中国家已经发现，这些管制措施导致了相当严重的政府腐败。其次，跨国公司不愿意投资于实施资本管制的国家，因为如果无法用本币兑换外币，它们就很难将赚得的利润汇回母国。这一问题非常重要，因为为了实现高速增长，很多发展中国家都需要依靠跨国公司来本国建造工厂和其他设施。最后，在现实中，很多国家发现个人和企业会利用黑市来逃避资本管制。在黑市上，外汇交易者愿意以非法的方式将本币兑换为外币。

尽管实施资本管制存在些许缺陷，但是 2007～ 2009 年的金融危机及其余波仍然使得一些经济学家和政策制定者恢复了对于资本管制的兴趣。在危机之前的那些年，包括西班牙、希腊和冰岛在内的几个欧洲国家经历了大规模的资本流入，部分原因是全球房地产价格大涨。危机刚一开始，这些国家就出现了急剧的资本外流，这使其经济衰退更为严重。很多年来，国际货币基金组织（International Monetary Fund，IMF）都反对资本管制。我们将在第 16.4 节中讨论 IMF 这家国际机构。但是，最近一段时间，IMF 的这种反对意见不那么强烈了，它甚至建议政府和中央银行在面对特别严重的资本流出时，考虑实施资本管制。2019 年，阿根廷政府从 IMF 获得了 570 亿美元的贷款，并实施了资本管制，以维持本国货币比索的稳定。

与资本流出相比，一些经济学家更赞同对资本流入实施限制，部分原因是这种流入经常会导致国内借贷膨胀，从而增加本国银行承担的风险。其他经济学家指出，通过加强银行监管和对新兴市场国家的监督，可以使这一问题变得不那么严重。通过使用这些方法，资本流入仍然可以作为重要的金融机制，使外国投资得以进入那些投资前景可观的国家。

16.3　国际收支

学习目标　介绍如何计算国际收支。

在介绍美联储对外汇市场的干预时，我们简单地提到过这些干预会增加或减少美联储资产负债表上的国际储备，但是没有讨论美联储为何会持有国际储备，以及美联储持有的国际储备数量取决于哪些因素。有关国际储备的交易是美国与其他国家之间几种资本流动的形式之一。为了理解美联储的国际储备是如何积累起来的，以及美联储有多少国际储备可以用于干预外汇市场，我们需要考察一下美国与其他国家之间更为广泛的资金流动。我们可以利用国际收支账户来理解国际资本流动。**国际收支账户**衡量的是本国与其他所有国家之间私人资金与政府资金的所有流动。在我们的例子中，本国指的是美国。

美国的国际收支账户是一个记账程序，与家庭和企业用来记录收入和支出的程序类似。在国际收支中，从外国流向美国的资金被记为收入，并表示为正值。这些收入包括：

1. 外国人购买在美国生产的商品和服务，即出口。
2. 外国家庭和企业购买美国资产所花费的资金，即资本流入。
3. 外国人对美国公民的赠予，即单方面转移收支。

由美国流向外国的资金被记为支出，并表示为负值。这些支出包括：

1. 美国人购买的外国商品和服务，即进口。
2. 美国家庭和企业购买外国资产所花费的资金，即资本流出。
3. 对外国人的赠予，包括国际援助，即单方面转移收支。

国际收支账户的主要内容可以归纳为买卖商品和服务的交易与由于国际借贷而产生的资金流动。前者是经常账户余额，包括贸易盈余；后者是金融账户余额，包括官方结算余额。

每一笔国际交易都代表了家庭、企业或政府之间商品、服务或资产的交换。因此，每次交换的买卖两端必定始终平衡。换句话说，国际收支账户的收入与支出之和必然等于 0，或者说：

经常账户余额 + 金融账户余额 =0

经常账户

经常账户汇总的是一国与其国外交易对手之间买卖当时生产的商品和服务的交易。如果美国拥有经常账户盈余，也就是说经常账户余额是一个正值，那么美国居民向外国人出售的商品和服务就超过了他们从外国人那里购买的商品和服务。这样，美国居民就拥有更多的资金可以贷放给外国人。美国经常账户余额通常为负值，或者说表现为赤字。2019 年，美国经常账户的赤字为 4800 亿美元。当美国拥有经常账户赤字时，它必须借得资金，以偿付从国外购买的商品和服务。一般而言，经常账户的盈余或赤字必须由国际借款或贷款或者由官方储备交易的变化来平衡。一些经济学家和政策制定者担心，美国自 20 世纪 80 年代以来出现的大规模的经常账户赤字，会导致美国严重依赖国外的储蓄或者说国际借款来为本国的消费、投资和联邦预算赤字提供资金。

美国在过去 20 年间经常账户出现赤字的原因之一，可能就是全球性的"储蓄过剩"。这种储蓄过剩是由于像日本这样的国家储蓄率保持在极高的水平，因为这些国家有很多老年人口，需要为退休做好准备。此外，一些发展中国家随着收入水平的提高，储蓄开始增加，比如一些亚洲国家以及部分东欧国家，这也导致了全球储蓄的增加。由于储蓄率很高而投资机会相对有限，资金从这些国家流向了美国。除此之外，欧洲缓慢的经济增长和金融与政治的不稳定，使得一些投资者更喜欢将美国的证券作为一种安全的资产进行投资。在某些时期，这些因素促使投资者抬高了美元的币值。美元币值上升减少了美国的出口，增加了进口，从而导致经常账户出现了赤字。

金融账户

金融账户衡量的是国家之间现有的金融资产或实体资产的交易。如果一个国家的某个人向外国投资者出售了某种资产，比如摩天大楼、债券或股份，这笔交易在国际收支账户中就被记为资本流入，因为资金流入该国以购买这一资产。如果一个国家的某个人购买了国外的资产，这笔交易在国际收支账户中就被记为资本流出，因为资金从该国流出，以购买这一资产。比如，如果一位富有的中国企业家购买了纽约市高楼顶层的豪宅，这笔交易就会被记为中国的资本流出和美国的资本流入。

金融账户余额是资本流入的金额减去资本流出的金额，再加上债务减免的净额以及移民在进入美国时金融资产的转移。⊖如果一国居民向外国人出售的资产超过了从外国人那里购买的资产，金融账户余额就表现为盈余。如果一国居民从外国人那里购买的资产超过了他们向外国人出售的资产，金融账户余额就表现为赤字。2019 年，美国资本流入为 8360 亿美元，资本流出为 4410 亿美元，资本账户余额的净值为 3950 亿美元。这一金融账户余额表明，由外国人持有的美国资产增加了。

官方结算

国家之间的资本流动并非都是由家庭和企业的交易引起的。政府和中央银行持有的资产的变化，是对私人资本流动的补充。**官方储备资产**是中央银行持有的资产。中央银行利用这些资产进行国际支付，以对国际收支进行结算或者实施国际货币政策。从历史来看，黄金曾是主要的官方储备资产。现在的官方储备资产主要是美国和其他高收入国家的政府债券、外国银行存款以及由国际货币基金组织创建的被称为特别提款权（Special Drawing Rights）的资产。官方结算等于一国官方储备资产的净增加额，即持有的国内资产减去持有的外国资产。

官方结算余额有时被称为**国际收支盈余或赤字**。这一术语可能在某种程度上具有误导性。我们知道，国际收支等于经常账户和金融账户之和，因而始终都等于 0。考查国际收支的另一种方法，就是将官方结算余额从金融账户中分离出来。分离之后，一国的国际收支就会出现盈余或赤字。从这一角度来看，2019 年美国的国际收支为赤字。按照这种说法，如果一国的国际收支是盈余，它就获得了更多的国际储备，因为它的

⊖ 资本账户是国际收支的第三项内容，不太重要。资本账户记录的是相对次要的交易，比如债务减免、移民的转移支付和非生产的、非金融的资产的买卖。移民的转移支付包括人们在离开或进入一个国家时随身携带的商品和金融资产。非生产的、非金融的资产包括版权、专利、商标或者对于自然资源的权利。金融账户和资本账户的定义经常被混淆，因为在 1999 年之前，资本账户记录了现在包括在金融账户和资本账户中的所有交易。换句话说，资本账户交易从国际收支账户中一个极为重要的部分，变为了一个相对次要的部分。由于现在所称的资本账户的余额数量很小，为了简化，我们将其合并至金融账户中。

收入超过了支出。也就是说，外国的中央银行向该国的中央银行提供了国际储备。如果一国的国际收支是赤字，它就失去了一定的国际储备。由于美元和以美元标价的资产是国际储备中最主要的部分，美国的国际收支赤字可以用美国国际储备的减少和外国中央银行持有的美元资产的增加来弥补。同样地，美国国际储备的增加和外国中央银行持有的美元资产的减少，可以一起冲销美国国际收支的盈余。

各账户之间的关系

回想一下，从理论上来讲，经常账户余额和金融账户余额之和等于 0。在现实中，核算问题使得这一关系难以准确成立。对核算误差的调整被称为**统计误差**，并被记为国际收支账户中金融账户的一部分。2019 年，美国国际收支账户拥有 910 亿美元的统计误差或者说资本流入。很多分析师认为，其他国家国际收支账户中类似规模的统计误差反映了隐蔽的资本流入，这与非法活动、避税或者由于政治风险而引发的资本外逃有关。

总结一下，国际贸易和金融交易会影响国际收支中的经常账户和金融账户。为了结清一国国际收支中的国际交易，该国的中央银行和外国的中央银行会进行官方储备的交易，这会影响该国的基础货币。

16.4　汇率制度与国际金融体系

学习目标　讨论汇率制度的演变。

美联储和其他中央银行会干预外汇市场，以稳定本国货币的币值。政治协议会影响每家中央银行买卖国际储备的规模和时机。特别是，一些国家同意实行某种特定的**汇率制度**，或者说实行某种调整国家之间汇率和商品与资本流动的制度。有些时候，一些国家会同意将其货币之间的汇率固定下来，并且承诺本国的中央银行会采取行动，维持这一汇率。另外一些时候，包括现在，大多数国家允许汇率随着不同货币的供求变化而波动，尽管中央银行仍有可能采取行动，限制汇率波动。

在本节中，我们将从以下角度分析汇率制度：①政治协议如何将汇率制度联系在一起；②汇率如何调整以维持这一协议；③中央银行如何采取行动，以维持国际货币金融体系的均衡。我们还会评价每种制度的成败，以及政府和中央银行在政策方面面临的三难困境。

固定汇率与金本位制

以往的大多数汇率制度都是**固定汇率制度**，在这种制度下，政府决定汇率所处的水平，并将其维持在这一水平。在**金本位制**下，实施这种制度的国家的货币都可以按照事先议定的数量兑换为黄金。按照各自货币兑换为黄金的黄金重量，两国货币之间的汇率是固定的。从 19 世纪晚期至 1914 年第一次世界大战爆发这段时期，经典的金本位制占主导地位。这一制度展示了固定汇率制度的成功与失败之处。

思考一个金本位制如何运转的例子。如果 1 美元可以兑换 1/20 盎司的黄金，而 1 法国法郎可以兑换 1/80 盎司的黄金，那么，汇率就是 1 美元 =4 法国法郎，或者 0.25 美元 =1 法国法郎。现在考虑法国与美国之间存在贸易和资本流动的情形，以说明这种固定汇率制度如何运转。在金本位制下，一位美国进口商从法国出口商那里购买商品，他要么在法国用美元来兑换法国法郎，从而购买这些商品，要么在美国将美元兑换为黄金，并将黄金运到法国，然后购买法郎和法国的商品。

假定对于法国商品的需求相对于美国商品上升，这会导致对法郎的需求增加，对美元的需求减少。结果就是汇率有偏离官方汇率的趋势，比如说从 1 美元 =4 法国法郎变为 1 美元 =3 法国法郎。在这种情况下，只要美国政府和法国政府继续按照事先议定的数量将本国货币兑换为黄金，美国的出口商就可以将黄金运到法国并以此购买法郎，从而赚得利润。

如果莎莉·夏普这位费城的服装进口商想要从巴黎的德鲁克斯那里购买价值 5000 法国法郎的服装，她可以使用上述任何一种方法。首先，如果她想要在外汇市场出售美元以兑换法郎，她就会发现自己必须支付 5000 法国法郎 ÷（3 法国法郎 / 美元）=1666.67 美元，以购买这些服装。另外，莎莉可以将 1250 美元兑换为黄金，并将这些金条运至法国，然后要求法国银行按照固定汇率将这些黄金兑换为法郎。按照 1 美元 =4 法国法郎的官方汇率，她的这些黄金可以兑换 5000 法国法郎，足以购买这些服装。对于莎莉来讲，第二种方法成本更低。在这笔交易中，她可以节省下 416.67 美元，因此，只要将这些黄金从费城运至法国的成本不超过 416.67 美元，这就是一种更好地购买这些服装的方法。

随着像莎莉·夏普这样的美国进口商不断将其黄金运送至巴黎，法国会发生哪些变化？黄金流入了法国，使得该国的国际储备增加，因为黄金最终会被兑换为法郎。美国失去了数量相等的国际储备，因为美元被交给了政府以兑换黄金。**一国国际储备的增加会增加其基础货币，而一国国际储备的减少会减少其基础货币**。法国的基础货币增加，美国基础货币减少，这使得法国的价格水平有上升的压力，而美国的价格水平有下降的压力。法国的商品相对于美国会变得更加昂贵。因此，对法国商品的相对需求会下降，从而重新实现贸易平衡，并导致汇率向官方的 1 美元 =4 法国法郎的方向移动。

同样地，如果对美国商品的相对需求上升，黄金将由法国流向美国，减少法国的基础货币，增加美国的基础货币。在这种情况下，美国价格水平相对于法国上升，会使得法国商品更具吸引力，从而恢复贸易平衡。汇率将重新回到 1 美元 = 4 法国法郎的水平。我们由此可以得出结论，在金本位制下存在一种自动的机制，使汇率反映各国货币的含金量。这一自动机制被称为**价格 - 铸币流动机制**。

在金本位制下，经济调整过程存在的一个问题是，出现贸易赤字和黄金流出的国家会经历价格水平的下跌或者说通货紧缩。如果价格水平出人意料地出现了显著下跌，就有可能导致经济衰退，或者使衰退变得更为严重。在 19 世纪 70 年代、80 年代和 90 年代，美国发生的几次经济衰退均由于通货紧缩而变得更为严重。价格水平的下降使得家庭和企业背负的债务实际价值上升，从而使经济中的很多部门陷入财务困境。

在金本位制下，固定汇率产生的另外一个问题就是这些国家难以控制本国的货币政策，原因是黄金的流动会导致基础货币的变化。结果，国际贸易会使一些国家出现始料未及的通货膨胀或通货紧缩。而且，黄金的发现和生产会对世界货币供给的变化产生重要影响，从而引发动荡。比如，在 19 世纪 70 年代和 80 年代，很少有黄金被发现，同时经济实现了快速增长，这使得很多国家都出现了价格下跌。这次通货紧缩导致美国中西部地区和大平原各州爆发了严重的政治骚乱，因为农民们发现自己偿付的抵押贷款按照名义值计算是固定的，在通货紧缩的情况下，支付的实际利率增加了，但是他们出售的农产品价格却在持续下跌。然而，19 世纪 90 年代，在阿拉斯加、加拿大的育空（Yukon）和现在的南非地区发现了黄金，这使得全世界的价格水平出现了上涨。

从理论上来讲，金本位制要求所有国家都要遵守承诺，按照固定汇率将现金自由兑换为黄金。在现实中，英格兰使得对于这种汇率制度的承诺具有可信性。英国强大的经济实力、它经常实现的贸易盈余，以及它所持有的大量黄金储备，使得英格兰成为国际货币金融体系之锚。在一战期间，国际贸易体系遭到了破坏，这使得各国放弃了将本国货币兑换为黄金的承诺。在两次世界大战之间的一段时期，金本位制曾经短暂恢复过，但最终还是在 20 世纪 30 年代大萧条期间崩溃了。富兰克林·罗斯福总统和国会在 1933 年使美国摆脱了金本位制。自此以后，联邦政府不再履行以纸币兑换黄金的义务，而美国公民也被禁止拥有黄金，除非用于少数受到明确限制的用途，比如制造珠宝、用于制造业和收藏硬币等。直到 1974 年，禁止美国公民拥有黄金的规定才被废除。

| 概 念 应 用 |

金本位制是否使大萧条更加严重

当 1929 年大萧条爆发时，各国政府面临放弃金本位制的压力，以便使本国的中央银行能够更容易地实施扩张性的货币政策。1931 年，英国成了第一个放弃金本位制的大国。在那一年，很多其他国家也群起效仿。美国将金本位制一直保持到 1933 年，而包括法国、意大利和比利时在内的一些国家甚至坚持了更长的时间。至 20 世纪 30 年代后期，金本位制已经不复存在了。

一国放弃金本位制的时间越早，就越容易通过扩张性的货币政策来对抗大萧条。如图 16-3 所示，在 1933 年之前放弃金本位制的国家，在 1929 ～ 1934 年工业产值平均仅下降了 3%。那些在 1933 年或之后放弃金本位制的国家，平均的衰退超过了 30%。

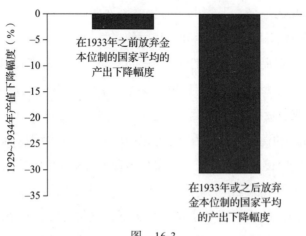

图　16-3

为何保留金本位制的国家受大萧条的影响会更大？一个关键的原因在于，为了维持金本位制，中央银行经常不得不采取紧缩产出和就业的措施，而不是使之扩张。比如，美国在 1930 年和 1931 年出现了黄金外流。由于担心黄金外流会迫使该国放弃金本位制，美联储试图通过提高贴现率来抑制黄金的外流。更高的利率会使美国的金融资产对外国投资者更有吸引力，从而增加他们对于美元的需求。尽管更高的利率有效地抑制了黄金外流，并且使得美国维持了金本位制，但是实际上美国经济需要降低利率以刺激国内的支出。直到 1933 年 3 月，美国才开始从大萧条中复苏过来，也正是在这个月，美国放弃了金本位制。

20 世纪 30 年代最后放弃金本位制的那些国家，经济表现是灾难性的，这正是此后政策制定者不再尝试恢复经典的金本位制的重要原因。

改造的固定汇率制度：布雷顿森林体系

尽管金本位制已经灰飞烟灭了，很多国家仍然对固定汇率制度感兴趣。在二战临近结束时，美国、英国、法国和其他一些同盟国政府于 1944 年在新罕布什尔州的布雷顿森林开会，以设计新的国际货币金融体系。由此达成的协议被称为布雷顿森林体系，这一体系从 1945 年一直持续到了 1971 年。包括英国经济学家约翰·梅纳德·凯恩斯在内的一些人谋划了这一协议，目的在于重新恢复固定汇率制度，但是又要允许进行短期经济调整，并且与金本位制相比，调整可以更加平稳。美国同意按照每盎司 35 美元的价格将美元兑换为黄金，但是只有外国中央银行才有权要求美国这样做。美国公民仍被禁止以美元兑换黄金。这一体系中所有其他成员的中央银行承诺按照相对于美元的固定汇率来买卖本国货币。通过将本国货币与美元的汇率固定下来，这些国家的货币相互之间的汇率也同样固定了下来。在这一体系中，美国被赋予了特殊的角色，因为它在当时的全球经济中具有举足轻重的作用，并且全世界大部分用作货币的黄金都掌握在美国的手中。由于各国中央银行使用美元资产和黄金作为国际储备，美元也被称为**国际储备货币**。

在布雷顿森林体系下，只有在一国出现了根本性的失衡时（也就是说，按照固定汇率，该国的国际收支余额出现了持续的赤字或盈余，或者说该国一直在获得或者失去国际储备），汇率才会进行调整。为了帮助这些国家进行短期的经济调整，以消除国际收支的赤字或盈余，并维持固定汇率，布雷顿森林协议创建了国际货币基金组织。总部位于华盛顿特区的这家跨国机构，从 1945 年的 29 名成员增加至 2020 年的 189 名成员。从理论上来讲，IMF 成立的目的在于管理布雷顿森林体系，并且作为最后贷款人，确保短期经济问题不会削弱固定汇率制度的稳定性。IMF 在布雷顿森林体系瓦解之后仍然保留了下来，它鼓励各成员采取实现汇率稳定的经济政策，收集国际经济和金融数据，并将其标准化，用于监督各成员的状况。

尽管 IMF 已经不再倡导固定汇率制度（这是它在布雷顿森林体系中的核心职能），但是它作为国际最后贷款人所采取的行动范围却在不断扩展。在 20 世纪 80 年代发展中国家出现大规模的债务危机时，IMF 向这些国家提供贷款，以帮助其偿还贷款。IMF 在 1994 ~ 1995 年墨西哥金融危机期间和 1997 ~ 1998 年东亚金融危机期间所提供的贷款，使人们就 IMF 在国际金融体系中所扮演的角色展开了激烈的争论。

赞同 IMF 进行干预的人指出，在新兴市场金融危机中需要一位最后贷款人。IMF 的批评者提出了两点反对意见。首先，IMF 救助外国出借人增加了道德风险，使这些国家采取更为冒险的行动。根据这种观点，IMF 在墨西哥危机期间救助外国出借人，鼓励了这些出借人为东亚国家提供高风险的贷款，从而对这场危机起到了推波助澜的作用。其次，与 IMF 对待外国出借人的态度形成鲜明对比的是，该组织在发展中国家倡导的紧缩措施聚焦于削减政府支出，提高利率，这些宏观经济政策会导致更多的失业，并引发政治动荡。

布雷顿森林体系下的固定汇率

中央银行通过买卖美元资产来干预外汇市场，从而维持布雷顿森林体系下的固定汇率。实际汇率可以在固定汇率上下 1% 的范围内波动,如果超出这一范围,各国就要进行干预,以稳定汇率。如果一种外币相对于美元升值,该国的中央银行就会出售本国货币,兑换为美元,从而使汇率恢复至固定汇率的水平。如果一种外币相对美元贬值,该国的中央银行就要出售自己国际储备中的美元资产,购买本国货币,推动汇率回到固定汇率的水平。

一般而言,一国的中央银行只要愿意并且能够以稳定汇率所需要的数量来买卖本币,就可以维持固定汇率。当一家外国的中央银行购买自己的货币时,它出售的是美元或国际储备。当外国的中央银行出售自己的货币时,它会买入美元。因此,中央银行在进行调整以应对汇率所面临的市场压力时,会出现严重的不对称。如果一国有国际收支盈余,它出售本币以购买美元从而维持固定汇率的能力就不会受到约束。然而,如果一国有国际收支赤字,它购买本币以提高其相对于美元的币值的能力,就受到该国持有的国际储备数量的限制。结果,由国际收支赤字导致的储备流失就给受布雷顿森林体系约束的中央银行带来了麻烦。当一国持有的国际储备耗尽时,该国的中央银行和政府就不得不实施限制性的经济政策,比如提高利率以抑制进口、减少贸易赤字,或者放弃稳定本国货币与美元之间汇率的政策。

布雷顿森林体系下的贬值与升值

在布雷顿森林体系下,一国可以通过买卖国际储备或者调整国内经济政策来维持自己的固定汇率。此外,它也可以向 IMF 提出改变汇率的申请。当其货币相对于美元估值过高时,经过 IMF 同意,该国可以实施法定**贬值**,也就是说,降低本国货币相对于美元的官方价值。如果一国货币相对美元估值过低,就可以实施法定**升值**,也就是说,提高本国货币相对于美元的官方价值。[⊖]

在现实中,各国的货币并不会经常进行贬值和升值。在布雷顿森林体系下,各国政府宁愿推迟法定贬值,也不愿面对货币政策失误的政治责难。升值是一个更不受欢迎的选项。如果允许一国货币相对于美元升值,国内的生产者和他们所雇佣的工人就会激烈反对,因为该国出口的商品在世界市场上的价格会上升,从而减少利润和就业。反对贬值和升值的政治压力,意味着只有外汇市场出现严重失衡时,政府才会对汇率进行调整。

布雷顿森林体系下的投机性攻击

当投资者相信一国政府不愿意或者没有能力维持其固定汇率时,他们就会试图通

⊖ 在固定汇率制度下,汇率下降被称为贬值,汇率上升被称为升值。

过出售弱势的货币或者购买强势的货币来赚取利润。这种被称为"投机性攻击"的活动能够强制实现这种法定贬值或升值。投机性攻击可以造成国际金融危机。1967 年就发生了一次这样的攻击，当时英镑相对于美元估值过高。图 16-4 展示了这一针对英镑的投机性攻击。用于兑换美元的英镑的供求曲线相交于 E_1 点，这低于 1 英镑 =2.8 美元的固定汇率。结果，用于兑换美元的英镑供大于求。为维持这一高估的汇率，英格兰银行不得不用自己国际储备中的美元来购买多余的英镑，数量等于 Q_2-Q_1。

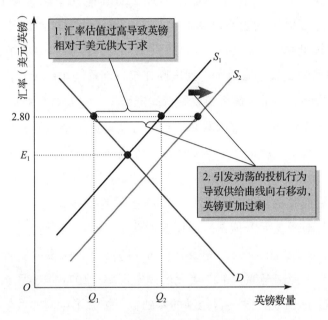

图 16-4　1963 年对英镑的投机性攻击

注：用于兑换美元的英镑的供求曲线相交于 E_1 点，这低于 1 英镑 =2.8 美元的固定汇率。结果，用于兑换美元的英镑供大于求。为维持这一高估的汇率，英格兰银行不得不用自己国际储备中的美元来购买多余的英镑，数量等于 Q_2-Q_1。投机者确信英格兰银行会将英镑贬值，这使得英镑的供给曲线由 S_1 移动至 S_2，从而使估值过高的问题更为严重。

随着英格兰银行国际储备的缩减，外汇交易商知道该银行在未来某个时候就会耗尽美元，从而不得不放弃稳定汇率的行动。投机者预期英镑会相对于美元贬值，于是按照 2.8 美元 / 英镑的固定汇率向英格兰银行出售英镑，包括从银行借来的英镑。当英镑最终真的贬值时，投机者再用美元购回现在已经变得更便宜的英镑，并赚取可观的利润。根据我们的分析，投机者使英镑的供给曲线由 S_1 移动至 S_2，这使得英镑估值过高的问题变得更加严重。固定汇率与市场汇率之间的差异迫使英格兰银行买入更多的英镑，直至耗尽它所持有的美元。1967 年 11 月 17 日，英格兰银行用掉的国际储备超过了 10 亿美元，在此之前它还用掉了数十亿美元。1967 年 11 月 18 日，英格兰银行将英镑贬值了 14%。

当中央银行没有能力维持汇率时，投机性攻击就会强制实行法定贬值，1967 年的英格兰危机就是如此。如果中央银行不愿意维持汇率，投机性攻击就会迫使货币升值。1971 年，被低估的德国马克遭受了投机性攻击，使得马克相对于美元升值，这加速了布雷顿森林体系的瓦解。

对德国马克的投机性攻击与布雷顿森林体系的瓦解

1970 年，美国的国际收支赤字显著增加，而其他几个国家则拥有大规模的国际收支盈余。国际金融市场越来越担心当前的汇率是否还能继续维持，因为很多货币相对于美元都被低估了。最为担心的是西德，因为西德的中央银行德国联邦银行（Bundesbank）采取的是低通胀政策。德国联邦银行面临两难困境。由于德国马克相对于美元被低估，如果德国联邦银行想要维持固定汇率，它就要在外汇市场上出售马克，购买美元。如果这样做的话，德国联邦银行就会获得更多的国际储备，增加德国的基础货币，面临价格水平上涨的压力。如果德国使马克重新估值，它就可以免受通货膨胀的压力，但是会让依赖于向美国出口商品的德国企业感到失望。

德国联邦银行面临的两难困境引发了对德国马克的投机性攻击。在这个案例中，投机者预期马克相对于美元升值，从而用美元购买马克。当马克真的升值时，投机者再用马克购回现在更便宜的美元，并赚取利润。1971 年，很多投资者都相信德国联邦银行很快就会放弃 1 德国马克 =0.27 美元的固定汇率。1971 年 5 月 5 日，德国联邦银行购买的美元超过了 10 亿，这使得德国的基础货币扩大了相同的数量。由于担心基础货币继续增加会引发通货膨胀，在此之后，德国联邦银行中止了自己的干预行动。马克相对于美元的汇率开始浮动，其价值仅取决于外汇市场上的供求力量。

德国联邦银行决定放弃相对于美元的固定汇率，这给了布雷顿森林体系沉重的一击，但是这一体系还面临更为根本性的问题。随着 20 世纪 60 年代后期美国通货膨胀率的上升和国际收支赤字的扩大，外国的中央银行获得了大量以美元标价的资产。布雷顿森林体系之所以能够将各国紧密团结在一起，是因为美国承诺按照每盎司 35 美元的价格，将外国中央银行持有的美元兑换为黄金。然而，到了 1971 年，按照每盎司 35 美元的价格计算，外国中央银行持有的美元资产的总和已经超过了美国官方持有的黄金的三倍。1971 年 8 月 15 日，尼克松政府试图迫使其他货币相对于美元重新估值。美国暂停将美元兑换为黄金，并对进口的商品施加关税，并且要求只有在一国重新调整自己的汇率之后才会降低相应的关税。各国货币相对于美元的重新估值完成于 1971 年召开的史密森会议（Smithsonian Conference）。

然而，在当时的世界局势下，史密森会议商定的汇率条件并不稳定。实际上，很多货币开始浮动，尽管中央银行也会进行干预，以免汇率出现大幅波动。在 1976 年的牙买加会议上，IMF 正式同意，允许汇率浮动。在这次会议上，IMF 成员还同意取消黄金作为国际货币储备的正式地位。这次会议标志着布雷顿森林体系的正式瓦解，尽管这一体系在 5 年之前实际上就已经停止运转了。

1970 年，甚至在各国正式放弃布雷顿森林体系之前，IMF 就开始发行一种黄金的纸质替代品。IMF 在发挥自己的最后贷款人作用时，创建了这些被称为"特别提款权"的国际储备。现在，黄金的价格确定方式与其他商品一样，即由市场的供求力量来决定。

概括而言，布雷顿森林体系是一种固定汇率制度，有一位最后贷款人，使短期的经济调整更为平稳，以应对国际收支赤字。这一制度最终崩溃了，因为美国不愿意承担价格稳定的义务，而其他国家不愿意对自己的货币相对于美元的价值进行重新估值，这使得该体系下的固定汇率面临强大的市场压力。

布雷顿森林体系之后的中央银行干预

自从布雷顿森林体系瓦解之后，美国正式采取了**浮动汇率制度**，在这种制度下，美元的汇率是由外汇市场决定的。其他很多国家也采用了相同的方法，允许本国货币的汇率浮动，或者说汇率由供求来决定。然而，美联储和外国的中央银行并没有放弃干预外汇市场的权利，当它们认为本国货币被严重低估或高估时，就会进行干预。比如，2020 年，瑞士的中央银行就进行了干预，它用瑞士法郎来购买欧元，以降低瑞士法郎相对于欧元的价值。目前的国际金融体系是一个**有管理的浮动汇率制度**，也被称为"肮脏浮动汇率制度"。在这种汇率制度下，中央银行偶尔会进行干预，以影响汇率。因此，维护汇率的国际行动仍会影响国内的货币政策。

| 概念应用 |

美元"过分的特权"

在 19 世纪和 20 世纪初期金本位制的全盛时期，英镑是关键的国际货币。国际借款大部分采用了英镑的形式，国际贸易中的很多商品无论是不是由英国的企业出售，都是以英镑来定价的。在 1914 ～ 1918 年的一战期间，为了应对战争支出，英国政府不得不向其他国家大量借款，其中主要是向美国借款。在 20 世纪，英国拥有大量的外债，而且英国经济相对于美国增长缓慢，这意味着到 1944 年召开布雷顿森林会议时，与会者都明白美元需要在新的国际金融体系中成为国际储备货币。

至 20 世纪 60 年代，大多数经济学家和政策制定者相信，相对于其他主要货币，美元被高估了，特别是德国马克和日元。其结果就是美国出现了长期的经常账户赤字。外国的中央银行开始积累起越来越多的美元。实际上，美元发挥国际储备货币的作用，就意味着美国的家庭和企业消费的商品和服务可以超过它们生产的数量，其中一部分消费的商品和服务是进口的。结果，美国的生活水平相对于其他国家提高了，因为总体而言，其他国家消费的商品和服务要少于自己生产的数量。在一句很著名的评论中，法国财政部长瓦莱里·吉斯卡尔·德斯坦（Valéry Giscard d'Estaing）在 1965 年声称，由于成了国际储备货币，美元享受了"过分的特权"。

在布雷顿森林体系瓦解后，美元仍然在国际货币金融体系中扮演着储备货币的角色，在 2020 年，大约 62% 的国际储备都是以美元的形式持有的。大约 20% 的国际储备是欧元，大约 6% 是日元，还有更小的份额以其他货币的形式持有。大部分国际金融交易还是以美元的形式来完成。实际上，包括石油在内的大多数大宗商品也是以美元来定价的，特别是在一些发展中国家，很多外国的家庭和企业更喜欢使用美元，而不是它们本国的货币。

如果美元失去了最重要的储备货币的地位，美国会丧失以下四个方面的优势：

1. 美国的家庭和企业会丧失能够以美元在全世界进行贸易和借款的优势。这一优势可以理解为更低的交易成本，和更少的汇率风险。

2. 外国人持有美元的意愿可能会更低。他们现在愿意这样做，使美国公民获得了一笔意外之财，因为这实际上相当于外国人为美国提供了无息贷款。

3. 美国政府和企业以比其他国家的政府和企业更低的利率贷款的能力可能会下降。这种能力部分来自美元在国际金融体系中扮演的角色，部分来自在发生金融危机和政治动荡的时期，外国投资者经常将美国的证券视为安全资产。因此，美国投资者从他们的对外投资中赚取的收益，通常会超过外国投资者从对美国的投资中赚取的收益。

4. 纽约市可能会丧失自己作为领先的国际金融中心的地位。

尽管如此，一些经济学家和政策制定者并不认为美国由于美元作为储备货币而获得了经济方面的利益。由于美元是重要的国际储备货币，对美元的需求就会很多，这会提高美元相对于其他货币的汇率。结果，美国企业在国外市场出售商品和服务时就会面临更大的困难。如果美元失去了自己的储备货币地位，美元相对于其他货币就会贬值，贬值幅度可能高达 30%，这会促进美国的出口发展。

相对于美元，其他一些货币作为储备货币的重要性似乎在逐渐增加，比如欧元、日元和人民币。英格兰银行前行长马克·卡尼（Mark Carney）建议用一种数字储备货币来代替美元，他将这种货币称之为"合成霸权货币"（synthetic hegemonic currency，SHC）。美元不再作为统治性的国际储备货币，这种趋势可能会对美国经济产生一定的影响，但是从长期来看，美国经济使美国人生活水平不断提高的能力取决于更为广泛的因素，比如生产率的长期增速和技术进步的速度，而不是美元作为储备货币的地位。

欧洲的固定汇率

固定汇率的好处之一就是降低国际商品交易和金融交易中的**汇率风险**。由于欧洲各国之间存在大量的商品交易和金融交易，长期以来，很多国家的政府都在寻找降低汇率波动成本的方法。固定汇率制度也被用于限制引发通货膨胀的货币政策。购买力平价理论表明，如果一国的通货膨胀率高于自己的贸易伙伴，该国的货币就会贬值。因此，如果一国政府承诺实行固定汇率，它也就隐含地做出了限制通货膨胀的承诺。欧洲国家曾在某些时期深受高通胀之苦，它们也因此更为偏爱固定汇率制度。

汇率机制与欧洲货币联盟

欧洲经济共同体的成员国家在 1979 年成立了欧洲货币体系。这 8 个欧洲国家当时还同意参加一项汇率机制，以限制其货币相互之间汇率的波动。具体而言，加入这一机制的国家承诺，按照一种综合的欧洲货币单位（European currency unit，ECU），将它们的货币价值维持在一个固定的范围之内。成员国家同意将汇率维持在这些范围内，同时允许汇率相对于美元和其他货币一起浮动。这一汇率机制的基准货币是德国马克。通过将本国的货币与德国马克挂钩，法国和英国都降低了自己的通货膨胀率。

由于遭受了外汇市场上有史以来最著名的一次投机性攻击，英国于 1992 年退出了这一汇率机制。尽管将英镑与德国马克联系在一起迫使英国采取行动以降低通货膨胀，但是其通货膨胀率仍然显著高于德国。由于通货膨胀率存在这样的差别，基于购买力平价理论，英镑很难维持与德国马克的固定汇率。此外，随着西德与东德的合并，德国政府将利率保持在较高的水平，以吸引重建东德所需的外国投资。高利率吸引了外国投资者购买德国的证券，从而促使德国马克相对于英镑升值。

货币交易商相信英格兰银行无法按照事先议定的水平维持英镑和马克之间的汇率。尽管英国政府提高了利率，并且信誓旦旦地声称要捍卫英镑的币值，货币交易商仍然持续抛售英镑，换得马克，直至 1992 年 9 月 16 日黑色星期三，英国政府放弃了上述汇率机制，允许英镑币值自由浮动。在货币交易商中，一位知名的赢家就是乔治·索罗斯（George Soros），他是一位出生于匈牙利的对冲基金经理。财经媒体估计索罗斯由于押注英镑贬值而赚取的收入超过了 10 亿美元。然而，索罗斯认为他的所作所为与英国政府决定放弃这一汇率机制无关。

作为 1992 年构建单一欧洲市场计划的一部分，欧洲共同体（European Community，EC，简称欧共体）国家起草了**欧洲货币联盟**方案，根据这一方案，汇率通过使用**欧元**这一共同货币而固定下来。一种单一货币将会消除货币兑换的交易成本，降低汇率风险。此外，消除跨境贸易高昂的交易成本将会有利于实现规模经济，从而提高生产效率。

欧洲货币联盟的实践

1989 年，由欧共体发布的一份报告建议建立一家共同的中央银行，即欧洲中央银行，以实施货币政策，并最终控制一种单一货币。欧洲中央银行于 1999 年 1 月正式开始运作，其结构与美国的联邦储备系统相似。它拥有一个由欧洲议会任命的执行委员会，这类似于美联储的理事会，还有来自欧盟各国的中央银行行长，这相当于联邦储备银行的行长。与美联储一样，欧洲中央银行独立于各国政府。执行委员会的委员任期为 8 年且不可续任，这增强了委员们的政治独立性。欧洲央行的章程表明，其主要目标是实现价格稳定。

1991 年 12 月，成员国家在荷兰的马斯特里赫特召开会议，同意以渐进的方式形成货币联盟。它们的目标是至 20 世纪 90 年代中期实现货币政策的协调一致，并在 1999 年 1 月 1 日在欧洲建立一个货币联盟。为了使用单一货币并采取单一的货币政策，需要各国国内的通货膨胀率和预算赤字比 20 世纪 90 年代中期的实际情形更为一致。至 1999 年货币联盟开始运作时，有 11 个国家在通货膨胀率、利率和预算赤字方面满足加入联盟的条件。英国拒绝加入，并在 2020 年 1 月退出了欧盟。

正如本章开篇中提到的，在开始的时候，欧元似乎非常成功。从 2002 年 1 月引入欧元至 2007 年金融危机开始爆发之前，欧洲大多数国家都经历了一段经济相对稳定的时期。由于实现了低利率、低通胀以及产出和就业的扩张，欧元带来的好处似乎显而易见。在使用了欧元以后，一些收入更低的欧洲国家似乎特别繁荣。从 1999 年至 2007 年，西班牙经济实现了年均 3.9% 的增速，该国的失业率从 20 世纪 90 年代中期的接近 20% 降至 2007 年的不到 8%。这些年，爱尔兰和希腊也经历了快速的经济增长。

当 2007 ~ 2009 年金融危机使欧洲陷入衰退时，那些衰退最严重的国家无法实施更具扩张性的货币政策，只能接受欧洲中央银行将欧元区作为一个整体而实施的政策。这些国家无法通过促使本国货币贬值进而扩大出口来恢复本国的经济，因为它们承诺使用欧元，并且大多数出口的对象都是其他欧元区国家。在实行金本位制的年代，各国在实施扩张性的货币政策以及使自己的货币贬值时会面临相似的困难。正如我们已经看到的，这些缺陷使得各国相继在 20 世纪 30 年代放弃了金本位制，直至这一体系最终崩溃。

欧元是否会重蹈金本位制的覆辙？一些经济学家认为有可能，特别是那些一开始就怀疑使用欧元不是一个好主意的经济学家。在理想状态下，使用相同货币的各国经济应当协调一致，就像美国各州的经济一样。尽管美国各州经济状况有所差异，有些州在 2007 ～ 2009 年金融危机期间和 2020 年新冠疫情期间衰退得比其他州更严重，但是工人和企业可以跨越各州的边界自由迁移，联邦法律使得各州在劳工、税收和环境规制等方面的很多规则都是一致的，虽然不是所有规则都完全相同。这些州还拥有相同的语言，选举同一个联邦政府。在所有这些方面，使用欧元的各个国家差异更大，经济、政治和文化状况也远比美国的各州更具多样性。欧盟采取了一些措施，以促进工人和企业跨越国境自由流动，协调在劳工和税收等方面的法律，如此等等。实际上，赞同使用欧元的一种观点就是，这有助于欧洲各经济体实现和谐。然而，在 2016 年，工人跨越国境的自由流动成了一个引发激烈争论的问题，特别是在逃离中东动乱的超过一百万难民到达欧洲之后。对欧盟持批评态度并且赞同脱离欧盟的政党在很多国家都获得了支持。

使用一种共同货币的欧洲国家情况差别如此之大，是否严重妨碍了这些经济体有效地应对经济冲击，比如一场严重的经济衰退？希腊、西班牙、葡萄牙、意大利和爱尔兰的政策制定者似乎看不出这样做有什么好处，而这些国家也是最有可能放弃欧元的国家。放弃欧元将允许这些国家使本国货币贬值，从而增加出口，它们也可以采取扩张性的货币政策以促进经济复苏。但是，采取这些行动的代价是这些国家不得不放弃使用欧元所能获得的长期优势，包括在衰退时期欧洲中央银行提供的帮助。比如，2020 年，欧洲中央银行实施了"疫情紧急资产购买计划"，以应对新冠疫情对经济造成的冲击。根据这一计划，欧洲中央银行可以购买私人债券和政府债券，包括意大利、西班牙和希腊发行的债券，如果不是这样的话，这些国家出售债券时就不得不支付很高的利率。因此，尽管自 2007 年以来欧元就不断面临各种压力，但是它似乎仍会继续存在下去。

| 概念应用：与你相关 |

如果你是希腊人，你更喜欢欧元还是德拉克马

如果你生活在希腊，你更愿意政府继续使用欧元，还是放弃欧元，重新使用希腊以前的货币德拉克马（Drachma）？与南欧其他国家一样，在使用欧元的最初几年，

希腊经济表现强劲。从 2002 年引入欧元到 2007 年，希腊实际 GDP 年均增长速度为 4.2%。失业率从 2001 年的 10.7% 降至 2008 年的 7.4%。

然而，从 2008 年开始，希腊的实际 GDP 开始衰退，失业率开始增加。2020 年，在新冠疫情对经济造成冲击之前，希腊的实际 GDP 仍比 2008 年的水平低 8%。失业率从 2008 年的 7.4% 增加至 2013 年的接近 27%，经济处于萧条之中，2020 年年初，失业率仍超过了 15%。此外，税收暴跌导致政府出现了大规模的财政赤字，政府债务与 GDP 之比达到了 200%。只是因为从欧洲委员会、欧洲中央银行和 IMF 这三巨头获得了援助，希腊才避免了对自己的债务违约。2016 年欧洲中央银行购买希腊政府债券的决定引发了争议，因为一些经济学家认为这有可能会使欧洲国家发行的债务超过私人投资者愿意购买的数量，从而加剧道德风险。

至 2020 年中期，希腊年轻人的失业率超过了 30%。如果在希腊生活，你作为一名刚毕业的大学生可能很难找到工作。但是，你找到工作的机会和希腊的经济增长恢复至更高水平的可能性在下面哪种情况下会更大，是希腊继续使用欧元还是放弃欧元，重新使用德拉克马？正如我们已经看到的，使用欧元的国家无法通过货币贬值来刺激出口。毫不意外，希腊 2008 年的经常账户赤字飙升至接近 GDP 的 15%，尽管在接下来的这些年这一数字有所下降。

回忆一下第 8 章第 8.1 节有关实际汇率的表达式：

$$e = E \times \left(\frac{P^{本国}}{P^{外国}} \right)$$

其中：

E＝名义汇率

e＝实际汇率

$P^{本国}$＝本国的价格水平

$P^{外国}$＝外国的价格水平

在名义汇率固定的情况下，只要本国的价格水平低于其他国家，一国仍然可以降低自己的实际汇率，从而增强本国商品和服务的竞争力。由于法国、德国和其他欧洲国家的通货膨胀率保持在很低的水平，希腊为了降低本国相对于其他国家的价格水平，就不得不经历通货紧缩。希腊从 2013 年至 2016 年以及 2020 年确实出现了明显的通货紧缩。但是，这种内部贬值引发了工人和企业的抗议。

放弃欧元可以使希腊提高自己出口产品的竞争力，但是这种方法也有严重的缺陷。比如，很多希腊人认为，如果政府放弃欧元，它就会按照 1：1 的比例将欧元银行存款转换为德拉克马。如果接下来就像很多经济学家预期的那样，德拉克马出现了贬值，那么作为生活在希腊的人，你的银行存款就会遭受严重的损失。此外，希腊政府有可能对自己的债务违约，这就迫使它只能依靠税收来为政府支出提供资金，结果就会导致政府支出大幅削减，这有可能会使希腊经济变得更为萧条。

除此之外，希腊银行和企业的外国出借人可能会拒绝以德拉克马偿付债务，而要求以最初标价的欧元来偿付，这会产生法律纠纷，并且削弱希腊企业在国外借款的能力。

如果希腊放弃欧元，你和该国的其他民众有可能在短期内状况变得更加糟糕。在长期，放弃欧元有可能会使希腊企业更容易与外国企业展开竞争，这对经济会有所帮助。放弃欧元会产生何种后果，无论在短期还是在长期都是不确定的，这也是希腊人和希腊政府在 2020 年似乎不愿意恢复使用德拉克马的重要原因。

盯住汇率

维持固定汇率的一种方法就是实施盯住汇率制度。在**盯住汇率制度**下，一国使其货币与另外一国货币的汇率固定下来。在实施盯住汇率时，两国不必就此达成一致意见。比如，在 20 世纪 90 年代，韩国、泰国、印度尼西亚和其他发展中国家和地区使其货币盯住美元。维持这一盯住汇率的责任完全在这些发展中国家。实施盯住汇率的国家可以获得以下三个固定汇率的好处：①减少汇率风险；②制约通货膨胀；③保护获得了外币贷款的企业。在 20 世纪 90 年代，最后一点对很多亚洲国家来讲非常重要，因为它们的企业开始从美国和其他外国银行获得美元贷款。举个例子，如果不采取盯住汇率，假定韩元相对于美元贬值，拥有美元贷款的韩国企业就会发现，按照韩元来计算，它要偿付的利息和本金都增加了。

然而，盯住汇率也会产生其他国家在布雷顿森林体系下遇到的麻烦，即某种货币由供求决定的均衡汇率可能会明显偏离盯住汇率。结果，相对于美元，实行盯住汇率的货币可能被高估或低估。在 20 世纪 90 年代，大量亚洲国家的货币被高估，它们很容易遭到投机性攻击。在由此而引发的东亚货币危机期间，这些国家试图通过用美元购买本币，减少基础货币，提高国内利率，维护本国的盯住汇率。更高的利率使这些国家的经济陷入了衰退，最后实际上也未能保住盯住汇率，最终这些国家都放弃了这一盯住汇率。

尽管盯住汇率有这些缺点，很多发展中国家还是使它们的货币盯住了美元或欧元。采用浮动汇率的发展中国家相对较少。

在竞选过程中，政治家很少会花大量时间来讨论汇率问题。2016 年的美国总统选举是一个例外，民主党候选人希拉里·克林顿（Hillary Clinton）和共和党候选人唐纳德·特朗普都谴责中国政府操纵人民币相对于美元的汇率。他们认为，中国政府干预外汇市场，人为地将人民币相对于美元的汇率保持在较低的水平，从而为中国的出口提供帮助。特朗普总统在执政期间继续批评中国的汇率政策，坚持中国必须停止操纵自己的货币，然后他才有可能同意解决两国的贸易问题。但是中国真的操纵了自己的汇率吗？事实并非如此。

中国经济政策的一项重要内容就是在 1994 年决定按照 1 美元 =8.28 元人民币的固定比率，使人民币盯住美元。盯住美元使得中国的出口商在将商品出口到美国时可以面对稳定的美元价格。至 21 世纪初期，很多经济学家都认为，人民币相对于美元被低估了，而且可能被显著低估，为了维持被低估的汇率，中国人民银行作为中国的中央银行不得不用人民币购买大量美元。至 2005 年，中国人民银行积累了 7000 亿美元，其中很大一部分被用来购买了美国国债。

2005 年 7 月，中国政府宣布将由人民币盯住美元转变为将人民币的币值与一揽子货币的平均价值挂钩，这包括美元、日元、欧元、韩元和其他几种货币。尽管中国人民银行并没有公布人民币与其他货币挂钩的细节，但是它宣布了由盯住汇率制度转变为有管理的浮动汇率制度。如图 16-5 所示，在从 2005 年至 2014 年年底的大部分时间，人民币相对于美元逐步升值。注意，图中使用的数值是每美元兑换的人民币数量，因此，数值增加代表人民币相对于美元贬值，下降代表人民币相对于美元升值。2008 年 7 月至 2010 年 5 月这段时期是一个例外，此时的汇率稳定在 1 美元 =6.83 元人民币，这让某些人认为中国显然恢复了"硬盯住"（hard peg）。这一变化导致美国政策制定者的批评卷土重来。

图 16-5 表明，在 2016 年年底之前，人民币币值相对于美元逐渐贬值。尽管中国人民银行坚持认为这一趋势是市场力量的结果，它并没有采取行动压低人民币的币值，一些经济学家认为中国人民银行在用美元来购买人民币，这会阻止人民币贬值，中国人民银行持有的美国国债减少量超过了 2500 亿美元，这一事实也说明了这一点。很多中国投资者开始根据新的规则投资于海外，新规则第一次允许国内投资者这样做，这加剧了人民币下跌的压力。为了进行这类投资，投资者需要用人民币来兑换美元或者其他货币。

自 2017 年以来，人民币与美元的汇率在一个相对狭小的范围内变化，主要反映中国经济增长速度的波动和中美两国利率的变化。比如，在新冠疫情初期，中国实际 GDP 增速明显放缓，人民币出现了贬值。然而，2020 年 7 月，中国似乎已经度过了新冠疫情对经济的冲击最为严重的时期，经济增速开始上升，人民币币值也相应上升。

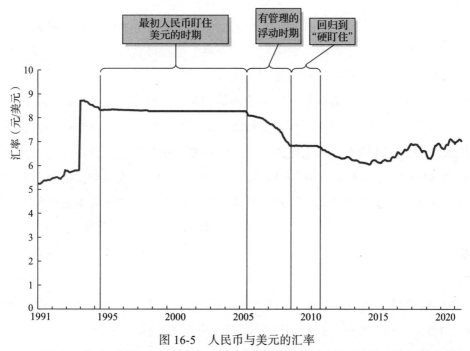

图 16-5 人民币与美元的汇率

注：中国从 1994 年开始明确地将人民币盯住美元。2005 年 7 月至 2008 年 7 月，人民币相对于美元升值，此后又以 1 美元 =6.83 元人民币的比率恢复了"硬盯住"，直至 2010 年 5 月。在 2014 年之前，人民币缓慢升值。近些年来，人民币的币值似乎反映了中国实际 GDP 增长速度的波动，以及中美两国利率的变化。

近些年来，很多经济学家杜撰中国人民银行采取了行动，人为地将人民币币值保持在较低的水平。

政策的三难困境

我们对于货币政策和汇率的分析以及很多国家的实际经验表明，一国无法同时实现以下三个目标：

1. 汇率稳定。
2. 独立的货币政策。
3. 资本自由流动。

我们在第 15 章曾经讨论过，汇率稳定是美联储和大多数其他中央银行货币政策的目标，因为这会使商业计划和金融交易变得更为简单，并且能避免国内产业的国际竞争力出现突然的变化。比如，美元汇率突然上升会使坐落于伊利诺伊州皮奥里亚市的卡特彼勒公司（Caterpillar）很难出口自己的推土设备。独立的货币政策是指，中央银行在不用考虑汇率变动的情况下利用货币政策来实现自己目标的能力。美联储可以自由地运用货币政策来实现自己充分就业和价格稳定的目标，因为美国采取了浮动汇率制度，因此美联储不需要调整利率以维持美元的币值稳定。相反，在实施了固定汇率制度的国家，中央银行必须调整利率以维持固定汇率，这就使得它们无法同时利用利率来实现就业和通货膨胀的目标。

正如我们在第16.1节看到的，大多数经济学家认为资本跨越边境的自由流动是可取的。一国为了获得投资于工厂、设备和研发的资金，其中一种方法就是吸引国外的资本流入国内。这种资本流入也能为政府的财政赤字提供资金，从而使财政赤字不至于导致国内投资减少。然而，我们也看到了，大规模的资本流入与流出会引发经济动荡，特别是短期内的资本流动。因此，一些国家利用资本管制来限制资本跨越其边境的自由流动。我们也看到，资本管制有一个重要的缺点，即这会抑制很多外国投资，而发展中国家如果想要提高自己的增长速度，这些外国投资可能是必不可少的。

一国不可能同时实现汇率稳定、独立的货币政策和资本自由流动，这一假说被称为"政策的三难困境"。这一假说是基于诺贝尔奖获得者、哥伦比亚大学的罗伯特·蒙代尔（Robert Mundell）和国际货币基金组织的马库斯·弗莱明（Marcus Fleming）的研究。如果这个假说是正确的，有可能最多同时实现两个目标。因此，政策制定者必须决定放弃三个目标中的哪一个。图16-6展示了这一政策的三难困境。三角形的每一边代表三个目标中的一个，三角形的每一个角表明在选定另外两个目标的情况下，哪个目标是无法实现的。

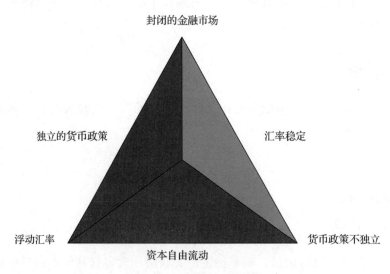

图16-6　政策的三难困境

注：一个国家不可能同时实现汇率稳定、独立的货币政策和资本自由流动这三个目标。一个国家最多只能实现这三个目标中的两个，但是经济学家对于应该选择哪两个目标，还没有形成完全的共识。

图 16-6 中三角形的左下角表明，如果政策制定者选择允许资本自由流动和拥有独立的货币政策，那么，他们必须让汇率自由浮动。美国允许资本自由流动，美联储可以自由地运用货币政策来实现低通胀和高就业的宏观经济目标。这样做的结果就是，美国必须允许美元汇率在外汇市场上浮动。何以如此？名义汇率的改变不仅取决于国内的货币政策，还取决于其他国家的货币政策。2020 年，在美联储应对新冠疫情对经济的冲击时，美元的币值出现了明显的波动，部分的原因就是美国和其他国家的利率发生了相对变化。总体而言，美国承诺保障资本自由流动与美联储集中关注国内政策目标，特别是在经济衰退和金融危机期间，这增大了美国企业和家庭面临的汇率风险。

图 16-6 中三角形的右下角表明，如果政策制定者选择允许资本自由流动，同时力图保持汇率稳定，他们就必须放弃独立的货币政策。这正是欧元区国家面临的困境。比如，意大利是欧元区成员国家，并且允许资本自由流动。在这种情况下，即使它没有将自己货币政策的控制权交给欧洲中央银行，它也无法实现独立的货币政策。欧洲的一些小国没有使用欧元，比如瑞士、丹麦和瑞典，但是它们也面临类似的困境。由于它们大多数出口的对象都在欧元区，因此，这些国家的中央银行认为有必要稳定本国货币与欧元之间的汇率。这些国家还允许资本自由流动，结果，它们的货币政策不得不更为关注稳定汇率，而不是实现国内的政策目标。比如，瑞士国家银行有时会将为银行准备金支付的利率降至 0.75%，以免瑞士法郎相对于欧元升值太多。

图 16-6 中三角形的上角表明，如果政策制定者选择独立的货币政策和稳定的汇率，就必须限制资本自由流动。很多年来，中国保持了货币政策的独立性，并且实际上将人民币币值与一揽子外币挂钩，因此，它不得不限制资本自由流动。何以如此？如果中国允许资本自由流动，对中国资产需求的下降将会导致对人民币需求的减少，而对人民币需求的减少有可能导致人民币大幅贬值。通过限制资本流入与流出本国，中国可以使外国人在中国拥有的资产价值保持相对稳定，因此，外汇市场上对人民币的需求也保持了相对稳定。然而，近些年来，为了促进本国经济与全球金融体系的融合，中国减少了对资本流动的限制。2020 年，中国政府似乎决定维持资本自由流动，并采取了扩张性的货币政策，也因此接受了汇率在更大范围内的波动，开始向美国所在的三角形左下角位置移动。

回答关键问题

在本章开始时，我们提出的问题是：
"欧洲国家应该放弃使用共同货币吗？"

　　正如我们在本章中看到的，欧洲大多数国家拥有一种共同的货币，这使家庭和企业跨越边境买卖和投资变得更加容易。从 2002 年开始引入欧元到 2007 年金融危机爆发之前，欧洲出现了较快的经济增长，同时保持了低通胀。在金融危机期间，欧洲中央银行采取的政策引发了冲突。受危机影响最大的一些国家，如希腊、爱尔兰和西班牙，无法像之前发生经济衰退时那样，让自己的货币贬值以刺激出口。2020 年，欧元体系崩溃的可能性依然存在，反对欧元的政治意见似乎有所增强。然而，这一体系貌似还会存在下去，因为很多欧洲经济学家和政策制定者坚信，使用共同货币利大于弊。

第 17 章

货币理论 I：总供求模型

学习目标

在学习了本章之后，你应该能够：

17.1 解释如何推导出总需求曲线。

17.2 解释如何推导出总供给曲线。

17.3 利用总供求模型来说明宏观经济均衡。

17.4 利用总供求模型来说明货币政策对于经济的影响。

为何最近毕业的大学生在劳动力市场上就业艰难

在一次衰退结束以后，实际 GDP 和就业增加，人们找工作变得更加容易。根据美国国家经济研究局的研究结论，经济学家所称的"大衰退"开始于 2007 年 12 月，结束于 2009 年 6 月。这是自 20 世纪 30 年代大萧条以来持续时间最长、最为严重的经济衰退。当 2009 年 6 月经济衰退结束时，失业率仍处于 9.5% 这一极高的水平，并且在 2009 年 10 月上升至 10.0%。一般来讲，衰退越严重，复苏就越强劲。在接下来的几个月中，失业率开始降低，但是步履缓慢。直至 2015 年后期，也就是经济衰退结束六年多以后，失业率才降至 5.0%，大多数经济学家认为在 2007 年之前，这就是能够实现充分就业的失业率。

失业率并不总能完全展示劳动力市场的真实状况。只有当他积极地寻找工作时，这个人才会被记为失业人员。图 17-1 展示了衡量劳动力市场状况的另一个重要指标，即就业－人口比率。就美国全部人口而言，在 2020 年年初新冠疫情开始影响美国经济之前，这一比率仍未恢复至 2007～2009 年衰退之前的水平，尽管这场经济衰退已经过去了十多年的时间。就业－人口比率的下降，部分的原因在于婴儿潮时期出生的人口开始退休。这是指 1946 ～ 1964 年出生的人口。但是，如图所示，即使只关注处于 25 ～ 54 岁的壮年劳动力，这一比率也是直到 2019 年晚期才恢复至 2007 年的水平。壮年男性劳动力的这一比率从未完全恢复至 2007 年的水平，在 2020 年年初仍低大约 1 个百分点。尽管 1 个百分点看上去很小，但是这意味着如果这些工人的就业 – 人口比率能够达到 2007 年的水平，找到工作的男性会增加 62.5 万人。

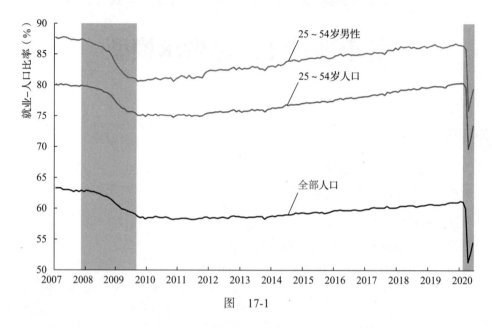

图　17-1

图 17-1 还表明，由于新冠疫情对经济的冲击，在始于 2020 年 2 月的经济衰退中，这三个就业 – 人口比率的数据均出现了创纪录的下降。疫情使得很多州长和市长关闭了学校和大多数非必要的企业，并导致产出和就业的急剧下降。在 2020 年 2 月开始衰退时，失业率只有 3.5%，这是自 1969 年以来的最低值。如此低的失业率反映经济增长强劲，并为各类人群创造了就业机会，包括非洲裔美国人和拉丁裔工人，这些人群的失业率长期以来就处于较高的水平。至 2020 年 4 月，疫情使原本极为繁荣的劳动力市场遭受重创，失业率飙升至 14.7%。随着政府关闭企业的管制措施有所放宽，产出和就业有所增加，但是失业率仍处于很高的水平。

很多经济学家和政策制定者担心，在 2007 ～ 2009 年经济衰退之后的复苏中来之不易的就业增加，可能需要多年才能恢复。国会预算办公室是一个联邦政府机构，负责收集数据，从事相关研究，为国会的预算工作提供支持。国会预算办公室的职责之一就是预测关键的经济变量，包括实际 GDP 和失业率。2020 年 7 月，它预测在 2024 年秋季之前，失业率不会降至 6% 之下，而且迟至 2034 年，仍会在 4% 以上。换句话说，在可以预见的未来，美国经济从 2018 年中期至 2020 年初期所经历的低于 4% 的失业率，不会再次出现了。

特别令人担心的是，2020 年的经济衰退可能会使年轻人的工作前景极为黯淡，这包括刚刚进入劳动力市场的新毕业的大学生。加州大学伯克利分校的杰西·罗思坦（Jesse Rothstein）分析了不同年龄阶段的大学生在就业市场的经历，在这项研究中同一年龄阶段是指同一年出生的人。他的研究发现，如果当你从大学毕业时，就业市场表现疲软，你就有可能出现"就业伤痕效应"，这意味着如果你未能在毕业之后立即开始你的职业生涯，数年以后，你失业的概率也会更大。罗思坦的分析表明，大学毕业的时间越晚，这一年龄阶段的大学毕业生就业 - 人口比率就会越低，这一趋势开始于 2005 年，此时大衰退还没有开始。相比 2005 年之前的趋势预测值，最近毕业的这些人的就业率要低 3 ～ 4 个百分点。同样地，虽然 3 或 4 个百分点看上去不大，但是这意味着每个年龄阶段的大学毕业生有超过 15 万人找不到工作，在长期也是如此。这一结果令人难以接受，因为大多数人预期大学教育会让他们在找工作时拥有优势。

我们如何解释上述两个关键事实？①在大衰退以后的这些年，就业 - 人口比率仅有缓慢的恢复；②自 2005 年以来，每个年龄阶段的大学毕业生在进入劳动力市场时，能够找到工作的人越来越少。正如我们将在本章中看到的，一些经济学家和政策制定者认为，如果美联储实施更为积极的扩张性政策，自大衰退以来的这些年，工人们原本可以身处更为繁荣的劳动力市场。另外一些经济学家和政策制定者则认为，劳动力市场出现的一些问题是由于美国经济出现了结构性变化。货币政策的目的是影响经济中总支出的水平，它并不太适合解决结构性问题。对于解决结构性问题而言，通过国会和总统调整税收、支出和监管措施可能比美联储调整货币政策更好一些。

随着经济从 2020 年新冠疫情造成的衰退中恢复过来，货币政策在解决宏观经济问题时适用范围有哪些，效力如何，这些问题依然非常重要。在本章和第 18 章中，我们提供了一个分析框架，以更好地理解这些政策争论。

关键议题和问题

议题：2007 ～ 2009 年金融危机距今已超过十年，就业人口比例仍处于较低水平。

问题：在始于 2009 年的经济扩张中，就业增长相对缓慢的原因是什么？

像 2007 ～ 2009 年和 2020 年经济衰退以及之后的经济扩张，这样的周期波动的原因和后果并非总是经济学研究的重要内容。现代宏观经济学诞生于 20 世纪 30 年代，当时经济学家和政策制定者正在绞尽脑汁地想要理解大萧条为何会如此严重。

美国经济出现周期波动，至少可以追溯至19世纪初期。经济周期并非整齐划一的，扩张的时间长短各不相同，衰退也是如此。但是，美国历史上的每一次经济扩张之后都会出现经济衰退，每一次经济衰退之后也会出现经济扩张。经济学家已经提出了各种宏观经济模型来分析经济周期波动。英国经济学家约翰·梅纳德·凯恩斯为了应对大萧条而在1936年提出的模型具有特殊的影响力。

在本章及下一章中，我们将探究**货币理论**，这涉及利用宏观经济模型来考察货币供给和利率的变化与实际GDP和价格水平的变化之间的关系。我们在本章中先从总供求（AD-AS）模型开始。这一模型概括了凯恩斯在20世纪30年代最早提出的某些思想。

17.1　总需求曲线

学习目标　解释如何推导出总需求曲线。

在本节中，我们将考察商品和服务的需求与价格水平之间的关系。经济学家从总支出的角度分析家庭、企业和政府对商品和服务的需求。对于一个经济体所生产的商品和服务的总支出等于以下各项的总和：

1. 家庭在商品和服务方面的消费支出，C。
2. 企业在工厂、办公楼和机器设备方面等资本品的计划支出以及家庭在新建房屋方面的计划支出，I。
3. 地方政府、州政府和联邦政府购买的商品和服务（不包括对于个人的转移支付，如社会保障支出等），G。
4. 净出口，即外国企业和家庭购买的美国生产的商品和服务，减去美国企业和家庭购买的其他国家生产的商品和服务，NX。

我们由此可以推导出总支出AE的等式：

$$AE = C + I + G + NX$$

我们可以利用总支出的概念来推导总需求（AD）曲线，后者表明的是价格水平与家庭、企业和政府在商品和服务方面的总支出之间的关系。在图17-2中，纵轴为价格水平P，横轴为总产出Y。在下面的

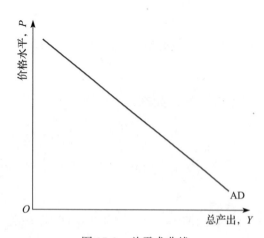

图17-2　总需求曲线

注：总需求（AD）曲线表明的是价格水平与总支出之间的关系。

部分，我们通过分析价格水平的变化对总支出各组成部分的影响，来推导这条总需求曲线。

货币市场与总需求曲线

总需求曲线的形状和位置对于决定实际 GDP 和价格水平的均衡值非常重要。

总需求曲线向下方倾斜，因为在其他条件不变的情况下，价格水平的上升会减少对于商品和服务的总支出。通过回顾和扩展我们在第 4 章第 4.4 节对于货币市场[⊖]的讨论，就可以理解为何价格水平的变化会产生这种影响。回想一下，M1 是流通中的现金与支票账户和储蓄账户存款之和。货币市场分析的是家庭和企业对于 M1 的需求和 M1 的供给之间的相互作用，后者是由美联储决定的。货币市场分析有时被称为"流动性偏好理论"，凯恩斯使用的就是这一术语。

家庭和企业需要的 M1 的数量取决于价格水平。100 年以前，当价格水平极低时，家庭和企业在进行买卖时只需要很少的货币。随着价格水平上升，家庭和企业需要更多美元。在第 4 章第 4.4 节，我们所关注的货币市场模型涉及的是**名义货币余额**的需求和供给，也就是未经价格水平的变化调整的货币数量。在本章中，我们采取另外一种方法，假定家庭和企业需要的和美联储提供的都是**实际货币余额**，即 M/P，其中 M 是货币总量，比如 M1，P 代表的是价格水平，比如消费者价格指数或者 GDP 折算指数。

图 17-3a 用图形来说明货币市场，其中纵轴是短期名义利率，比如短期国债的利率，横轴是实际货币余额。该图表明，家庭和企业对实际货币余额的需求是向下方倾斜的。我们假定，家庭和企业之所以需要货币，主要是出于交易动机，即需要持有货币作为交易媒介，以便做交易。家庭和企业需要进行权衡，因为持有货币虽然方便，但是持有货币所获得的收益很低甚至为零。短期国债等短期资产的利率越高，家庭和企业由于持有大量货币余额而放弃的收益就会越多。因此，短期名义利率是持有货币的机会成本。利率越高，家庭和企业想要持有的实际货币余额就越少。因此，实际货币余额的需求曲线是向下方倾斜的。我们将实际货币余额的供给曲线表示为一条垂直的直线，因为我们假定美联储可以完全控制 M1。银行和公众的行为也可以影响 M1 的水平，但是，我们这里所做的简化对于分析结果不会有重要的影响。

在图 17-3b 中，我们展示了价格水平上升对于货币市场的影响，并且假定美联储使名义货币余额供给（即现金与支票存款的名义值）保持不变。价格水平上升会减少实际

⊖ 注意不要混淆。回想一下，我们在第 4 章第 4.4 节提醒过，当经济学家提到"货币市场"时，他们通常指的是一年或者一年以内到期的债券市场，比如短期国债市场。但是，我们在这里使用的"货币市场"一词，指的是对货币供给和货币需求的分析。

货币余额的供给，从而使供给曲线从 $(M/P)^S_1$ 向左移动至 $(M/P)^S_2$。在供给曲线移动以后，原来的均衡利率 i_1 会使实际货币余额的需求数量大于供给。家庭和企业就会出售短期资产，比如短期国债，以便持有的实际货币余额恢复至他们想要的水平。短期国债供给的增加会驱使其价格下跌，这些债券的利率就会提高。短期利率的上升会使家庭和企业减少他们对于实际货币余额的需求，直至利率在 i_2 处达到新的均衡。我们的结论是，假定名义货币余额供给保持不变，价格水平上涨会导致利率上升。

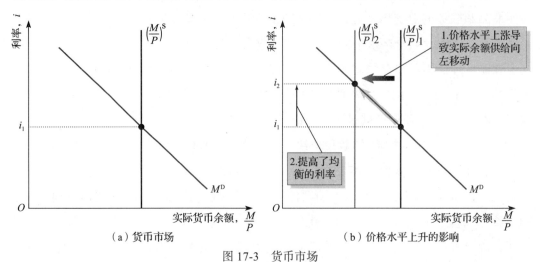

图 17-3　货币市场

注：在图 a 中，实际货币余额的需求向下倾斜，因为短期利率上升增加了持有货币的机会成本。实际货币余额的供给曲线是一条垂直的直线，因为我们为了分析的简化，假定美联储可以完全控制 M1。

在图 b 中，价格水平上升导致实际货币余额的供给曲线从 $(M/P)^S_1$ 向左移动至 $(M/P)^S_2$，从而使均衡利率由 i_1 升至 i_2。

利率的增加使企业更不愿意投资于工厂和设备，消费者更愿意储蓄而不是支出，在支出的资金来自借款时，更是如此。如果我们在总支出的表达式中考虑这些行为，那么当价格水平上升时，消费和投资都会减少，总支出也会下降。由于利率上升对汇率产生影响，净出口也会发生变化。国内利率上升会使国内金融资产的收益率比国外资产更有吸引力，这会增加对本国货币的需求。对本币的需求增加会提高汇率，从而增加进口，减少出口，并使得净出口和总支出减少。

反之亦然，价格水平的下降增加了实际货币余额，导致货币市场上利率的下降。更低的利率抑制了储蓄，从而增加了消费，并使得投资和净出口增加，因此，总支出会相应增加。

我们从图 17-2 中可以看到，总需求曲线向右下方倾斜，形状与对单个商品的需求曲线类似。但是，从我们的分析可知，总需求曲线向右下方倾斜的原因是价格水平的变化对货币市场均衡产生的影响，进而对总支出产生影响，这与单个商品的需求曲线向右下方倾斜的原因是极为不同的。总需求曲线上的点代表的是价格水平和总产出的均衡组合。在经济中哪个均衡点实际上处于主导地位，这取决于产出的供给，我们将在第 17.3 节看到这一点。

总需求曲线的移动

总需求曲线在图形中的位置对于理解政策措施的效果至关重要。在任何一个特定的价格水平下，当对于经济中全部产出的总支出增加或减少时，总需求曲线就会发生移动。总需求曲线向右移动代表扩张，因为在每个价格水平下，总支出都会更多。总需求曲线向左移动代表紧缩，因为在每个价格水平下，总支出都会更少。

以下变量会导致总需求曲线的移动：

1. **货币供给的增加或减少**。如果美联储增加货币供给，至少一开始价格水平不会上涨相同的比例，实际货币余额就会增加。然后，货币市场上的利率会下降，从而导致消费（C）、投资（I）和净出口（NX）全部增加。结果，总支出增加，总需求曲线向右移动。相反，如果美联储减少货币供给，实际货币余额在短期内就会下降。结果，均衡利率上升，消费、投资和净出口都会下降。总支出减少，总需求曲线向左移动。

2. **家庭储蓄率的变化**。如果消费者的储蓄率降低，总需求曲线也会向右移动。储蓄率是收入中用于储蓄的份额。如果家庭减少它们的储蓄，消费（C）就会增加。结果，总需求曲线就会向右移动。家庭储蓄率的提高将会减少消费支出，从而使总需求曲线向左移动。

3. **家庭预期未来收入的变化**。如果家庭预期未来收入会增加，那么它们现在的消费支出就会增加，因为很多人的消费支出取决于他们的永久性收入，而不仅仅是目前获得的收入。家庭的永久性收入是其预期随着时间的推移而获得的收入水平。因此，如果家庭预期未来收入增加，总需求曲线将向右移动。如果家庭对于未来收入的预期变得更为悲观，那么永久性收入就会下降，这会减少当前的消费支出，并使得总需求曲线向左移动。

4. **对资本未来盈利状况的预期**。如果企业预期资本未来的盈利状况改善，就会增加计划的投资（I）。未来盈利状况通常取决于经济状况。因此，如果企业预计经济衰退将会很快结束，经济复苏即将到来，它们通常就会增加计划的投资。在这种情况下，总需求曲线将会向右移动。如果企业认为不久的将来经济可能会陷入衰退，它们就有可能减少计划的投资，从而使总需求曲线向左移动。

5. **家庭和企业税负的变化**。个人所得税的增加会减少家庭的可支配收入，家庭通常会减少它们的消费支出，这会使总需求曲线向左移动。个人所得税的降低通常会带来家庭消费支出的增加，并使总需求曲线向右移动。同样地，企业所得税等企业税的增加会减少新的工厂、办公楼和机器设备等投资的税后利润，导致计划的投资支出减少，总需求曲线将向左移动。企业税的减少将增加计划的投资支出，并使总需求曲线向右移动。

6. **政府购买的变化**。政府购买（G）的增加会直接增加总支出，并使总需求曲线向右移动。减少政府购买将减少总支出，并使总需求曲线向左移动。

7. **外国对美国生产的商品和服务的需求发生变化**。当外国对美国生产的商品和服务的需求增加时，净出口（NX）将会增加，总需求曲线向右移动。外国对美国生产的商品和服务的需求下降，会使净出口减少，导致总需求曲线向左移动。对于美国生产的商品和服务的需求，一个关键的决定因素是美元和其他货币之间的汇率。当美元升值时，购买一美元需要花费更多的外国货币，这会提高美国商品以外币表示的价格，因此出口减少。此外，外国商品的美元价格下跌，会增加外国商品的进口。结果，净出口会减少。美元贬值产生的效果正好相反。

表 17-1 总结了导致总需求曲线移动的这些最为重要的变量。

表 17-1 使总需求曲线移动的最为重要的变量

以下变量增加	总需求曲线的移动	因为
名义货币供给		实际货币余额增加，利率下降
家庭储蓄率		消费减少
家庭预期未来收入		消费增加
预期资本未来收益状况		投资增加

（续）

以下变量增加	总需求曲线的移动	因为
所得税和企业税		消费和计划的投资下降
政府购买		总支出直接增加
外国对于美国生产的商品和服 务的需求		净出口增加

17.2　总供给曲线

学习目标　解释如何推导出总供给曲线。

总供求模型的第二个组成部分就是**总供给**，这是指在任一特定价格水平下企业愿意提供的总的产出数量或实际 GDP。企业对于价格水平变化的反应，在短期和在长期是不一样的。因此，我们对于总供给的分析要按照企业所面对的时间范围进行区分。我们的目标是先构建短期总供给曲线（short-run aggregate supply，SRAS），这条曲线表明了短期内价格水平与企业愿意提供的总产出数量或实际 GDP 之间的关系。然后，我们再讨论长期的总供给曲线。

对于企业如何在短期内回应价格水平的变化，经济学家尚未完全形成共识。大多数经济学家认为，随着价格水平的上涨，企业提供的总产出数量在短期内将会增加，因此，短期总供给曲线是向上倾斜的。大多数经济学家还认为，在长期，价格水平的变化对于企业提供的总产出数量没有影响。但是，对于短期总供给曲线为何向上倾斜，经济学家给出了不同的解释。

尽管短期总供给曲线可能看上去与单个企业的供给曲线类似，但是，它所代表的行为是不同的。单个企业愿意提供的产量取决于自己的产品相对于其他商品和服务的价格，短期总供给曲线将总产出数量与价格水平联系在一起。

短期总供给曲线

对于短期总供给曲线为何向上倾斜，芝加哥大学的诺贝尔奖获得者罗伯特·卢卡斯提出了一种解释，这被称为"新古典观点"。这一思路有时也被称为"错误认知理论"，因为它强调了企业难以区分自己产品相对价格的上涨和一般价格水平的上涨。比如，假定你是一位玩具制造商，你看到玩具价格上涨了 5%。如果玩具的价格相对于其他商品的价格上涨，你可以认为对于玩具的需求增加了，你应该增加生产。但是，如果经济中所有商品的价格都上涨了 5%，玩具的相对价格保持不变，你不可能通过生产更多的玩具获得更多利润。

当然，你只是很多个生产者中的一个。将上面的结论推广到经济中所有的生产者，我们就能明白为何错误认知理论表明了企业总产出数量和价格水平之间的关系。假定经济中所有商品价格都上涨了 5%，但是相对价格保持不变。如果单个生产者没有意识到相对价格没有发生变化，总产出就会增加。总产出发生变化，是因为生产者认为一部分价格上涨表明自己产品的相对价格上涨了，于是他们增加了自己产品的产出数量。根据这种新古典观点，对于价格变化拥有完全信息的企业，当玩具的价格上涨时，只有在价格的这一上涨不同于对经济中一般价格上涨的预期时，才会增加玩具的产量。如果所有生产者预期价格水平上涨 5%，作为一位玩具制造商，你看到玩具价格只上涨了 2%，你就会减少玩具的产量，因为你认为玩具的相对价格下跌了。在整个经济中，如果企业预期价格水平上涨 5%，但是实际上只上涨了 2%，那么很多企业都会削减产出。

新古典观点表明，商品的总供给与实际价格水平和预期价格水平之间的差额存在正向关系。如果 P 为价格水平，P^e 是预期价格水平，根据新古典观点，总产出和价格水平之间存在以下关系：

$$Y = Y^P + a(P - P^e)$$

其中：

$Y=$ 实际总产出或实际 GDP。

$Y^P=$ 潜在 GDP 或者当经济实现充分就业时实际总产出的水平，Y^P 有时也被称为充分就业 GDP。

$a=$ 一个正的系数，表明当实际价格水平不同于预期价格水平时，产出的变动有多大。

这一等式表明，如果实际价格水平和预期价格水平相等，产出 Y 就等于潜在的 GDP，也就是 Y^P。当实际价格水平超过预期价格水平时，企业将会增加产出。如果实际价格水平低于预期价格水平，企业就会减少产出。因此，产出在短期内会高于或低于充分就业的水平，直到企业能够区分出相对价格的变化和一般价格水平的变化。于是，在短期内，对于任何特定的预期价格水平，实际价格水平上涨会增加总产出，短期总供给曲线因而向上倾斜。

对于短期总供给曲线向上倾斜的另外一种解释来自约翰·梅纳德·凯恩斯及其追随者提出的观点，他们认为，在短期内，当总需求发生变化时，价格调整相对缓慢。也就是说，价格在短期内是具有黏性的。按照极端的价格黏性的观点，我们看到的将是一条水平的短期总供给曲线，因为价格完全不会由于总需求的增减而变化。相反，企业将会调整它们的产出水平，以适应新的需求水平，但不会改变价格。遵循凯恩斯黏性价格观点的当代经济学家，已经找到了一些价格在短期内不做调整的原因。赞同新凯恩斯主义的经济学家利用很多现实世界中市场的特征，特别是存在长期合约和不完全竞争，来解释价格行为。

一种形式的价格黏性来自企业和工人之间签订的长期名义工资合约，或者企业与其供应商之间签订的长期名义价格合约。根据长期名义合约，名义的工资率和价格提前几个月或几年就要确定下来。比如，汽车制造商可能会与钢铁供应商签订一份长期合同。如果汽车制造商和钢铁供应商都预期通货膨胀率是 3%，这一预期将会体现在合同的具体钢铁价格中。如果通货膨胀率实际为 5%，由于汽车制造商所使用的钢铁的价格根据长期合同被固定下来，它可能就会将汽车的价格提高至比预期价格更高的水平，从而增加自己的利润。因此，一次未预期到的价格水平的显著上涨，会导致产出增加。如果所有投入品的价格都可以自由调整，就不会出现这种产出的增加。同样的道理，如果通货膨胀率实际是 1%，而预期为 3%，企业的利润可能就会下降，因为它们的部分成本无法自由调整。结果，产出就会下降。

经济中存在很多这类长期协议，在一个特定时期，并非所有的合约都可以更新，因为它们在时间上只有部分是重合的或者说是相互交错的。因此，在当期，只有部分工资和价格能够得到调整。在长期，企业和工人会根据需求的变化重新签订合约，但是他们无法立即就所有的合约重新进行谈判。

新凯恩斯主义者还将价格黏性归因于市场结构的差异和不同类型市场上定价决策的差异。在小麦市场或者短期国债市场，产品是标准化的，很多交易商相互竞争，价格可以根据供求的变化迅速地自由调整。在这样的**完全竞争市场**中，相对于整个市场而言，单个交易商的出售量和购买量都很小。比如，几户麦农无法使自己的价格高于其他麦农，因为那样的话，没有人会买他们的小麦。

然而，经济中还有很多市场与小麦或者短期国债这种价格一致且可以持续调整的市场不同，比如流行服装、汽车和医疗市场，因为这些市场上的产品不是标准化的。

当产品各有特点时，就形成了垄断竞争。一位卖家提高产品售价，产品的需求数量可能会下降，但是不会降至零。在**垄断竞争市场**中，卖家不会将价格视为既定的，因为他们是价格制定者，而不是完全竞争市场中的价格接受者。新凯恩斯主义经济学家认为，当价格的调整需要付出成本时，在垄断竞争市场上价格只能逐渐进行调整。企业调整价格的成本包括通知现有客户和潜在客户价格变动的成本，以及调整网上价格或纸质商品目录和商店柜台上的价格的成本，这些成本有时也被称为"菜单成本"。

为何菜单成本对于解释产出和价格的变动可能非常重要？再考虑一下完全竞争市场，当一位小麦的卖家提出的价格稍微比其他卖家高一点，这位卖家就一点小麦都卖不出去了。然而，一个垄断竞争的企业如果价格比市场价格稍微高一点，它不会失去太多的顾客，比如一家出售流行服装的商店就是如此。如果由价格调整而获得利润低于价格调整的成本，企业就不会调整价格。

一个垄断竞争的企业可能会按照事先公布的价格调整产量，以适应需求的波动，而不是在短期内连续调整价格。这样的策略对于垄断竞争企业而言是合理的，因为它索要的价格高于边际成本，即额外生产一单位产品所需的成本。因此，在需求增加时，企业乐于销售更多的产品。由于企业会根据需求调整产量而不是价格，企业的产出会随着总需求的变化而增加或减少。

当企业的产品价格具有黏性时，价格水平的上升倾向于在短期内提高这些企业的利润，因此会导致它们增加产出。按照新凯恩斯主义的观点，短期总供给曲线向上倾斜。经济中拥有黏性价格的企业所占的比例越大，短期总供给曲线就越平缓。如果所有的企业在短期内都具有黏性价格，短期总供给曲线就将是水平的。相反，如果所有企业在短期内价格具有完全的弹性，短期总供给曲线就将是垂直的。

长期总供给曲线

按照新古典观点和新凯恩斯主义对总供给的解释，短期总供给曲线都是向上倾斜的，但是，在长期，价格水平和企业愿意提供的总产出数量之间的关系不是向上倾斜的。按照新古典观点，企业最终能够区分自己产品相对价格的变化和价格水平的变化。此时，实际价格水平和预期价格水平就会相等，即 $P=P^e$。上一部分的新古典表达式表明，当实际价格水平等于预期价格水平时，当前的产出 Y 就会等于潜在 GDP，Y^p。因此，**长期总供给曲线**（long-run aggregate supply，LRAS）是垂直于 Y^p 的。

按照新凯恩斯主义的观点，很多投入的成本在短期内是固定的，因此企业在增加产出时，投入成本的增加不会像产品价格上涨得那么多。然而，随着时间的推移，投入成本的增长会与价格水平一致起来，因此，在长期中，无论价格灵活的企业还是价格具有黏性的企业，都会根据需求的变化来调整自己的价格。从新凯恩斯主义的观点来看，长期总供给曲线垂直于潜在 GDP，或者说 $Y=Y^P$。

图 17-4 在同一张图中展示了短期总供给曲线和长期总供给曲线。注意，两条曲线相交处的价格水平等于 P^e。

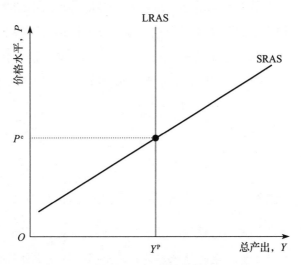

图 17-4　短期总供给曲线和长期总供给曲线

注：短期总供给曲线向上倾斜，因为当价格水平 P 超过了预期价格水平 P^e 时，产出的数量会增加。在长期，实际价格水平与预期价格水平相等。因此，长期总供给曲线垂直于潜在 GDP，或者 Y^P。

短期总供给曲线的移动

短期总供给曲线的移动可以解释产出在短期内的变化。短期总供给曲线移动主要出于三个原因：

1. **劳动力成本的变化**。生产成本的大部分通常是由劳动力成本构成的。当产出 Y 超过潜在 GDP 或 Y^P 时，高产出水平增加了对劳动力的需求。劳动力需求增加，反过来就会推高工资，从而增加企业的劳动力成本。结果，短期总供给曲线最终会向左移动，因为在任何既定的价格水平下，当成本更高时，企业的产出就会减少。如果产出降至潜在 GDP 以下，企业开始解雇工人，工人的工资就会下降。由此导致的生产成本的下降最终会使短期总供给曲线向右移动。

2. **其他投入成本的变化**。石油等原材料的价格或可得性，或者生产商品和服务的技术发生出人意料的变化，都会影响生产成本和短期总供给曲线。这类变化被称为**供给冲击**。正向的供给冲击会使短期总供给曲线向右移动，比如劳动节约型技术的发展或者由于粮食丰收导致食品价格下跌。负向的供给冲击会使短期总供给曲线向左移动，比如石油价格上涨。

3. **预期价格水平的变化**。当工人为工资而讨价还价时，他们会将其工资与购买商品和服务的成本进行比较。如果工人预期价格水平上涨，他们就会要求获得更高的名义工资，以维持他们实际工资的水平。同样地，企业在决定自己的产量时，也会将自己产出的价格与其他商品和服务的预期价格进行比较。如果预期价格水平上涨，企业就会提高价格，以补偿更高的劳动成本和其他成本。预期价格水平的上涨会使短期总供给曲线向左移动。预期价格水平的下跌会使短期总供给曲线向右移动。之所以发生这种移动，是因为在名义工资和其他成本下降时，企业会降低价格，因此，在任一既定的价格水平下，企业的产出也会增加。

| 概念应用 |

新冠疫情会终结美国石油生产的水力压裂技术革命吗

19 世纪 50 年代后期，火车司机埃德温·德雷克（Edwin Drake）发明了一种开采石油的方法，并且从宾夕法尼亚州泰特斯维尔的一块土地上第一次开采出数量可观的原油。20 世纪 60 年代，美国生产的石油比任何其他国家都要多。20 世纪 60 年代后期，美国石油产量放缓并开始逐渐下降，而美国对石油的需求继续增加，进口石油的占比开始飙升。图 17-5 表明，特别是在 20 世纪 80 年代以后，美国石油产量呈现长期下降趋势，至20 世纪 90 年代中期，美国有史以来第一次进口的石油量超过了本国的石油产量。

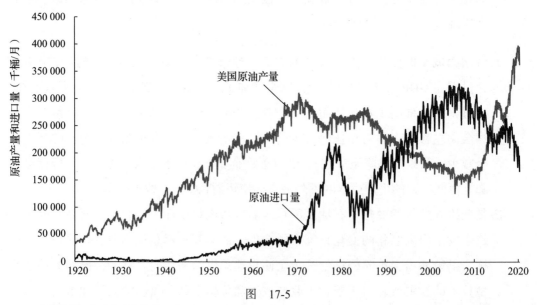

图　17-5

资料来源：美国能源信息管理局。

从 2008 年开始，原油价格高涨使得美国大量能源公司采用了一种被称为水力压裂的技术。水力压裂技术是以高压将水、沙子和化学药品的混合物注入页岩，以释放出石油和天然气，这是使用传统方法无法获得的。图 17-5 表明，由于使用了水力压裂技术，美国的石油产量从 2008 年至 2019 年增加了一倍以上。美国石油产量的增加导致全球石油价格从 2008 年每桶 133 美元的高点，大幅下跌至从 2015 年年初至 2019 年年底平均每桶 53 美元的水平。

油井通常也会回收天然气，作为石油开采的副产品。结果，石油产量的增加也提高了天然气的供给，使其价格从 2008 年每百万英热单位[⊖]13 美元的高点，降至从 2015 年年初至 2019 年年底平均每百万英热单位不到 3 美元的水平。英热单位（BTU）是燃料含热量的衡量指标。长期以来，天然气是制造化学产品和肥料的能量来源。天然气价格的下降使得美国铝、玻璃和其他产品的制造商放弃了煤炭和其他燃料，转而使用天然气。由于天然气更加便宜，很多公共事业单位使用的燃料也从煤炭转为天然气。除了价格比石油更低以外，天然气产生的使全球变暖的温室气体也更少。美国使用天然气生产的电力所占的比例从 2006 年的 20%，增加至 2020 年 38%。结果，很多企业的电价都降低了。但是，低成本的天然气影响最大的可能还是交通运输市场。从事长途卡车运输业的企业将由柴油驱动的卡车替换成了由更便宜而且更清洁的天然气驱动的卡车。这些企业的货运量占全美的四分之三。

由于能源市场的这些变化，美国短期总供给曲线向右移动了。经济学家菲利普·弗莱杰（Philip Verleger）预测，在所有工业国家中，美国最终会拥有最低的能源成本。一些企业的管理人员认为，更低的天然气价格将会持续数十年。地质学家估计，按照当前的产量，美国的天然气供给足以维持长达一个世纪的时间。

但是，美国石油和天然气的产量在新冠疫情引发了经济衰退之后，是否还能继续维持？正如我们在第 7 章第 7.3 节看到的，从 2020 年 4 月开始，全球石油和天然气需求急剧下降。石油价格曾经在很短的时期内变为负值，因为开采的石油量超过了存储能力，天然气价格也出现了暴跌。帕米亚盆地油田占地 7.5 万平方英里[⊜]，以得克萨斯州的奥德萨为中心，扩展至新墨西哥州的东南部。在帕米亚盆地经营的石油企业是水力压裂技术革命的领导者。由于经济衰退，这一地区尚在运转的钻井平台从 2020 年 3 月的 418 座，降至 7 月初期的仅仅 126 座。作为使用水力压裂技术的先驱，切萨皮克能源公司（Chesapeake Energy）于 2020 年 6 月宣布破产，行业分析师认为，其他濒临倒闭的石油企业高达 200 家。由此导致的产量下降预计仍会继续，可能会长达数年之

⊖ 1 英热单位 =1055.06 焦。——译者注
⊜ 1 平方英里 =2.589 99×10^6 平方米。——译者注

久。2021年年初，美国能源信息管理局将每天美国石油产量的预测值由1350万桶降至1080万桶。

美国缩减石油产量是否能持续足够长的时间，从而逆转水力压裂技术革命对美国的总供给造成的有利影响，仍有待观察。

长期总供给曲线的移动

长期总供给曲线表明了一个经济体在某个特定时间实际产出或GDP的潜在水平。长期总供给曲线会随着时间的推移而变化，这反映了潜在GDP的增长。经济增长的来源包括：①资本和劳动投入的增加；②促进生产率提高或者使每单位要素投入创造的产出增加的技术进步。

要素投入的增加会提高一个经济体的生产能力。当企业投资于新的工厂和设备，并且不只是替代旧的工厂和设备时，它们就会增加可以用于生产的资本存量。当人口增长或者更多人口参与劳动时，劳动投入就会增加。对美国和其他国家产出增长的研究表明，从长期来看，生产率的提高是决定产出增长速度的关键因素。生产率提高主要是由技术进步引起的，这使得企业每单位的投入可以有更多的产出。经济学家对技术进步的定义很广泛，不仅包括新的或改进后的机器设备，还包括使既定的要素投入能够有更多产出的方法，比如组织生产的更好方法、通过培训和教育提升工人的生产效率。

表17-2总结了使短期总供给曲线和长期总供给曲线发生移动的最重要的变量。

表17-2　使短期总供给曲线和长期总供给曲线发生移动的最重要的变量

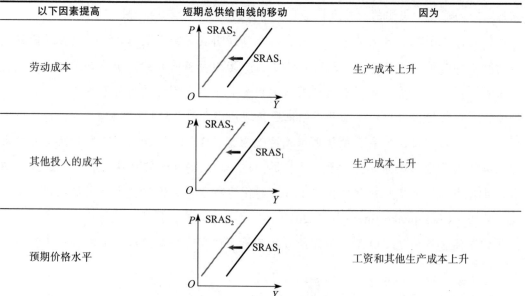

以下因素提高	短期总供给曲线的移动	因为
劳动成本		生产成本上升
其他投入的成本		生产成本上升
预期价格水平		工资和其他生产成本上升

（续）

以下因素提高	长期总供给曲线的移动	因为
资本和劳动投入	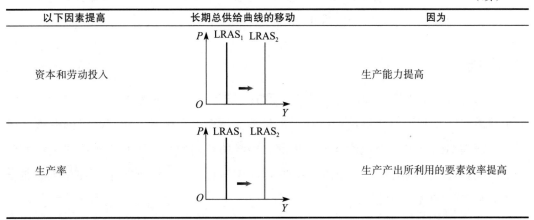	生产能力提高
生产率		生产产出所利用的要素效率提高

17.3　总供求模型的均衡

学习目标　利用总供求模型来说明宏观经济均衡。

总需求和短期与长期总供给曲线是总供求模型的组成部分，我们可以利用这一模型来确定使经济实现均衡的实际 GDP 和价格水平。由于企业产出的短期行为和长期行为有所不同，对于产出和价格水平，我们将有两个均衡值，即短期均衡和长期均衡。

短期均衡

为了确定短期内的产出和价格水平，在图 17-6 中我们将总需求曲线和短期总供给曲线放在了一起。短期均衡位于总需求曲线和短期总供给曲线相交的 E_1 点，此外没有其他均衡点。比如，A 点位于总需求曲线上，但是当价格水平为 P_2 时，企业的产出超过了家庭和企业需要的数量。价格水平将会下降，重新回到 E_1 这一均衡点。点 B 位于短期总供给曲线上，但是当价格水平

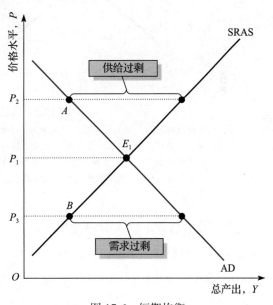

图 17-6　短期均衡

注：经济中的短期均衡为总需求曲线和短期总供给曲线的交点 E_1。均衡的价格水平为 P_1。更高的价格水平会导致供给过剩，比如 A 点，而更低的价格水平会导致需求过剩，比如 B 点。

为 P_3 时，家庭和企业需要的产出数量超过了企业愿意提供的数量。价格水平将会上升至 P_1，并使得需求数量与供给数量相等。

长期均衡

我们对经济中短期均衡的分析表明，存在很多产出和价格水平可能的组合，这取决于总需求曲线和短期总供给曲线相交的位置。然而，在长期，价格水平的调整会使经济在潜在 GDP（Y^P）处达到均衡。因此，经济的长期均衡处于总需求曲线、短期总供给曲线和长期总供给曲线的交点。在图 17-7 中，总需求曲线 AD_1 和短期总供给曲线 $SRAS_1$ 相较于 Y^P 处，价格水平为 P_1。

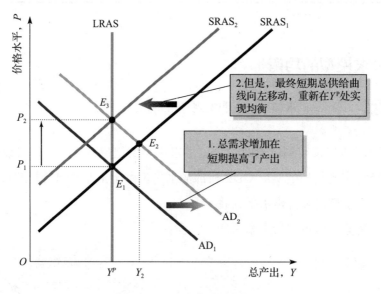

图 17-7　向长期均衡调整

注：从最初的均衡点 E_1 开始，总需求的增加使 AD 曲线由 AD_1 移动至 AD_2，使产出从 Y^P 增加至 Y_2。由于 Y_2 比 Y^P 更大，价格上升，使 SRAS 曲线由 $SRAS_1$ 移动至 $SRAS_2$。经济新的均衡点为 E_3。产出恢复至 Y^P，但是价格水平由 P_1 上升至 P_2。长期总供给曲线垂直于 Y^P，即潜在的 GDP。AD 曲线的移动只会在短期内对产出水平产生影响。无论新古典观点还是新凯恩斯主义都秉持这一观点，尽管按照新古典观点，价格调整要更为迅速。

现在假定总需求出人意料地增加，这可能是由于住房需求的增加。结果，总需求曲线由 AD_1 向右移至 AD_2，产出和价格水平在短期内都提高了。新的短期均衡点 E_2 是 AD_2 和 $SRAS_1$ 两条曲线的交点。但是，随着时间的推移，企业明白一般价格水平已经上涨，投入的成本已经增加，因此，总供给曲线由 $SRAS_1$ 向左移至 $SRAS_2$，因为在新的价格水平下，企业愿意提供的产出更少了。在长期，短期总供给曲线必须移动得足够远，使其与 AD_2 相交于 Y^P。随着总需求的增加，新的长期均衡点位于 E_3，此时价格水平为 P_2，产出为 Y^P。

如果总需求出人意料地收缩，从而使总需求曲线向左移动，上述过程正好相反。起初，产出和价格水平将会下降。随着时间的推移，企业明白价格水平已经下降，投入的成本也下降了，短期总供给曲线将会向右移动。与新古典观点相比，按照新凯恩斯主义的观点，这一调整过程将会更为缓慢，因为很多企业存在价格黏性。在新的长期均衡点，产出等于 Y^p，价格水平低于 P_1。

经济学家将上述向潜在 GDP 调整的过程称为一个**自动机制**，因为它不需要政府采取任何行动。

在长期，经济的产出为 Y^p，价格水平将会根据总需求的变化而调整，以确保经济处于均衡状态。由于长期总供给曲线是垂直的，经济学家普遍认为在长期，总需求的变化会影响价格水平，但是不会影响产出的水平。这一总需求的变化和价格水平之间的长期关系将会导致**货币中性**。比如，如果美联储试图通过增加货币供给来刺激经济，短期内产出和价格水平都会增加，但是在长期，只有价格水平会增加，产出水平会恢复至 Y^p。相反，名义货币供给的减少在长期将会降低价格水平，但是不会影响产出。因此，我们的结论是，货币供给的变化在长期对产出没有影响。

美国的经济波动

我们可以利用总供求模型来解释历史事件，并预测未来的经济动向。产出的波动可以由总需求曲线的变动或者总供给曲线的变动来解释。在以下部分，我们利用总供求分析来解释美国经济波动的四个历史时期：① 1964 ～ 1969 年对总需求的冲击；② 1973 ～ 1975 年的负向供给冲击和 1995 年以后的正向供给冲击；③ 2007 ～ 2009 年经济衰退期间以及之后信贷紧缩对总需求的冲击；④新冠疫情和 2020 年的衰退。

1964 ～ 1969 年对总需求的冲击

1964 年，美国在越南战争中越陷越深，自 1960 年以来，实际政府购买增加了 9%，主要用于军事装备和人员的花销。从 1964 年至 1969 年，这些支出又增加了 21%。美联储担心，由于政府购买扩大导致的总需求上升会使货币需求增加并提高利率。为了阻止利率上升，美联储实施了扩张性的货币政策，M1 的年增长率从 1963 年的 3.7% 提高至 1964 年的 7.7%。

扩张性的财政政策和货币政策组合，导致了总需求曲线的一系列右移。总需求的增加使产出在 20 世纪 60 年代中期超过了潜在 GDP，生产成本和价格水平面临上涨的压力。正如总供求模型的短期均衡和长期均衡分析表明的那样，当产出超过潜在 GDP 时，最终短期总供给曲线会向左移动，使经济在更高的价格水平上恢复均衡并实现充分就业。由于财政政策和货币政策的扩张持续了数年之久，总供求分析表明，产出和通货膨胀的增速在 1964 年至 1969 年会提高，事实也确实如此。其中，通货膨胀是价格水平的变化速度。

1973 ～ 1975 年和 1995 年之后的供给冲击

20 世纪 70 年代初期，很多经济学家和政策制定者认为通货膨胀主要是由总需求的增加引起的。按照这种观点，只有在产出也增长时，通货膨胀才会发生。令美国和其他高收入国家的经济学家和政策制定者感到惊讶的是，由于 1973 年和 1974 年负向的供给冲击导致在一段时期内通货膨胀在上升，而产出在**下降**。1973 年，石油输出国组织（Organization of the Petroleum Exporting Countries，OPEC）大幅削减在世界原油市场上的供给，以对美国和其他国家施加压力，使其停止在 1973 年的阿拉伯国家和以色列的战争中对以色列进行支持。除了世界原油价格翻了两番以外，全世界糟糕的粮食收成使得食品价格显著提高。在美国，除了这两项不利的供给冲击以外，政府取消了自 1971 年以来实施的工资和价格管制。随着这些管制措施的取消，企业提高了价格，工人要求获得更高的工资，以便赶上价格的上涨，并且要求涨得更多，以弥补在管制期间未能实现的价格上涨部分。

在总供求分析中，这一系列负向的供给冲击将会使短期总供给曲线向左移动，提高价格水平，减少产出数量。实际上，产出在 1974 年和 1975 年下降了，而通货膨胀在上涨。这种通货膨胀上涨而产出下降或者停滞的组合，被称为"滞胀"（stagflation）。产出下降而价格上涨，这表明总供给冲击与总需求冲击一样，能够改变经济的短期均衡。在 1978 ～ 1980 年，由于石油价格上涨而导致的负向的供给冲击产生了类似的后果。

我们也可以考察一下有利的供给冲击，比如从 1996 年至 2005 年美国经济出现的生产率增速的提高。很多经济学家认为，投资于信息技术，特别是与"新经济"相关的互联网技术，能够解释这一生产率增速的提高。我们可以利用总供求分析来说明这种正向的供给冲击。短期总供给曲线和长期总供给曲线都向右移动了，使得产出增加，并使得价格水平的上涨比原本的上涨幅度更小一些。从 2006 年开始，生产率增速放缓，导致长期总供给曲线向右移动的速度放慢了。这一生产率增速放慢有助于解释2007 ～ 2009 年金融危机之后的那些年实际 GDP 增长速度较慢。

信贷紧缩和 2007 ～ 2009 年经济衰退期间与之后的总需求

正如我们在前面几章讨论过的，信贷紧缩或者银行和其他金融机构借款意愿或能力的下降，会导致产出的下降。很多经济学家认为，信贷紧缩使 2007 ～ 2009 年的经济衰退变得更加严重，并使得衰退之后的复苏步履缓慢。正如我们在第 12 章第 12.3 节看到的，在雷曼兄弟投资银行倒闭之后，发生了一次金融恐慌。除了由政府担保的住房抵押贷款以外，证券化业务戛然而止。储蓄者将资金从货币市场共同基金中提取出来，企业很难出售商业票据。随着银行和其他金融机构出售资产，削减贷款，以使自己的财务状况变得更为稳健，由储蓄者向借款人的资金流动遭到了破坏。由于家庭和中小企业无法找到其他资金来源来代替银行贷款，消费者在耐用消费品方面的支出与企业在厂房和设备方面的支出都减少了。

在总供求分析中，支出的下降会转变为总支出的减少，使总需求曲线向左移动。随着时间推移，总需求的降低使价格面临下跌的压力，短期总供给曲线向右移动。事实上，实际 GDP 在 2007 ～ 2009 年衰退期间下降了 4.2%，以消费者价格指数衡量的通货膨胀率从 2007 年的 2.9% 降至 2009 年的 −0.3%。正如我们在第 12 章中讨论过的，除了信贷紧缩以外，其他因素也有助于解释 2007 ～ 2009 年的衰退，但是大多数经济学家认为，信贷紧缩是这场衰退如此严重的主要原因。

新冠疫情和 2020 年的衰退

从 2020 年 2 月开始的衰退与过去一百年间发生的任何其他衰退都不同。自 1918 年的大流感疫情以来，美国经济从来没有一次衰退是由于疾病对经济的冲击引起的。正如我们已经看到的，经济学家区分了由总供给冲击导致的经济衰退和由总需求冲击导致的经济衰退，前者如石油价格出人意料地上涨，后者如新建住宅支出的下降。新冠疫情产生的影响既有总供给冲击，也有总需求冲击。

截至目前，我们已经讨论过使短期总供给曲线向左移动的负向的总供给冲击，但是总需求曲线保持不变。在分析供给冲击的影响时，假定总需求曲线保持不变，这通常是合理的。比如，石油价格上涨导致短期总供给曲线向左移动，使均衡点沿着总需求曲线移动，而不是总需求曲线本身发生变化。

新冠疫情使美国经济经历了前所未有的供给冲击，包括苹果和耐克在内的一些美国企业宣布它们无法实现自己的产量目标，因为它们的一些供应商关门了。图 17-8 展示了新冠疫情对美国实际 GDP 和价格水平的影响。注意，在横轴上，我们明确地以实际 GDP 来衡量总产出 Y。在该图中，在 2020 年年初时，经济处于宏观经济长期均衡的状态，短期总供给曲线 $SRAS_1$ 和总需求曲线 AD_1 相交于长期总供给曲线 LRAS 上的 A 点。在这一均衡点，实际 GDP 为 19.2 万亿美元，价格水平为 113。由于美国企业的全球供应链遭到了破坏，并且主要国家关闭了很多企业，新冠疫情导致短期总供给曲线从 $SRAS_1$ 向左移至 $SRAS_2$。

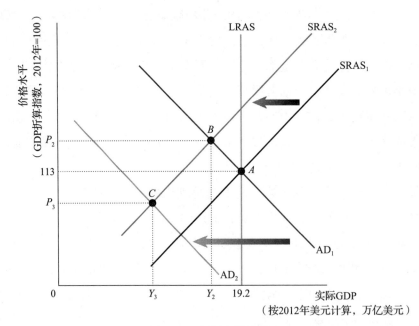

图 17-8 新冠疫情的影响

注：最初的均衡点为 A 点，实际 GDP 为 19.2 万亿美元，价格水平为 113。新冠疫情的冲击导致短期总供给曲线从 SRAS₁ 向左移至 SRAS₂，并且使总需求曲线从 AD₁ 移至 AD₂。如果疫情仅仅影响短期总供给曲线，短期均衡点应为 B 点。疫情导致总需求曲线和短期总供给曲线都发生了变化，短期均衡点位于 C 点，实际 GDP 下降至 Y₃，价格水平下降至 P₃。注意，在横轴上，我们明确地以实际 GDP 来衡量总产出 Y。

如果新冠疫情导致的供给冲击效果与石油价格出人意料地上涨相似，那么，新的短期均衡应该在 B 点。实际 GDP 应从 19.2 万亿美元下降至 Y_2，价格水平应从 113 上升至 P_2。至 2020 年秋天，新冠疫情对经济造成的全部影响还没有完全展现出来，因此，我们没有标出达到新的短期均衡时实际 GDP 和价格水平的真实数值。

由于以下几个原因，B 点并非新的短期均衡点：

1.消费支出的减少。 政府关闭了很多企业，这直接削减了产出的数量，并导致数以百万的工人失去了工作。由于工人的收入降低了，他们减少了自己的消费支出。

2.投资支出的减少。 很多住宅和企业建筑工程都被迫暂停了，从而减少了投资支出。

3.减少出口。 美国出口下降了，因为疫情同样导致了欧洲、加拿大、日本和美国其他贸易伙伴企业的关闭。

由于以上这些原因，美国经济中的总支出出现了急剧下降，总需求曲线由 AD₁ 向

左移至 AD_2。在分析由新冠疫情导致的供给冲击时，我们必须考虑疫情对于总需求的影响，而在分析由于石油价格上涨或者地震等自然灾害导致的供给冲击时，则不需要考虑这一点。

由于新冠疫情导致短期总供给曲线和总需求曲线都向左移动，新的均衡点位于 C 点，实际 GDP 下降至 Y_3，价格水平下降至 P_3。注意，如果短期总供给曲线移动的幅度比总需求曲线更大，实际 GDP 将会下降得更厉害，价格水平将会上升而不是下降。

新冠疫情导致了短期总供给和总需求的极大变化，因此，截至目前，疫情使得美国有史以来在如此短的时间内出现了最为严重的实际 GDP 的下降和失业的增加。美国在 20 世纪 30 年代大萧条时期也曾经遭遇了实际 GDP 大幅下降和失业的大规模增加。但是在当时的经济收缩中，美国的经济下滑从 1929 年 8 月持续至 1933 年 3 月，而不是像新冠疫情导致的这次收缩这样突然。

17.4 货币政策的效果

学习目标 利用总供求模型来说明货币政策对于经济的影响。

经济周期是指经济扩张时期和经济衰退时期的轮流交替。在经济周期中，产出在经济扩张时增加，直至达到经济周期的顶峰。然后，随着经济收缩或衰退，产出将下降，直至达到经济周期的低谷，此时产出开始再次扩张。这一过程会持续数月至数年不等，扩张和衰退的幅度也不相同。在 1945 年二战结束以后的这些年中，1981 ～ 1982 年、2007 ～ 2009 年和 2020 年的衰退特别严重。

当经济陷入衰退时，产出下降，失业增加，这会使一些家庭和企业陷入困境。大多数经济学家认为，增加货币供给和降低利率能够在短期内使产出增加。这样，美联储就可以利用货币政策来减轻经济衰退的严重程度，平抑产出的短期波动，从而发挥稳定经济的作用。这种稳定化政策通过改变货币供给和利率来移动总需求曲线的位置。国会和总统也可以利用财政政策来稳定经济，比如改变政府购买或税收。与货币政策一样，财政政策也主要通过总需求曲线的移动来发挥作用。但是，税收政策的改变也会影响对工作、储蓄和投资的激励，从而增加短期总供给和长期总供给。

积极的货币政策

假定经济遭受负向的总需求冲击，就像 2007 年那样，用于新建住宅的支出大幅下降。图 17-9 表明了这一结果。在图 17-9a 中，最初的均衡点在 E_1 点，这是 AD_1、

SRAS₁ 和 LRAS 的交点。产出处于潜在 GDP 的水平，即 Y^P，价格水平为 P_1。由于总需求受到冲击，总需求曲线由 AD₁ 移至 AD₂。经济处于衰退之中，短期均衡点为 E_2 点，产出从 Y^P 降至 Y_2，价格水平从 P_1 降至 P_2。

然后，美联储必须决定是否采用扩张性的货币政策。如果美联储不采取行动，根据之前的分析我们可以知道，最终经济自己就可以调整过来。在 E_2 点，产出低于充分就业的水平，随着时间的推移，投入成本和价格将会下降，使短期总供给曲线由 SRAS₁ 向右移动至 SRAS₂，使经济在 E_3 点重新恢复至潜在 GDP。当经济最终恢复至潜在 GDP 时，价格水平为 P_3，但是，成本与价格的必要调整可能需要数年时间，在此期间，一些工人会失业，一些企业也会蒙受损失。

另外一种情况如图 17-9b 所示，美联储试图通过实施扩张性的货币政策加快复苏的步伐。正如我们在第 15 章看到的，美联储通过降低联邦基金利率的目标来实施扩张性的货币政策。扩张性的政策会使总需求曲线 AD₂ 恢复至 AD₁ 的位置。经济从 E_2 点的衰退状态回到最初 E_1 点充分就业的均衡状态。与美联储不采取积极的政策行动相比，经济可以更迅速地恢复至潜在 GDP。然而，稳定化政策也有一个副作用，与不采取任何行动相比，积极的政策行动会导致更高的价格水平。

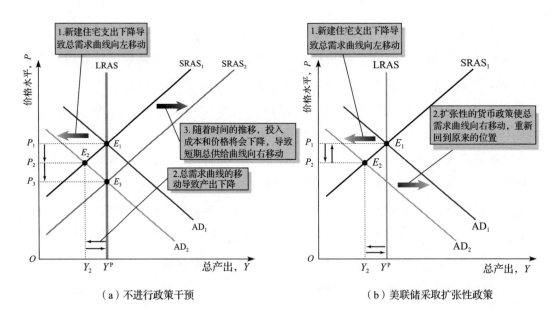

（a）不进行政策干预 （b）美联储采取扩张性政策

图 17-9 货币政策的效果

注：图 a 表明，最初充分就业的均衡点为 E_1，总需求冲击导致总需求曲线从 AD₁ 移动至 AD₂ 的位置，产出从 Y^P 降至 Y_2。在 E_2 点，经济陷入衰退。随着时间的推移，价格水平向下调整，使经济在 E_3 点重新恢复充分就业的均衡。

图 b 表明，最初充分就业的均衡点为 E_1，总需求冲击导致总需求曲线从 AD₁ 移动至 AD₂ 的位置。在 E_2 点，经济陷入衰退。美联储采取扩张性的货币政策加快经济复苏，使总需求曲线从 AD₂ 回到 AD₁ 的位置。与不进行干预相比，进行干预可以使经济更快地恢复至充分就业的水平，但是价格水平会更高。

经济也会经历正向的总需求冲击，这会使总需求曲线向右移动，使产出暂时超过潜在 GDP，并使价格水平上升。在这种情况下，根据图 17-7 的分析可知，如果美联储不采取行动，最终短期总供给曲线会向左移动，重新恢复均衡和潜在 GDP。另外，美联储也可以通过提高自己对于联邦基金利率的目标来实施紧缩性的货币政策，以阻止价格水平上涨。紧缩性政策将会使总需求曲线向左移动，回到正向的需求冲击之前的位置，恢复均衡和潜在 GDP，并使价格恢复至初始的水平。

20 世纪 60 年代，很多经济学家鼓励政策制定者使用货币政策和财政政策来平抑经济的波动。但是，其他一些经济学家质疑，由于规划和实施稳定化政策可能存在很长的时滞，对经济进行微调是否有效。现在的大多数经济学家认为，由于存在这些时滞，政策制定者不能指望成功地平抑每一次经济波动。因此，一般而言，经济学家赞成政策制定者主要关注长期目标，比如低通货膨胀或者经济增长的稳定性。很多经济学家认为，政策制定者应当限制使用积极的政策来应对经济的严重下滑。美国经济在 2007 年和 2020 年开始经历的正是这种严重的经济下滑。

解决问题 17.4

应对总需求和总供给的冲击

假定经济最初处于充分就业的均衡状态。然后，假设经济同时受到了负向的总需求冲击和总供给冲击，就像 2020 年新冠疫情造成的影响一样。

a. 画一张总供求的图，说明最初的均衡和发生冲击以后的短期均衡。你是否能够确定在新的均衡下价格水平会更高还是更低？

b. 假定美联储决定不采用扩张性的货币政策进行干预。说明经济如何调整，才能恢复至长期均衡状态。

c. 现在假定美联储决定实施扩张性的货币政策进行干预。如果美联储的政策取得了成功，说明经济如何调整，才能恢复至长期均衡状态。

解决问题

第一步　复习本章内容。这一问题与美联储实施扩张性的货币政策有关，因此，你应当复习"积极的货币政策"这一部分的内容。

第二步　正确画图，并且解释我们是否知道价格水平将会上升还是下降，从而回答问题 a。负向供给冲击会使总供给曲线由 $SRAS_1$ 向左移动至 $SRAS_2$，负向需求冲击会使总需求曲线由 AD_1 移动至 AD_2。你画的图应如图 17-10 所示。注意，就像我们所画的图一样，价格水平从 P_1 升至 P_2，但是，总需求曲线向左移动的幅度有可能超过短期总供给曲线。在这种情况下，价格水平将会下跌。因此，如果经济同时遭受总供给冲击和总需求冲击，我们将无法确定价格水平将会上升还是下降。

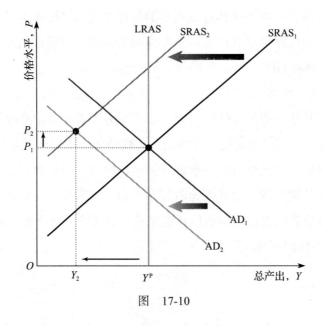

图   17-10

第三步   画出正确的图形，以回答问题 b。我们从问题 a 中所描述的短期均衡开始，此时产出为 Y_2，价格水平为 P_2。由于产出 Y_2 低于充分就业的水平，随着时间的推移，价格和投入成本将会下降，使短期总供给曲线由 SRAS₂ 向右移动至 SRAS₃，这最终将使经济恢复至潜在 GDP，即 Y^P，而价格水平将会降至 P_3，如图 17-11 所示。

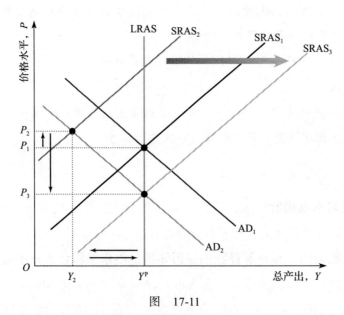

图   17-11

第四步 画出正确的图形，以回答问题 c。仍从问题 a 中的短期均衡开始，扩张性的货币政策将使总需求曲线由 AD_2 向右移动至 AD_3，这将使经济恢复至潜在 GDP，即 Y^P，而价格水平将会上升至 P_3，如图 17-12 所示。

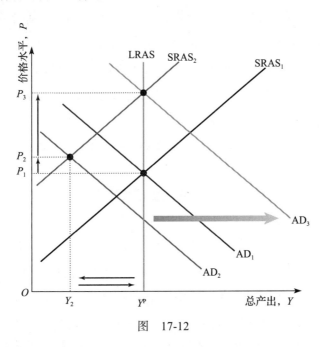

图 17-12

2007～2009 年经济衰退期间以及之后的货币政策是无效的吗

正如我们在本章开头中看到的：①在 2007～2009 年大衰退期间，实际 GDP 和就业水平出现了自 20 世纪 30 年代大萧条以来最为严重的下降，而 2020 年实际 GDP 和就业水平的降幅甚至更大；②在 2007～2009 年之后的复苏中，就业和实际 GDP 的增长慢于大多数经济学家和政策制定者的预期；③当新的年龄组别的大学毕业生进入就业市场时，他们的就业率始终保持在一个更低的水平。这些事实是否表明大衰退期间以及之后的货币政策失败了？未必如此。当然，美联储无法使经济迅速而平稳地恢复至充分就业的状态，就像图 17-9b 表示的那样。但是正如我们在第 12 章第 12.3 节看到的，美联储成功地阻止了大衰退变得像大萧条那样严重，以及持续那么长的时间。我们也曾经提到过，研究表明，在美国和其他国家，伴随着金融危机的衰退总是非常严重。

然而，一些经济学家和政策制定者认为就业－人口比率未能恢复至 2007 年以前的水平，表明美联储采取扩张性货币政策的力度不够。一些经济学家特别指出，美联储在制定货币政策时过于关注失业率。美联储通常不会使失业率降至自然失业率以下。自然失业率有时也被称为非加速通货膨胀失业率（nonaccelerating inflation rate of unemployment，NAIRU）。将失业率降至自然失业率以下，可能导致通货膨胀加速上涨，20 世纪 60 年代和 70 年代初期曾经发生过这种状况。自大衰退结束以后，联邦公开市场委员会的一些成员认为非加速通货膨胀失业率为 5%。失业率在 2015 年秋天就处于这一水平。但是在那个时候，壮年劳动年龄人口的就业 - 人口比率仍远低于 2007 年年初的水平，表明美联储仍有实施力度更大的扩张性政策的空间，并且通货膨胀不会有加速上升的风险。实际上，尽管美联储设定的通货膨胀目标为 2%，按照美联储最喜欢使用的衡量指标，从 2012 年 5 月至 2018 年 3 月，每个月的实际通货膨胀率都低于这一目标值。结果，从 2018 年中期至 2020 年初期，失业率能够保持在 4% 以下，且没有使通货膨胀率超过 2%。

在大衰退以后，尽管力度更大的扩张性货币政策有可能使实际 GDP 和就业实现更快的增长，但是美联储面临两难困境，只有在经济面临的主要问题是总需求不足时，使用传统的扩张性货币政策来促进产出的增长才是有效的。一些经济学家和政策制定者认为 2009 年之后的那些年，实际情况就是如此。如果问题在于总供给，传统的政策就是无效的。比如，在 2006 年房地产泡沫开始破灭之后，建筑业陷入了衰退。由于人口增长缓慢，35 岁以下的购房者数量减少，2019 年，住宅建设在 GDP 中所占的比例仍比 2006 年低 40% 以上。相应地，在 2020 年经济衰退开始时，建筑业的就业人数仍未恢复至 2006 年的水平。在应对这种结构性变化对经济产生的影响时，通过扩张性的货币政策来增加总需求是无效的。

美联储内外的一些经济学家认为，长期的高失业水平可能是就业 - 人口比率一直保持在低水平的原因。如果确实如此，总供给的下降幅度就会更大。这些经济学家认为，总需求大幅下降实际上会降低充分就业的产出水平，至少会持续数年之久，这种现象被称为"滞后效应"（hysteresis）。由于存在滞后效应，图 17-9a 所表明的那种经济自动恢复均衡的过程可能会有严重的延迟。之所以有这种延迟，是因为如果失业率居高不下，会有更多的工人失去他们的技能，或者被雇主们认为缺乏现在应该具备的技能，因此很难重新被雇用。长期失业的工人也许会变得非常沮丧，并永远退出劳动力市场。经济学家将这种影响称为"劳动者疤痕效应"。这种疤痕效应会使就业和产出长期处于低水平。加州大学伯克利分校的丹尼·雅冈（Danny Yagan）发现，迟至 2015 年，在大衰退时期失业率特别高的地区，失业率仍高于平均水平。⊖

⊖ Danny Yagan, "Employment Hysteresis from the Great Recession," *Journal of Political Economy*, Vol. 127, No. 5, October 2019, pp. 2505-2558.

正如我们在本章开头中提到的，加州大学伯克利分校的杰西·罗思坦得出了一个令人担忧的结论，即自 2005 年以来，新的大学毕业生就业率持续下降，尽管我们通常预期大学毕业生在就业市场上拥有优势。罗思坦发现这一结论甚至对 2015 年的大学毕业生也成立，虽然他们在求职时劳动力市场相对繁荣，并且失业率已降至 5% 以下。罗思坦的结论对于大衰退之前毕业的人群和大衰退结束以后毕业的人群都成立，这表明就业率的下降不可能完全来自"劳动者疤痕效应"。很明显，经济中根本性的结构变化和年轻大学毕业生的行为变化都是这一现象的部分原因。一些经济学家认为，美国的商业活力有缓慢的下降趋势，自 20 世纪 70 年代后期以来，新创立企业的增速下降了一半以上。在 35 岁以下的人群中，创办新企业的人数降幅特别大。新企业通常每年雇佣数百万工人。因此，创办新企业的增速减慢，表明新的大学毕业生能够获得的就业岗位减少了。

考虑到以上因素，由力度更大的扩张性货币政策推动的总需求更快的增长，似乎不可能使年轻大学毕业生的就业率恢复至 2005 年以前的水平。为了有效解决这些问题，国会和总统可能需要采取其他政策措施，比如税收和监管体系的改革。

| 概念应用 |

大萧条之后的复苏是否说明了货币政策的局限性

在 2007 ~ 2009 年经济衰退期间及之后，经济学家和政策制定者研究了 20 世纪 30 年代大萧条时期的历史事件是否能够为当前的形势提供某种洞见。大萧条也涉及一次金融危机，并且持续的时间超过了十年。在 2007 ~ 2009 年金融危机和经济衰退之后出现的低就业率和实际 GDP 增长缓慢与大萧条有某些相似之处，尽管不像大萧条那么严重。

大萧条令人惊讶的一点就是 20 世纪 30 年代后期的高失业率。造成这一高失业率部分的原因在于 1937 ~ 1938 年的经济衰退。正如我们在第 14 章第 14.3 节看到的，对于这次衰退，美联储一系列提高法定准备金率的举措不经意间起到了推波助澜的作用。西北大学的经济学家罗伯特·戈登（Robert Gordon）分析了 1939 年美国的局势。尽管估计的数字有所不同，戈登认为那一年的失业率超过了 17%，并且超过三分之一的失业人员失业的时间超过了一年。尽管失业率如此之高，工资和价格却没有任何下降的迹象，通过图 17-9a 所展示的过程可知，工资和价格的下降本应推动经济恢复至充分就业的水平。一些经济学家认为，1939 年的高失业率是由于总需求出了问题，而另外一些人则认为问题在于总供给。持后一种观点的人指出了三个关键因素：① 20 世纪 30 年代，国会制定的税率大幅提高；②工会化程度、罢工和工人骚乱急剧增加；③这些经济学家认为富兰克林·罗斯福总统的新政削弱了私有产权。

戈登不同意有关总供给的观点，相反，他认为美国受到了总需求不足引发的滞后效应的影响。他争辩说，一旦国会在 1940 年开始大幅增加在军用品方面的支出，以为美国加入二战做好准备，总产出会迅速提高，失业也会减少。实际上，联邦政府通过大规模增加在军用品方面的支出，实施了力度极大的财政政策。在戈登看来，一旦总需求出现如此大规模的增加，扩大产出和就业的结构性障碍就消失了。

戈登对于 20 世纪 30 年代后期和 40 年代初期历史事件的分析受到了挑战。独立研究所（Independent Institute）的罗伯特·希格斯（Robert Higgs）认为，20 世纪 30 年代的高失业率是由新政引发的"体制性的不确定性"。他的观点是，由于 1940 ～ 1945 年产出的增加主要体现在战争物资和军需品行业，而失业率的下降是由于征兵和军事工业的就业增加，真正的繁荣直至 1945 年战争结束才恢复。希格斯认为二战之后的繁荣是由于罗斯福的逝世和继任者哈里·杜鲁门的上台。杜鲁门及其政府将一个被投资者认为充满不确定性的体制，转变为一个他们感到自己的私有产权要安全得多的体制。投资者促进了战后的投资繁荣，从而使经济恢复了持续的繁荣，尽管与规模极大的战时水平相比，联邦政府大幅削减了支出。

然而，一些经济学家对希格斯的观点提出了批评，他们认为从罗斯福到杜鲁门的政策转变并不像希格斯所认为的那样剧烈。

大衰退之后的政策争论与这些有关 20 世纪 30 年代的争论有相似之处。一些经济学家认为，如果扩张性的货币政策力度足够大，就可以增加就业，提高实际 GDP 的增速，使经济更迅速地恢复至金融危机之前的状况。另外一些经济学家则认为，美联储采取的扩张性货币政策已经尽力了，需要采取的是其他方法。比如，一些经济学家赞同使用财政政策，特别是改善高速公路和桥梁等基础设施方面的支出计划，以及促进物质资本投资的税收改革，确保总需求达到更高水平，可能会使企业扩大生产，增加就业。此外，可以实施一些新的激励措施，刺激企业增加用工，促使一些已经退出劳动力市场的工人重新就业。

其他一些经济学家则赞同希格斯有关 20 世纪 30 年代和 40 年代的观点，认为增强政策的确定性，特别是在规制和税收方面，有可能促使企业增加在物质资本方面的投资，并增加就业。毫无疑问，经济学家将会继续对 20 世纪 30 年代的美国经济和 2007 ～ 2009 年金融危机之后的美国经济进行有趣的比较。

回答关键问题

在本章开始时，我们提出的问题是：

"在始于 2009 年的经济扩张中，就业增长相对缓慢的原因是什么？"

我们在本章中已经看到，在大衰退结束以后，又过了将近 10 年的时间，壮年劳动力的就业－人口比率才恢复至衰退之前的水平。当 2009 年经济开始从衰退中复苏时，大多数经济学家和政策制定者认为，很多人可能暂时无法找到工作，但是数以百万计的工人失业长达数年，这超过了经济学家的预测。一些经济学家认为，就业的缓慢增长是由于总需求不足，通过使用扩张性的货币政策，产出和就业就可以实现更快的增长。然而，另外一些经济学家则认为，导致就业缓慢增长的是结构性问题，解决这些问题主要是国会和总统的责任，而非美联储。还有一些经济学家认为，有必要进一步扩大总需求，但是为了实现这一点，他们赞同采用增加基础设施建设投资和修改税率等财政政策，而不是力度更大的货币政策。

第 18 章

货币理论 II：IS-MP 模型

在学习了本章之后，你应该能够：

18.1 解释什么是 IS 曲线，以及这一曲线是如何推导出来的。

18.2 解释 MP 曲线和菲利普斯曲线的重要性。

18.3 利用 IS-MP 模型来说明宏观经济均衡。

18.4 讨论货币政策不同的作用渠道。

附录 18A 利用 IS-LM 模型来说明宏观经济均衡。

准确的经济预测对美联储有多重要

从理论上来讲，美联储的联邦公开市场委员会制定的货币政策不是基于该委员会开会时的经济状况，而是基于委员会委员预期不久的将来的经济状况。货币政策对经济的影响完全体现出来，可能需要长达两年的时间。因此，如果 FOMC 对实际 GDP、失业率或者通货膨胀的每一次起伏都进行调整，那么它更有可能引发经济动荡，而不是起到稳定经济的作用。FOMC 的成员预测经济未来状况的效果怎么样？

在 2007 ～ 2009 年的大衰退刚刚结束时，FOMC 的成员准确地预见到，受这次金融危机的影响，经济仅能缓慢复苏。委员会形成了一个共识，即联邦基金利率的目标应在一个更长的时期内保持在 0 至 0.25% 的范围内。表 18-1 表明了参加 2010 年年底 FOMC 会议的 18 位委员平均的预测值。地区联邦储备银行行长在那一年还是没有投票权的成员。2010 年的这一列显示的是那次会议对三个关键变量两年以后的预测值，也就是 2012 年年底的数值。2012 年的这一列显示的则是那一年的实际数值。比如，在

2010 年年底，FOMC 成员预测 2012 年年底的失业率仍将顽固地维持在 8.0% 的高位，而 2012 年年底的实际失业率仅略微低于这一预测值，为 7.9%。通货膨胀率在 2012 年年底仍保持在 1.7% 的低位，略高于 FOMC 两年前的预测值。最后，这张表表明，FOMC 实际上将联邦基金利率的目标保持在很低的水平。

表　18-1　　　　　　　　　　　　　　　　（%）

	FOMC 预测时的年份 2010 年	所预测年份的实际值 2012 年
失业率	8.0	7.9
通货膨胀率	1.3	1.7
联邦基金利率	0.1	0.2

注：上文所述表中提供的预测值是参加会议的 FOMC 成员所做的个人预测的平均值。

几年过后，FOMC 的一些成员担心在如此长的时间内将利率保持在如此低的水平，会产生严重后果。波士顿联邦储备银行行长埃里克·罗森格伦（Eric Rosengren）提醒，如果不迅速提高利率，美联储有可能会使美国经济出现过热。大约在同一时间，旧金山联邦储备银行行长约翰·威廉姆斯（John Williams）提出了类似的观点。

表 18-2 显示了 FOMC 在 2015 年年底和 2017 年年底的预测值，以及两年之后这些变量的实际值。在 2015 年年底和 2017 年年底，FOMC 成员对失业率和通货膨胀率的预测值都要高于两年之后的实际值。与联邦基金利率实际的目标值相比，他们预期的结果要更高一些。正如我们在第 17 章第 17.4 节看到的，在这些年间，一些美联储政策的批评者认为，美联储始终未能实现 2% 的通货膨胀目标，尽管表 18-2 表明美联储预期会实现这一目标，这说明美联储的扩张性政策力度不够。

表　18-2　　　　　　　　　　　　　　　　（%）

	FOMC 预测时的 年份：2015 年	所预测年份的实际 值：2017 年	FOMC 预测时的 年份：2017 年	所预测年份的 实际值：2019 年
失业率	4.7	4.1	3.9	3.5
通货膨胀率	1.9	1.7	2.0	1.6
联邦基金利率	2.4	1.3	2.7	1.6

注：上文所述表中提供的预测值是参加会议的 FOMC 成员所做的个人预测的平均值。

通常而言，联邦基金利率上升会对其他短期利率产生影响。因此，如果像 FOMC 预期的那样，联邦基金利率更高一些，短期国债、银行定期存单和货币市场共同基金的利率也会更高。尽管这对于那些喜欢以安全的短期投资来持有自己储蓄的人而言是个好消息，但是联邦基金利率上升也会导致长期利率提升，虽然两者之间的关系不那么确定。因此，如果联邦基金利率的目标提升至 FOMC 原本所要达到的水平，10 年期中期国债、企业债券和抵押贷款的利率也会提高。更高的长期利率会使企业和家庭借款以购买新的厂房设备和新的住房的成本变得更高。

从 2015 年开始，FOMC 面临两难困境。一些成员，比如波士顿联邦储备银行行长罗森格伦，担心美联储将如此低的利率保持如此长的时间，会导致金融市场和房地产（如商业房地产）市场上出现资产泡沫。但是，FOMC 成员也担心通货膨胀率始终低于 2% 的目标。比如，从 2015 年年初至 2017 年年底，通货膨胀率平均仅为 1.5%。低于目标的通货膨胀率表明，美联储应当采取更具扩张性的政策。但是，失业率始终低于 FOMC 的预测值，这似乎表明美联储应当通过将联邦基金利率目标提高至一个更为正常的水平，以减小扩张性政策的力度。美联储确实从 2015 年 12 月开始缓慢地提高联邦基金利率的目标。至 2018 年 12 月，美联储将目标利率的上限提高至 2.5%。但是，此后经济增长放缓导致美联储从 2019 年 7 月又开始降低目标利率，并在 2020 年 3 月重新降至 0 至 0.25% 的水平。为了应对新冠疫情对经济的冲击，美联储还宣布，至少在 2022 年年底之前，它将维持这一目标利率。

在制定货币政策时，美联储对于未来失业率和通货膨胀率的预测至关重要。在准备进行这种预测时，美联储、外国的中央银行和私人预测者一般都要依靠宏观经济模型。在本章中，我们将考察一种模型，它有助于我们分析美联储的政策如何影响关键的宏观经济变量。

关键议题和问题

议题：在 2007 ~ 2009 年和 2020 年的经济衰退中，美联储将联邦基金目标利率降至接近于零的水平。

问题：在哪种情况下，降低联邦基金目标利率对于抗击经济衰退可能会失效？

在上一章中，我们讨论了基本的总供求模型（AD-AS）。尽管该模型对于价格水平和实际 GDP 在短期是如何确定的，提供了很多洞见，但是它也有一些重要的缺点。首先，总供求模型隐含地假定实现了充分就业的实际 GDP 保持不变，但是实际上它每年都在增加。其次，该模型对价格水平提供了一个解释，但是没有解释价格水平的变化，也就是通货膨胀率。然而，我们通常对通货膨胀率而不是价格水平更感兴趣。最后，该模型没有明确地考虑美联储如何应对经济状况的变化。在本章中，我们将提出一个模型，对实际 GDP、通货膨胀率和利率的变化提供一个更为全面的解释。

IS-MP 模型[⊖]是一个比总供求模型更为完整的宏观经济模型。我们可以利用 IS-MP

⊖　经济学家喜欢缩写，即使有时这些缩写显得有些神秘。在这里，IS 代表投资和储蓄，而 MP 代表货币政策。关于这一模型的历史起源，参见第 18.3 节中的概念应用。

模型对美联储的政策所产生的影响进行更细致的分析。注意，为了有效发挥作用，每个模型都必须对现实进行简化。IS-MP 模型比总供求模型更为完整，能够回答总供求模型无法回答的问题。但是，IS-MP 模型也比很多其他宏观经济模型更为简化，包括美联储在进行预测时所使用的一些模型。一个模型过于简化还是不够简化，取决于这一模型所要分析的内容。就我们的目标而言，IS-MP 足以解释美联储政策的一些关键特征。

IS-MP 模型包括三部分：

1. **IS 曲线**，代表商品和服务市场的均衡。
2. **MP 曲线**，代表美联储的货币政策。
3. **菲利普斯曲线**，代表产出缺口和通货膨胀率之间的短期关系，其中产出缺口是现实的和潜在的实际 GDP 的百分比差值。

我们先分析 IS 曲线。

18.1　IS 曲线

| 学习目标 | 解释什么是 IS 曲线，以及这一曲线是如何推导出来的。

产品市场的均衡

产品市场包括在任意一个特定时点，经济中生产的所有最终商品和服务的交易。回忆一下，GDP 是指在一个特定时期，通常为一年，经济中所生产的所有最终商品和服务的市场价值，我们用 Y 来表示。名义 GDP 是按照当年的价格计算的，而实际 GDP 是按照基年的价格计算的。由于经过价格水平调整以后得到的实际 GDP 是衡量一个国家的产出的标准指标，我们在本章中将用这一指标来衡量总产出。

当商品和服务的需求与生产出来的商品和服务，也就是实际 GDP 相等时，产品市场就处于均衡状态。经济学家将在商品和服务方面的支出称为总支出（aggregate expenditure，AE）。总支出等于以下各项的总和：

- 家庭的消费需求，C。
- 企业厂房和设备、存货和住房的投资需求，I。
- 政府购买的商品和服务，G。
- 净出口（商品和服务的出口减去商品和服务的进口），NX。

因此，总支出（AE）可以表示为：

$$AE = C + I + G + NX$$

当产品市场达到均衡时，总支出与实际 GDP 相等，即：

$$AE = Y$$

IS 曲线代表产品市场的均衡。

如果总支出低于实际 GDP 会怎么样？在这种情况下，一些生产出来的产品没有卖出去，未出售的产品存货将会增加。比如，如果通用汽车在某个特定的月份生产了 25 万辆汽车，并将其运给了经销商，但是只卖出了 22.5 万辆，因此，在通用汽车经销商的停车场中，汽车的存货将会增加 2.5 万辆。注意，由于在联邦政府的经济统计中，存货被记为投资的一部分，在这种情况下，实际的投资支出将会超过计划的投资支出。如果需求的下降影响的不仅是汽车，还包括其他产品，企业就有可能削减产量，解雇工人，实际 GDP 和就业水平就会下降，经济将会陷入衰退。

然而，如果总支出超过了 GDP，支出将会大于产出，企业销售的商品和服务将会比其预期的数量更多。如果通用汽车生产了 25 万辆汽车，却卖出了 30 万辆，那么，通用汽车经销商的停车场中汽车的存货将会减少 5 万辆。在这种情况下，由于企业存货出人意料地下降，实际的投资支出将会低于计划的投资支出。经销商有可能向通用汽车的工厂订购更多的汽车。如果销量超过了产量的不仅是汽车，还包括其他产品，企业就有可能增加产量，雇用更多的工人，实际 GDP 和就业将会增加，经济将会扩张。

只有当总支出与 GDP 相等时，企业的实际销量才与预期的销量相等。在这种情况下，企业的存货不会出现出人意料的变化，它们也没有动力增加或减少产量。产品市场将会处于均衡状态。表 18-3 归纳了总支出与 GDP 之间的关系。

表 18-3　总支出与 GDP 之间的关系

如果总支出	那么	并且
等于 GDP	存货不会有出人意料的变化	产品市场处于均衡状态
小于 GDP	存货增加	GDP 和就业减少
大于 GDP	存货减少	GDP 和就业增加

回忆一下，在经济学原理课中，用 45° 线来表示产品市场的均衡。45° 线的分析方法基于一个简化的假定，即在总支出的四个组成部分 C、I、G 和 NX 中，实际 GDP 的变化只会影响消费支出 C。为了理解为何消费依赖于 GDP，记住当我们衡量总产出时，我们同时也衡量了总收入。比如，当你在达美乐比萨店买了一份 10 美元的比萨时，不考虑你支付的消费税，这 10 美元都会变成某个人的收入。在这 10 美元中，一

部分会变成制作比萨的人的工资，一部分会变成达美乐的利润，如此等等。如果我们将购买所有商品和服务的开支加总在一起，我们也就将经济中这一时期产生的所有当前收入都加总在了一起。由于存在消费税和其他一些规模相对较小的项目，GDP 与国民收入之间存在一定的差额，联邦政府的统计展示了这一点。但是对于我们目前讨论的问题，这一差额并不重要。

研究表明，当家庭的当前收入增加时，它们支出的就会更多，当它们当前的收入减少时，它们支出的就会更少。[⊖]当前消费支出与当前收入或者 GDP 之间的关系，被称为**消费函数**。这可以用以下代数式来表示：

$$C = \mathrm{MPC} \times Y$$

其中，MPC 代表边际消费倾向，数值在 0 到 1 之间。如果我们要考察 GDP 的变化对消费的影响，那么 $\mathrm{MPC} = \Delta C / \Delta Y$，或者说消费的变化量除以 GDP 或收入的变化量。比如，如果 MPC 等于 0.9，那么家庭收入每增加 1 美元，它们就会将其中的 0.9 美元花掉。

由于我们主要关注 GDP 的变化对于总支出的影响，假定 I、G 和 NX 与 GDP 无关，这意味着这三个变量的数值保持不变。我们可以在一个变量的上面加上一条横线，从而表明这一变量的数值不变。于是，我们可以得到以下有关总支出的表达式，并用上式来替换 C：

$$\mathrm{AE} = (\mathrm{MPC} \times Y) + \overline{I} + \overline{G} + \overline{\mathrm{NX}}$$

图 18-1 用 45°线的方法展现了产品市场的均衡。纵轴衡量的是经济中的总开支或者总支出 AE，横轴衡量的是实际 GDP 或者实际的总收入 Y。45°线代表了与横轴和纵轴距离相等的所有点，在我们这里，则是使 $\mathrm{AE} = Y$ 的所有点。因此，45°线上的点代表了有可能使产品市场均衡的所有点。然而，在任何给定的时期，只能有一个均衡点，也就是总支出这条线与 45°线相交的点。我们画出的总支出曲线是向上倾斜的，因为随着 GDP 增加，消费支出也会增加，同时我们假定总支出中的其他组成部分保持不变。

图 18-1a 表明，当产出水平等于 Y_1 时，产品市场处于均衡状况，此时 AE 这条线与 45°线相交。图 18-1b 表明了为何处于其他产出水平时，产品市场是不均衡的。

⊖　很多经济学家认为，家庭的永久性收入而非当前的收入，能够对消费做出更好的解释。一个家庭的永久性收入是其预期未来所能获得的收入水平。由于临时失业、疾病、赢得彩票或者某一年的投资收益特别高或特别低等原因，一个家庭的当前收入与永久性收入有所不同。就我们的分析目的而言，可以忽略这种更复杂的情况。

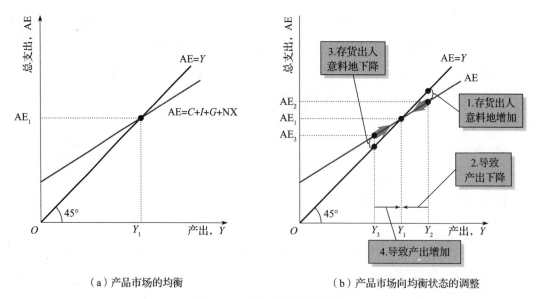

（a）产品市场的均衡　　　　　　　　（b）产品市场向均衡状态的调整

图 18-1　产品市场均衡的说明

注：图 a 表明产品市场的均衡发生在产出水平等于 Y_1 时，此时 AE 这条线与 45° 线相交。在图 b 中，如果
　　产出水平一开始等于 Y_2，总支出为 AE_2。存货的增加导致企业削减产量，产出下降，直至在 Y_1 处实现
　　均衡。如果产出水平一开始等于 Y_3，总支出则为 AE_3。由于支出大于产出的数量，存货出人意料地下
　　降。存货下降导致企业增加产量，产出将会增加，直至在 Y_1 处实现均衡。

潜在 GDP 和乘数效应

在图 18-1 中，Y_1 是均衡时的 GDP，但它不一定就是政策制定者想要达到的水平。
美联储的目标是使均衡的 GDP 接近于**潜在 GDP**，即在所有企业达到正常的生产能力
时所实现的实际 GDP。一个企业的正常生产能力不是企业的最大产出数量，而是企业
按照正常时间经营并使用正常规模的劳动力所生产的数量。在达到潜在 GDP 时，经济
可以实现充分就业，周期性失业率降为零。因此，潜在 GDP 有时也被称为实现了充分
就业的 GDP。潜在 GDP 会随着时间的推移而增加，因为劳动力会增加，新的工厂和办
公楼会被建造出来，会安装新的设备，也会出现技术进步。

在图 18-2 中，我们可以看到如果经济一开始处于均衡状态并且达到了潜在 GDP 水
平，即 Y^P，然后总支出降低，会出现何种情形。假定住宅建筑支出减少，总支出中的
投资 I 下降。结果，总支出曲线由 AE_1 向下移动至 AE_2。现在的支出低于产出，存货出
现了意想不到的增加。为了应对存货增加，企业削减产量，产出下降，直至在 Y_2 处达
到新的均衡。注意，产出的下降幅度要大于由于支出减少而导致的投资下降幅度。在这
一基本的宏观经济模型中，自发支出是与 GDP 水平无关的支出。投资支出、政府购买
和净出口都是自发的，而消费支出则并非如此。自发支出的下降一开始导致收入出现了
同等数量的下降，然后这会引起消费的减少。比如，随着住宅建筑支出的下降，房屋建

筑商产量下降，工人被解雇，他们对于建筑材料的需求也减少了。建筑业收入下降，导致在这一行业工作的个人在汽车、家具、家电和其他商品与服务方面的支出减少。随着这些产业产量下降，收入也相应减少，从而导致消费进一步减少，如此等等。

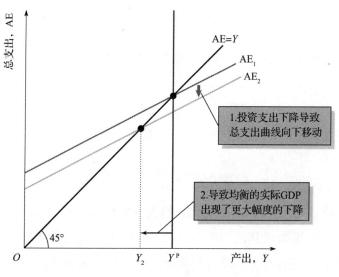

图 18-2　乘数效应

注：经济一开始处于均衡状态并且达到了潜在 GDP 水平，即 Y^P，然后总支出中的投资 I 下降。结果，总支出曲线由 AE_1 向下移动至 AE_2。产出下降，直至在 Y_2 处达到新的均衡。产出的下降幅度要大于由于支出减少而导致的投资下降幅度。

由最初自发支出的变化而引起的这一系列消费支出的变化，被称为**乘数效应**。**乘数**是均衡 GDP 的变化量除以自动支出的变化量。投资支出变化的乘数可以用符号表示如下：

$$乘数 = \frac{\Delta Y}{\Delta I}$$

乘数有多大？在我们这一简单的模型中，乘数相当大。为了说明这一点，回忆一下有关总支出的表达式：

$$AE = (MPC \times Y) + \overline{I} + \overline{G} + \overline{NX}$$

以及均衡的条件：

$$Y = AE$$

代入之后，我们得到：

$$Y = (MPC \times Y) + \overline{I} + \overline{G} + \overline{NX}$$

或者，重新整理以后得到：

$$Y = \frac{\overline{I} + \overline{G} + \overline{NX}}{(1 - MPC)}$$

我们可以利用上述等式来分析投资的变化能够引起均衡的实际GDP发生多大的变化。如果投资改变，而政府购买和净出口都保持不变，则后两者的变化量等于0，那么，我们可以得到：

$$\Delta Y = \frac{\Delta I}{(1-\text{MPC})}$$

或者，重新整理以后，我们可以得到乘数的等式：

$$\frac{\Delta Y}{\Delta I} = \frac{1}{(1-\text{MPC})}$$

如果像我们之前假定的，MPC等于0.9，那么，乘数等于：

$$\frac{\Delta Y}{\Delta I} = \frac{1}{(1-0.9)} = \frac{1}{0.1} = 10$$

换句话说，投资支出下降10亿美元，将会导致均衡的实际GDP下降100亿美元。当约翰·梅纳德·凯恩斯及其同事在20世纪30年代首次发明乘数分析方法时，他们认为大规模的乘数效应有助于解释大萧条的严重程度，因为乘数很大，投资支出规模相对较小的下降也能够导致美国和欧洲的GDP出现大幅下降。[⊖]

解决问题 18.1

计算均衡的实际GDP

利用下列数据，计算均衡的实际GDP和投资乘数的数值：

$$C=\text{MPC}\times Y=0.8\times Y$$
$$\overline{I}=1.6\text{ 万亿美元}$$
$$\overline{G}=1.3\text{ 万亿美元}$$
$$\overline{\text{NX}}=-0.4\text{ 万亿美元}$$

解决问题

第一步　复习本章内容。问题是有关均衡的实际GDP和乘数数值的计算，因此，你应该复习"产品市场的均衡"和"潜在GDP和乘数效应"这两部分的内容。

⊖ 凯恩斯认为乘数值可能高达10以上。由于在20世纪30年代还没有宏观经济统计数据可以利用，凯恩斯只能对乘数值进行粗略的估计。他确实提到过，西蒙·库兹涅茨（Simon Kuznets）的美国投资和国民收入的最初估计表明乘数值大约为2.5。但是，凯恩斯认为，按照美国20世纪30年代的经济状况，这一计算中使用的边际消费倾向"低得不合情理"。

第二步　利用这些数据计算均衡的实际 GDP。我们知道，在处于均衡状态时，总支出等于实际 GDP。总支出的表达式是：

$$AE = (MPC \times Y) + \bar{I} + \bar{G} + \overline{NX}$$

因此，在均衡状态时，

$$Y = AE = (MPC \times Y) + \bar{I} + \bar{G} + \overline{NX}$$

将给出的数据代入上式，得到：

$$Y = 0.8Y + 1.6\text{ 万亿美元} + 1.3\text{ 万亿美元} + (-0.4\text{ 万亿美元})$$

$$Y = 0.8Y + 2.5\text{ 万亿美元}$$

$$0.2Y = 2.5\text{ 万亿美元}$$

$$Y = \frac{2.5\text{万亿美元}}{0.2} = 12.5\text{ 万亿美元}$$

第三步　利用给出的数据计算乘数值。投资支出的乘数公式如下：

$$\frac{\Delta Y}{\Delta I} = \frac{1}{(1-MPC)}$$

当 MPC=0.8 时，乘数的数值为：

$$\frac{1}{(1-0.8)} = \frac{1}{0.2} = 5$$

凯恩斯及其追随者认为乘数数值较大，这让他们对于财政政策的有效性持乐观态度。**财政政策**指的是改变联邦政府购买和税收，以实现宏观经济政策目标的政策。就像投资支出的乘数一样，政府购买也具有乘数效应：

$$\frac{\Delta Y}{\Delta G} = \frac{1}{(1-MPC)}$$

因此，如果边际消费倾向为 0.9，政府购买乘数将等于 10。在这种情况下，如果实际 GDP 比潜在 GDP 低 2000 亿美元，国会和总统利用财政政策增加 200 亿美元（=2000 亿美元 /10）的政府购买，就可以使实际 GDP 恢复至潜在水平。

然而，实际上早期估计的乘数被证明数值过高了。我们这里所使用的简单模型与凯恩斯及其追随者在 20 世纪 30 年代使用的模型类似，它忽略了几个因素，从而使计算出来的乘数值过大。现实世界更为复杂，比如 GDP 的增加对几个变量都会产生影响，如进口、价格水平、利率和个人所得税等，这使得实际的乘数值要更小一些。

2009 年年初，奥巴马政府提出了《美国复苏和再投资法案》并在国会获得了通过，这一法案包括价值 8400 亿美元的政府增加支出和减税一揽子计划，是截至当时美国历史上规模最大的财政政策行动。在提出这一政策行动时，白宫经济学家估计政府购买的乘数值为 1.57，这意味着政府购买每增加 10 亿美元，均衡的实际 GDP 将会增加 15.7 亿美元。这一数值要比我们之前计算得出的简单的乘数值 10 要小得多。但是一些经济学家认为，即便是 1.57 的估计值也太高了。有几位经济学家提出，政府购买的乘数值小于 1。很难对乘数的数值进行精确估计，因为在国会和总统采取财政政策行动之后，经济中很多其他的因素也会影响实际 GDP，比如货币政策的变化。因此，将政府购买的变化所产生的影响分离出来，不是一件易事，有关乘数大小的争论未来可能还会继续下去。

构造 IS 曲线

正如我们在第 15 章第 15.2 节看到的，美联储的政策焦点通常是设立联邦基金利率的目标，并预期联邦基金利率的变化导致的其他市场利率的变化。因此，我们需要将利率变化产生的影响与产品市场模型结合起来。

利率的变动会对总支出中的三个组成部分产生影响，即消费 C、投资 I 和净出口 NX。我们集中关注实际利率，在我们的模型中，这一利率对于家庭和企业的决策至关重要。回忆一下，实际利率等于名义利率减去预期的通货膨胀率。实际利率上升导致企业投资于厂房和设备的意愿下降，家庭也不愿意购买新房，因此，投资 I 将会下降。同样地，实际利率上升激励消费者进行储蓄而不是花钱，因而消费 C 会下降。更高的国内实际利率提高了国内资产相对于外国资产的收益率，提升了对本国货币的需求，因而会提高汇率。汇率的上升会增加进口，减少出口，因而净出口 NX 会下降。实际利率的下降将会产生相反的效果，即提高 I、C 和 NX。

图 18-3a 利用 45° 线来展示实际利率的变化对产品市场均衡产生的影响。实际利率一开始为 r_1，总支出曲线为 AE（r_1），均衡的产出水平为 Y_1（A 点）。如果利率从 r_1 降至 r_2，总支出曲线将从 AE（r_1）上升至 AE（r_2），均衡的产出水平将由 Y_1 上升至 Y_2（B 点）。如果利率从 r_1 上升至 r_3，总支出曲线将从 AE（r_1）下降至 AE（r_3），均衡的产出水平将由 Y_1 下降至 Y_3（C 点）。

在图 18-3b 中，我们利用图 18-3a 的结果来构造 IS 曲线，这条曲线代表产品市场均衡时实际利率和总产出的组合。我们知道，对于图 18-3a 中 45° 线上的每一个均衡点，总支出都等于总产出或者 GDP。在图 18-3b 中，我们将这些点画在一张图中，并将实际利率放置在纵轴上，将总产出水平或者实际 GDP 放置在横轴上。图 18-3b 中的 A 点、B 点和 C 点对应于图 18-3a 中相应的点。IS 曲线是向下倾斜的，因为更高的利率导致总产出的下降和更低的均衡产出水平。

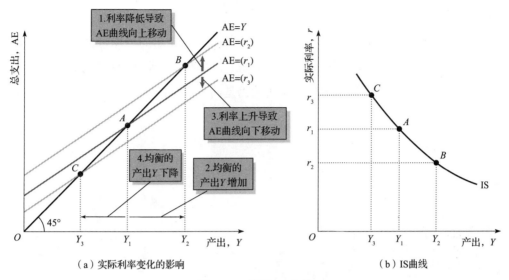

图 18-3　推导 IS 曲线

注：图 a 利用 45° 线来展示实际利率的变化对产品市场均衡产生的影响。实际利率一开始为 r_1，总支出曲线为 AE（r_1），均衡的产出水平为 Y_1（A 点）。如果利率从 r_1 降至 r_2，总支出曲线将从 AE（r_1）上升至 AE（r_2），均衡的产出水平将由 Y_1 上升至 Y_2（B 点）。如果利率从 r_1 上升至 r_3，总支出曲线将从 AE（r_1）下降至 AE（r_3），均衡的产出水平将由 Y_1 下降至 Y_3（C 点）。在图 b 中，我们将图 a 中的点画出来，以构造 IS 曲线。图 b 中的 A 点、B 点和 C 点对应于图 a 中相应的点。

产出缺口

在第 15 章第 15.4 节中，我们看到泰勒规则对于美联储如何选择联邦基金利率的目标提供了一个解释。根据泰勒规则，美联储对于联邦基金利率有一个目标，并且会根据两个变量的变化对这一目标进行调整，即通货膨胀缺口和产出缺口。**通货膨胀缺口**是当前的通货膨胀率与通货膨胀目标之间的差额，而**产出缺口**则是实际 GDP 与潜在 GDP 之间以百分比表示的差额。图 18-4 展示了从 1952 年至 2020 年第 1 季度产出缺口的变化。

在经济衰退时，产出缺口为负，因为实际 GDP 低于潜在 GDP。在经济扩张时，产出缺口为正，因为实际 GDP 超过了潜在 GDP。图 18-4 表明，按照产出缺口的规模来衡量，1981 ～ 1982 年和 2007 ～ 2009 年的经济衰退是二战结束以来最为严重的。在本书出版的 2020 年年底，2020 年的经济衰退有多严重，还无法确定。注意，在 2007 ～ 2009 年经济衰退结束以后的那些年产出缺口为负，因为实际 GDP 仍低于潜在 GDP，直至 2018 年的第 1 季度。

由于美联储更为关注产出缺口而不是实际 GDP，有必要将产出缺口整合到我们的宏观经济模型中。图 18-3b 所展示的 IS 曲线在横轴上使用的是实际 GDP，而不是产出缺口。我们能否用产出缺口来代替 IS 曲线中的实际 GDP？只需要进行如下的改变，就可以实现这一点，即认为实际利率影响的是投资、消费和净出口**相对于潜在 GDP 的水平**。比如，当实际利率下降而 C、I 和 NX 增加时，总支出的增加将会导致实际 GDP（Y）相对于潜在 GDP（Y^P）增加。在这种情况下，当我们在画 IS 曲线时，纵轴上是实际利率，横轴上是产出缺口，此时的 IS 曲线仍是向下倾斜的。

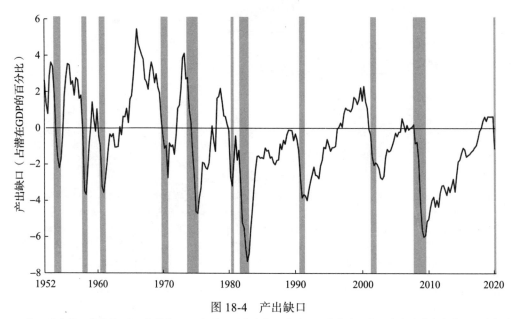

图 18-4　产出缺口

注：产出缺口是实际 GDP 与潜在 GDP 之间以百分比表示的差额。产出缺口在经济衰退时为负值，如图中的阴影部分所示，因为实际 GDP 低于潜在 GDP。

资料来源：国会预算局，美国经济分析局。

图 18-5 展示了这种 IS 曲线，并将产出缺口置于横轴。我们使用 Y 代表产出缺口，以便与实际 GDP（Y）区别开来。作为参照，我们引入了一条垂直的直线，即 $Y=Y^P$，此时产出缺口为零。通常情况下，我们在画图时将纵轴置于横轴数值为零的地方。然而，在我们这种情况下，如果将纵轴向左移动，从而让零值位于横轴的中间，这样会使图形更容易理解。注意，横轴上零值左侧的数值代表产出缺口为负或者经济处于衰退期，而横轴上零值右侧的数值代表产出缺口为正，即经济处于扩张期。

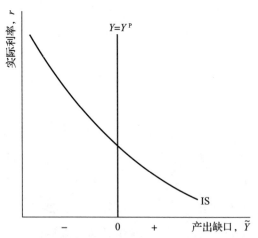

图 18-5　使用产出缺口的 IS 曲线

注：本图展示的 IS 曲线在横轴上的是产出缺口，而不是实际 GDP。横轴上零值左侧的数值代表产出缺口为负或者经济处于衰退期，而横轴上零值右侧的数值代表产出缺口为正，即经济处于扩张期。直线 $Y=Y^P$ 也垂直于产出缺口为零的点。

IS 曲线的移动

通过假定影响家庭、企业和政府支出意愿的所有其他因素都保持不变，考察实际利率对于总支出的影响，我们可以推导出 IS 曲线。因此，实际利率的上升或下降将会导致**沿着 IS 曲线的移动**。改变影响总支出的其他因素，将会导致 **IS 曲线的移动**。这些除了实际利率的变化以外的其他因素可以导致总支出的改变，这些因素被称为**总需求冲击**。比如，正如我们已经看到的，2006 年，美国住房建筑支出开始迅速下降。这种投资中某一部分的下降就是**负向的需求冲击**，这会导致 IS 曲线向左移动。从 2014 年中期开始，一直到 2019 年，美国州政府和地方政府的支出显著增加。这种政府购买 G 的增加是一项**正向的需求冲击**，使 IS 曲线向右移动。图 18-6 表明了在任何给定的实际利率水平下，正向的需求冲击使 IS 曲线向右移动，负向的需求冲击使 IS 曲线向左移动。

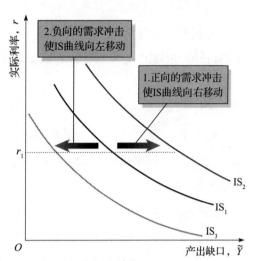

图 18-6　IS 曲线的移动

注：对于任何既定的实际利率，正向的需求冲击使 IS 曲线向右移动，负向的需求冲击使 IS 曲线向左移动。

18.2　MP 曲线与菲利普斯曲线

学习目标　解释 MP 曲线和菲利普斯曲线的重要性。

IS-MP 模型的第二部分是货币政策曲线，即 MP。MP 曲线代表美联储在联邦公开市场委员会（FOMC）开会之后，设定联邦基金利率目标的货币政策行动。我们假定美联储根据泰勒规则确定联邦基金利率的目标。回忆一下第 15 章第 15.4 节中泰勒规则的表达式：

联邦基金利率的目标 = 当前的通货膨胀率 + 均衡的联邦基金实际利率 + （1/2）× 通货膨胀缺口 +（1/2）× 产出缺口

泰勒规则告诉我们，当通货膨胀率超过美联储 2% 左右的通货膨胀目标时，FOMC 就会提高联邦基金利率的目标，2005 年后期和 2006 年初期就是如此。当产出缺口为负值时，也就是说，当实际 GDP 低于潜在 GDP 时，FOMC 将降低联邦基金利率的目标，2008 年和 2020 年就是这种情况。

尽管 FOMC 可以控制联邦基金利率的目标，但这是一个短期的名义利率，对于决定总支出而言，长期的实际利率更为重要。比如，当人们决定是否购买新房时，它们考虑的是 30 年抵押贷款的实际利率。当企业为新投资而借款时，它们考虑的是长期企业债券的实际利率。由于短期利率和长期利率趋向于一同起落，当 FOMC 提高或降低联邦基金利率的目标时，长期利率通常也会上升或下降。同样地，尽管联邦基金利率是名义利率，如果对未来通货膨胀的预期保持稳定，通过提高或降低名义联邦基金利率的目标，FOMC 通常也可以提高或降低实际利率。

MP 曲线

根据上述理由，我们假定在 IS-MP 模型中美联储通过改变联邦基金利率的目标，能够控制实际利率。在图 18-7 中，MP 为一水平的直线，此时的实际利率是由美联储决定的，因为我们假定不管产出缺口是增是减，美联储总能使这一利率水平保持不变。如果美联储使实际利率由 r_1 上升至 r_2，MP 曲线将由 MP_1 上升至 MP_2，消费支出、投资支出和净出口均会下降，从而导致沿着 IS 曲线向上移动。由于实际 GDP 相对于潜在 GDP 下跌，产出缺口将由 $\tilde{Y}_1$ 变为 $\tilde{Y}_2$。如果美联储使实际利率由 r_1 下降至 r_3，MP 曲线将由 MP_1 下降至 MP_3，消费支出、投资支出和净出口均会上升，从而导致沿着 IS 曲线向下移动。由于实际 GDP 相对于潜在 GDP 增加，产出缺口将由 $\tilde{Y}_1$ 变为 $\tilde{Y}_3$。

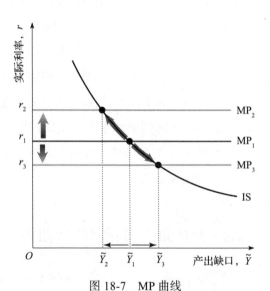

图 18-7 MP 曲线

注：MP 为一水平的直线，此时的实际利率是由美联储决定的。如果美联储使实际利率由 r_1 上升至 r_2，MP 曲线将由 MP_1 上升至 MP_2，导致沿着 IS 曲线向上移动，产出缺口将由 $\tilde{Y}_1$ 变为 $\tilde{Y}_2$。如果美联储使实际利率由 r_1 下降至 r_3，MP 曲线将由 MP_1 下降至 MP_3，导致沿着 IS 曲线向下移动，产出缺口将由 $\tilde{Y}_1$ 变为 $\tilde{Y}_3$。

菲利普斯曲线

泰勒规则表明，当通货膨胀缺口为正时，也就是说，当当前的通货膨胀率超过美联储 2% 左右的通货膨胀目标时，美联储通常会提高实际利率。提高实际利率会使实际 GDP 相对于潜在 GDP 降低。由于实际 GDP 低于潜在水平，企业的生产能力无法得到充分利用，失业率将会上升，这将产生成本和价格下降的压力，最终导致更低的通货膨胀率。美联储依据的是**通货膨胀率与经济状况之间的反向关系**，即当产出和就业增加时，通货膨胀率趋向于上升，当产出和就业下降时，通货膨胀率趋向于下降。

第一位系统分析这种反向关系的经济学家是新西兰的菲利普斯（A. W. Phillips）。1958 年，菲利普斯利用英国的通货膨胀率和失业率的数据，画了一条展示两者平均值之间关系的曲线。从那时起，这一表明失业率和通货膨胀率之间短期关系的图形就被称为**菲利普斯曲线**。[一]图 18-8 中的图形与菲利普斯所使用的类似。菲利普斯曲线上的每个点代表了在某一特定年份所观察到的通货膨胀率和失业率的组合。比如，A 点代表了某一年 4% 的失业率和 4% 的通货膨胀率的组合，而 B 点代表了另一年 7% 的失业率和 1% 的通货膨胀率的组合。

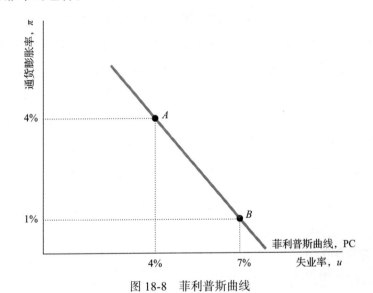

图 18-8 菲利普斯曲线

注：菲利普斯曲线说明的是失业率和通货膨胀率之间的短期关系。A 点代表了某一年 4% 的失业率和 4% 的通货膨胀率的组合，而 B 点代表了另一年 7% 的失业率和 1% 的通货膨胀率的组合。

研究菲利普斯曲线关系的经济学家得出的结论是，通货膨胀和失业之间并不存在稳定且唯一的权衡取舍关系，相反，他们认为，由于供给冲击和对通货膨胀率的预期发生改变，菲利普斯曲线的位置会随着时间的推移而改变。正如我们在第 17 章第 17.3 节看到的，像石油价格出人意料地上涨这样的负向供给冲击会导致产出下降，从而使失业率上升，同时，导致价格水平面临上涨的压力，提高通货膨胀率。失业和通货膨胀都变得更高，这意味着菲利普斯曲线向上移动了。家庭和企业对通货膨胀率的预期发生改变，也会使菲利普斯曲线的位置发生移动。比如，如果家庭和企业预期通货膨胀率每年为 2%，但是，在很长时期内它们所面临的通货膨胀率却为 4%，它们就有可能将对未来通货膨胀的预期从 2% 调整到 4%。

○ 菲利普斯实际上是以工资变化的百分比来衡量通货膨胀，而不是用价格变动的百分比。由于在通常情况下，工资和价格大致上会一起变化，对于我们的分析而言，两者的区别无关紧要。

通货膨胀预期会嵌入经济之中。如果工人们开始认为未来的通货膨胀率是 4%，而不是 2%，他们就会预期，除非自己的名义工资至少增加 4%，否则实际工资就会下降。实际工资就是名义工资除以价格水平。同样地，我们在第 4 章第 4.3 节讨论过的费雪效应表明，预期通货膨胀率的增加将会导致名义利率上升。当工人、企业和投资者将对通货膨胀率的预期由 2% 调整为 4% 时，对于任何既定的失业率，通货膨胀率将会提高 2%。换句话说，菲利普斯曲线将会向上移动 2%。

最后，为了理解失业率的变化对通货膨胀率产生的影响，一个很好的办法就是考察当前的失业率与经济处于充分就业时的失业率的差异，后者被称为**自然失业率**。当前的失业率与自然失业率之间的差异代表**周期性失业**，因为这是由于经济周期性衰退使失业率上升至充分就业水平以上而导致的失业。当当前的失业率与自然失业率相等时，如果对于通货膨胀的预期和供给冲击的影响保持不变，通货膨胀率通常不会变化。如果当前的失业率超过了自然失业率，劳动力市场处于萧条之中，工资上涨受到限制，企业的生产成本也是如此，通货膨胀率将会下降。如果当前的失业率低于自然失业率，劳动力市场供小于求，工资可能上涨，推动企业生产成本上升，通货膨胀率将会上升。

考虑以上所有这些因素，我们可以得到如下菲利普斯曲线的方程：

$$\pi = \pi^e - a(U - U^*) - s$$

其中：

π = 当前通货膨胀率；

π^e = 预期通货膨胀率；

U = 当前失业率；

U^* = 自然失业率；

s 代表供给冲击所产生的影响的变量，在负向供给冲击时为负值，在正向供给冲击时为正值；

a 是一个常数，代表当前失业率与自然失业率的差异对通货膨胀率的影响有多大。

上述方程告诉我们，预期通货膨胀增加或者负向的总供给冲击将会使菲利普斯曲线向上移动，而预期通货膨胀下降或者正向的总供给冲击将会使菲利普斯曲线向下移动。

哪些因素会导致预期通货膨胀率发生变化？很多经济学家认为，如果家庭和企业所经历的实际通货膨胀率持续高于它们的预期值，它们就会调整预期通货膨胀。比如，20 世纪 60 年代的通货膨胀率平均每年大约为 2%，但是，从 1970 年至 1973 年加速增至每年 5%，1974 年至 1979 年达到每年 8.4%。持续的高通货膨胀率导致家庭和企业向上修正了它们对于未来通货膨胀的预期，菲利普斯曲线向上移动。注意，一旦菲利普斯曲线向上移动，通货膨胀和失业之间的短期权衡取舍将变得更为糟糕。也就是说，任何既定的失业率水平都联系到更高的通货膨胀率。我们在第 15 章第 15.4 节了解到，保罗·沃尔克在 1979 年 8 月成了美联储主席，吉米·卡特总统要求他降低通货膨胀率。当经济在 1981 ~ 1982 年经历严重的衰退时，随着失业率的飙升以及企业的生产能力出现了大量的闲置，通货膨胀率急剧下降。从 1983 年至 1986 年，年均通货膨胀率为 3.3%。家庭和企业相应地降低了对于未来通货膨胀的预期，菲利普斯曲线出现了向下的移动。

图 18-9 展示了菲利普斯曲线的这种移动。

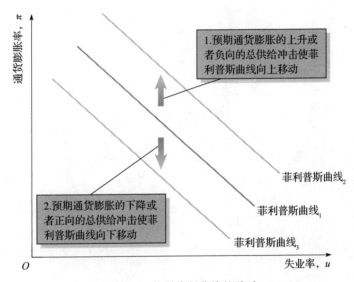

图 18-9　菲利普斯曲线的移动

注：预期通货膨胀的增加或者负向的总供给冲击使菲利普斯曲线向上移动。预期通货膨胀的下降或者正向的总供给冲击使菲利普斯曲线向下移动。

奥肯定律和带有产出缺口的菲利普斯曲线

菲利普斯曲线表明了通货膨胀率和失业率之间的短期关系。图 18-7 表明，我们可以利用 IS 曲线和 MP 曲线说明美联储如何利用货币政策来影响产出缺口。如果能够说明产出缺口与通货膨胀率之间的关系，我们就可以将菲利普斯曲线整合到 IS-MP 模型中。这可以让我们说明通货膨胀率的变化对美联储政策的影响，以及美联储的政策变化对通货膨胀率的影响。幸运的是，有一种简单的方法可以将菲利普斯曲线从表示通货膨胀率与失业率之间的关系，修改为表示通货膨胀率与产出缺口之间的关系。

阿瑟·奥肯（Arthur Okun）在 20 世纪 60 年代曾经担任过总统经济顾问委员会的主席，以他的名字命名的奥肯定律简洁明了地总结了产出缺口 $\tilde{Y}$ 和失业率缺口之间的关系，其中，失业率缺口是当前失业率 U 与自然失业率 U^* 之间的差距：

$$\tilde{Y} = -2 \times (U - U^*)$$

记住，当前失业率与自然失业率的差距等于周期性失业率。图 18-10 展示了自 1950 年以来实际的周期性失业率与根据奥肯定律计算出来的周期性失业率。由于在大多数年份这两个数值都非常接近，我们可以很有信心地认为，用产出缺口 $\tilde{Y}$ 来替代菲利普斯方程中的周期性失业率（$U-U^*$），可以理解产出缺口的变化对于通货膨胀率的影响：

$$\pi = \pi^e + b\tilde{Y} - s$$

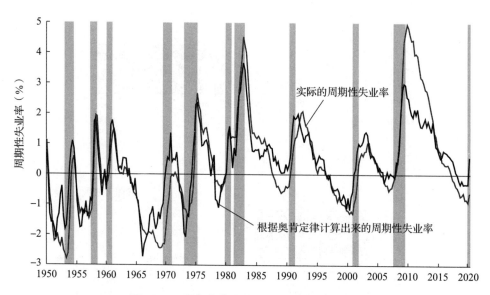

图 18-10　根据奥肯定律来预测周期性失业率

注：奥肯定律表明，产出缺口等于 −2 乘以失业率的缺口，即当前失业率与自然失业率之间的差距。本图表明，在多数时期，奥肯定律很好地解释了周期性失业率。阴影部分代表衰退的月份。

资料来源：国会预算办公室，美国经济分析局。

方程中的系数 b 代表了产出缺口对于通货膨胀率的影响。

图 18-11 展示了我们修改以后的菲利普斯曲线，产出缺口在横轴上，通货膨胀率在纵轴上。注意，在使用了产出缺口的菲利普斯曲线中，这一曲线是向上倾斜的，而不是像图 18-8 中那样向下倾斜。之所以斜率会发生这种变化，是因为当失业率提升时，通货膨胀率通常会下降，而在实际 GDP 增加时，通货膨胀率通常会上升。当产出缺口等于零，并且不存在供给冲击时，实际的通货膨胀率等于预期的通货膨胀率。与原来的菲利普斯曲线一样，预期通货膨胀率的上升或者负向的供给冲击会使这一菲利普斯曲线向上移动，而预期通货膨胀率的下降或者正向的供给冲击会使这一菲利普斯曲线向下移动。

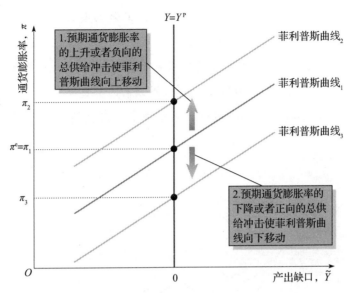

图 18-11　使用产出缺口的菲利普斯曲线

注：由于横轴上使用的是产出缺口而不是失业率，这里的菲利普斯曲线与图 18-8 中所展示的曲线有所不同。
这里的菲利普斯曲线是向上倾斜的，而不是向下倾斜的。当产出缺口等于零，并且不存在供给冲击时，
实际的通货膨胀率等于预期的通货膨胀率。预期通货膨胀率的上升或者负向的供给冲击会使这一菲利普
斯曲线向上移动，而预期通货膨胀率的下降或者正向的供给冲击会使这一菲利普斯曲线向下移动。

| 概念应用 |

2007 ～ 2009 年衰退之后的经历是否打破了奥肯定律

正如我们在本章开头中提到的，联邦公开市场委员会的成员及其所依靠的美联储
内部的经济学家会对关键的经济变量进行预测。FOMC 对失业和通货膨胀状况的预
测会影响委员会关于联邦基金利率目标的决策。在 2007 ～ 2009 年经济衰退结束以后
的某些年份，FOMC 难以准确预测失业和通货膨胀的数值。结果，从 2011 年开始，
FOMC 对两年后联邦基金利率目标的预测值始终高于实际的目标值。同样地，2009 年
和 2010 年，白宫经济学家由于未能准确预测失业率而受到了批评。2009 年年初，时任
巴拉克·奥巴马总统经济顾问委员会主席的克里斯蒂娜·罗默和副总统乔·拜登的经
济顾问贾里德·伯恩斯坦（Jared Bernstein）预测，如果国会通过了奥巴马总统提高联
邦政府支出和减税的刺激计划，失业率将在 2009 年第 3 季度达到大约 8% 的峰值，并
在以后各季度回落。尽管国会通过了这一刺激计划，失业率仍在 2009 年第 3 季度达
到 9.6%。失业率在 2009 年第 4 季度升至 9.9%，并且在 2011 年第 4 季度之前从未降至
9% 以下。

对失业率的预测出现了失误，部分原因在于在 2007 ～ 2009 年经济衰退期间实际

GDP 下降的幅度大于预期，而在衰退之后，实际 GDP 的增长速度慢于预期。因此，按照奥肯定律，失业率将高于预期。但是，实际 GDP 的下降不能完全解释失业率的上升。图 18-10 表明，自 1950 年以来，总体而言奥肯定律能够很好地解释失业率的变化。但是，图 18-12 表明，在 2007～2009 年经济衰退以后的那些年，奥肯定律无法很好地解释失业率的变化。图 18-12 包含从 2007 年第 1 季度至 2020 年第 1 季度的数据。

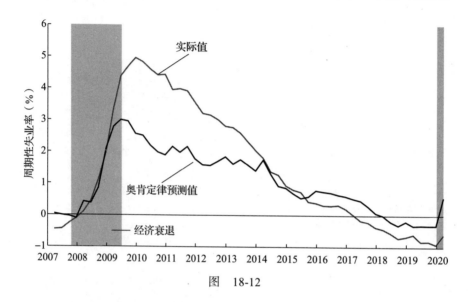

图　18-12

　　从 2009 年中期开始，并且一直持续到 2014 年年初，奥肯定律预测的周期性失业率至少要比实际的周期性失业率低 1 个百分点，在某些季度甚至要低 2 个百分点。换句话说，给定实际 GDP 的变化，依靠奥肯定律进行预测的经济学家对失业率的预测值比实际值要低一些。正如当时的美联储主席本·伯南克在国会作证时所讲的，失业率的下降"缓慢得令人沮丧"。

　　为何奥肯定律在这一时期表现得相对较差？一些经济学家指出，劳动生产率的变化是原因之一。劳动生产率是平均每个工人的产出数量。在 2009 年和 2010 年，劳动生产率出现了暂时性的大幅提高。当劳动生产率提高时，企业在工人数量不变的情况下可以有更多的产出，或者用更少的工人生产相同的产量。很多企业似乎选择了第二个选项，即用更少的工人维持它们的生产水平，这导致失业率比很多经济学家的预测更高一些。但是，这个解释遇到的困难是，劳动生产率的增长在 2011 年下降，并保持在这一较低的水平，但是奥肯定律在接下来的两年仍未能很好地预测失业率。一些经济学家提出的另一个解释是，由于 2007～2009 年的衰退如此严重，很多企业担心它们可能会被迫破产。结果，为了减少成本，它们采取了解雇工人的方法，而且根据它们销量下降的幅度，实际解雇的工人数量超过了通常的水平。

一些经济学家认为，劳动力市场的变化有可能解释奥肯定律遇到的问题。比如，西北大学的罗伯特·戈登认为，工会组织程度的下降和临时性就业的增加可能增强了企业在销量下降时解雇工人的意愿。如果确实如此，那么，奥肯定律如果想要准确预测未来经济衰退时周期性失业的变化，比如从 2020 年 2 月开始的这次衰退，其公式就必须进行修正。

在 2014 年之后，随着经济恢复至更为正常的状态，奥肯定律又能准确预测周期性失业的变化了。注意，从 2017 年开始，实际的周期性失业率和根据奥肯定律预测的周期性失业率都变为了负值。负值表明，在这些月份，失业率低于自然失业率的估计值。奥肯定律是否能够准确预测新冠疫情发生之后周期性失业的变化，仍要拭目以待。

18.3　IS-MP 模型中的均衡

学习目标　利用 IS-MP 模型来说明宏观经济均衡。

我们现在已经说明了 IS-MP 模型的三个组成部分，即 IS 曲线、MP 曲线和菲利普斯曲线。图 18-13 展示了这一模型中宏观经济长期均衡的状况。在图 18-13a 中，IS 曲线和 MP 曲线相交，此时产出缺口为零且实际利率处于联邦目标利率的水平。在图 18-13b 中，菲利普斯曲线表明，由于产出缺口为零，实际通货膨胀率与预期通货膨胀率相等。

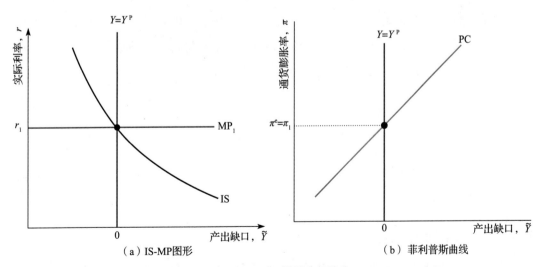

图 18-13　IS-MP 模型中的均衡

注：在图 a 中，IS 曲线和 MP 曲线相交，此时产出缺口为零且实际利率处于联邦目标利率的水平。在图 b 中，菲利普斯曲线表明，由于产出缺口为零，实际通货膨胀率与预期通货膨胀率相等。

| 概念应用 |

IS-MP 模型来自何处

我们在本章中使用的宏观经济模型有深远的历史根源。英国经济学家约翰·梅纳德·凯恩斯在其 1936 年的《就业、利息和货币通论》（以下简称《通论》）中发展了 IS 曲线背后的基本概念。凯恩斯是第一位详细讨论下述观点的经济学家，即总产出将会随着总支出的变化而增加和减少。他认为从 1929 年开始的总支出的崩溃是大萧条的罪魁祸首。

凯恩斯在《通论》中并没有明确地画出 IS 曲线。IS 曲线第一次出现在英国经济学家约翰·希克斯（John Hicks）在 1937 年撰写的一篇文章中。对于为何称之为 IS 曲线，我们的讨论有些令人迷惑。按照希克斯在分析产品市场均衡时使用的另外一种方法，就很容易理解这一点。如果我们考察一个封闭经济，即不存在进出口的经济，总支出等于 $C+I+G$。在均衡状态时，$Y=C+I+G$。我们可以将这一等式重新整理为 $Y-C-G=I$。由于 $Y-C-G$ 代表了当期产出中没有被家庭和政府消费的部分，我们可以将其视为**国民储蓄 S**。因此，我们可以说当投资等于国民储蓄时，也就是 $I=S$ 时，产品市场处于均衡状态，这就是为什么希克斯会将代表产品市场均衡的曲线称为 IS 曲线。分析产品市场均衡的两种方法：①总产出 = 总支出；②投资 = 储蓄。它们是完全等价的。

希克斯在他的模型中并没有使用 MP 曲线，他使用的是所谓的 LM 曲线，LM 代表的是**流动性**和**货币**。在其最初的论文中，希克斯称之为 LL 曲线。LM 曲线代表的是能够使货币市场处于均衡状态的利率和产出的组合。我们已经在第 17 章第 17.1 节讨论过货币市场。希克斯使用的分析方法被称为 **IS-LM 模型**。本章附录将对这一模型进行更为详细的讨论。IS-LM 模型的一个缺点是，它假定货币政策主要与美联储选择的货币供给目标有关。然而，我们知道，自 20 世纪 80 年代初期以来，美联储以联邦基金利率作为目标，而不是以货币供给作为目标。近些年来，在实施短期货币政策时，美联储很少关注货币供给的变化。2000 年，加州大学伯克利分校的戴维·罗默建议放弃使用 LM 曲线，转而使用我们本章中所讨论的 MP 曲线。

通过阅读本书最后列出的参考文献，你可以了解约翰·梅纳德·凯恩斯、约翰·希克斯、菲利普斯和阿瑟·奥肯等人原著中的更多内容。注意，这些文献中的某些讨论是技术性的。

以货币政策来对抗衰退

假定一开始经济处于图 18-13 中所描述的状况，然后经济受到了一次需求冲击，就像 2007 年发生的情况一样，当时房地产泡沫的破裂导致住宅建筑支出下降。图 18-14a 表明，需求冲击导致 IS 曲线从 IS_1 向左移至 IS_2。实际 GDP 降至潜在 GDP 以下，于是经济

在 $\tilde{Y}_1$ 处存在一个负的产出缺口，从而陷入了衰退。图 18-14b 表明，负的产出缺口导致菲利普斯曲线向下移动，使通货膨胀率从 π_1 降至 π_2。美联储通常以降低联邦基金利率目标来对抗衰退。这一措施会降低实际利率，使货币政策曲线由 MP_1 降至 MP_2。更低的利率导致消费支出、投资支出和净出口增加，从而使 IS 曲线向下移动。实际 GDP 恢复至潜在水平，于是产出缺口再次变成了零。在图 18-14b 中，通货膨胀率从 π_2 上升至 π_1。

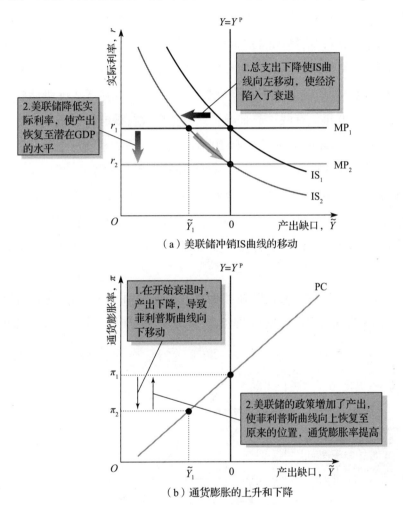

图 18-14　扩张性货币政策

注：在图 a 中，需求冲击导致 IS 曲线从 IS_1 向左移至 IS_2。实际 GDP 降至潜在 GDP 以下，于是经济在 $\tilde{Y}_1$ 处出现了一个负的产出缺口，从而陷入了衰退。图 b 表明，负的产出缺口导致菲利普斯曲线向下移动，使通货膨胀率从 π_1 降至 π_2。美联储降低实际利率，使货币政策曲线由 MP_1 降至 MP_2，从而使 IS 曲线向下移动。实际 GDP 恢复至潜在水平，于是产出缺口再次变成了零。在图 b 中，通货膨胀率从 π_2 重新回升至 π_1。

抗击 2007～2009 年和 2020 年经济衰退的复杂性

在对 2007～2009 年经济衰退时美联储所采取的政策的讨论中，我们已经看到像图 18-14 中所展示的那种向潜在 GDP 的顺利转变并没有发生。一个原因是，尽管我们在 IS-MP 模型中假定美联储可以控制实际利率，实际上美联储能够设定联邦基金利率的目标，但是通常并不会试图直接影响其他市场利率。在正常情况下，美联储相信长期实际利率会随着联邦基金利率的上升而上升，并随着联邦基金利率的下降而下降。然而，2007 ～ 2009 年的衰退非同寻常。

回忆一下第 5 章第 5.1 节的内容，违约风险溢价是投资者因持有某种具有违约风险的债券而要求获得的更高的收益。在 2007 ～ 2009 年金融危机期间，特别是在 2008 年 9 月雷曼兄弟倒闭之后，违约风险溢价飙升，因为投资者担心企业难以偿还其贷款或者支付其债券的本金和利息。出售 Baa 级债券是企业重要的资金来源。Baa 级是穆迪最低的投资级评级，发行这种债券的企业数量要比有资格发行 Aaa 级债券的企业多得多。实际上，在 2020 年仅有两家非金融企业有资格发行穆迪的 Aaa 级债券，即微软和强生公司。因此，当 Baa 级企业债券和 10 年期美国国债的利差从金融危机之前的大约 1.5% 增至危机高峰时期的超过 6% 时，企业很难通过发行债券来融资。

至 2008 年年底，美联储将联邦基金利率降至接近于零的水平，但是风险溢价的上升抵消了美联储扩张性政策的影响。美联储试图通过非同寻常的措施来降低长期利率，即直接购买 10 年期美国国债和抵押贷款支持证券，但是美联储无法完全冲销风险溢价产生的影响。

图 18-15 说明了 2008 年美联储在实施扩张性的货币政策时遇到的问题。住宅建筑支出崩溃使 IS 曲线由 IS_1 向左移至 IS_2，实际 GDP 为 $\tilde{Y}_1$，降至潜在 GDP 以下。美

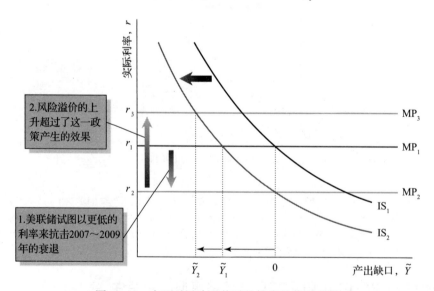

图 18-15　在面对风险溢价时的扩张性货币政策

注：在 2007 ～ 2009 年衰退期间，住宅建筑支出崩溃使 IS 曲线由 IS_1 向左移至 IS_2，实际 GDP 为 $\tilde{Y}_1$，降至潜在 GDP 以下。美联储的应对措施是将实际利率由 r_1 降至 r_2，但是，实际上风险溢价的上升导致实际利率上升至 r_3，使经济在 $\tilde{Y}_2$ 处陷入了更严重的衰退。

联储的应对措施是将实际利率由 r_1 降至 r_2，在正常情况下，这足以使经济恢复至潜在 GDP。但是，实际上风险溢价的上升导致实际利率上升至 r_3，使经济在 $\tilde{Y}_2$ 处陷入了更严重的衰退。只有在 2009 年中期风险溢价降至更正常的水平时，经济才开始复苏。美联储通过采取非传统的政策措施，比如购买由房地美和房利美发行的抵押贷款支持证券，促进了风险溢价的降低。

| 概念应用 |

解放房利美和房地美

在 2007 ～ 2009 年的金融危机中，美国的金融市场没有哪个部门受到的影响比住房抵押市场更为严重。正如我们已经看到的，金融危机源自住房价格的下跌，这导致了抵押贷款支持证券（MBS）价格的下降。金融企业因为持有 MBS 蒙受损失，信贷开始枯竭，经济陷入了自 20 世纪 30 年代大萧条以来最为严重的衰退之中。2008 年 9 月，为了应对危机，联邦政府使联邦国民抵押贷款协会（即"房利美"）和联邦住房贷款抵押公司（即"房地美"）被一家新成立的联邦机构接管，即联邦住房金融局。

房利美和房地美一直是**政府特许企业**，国会建立这两家企业的目的在于创建抵押贷款的二级市场。房利美和房地美向投资者出售债券，并以筹集的资金购买银行的抵押贷款，然后房利美和房地美将这些抵押贷款打包为抵押贷款支持证券。从法律上来讲，房利美和房地美是私营企业，其股东期待它们能够赚取利润。尽管在其遇到财务困难时，国会没有义务向房利美和房地美提供资金，大多数投资者还是相信国会永远不会让它们倒闭，因为这样做会严重破坏抵押贷款市场，使人们很难借款买房。由于存在这种预期，房利美和房地美可以以低利率出售债券，因为投资者认为这些债券违约风险很小。

在金融危机之前的那些年，这两家政府特许企业对于住房抵押贷款市场的重要性增加了。在 20 世纪 50 年代和 60 年代，传统的抵押贷款发放方式占主导地位，银行和储贷机构发放了大多数的抵押贷款，并将这些抵押贷款保留在自己的资产中，直至贷款到期或者被借款人清偿。那些年，在所有的住房抵押贷款中，银行、储贷机构和保险公司持有的比例为 85% 或者更多。至 20 世纪 90 年代初期，房地美和房利美以及其他联邦机构，比如政府国民抵押贷款协会（Ginnie Mae）和联邦住房管理局（FHA），持有的抵押贷款占大多数。此外，投资银行和其他一些金融机构开始将贷款证券化，并发行了它们自己的非机构 MBS（private label MBS）。就在这场金融危机之前，非机构 MBS 所占的市场份额一直在增加，而房利美和房地美发行的 MBS 占比则在下降，后者发行的证券也被称为机构 MBS。

由于房价下跌，投资者担心房利美和房地美无法履行对它们所发行的 MBS 的担保责任。此外，这两家企业还持有大量自己发行的 MBS。由于国会允许它们将资本金保持在极低的水平，很明显，它们所蒙受的损失将使其资不抵债。2008 年 9 月，为了避免抵押贷款市场崩溃，国会授权财政部向房利美和房地美注入了 1890 亿美元新增资本金，并由联邦住房金融局接管了这两家企业。

在联邦政府接管房利美和房地美时，很多经济学家和政策制定者预期，在未来某个时候，这两家企业将会被**私有化**，这意味着它们将重新成为私营企业。但是，截至 2020 年中期，尽管已经初步形成了一个将其私有化的方案，这两家企业仍在联邦住房金融局的控制之下。此外，美联储继续成为由房利美和房地美发行的 MBS 的主要买家。作为美联储几轮量化宽松和为降低抵押贷款利率而采取的政策措施的一部分，至 2020 年 7 月，美联储持有的由房利美和房地美发行的 MBS 已经超过了 1.92 万亿美元，这一数量相当于所有住房抵押贷款总额的大约 17%。

一些经济学家和政策制定者提出了以下几点理由，以说明为何应当将房利美和房地美私有化，而不是让联邦住房金融局无限期地接管这两家企业：

- 联邦政府为房利美和房地美发行的 MBS 提供了有效的担保。这一担保使得私人机构很难将住房抵押贷款证券化，因为实行证券化的私人机构，比如投资银行，为抵押贷款提供担保的费用要远超过房利美和房地美。此外，按照法律，房利美和房地美不用缴纳州政府和地方政府征收的企业税，这使其相对于潜在的私人竞争者拥有更大的优势。不出意料，2020 年，抵押贷款的私人证券化在抵押贷款市场上的占比仅有 2%。由于缺乏大量的私人证券化，联邦政府有效地控制了抵押贷款市场。在国会于 2008 年授权接管房利美和房地美时，它并没有预期到这种状况会永远持续下去。

- 根据联邦住房金融局和财政部于 2010 年签署的协议，房利美和房地美几乎所有的利润都要交给财政部，只留下数量极少的资本金，以弥补可能的损失。这一要求后来进行了修改，允许房利美和房地美每年保留最高 450 亿美元的利润。2020 年 5 月，联邦住房金融局局长马克·卡拉布里亚（Mark Calabria）提到，在重新成为私营企业之前，房利美和房地美将需要拥有 2400 亿美元的资本金，以便在不需要获得美国财政部援助的情况下，能够吸收由于持有抵押贷款而蒙受的损失。这两家政府特许企业是否能够从金融市场上筹集足够的资金以达到这一目标，目前尚不清楚，尽管它们希望在 2021 年开始这样做。

- 由于房利美和房地美实际上是政府机构，它们面临来自国会的政治压力，这降低了它们购买抵押贷款时的承销标准。实际上，在 2020 年经济衰退期间，房利美和房地美就是这样做的。2020 年 4 月，联邦住房金融局宣布，它将继续购买处于债务延期偿还状态的抵押贷款，这意味着借款人使用了《新冠病毒援助、救济和经济安全法案》的有关条款，即如果他们陷入了财务困境，可以停止偿还贷款最多一年的时间。联邦住房金融局还宣布，如果有四个月没有收到还款，房利美和房地美将向 MBS 的持有者还款，以缓解银行和其他贷款发起人的还款责任。尽管这些措施有助于缓解抵押贷款市场由于衰退而引发的问题，但是也将房利美和房地美暴露于更大的风险之下。

- 美联储大规模购买 MBS，这提高了 MBS 的价格，降低了 MBS 的利率，有助于为房地产市场提供支持，但是也意味着这些证券的价格并没有反映它们潜在的风险。

2020 年中期，联邦住房金融局建议将房利美和房地美再次变为私营企业，只要像前面提到的那样，它们能够主要以出售股票的形式筹集 2400 亿美元的资本金。私有化进程计划于 2021 年或者 2022 年开始，但是这取决于经济是否已经充分恢复，从而使已经由房利美和房地美证券化了的抵押贷款的借款人在延期还款结束以后，有能力正常还款。

将房利美和房地美私有化有可能产生一个问题，即抵押贷款的利率可能会提高，因为投资者可能要求对原本由房利美和房地美承担的风险进行完全的补偿，而房利美和房地美将不再承担这些风险。如果随着时间的推移，经济从 2020 年的衰退中复苏过来，美联储将会减少 MBS 的持有数量，那么，利率极有可能上升。利率上升使一些人在买房时遇到困难，而国会可能会阻止这种情况发生，因为美国人口中自有住房的拥有率已经从 2005 年的 69.1% 降至了 2020 年年初的 65.3%。

最后，一些经济学家和政策制定者认为，如果房利美和房地美被私有化，联邦政府将会失去一个在发生金融危机时能够迅速干预抵押贷款市场的工具，就像联邦住房金融局宣布的前面讨论过的那些措施一样。截至 2020 年中期，联邦住房金融局的计划是否能够得到贯彻，房利美和房地美最终能否被私有化，尚不得而知。

解决问题 18.3

利用货币政策来对抗通货膨胀

正如我们在第 15 章第 15.4 节看到的，美联储主席保罗·沃尔克于 1979 年 8 月上任,并肩负着降低通货膨胀率的重任。利用 IS-MP 模型,分析美联储如何改变通货膨胀预期,从而永久性地降低通货膨胀率。你的图形中需要包括 IS 曲线、MP 曲线和菲利普斯曲线,还要说明美联储的政策对于产出缺口和通货膨胀率的最初影响。最后,需要说明经济如何恢复到一个通货膨胀率更低的均衡状态。

解决问题

第一步 复习本章内容。 本题有关 IS-MP 模型的运用和菲利普斯曲线移动的原因,因此,你需要复习"菲利普斯曲线"和"IS-MP 模型中的均衡"这两部分的内容。

第二步 介绍美联储用来降低通货膨胀率的政策,并通过图形来说明你的答案。 要想未来永久性地降低通货膨胀率,美联储需要降低预期的通货膨胀率。如果家庭和企业经历的通货膨胀率一直低于它们预期的通货膨胀率,预期的通货膨胀率就会降低。菲利普斯曲线告诉我们,如果实际 GDP 低于潜在 GDP,通货膨胀率将会下降。美联储可以通过提高实际利率来使实际 GDP 下降。你的图形需要表明:① MP 曲线由 MP_1 上升至 MP_2;②在新的均衡点,产出缺口为 $\tilde{Y}_1$;③沿着菲利普斯曲线,通货膨胀率由 π_1 降至 π_2。如图 18-16 和图 18-17 所示。

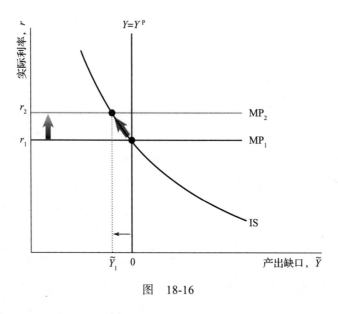

图 18-16

第三步 说明在菲利普斯曲线向下移动以后,美联储如何使经济恢复至潜在产出水平,且通货膨胀率更低。 如果通货膨胀率持续维持在 π_2 的水平,家庭最终会将其对于通货膨胀的预期由 π_1 降至 π_2。一旦实现了这一点,菲利普斯曲线将会向下移动,美联储将会使实际利率由 r_2 重新降至 r_1,使产出恢复至潜在 GDP 的水平,如图 18-18 与图 18-19 所示。

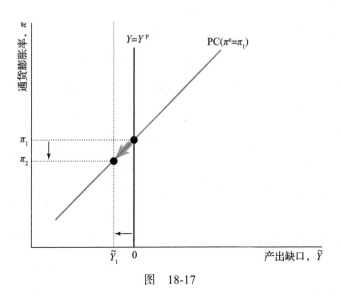

图 18-17

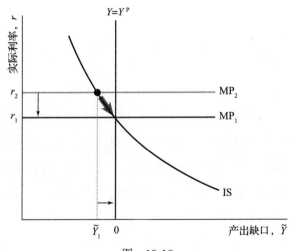

图 18-18

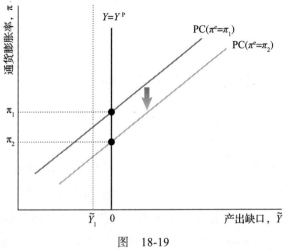

图 18-19

美联储新的货币政策策略

正如我们在第 15 章第 15.4 节提到的，2020 年 8 月，美联储宣布改变自己的货币政策策略。美联储货币政策策略的一个重要改变，就是在失业率下降至或者低于美联储估计的自然失业率时，它不再提高联邦基金利率的目标。基于 20 世纪 70 年代高通货膨胀率的经验，美联储曾经认为，在商界和企业提高了它们对于未来通货膨胀的预期，从而导致通货膨胀率提高之前，美联储需要提高联邦基金利率的目标。更高的预期通货膨胀率会使失业和通货膨胀之间的短期权衡关系变得恶化，就像我们在图 18-9 中展示的那样。

当美联储在 2015 年 12 月决定自 2008 年以来第一次提高联邦基金利率目标时，它声称"采取政策行动以影响未来经济结果的时机已经成熟"。这一表述的含义是，如果美联储不在通货膨胀率升至 2% 的通货膨胀目标之前提高联邦基金利率，可能就难以阻止通货膨胀加速提升。正如美联储主席杰罗姆·鲍威尔所言，"在之前的数十年间，当菲利普斯曲线变得更为陡峭时，由于劳动力市场处于紧张状态，通货膨胀率趋向于显著上升。在就业增加并趋向于估计的最高水平时，美联储采取紧缩的货币政策有时是恰当的，目的在于阻止通货膨胀率上升到令人不快的程度"。

然而，2019 年的经历表明，用鲍威尔的话来讲，"劳动力市场历史性的强劲表现并没有引发通货膨胀率的显著上升"。实际上，美联储无法确定自然失业率的真实数值是多少。从 2015 年至 2019 年，美联储内部的经济学家经常向下修正他们的估计值。结果，在有关 2020 年货币政策的说明中，美联储宣布，在致力于实现高就业的目标时，它在制定货币政策时不再依赖于自然失业率的某一特定的估计值。用鲍威尔的话来讲："展望未来，就业处于或者高于最高水平的实时估计值，不会让我们感到担忧，除非这伴随着通货膨胀率出现了上涨过快的迹象……"

美联储的政策说明对于它真正实施的货币政策有何实际影响，尚有待观察。

18.4　对于货币政策来讲，重要的只有利率吗

学习目标　讨论货币政策不同的作用渠道。

经济学家将货币政策影响产出和价格的途径称为**货币政策渠道**。在 IS-MP 模型中，货币政策通过利率发挥作用，即美联储改变实际利率，这会影响总支出中的某些组成部分，从而改变产出缺口和通货膨胀率。经济学家称这种渠道为**利率渠道**。这种方法一个暗含的假定是，如何筹集资金或者从哪里筹集资金对于借款人而言无关紧要，

他们将不同的资金来源视为相近的替代品。银行贷款在这一渠道中并没有发挥特殊的作用。

银行信贷渠道和影子银行信贷渠道

家庭和很多企业都依靠银行贷款来获得资金，因为它们其他的资金来源很少或没有。一些经济学家认为，在利率渠道之外也要考虑**银行信贷渠道**，这种渠道的传统形式强调的是依赖于商业银行贷款的借款人行为。这种版本的银行信贷渠道是指，银行发放贷款能力或意愿的变化会影响依靠银行贷款的出借人为自己的支出计划进行融资的能力。这一渠道关注银行贷款，这也说明了货币政策影响经济的另外一种方法。货币扩张可以提高银行发放贷款的能力，使银行可以向依赖于银行的借款人提供更多的贷款，增加这些借款人的支出。货币紧缩会降低银行发放贷款的能力，减少依赖于银行的借款人所获得的贷款，导致他们支出的下降。

在准备金稀缺的时期，比如 2007 ～ 2009 年经济衰退之前就是如此，利率渠道主要关注美联储如何通过公开市场购买来增加银行准备金，从而降低实际利率，在短期增加产出。产出之所以增加，是因为联邦基金利率下降导致了其他利率的下降，而这些利率对于家庭和企业的支出决策发挥着重要作用。银行信贷渠道产生的影响在以下方面与利率渠道相似，即在准备金稀缺的时期，当美联储通过公开市场购买来增加银行的准备金时，银行准备金的增加会导致贷款利率降低。

但是，银行信贷渠道还表明，通过改变银行向依赖于银行的借款人发放贷款的数量，进而影响这些借款人的支出，货币政策也可以对经济产生影响。在银行信贷渠道中，出于以下两个原因，扩张性的货币政策会导致总支出增加：①家庭和企业由于利率下降而增加支出；②增加了银行贷款的可得性。换句话说，如果银行使贷款变得更容易获得，在任何实际利率水平下，依赖银行的借款人就能够获得更多的贷款，支出也会相应增加。因此，**在银行信贷渠道中，扩张性货币政策的有效性不依赖于利率的下降**。同样地，紧缩性货币政策的有效性也不依赖于利率的上升。

从传统上来讲，对于银行信贷渠道的讨论主要关注商业银行，但是，正如我们在第 11 章中讨论过的，在过去的几十年中，非银行金融企业或者说影子银行在金融体系中变得越来越重要。货币市场共同基金已经成为很多企业获得资金的重要来源，因为这些基金购买企业出售的商业票据。但是，由于美联储的低利率政策，从 2008 年开始，投资者由于持有货币市场共同基金而获得的年收益率一直处于极低的水平，通常在 0.25% 以下。结果，在 2007 ～ 2009 年金融危机结束以来的这些年，货币市场共同基金持有的资产数量起起伏伏。比如，从 2008 年到 2017 年，货币市场共同基金的资产总额下降了大约 1.1 万亿美元，然后从 2017 年到 2019 年又增加了 1 万亿美元，因为这些基金的收益率上升了。在 2020 年的衰退开始时，货币市场共同基金持有的资产进一步增加，因为在资金紧张时期，很多投资者可以利用这些基金流动性强的特点。但是，随着收益率降至极低的水平，对于货币市场共同基金的投资开始减少。

随着投资者的资金流入和流出货币市场共同基金，商业票据余额的数量也受到了影响。在 2020 年年初，商业票据的余额大约要比 2007 年中期低 1 万亿美元。一些企业难以发行商业票据，不得不转向其他融资渠道，而这些融资渠道可能成本更高。

我们的结论是，影子银行信贷渠道在某种程度上削弱了扩张性货币政策的效果，至少是在扩张性货币政策采取利率极低的形式时的效果。由于极低的利率会导致货币市场共同基金购买的商业票据数额减少，对于那些依靠发行商业票据来为其短期经营提供资金的企业来讲，低利率可能会起到适得其反的作用。

资产负债表渠道：货币政策与净资产

通过影响企业的资产负债表，货币政策也可能对经济产生影响。经济学家构建模型，以说明在这种渠道中，货币政策如何影响企业资产和负债的价值，并对资产负债表的流动性产生影响，这是指家庭和企业持有的流动性资产相对于负债的数量。根据这些经济学家的观点，资产负债表的流动性是决定企业投资支出、购房支出和耐用消费品支出的重要因素。**资产负债表渠道**描述的是货币政策通过改变利率，进而影响借款人的净资产和支出决策。我们知道，如果借款的信息成本很高，高净值和更强的流动性更有可能使借款人获得所需的资金，以实施自己的支出计划。

货币政策如何影响借款人的资产负债表？当利率由于紧缩性货币政策而上涨时，这会增加拥有可变利率贷款的借款人需要偿还的金额，并且由于导致借款人资产现值贬值而使其净资产缩水。回忆一下，当借款人净资产下降时，信息问题将会导致外部融资成本与内部融资成本之间的差异变得更大。也就是说，借款人净资产贬值导致其为资本投资而筹集资金的成本上升，因为对于向资产净值较低的借款人发放的贷款，出借人要求的利率会更高一些，并且会对借款人如何使用这笔贷款进行额外的限制。净资产下降提高了外部融资的成本，不仅是由于利率更高，而且削弱了企业投资于工厂和设备的能力。资产负债表渠道强调的就是这种影响。**即使货币政策不会影响银行发放贷款的能力，由于货币紧缩而导致的借款人净资产的下降也会减少总需求和产出。**而且，资产负债表表明，在货币紧缩以后，净资产较低的企业支出很有可能下降。

与利率渠道和与商业银行有关的银行信贷渠道一样，资产负债表渠道也意味着扩张性的政策首先降低利率，增加产出，而紧缩性的政策首先提高利率，减少产出。资产负债表渠道强调的是家庭和企业的净资产与流动性和它们的支出之间的联系。在存在信息成本的情况下，净资产和流动性的变化会对借款金额和经济活动产生重要影响。

大多数经济学家认为，承认银行信贷渠道或者资产负债表渠道的重要性，并不会否定利率渠道的意义，即货币政策通过利率发挥的作用。相反，银行信贷渠道和资产负债表渠道为金融体系和货币政策影响经济提供了更多的途径。

表 18-4 归纳了这四种货币政策渠道的关键点。

表 18-4　货币政策渠道

渠道	主要关注	货币扩张	货币收缩
利率渠道	利率	降低利率，导致总支出增加	提高利率，导致总支出减少
银行信贷渠道（商业银行）	银行贷款	增强银行向依赖于银行的借款人发放贷款的能力，导致总支出增加	削弱银行向依赖银行的借款人发放贷款的能力，导致总支出下降
银行信贷渠道（影子银行）	货币市场共同基金购买由企业发行的商业票据的能力	利率降低导致投资者出售货币市场共同基金，从而削弱这些基金购买商业票据的能力	利率上升导致投资者购买货币市场共同基金，从而提高这些基金购买商业票据的能力
资产负债表渠道	家庭和企业的净资产和流动性与其支出之间的联系	增加净资产并增强流动性，导致总支出增加	减少净资产并降低流动性，导致总支出减少

| 概念应用 |

现代货币理论：一种有争议的新方法

在本书中，我们主要关注美联储和货币政策，只有与货币政策相关时，我们才会提到财政政策。**财政政策**指的是国会和总统改变联邦税收和政府购买，以实现宏观经济政策目标。在 2020 年总统竞选期间以及在讨论联邦政府为了应对新冠疫情的冲击而采取的政策时，一些经济学家提出了一种思考货币政策和财政政策的新方法，即现代货币理论（modern monetary theory，MMT）。正如纽约州立大学石溪分校的斯蒂芬妮·凯尔顿（Stephanie Kelton）和其他支持者所阐明的，现代货币理论主要关注联邦政府以美元来偿付其债务的能力，也就是说，通过美联储，它能够创造出任意数量的货币，以满足支付债务利息的需要。MMT 的支持者们认为，利率的变化对私人支出的影响不大。由于美联储通过设定联邦基金利率的目标来实施货币政策，货币政策对于增加总需求，进而增加实际 GDP 和就业是无效的。因此，政策制定者应当转而依靠财政政策。

这一理论与阿巴·勒纳（Abba Lerner）在 1943 年有关功能性金融的思想相似，他当时在纽约社会研究新学院任职。勒纳认为，20 世纪 30 年代的大萧条已经证明了货币政策对于增加总需求是无效的。因此，政府应该增加自己的支出或者通过减税使纳税人有更多的钱可以支出。政府只需要注意总支出所占的比例不要太大或者太小，从而抑制失业和通货膨胀。他还认为，政府应该通过印钞来支付自己的开支，而不是增加税收。

MMT 的拥护者同意勒纳的观点，即政府支出、预算赤字和政府债务只面临一个重要的约束，即这是否会导致通货膨胀。按照 MMT 的研究方法，挤出效应，即政府支出的增加会减少私人支出，不是一个问题，因为它假定利率提高对私人支出没有影响。一些主流经济学家现在已经不太担心大规模的赤字和政府债务的积累可能产生的影响了，因为在 2007～2009 年的大衰退结束以后的十年间，尽管利率保持在历史地位，经济仍比衰退之前增长得更慢，而且在 2020 年衰退期间，实际 GDP 和就业都出现了大幅下降。

比如，哈佛大学的贾森·福尔曼（Jason Furman）和劳伦斯·萨默斯（Lawrence Summers）认为，政治家们不应该让大规模的赤字成为解决一些重大经济问题的障碍，比如劳动参与率低、经济增长缓慢、持续贫困、缺乏医疗保险和全球气候变化等。但是，他们也提醒人们注意，税收和支出严重失衡必将在未来的某个时候被纠正过来。彼得森国际经济研究所的奥利维尔·布兰查德（Olivier Blanchard）认为，一个经济体拥有的大规模政府债务的成本可能极低，只要经济增长率超过政府为其债务支付的利率就可以。在这种情况下，经济增长能够为政府带来足够多的资金，以偿付债务的利息，并且不需要增加税收。

尽管一些主流经济学家同意 MMT 支持者的如下观点，即大规模的预算赤字和公共债务的增加并没有使经济付出太多的代价，其他经济学家仍然担心，随着政府债务相对于 GDP 的比例达到了历史高点，这将会挤出私人支出，因为他们认为利率的上升将会削弱家庭和企业的借款能力，还会导致金融体系的扭曲。

大多数经济学家对 MMT 持批评态度。在《华盛顿邮报》的一篇专栏文章中，劳伦斯·萨默斯断言现代货币理论在很多方面都是荒谬的。MMT 的批评者怀疑，在长期，美联储是否能够创造出偿付大部分政府支出所需要的货币，并且不引发更为严重的通货膨胀。批评者注意到，按照目前的法律，美联储不能直接从财政部那里购买国债，因而很难通过货币创造来为政府的支出提供资金。尽管国会和总统可以修改这项法律，但是，这样做会削弱美联储的独立性。一些国家允许中央银行直接购买政府债券，当中的很多国家都经历了高通胀。

MMT 在经济学家和政策制定者中间引发了一场激烈的争论，但是在 2020 年，这一理论似乎并没有对货币政策和财政政策的实施产生太大的影响。

回答关键问题

在本章开始时，我们提出的问题是：

"在哪种情况下，降低联邦基金目标利率对于抗击经济衰退可能会失效？"

正如我们在本书中看到的，2007 ~ 2009 年和 2020 年的经济衰退都伴随着一场金融危机，从而使得衰退变得异乎寻常得严重。至 2008 年秋天，美联储意识到，它通过主要降低联邦基金利率的目标来抗击衰退的常规政策有可能失效了。由于 2007 ~ 2009 年的金融危机使其接受了一些新的思想，2020 年 3 月，美联储主席杰罗姆·鲍威尔知道将联邦基金利率的目标重新设定在实际为零的水平，仅仅是美联储应对现在这场危机的第一步。本章所讲的 IS-MP 模型解释了为何常规的货币政策在这种状况下有可能是无效的。尽管美联储的政策将联邦基金利率的目标降至接近于零的水平，投资者所要求的风险溢价的提高仍会导致利率上升，比如很多企业支付的 Baa 级债券的利率。

附录 18A　IS-LM 模型

学习目标　利用 IS-LM 模型来说明宏观经济均衡。

我们在本章中提出的 IS-MP 模型假定美联储以联邦基金利率作为目标。我们利用 IS-MP 模型来说明货币政策产生的影响，因为现在的美联储和其他中央银行的货币政策是以银行短期借款利率作为目标的，比如联邦基金利率。

然而，曾经有一段时间，一些中央银行是以货币供给而不是短期利率作为目标。正如概念应用"IS-MP 模型来自何处"中提到的，**IS-LM 模型**最早是由英国经济学家约翰·希克斯在 1937 年提出来的。他基于约翰·梅纳德·凯恩斯的思想提出了这一模型。IS-LM 模型与 IS-MP 模型类似。一个关键的区别是，IS-LM 模型假定美联储以货币供给作为目标，而不是以联邦基金利率作为目标。IS-MP 模型和 IS-LM 模型都用 IS 曲线来表示实际利率与在商品和服务市场上的支出之间的负向关系。IS-LM 模型与 IS-MP 模型的区别在于，它以 LM 曲线代替了 MP 曲线。**LM 曲线**代表能够使货币市场均衡的利率和产出缺口的组合。

推导 LM 曲线

为了推导 LM 曲线，我们需要利用第 17 章的货币市场分析方法。在那一章，我们假定货币市场的均衡决定了短期名义利率。如 IS 曲线所示，产品市场的均衡取决于实际利率，我们将做出一个简化的假设，即预期通货膨胀率保持不变，从而使名义利率的变化与实际利率变化相等。此外，我们还假设短期利率的变化会导致长期利率相应地变化，后者对消费和投资决策非常重要。在这些假定条件下，均衡的长期实际利率是由货币市场决定的。

为了推导 LM 曲线，我们考虑当产出缺口或者说以百分比表示的实际 GDP 与潜在 GDP 之差增加时，对实际货币余额的需求会发生何种变化。注意，我们以产出缺口而不是产出水平来衡量产出，以便与 IS-MP 模型一致。在图 18A-1a 中，经济一开始在 A 点处处于均衡状态。产出缺口由 $\tilde{Y}_1$ 变为 $\tilde{Y}_2$，导致对实际余额的需求由 M_1^D 移动至 M_2^D。实际余额需求会随着产出的增加而增加，因为家庭和企业需要更多的货币余额，以便为由于产出增加而导致的更多的交易提供资金。随着实际余额需求的增加，实际利率比如从 r_1 提高至 r_2，从而在 B 点实现货币市场的均衡。以上分析告诉我们，**假定实际余额的供给保持不变**，更高的产出水平会使货币市场的实际利率上升。图 18A-1b 画出了图 18A-1a 中均衡点 A 和 B 的利率和产出缺口的组合。如果我们继续改变图 18A-1a 中的产出水平，就能够得到图 18A-1b 中 LM 曲线所代表的各个组合。换句话说，LM 曲线代表的是能够使货币市场均衡的实际利率和产出缺口的所有组合。

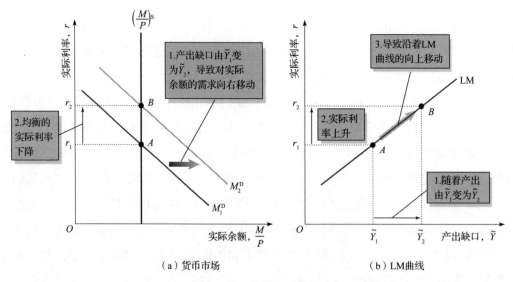

图 18A-1　推导 LM 曲线

注：在图 a 中，经济一开始在 A 点处处于均衡状态。产出缺口由 $\tilde{Y}_1$ 变为 $\tilde{Y}_2$，导致对实际余额的需求由 M_1^D 移动至 M_2^D。实际利率必须从 r_1 提高至 r_2，以便在 B 点实现货币市场的均衡。

图 b 画出了图 a 中均衡点 A 和 B 的利率和产出缺口的组合。LM 曲线代表的是能够使货币市场均衡的实际利率和产出缺口的所有组合。

LM 曲线的移动

如果影响实际货币余额需求或供给的除了产出以外的其他因素发生了变化，LM 曲线将会移动。比如，图 18A-2 表明了货币供给增加对 LM 曲线的影响。在图 18A-2a 中，货币市场一开始处于均衡点 A。接着，美联储将实际货币余额的供给由 $(M/P)_1^S$ 增加至 $(M/P)_2^S$。实际利率从 r_1 下降至 r_2，货币市场在 B 点恢复至均衡状态。在图 18A-2b 中，我们展示了实际货币余额增加的结果是使 LM 曲线由 LM_1 向右移动至 LM_2。这里的 A 点对应于图 18A-2a 中的 A 点。与 A 点相比，在 B 点，产出缺口保持不变，实际利率变得更低。

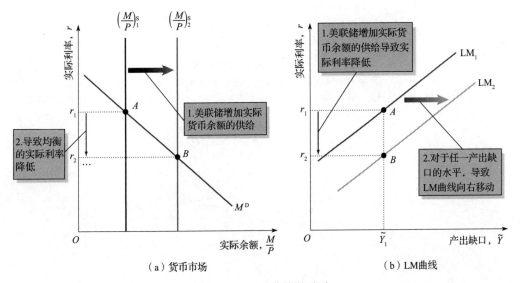

（a）货币市场　　　　　　　（b）LM曲线

图 18A-2　LM 曲线的移动

注：在图 a 中，货币市场一开始处于均衡点 A。接着，美联储将实际货币余额的供给由 $(M/P)_1^S$ 增加至 $(M/P)_2^S$。实际利率从 r_1 下降至 r_2，货币市场在 B 点恢复至均衡状态。图 b 表明，实际货币余额增加的结果是使 LM 曲线由 LM_1 向右移动至 LM_2。

IS-LM 模型中的货币政策

在图 18A-3 中，我们将 IS 曲线和 LM 曲线放在一起。在这两条曲线相交时，产品市场和货币市场同时处于均衡状态。我们可以利用这一图形来说明美联储实施扩张性货币政策的影响，这指的是增加实际货币余额的供给，而不是降低联邦基金利率的目标。在最初的均衡点 A，实际 GDP（$\tilde{Y}_1$）低于潜在的实际 GDP。正如我们在图 18A-2 中看到的，增加实际货币余额供给能够使 LM 曲线向右移动。如果美联储增加的实际货币余额足够多，使 LM 曲线由 LM_1 向右移动至 LM_2，均衡点将会移至 B 点，实际 GDP 处于潜在 GDP 的水平，实际利率将由 r_1 下降至 r_2。

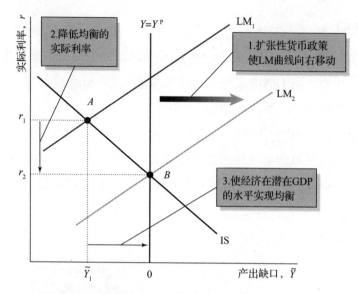

图 18A-3 扩张性货币政策

注：在最初的均衡点 A，实际 GDP 低于潜在的实际 GDP。增加实际货币余额供给能够使 LM 曲线向右移动，从 LM_1 向右移动至 LM_2。均衡点将会移至 B 点，实际 GDP 处于潜在 GDP 的水平，实际利率将由 r_1 下降至 r_2。

术语表

适应性预期（adaptive expectations）：假定人们在预测某一变量未来的数值时，只依据该变量以前的数值。

逆向选择（adverse selection）：投资者在进行投资之前遇到的难以将低风险的借款人和高风险的借款人区分开来的难题。

总需求曲线 [aggregate demand（AD）curve]：这一曲线表明的是价格水平与对商品和服务的总支出之间的关系。

总需求冲击（aggregate demand shock）：构成总需求的某一项发生的变化，这会导致 IS 曲线的移动。

总供给（aggregate supply）：在给定的价格水平下，企业愿意提供的总的产出数量或者GDP。

升值（appreciation）：一种货币在交换另外一种货币时，币值上升。

资产（asset）：个人或企业拥有的某些有价值的东西。

信息不对称（asymmetric information）：这是指如下情形，即经济交易的一方相比另外一方具有信息优势。

资产负债表（balance sheet）：一份列明个人或企业资产和负债状况的报告，可以表明在某一特定日期个人或企业的财务状况。

资产负债表渠道（balance sheet channel）：这一术语描述的是，由货币政策导致的利率变化如何影响借款人的净资产和支出决策。

国际收支账户（balance-of-payments account）：度量一国国内经济与所有国外私人和政府之间的资金流动。

银行资本金（bank capital）：一家银行资产值与负债值之差，也被称为股本。

银行信贷渠道（bank lending channel）：这一术语描述的是，货币政策如何影响借款人的支出决策，后者依赖于商业银行的贷款，或者依赖于向影子银行出售证券。

银行杠杆（bank leverage）：一家银行资产值与资本金之间的比率，资本金与资产值之比的倒数也被称为银行杠杆率。

银行恐慌（bank panic）：这是指很多家银行同时出现挤兑的情形。

银行准备金（bank reserves）：银行存在美联储的存款加上库存现金。

银行挤兑（bank run）：这是指如下过程，即储户同时对某家银行丧失信心，因而取出在这家银行的存款，并迫使其关门。

实物交易（barter）：一种个人以自己的商品和服务直接交换其他人的商品和服务的体系。

《巴塞尔协议》（Basel accord）：一项有关银行资本金要求的国际协议。

行为金融（behavioral finance）：应用行为经济学的概念，以理解人们如何在金融市场上做决策。

美联储委员会（board of Governors）：管理美国联邦储备系统的委员会，由美国总统任命的七名成员构成。

债券（bond）：由某家企业或政府发行的证券，代表某种偿还固定金额货币的承诺。

债券评级（bond rating）：一个单一的统计数值，概括了某一评级机构对发行人按既定要求支付债券本息的潜在能力的观点。

布雷顿森林体系（Bretton Woods system）：从 1945 年持续到 1971 年的汇率制度，在这一汇率制度下，各国保证按照相对于美元的固定汇率来买卖本国货币，美国则保证如果外国的中央银行有要求的话，它们就可以以美元向美国政府兑换黄金。

泡沫（bubble）：这一术语指的是某种资产的价格超过其基本价值的情形。

经济周期（business cycle）：经济扩张与经济衰退的时期不断更迭。

买入期权（call option）：一种典型的衍生品合约，该合约赋予购买者在未来某一特定的时期，以特定价格购买标的资产的权利。

资本管制（capital controls）：政府对外国投资者购买本国资产或本国投资者购买国外资产实施的限制。

资本收益（capital gain）：某种资产的市场价格的上涨。

资本损失（capital loss）：某种资产的市场价格的下跌。

支票（check）：有关以存在某家银行或其他金融机构的短期存款进行支付的承诺。

支票存款（checkable deposits）：存款人可以以之开支票的账户。

封闭经济体（closed economy）：一种家庭、企业和政府既不从国外借款也不向国外贷款的经济体。

抵押品（collateral）：借款人向贷款人承诺，如果借款人对贷款违约，贷款人可以取得的资产。

商业银行（commercial bank）：吸收存款并将其贷放出去，以此提供金融中介服务的金融企业。

商品货币（commodity money）：一种用作货币的商品，它的价值与其作为货币的用途无关。

复利（compounding）：某项投资的本金和利息再次赚得利息的过程，随着时间的推移，资金会越积越多。

传染（contagion）：对一家银行的挤兑引发对其他银行的挤兑，并导致银行恐慌。

契约型储蓄机构（contractual saving institution）：一种像养老基金或保险公司的金融中介机构，它依据合约获得个人支付的资金，并利用这些资金进行投资。

公司（corporation）：企业的一种法律形式，为其所有者提供保护，在经营失败时，使其损失以投资额为限。

交易对手风险（counterparty risk）：由于交易对手违约而产生的风险，交易对手是指交易中作为另外一方的个人或企业。

有息债券（coupon bond）：一种债务工具，要求定期多次支付利息，比如半年或一年，并在到期时按照债券面值进行支付。

信用违约互换（credit default swap，CDS）：一种在标的证券贬值时要求卖方向买方进行偿付的衍生品，本质上是一种保险。

信贷配给（credit rationing）：贷款人的信贷数量受到限制，导致借款人无法在既定利率水平下，获得自己想要的全部资金。

信用风险（credit risk）：借款人对贷款违约的风险。

信用风险分析（credit risk analysis）：银行信贷员用来筛选贷款申请人的程序。

信用互换（credit swap）：一种交换所支付的利率的合约，意在降低违约风险。

流通中的现金（currency in circulation）：在美联储之外流通的纸币。

M1 中的现金（currency in M1）：由非银行的公众部门持有的通货。

货币互换（currency swap）：一种交易对手同意将本金换为其他货币的合约。

现金 – 存款比率（currency-to-deposit ratio，C/D）：非银行公众部门持有的现金 C 与它们持有的活期存款 D 之间的比率。

债务工具（debt instruments）：也被称为信贷市场工具（credit market instruments）或固定收益资产（fixed-income assets），是指通过债务进行融资的各种方法，包括简单的贷款、折价债券、有息债券和固定支付债券。

债务紧缩过程（debt-deflation process）：最早由欧文·费雪提出，在这一过程中，资产价格和商品与服务的价格轮番下降，使经济下滑雪上加霜。

违约风险（default risk）：又称信用风险，指债券发行人未能偿付利息或本金的风险。

通货紧缩（deflation）：价格水平持续下跌。

贬值（depreciation）：一种货币在交换另外一种货币时，币值下降。

衍生品证券（derivative securities）：又称衍生品（derivatives），指像期货合约或期权合约的资产，其经济价值来自标的资产，比如股票或债券。

货币贬值（devaluation）：相对于其他国家的货

币，一国货币由官方规定的价值降低。

折价债券（discount bond）：一种债务工具，借款人在到期时以单独的一笔款项来偿还这笔贷款，但是借款人最初获得的款项低于债券的面值。

贴现贷款（discount loan）：由美联储提供的一笔贷款，通常是贷给商业银行。

贴现政策（discount policy）：设定贴现率和贴现借款条款的政策工具。

贴现率（discount rate）：美联储对贴现贷款收取的利率。

贴现窗口（discount window）：美联储向银行发放贴现贷款的方法，作为满足银行流动性需求的渠道。

贴现（discounting）：决定未来支付或收到的一笔资金之现值的过程。

脱媒（disintermediation）：储户和借款人退出银行，转向金融市场。

分散化（diversification）：将财富分为很多不同的资产形式，以降低风险。

股息（dividend）：公司向股东支付的款项，通常每季度支付一次。

股息率（dividend yield）：预期的年度股息与股票当前的价格之比。

双重银行体系（dual banking system）：美国实行的银行制度，指银行要么由州政府特许设立，要么由联邦政府特许设立。

久期分析（duration analysis）：一种分析银行资本金对于市场利率的变动有多敏感的方法。

电子货币（e-money）：人们通过互联网来购买商品和服务时使用的数字现金，是 electronic money 的缩写。

经济增长（economic growth）：一个经济体中商品和服务的生产随着时间而增加，这是货币政策的目标之一。

规模经济（economies of scale）：由生产的商品和服务的数量增加导致的平均成本下降。

有效市场假说（efficient markets hypothesis）：理性预期在金融市场中的应用，这一假说认为某种证券的均衡价格与其基本价值相等。

股本（equity）：对一家企业的部分所有权；由一家公司发行的股票。

欧元（euro）：19 个欧洲国家共同使用的货币。

欧洲中央银行（European Central Bank，ECB）：使用欧元的欧洲国家的中央银行。

欧洲货币联盟（European Monetary Union）：作为 1992 年欧洲单一市场倡议的一部分而草拟的计划，根据这一计划，汇率将会被固定下来，并最终采用某种共同货币。

超额准备金（excess reserves）：银行所持有的、超过满足法定准备金要求以外的所有准备金；至 2020 年 3 月，由于美联储取消了法定准备金的要求，所有银行准备金都成了超额准备金。

汇率制度（exchange rate regime）：一种调整汇率以及商品与资本的跨国流动的制度。

汇率风险（exchange-rate risk）：投资者或企业由于汇率波动而遭受损失的风险。

预期理论（expectation theory）：一种关于利率期限结构的理论，认为长期债券的利率是投资者预期在该长期利率持续期间短期债券利率的平均值。

预期收益率（expected return）：一种资产预期在未来某段时间的收益率。

联邦存款保险（federal deposit insurance）：由政府为存款账户的余额提供的保障，上限是 25 万美元。

联邦存款保险公司（Federal Deposit Insurance Corporation，FDIC）：一家联邦政府机构，由美国国会在 1934 年建立，目的在于为商业银行的存款提供保险。

联邦基金利率（federal funds rate）：银行为相互之间的短期贷款设定的利率。

联邦公开市场委员会（Federal Open Market Committee）：指导公开市场业务的委员会，由 12 名成员组成。

美国联邦储备系统（the Federal Reserve system）：美国的中央银行，简称美联储（the Fed）。

联邦储备银行（Federal Reserve Bank）：美国联邦储备系统的 12 家区域性银行之一，除了其他职能以外，负责实施贴现借款。

法定货币（fiat money）：类似于纸币这样的货币，除了用作货币以外，本身没有价值。

金融公司（finance company）：非银行金融中介

机构，通过出售商业票据和其他证券来筹集资金，并利用这些资金向家庭或企业发放小额贷款。

金融套利（financial arbitrage）：利用价格的短期波动，通过买卖证券来谋利。

金融资产（financial asset）：一种要求其他人进行偿付的资产。

金融危机（financial crisis）：金融体系出现了严重问题，使得资金由贷款人向借款人的流动受到了严重的干扰。

金融中介机构（financial intermediary）：类似银行这样的金融企业，从储蓄者那里借得资金，并将其贷放给借款人。

金融债务（financial liability）：由某个人或某个企业拥有的金融债权。

金融市场（financial market）：买卖股票、债券和其他证券的场所或渠道。

财政政策（fiscal policy）：联邦政府购买或税收的变化，目的在于实现宏观经济的政策目标。

费雪效应（Fisher effect）：由欧文·费雪提出的一个观点，认为名义利率会随着预期通货膨胀率的变化而同比例地上涨或下跌。

固定汇率制度（fixed exchange rate system）：在这种制度下，政府将汇率设定并维持在某一特定水平。

固定支付贷款（fixed-payment loan）：一种债务工具，要求借款人向贷款人定期偿还本金和利息。

浮动汇率制度（flexible exchange rate system）：在这种制度下，一种货币兑换外币的比率是由外汇市场决定的。

外汇（foreign exchange）：外国货币单位。

外汇市场（foreign exchange market）：买卖国际货币并决定汇率的直接交易市场。

外汇市场干预（foreign exchange market intervention）：中央银行有意识地采取行动，以影响该国的汇率。

远期合约（forward contract）：在未来某个时间按照约定价格购买或出售某一资产的协议。

前瞻指引（forward guidance）：联邦公开市场委员会关于自己未来如何实施货币政策的声明。

终值（future value）：一项现在做出的投资在未来某个时间的价值。

期货合约（futures contract）：一种标准化的合约，在未来某一特定时点购买或出售特定数量的某种商品或金融资产。

缺口分析（gap analysis）：一种分析方法，考察银行可变利率资产的货币价值与可变利率负债的货币价值之间的差距。

金本位制（gold standard）：一种固定汇率制度，在这一制度下，相关国家的货币可以按照规定的比率兑换为黄金。

戈登增长模型（Gordon growth model）：又称"股息折现模型"（dividend-discount model），利用当前支付的股息、预期股息的增长速度和资产必要的回报率，来计算股票的价格。

对冲（hedge）：降低风险的一些措施，比如购买某种衍生品合约，当投资者资产组合中的另外一种资产价值下跌时，这种衍生品的价值会增加。

对冲基金（hedge fund）：富有的投资者以合伙形式组织的一种金融企业，从事风险相对较高的投资。

超级通胀（hyperinflation）：极高的通胀率，每月超过 50%。

个体风险（idiosyncratic risk）：又称"非系统性风险"，属于某一特定资产而非整个市场的风险，比如企业某款新产品的成败引起该企业股票价格的波动，就会导致这种风险。

信息（information）：这是指借款人的实际情况和对金融资产收益的预期。

信息成本（information cost）：资金盈余者在确定借款人是否值得信赖，以及监督后者如何使用他们获得的资金时所花费的成本。

首次公开发行（initial public offering, IPO）：一家企业第一次向公众出售股票。

内幕消息（inside information）：有关某种证券的公众无法获知的信息。

资不抵债（insolvent）：一家银行或其他企业净资产为负的情形，这是由于其资产值低于它的负债。

保险公司（insurance company）：一种金融中介机构，专门通过正式合约保护投保人，使之免于承受与特定事件有关的金融损失的风险。

利率（interest rate）：资金借贷的成本，或者为借得的资金支付的款项，通常表示为借款总额的百分比。

利率平价条件（interest-rate parity condition）：这一命题认为，不同国家相似债券的利差反映了对汇率未来变动的预期。

利率风险（interest-rate risk）：市场利率的变动会引起某种金融资产的价格上涨或下跌，由此引发的风险被称为"利率风险"。

利率互换（interest-rate swap）：这是指一种合约，根据这一合约，交易双方同意在一个特定的时期，根据一个固定的金额（称为名义本金）交换支付的利息。

国际货币基金组织（International Monetary Fund, IMF）：1944 年根据布雷顿森林协议建立的多国组织，旨在管理一个固定汇率体系，并为出现国际收支问题的国家承担最后贷款人的角色。

国际储备（international reserves）：又称外汇储备（foreign reserve），中央银行以某种外币形式持有的资产，并被用于国际交易。

投资银行业务（investment banking）：一些金融活动，包括承销新证券，为客户提供咨询和金融服务，特别是在并购方面。

投资机构（investment institution）：一种金融企业，比如共同基金或对冲基金，筹集资金并投资于贷款或证券。

IS 曲线（IS curve）：IS-MP 模型中的一条曲线，表明实际利率和总产出的各种组合，这些组合代表商品和服务市场实现了均衡。

IS-LM 模型（IS-LM model）：有关总需求的一种宏观经济模型，假定中央银行盯住的目标是货币供给。

IS-MP 模型（IS-MP model）：一种宏观经济模型，包括一条 IS 曲线，代表了产品市场的均衡；一条 MP 曲线，代表了货币政策；一条菲利普斯曲线，代表了产出缺口（实际 GDP 与潜在 GDP 之间差距的百分比）和通货膨胀率之间的短期关系。

大型开放经济体（large open economy）：在这种经济体中，可贷资金的供求变化足以影响国

际实际利率。

一价定律（law of one price）：一种基本的经济思想，认为同样的商品在各地的售价应当相同。

法定货币（legal tender）：政府规定，在支付税款时应使用这种货币，个人和企业也必须接受这种货币用于清偿债务。

最后贷款人（lender of last resort）：中央银行作为银行体系获得信贷的最终来源，它可以向某些有偿付能力的银行发放贷款，这些银行拥有一些优质但是缺乏流动性的贷款。

杠杆（leverage）：一种衡量投资者在进行某项投资时使用了多少借款的指标。

债务（liability）：个人或企业的欠债。

有限责任（limited liability）：一种法律条款，为公司的所有者提供保护，使之所受的损失以其对企业的投资为限。

流动性（liquidity）：一种资产转换为货币的难易程度。

流动性偏好理论（liquidity premium theory）：又称"优先偏好理论"（preferred habitat theory），一种有关利率期限结构的理论，认为长期债券的利率等于该长期债券存续期内投资者预期的短期债券利率的平均值，加上该债券到期时期限溢价的增加。

流动性风险（liquidity risk）：一家银行无法通过以合理的价格出售资产或筹集资金来满足自己现金需求的可能性。

LM 曲线（LM curve）：这条曲线代表了利率和产出缺口的组合，这一组合可以使得货币市场实现均衡。

贷款承诺（loan commitment）：某家银行做出的承诺，将会在某一段特定的时期内向借款人提供指定数量的资金。

贷款出售（loan sale）：一种金融合约，依据这一合约，银行同意将相关银行贷款预期的未来收益出售给第三方。

多头头寸（long position）：在一份期货合约中，买方在未来某个特定时期收到或购买相关资产的权利和义务。

长期总供给曲线［long-run aggregate supply(LRAS) curve］：这条曲线表明的是，价格水平和由

企业提供的总产出数量或实际 GDP 之间的长期关系。

M1：对货币供给的狭义定义，即流通中的货币和支票账户存款之和。

M2：对货币供给的更宽泛的定义，包括所有包含在 M1 中的资产，以及金额在 10 万美元以下的定期存款、储蓄存款（包括银行的货币市场存款账户）、非机构货币市场共同基金份额。

有管理的浮动汇率制度（managed float regime）：在这种汇率制度下，中央银行偶尔会进行干预，以影响外汇的价值，也被称为"肮脏浮动汇率制度"。

保证金要求（margin requirement）：在期货市场上，某项金融资产的买方和卖方对这一交易所要求的最低保证金。保证金要求可以降低违约风险。

市场风险（market risk）：又称"系统性风险"，这是指某种特定类型的所有资产都将面临的共同风险，比如由经济周期导致的股票收益的增加或减少。

做市商（market maker）：持有一定数量的某种证券的企业，作为该证券买方和卖方的中介。

逐日盯市制度（marking to market）：在期货市场上，每天要进行清算，根据合约价格的变化，将资金由买方账户支付给卖方账户，或者相反。

交易媒介（medium of exchange）：货币的功能之一，某种被广泛接受的东西，用作偿付商品和服务的款项。

货币总量（monetary aggregate）：一种度量指标，用于度量比通货更为宽泛的货币的数量，M1 和 M2 都是货币总量。

基础货币（monetary base）：又称"高能货币"（high-powered money），银行准备金和流通中的货币之和。

货币中性（monetary neutrality）：这一命题认为，在长期，货币供给的变化不会影响产出水平，因为货币供给的增加（减少）在长期会提高（降低）价格水平，但是不会改变均衡的产出数量。

货币政策（monetary policy）：美联储采取的行动，目的在于管理货币供给和利率水平，以实现宏观经济政策的目标。

货币（money）：任何被广泛接受，用于支付商品和服务的款项或清偿债务的东西。

货币市场模型（money market model）：这一模型表明的是，货币的供求如何决定短期的名义利率。

货币市场共同基金（money market mutual fund）：一种只投资于短期资产的共同基金，比如短期国债、可转让存单和商业票据。

货币供给（money supply）：经济中的货币总量。

道德风险（moral hazard）：人们在进行某一交易的过程中，可能会采取行动使另外一方受损，由此引发的风险。在金融市场上，投资者难以核查借款人是否像预期的那样使用资金，这种问题就属于道德风险。

MP 曲线（MP curve）：IS-MP 模型中的一条曲线，用于说明美联储的货币政策。

多倍存款创造（multiple deposit creation）：货币供给创造过程的一部分，在这一过程中，银行准备金的增加会导致数轮的银行贷款和活期存款的创造，以及货币供给的增加，增加的货币供给数倍于最初的准备金的增加。

乘数（multiplier）：自主支出的变动与由此引发的 GDP 均衡值的变化之比。

乘数效应（multiplier effect）：自主支出的变动引发 GDP 均衡值一个更大幅度的变化，这一过程称为乘数效应。

市政债券（municipal bonds）：由州政府或地方政府发行的债券。

共同基金（mutual fund）：一种金融中介机构，通过向个人投资者出售基金份额来筹集资金，并将其投资于金融资产组合，比如股票、债券、抵押贷款和货币市场证券。

国民银行（national bank）：由联邦政府特许成立的银行。

净息差（net interest margin）：银行由其证券和贷款获得的利息与为其存款和债务支付的利息之差，除以其生息资产的总值。

净资产（net worth）：一家企业的资产与其负债之间的差额。

名义汇率（nominal exchange rate）：一种货币以其他货币衡量的价格，也被称为"汇率"。

名义利率（nominal interest rate）：未经由于价格水平变化引起的购买力变化调整的利率。

表外业务（off-balance-sheet activities）：一种不会影响银行资产负债表的活动，这是因为它既不会增加银行的资产，也不会增加银行的负债。

奥肯定律（Okun's law）：由阿瑟·奥肯发现的产出缺口和周期性失业率之间的统计关系。

开放经济体（open economy）：一种家庭、企业和政府可以从国外借款或放贷的经济体。

公开市场业务（open market operation）：美联储在金融市场上购买或出售证券，通常是美国国债。

公开市场购买（open market purchase）：美联储购买证券，通常是美国国债。

公开市场出售（open market sale）：美联储出售证券，通常是美国国债。

期权（option）：一种典型的衍生品合约，在某一特定的时期，买方有权按照特定的价格购买或出售相关资产。

期权费/期权溢价（option premium）：一项期权的价格。

产出缺口（output gap）：以百分比计算的实际GDP与潜在GDP之间的差。

场外交易市场（over-the-counter market）：一种买卖金融证券的市场，交易员通过电脑进行操作。

支付系统（payments system）：经济中进行交易的机制。

盯住（pegging）：一国决定使本国货币与另外一个国家的货币之间的汇率固定下来。

养老基金（pension fund）：一种金融中介机构，将工人或企业缴纳的款项投资于股票、债券和抵押贷款，以便在工人退休以后向其支付养老金。

菲利普斯曲线（Phillips curve）：一条表明产出缺口（或失业率）与通货膨胀率之间短期关系的曲线。

三难困境（policy trilemma）：这一命题认为，一国不可能同时实现汇率稳定、货币政策独立

和资本自由流动。

政治经济周期（political business cycle）：这一理论认为，政策制定者会在选举前敦促美联储降低利率，以便刺激经济。

资产组合（portfolio）：股票和债券等资产的某种组合。

潜在GDP（potential GDP）：当所有企业都按照正常生产能力进行生产时，所能实现的实际GDP的水平。

现值（present value）：在未来支付或收到的资金在当前的货币价值。

一级信贷（primary credit）：健康的银行在遭遇暂时性的流动性困境时，它所能获得的贴现贷款。

一级市场（primary market）：股票、债券和其他证券首次被出售的金融市场。

基本利率（prime rate）：以前，这是指银行向优质客户发放6个月的贷款时收取的利率；现在，这主要指的是银行向规模更小的客户收取的利率。

委托－代理问题（principal-agent problem）：经理人（代理人）寻求自己的利益而非股东（委托人）利益时产生的道德风险问题。

委托－代理的观点（principal-agent view）：这一理论认为，中央银行在进行决策时，官员们会使自己的个人利益而非公众利益最大化。

私人股权投资公司（private equity firm）：又称"企业重构公司"（corporate restructuring firm），这类企业筹集股本，用于收购其他企业的股份，以抑制搭便车现象或道德风险问题。

公共利益的观点（public interest view）：这一理论认为，中央银行在进行决策时，官员们追求的是公共利益的最大化。

上市公司（publicly traded company）：在美国股票市场上出售股票的公司，美国有超过500万家公司，但是其中仅有4400家是上市公司。

卖出期权（put option）：一类衍生品合约，买方有权利在特定的时期以特定的价格出售相关的资产。

量化宽松（quantitative easing，QE）：中央银行

实施的一种政策，目的在于通过购买长期证券来刺激经济。

货币数量论（quantity theory of money）：一种关于货币与价格之间关系的理论，认为货币流通速度主要是由制度因素决定的，因此在短期内大致保持不变。

配额（quota）：政府对某种商品的进口数量施加的限制。

随机游走（random walk）：某种证券的价格无法预测的变动。

收益率（rate of return, R）：某种证券的收益与其初始价格的百分比，对于持有一年的某种债券而言，收益率等于这一债券支付的利息加上价格的变化，再除以初始价格。

理性预期（rational expectation）：这一理论假定人们在预测某一变量未来的数值时，会利用所有可以获得的信息，更为正式的表述是，预期值等于在使用所有信息情况下的最优预测值。

实际汇率（real exchange rate）：一国的商品和服务能够交换的另外一个国家的商品和服务的比率。

实际利率（real interest rate）：经过由价格水平变化导致的购买力变动调整以后的利率。

实际货币余额（real money balances）：家庭和企业持有的经过价格水平调整之后的货币数量，即 M/P。

实时支付系统（real-time payments system）：一种在几分钟之内就可以结清支票或其他款项的系统，全年 365 天，每天 24 小时都在运行。

关系银行业务（relationship banking）：银行基于自己拥有的借款人的私人信息，对信贷风险进行评估的能力。

法定准备金率（required reserve ratio）：美联储规定的银行必须持有的准备金占货币存款的百分比；需要注意的是，自 2020 年 3 月起，美联储不再要求银行持有法定准备金。

必要的股权收益率（required return on equities, r_E）：补偿股票投资风险所必需的预期收益。

法定准备金（reserve requirement）：美联储规定，银行必须以现金或在美联储的存款的形式，持有活期存款的一定比例；2020 年 3 月，美联储取消了法定准备金的要求。

准备金（reserve）：银行的一种资产，包括库存现金和银行在美联储的存款。

限制性条款（restrictive covenant）：债券合约中的一种条款，限制借款人获得的资金的用途。

收益（return）：一种证券总的收益，如果持有某种债券一年的时间，收益就是这一债券支付的利息加上其价格的变化。

资产收益率（return on assets, ROA）：一家银行的税后利润与其资产值之间的比率。

股权收益率（return on equity, ROE）：一家银行的税后利润与其资本金之间的比率。

法定升值（revaluation）：一国货币相对于其他国家的官方币值上升。

风险（risk）：某一资产收益的不确定性程度。

风险分担（risk Sharing）：金融市场的一种功能，允许资金盈余者分散和转移风险。

利率的风险结构（risk structure of interest rates）：到期日相同但是其他特性不同的债券的利率之间的关系。

季节性信贷（seasonal credit）：在一些农业或旅游业很重要的地区，规模较小的银行可以获得的贴现贷款。

次级信贷（secondary credit）：提供给没有资格获得一级信贷的银行的贴现贷款。

二级市场（secondary market）：投资者购买和销售已有证券的金融市场。

证券化（securitization）：将贷款和其他无法交易的金融资产转化为证券的过程。

证券（security）：一种可以在金融市场上买卖的金融资产。

市场分割理论（segmented markets theory）：一种关于利率的期限结构的理论，认为在特定日期到期的债券的利率，只取决于与其到期日相同的债券的供给和需求。

结算日（settlement date）：在某一远期合约中，特定商品或金融资产必须进行交付的日期。

空头头寸（short position）：在一项期货合约中，买方在未来某个特定日期出售或交付相关资产的权利和义务。

短期总供给曲线〔short-run aggregate supply

(SRAS) curve］：一条表明价格水平和企业愿意提供的总产出数量或实际 GDP 之间的短期关系的曲线。

简单存款乘数（simple deposit multiplier）：银行创造的存款数量与新增准备金数量之比。

普通贷款（simple loan）：一种债务工具，借款人从贷款人处获得一笔称作"本金"的款项，并且同意在贷款到期时，在特定日期向贷款人偿付本金和利息。

小型开放经济体（small open economy）：一种可贷资金的供给或需求的数量太少，以至于无法影响世界实际利率的经济体。

专业化（specialization）：在这一体系中，每个人生产的商品和提供的服务，都体现了自己相对于其他人的最大优势所在。

投机（speculate）：在购买或出售金融资产时押上的金融赌注，目的在于从资产价格的波动中获利。

现货价格（spot price）：一种商品或金融资产在当时能够被卖掉的价格。

稳定化政策（stabilization policy）：一种货币政策或财政政策，目的在于抑制经济周期的波动幅度，稳定经济。

支付手段（standard of deferred payment）：货币跨期交易的特性，这是货币的功能之一。

备用信用证（standby letter of credit）：银行的一种承诺，在商业票据到期时，如果有必要的话，将会向该商业票据的发行者发放贷款。

冲销式的外汇干预（sterilized foreign exchange intervention）：中央银行对外汇市场的干预，并且中央银行会冲销这一干预对基础货币的影响。

股票（stock）：一种金融证券，代表对一家公司的部分所有权，也被称为"股本"。

股票交易所（stock exchange）：股票在交易大厅进行面对面买卖的实际场所。

股票市场指数（stock market index）：股票价格的平均值，投资者用来衡量股票市场的总体表现。

价值储藏（store of value）：通过持有美元或者其他能够在未来购买商品和服务的资产来积累财富，实际上是将你的购买力转移至未来的某个时期；货币的功能之一。

行权价格（strike price）：又称"执行价格"（exercise price），指某一期权的买方有权按照这一价格购买或出售相关资产。

供给冲击（supply shock）：生产成本或技术发生意料之外的变化，这会引起短期总供给曲线的移动。

互换（swap）：双方或多方有关未来某个时期交换一组现金流的协议。

承销团（syndicate）：一组投资银行，它们联合承销某种证券。

系统性风险（systemic risk）：整个金融体系的风险，而非单个企业或投资者面临的风险。

T 型账户（T-account）：一种会计方法，用于表明资产负债表的变化。

关税（tariff）：政府对进口征收的税。

泰勒规则（Taylor rule）：由经济学家约翰·泰勒发明的一种货币政策的指引，用于决定联邦基金利率的目标。

期限溢价（term premium）：投资者要求增加的利息，有了这样的利息，投资者才愿意购买长期债券，而不是存续时间相对较短的一系列债券。

利率的期限结构（term structure of interest rates）：其他方面都相似但是到期日不同的债券，其利率之间的关系。

购买力平价理论（theory of purchasing power parity, PPP）：这一理论认为，汇率的变动将会使不同货币的购买力趋于相同。

货币的时间价值（time value of money）：这是指一笔款项的价值变动取决于什么时候收到这笔款项。

大而不能倒政策（too-big-to-fail policy）：根据这一政策，联邦政府不允许大型金融公司倒闭，因为它担心这会损害整个金融体系。

交易成本（transactions costs）：一项实物交易或金融交易的成本，比如，由于购买或销售一项金融资产而支付的经纪佣金。

不良资产救助计划（Troubled Asset Relief Program，TARP）：美国国会于 2008 年通过的一项政府计划，根据这项计划，美国财政部购买了数百家银行的股票，以增加这些银行的资本金。

承销（underwriting）：投资银行的一种业务，为公司新证券的发行价格提供保障，然后再次销售这些证券以获得利润。

记账单位（unit of account）：在一个经济体中以货币来衡量价值的方法，是货币的功能之一。

非冲销式的外汇干预（unsterilized foreign exchange intervention）：中央银行对外汇市场的干预，并且中央银行不冲销这一干预对基础货币的影响。

库存现金（vault cash）：银行持有的通货。

风险投资公司（venture capital firm）：一种向投资者筹集资本金并投资于初创企业的公司。

《华尔街改革和消费者保护法案》（Wall Street Reform and Consumer Protection Act）：又称《多德－弗兰克法案》（Dodd-Frank Act），美国立法机构于 2010 年通过的法案，目的在于改革对金融体系的管制。

财富（wealth）：一个人的总资产与其债务的差额。

到期收益率（yield to maturity）：使某一资产获得的款项的现值与这一资产当前的价格相等的利率。